世界名人名传典藏系列

林肯传

[美]大卫·赫伯特·唐纳德 —— 著

李庆生 等 —— 译

长江出版传媒 | 长江文艺出版社

作者简介

　　大卫·赫伯特·唐纳德，美国权威的研究林肯和美国南方历史的学家。他曾在哥伦比亚大学、约翰·霍普斯金大学、哈佛大学、普林斯顿大学、伦敦大学、牛津大学担任历史学教授。唐纳德两次荣获美国文学奖普利策奖，还担任美国南方历史协会主席。其代表作有广为流传的《林肯传》、普利策获奖作品《查尔斯·萨姆纳与内战到来》和《归心似箭：托马斯·伍尔夫的一生》，他的其余重要作品有《林肯与赫恩登》《林肯新解》《内战与重建》《我们是林肯的人》等。

内容简介

　　两度"普利策奖"得主大卫·赫伯特·唐纳德的《林肯传》真实地再现了林肯的一生。林肯出身贫寒，没有受过正规的学校教育，从政之路遭遇过无数次的失败。在南方奴隶主挑起的南北战争中，林肯凭借自己非凡的毅力和决心履行了自己的职责：恢复联邦、废除奴隶制。林肯再次即将连任总统之时，遭到暗杀，整个美国陷入了深深的悲痛中。人们一直缅怀着这位伟大的总统，直至今日。大卫·赫伯特·唐纳德的《林肯传》是美国广为流传的林肯的权威传记，详述了这位总统从名不见经传到政治生涯鼎盛期的历程。《林肯传》是《纽约时报》畅销书，美国优秀畅销书，一部不朽的经典。

图书在版编目（CIP）数据

林肯传 /（美）大卫·赫伯特·唐纳德著；李庆生
等译. --武汉：长江文艺出版社，2024.3
（世界名人名传典藏系列）
书名原文：Lincoln
ISBN 978-7-5702-2222-3

Ⅰ. ①林… Ⅱ. ①大… ②李… Ⅲ. ①林肯（
Lincoln, Abraham 1809-1865）一传记 Ⅳ.
①K837.127=41

中国国家版本馆 CIP 数据核字 (2023) 第 057246 号

Copyright © 1995 by David Herbert Donald
This edition arranged with Sterling Lord Literistic,Inc.
through Andrew Nurnberg Associates International Limited

图字 17-2023-060 号

林肯传
LINKEN ZHUAN

责任编辑：雷　蕾　　　　　　　　责任校对：毛季慧
整体设计：壹诺设计　　　　　　　责任印制：邱　莉　胡丽平

出版：长江出版传媒　长江文艺出版社
地址：武汉市雄楚大街 268 号　　　邮编：430070
发行：长江文艺出版社
http://www.cjlap.com
印刷：湖北恒泰印务有限公司

开本：710 毫米×970 毫米　　　1/16　印张：25
版次：2024 年 3 月第 1 版　　　2024 年 3 月第 1 次印刷
字数：487 千字

定价：59.00 元

"劈木者"

这幅真人般大小的
油画由一位无名氏画家
创作于1860年，油画
展现了林肯的传奇品质。
这幅画虽然突出了边疆
的背景以及他从事体力
劳动中表现出来的力量
和一般人的美德，但忽
视了林肯从事律师以及
他的政治生涯的成就。
（芝加哥历史协会提供）

玛丽·林肯
（摄于 1846 年前后）
　　这是林肯夫人最早的一幅银版照片，按照林肯夫人的说法，"那时我们都很年轻，爱得死去活来。"
（美国国会图书馆提供）

约翰·托德·斯图尔特
（由斯普林菲尔德伊利诺
伊州立图书馆特别提供）

史蒂芬·罗根
（梅泽夫·孔哈特收藏）

威廉·赫恩登
（L·C·翰迪影楼提供）

　　林肯在伊利诺伊州斯普林菲尔德市位于第八大街和杰克逊大街交汇处的家。摄于1860年。1850年翻修之后，面积几乎是以前的两倍。站在院子里面的是林肯和泰德。

（印第安纳州韦恩堡市林肯博物馆提供）

　　林肯·赫恩登律师事务所。素描中屋内异常整洁，这样的景象是主人当选总统后布置的。

　　（由斯普林菲尔德伊利诺伊州立历史图书馆特别提供）

45 岁时的林肯，由波利卡普·凡·施耐德 1854 年拍摄于芝加哥，反映的是反堪萨斯·内布拉斯加法案期间重返政治舞台的林肯。

（芝加哥历史协会提供）

林肯的律师合伙人：

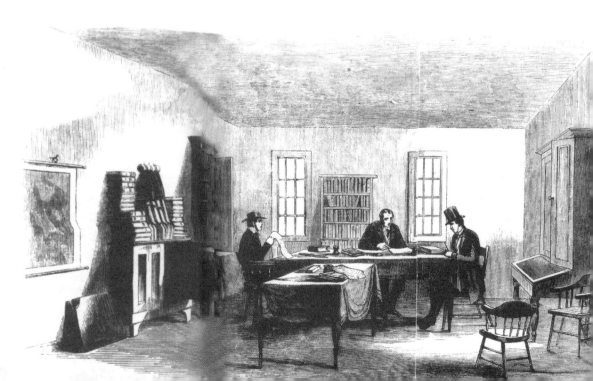

林肯与他的儿子们

托马斯·林肯（泰德）（1853—
1871）与父亲在一起。
（梅泽夫·孔哈特收藏）

威廉·华莱士·林肯（威利）
（1850—1862）
（由斯普林菲尔德伊利诺伊
州立历史图书馆特别提供）

罗伯特·托德·林肯
（1843—1926）
（芝加哥历史协会提供）

衣着晚礼装的玛丽·林肯。这是林肯夫人唯一的一幅侧身照，大约拍摄于1861年。从照片中可以看出林肯夫人是何等喜欢漂亮的衣服和带花的头饰。

（梅泽夫·孔哈特收藏）

1862年2月5日林肯家举行的白宫招待会。这是林肯家所举办的最为盛大的招待会。可在楼上，威利已病入膏肓。

（梅泽夫·孔哈特收藏）

"撰写解放宣言"。阿戴尔伯特·约翰·福尔克的这幅蚀刻画是南方同情者对于同一件事情的不同版本，展现的是林肯脚踏着宪法，笔蘸着的是魔鬼的砚台。墙上的画一幅画是圣人约翰·布朗，另一幅是在圣多明哥镇压奴隶起义的暴行。

（印第安纳州韦恩堡市林肯博物馆提供）

由于身材较高，林肯不太喜欢别人画他站立的肖像。但是，这一幅由马修·布莱迪的一位助手于1863年4月完成的全身像所展示的仍然是一位坦然自若、朝气蓬勃的总统。

（梅泽夫·孔哈特收藏）

1865年2月5日的亚伯拉罕·林肯。这幅由亚历山大·戈登纳拍摄的肖像显示，四年的战争给林肯带来了多少辛苦和劳累。
（梅泽夫·孔哈特收藏）

约翰·威尔克斯·布思
（芝加哥历史协会提供）

"最后的和解"。这幅由金梅尔与福斯特创作的银版画，展现的是一幅想象中的情景：林肯在西沃德、斯坦顿、格兰特和其他联邦军官的支持下，向杰弗逊·戴维斯和罗伯特·E·李伸出了友谊之手。自由女神在一旁会意地注视着这一切，旁边一位非洲裔的美国人正为自己重新获得的自由而欢欣鼓舞。这虽然是一个虚构的场景，但它展示了林肯战后重建政策宽阔的胸怀。
（印第安纳州南本德市杰克·史密斯收藏）

目 录

● 第一章 ●
贫寒的家史

亚伯拉罕·林肯对他祖上的事情没啥兴趣。在他心里，他这么个白手起家的人，没必要关注家谱。1859年，朋友们想从他那里弄一点个人传记方面的信息以便提高他总统提名的胜数，而他对其家族的历史也只是三言两语："父母都出生在弗吉尼亚州普通家庭，大概是二等家庭。"第二年，芝加哥论坛报的约翰·洛克·斯克里普斯打算写一部他的竞选传记，林肯却告诉他："斯克里普斯，何苦呢……要从我的早年挖掘出什么，那真是太蠢了。因为我的一切都可以概括成一句话，也就是格雷哀歌中的那句话：'穷人的简短一生。'这就是我的一生，不管是你们还是其他什么人，能挖到的也只有这么多了。"

大约1780年，林肯母亲的一家——汉克斯家族——从弗吉尼亚州迁至肯塔基州。对此林肯几乎一无所知。那是个人丁兴旺的部落，由一些生活简朴的农民组成，他们不识字但受人尊敬。要追溯他们的历史比较困难，因为他们每一代儿女的名字都一样：男的都叫詹姆士或约翰，女的都叫波利、露西或南希。亚伯拉罕·林肯的母亲就是18世纪80年代出生的，至少80个南希中的一个。亚伯拉罕·林肯确信自己的母亲是个私生女。关于私生的话题他平时很少触及，只是在19世纪50年代早期的某一天，当他驾着马车从斯普林菲尔德前往伊利诺伊州的圣彼得堡时，无意中说到此事。当时他和他的律师搭档威廉·赫恩登准备在梅纳镇法院审一个案子。这个案子涉及遗传特征。林肯说，私生子"往往比合法生育的孩子更健壮、更聪明"。为了证实这一观点，他提到了自己的母亲，说"露西·汉克斯是一名有教养的弗吉尼亚农场主或种植园主的私生女"，而且确信自己从这名"心胸开阔但不知姓氏的弗吉尼亚人"那里继承了有别于家族中其他成员的特质：远大志向、思维敏锐、分析能力强。

关于母亲非婚生子这一点，林肯很可能是对的。肯塔基州美世镇的一个大陪审团曾审理过对林肯祖母露西私通的控告，并且一些记录显示，在她那一辈的汉克斯女性中确有几起私生的案例。因为没有找到露西的结婚证书，所以对林肯的母亲家世的猜测不无道理。

但是，林肯自己在这方面的看法并不是建立在对汉克斯家庭历史的考证基础上，而是出于他想表现与自己一起长大的孩子与众不同的心理。与其他颇有天赋的年轻人一样，他也会质疑自己的父母怎么会是普普通通、毫无建树的人。林肯的同龄人时常把自己幻想成是法国大革命期间潜逃到美国的王储的后代，而他则把自己想象成显赫的弗吉尼亚贵族的后代。

对林肯家族历史的进一步研究发现，他们确实来自弗吉尼亚州，并且确实曾经参与到宾夕法尼亚州的教友会中。如此推算，最早的可能是萨缪尔·林肯。他在 1637 年从英格兰的诺福克移民到美国马萨诸塞州的欣厄姆。虽然他在英国时只是名织工，而到美国却发展成一位业务蒸蒸日上的商人，并且成为当地教会的核心人物。他生了 11 个孩子，取名为丹尼尔、托马斯、里奇勒和莎拉等，这种命名方式随后成为林肯家庭的传统。萨缪尔的孙子里奇勒（1686—1736）可能是最成功的家族成员。在宾夕法尼亚州，他是名铁匠，同时拥有大片富饶土地，成为 18 世纪的经济社会精英。他的妻子哈娜·斯雷特是新泽西议会众议院议员的后代，也是该州皇家代理州长的侄女。他们的儿子约翰·林肯（1716—1788）将家搬到弗吉尼亚州的谢南多厄峡谷，并在那里富饶的罗金厄姆经营一块广阔的农场。约翰也是事业有成，他给自己的儿子——林肯的祖父——留下了 210 英亩土地，那是整个弗吉尼亚最肥沃的土地。如此种种说明，亚伯拉罕·林肯还是家出名门，并不是贫瘠土地上长出的奇葩。他的家族有着精湛的谋生手段，正直的名誉，而且对公益事业还比较热心。亚伯拉罕·林肯就是这样一个美国家族的第七代。

如果亚伯拉罕·林肯更仔细地了解家族历史，还可能会对父亲托马斯的看法有所改变，情感加深。变卖了弗吉尼亚的农场，带着妻子和五个孩子翻山越岭去打拼天下的人，是托马斯的父亲——老亚伯拉罕·林肯。当时，他们听一位远房亲戚丹尼尔·布恩谈起肯塔基州肥沃的土地。在这里，他们发现了广袤而鲜经开垦的土地，也印证了布恩所说的所有良机。短短几年，林肯家族在肯塔基州的最富饶的地区，拥有了至少 5544 英亩的土地。

不过，旷野之中危机重重。1786 年的一天，老亚伯拉罕·林肯和自己的三个儿子——莫迪凯、约书亚和托马斯在刚买的土地上种植玉米的时候，印第安人袭击了他们。老亚伯拉罕当场遇害，15 岁的大儿子莫迪凯让约书亚奔到半英里外的住地求救，自己跑向附近的木屋躲了起来。从原木间的缝隙，他看到一个印第安人溜出丛林，准备偷偷地向 8 岁的托马斯下手，而托马斯仍呆呆地坐在父亲尸体旁。这时，莫迪凯拿起一支来复枪，瞄准敌人胸前的银质吊坠，在他还没来得及下手之前，一枪击毙了他。这番壮举被托马斯·林肯后来反复说起，成为小林肯脑海中"印象最为深刻的传奇故事"。

然而，托马斯·林肯和他儿子似乎都忽略了这个悲剧所导致的经济后果。根据肯塔基地区奉行的《弗吉尼亚法》，遗产继承时长子具有优先权，于是莫迪凯·林肯到达合法年龄后继承了父亲的所有财产，成为肯塔基州华盛顿县的尊贵市民。他资产雄厚，而偏爱养马。在林肯家族中，亚伯拉罕·林肯了解的莫迪凯睿智且颇有天赋，亚伯拉罕·林肯曾说自己的叔叔是"集家族才华之大成，无人能及"。事实上，他也集中了家族所有钱财，没给两个弟弟留下一个铜板，使得他俩只好自谋生路。

小儿子托马斯生活艰辛。突如其来的悲剧使他成为一名有钱的肯塔基种植园主继承人的希望破灭,他被迫自力更生,无可指望。对父亲早年的奋斗与挣扎,亚伯拉罕·林肯永远无法完全知晓。托马斯出卖劳力,每天赚取 3 先令果腹,如果有幸揽些木匠活或给人做些橱柜,能赚得稍微多点。用这样积攒下来的钱在肯塔基州哈丁县的米尔格瑞克镇买下第一个属于自己的农场,一块 238 英亩的土地,其艰辛可想而知。托马斯最终成为伊丽莎白镇和霍格顿维尔镇的知名人士。他身材矮胖,健壮结实,一头乱糟糟的黑发和一个硕大的鼻子,让人吃惊。一位邻居回忆说,"他没受过教育,也不掩饰这点,他是通过埋头苦干走到那一步的普通人",而且"专注工作,态度温和,安静沉稳,待人很好"。在讲述托马斯时,"老实"是人们用得最为频繁的词。他当过民兵,也当过陪审团的成员,在社区里受人尊敬。托马斯虽不算富有,但是也有比较可观的财产,曾在 1814 年全城 98位富翁榜上名列第 15 名。

1806 年托马斯迎娶了南希·汉克斯,随后这对夫妇安居在伊丽莎白镇五英里外的米尔格瑞克,并在那里生下了第一个孩子莎拉。1809 年,托马斯·林肯买下了另一家 300 英亩的农场,位于诺林格里克的南部岔口处,人称"沉泉农场",因为有一大股泉水从那里的一个深洞中汩汩流出。在泉水旁的小丘上,托马斯修筑了一座 18 英尺长 16 英尺宽只有一个房间的木屋。这栋坚固的房子,虽然没有地板,也没有玻璃窗,却和当时在那片土地上率先建起的 90% 的屋子一样宽大。

就在这里,1809 年 2 月 12 日,亚伯拉罕·林肯出生了。对于出生地林肯没什么印象,在他两岁之前父母就搬到了别处,因为"瓻泉农场"的土地比较贫瘠。据知情人描述:"确切点说,除了沟底的一些小块的绿地,基本上寸草不生。"托马斯很快发现这块土地不能供养一大家子人,于是转而在北边十英里外的旋钮河地区买了一块较小但土壤较为肥沃的农场。在这片新农场上,这家人和他们大多数邻居一样,挤在单间原木屋里。不过周围环境优美,穿越农场的溪流,清澈透亮,可以看见十英尺深处的卵石;洼地土壤肥沃,易于栽种,两边小而陡峭的山丘,轮廓清晰,独立成景,被誉为"旋钮山",而这个地区也因此得名"旋钮河"。

旋钮河这片农场给予了亚伯拉罕·林肯最初的记忆,但是其中关于母亲的少之甚少。母亲在林肯脑海中始终是个模糊的影像,连长相都不甚清晰。在没有照相机的时代,也没有请人画过肖像。多年之后,认识南希的人对她的描述也不尽相同。有人说她身材高挑,有人说她个头不高;有人说她瘦,有人说她胖;有人说她长相出众,有人说她相貌平平。不过大多数人都说她很聪慧。照理说她应该识字。但和许多拓荒时期的妇女一样,她其实是个文盲,甚至在文件上签名时也只能写个"X"来代替。亚伯拉罕应该记得,母亲在他年幼时烧饭做家务,清洗缝补丈夫孩子的寒碜衣物，或是在农场操劳。不过他在记述母亲在旋钮河地区的生活时，只提到了她生下了第三个孩子，取名托马斯，可夭折在襁褓里。后来的记录里也偶有提到他母亲，称其为"天使妈妈"，一方面是出于对诚挚母爱的回馈，另一方面是要将生母与当时还活着的继母区分开来。如赫恩登所写，林肯曾说过："上帝保佑我母亲，我的现在和所希望的将来，都要归功于她。"这样的敬意，与其说是出于对母亲抚养的感恩，倒不如说是感谢连姓名都不知道的祖父，因为据说她母亲是从他那里继承了优良的基因并将其传给了林肯。

林肯对于旋钮河地区的记忆，主要是他在称之为"大田地"上的劳作。这片土地有 7 英亩，林肯的父亲在前面种玉米，林肯跟在后面，在每隔一行的小土堆里撒下两颗南瓜种子。他记得有一次山上下了大雨，虽然雨水没有落在山谷里，而是从峡间流走了，但"还是将种的南瓜、玉米和其他一切东西冲了个精光"。他还记得在离家 2 英里的一家小学度过两段简短的时光，据一位亲戚讲，送林肯去上学"主要是让他跟姐姐做个伴，而不指望他要学多少东西"。林肯在这所小学的第一位老师叫扎加利亚，只知道他是一名天主教徒；第二位老师是加勒·哈慈尔。这位老师"可能会教拼写、阅读和一般的写作，或许还有三位数以内的算术，除此之外再无别的本事。不过，他体格庞大，力气过人，能把任何一个孩子或小伙子揍扁"。在那里，亚伯拉罕可能只学会了 26 个字母，直到全家搬离肯塔基州还不会写作。

总的来说，少年的亚伯拉罕完全是个普通的小男孩，喜欢玩耍、打猎和钓鱼。与同伴比起来，他可能更安静、更干净一点。但这些都不足以让他与众不同。如他一位亲戚所说："亚伯除了天性善良、粗犷一点之外，没有展现出什么特质。"

1816 年，亚伯拉罕 7 岁，他家搬到了俄亥俄河对岸的印第安纳州。多年之后，林肯非常坦诚地说，他父亲离开肯塔基州"一方面是因为奴隶制度，但主要还是因为在肯塔基州很难弄到土地的所有权"。托马斯·林肯认为，这两个因素是息息相关的。他不喜欢奴隶制度也是因为宗教原因。他和他妻子加入了自立浸信会，信奉传统的浸礼教义，比如宿命论，反对给婴儿洗礼等。但是，他们拒绝签注接受任何正式的教条。浸礼教徒遵从十分严格的道德规范，谴责渎灵、醉酒、谣言、赛马和跳舞，而且大多数教徒都反对奴隶制度。亚伯拉罕赞同他父母的观点，正如他 1864 年所言，他"天生就是反对蓄奴的人"，而且"从来就不知道什么时候改变过这样的看法和感受"。

托马斯·林肯对奴隶制的敌意有着经济和宗教方面的双重原因。他不愿意与奴隶竞争。肯塔基州早在 1792 年就加入了联邦，是一个蓄奴制的州。在中部地区这个绿油油的州里，"暴发户们"积聚了大量肥沃的土地，让黑奴们为他们耕种。地处这个地区西部的哈丁县并不适合大规模的农业，但是这儿的居民们感到了威胁。截至 1811 年，这个县拥有 1007 个奴隶，而年过 16 岁的男性白人却仅仅只有

1627 人。

1816 年冬天，托马斯越过俄亥俄河，来到印第安纳州实地考察，而且还用地桩标出了一块土地。在印第安纳州南部帕里城（即后来的斯宾塞城）乳鸽河地区森林茂密、鲜有人迹的原野上，托马斯发现了自己一直想要的东西。选好后，他搭建了一个所谓的"半面营地"的栖身之地：占地约 14 平方英尺，没有地板，三面封闭一面开放。圈完地，他又将边界的树木烧掉以示界线，并且在边角上堆放了大堆的树枝；随后，他回到了肯塔基州，打点了不多的财物，举家踏上了前往新住地的旅程。一家人刚刚定居下来，印第安纳就成为美国南部联邦的一个州。

托马斯所圈的地是块原始森林，十分偏远。在渡过俄亥俄河后，要去那个地方就没有路了。他不得不披荆斩棘开出一条路来，好让家人经过。亚伯拉罕·林肯记得，那个地方荒无人烟，森林中常有狗熊和其他骇人野兽不断出没。许多年后，当林肯回访这片森林时，写了一首诗重现了年少时的恐惧：

> 当父亲定居在这片山林的时候，
> 这条边界还无人走过；
> 美洲豹的吼声使黑夜变得恐惧，
> 豪猪也不敌饥饿的狗熊。

林肯一家到达之后，在"半面营地"中住了些日子。随后托马斯在这片地区附近的七家邻居的帮助下，建成了一间适宜居住的原木屋。原木屋虽能保障安全，但当地朔风凛冽，仅在圆木之间缝隙中填塞泥土和草茎，还是不能把寒风拒之门外。

靠着鹿肉和熊肉，这家人熬过了冬天。据他们回忆："我们一直都在辛勤地狩猎。"年幼的林肯也做了力所能及的事情：1817 年 2 月，快到他 8 岁生日的时候，他在新的原木屋外发现了一群野火鸡，于是拿了一支来复枪，从原木之间的缝隙瞄准，成功打死了一只。但是因为不喜杀戮，所以林肯对这事没有再提。多年后回顾这段往事的时候，他说"从那之后，他再也没有在更大的事件中扣动扳机"。

林肯一家在印第安纳州度过的第一年，充满了艰辛的劳作和绝望的孤寂，直到秋天的时候他们才勉强安顿下来。托马斯对自己选的这个地方十分满意，于是他又前往 60 英里以外的温塞讷斯，为之前圈定的两片面积达 80 英亩的相邻土地付了款。南希也越来越有了家的感觉，因为她的婶婶和叔叔——伊丽莎白（汉克斯）和托马斯·斯巴诺带着侄子邓马斯·汉克斯也来到了乳鸽河地区。

但没过多久，一连串的不顺之事发生了。先是亚伯拉罕遭遇了一次危险的事故。平日里，他的家务活之一是将玉米送到两英里外的戈登磨坊去磨成一家人当饭吃的玉米面。到了磨坊，他便将老母驴套上辕，开始拉碾。因为天色渐晚，又想赶着在天黑之前回到家里，所以老母驴走一圈他就抽它一鞭子，希望它走快些节省时间。结果老母驴一蹶子踢中了他前额。林肯摔倒在地上，流血不止，昏迷过去。开始别人还以为他死了，把他父亲也叫来了。不过，几个小时的失语和昏迷之后，他醒了过来，而且没有留下长期的后遗症。

随后，乳鸽河地区遭受了突如其来的"牛奶病"的侵袭。没人知道什么叫"牛奶病"，居民只知道这种病和牛奶有关。多年以后科学家才发现，是那些在森林中放养的奶牛食用了到处生长的白色有毒的蛇根草引起的。最初的症状表现为头晕，恶心，胃疼，随后发展成为呼吸和脉搏紊乱，衰弱，最后昏迷，一般七天后就会死亡。斯巴诺夫妇最先被感染。托马斯·林肯锯了几块粗糙的木板，做了两副棺材把他们葬了。随后南希也病倒了，她苦撑了一个星期。感到自己不行了，她将孩子们叫到床边，叮嘱他们，"要对自己的父亲诚信友善，彼此之间要亲善相处，对所有的人都要真诚相待"。南希死于 10 月 5 日，由托马斯·林肯将她葬在离家四分之一英里一处绿树成荫的山丘上。

接下来的一年或许是亚伯拉罕·林肯生命中最艰辛的日子。在斯巴诺夫妇死后，邓尼斯·汉克斯搬来与林肯一家同住。在他的帮助下，托马斯还能保持一家人有饭吃。"我们继续地打猎，干农活，"邓尼斯回忆说，"逮着什么打什么，我们得吃饭啊，要活命啊。"1819 年 2 月萨拉 20 岁了，负责做饭和整理房间，但是时不时会感觉孤独，一个人坐在火炉边哭泣。邓尼斯回忆说，为了让她高兴起来，"我和亚伯给她捉了一只小浣熊和一个乌龟。还想逮到一只小鹿，不过逮不着"。

"亚伯"，邓尼斯和其他孩子老是这样叫林肯。虽然不喜欢这个小名，但林肯也只是将不悦藏在心里，从不拿出来说。他太敏感了，这块心病不能碰。多年后，他在写给一位失去亲人的孩童的悼念信中说："在我们这个悲惨世界里，每个人都会经历悲伤，而这种悲伤对年轻人来说是最痛苦的，因为他们是想不到的。这种事我经历太多了，说的也都是心里话。"

十岁之前丧母对亚伯拉罕·林肯来说有什么更深的影响，这只能由外人来猜测。不过，人们很容易将其与他后来的情绪多变，郁郁寡欢和时不时发作的抑郁联系起来。然而不过这些联系也未必确切，因为以上症状在没有经历过丧母的人身上也会发生。可能他母亲的死与他对残暴和流血的憎恶不断加深有关。他开始责备邻家的孩子不该对动物冷酷，残暴。那些孩子捉住水龟，将滚烫的煤块放在龟背上，逼迫无抵抗能力的水龟从壳里探出头来。他责怪他们不记得，"蚂蚁的生命对蚂蚁来说也是十分美好的，就像我们的生命对于我们一样"。毫无疑问，母亲的去世以及身边朋友和邻居的相继死去，在他印第安纳的生活中投下了浓重的阴影。在 19 世纪 40 年代重访故里时，他用诗歌记录下这样的心情：

又看见了幼时的家园，

这景象让我心伤；
脑海中昨日浮现，
伤痛之外仍有愉快的思量。
信步在田野上，步履忧伤，
人去房空，
只有死者在身旁，
就仿佛住在坟墓中一样。

南希去世了一年之后，托马斯·林肯意识到他和家人需要一个家庭主妇。于是他返回肯塔基州寻觅佳侣。在伊丽莎白镇他找到了萨拉·布什·约翰斯顿。在与南希结婚之前，他曾向萨拉求过爱，但没有成功。此时的萨拉是哈丁县一名狱卒的遗孀，抚养着三个小孩。对托马斯来说，时间已经不允许浪漫的订婚。他需要一个妻子，而她需要一个丈夫。他们很快就做出了一个商业味十足的安排：托马斯为萨拉还清债务，而萨拉则收拾行囊，随夫前往印第安纳州。

萨拉·林肯的到来成为亚伯拉罕·林肯生命中的转折点。她带来了家庭用品——舒适的寝具，一张价值45美元的胡桃木写字台、桌子、椅子、纺车、刀叉和勺子。有了这些，孩子们感到仿佛身处一个奢侈的世界。她自己的孩子——伊丽莎白、约翰和玛蒂尔达，年龄从8岁到13岁，他们给沉闷中的林肯家庭带来了生气和快乐。不过最重要的是，萨拉给这个家庭带来了爱。当她看到衣衫褴褛，又脏又饿的林肯家的孩子们的时候，心里一定一阵触动。如她后来所说，她马上放下包裹就开始做事，让这些孩子们看上去"更像个人样儿"。据邓尼斯回忆："她用肥皂给孩子们又擦又洗，使他们看上去整整齐齐，干干净净。"

在她的建议下，家庭成员的任务进行了重新分配。托马斯·林肯和邓尼斯·汉克斯暂时放下了手头狩猎的活儿，锯一些木头给屋里铺上地板。等到完工时，他们把屋顶换了，安了个合适的门，还开了一扇窗户并且贴上油纸。因为木屋比较高，所以他们还在顶部修了一个阁楼，通过钉在墙里的木桩上下。在阁楼里，萨拉为三个男孩子——邓尼斯·汉克斯，亚伯拉罕和约翰布置了床铺。她打扫了木屋的每个角落，架起了美观的床架，托马斯用自己的木匠手艺又做了一张桌子和几个凳子。值得一提的是，在家里大翻修过程中，大家都比较团结合作，很少摩擦。

更为突出的是，萨拉·布什·林肯有能力使原先两个家庭的成员和睦相处，彼此之间不生妒意。她对待自己的亲生孩子和林肯家的孩子一视同仁。她特别喜欢亚伯拉罕。"亚伯从来没有跟我说过气话或是露出生气的表情，我交给他的事情，他都用心地去做，从来没有拒绝过，"她回忆说，"我一生都没有说过一句气他的话。他的心和我的心（尽管没他那么大）似乎总能想到一块儿，就像是一条水渠里流淌的水。"多年之后，当问及如何比较亲生儿子和继子时，萨拉对采访者这样说道："他们都是好男孩，亚伯是我见过和希望见到的最好的男孩子。"

同样对爱渴望的亚伯拉罕也回应了她的爱。他叫她"妈妈"，用最饱含深情的词句来描述她。在他当选总统之后，他回忆了在萨拉到达之前林肯家的落魄情形，以及年幼时从萨拉那里获得的爱和鼓励。他说："她是我在这个世上最好的朋友。"据一位亲戚回忆，亚伯拉罕还说过"他对她的爱胜过所有人对母亲的爱"。

对于年幼的亚伯拉罕来说，自萨拉来到印第安纳之后，日子就快乐了起来。他随后将这段时光描述为"快乐欢愉的童年""充满欢声笑语"，而且"没有悲伤，没有痛苦，什么也不缺"。他的父母将他和其他四个孩子一起送到离家一英里处由安德鲁·克劳福德开设的学校。尽管萨拉本人不识字，但她明白教育十分重要，托马斯则想让儿子能识字，会算术。

亚伯拉罕在克劳福德学校上了一学期，大约三个月。克劳福德为人公正、和善，在当地有些影响。在他所开设的私立学校，学生父母以现金或货物的形式交纳学费。这个学校没有设分年级，总是闹哄哄的。学生们大声背书，老师则从背书的嘈杂声中挑错。人们之所以很久以后还记得这个老师，是因为他老是用自我介绍的方法"教给我们礼仪"，就好像我们从来没见过面似的，一位学生回忆说。一个学期后克劳福德放弃了教学，林肯家的孩子也因此失学一年，直到詹姆士斯·瓦尼在离家四英里的地方又开设了一家学校为止。因为这所学校太远，加上亚伯拉罕还要在农场干活，于是只能偶尔去听听课。接下来一年，他去阿扎尔·多尔西在以前的克劳福德学校旧址开办的新校上了 6 个月的课，之后就结束了正式教育。那一年，他 15 岁。对此他总结道："我所有的学龄加起来还不到一年。"

通过不断的重复和练习，他学会了拼写。事实上，他的拼写十分流利熟练，在学校的拼字比赛中几乎所向披靡。他同时也乐于分享知识。多年后，同班的一位女生讲了一个他帮助她的故事。当老师要她拼写一个很难的词"defied"的时候，她差一点说成了"defyed"。在拼到第四个字母的时候，她碰巧看了林肯一眼。林肯用手比画了一下，结果她就拼对了。

他也学会了写字，笔迹清晰、流畅。通过他算术本上那首打油诗的笔迹，就可以看到未来总统的迹象：

> 亚伯拉罕是我名，
> 我用我笔写不停。
> 龙飞凤舞出笔下，
> 只有傻瓜看不清。

亚伯拉罕的笔头功夫如此之好，以至乳鸽河地区许多不识字的邻居写信的时候经常找他代笔。

然而最重要的还是阅读能力的培养。亚伯拉罕在学会阅读之后，便开始热衷于读书。邓尼斯·汉克斯回忆说："他对书非常贪婪，阅读一切可以拿到的带字的东西。"他出去干活的时候会夹本书，休息之余阅读。约翰·汉克斯回忆亚伯拉罕从地里回到家的情景时说："他会走到食品柜那里，拿片玉米面包，拿本书在椅子上坐下，把脚高高地翘起来，然后就开始读书了。"

亚伯拉罕的同龄人称他为"读书大王"。不过当时边疆地区书籍很少，他得细细品味每一本，而没有条件博览群书。书中的许多东西他都背下来了。据他的继母回忆："当他看到吸引自己的段落时，如果当时没有纸张，就把它们抄在木板上，随后再重新写到纸上，记在脑海中。"

除了教科书，他早期的课本是萨拉·布什·林肯从肯塔基州买回的读物。其中有一本就是《圣经》。萨拉记得亚伯拉罕会时不时翻阅一下，"不过不多；因为他找到了更适合自己年龄的读物，更喜欢读那些作品"。其中有一本就是《天路历程》，该书作者约翰·班扬采用的《圣经》般的韵律，对后来林肯的演讲词有着深刻的影响。萨拉买回去的另一本书是《伊索寓言》。这本书亚伯拉罕看了好些遍，熟谙得提笔就能写出其中的寓言故事。一些故事的寓意深深植在他的脑海中，比如一头狮子和四头公牛的故事，告诉人们"内部分裂的王国无法屹立于世"的道理。他继母有一本威廉·斯考特写的《演说学》，从中他学习了演讲的基本课程，书中节选的一些片段让他见识了莎士比亚，这可能是他生平第一次知道了莎翁。这些节选中包括了克劳狄斯在杀害哈姆雷特父王后的独白，"哦，我的罪孽如此深重，可能无法进入天堂"这一直是林肯最喜欢的章节之一。

林肯对历史也十分痴迷。他可能读过威廉·格林肯的《美国历史》。该书开篇讲述美洲的发现，以佛罗里达州的兼并结束。作者格林肯在书中强烈谴责奴隶制是"人类残暴和沦丧的极端"，强调美国大革命的重要性，并且告诫学生："我们不仅仅要呼喊口号，而且要付诸行动，来践行'人人生来平等'的箴言。"相比之下，传记比历史对林肯的吸引力更大。他喜好阅读本杰明·富兰克林的自传，而帕森·马森·威姆斯的《乔治·华盛顿的一生》激发了他的想象。多年后当他前往华盛顿发表第一次就职演说时，他告诉新泽西参议员，威姆斯对华盛顿在特伦顿河畔的英勇战斗的场景，如"渡河、与黑森人拼杀以及他们所承受的艰难困苦"，在他的脑海中留下了不可磨灭的印象。他还说："我虽然只是个孩子，我记得当时我就想，这些人如此拼争，肯定是为了跟常人不一样的目标。"印第安纳州边疆小学还给林肯的初级基础数学打下了一个坚实的基础。他的老师可能从未用过代数书作为课本，而是从两本手册中摘录题目，一本是托马斯·迪尔沃斯的《教师助手》，另一本是扎加里哈·杰西的《美国教师助手》。由于纸张比较稀有，林肯经常需要在木板上演算。对此他的继母回忆说："如果板子被写得太黑了，他就用画画的刀子把表面削去，然后继续使用。"后来林肯在某个地方找到了一沓纸，他将纸张装订成册，在上面记录题目和演算结果。这个本子上记录了包括乘法（像 34，567，834×23，423）和除法（像 4，375，702÷2，432）在内的运算。他的计算十分精确，同时上面还记录了一些计算重量和其他度量衡的题目以及计算打折和简单利率的题目。当然，关于比率和面积的计算对老师来说也是难题，他却可以计算这方面的简单题目，例如：如果 3 盎司银子价值 17 先令，那么 48 盎司值多少钱？学生和老师似乎都不太明白"除九检验法"这个既麻烦又不准确的方法是怎样对除法算式进行检验的。不过，他喜欢数学的逻辑性和精确性，多年后，他重拾数学，演算了一本几何书的大多章节。不过那是在他当了一届议员之后的事。

林肯从学校学到的不仅仅是书本里的东西。在那里，他第一次有机会遇到其他家庭的孩子，与他们进行智力比拼。林肯的个子比大部分学生都高，他头戴浣熊皮帽子，身穿的鹿皮裤总是短一截。他的一位同学还记得，"亚伯林肯干瘦的脚踝总是在裤腿露出 6 寸多"。他对自己独特的外表毫无意识，很快在身边召集了一群学生，相互之间开玩笑，讲故事。几乎从一开始，他就扮演了领袖的角色。他的同班同学佩服他讲故事和写押韵诗的才能，对他的首次公众演讲也给予了极高的热忱。他们认为林肯十分杰出，而林肯在短暂的学校生活中也因为在智力上无人匹敌而获得了相当的自信。

林肯的快乐童年终归是短暂的，因为他与父亲之间的关系开始恶化。托马斯明显地衰老了。他再婚时迸发出来的精力在婚后的岁月里慢慢衰退。可能健康状况不好，据一位邻居回忆，他一只眼睛已经失明，另一只视力也衰退了。而另一位邻居说，托马斯不是个懒惰的人，但做事不是很麻利，总是忙忙碌碌，可没干件大事。

托马斯再婚后，要养活一个八口之家，所以面临着巨大的经济压力。以往他还可以靠邓尼斯·汉克斯的帮助来养活这么一大家人。可是后者在 1821 年跟萨拉的女儿伊丽莎白·约翰斯顿结婚后，搬离到半英里外的地方去了。随着亚伯拉罕成长为一个年轻人，父亲越来越指望他来干农场的活来维持一家人的生活，如耕种、挖地、锄草、修篱笆等。他定期会让儿子外出去邻近的农场打工，而且依照法律规定，在儿子达到法定年龄之前，报酬都归父亲所有。

繁重的劳动加深了亚伯拉罕的不满。他精力有限，因为 12 岁的年纪正是快速长个的时候。16 岁的时候他已经有 6 英尺 2 英寸高，而体重只有 160 磅。据一位同龄人回忆，亚伯拉罕当时瘦骨嶙峋，体态细长。因为发育很快，所以总是有些疲累，对体力劳动尤其缺乏热情。邓尼斯·汉克斯说"林肯是个懒人，非常懒，他总是在读书，画画，写字，算算术，写诗"。曾雇他打工的邻居也说他"相当懒"，一位邻居还说："他懒得就连最轻的活也不愿意干。"他们的不满毫无疑问加深了这对父子之间的矛盾。

但是亚伯拉罕与父亲的疏远，并不仅仅是十几岁青年人的逆反。他私下里评估了托马斯的生活，虽然结论保留不说，但从他多年后带有嘲讽的话语中可见一斑。他说，"我父亲成长过程中没有受过任何教育"，"除了笨拙地签上自己的名字外，他从没写过什么"。他选择的居住地"没有什么东西能激起人们对教育的兴趣"。对亚伯拉罕·林肯来说，这是多么可怕的选择。在他所有的出版物中，包括在数以百计的故事和谈话记录中，都找不到关于他父亲的正面评价。

快二十岁的时候，亚伯拉罕·林肯对离开乳鸽河地区产生了一种热望，他与家和社区的纽带一个个断裂：在他 17 岁的时候，他的姐姐萨拉嫁给了邻居阿龙·格里格斯比。这对夫妻在离林肯家几英里的地方开始了自己的生活。萨拉·布什·林肯的小女儿玛蒂尔达十分喜爱亚伯拉罕，而她却嫁给了斯夸尔·霍尔，也搬出去自立了门户。一年半后，萨拉·林肯·格里格斯比在分娩中死亡。亚伯拉罕将自己姐姐的死亡归咎于格里格斯比家没有请助产医生，随后的不和也使得他与乳鸽河地区的邻居渐渐疏远。

河流的诱惑是无法抵挡的，召唤人们摆脱像乳鸽河地区那样狭小世界的桎梏。1828 年，当商店老板詹姆士·森特里决定将一货船的肉类、谷物和面粉运到下游的新奥尔良卖掉的时候，林肯应邀划着平底船陪伴詹姆士的儿子艾伦出行，每月工资 8 美元。他们的旅途是轻松愉快的，不时沿河停靠，与沿岸路易斯安那州的甘蔗种植园做些买卖，一切像梦幻般休闲自在。不过这种旅程在一天夜晚被打破了。回忆起那个夜晚，林肯说道："一天夜里，7 个黑人袭击了我们，意图杀人越货。在混战中我们受了伤，不过最终将他们赶出了船，切断绳缆，收了锚，赶紧离开了。"新奥尔良是两个乡村男孩那时见过的最大的城市，大楼高耸，商店繁华，交通川流不息。那里的法语和英语的使用一样普遍。也是在那里，林肯第一次见到了数不清的奴隶。不过对于此行两个男孩都没有记录，可能是因为他们所受的巨大震撼难以言表。

回到印第安纳州，林肯把他赚的钱悉数交给父亲。不过，他外出的时间越来越多。他喜欢去一英里半外一个叫森特里维尔的村庄，在那里，他偶尔帮詹姆士的商店做做事，有时和当地铁匠约翰鲍德温一起干活。和以往一样，他还是健谈多话，喜欢恶作剧和讲笑话，周围常聚集着一帮快要成年的年轻人，闹腾在这个印第安纳州南部的小镇。

1829 年春天，在鲁本·格里格斯比的两个儿子——小鲁本和查理斯的娶亲之日，林肯和他的小团伙干了一件最不可思议、最令人难忘的恶作剧。自林肯的姐姐萨拉死后，格里格斯比家和林肯家就产生了些积怨。当林肯得知没有被邀请出席婚礼的时候，他"生气了，觉得受到了侮辱"。于是婚宴结束后，让他的一个同伙把新郎带到楼上新娘的房间，但林肯故意让他们走错了房间，上错了床。这场乱搭配的闹剧很快就被揭穿，不过却成为森特里维尔社区茶余饭后的笑谈。林肯随后又添油加醋地杜撰了一篇名为"鲁本编年史"的文章，更是让它臭名远扬。在这篇文章里，林肯模仿经文的语言，描述了这个事件，然后又用诗句来讲述另一位格里格斯比兄弟比利是如何被追求的女孩子拒绝：

> 你这该死的秃子，
> 怎能配当我的男人，
> 一看你的裤裆就知道你是个烂货，
> 哪能受得了我的激情。

求爱被拒的比利于是转向男情人纳缇：

> ……他娶了纳缇，
> 比利和纳缇如此默契，
> 妈妈对这桩亲事十分满意。

许多年过后，这首打油诗在印第安纳州南部依然有人记得。据一位当地居民回忆，这首打油诗的某部分，人们记得比《圣经》和瓦兹的赞美诗还牢。

按照法律规定，此时的亚伯拉罕还要为父亲工作一年。于是，他又在家待了一年。这既是对父亲的责任，也是对继母的爱。19世纪30年代初期，他帮助父母从印第安纳州的斯潘塞县搬到了伊利诺伊州的梅肯县。在此之前，约翰·汉克斯已经在那里定居下来，并告诉家里伊利诺伊州的土地是如何肥沃，惹得邓尼斯巴不得一下子就和家人一起搬到那里去。而这时印第安纳州南部又在谣传新一轮"奶牛病"暴发了。这也促使林肯家族决定和邓尼斯同行。托马斯·林肯卖了土地、猪和谷物，3月举家坐上由两头牛拉的车，踏上了征程。

一路上，亚伯拉罕使出浑身解数逗大家开心。他一边驾牛车，一边讲笑话。路况很差，有的地方几乎不能通行，地面尚未解冻，白天融化一点点，晚上又重新冻住。当这群人经过温塞讷斯的巴什河时，河水漫出河流，以致方圆半英里的路面都是积水。到处的溪流都涨了水，而且很多地方没有桥。在一个岔路口，林肯喜爱的小狗跳到车外，砸破冰面落入水中，在水里挣扎。许多年后林肯回忆说："我不能失去我的小狗，于是我跳下车，泡在齐胸的冰水中，救起了我的狗。"

经过了只有十几幢原木屋的迪凯特村后，林肯一家继续前行了大约10公里，来到桑加蒙河的北岸的一块土地，那是约翰·汉克斯预先为他们圈定的地产。那年夏天他们开垦了15英亩的土地，亚伯拉罕和约翰·汉克斯劈开围栏，竖起篱笆，把这片土地圈了起来。在俄亥俄州，亚伯拉罕找到了家的感觉。在这里，他和其他 44 名"有资格的投票者"一起签署了一份申请书,向法院要求更改投票地点。可当时他在该州居住的时间尚未满 6 个月,还没有选民资格。

也就在那年夏天,他在迪凯特的伦肖商店前一场竞选会议上,发表了首次政治演讲。两位功成名就的政客也发表了演说,角逐州立法机构的席位。当他们没有依照习俗向听众提供饮品时,商店周围的孩子们便催促林肯出来表达不满,希望他嘲讽一下政客的吝啬。这本来是件小事,但体现了亚伯拉罕希望与父亲有所区别的决心。而对托马斯·林肯来说,挺身而出,站到大众面前发表公共演说,这却是件做梦都不敢想的事情。几年来,亚伯拉罕一直坚持阅读反杰克逊的国家共和党报纸,例如《路易斯维勒杂志》,而且他特别热衷亨利克雷的"美国体系"。该体系呼吁一系列的国内改革,如实施保护性的税率,建立国家银行等。迪凯特的听众震惊了。他们本以为会听到一些粗鲁的政治幽默,结果听到的却是林肯对改善桑加蒙河上的交通状况的呼吁。在台上,林肯看起来泰然自若,只是不时变换位置来舒缓双脚;在演讲结束的时候,林肯用雄辩的语言,描绘了一幅伊利诺伊的未来蓝图。

亚伯拉罕·林肯现在已经成为一个男人,不管是从心理上还是法律上,都可以永远脱离家庭的巢穴。至于如何谋生,林肯并不清楚。但他愿意尝试除了父亲所从事的农业和木匠之外的任何事情。因此,当丹顿·欧福特邀请他和约翰·汉克斯搭载另一艘满载货物的平底船前往新奥尔良的时候,林肯立马答应了下来,因为没有更好的事情可做。当他到桑加蒙城河边帮欧福特修建船只的时候,他便永远地离开了自己的父亲。他不知道自己是谁,也不知道要去哪里,不过有一点是肯定的:他不想成为第二个托马斯·林肯。

第二章

漂 泊

亚伯拉罕·林肯离开父亲之后的几年，对他的未来有着至关重要的影响。1831 年他还什么都不清楚。他自己和身边其他人，都不知道他最终会进入哪个行业。他身体强壮，能从事重体力活，这一切只适合他父亲的职业——当农民，而他对此却不屑一顾。在随后的十年间，农民、木匠、水手、售货员、士兵、商人、邮政所长、铁匠、海关验货员、律师或政客，这些边疆地区的行业他全试过。从经验中他体会到，只有最后两个职业才有希望。在 30 岁的时候，终于明确了职业方向。

朦胧中，林肯来到了纽萨勒姆，在那里度过了六年时间。正如他对那里的邻居说的：自己那时"是一块漂泊在水上的木头，碰巧被桑加蒙河的洪水冲到这个地方"。第一次见到这个村庄是 1831 年 4 月。当时，林肯、约翰·汉克斯和约翰·约翰斯顿等人为欧福特建造的平底船，在约翰·卡姆仁和詹姆士·拉特利奇修建的河坝旁搁浅了。船上载着的熏肉、小麦和玉米太重，无法从坝上通过，船舱也开始进水，而且速度吓人。当船上的人拼命地抢救船和上面的货物时，所有的村民都跑出来看热闹。年轻健壮的林肯在水里忙活的景象尤其吸引了他们的目光，林肯"光着脚，帽子、外套和背心也全脱了；裤脚卷到膝盖上，衬衣被汗水浸湿；他拼命地忙活着，时不时用手指整理一下那一头毛茸茸的头发"。他没办法推动船，就在船头钻了个洞，并将船尾的木桶卸了一些好让船尾翘了起来。当水涌出钻开的洞时，整个船被托了起来，驶过了大坝。镇上人都被林肯的聪明折服，而欧福特本人更是深受震动，他发誓说，一旦这趟去密西西比河的任务完成，他就要在纽萨勒姆开家新店，让林肯出任经理。

年轻的亚伯拉罕·林肯在纽萨勒姆如鱼得水。这个只建立了两年的村镇，位于桑加蒙河旁边陡峭的岸边，属于两位磨坊主约翰·卡姆仁和詹姆士·拉特利奇。1831 年的时候，商业活动这样频繁的乡村还不多，它向周围的乡村地区，如克拉里的格罗夫镇和康科德镇，出售生活用品等。除了水力驱动的锯木厂和面粉厂以外，纽萨勒姆还开设了一家铁匠铺、一家修桶铺、一家羊毛梳理铺、一家制帽店、几家综合商店和一家客栈。镇上约有 100 多人，房屋十来间，这是林肯见过的最大的社区。

在那里，越来越多人喜欢上了这个干活肯卖力气、待人亲和、甘心情愿地能干好任何一件事的年轻人。林肯很快在镇上大受欢迎，每天和一群人积聚在萨缪尔·希尔和约翰·麦克尼尔的商店门口，互通消息和传闻。镇上的男人很喜欢林肯，因为他和他父亲一样，头脑里有讲不完的俗闻逸事。其中有个故事是：一位印第安纳州的浸礼教牧师，穿着过时的宽松长裤，衬衫仅在领口处扣上，嘴里念道："今天，在此，我便是基督的化身。"这时一只蓝色的小蜥蜴爬到他的腿上，牧师既甩不掉这只动物，又不愿中断自己的弥撒，于是便将裤子松开脱掉，却不料蜥蜴没被赶走，反而继续沿着他的脊背往上爬，这时牧师口中不停，同时解开了衬衣脱掉。牧师此举引来听众一阵茫然，随后一位老妇人站起来，大声叫道："如果你就是基督的化身，那我就得把《圣经》给扔了。"

如果没有女人在场，林肯的故事有时会带点下流的腔调。比如有次他讲述发生在陆军上校伊桑·艾伦身上的一件逸事。这是位在美国大革命中极为出名的人物。在战争后访问英格兰时，艾伦发现主人很喜欢拿美国人开玩笑，特别是乔治·华盛顿；而且为了招徕客人，甚至在厕所（讲故事的时候，林肯特意将厕所称为"后宫"）里悬挂了这位美国首任总统的肖像。见到这张肖像，艾伦宣称主人将它挂在了一个非常合适的地方，因为"要想让英国人屁滚尿流，没有什么比看到华盛顿将军最为奏效了"。

这些故事都没有特别的意义。它们与林肯后来讲述的逸事不同，不是用来阐释论点或是调侃某人，而是因为林肯觉得它们很有意思，并且他在一个以相互讲故事来打发时间的环境里长大，自然而然养成了这一嗜好。林肯的故事多是长篇，配上各种模仿的姿态和手势，使得他很容易成功打入了纽萨勒姆由男性主导的社会；当这位面孔悲伤、步态不稳的年轻人开始讲故事的时候，很少有人会不被逗乐。据一位老人回忆："他在讲故事的时候，脸上发光，表情很快开朗起来，肌肉收紧，眼角露出几条细纹，斜斜地一直延伸到他的鼻子。他的双眼炯炯有神，最终在场的人都情不自禁或踊跃地加入听众的人群中，一起爆发出阵阵不可遏制的大笑。"

9月欧福特的商店开业，林肯也面临着获得一个新的团体认可的考验。作为贸易中心的纽萨勒姆，吸引了周边地区的大批农民和劳力。他们拥入纽萨勒姆，去磨面粉，购买货物，或是在"杂货店"（当时出售酒精饮料的商店）里喝上几杯。这些外来者与原来久居的村民相比，更接近于传统的拓荒者。从西边几英里外克拉里的格罗夫来的男孩们是最为不羁的，他们的领袖是强壮的杰克·阿姆斯特朗。这些男孩毫不拘谨，丝毫不管礼仪规范，跟小流氓一样到处找乐子。当然他们也有慷慨大方和心地善良的一面。赫恩登说，他们"隔开池塘，开挖泥沟，修建房屋"。在看到柔弱的妇女和病人时也会萌生恻隐之心。不过他们在纽萨勒姆多半还是搞恶作剧，比如斗鸡和拽鹅颈比赛。总的来说，比的都是力气。

欧福特对他的新助手也是倍加赞赏，他开始吹嘘说，林肯不仅是纽萨勒姆最聪明的人，而且也是最强壮的。格罗夫的一帮男孩听说后，都说他是吹牛。他们对林肯的头脑不感兴趣，但派出了自己的腕力大王杰克·阿姆斯特朗与林肯一决高下。林肯起先不情愿，因为他不喜欢掰手腕比赛，说那是"扯来扯去"，但是迫于老板的敦促和对手的挑衅，他还是答应较量。在纽萨勒姆居民的记忆中，那次比赛十分壮观，不同的人还有不同版本的描述：有的说是阿姆斯特朗耍了诡计获胜；有人说林肯把对手撂倒了；有人说阿姆斯特朗的一帮喽啰叫嚣要用鞭子抽打击败他们的冠军，直到林肯主动提出跟他们所有的人挨个单挑。这些细节都无关紧要。重要的是，林肯证实了自己的力量和勇气，获得了格罗夫一伙人的尊敬。那伙人随后成为他最忠实狂热的追随者。

与此同时，纽萨勒姆一些较有文化的老居民也开始纷纷给予这位新来者很高的评价。虽然这座村庄靠近拓荒区，出人意料的是里面很多居民都受过教育或具备一定的文化素养。这些人都为林肯不耻下问的学习热忱而吃惊，同样也吃惊的是，林肯还加入了村里由詹姆士·拉特利奇开设的辩论俱乐部。林肯第一次登台辩论的时候，双手紧紧插在裤兜里，开始时还很羞怯，不过慢慢地他的声音越来越沉着、镇静，并开始有了些笨拙的手势。据当时的一位参辩者回忆："他对问题的分析有理有据，简洁有力，所有人都为之折服。"

村里的有识之士听闻了这一切，更加认定林肯定会大有前途。他们发现林肯在欧福特的商店工作期间，学习也是异常用功。那时，这家商店的业务已经涵盖了附近的磨坊和锯木厂的经营范围。校长格雷汉姆评价说："他是我所见过的最棒的业务员之一。他对自己的业务极其上心，对顾客和朋友和蔼友善，考虑周到，对待他们总是温和诚挚。"对于林肯表现出的对村上事务的兴趣，他们也感到十分欣慰。例如，林肯会定期去当地法院旁听由公正的胖法官宝林·格林主持的审判。喜欢活跃气氛的格林一开始允许这位羞赧的年轻人在开庭前对案件发表一些非正式的评论，因为林肯讲故事的本事"能时不时将这位老资格的胖法官逗得前翻后仰"，一位知情者说。但是格林不久认识到，林肯不仅具有幽默感，而且头脑清晰，思辨力强，根据一些书本的介绍，他能够起草一些例如契据和收据之类的简单法律文书。

1832年春天，格林和辩论俱乐部主席詹姆士·拉特利奇同其他几位居民一起，建议林肯竞选州立法院。他们的决定开始看起来似乎没有什么特别，最后却产生了重大影响。纽萨勒姆的未来和桑加蒙河紧密相连。在村子下面陡峭的岸边，河流急转而下。通过这条河，村子多余的熏肉、谷物和小麦被运到下游的地方出售，就像当年林肯用他的平底船运货一样。而且，如果水运条件有所改善，湍急的河水缓下来，蒸汽船便可向上游运送工业制品：盐、铁和其他居民的生活用品。不过纽萨勒姆可能成为伊利诺伊州中部的商业中心的蓝图，受到了一项工程计划的威胁。依照这个计划，一条铁路将从已经通航的伊利诺伊河通向捷克孙维尔和斯普林菲尔德，完全绕过纽萨勒姆。在这个重要时候，纽萨勒姆需要在州立法院有代表自己权益的议员。有当船员丰富经验的林肯，便成为角逐这个位置最好的人选。

在朋友的敦促下，1832 年 3 月林肯宣布竞选州立法院议员。此举同时显示了这位年轻人满满的自信，相信自己和竞争对手一样有能力，即便不比他们强。有一点得说清楚，林肯此次角逐的位置不是高层职位，对于州立法议员的竞选资格没有什么特别的要求，因为他们平时主要工作也就是解决一些鸡毛蒜皮的事，如牛群用不用篱笆围起来等。竞选人不要求具备以前相关的立法机构的工作经验，甚至这方面的经验反而会成为劣势；也不需要有强硬的政党支持或强大的赞助者扶持。伊利诺伊州的州民在政治立场上颇有分歧，很多居民强烈支持当时的总统安德鲁·杰克逊的第二期连任；另一些居民，包括林肯在内，崇拜亨利·克雷——另一总统候选人。但在 1832 年，这些全国性的问题没有在伊利诺伊州当地的政局中受到关注。其主要问题是，选民是根据个人好恶，喜欢把票投给谁就投给谁。

不过，林肯在 1832 年宣布参加州议员的竞选却鲜明地反映了他自身的变化。用他自己的话说，在一年不到的日子里，他还是个"没朋友没文化没钱"的平底船上干活的男孩，每月赚 10 美元，而现在却在纽萨勒姆安定了下来。不过年方 23 的林肯只在一家小的乡村商店里担任售货员，正式教育时间不到一年，对于政府工作毫无经验。一位知情人说："当时的林肯除了一大群朋友，一无所有。"在他的社区之外没人知道这个名字，而他却要与那些年岁更高、经历更丰富的人在全县范围内一争高低。

另有一些候选人，他们的名字被颇有影响力的政客推介到选民跟前。没有后台的林肯直接在斯普林菲尔德的《桑加蒙日报》上发表了竞选宣言，与选民近距离互动。在起草和修改这篇文稿的时候，林肯得到了商店负责人约翰·麦克尼尔和校长蒙托·格雷汉姆的帮助，出色地完成了终稿。在这篇文章中，林肯提出对当时呼声颇高的铁路项目计划的质疑。他写道："不管这个计划激起了我们怎样的幻想，如果看到它的成本花费，我们的心脏都要爆炸了！"随后他提出了替代方案，即改善桑加蒙的河运条件，而这一建议正中村民下怀，对他们至关重要。而且通过介绍自己在该河上的工作经验，林肯保证了该方案的可行性。

在其他问题上，林肯的言论也体现了纽萨勒姆的利益。当时资金短缺，信贷缺乏，于是商人大钻其空，发放高利贷。对此林肯呼吁立法加以遏止，取缔"这个有毒的、腐蚀性的体系"。虽然林肯年纪轻轻，他却认识到了提议的可能性和局限性。取缔高利贷的法规会产生象征性的效果，但是他一针见血地指出："除此之外可能不会产生实效，因为在极端情况下，人们总会找到钻法律空子的方法。"

在文章末段，林肯转而为自己聚敛人气，争取支持。他运用了一贯清晰明了的写作风格，语言简短直接，避免高调的大话。他宣称，自己的唯一目标是"努力让自己成为受到国民尊敬的人，努力让自己值得国民的尊敬"。而通过什么方式则"有待发掘"。他对选民称："我出生在最为卑微的阶层，现在还和这一阶层血脉相连。"这也成为他吸引力的一部分。在 1860 年前至少 35 次公众场合，他称自己是"卑微的"亚伯拉罕·林肯。如果当选，将辛勤为人民工作。如果失败，也没有什么大不了的，因为"失望对他来说再熟悉不过了，他不会因此懊丧苦恼"。

林肯宣言的发表十分及时，几天之后就传来消息："精美的蒸汽客轮'护身符'号已经驶离辛辛那提，在桑加蒙河上试行。途经俄亥俄州，沿密西西比河和伊利诺伊州一直开往比尔斯顿，最后会在桑加蒙河上行驶到波特兰靠岸，靠岸处距离斯普林菲尔德和纽萨勒姆各六英里。"这一消息让整个村子欢欣雀跃。

林肯和其他几位斯普林菲尔德和纽萨勒姆的居民，来到了比尔斯顿，在那里清除伸到河面的矮树丛，疏通到达俄亥俄州之前的河段。当"护身符"号来到比尔斯顿时，因为比其他人都更清楚桑加蒙河的状况，他成功地驾驶该船在 3 月 24 日抵达上游的波特兰，并参加了 2 天后在斯普林菲尔德县府大楼举办的庆功会。

这时传来了坏消息，桑加蒙河水在急速下降，庆功大会只得草草结束。在随后的一周里，林肯再次把着舵轮，沿原路顺水而下。水位太低了，所以只能把纽萨勒姆部分的拦河坝拆掉，以便让船只顺利通过，回到比尔斯顿了。这次"护身符"号的探险让林肯名声大噪，他不仅展现了自己的领航技术，也显示了自己政治上的聪明才智。他说，如果要桑加蒙河通航，少了政府的支持不行。

林肯的政治前景原本一片大好，但这一切被欧福特的生意倒闭给打乱了。欧福特是怎样的一个人呢？根据一位纽萨勒姆人士的描述，他就是那种"夸夸其谈，说话没准儿"的人，尽想些没谱儿的事。在他快要破产的时候，还叫林肯去劈木头，在纽萨勒姆的悬崖下边修一个猪圈，里面围着上千头猪。他还信誓旦旦说要把它们统统卖到下游去。甚至就在他快没资金的时候，还敢对桑加蒙的农民夸口说刚进了三四千蒲式耳玉米种，田纳西的棉籽，打算把这些一美元一蒲式耳卖了呢！一边缺钱一边又扩大买卖，这样一折腾，欧福特的生意越来越差了。到 1832年的春天，按林肯的话来说，他的生意"彻底完了"。

失业了，林肯饥肠辘辘，然而一场黑鹰之战救了他。之前，联邦政府欺骗索克和福克斯两个地区的印第安人搬迁到密西西比河以西去，让出伊利诺伊西北部部落的一大片土地。现在印第安人反悔了，撕毁了与联邦政府的条约。在这些印第安部落中，有一个叫黑鹰的首领，五月带着大约 450 名勇士以及 1500 名妇女和孩子回到了伊利诺伊，要求归还他们的土地。随即，前线形势一片紧张，黑鹰的出现也引起了人们的恐慌。州长约翰·雷诺茨呼吁大家加入联邦部队，击退这些"入侵者"。加入联邦部队的这些人中，有些出于满腔的爱国热情，有些则出于对印第安人积蓄已久的憎恨，剩下的则出于对自己仕途的考虑。毕竟服役对以后的政治生涯是有好处的。而对于林肯，以上三点动机他一个也没有。所以最后还得要加上一个，那就是参军之后有补贴。对于一个没有任何生活来源的人来说，这是再好不过的了。

4月21日林肯和其他一些来自纽萨勒姆附近的志愿兵在里奇兰德会合，并进行了宣誓。按照惯例，连里的指挥官是选举产生的。锯木厂主威廉·柯克帕特里克推选自己为候选人，但是一些来自克拉里格罗夫镇的男孩们则提名林肯。两个候选人一起出列，站在村子的草地上。让林肯高兴的是，三分之二的人站到了他身后的队伍里，而剩下的那些不久之后也抛弃了威廉·柯克帕特里克，转而加入林肯的行列。那是林肯一生中最骄傲的时刻之一。许多年后，纵然在国家立法机关经历过了四个任期，选入国会，两次被提名为美利坚合众国参议员，但只要一提到那次民兵连长的竞选，他都会说："相比起其他的胜利，这次的胜利带给我的快乐最令我难忘！"

林肯这段黑鹰之战的军旅生涯，既谈不上危险，也没什么英雄气概可言。后来，出于政治需要，他常常拿自己服兵役的经历来开玩笑。1848年，当民主党人提名密歇根州的刘易斯·卡司为总统时，强调他曾参加了1812年的战争。这时林肯马上说，他也参过军。"是的，先生，"他说道，"我参加过黑鹰之战，打过仗，流过血，最后活下来了。"他也把自己的军旅生涯和密歇根的州长做了比较。"那么他一定比我看到的多。不过我和蚊子倒是进行过浴血奋战。尽管我从来没有因失血而昏死过去，但是我的确经常饿得发昏。"

不管怎么说，林肯对自己那时服过兵役还是引以为荣的。他喜欢军队里真诚的战友情谊。当他第一个月的兵役期满后，又和连的其他几个人续签了20天。这次是作为士兵服役了。在这个服役期满之后，他又续签了一个月。对此，林肯这样解释道："我那时正失业……再说，也再没有打仗的危险，这样看来，有什么能比登记服役更划得来的呢？"他的服役期一直到7月10日，那一天，他光荣地退伍了。

这场短暂的从军经历带给林肯最直接的好处，恐怕就是110美元的报酬，外加14美元奖励。这些就是他的全部家产了。林肯带着它回到纽萨勒姆，正好赶上州立法院8月6日开始前的一场小竞选。这场小规模选举的拉选票过程并不太正式。林肯和其他的候选人一样，游说于桑加蒙县的各个地方，介绍自己，拉选票。林肯长相奇怪，一副黝黑的面容被太阳一晒显得更黑，所以当着那些听众的面，林肯调侃道，自己差不多成了"和那些曾被我在伊利诺伊河边的大草原和森林里追逐的家伙一样的红色皮肤了"。在参选的过程中，有人注意到了林肯的穿着，"一顶草帽，一件混纺的燕尾服样式的牛仔风衣，一条宽松的亚麻长裤；衣服的袖子和尾垂极短，短到什么程度呢？短到他没法坐到衣服的后摆上"。

他参加政治集会的时候，来自克拉里格罗夫的人总是陪着他。他的首次演讲是在帕普斯维尔，距斯普林菲尔德以西十一公里。就在他演讲的过程中，人群中爆发了一阵骚动，林肯看到他的一个支持者被袭击了。他走下讲坛，快步走到人群里，揪着那个袭击者的脖子和腰，一下把他扔到十二英尺开外。当然，这个描述可能有些夸张，但毋庸置疑，这就是身高 6 英尺 4 英寸的林肯有能力吓退任何对手的原因所在。

林肯在演讲中，毫不掩饰自己就是一个"坚定的反杰克逊或反克雷的人"。但是多数时候，他还是在讨论当地的情况，如桑加蒙河的治理等。为了回避那些更复杂的问题，他就对公众这样说道："我的政治纲领就像老妇人跳的舞一样，简短而可爱。"

统票之后，结果出来了，林肯在十三位候选人里排名第八，排名前四的人入选了。对于落选的结局，林肯非常失望。多年之后，当他提到这场选举时，说这是他唯一一次"输在了人们直接投出的选票上"。但也有值得他欣慰的事，那就是在他自己的纽萨勒姆选区，他赢得了 300 张选票中的 277 张。

尽管在邻近的选区得到了很多支持，但是这些都不能解决林肯的燃眉之急——资金短缺。正如他在自述里提到的那样，"他没有办法，只好退出，但他很想和他的朋友们待在一起。他们在他无处可去的时候，表现得慷慨大方"。他开始思考自己的工作和未来。他考虑过当一名铁匠，但又不想一辈子卖苦力。之后他又想到了学习法律，在印第安纳州的时候，他就对律师这个职业很感兴趣。根据许多回忆录的描述，那时，林肯参与过在洛克波特和布恩维尔的地方法院的庭审，可能也读过当地警官戴维·特汉姆收藏的一本《印第安纳法律修订本》。考虑到自己的经历，林肯认为自己应该继续学习，这样才能得到更好的教育。

机会还是不期而至了。詹姆斯·赫恩登和劳恩·赫恩登准备卖掉他们在纽萨勒姆的商店。一个名叫威廉·贝里的人打算买下詹姆斯的股份，而劳恩则想把自己的股份卖给林肯。贝里曾是林肯在黑鹰之战时林肯那个连里的下士，而劳恩则是跟林肯住在一起。那时的林肯手头没钱，只能打了个白条给劳恩。"我相信他是很诚实的人，"劳恩·赫恩登这样说道，"我非常相信他，所以就算他给我的只是一张欠条，我也把股份都转给了他。"

纽萨勒姆总共有三家商店。一家是林肯和贝里店铺，一家是萨缪尔·希尔和约翰·麦克尼尔经营不错的老店，还有一家是罗本·瑞德弗德新开张的店铺。1833 年的 1 月，瑞德弗德整了一下克拉里格罗夫的男孩子。为了报复他，那些男孩们把瑞德弗德的商店糟蹋得一塌糊涂——窗户也砸破了，陶器也被砸碎了，店里的货物被翻得乱七八糟。这一切让瑞德弗德绝望了。他匆匆决定把这些都折价处理掉。年轻精明的小威廉·格林用 400 美元买下了这个店和那些被砸了的货物，随后就转手卖给了林肯和贝里，从中赚了 250 美元。到了付账的时候，林肯和贝里用的还是白条。

林肯和贝里把自己少得可怜的货搬到瑞德弗德的店铺，随后便开张营业了。

和大多数的乡村商店一样，他们给顾客提供的也就是茶、咖啡、糖、盐，以及一些本地不产的外地小商品。除了这些，小店还赊账卖蓝色印花棉布、棕色麦斯林纱、男士帽和女士帽以及种类不多的鞋子。

他们的生意不算忙碌，这样一来，林肯就有大量的时间来读书。在纽萨勒姆的这段时光，林肯读的书估计比他一生中的其他时光里读的书都要多。林肯对小说不感兴趣。他曾看过《伊凡赫》，但并没有为此着迷。除了这本书之外他再也没有看过任何其他的英美小说了。他也不喜欢历史和传记类的书，因为他认为这些书里的事不一定真实。不过有些诗歌倒深深打动过他，看过杰森·邓肯给他的一首题为《死亡》的诗之后，林肯被诗句传递出的悲伤情绪感染了：

> 啊死神，你为何如此傲慢？
> 如流星飞逝，如浮云飘散，
> 似闪电划破长天，如雷声劈开巨浪，
> 把生灵带去，歇息在灵堂。

林肯记得全部的五十六行诗句。这些诗句读起来，一句比一句悲伤。由于他经常把这些诗句挂在嘴边，人们渐渐以为他就是这首诗的作者。

林肯对语言的结构和用途十分感兴趣，决定去学习语法。当时最好的语法书要数萨缪尔·柯克汉姆的《英语语法》了。林肯得知有个叫约翰·文思的农民有一本。为此，他不惜步行 6 英里到乡下拿到了它。他给自己制订了系统的学习计划，把书本里庞杂的知识一点一点地记在了脑海里。学习之余，他还请他的朋友们来测试他的掌握程度。当被问到什么是动词时，林肯脱口而出，"所谓动词，就是可以表示是什么、做什么或遭受什么的词。比如说，我是，我统治，我被统治"。后来一些本来是参加陪练的人，都自诩为林肯的老师。这些人里就有位叫蒙托·格雷汉姆的半瓢水的小学校长老师，他连自己都没有一本语法书。其实，林肯的语法跟其他课程一样，都是自学的。

虽说纽萨勒姆境内没有教堂，但是这个社区的宗教意识非常强。林肯对教义没什么兴趣。林肯父母有着浸礼会教信念，他们认为命运都是注定了的。这信念也深深地影响了林肯。但他还是倾向于认为人的命运注定是由永恒的自然法则而定的，而不是由神来定的。对于冷静而又善于分析的林肯来说，福音传教的话比当地的自由派更没有说服力。那些自由思想者聚集在这个高谈阔论的店老板周围，当店里没有顾客的时候，讨论《圣经》里的话灵不灵、有没有童贞女生小孩、基督是不是神、会不会发生奇迹之类的问题。

这些谈话把林肯引到了潘恩的《理性时代》，一部对天启教进行攻击的理性主义经典；他还很有可能读过康斯坦丁·德·沃尔涅的《文明的毁灭》。这本书争辩说，宗教的本质及其表现不外乎就是伦理道德。讨论这些事情，在严格正统的边疆社区里是一种异端邪说，而关于林肯参与这些讨论的事情也流传开来。有传言说他"公然嘲笑基督教"，这对他产生了极坏的影响，以至于在1864年国会竞选时，他不得不发表一个正式的声明："我的确不属于基督教徒的任何一支，但是，我从来没有否认经文的真理性；我也没有公然表示对宗教的不敬，特别是对一些基督教派。"接着林肯又用他特有的简洁明了的方式来解释他的宗教观："我承认，年轻的时候我倾向于相信宿命论——即人的意志是由某种力量支配的，人的意志本身是没有控制力的，而我有时（和一个、两个或三个人，但绝不是公开的）在辩论中坚持这样的观点。"

在林肯和贝里的小店里，有的是时间来进行无休止的抽象的讨论，很显然，这个小店的经营者从一开始就没摸准成功的方向。贝里是一个大酒鬼，就连为人宽厚的林肯也认为贝里就是个"挥霍无度的人"。毫无疑问，相对于卖东西，林肯对阅读和讲些风流逸事更感兴趣。但是导致他们生意失败最终的原因还是1833年纽萨勒姆的经济萧条。由于桑加蒙河水量不足，又没有公路和铁路，当地的居民富余的农产品无法运到市场上去。所以，他们要想买东西，哪怕是林肯和贝里店里那些少得可怜的商品，也没有钱来支付。迫于这样的压力，他们在纽萨勒姆只能靠以物易物的买卖方式维持。

各项生意里，唯一一还能盈点利的就是卖威士忌了。卖酒在伊利诺伊州是被允许的，如果没有执照的话，烈性酒能一次卖1夸脱左右，而啤酒和苹果酒能卖2加仑左右。1833年1月4日，眼看着生意一天不如一天，贝里决定去申请一个卖酒的执照。在他的小店里，威士忌12.5美分一杯，朗姆酒18.75美分一杯，还有一些其他的酒也是按杯来卖。执照上写的是贝里和林肯的名字，但是很显然林肯的签名不是本人的字迹。贝里想把小店改成杂货铺，尽管这一提议遭到了林肯的反对，但贝里还是擅自把小店变成了"杂货铺"。此时这个杂货铺里的货物除了酒也就没有什么其他的东西了。后来，很多人在林肯是否亲自卖过烈酒的问题上争论不休。史蒂芬·道格拉斯说林肯是个"在纽萨勒姆小镇上生意兴隆的杂货铺店主"，但是更多的证据支持林肯自己的说法，他说他自己"从来没在世界上的任何一个地方开过杂货铺"。不管事实怎样，反正卖酒的执照也没能挽救贝里和林肯小店的命运，按林肯的话来说，不久后这个小店也就"关门大吉"了。

小店关门之后，林肯再次失业，身无分文。他只好再一次打起了散工，干些像劈木头的活。据林肯自己回忆，那年冬末他是在"山坳出口处一间死气沉沉的小房子"里工作。参加陪审团、受雇于选举委员会、把选票单运到斯普林菲尔德，这些都是他干过的活，多少也赚了一点小钱。很显然，没有固定的工作，林肯没有办法继续在纽萨勒姆待下去了。但林肯很幸运，他的朋友们帮他渡过了难关。他的一些朋友联名推荐他当村邮政所所长。当时在任的邮政所所长叫萨缪尔·希尔，是个商店店主，对这份差事不是很上心。这也是情理之中的事。身为店主的他更关注的是那些买酒喝的男人们，而不是每天等着信件的女人们。为了顺应民意，希尔被迫辞职。5月7日这一天，林肯走马上任了。

这是一个很不起眼的芝麻官，的确太小了，以至于杰克逊当局把自己极力推荐的亨利·克雷都给忘了。按林肯私下里的推测，他肯定认为"这么个小小官差怎么也成就不了一个政敌"。但林肯欣喜若狂。"我就没见他这么高兴过。"约翰·艾伦博士这样说道。作为邮政所所长，他"有机会看到所有的新闻报纸，而从前连一半他都没有想过"。

他这份新工作不算很繁重。邮件由马运送。要不是因下雪，下雨，山洪暴发或者是其他意外而延误，邮件是1周送2次的。邮资通常是由收信人付，而邮政所所长不仅要负责投递，还要负责收邮资。邮资的价格根据邮件的重量和投递路程的长短来计算。举个例子，如果说一封信里只有一张纸，经过30英里送到收信人手中的话，邮资就是60美分，如果是两张纸的话，价格就要翻倍了。送报纸的费用要比这低一些。邮政所所长从这些收取的费用里抽取一定比例的金额作为报酬，但在纽萨勒姆，这个比例很小。1834—1835年是林肯唯一的一个全年任职期，他的收入是55.7美元。最乐观的估计，林肯在三年的邮政所所长任职期间，可以赚到150~175美元。

林肯对公务员的理解似乎有些与众不同。在他看来，一个公务员的首要职责是帮助他人，而不是服从那些官僚的条条框框。如果居民们没有把邮件从萨缪尔·希尔的店铺内的邮局领走，林肯会把这些信放在帽子里，亲自送到收信人手中。有时为了送信，他会走上好几英里的路。他按自己的想法来解释邮局的规章制度，他说他可以免费收信寄信，但是如果他让某封邮件免费邮寄走了，就一定要罚款。在一封1835年9月17日的信件中，一个名为马修·马什的人这样描述林肯的邮局岁月："所长（指林肯）十分马虎，外出时常常把邮局的门敞着，白天都不锁。有一半的时候我都是自己进去拿报纸一个人都没有，比如说昨天。信上只盖了25美分的标记，即使他在场明知邮资应该加倍时，他也不会找我要钱。我真是太走运了，交了这样一位既聪明又特别的朋友。如果他现在在这儿的话，我会让他给我免费邮寄这封邮件。"冒着被罚10美元的风险，林肯在信的背面签上："免费，林肯，邮政所所长，纽萨勒姆，伊利诺伊，9月22日。"

有一次，乔治·斯皮尔斯报纸的邮资已付，请求林肯开一张收据，林肯他毫不客气地回答说："你的要求让我有点吃惊，但是不管怎么说我还是会照办的。根据法律规定，报纸的邮资是必须预先垫付的。你看，我都等了你一整年，可你居然还跑来伤我的感情，含沙射影地说如果我不给你开收据就会再收你一年的钱。"一年多后，纽萨勒姆的邮局停止营业了，林肯也搬到了斯普林菲尔德，他把收入的结余248.63美元一分不少地都转交给了邮政部门。

尽管邮政所所长这个差事让林肯在社区里有个一官半职的地位，有了跟当地居民沟通的机会，也能让他没有限制地看邮局订的报纸，但这个工作还是不能让他过上不饿肚子的生活，所以，朋友们就想方设法帮他提高收入。一个朋友听说约翰·卡尔霍恩最近当上了县里的测量员，急需一个助手，就极力向卡尔霍恩推荐林肯。关于要不要去，林肯还犹豫过，因为卡尔霍恩是很活跃的民主党政客，林肯非常清楚在原则问题上卡尔霍恩不会轻易妥协。林肯对于测量一窍不通，只好去弄了几本书来看看，有阿贝尔·弗林特的《测量学中的几何与三角学专题》和罗伯特·吉普森的《实用测量学专题》。他搜遍全身，把所有的钱都用来买指南针和测链。用林肯自己的话说就是："好好干一次！"为了能早日胜任工作，林肯认真学习了三角学原理，了解三角学在实际测量中的应用。很快林肯就能到野外作业了。

测量这个活不是那么容易干的。一次次测量，林肯和两个同行的测量员，穿荆棘，过草地，从荒野的灌木丛里劈开一条路，为的就是设置测量用的标杆，然后再测量角度。一天工作下来身上的衣服被挂破，腿上被荆棘划开一条条伤痕。朋友们看到他这副样子，想去安慰他。林肯却自嘲道："我就是这样可怜的命。"有一次，他给一个家住在纽萨勒姆以北 6 英里、名叫罗素·戈贝的农民做了一项测量。测完了之后，林肯收到了 2 块鹿皮作为报酬。杰克·阿姆斯特朗的妻子汉娜用它来给林肯补裤子，免得又被荆棘刮破了。这次的报酬算是比较特殊。平常林肯他们都是收取现金，每四分之一平方公里 2.5 美元。

慢慢地，林肯对测量越来越有经验了，他接的活也越来越复杂了。他曾负责测量一条道路，这条路始于桑加蒙河，途经纽萨勒姆，朝着杰克逊维尔方向延伸。他在新波士顿、巴思、彼得斯堡、休伦都曾干过测量的活。林肯干活认真仔细，对待测量一丝不苟。一位伊利诺伊州阿瑟斯的居民说，"在寻找边线方面，林肯先生有绝对的权威。当人们对测量有争议的时候，林肯先生总是能够用他的指南针和测链让大家得到满意的答案"。

1834 年，林肯再次陷入经济紧张之中，这也迫使他第二次参选州立法院。他迫切想被选上，因为那样的话，他就可以有薪水可以领了。那时，党派之间界限划得十分清楚。民主党人强烈支持他们的英雄安德鲁·杰克逊。对于美国银行业制裁的决定，而他们的对手辉格党则对亨利·克雷非常拥护，他也是杰克逊的主要对手。竞选之时林肯没有提及他支持亨利·克雷。事实上，他没有发表任何政治纲领，也没有发表任何竞选演说，他采取的是与人握手的亲民策略，在他曾做过测量工作的每个地方，他都会跟当地的选民交流。到达在格鲁夫岛的劳恩·赫恩登的家之后，他走到宅子外的庄稼地里，当时有三十个人正在收谷子。林肯听到他们在发着牢骚，说着要是哪个人连农活都不会做，他们是不会投票给这样的人。林肯对他们说，"如果你们的要求真是这样的话，小伙子们，你们的票投给我就没错了"。说完这话，林肯驾轻就熟拿着篮子，带着这些人在谷田里劳作了一遍。"那些人都很满意林肯的做法，"赫恩登提到，"我想他在克劳德应该是没丢一张选票的。"

林肯不发表言论和评论，正是他在政治上的精明之处。纽萨勒姆村庄的人，包括林肯都大力支持辉格党的政策。辉格党主张发展纽萨勒姆的交通、商业以及扩张当地的经济，这同样也是纽萨勒姆人迫切需要的。但是那些生活在乡下自给自足的农民都是民主党人，也都是杰克逊总统的忠实支持者。许多这样的乡间选民，比如说克拉里格罗夫的小伙子，他们纯粹是出于个人的原因支持林肯。据史蒂芬·罗根——林肯后来的律师同伴回忆说，那些人"告诉其他的民主党兄弟们一定要支持林肯，不然他们就不支持其他的民主党候选人"。最后，民主党的领导人有条件地支持了林肯。这次的竞选还是十三个人参选，同样还是票数最高的四人将胜出。民主党人都很担心约翰·托德·斯图尔特会再次当选州议员。斯图尔特不仅是辉格党的领导人，还极有可能成为下届国会的候选人。鉴于以上的原因，民主党人放弃支持他们的两位候选人转而支持林肯，希望林肯能战胜斯图尔特。

林肯马上把他们的主张告诉了斯图尔特。斯图尔特对自己的实力很自信，他觉得即使这样也不会对他构成什么威胁，所以他建议林肯接受民主党人的支持。8月4日的竞选证实了斯图尔特的判断。林肯收获了1376张选票，并且成为排名第二的候选人，这次终于竞选成功了。名列第一的当然是斯图尔特，他把对手民主党最强的候选人打败了。

赢得竞选，林肯自然兴奋不已，同时也为新工作开始做起了准备——学习法律。一年前，他就考虑过学习法律，可老觉得知识不够所以放弃了。但从那时起，他也出席了几场在斯普林菲尔德桑加蒙县巡回法庭的案件审理，还曾经2次作为证人被传唤，并在三个小案件里当过陪审员。看过了一些不太正式的庭审之后，林肯了解到许多大律师都是自学成才的。这让林肯更加坚信他也一定能够在这个领域取得成功。在1834年竞选拉票时，斯图尔特就鼓励林肯考虑一下学习法律，并表示他愿意提供帮助。竞选结束后，他常常骑马或步行到斯普林菲尔德去找斯图尔特借法律书籍。

为了在伊利诺伊州首府万达利亚的首次露面，林肯在各个方面积极准备着。就在竞选结束后不久，他和纽萨勒姆的一位富人科曼·司穆特见了面，并从对方那里借了一些钱。这些钱可以用来帮他挨过议员薪水发放之前的日子。司穆特一共借给他200美元，林肯用其中的60美元买了他平生第一套西服。这套衣服得花去州长半个月的薪水，在当时这可是个大手笔。尽管这样，林肯还是下定决心买下了这套西服，因为他觉得"要给议会留下体面的印象"。

林肯作为伊利诺伊州议员的第一个任期（从1834年12月1日—1835年2月13日）并没有什么特别之处。议会开会的时候，他每场必到，但大多数时候都只是默默看客，一般都是跟在像斯图尔特那样有经验的律师后面。他觉得在万达利亚想到处转转一点都不难。虽然是州政府所在地，但万达利亚也只不过是个八九百居民的小村庄。和其他的八十位议员一样，他也寄宿在酒店或客栈，什么"万达利亚酒店""绿树成荫旅馆"等。尽管他在这一批议员里算得上是年轻之辈，倒数第二，但是他很快发现其他人也不见得比他经验丰富。这一届55位议员里，有19位和他一样，是第一次任职。

议员们开会的州议会厅——一幢建筑质量很差的两层砖结构楼房，是一场大火之后在原州议会大厦的旧址上仓促修建的。1834年，这个建筑就已经出现部分损坏了。墙面已经凸起，大块的石膏块不时地剥落，偶尔还会把下面的发言人吓一大跳。众议院的议员们在一楼空旷的大厅里举行会议，通常是三人坐一张桌。陈设很简单：每个桌上有两三杯水，一盒为嚼烟草的人准备的子沙，几支为晚上工作准备的蜡烛，还有一个火炉。议会里讨论的很多事宜和立法大会里讨论的事宜性质都差不多，都是属于日常生活里的琐事。比如说，拨款2.5美元给马默杜克·维克瑞支付议会修炉子的费用，通过一项议案来鼓励灭狼，还有就是允许克雷蓬·贝尔把他的名字改成老克雷蓬·贝尔。

随着时间的推移，林肯对法律方面的事务也越来越熟练。刚开始的时候，他对起草文书这类工作根本摸不着门，后来慢慢提高，最后俨然一个行家里手。他的同事们也为他迅速掌握法律专业术语的能力所折服，纷纷请他为自己公司起草议案。他起草的议案文字严密，而且易懂。从此他频频出现于各类辩论的场合。他曾对一位斯凯勒县测量员的任命问题做出过简短的评价，这一评价震撼了整个议会。由于认定一位在职的测量员已经去世，大家便任命了一位新的测量员。可这位新测量员发现他的前任的的确确还活着。用林肯的话说是，他"继续不死"。这么一来，议员们陷入了一个左右为难的境地。林肯建议大家别管他。将来哪天"这位年迈的测量员到此结束了，咱还有一位现成的继承人，也就没议会什么事了"。这个小小智慧，尽管在法律上只不过是个雕虫小技，可还是引来了一片笑声。

到了任期末，林肯领到了他158美元的付款通知书。早在12月的时候，他就已经领了100美元，回到纽萨勒姆的时候他身上的钱还是比任何时候都多。他依然很需要钱。在他离开万达利亚之前，桑加蒙县的巡回法庭就已经判决他和贝里的债务超期了。因为他们没有能力偿还，县法官下令查封了他们的个人财产，包括林肯的马、马鞍、马缰、测量用指南针，还有其他的设备。这个判决一执行，林肯谋生用的工具也就没有了。1835年1月，林肯还在万达利亚的时候，贝里就死了，没留下什么值钱的东西。从法律的角度来说，林肯只对债务的一半负责，但是他坚持把所有的债务都扛下来。林肯和他的朋友们常常开玩笑地说，这个债务简直就是"国债"，但当他从州首府回来的时候，这个债务确实是压得他喘不过气来，要好几年才能还清。

1835 年的春天和夏天，林肯就是每周两次收发信件，除此之外他就没有什么其他的工作了。这样也好，林肯就有闲暇的时间来读法律书籍。从他给其他学法律的学生的建议来看，林肯把布莱克斯通的书从头到尾读了 2 遍。林肯读书不是靠死记硬背，而喜欢用自己的话把书中的观点复述两到三次。直到自己完全掌握为止。有个叫鲁特雷奇的人，他的父亲在纽萨勒姆有一家小酒家，他回忆道："林肯经常做的练习，就是把他读到的或学到的知识写下来。我知道凡是他读过的书，上面都留下了密密麻麻的笔记。"很快，林肯开始学习法律的相关知识，比如，奇帝的《诉讼学》、格林立夫的《证据学》，还有约瑟夫·斯多利的《衡平法理学》。在 1860 年的一本自传里，有人仅用四个字概括了林肯是如何掌握这些晦涩难懂的著作的，他学习时已经"忘我投入"了。

读书时，他常常光脚坐着，再不就是靠着树干，不然就换花样，躺在地上，把脚靠在树干上。有个朋友提起林肯的趣事，说他跟着太阳转，围着树干挪动，目的就是躲到树荫底下。走路的时候，林肯也带着一本书，途中被人打断时很有礼貌地回应之后马上就拿起书本。"他疯狂地读着书，非常用功好学，对身体锻炼倒不怎么在意，"亨利·麦克亨利回忆道，"他的身体变得不太好了，好朋友们都担心他把自己给逼疯了。"

大概过了一个多月，他的日子稍微好过点了。三月的时候，当县法官把林肯的财物拿出来拍卖的时候，他的马不知道是什么原因，逃过被拍卖的命运。詹姆斯·肖特"大叔"非常崇拜林肯，他出 120 美元拍得了林肯的测量设备之后，马上就交还给了林肯。到了月底，为了赚钱谋生，林肯重操旧业，在田野里开始了测量工作。但是，他在自传里提到，他仅仅是"跟搞测量的混，赚点吃住的钱，再买点衣服"。

林肯急切地想成为一名律师，这其中缘由有很多，但现在又多了一个浪漫的理由。当他到纽萨勒姆的那天起，村里的姑娘们就想着心思嫁给他。她们发现这个外表丑陋的男人却打动人心。她们看到他对小孩很温柔，对小猫小狗之类的宠物很有爱心。这样的男人需要一个为他洗衣做饭，嘘寒问暖的女人来陪伴，让他的身影不再那么孤独。除了那套当议员时穿的昂贵西服，林肯身上穿的衣服看上去似乎永远都不合身，而且破破烂烂的。总而言之，他需要一个老婆。

但在女人面前，他似乎很不自在。在他那些朋友的老婆们面前，比如说汉娜·阿姆斯特朗夫人，他表现得很有风度，甚至深情款款。但是一到那些适龄的女孩子面前，他就完全不知所措了。她们来过他的小店，可他不情愿接待她们；在鲁特雷奇的小酒店里，一位打扮入时的弗吉尼亚女人和她的三个年轻女儿围坐在一张桌子旁，他却不愿意跟她们坐在一起。在纽萨勒姆，一些上了年纪的妇女曾试图把一位肖特小姐和一位贝里小姐介绍给他，结果都以失败告终。

　　其实，林肯的心里已经有了心仪的对象。她就是安娜·鲁特雷奇。安娜的父亲是这个村庄的创建人之一，也是鲁特雷奇小酒店的店主。林肯也曾经在那间小酒店住过一段时间。安娜是个漂亮的女人，皮肤白皙，褐发碧眼。她身高五英尺三英寸，差不多有一百二三十磅。"重量级了。"萨缪尔·希尔夫人这样形容她。但在林肯的眼里这算不上缺点。林肯所爱过的女人有一个共同特点——那就是身材丰满。一位村民也说，她是一位"心地善良，极富爱心的人"。其他人也很热情地赞美道，她"有着天使般纯净的心灵，富有同情心和爱心，非常善良"。

　　林肯初到纽萨勒姆时，安娜还是格雷汉姆老师学校里的一名女学生。与往常一样，林肯觉得和比自己年轻的人交谈比较容易。后来，安娜开始接手小酒店的生意，他们见面的次数就更多了。安娜家的小酒馆是纽萨勒姆最大的房子了，是一座2层楼结构的原木屋，一楼有两个大房间，楼上还有2个为客人准备的更大的房间。安娜的美貌、活泼、邻家女孩的感觉吸引了很多适龄单身汉的目光。萨缪尔·希尔也是她的钦慕者之一。他是富有的商店店主，但是生得丑陋，举止粗野，安娜对他感觉一般。希尔的合伙人名叫约翰·麦克尼尔，纽约人，曾在鲁特雷奇家的小酒馆住过，受到了他们热情的招待。很快，他和安娜即将结婚的消息传遍了整个村子。到了1833年的秋天，麦克尼尔对安娜坦白了自己隐瞒真实姓名一事。他真名叫约翰·麦克纳马尔（林肯早就知道了这件事，因为他目睹了约翰在土地转让的文件上签上了自己的真实姓名）。他父亲在纽约时曾遭遇到不顺。此次来到了西部，为的是赎回家族的财产。他改名换姓，因为他害怕，"如果他在纽约的家人知道他在这里，一定会来到这里，在他恢复元气之前把他的财产花光"。他开商店，办农场，从中赚了1万~1.2万美元，这是一笔可观的存款。他现在正打算回到纽约，把他的家人带到纽萨勒姆。这之后就准备和安娜结婚。

　　麦克纳马尔走后，安娜把他的故事告诉了家人，他们都不太相信，觉得麦克纳马尔这个故事有点不对劲。他说抛开家人是为了救他们，这实在是有点说不通。一个改名换姓的人必定是有着不可告人的过去的，很可能是想抛弃安娜，永远不再回纽萨勒姆。这样的不安和焦虑并没有声张出去，因为在维多利亚时期的美国，一个女人如果是被遗弃了，就会背上道德败坏的恶名。

　　林肯知道安娜和麦克纳马尔的婚约，也知道他去了东部。作为邮政所长，林肯当然清楚这两个已经订婚的人之间的书信往来：开始还比较频繁，后来越来越少，最后麦克纳马尔彻底没了音信。和其他人一样，林肯也认为他们还是未婚夫妻。纽萨勒姆的医生邓肯提到，他认为安娜和麦克纳马尔虽然订婚了，但还存在"难以克服的障碍"。这些都让林肯对安娜更感兴趣了。如果她还是自由之身，没有婚约的话，可能林肯还是会对她保持距离，就像他对其他未婚女性一样，因为他害怕跟女人亲近。但是自从安娜有了婚约在身，他反倒能放开，与安娜开玩笑、调情。

他们之间的友谊是如何转变成爱情的，我们不知道，因为没有任何文献记载，安娜也没有留下任何的信件。在林肯留下的数以千计的信件中，没有一封信里提到安娜。除了一个真实性极低的集体缝棉被的传闻，再也没有关于他们两人之间的逸事了。也许是因为安娜和麦克纳马尔含混不清的关系，所以安娜和林肯之间的关系被刻意地掩盖了。林肯曾有较长的一段时间，大约从 11 月到次年的 2 月，不在万达利亚，这也间接表明了他们之间的友情还没有发展成爱情。

1835 年的夏天是伊利诺伊州史上最热的一个夏天。那段时间每天都是阴雨绵绵的。对于年轻人来说这样的日子真是很难熬。当林肯不用涉水完成县里的测量工作时，他就孜孜不倦研读法律书籍。他的朋友们都害怕他这样会把身体弄垮。而这时安娜的身体更令人担心。八月的时候她患上了脑膜炎，也可能是伤寒，因为鲁特雷奇家的井被洪水污染了。虽然医生嘱咐她一定要静养，但是她还是坚持要见林肯。过了几天，她开始失去意识了，8 月 25 日，安娜去世了。

林肯变得很憔悴了。这个可怕的打击勾起了他早年的痛苦回忆。他的弟弟托马斯，他的姐姐莎拉，还有他的母亲，都不在了。他的身心早就被繁重的工作和过度的学习给压垮了。他开始慢慢懈怠，沉浸在深深的绝望之中。他本想让自己振作起来，但是在葬礼之后，连绵的阴雨让他的心情更加抑郁了。他对贝内特·阿贝尔夫人说，"他实在是无法忍受她的墓地被雨水淋着"。看到他这样烦恼痛苦，朋友们劝他去见见他的老朋友鲍林·格林。鲍林·格林住在纽萨勒姆以南一英里的地方。在那儿，林肯得到了放松和慰藉。

9 月 24 日，他回到测量工作，但对安娜的记忆还没有褪去。许多年后，也是第一次被选为总统，他和一位老朋友伊萨克·柯格戴尔聊起在纽萨勒姆的生活，问起了很多故人的近况。当提到鲁特雷奇这个名字的时候，柯格戴尔大着胆子问林肯是否真的和安娜有过一段感情。如果柯格戴尔没有记错的话，林肯当时的回答是："是的，我的确是爱过她。我全身心地爱过这个女人：她是个俊俏的姑娘，也会是个好妻子……我认真地爱过她，直到现在也时常想起她。"

对于林肯来说，安娜的去世仿佛预示着纽萨勒姆也即将消亡。村庄建立时的繁荣只是昙花一现，由于陆路和水路交通都不方便，纽萨勒姆的经济开始萧条了，资产也开始贬值了。贝里和林肯小店所在的地价原本 100 美元，现在只拍得 10 美元。居民们都陆续搬走了，迁到了邻近的彼斯堡，那地方林肯 1836 年 2 月才刚刚测量完毕。很显然林肯也将离开。

1835—1836 年的冬天，议会召开了一次特别会议。州长约瑟夫·邓肯举行这次特别会议的一个重要目的，就是要议会通过一项决议，支持开凿一条运河把伊利诺伊河与芝加哥河连接起来，最后把密执安湖与密西西比河连接起来。对于伊利诺伊州来说，这项项目的重要性可与伊利运河对于纽约州的重要性相提并论。但到目前为止，州政府还只是表示愿意批准和鼓励修建一条运河，但没有财政上对该项目给予支持。显然必须加大力度。所以，邓肯呼吁州政府给予这个项目最大的支持。州议会最后同意贷款 50 万美元购买伊利诺伊和芝加哥运河的债券。28：27，林肯投出了关键的一票支持这个举措，这也为日后政府不断拨款支持公路和运河的建设铺平了道路。

这一票是林肯在内部建设问题上立场转变的一个标志。长期以来，林肯一直支持改善河运，开凿运河，修建公路，铺设铁路，把商业和交通连接成一个网络，这是他对一个繁荣社会的展望。曾几何时，他很希望联邦政府，能"把对外出售土地所得的收入投入到我们州，让我们不用借钱、不用付利息就能和其他州一样，挖运河或是修建铁路"。这个想法破灭之后，他又觉得这样的改善只能靠私人资本来实现。然而现在他坚信，除非是伊利诺伊州甘愿远远落在其他州的后面，否则政府必须投入才能有所改善。

要想看到这三个变化所产生的后果是如何左右林肯的生涯，还得等到 1836 年立法院会议结束之后，而在这之前，他还必须赢得连任。六月，他宣布参选，并表示选票问题仍在争议之中。伊利诺伊州把投票权放宽了，只要是在本州居住超过 6 个月的所有男性白人都有选举权；而国外出生的移民在未获得本国国籍之前，没有选举权。选民中的很多人是在伊利诺伊和芝加哥运河工作的爱尔兰裔工人。民主党人倾向于把选票发放给这些人，而大多数辉格党人则不太乐意。林肯是典型的辉格党人，他认为是否拥有自己的产业是拥有投票权的先决条件，主张"凡是替政府分担负担的人，都能享有政府的特权"。林肯解释说，"这就是说允许所有纳税或是服兵役的白人投票"。之后他又加了一句话，"绝对不排除女性"。林肯并不是一个支持女性投票的人，他只是随便地开了个玩笑而已。众所周知，伊利诺伊州的法律规定，女人既不能纳税也不能在军队服役（有产业的女人也是其丈夫替其纳税）。林肯的这项声明，表明了他和伊利诺伊州其他的政客们一样，没有把非洲裔美国人放在有投票权的人之列。

竞选是个累人的差事。林肯和其他 16 位候选人一起，骑着马走村串户，在诸如索利兹波里、阿兰顿、柯顿山等小村庄发表公共演说。演说从早上开始，时常要持续到下午很晚才结束。由于党派界线越来越鲜明，候选人们不仅对当地的事务发表意见，也对国内发生的事务进行评论。不时还会发生情绪失控的情形。尼尼安·爱德华，前州长的儿子，身为贵族，而且非常富有。他常常被一个对手的言论激怒，以致还拿手枪对着他。即便是像林肯这样平和的人也会被激怒，特别是当所谓"讲真话的人"捏造事实，指责他反对偿还州政府贷款，把他说成是"骗子、恶棍"，并说一定要"把这人的鼻子给拧下来"！不过大多数的时候，他能比较平和地对待批评的言论。在斯普林菲尔德的一次集会上，一个名叫乔治·佛奎尔的民主党人对林肯进行了大肆攻击。他是一个有钱的律师，最近才投入到民主党的怀抱，作为回报，民主党给他在党内安排了一个好位子。他讽刺道，林肯这个自以为是的年轻人该是走人的时候了。此时的林肯冷静地听着，等待着反击的时机。林肯记起佛奎尔最近在房顶上安了根避雷针。他还是第一次看到避雷针，觉得这东西多少有些新鲜奇怪。林肯抓住这一点，回击道："这位绅士在开始的时候说我这个年轻人该走人了……我的年轻只是体现在政治手段上，而不是我的年龄……但是，如果说要我改变自己的政治理想，对别的政党投怀送抱，然后得到 3000 美元一年的位子，这样的话，我还不如死了算了，要是那样去做，我还得在我家的屋顶上安个避雷针，免得上帝生气，把我给劈了！"

在 8 月 1 日的竞选中，林肯得到的选票是最多的。他依然得到了在纽萨勒姆的邻居们的支持。

桑加蒙的议员们在 1836—1837 年的会议期间，被大家称作"九大高个"。这是因为他们的 2 位参议员和 7 位众议员都长得很高（在林肯的时代，很少有人长到 6 英尺高），所以像林肯这样的人，就算是"巨人"了。他们的身高加在一起，据说有 54 英尺。但是他们被人熟知的原因更在于以下两点：热情宣传斯普林菲尔德和请求国家支持州内部振兴。桑加蒙的议员们都听从林肯的领导，尽管他比较年轻，但他已经是经验丰富的议员了。

在众议院，一位名叫斯蒂芬·道格拉斯的新当选议员（来自杰克逊维尔的摩根县），率先提出了这个议案，因此马上成了民主党的领头人。他只有 5 英尺 4 英寸，脑袋挺大，一副深沉的男低音嗓音。别看道格拉斯只有 23 岁，却十分精通议会生存的门道，很想立刻就能通过那些有利于本州经济发展的法律。很快，他便提出一项建设贯穿南北的中央铁路修建计划，把东西线两条连接起来。而这几条铁路州政府都已同意修建。这样一来，就可促使伊利诺伊和芝加哥运河项目尽快完工。

辉格党人对道格拉斯的提案表示了欢迎。毕竟内部振兴是不分地区和党派的。随着议会的进程，一个接一个的补充议案被提了出来，目的就是获得与铁路建设关系不大的县市的支持。在没有事先测量也没有征求专家意见的情况下，州议会决定提供 1 千万美元的贷款来支持修建从凯尔罗到加勒纳的一条中央铁路。这是一条连接东西的线路，是北部的枢纽，连接了杰克逊维尔、斯普林菲尔德以及邓维尔，它的 6 条支线也和凯尔罗—加勒纳线路相连。政府还拨出了 40 万美元用于改造 5 条河流。那些没有从运河和铁路建设收益的县将得到 20 万美元。（伊利诺伊和芝加哥运河，由议会的其他部门决定）这项议案给与会的各方都带来了些好处。

林肯和"九大高个"的成员都很赞成这项措施。虽说林肯并不是起草那份议案委员会中的一员，但是他经常参加这项议案的讨论会。在每一次点名和投票中，他和其他来自桑加蒙的议员对这项议案及其扩展方案也都投了赞成票。议会的绝大多数议员也都投了赞成票。对他们来说，法律所代表的是本州经济发展的既雄心勃勃也十分明智的方案。马萨诸塞州有 140 公里的铁路线，宾夕法尼亚州有 218 公里的铁路线以及 914 公里的运河线，这让伊利诺伊州内的人都羡慕不已，大家也同意《奥尔顿邮报》的观点：新一届议会，"将会有利于提高我们州的经济和地位，这个作用就好像华盛顿的出生对美国的意义是一样的"。1837 年的恐慌把之前一切美好的设想都打破了，而且彻底摧毁了内部振兴计划。没有几个工程是完工了的。尚未修好的铁路线和挖得乱七八糟的运河槽遍布全州。决心为这项宏伟计划的州财政遭受重创。伊利诺伊州的债券已经下跌到每股 15 美分，但一年下来的利息是州政府年收入的 8 倍多。理所当然，人们开始寻找替罪羊，开始质疑在推动这个愚蠢甚至是灾难性计划的过程中林肯所扮演的角色。

这样的批评是站不住脚的。支持内部振兴计划既不愚蠢，也不是不负责任。如果没有出现经济衰退，那么它给伊利诺伊州带来的繁荣绝不会亚于像伊利运河那样给纽约州带来的繁荣。把州议会通过这项议案的罪责放在林肯的身上，也是不公平的。的确，林肯赞同并支持了这项提案，但他不是主要的提案人。如果说非要找出责任人，那么这个人就是史蒂芬·道格拉斯了。

后来，一些反对内部振兴计划的人转弯抹角地说，这是林肯和他的"九个高个"为了把州府迁到斯普林菲尔德的手段。在接下来州议会的一次会议里，爱德华指责："斯普林菲尔德代表团的议员们欺骗了内部振兴计划的人；为了获得州政府迁都的支持票，任何对此有利的措施他们都会支持。"但是不论是有关林肯的记录还是关"九个高个"其他成员的记录，都没有提到在内部振兴议案上有相互捧场的事，而且那段时间也没有关于交易和行贿的传言。

不过，可以相信的是，"九个高个"的首要任务就是把州府迁到斯普林菲尔德。很多人都认为把万达利亚定为首府是一个错误的决定。万达利亚面积小，交通不便，最要命的是，它位于伊利诺伊州的南部，而很多发展很快的地区都位于中部和北部。但是斯普林菲尔德也有很多竞争对手；奥尔顿、杰克逊维尔、皮奥里亚以及另外其他城市意识到成为州府所在地的好处。这不仅意味着土地将大大升值，也意味着更多的建设项目和工作岗位。

那些反对把州府迁到斯普林菲尔德的人试图削弱桑加蒙代表团在州议会的影响力。这一行动的领头人是一位名叫尤什尔·林德的代表。此人来自科尔斯县，不但能言善辩，还颇为自命不凡。他主张把桑加蒙县的东北部分割出去（桑加蒙县的面积是罗德岛的一半），成立一个新县城，叫马丁·凡·布伦县。这件事让林肯和其他的桑加蒙县议员很头疼，因为桑加蒙县议员数量的减少会减弱斯普林菲尔德的机会。他们提出反对意见，说如果要割的话，桑加蒙县和摩根县都要割。之所以这样做，是因为他们知道摩根县的议员肯定会反对的。这项提议提交到了以林肯为主席的一个委员会，尽管林肯的汇报是负面的，但提议还是通过了。这项提议最后还是被参议院给扼杀了。这也正是林肯所希望的。

与之相比更为麻烦的是，林德威胁要去调查位于斯普林菲尔德的伊利诺伊州银行。这个举动很有可能导致这家银行破产，同时也会给斯普林菲尔德的迁都计划以致命的一击。林德和一般的民主党人一样，都很痛恨银行，反对把州府迁到斯普林菲尔德。很快，来自银行的朋友们赶到林肯身边，为他出谋划策击败林德。

有了这样的防备，1837 年 1 月 11 日，林肯在州议会发表了他的第一篇长篇演讲。林肯很清楚自己在经济方面不是行家，一旦涉及有关银行业的讨论，他只能采取煽动人心的策略。他声称，现在有一种不守规矩、藐视法律的情绪正在蔓延，而调查银行无异于鼓励这些人把我们现有的制度甚至是道德规范给推翻。这样一来，我们拿什么去保证大家人身和财产的安全。

尽管他的演讲算不上完美，但多少还是帮助他稳固了自己在州议会的地位和公众形象。《万达利亚自由报》全文刊登了他的演说词，斯普林菲尔德的《桑加蒙日报》也进行了转载并且还加上了社论："我们的朋友带着一把肯塔基来复枪上阵，而且是弹无虚发。"

扫清了所有设置给桑加蒙代表团的障碍之后，林肯和其他"九个高个"努力让议会通过迁都的提案。完成这项任务需要巧妙的手段，而林肯的政治技巧也经历了反复锤炼。有好几次，迁都的提案都差点触礁。为了把那些占地又小经济又弱的小镇踢出竞争者之列，林肯起草了一项修正案，规定那些参选的县必须为新州政府大楼的建设准备 2 英亩地，5 万美元。为了不让别人知道这是为了斯普林菲尔德的胜出而制定的，林肯让一名来自科尔斯县的议员来提出这项修正案。这项提案曾 2 次被搁置，"九个高个"中的罗伯特·威尔逊说，"几乎所有人都觉得这个提案已经完了"。但是林肯"从来没对此表现出绝望，他把伙伴们召集到自己的房间商讨对策"（威尔逊语），给每个人分派任务，要他们去说服那些心存疑虑的议员们。又一轮辩论结束后，结果还是不太乐观。为了取胜，林肯赞成了两个无关紧要的修正案，另外他自己也加上了一条："大会保留在任何时候对这项法案废除的权力。"这是条没有实际意义的法案，议会当然永远保有对法律废除的权力。但这一变化给再次投票赞成这个提案一个很好的借口。最后以 46 票对 37 票通过。这之后就紧接着举行现场投票。从一开始，斯普林菲尔德就显示了强劲的领先势头。在第四轮投票之后，"九个高个"的努力终于得到了回报。在 2 月 28 日那天，斯普林菲尔德高票胜出。

当天晚上，桑加蒙的议员们邀请了全体议员在坎普小酒家举行了庆祝仪式。富有的尼尼安·爱德华为这个仪式花了 223.5 美元，大家喝了 81 瓶香槟，雪茄、牡蛎、杏仁、葡萄干也都被一扫而光。在斯普林菲尔德和桑加蒙县的其他地方，庆祝仪式也在接连不断。桑加蒙的议员们也都出席了这些庆祝活动。在阿瑟斯的庆祝大会上，大家举杯庆祝："亚伯拉罕·林肯是位天才的绅士！"

趁着议会休会，林肯回到了纽萨勒姆。他此行是为了和老朋友们告别。九月的时候，伊利诺伊州最高法院的 2 名法官为他从事法律工作颁发了许可证。在第二年的 3 月 1 日，最高法院职员的花名册上出现了他的名字。1837 年 4 月 15 日，他搬到斯普林菲尔德。在那儿，斯图尔特和他合伙，在霍夫曼大街 4 号开了一家事务所。

● 第三章 ●
理　智

　　1837年4月15日那一天，林肯骑着一匹借来的马，来到了斯普林菲尔德，全部的家当都塞在马鞍两边的褡袋里。在镇广场的西边有家名为A.Y艾利斯的百货商店，林肯问店主一床单人床垫、床单外加枕头要多少钱。约书亚·斯彼德是小店的合伙人之一，算了算价钱，告诉他要17美元。林肯跟他说，这个价钱很公道，但他身上没那么多钱。他告诉斯皮德，他想在斯普林菲尔德"试一试看看能不能当一名律师"，现在想先赊个账，到圣诞之前还上。末了还略带凄凉地加了一句："如果干得不顺，也不知道到时能不能把账还清。"斯皮德对这个年轻人早有所闻，还听过一次他的政治演说，看到他有点为难便向他提了一个不用欠债的建议。"楼上有间大房，房里有张双人床，你可以和我一起住的。"斯皮德对林肯说。"您的房间在哪儿？"林肯问道。

　　顺着斯皮德所指的方向，林肯拎着自己的褡袋来到了二楼。不一会，他满面笑容地下了楼，跟斯皮德说："好，我就住这儿了！"

　　从深深的绝望走出，迅速进入快乐的自信状态，这便是早年在新首府林肯的表现。他尝试着把自己凌乱的性格特征整合成一个条理清晰的整体。有时他觉得管不住自己的激情，有时他又觉得能理智地面对各种事情。更多的时候，他陷入深深的沮丧而不能自拔，在一轮又一轮的消沉中，他度过了这些岁月，但是这种情绪中也常常点缀着充溢的自信与恼人的乐观。一句话，他还是一个愣头青。

　　对于东部的人来说，19世纪30年代的斯普林菲尔德是一个边陲小镇。尽管那里有一些砖瓦结构的大厦，但大多数居民还是住着原木房子。就算马路宽，但都是些土路。夏天的时候，路上扬起的灰尘十分呛人；冬天的时候，马车车轮半截陷在泥巴里，根本走不动。城里没有人行道，十字路口，行人从一块木栏杆跳到另一块。满街都是随便晃荡的猪，马圈旁的粪堆散发出令人恶心的臭气。威廉·库伦·布莱恩特曾来过斯普林菲尔德，临走时对这个小镇的印象是："又脏又让人不舒服。"

　　就是这样的小镇，也算是林肯住过的规模最大、建设最先进的地方了。虽然斯普林菲尔德在1821年才建立，但是个有着上千人口的兴旺繁荣的社区。桑加蒙县法院就在镇中心，规划在一个长方形地段。南北走向的街道都已经编了号，东西走向的街道都是以历任美国总统的名字命名的。马上就要被州议会大厦所替的县法院的所在地，周围被商铺围绕：有19家干货店、7家杂货铺、4家药店、2家服装店以及1家书店。4家旅店招徕着南来北往的客人。除了一些学校和一所学院（相当于是高中），小镇引以为荣的是6所教堂。18位医生和11位律师是镇上的专业从业人员。当地有家辉格党的报纸《桑加蒙日报》，主编叫西蒙·弗朗西斯。林肯在万达利亚出席议会会议时经常把消息透露给他。现在，这家报纸很快就和民主党的喉舌报纸《伊利诺伊共和者》合并，更名为《伊利诺伊州纪录报》。

　　林肯很想融入这个喧嚣的社区，但他没钱，也没受过教育。还有一点，他也算是订过婚，这些对他都不利。在安娜·鲁特雷奇去世之后，纽萨勒姆的媒婆们一直催促着他找个老婆。这附近也没什么合适的姑娘，再说林肯在年轻女孩面前还是会不知所措。班奈特·阿贝尔夫人的妹妹在1833年（或是1834年）到纽萨勒姆的时候，林肯曾经喜欢上了她。玛丽·欧文斯来自一个富有的肯塔基家庭。她是个俊俏的姑娘，有着一头乌黑的长发，明眸皓齿，皮肤白皙。在人们的印象里，玛丽是个开朗、活泼的姑娘，也"非常聪慧，一看就知道受过良好的教育"。当她回到纽萨勒姆的时候，据说，林肯曾跟阿贝尔夫人夸口说道："要是那姑娘再回到了纽萨勒姆，我就打算把她娶回家。"

　　安娜·鲁特雷奇去世一年后，玛丽·欧文斯再次来访。那时林肯便对她展开攻势。刚开始玛丽也频送秋波，但不久两人都有了些悔意。她觉得他虽然"心地善良"，可又介怀"跟我受的教育截然不同，我俩不合适。要是教育差不多，说不定就情投意合了"。细节的不满预示着未来的分歧。有一次，玛丽、林肯和鲍林·格林太太散步时，格林太太抱着一个小胖孩，很是吃力，他却一点没帮忙的意思。还有一次，一群年轻人骑马去格林家路上，得跨过一条深溪，其他女伴都有男士协助，唯独她的护花使者林肯早就一人跑到前面，毫无风范。有时候玛丽抱怨林肯粗心大意，他却傻不拉叽地说："我觉得你能照顾自己。"一来二去，玛丽很快得出结论："这些细节对女人的幸福来说至关重要，而他在这些方面表现也太差劲了。"

　　与玛丽相比，林肯对这段关系的不确定性感觉更强烈。玛丽总是迫不及待地赶到纽萨勒姆见他，林肯担心"她已经死心塌地地赖上他了"，便开始挑剔她外貌的缺陷。记得初次见面时，她胖胖乎乎的，讨人喜欢，据同时代的人说，她的体重介于150磅和180磅之间。可如今，她胖得和莎士比亚剧中喜剧人物福斯塔夫简直是天生一对。交往几个月后，林肯在其书信中调侃道："现在只要我注视着她，就会联想到我老娘。并不是说玛丽长得老气，她脂肪太多，根本长不出皱纹；而是她的牙齿，看上去饱经风霜；再就是我脑海里一闪而过的念头：婴儿时期大家都差不多，她怎么在不到35年或40年的时间就长成如此的庞然大物。"他对这段感情的保留态度源于他理性的思考。在这种理智的痛苦中，他意识到自己出身贫苦，能否让这位教养良好的年轻女士过得幸福，还是个未知数。从深层次上分析，其实是林肯人格发展不健全，他很难走出自我世界，与他人建立更亲密的情谊。

1836 年 12 月林肯去了万达利亚。那时他和玛丽尚未取得"任何积极的相互理解"，双方都感觉，私下约会可能导致最终走向婚姻。林肯希望能不伤害她的感情，又不损害自己的声誉，自然而然地分手。之后半年，他故意对玛丽很冷淡，写给她的信毫无热情，对"爱"只字未提，目的只是让她主动提出分手。他后来也承认，那些信干巴巴的，措辞愚蠢，连自己也不情愿寄出去。

迁居斯普林菲尔德之后，他比过去任何时候都确信，玛丽不适合自己。他告诉玛丽（跟他在一起）将来也许不会幸福。"这里的马车宽敞又豪华。可能你此生都只有眼馋的份。"他警告道，"你将无法掩饰自己的贫穷。"他提醒她，"你还没有习惯贫苦的生活，那可比你想象中的严重得多。"

很明显，无论是林肯的信件，还是 1837 年在纽萨勒姆的谈话，都没能让玛丽相信两人根本合不来。于是他换了种策略，暗示玛丽：不管是为了情感幸福，还是为了身体健康，她都应该和他分手。"我始终想做出正确的决定。尤其是处理和女人的关系。"他告诉玛丽，分手对她来说是最好的选择。信中写道："简而言之，你可以放下结婚这个话题了，抛开你的念头吧（如果你有和我结婚的想法），也别回信了。一来一往除了发发牢骚也没什么可写的。"事实上，如果他写"我真诚地希望你这么做"，玛丽也许就此不回信了。信中在竭力劝说玛丽结束和他的恋爱关系之后，林肯很有男子气概地宣称："如果我能确定，我们亲密的关系哪怕在任何程度上增加你幸福的话，我会迫切地告诉你，我很愿意与你走得更近。"

也许玛丽回信了，却没被后人保存。林肯这样记录道，玛丽坚定地、重复地、一而再地拒绝了他不温不火的求婚。令他吃惊的是，他并没感到释然，反而"深感羞愧，无地自容"。几个月后他这样回忆当时的心情："我的自尊心深深受到伤害……我告诉自己要对她信任，这种信任我从没给过其他人。但她拒绝了我，击碎了我美好的幻想。"当他确定玛丽对他毫无情意，他又开始怀疑自己"有一点爱上玛丽了"。直到某天，林肯豁然开朗，意识到一切已成往事。有次他写信给布朗宁女士，用滑稽调侃的口吻重温了这段罗曼史，但信中回避了玛丽·欧文斯的名字。"我如今得出这样的结论，今后不要再有结婚的念头；不管是谁愚蠢到愿意接纳我，我都不会对她动心了。"

林肯搬离纽萨勒姆一个月后，对玛丽唉声叹气道："斯普林菲尔德的生活真是没劲透了，至少对我来说很无聊。这是我人生中最寂寞的日子。"毫无疑问，搬来这里的起初几周他确实感到与人隔绝，但后来他很可能是夸大其言，让玛丽不再考虑结婚的事情罢了。事实上，他在斯普林菲尔德高朋满座，可受欢迎呢。

林肯与斯皮德一见如故，或许他也是林肯一生中唯一的挚友。斯皮德是肯塔基人，比林肯小四岁。不同的是，他出身于名门望族，家里有一个不错的种植园，叫法明顿农场，在路易斯维尔市附近，由 70 个奴隶耕作。他在肯塔基州的私立学校上过学，还在巴兹镇的圣约瑟夫学院念过两年书。这次为了立业发迹，来到斯普斯菲尔德与人合伙经营"艾利斯"商店。他长相英俊，蓝眼睛闪闪有神，一头乌黑鬓发。尤其是他那略带拜伦式的优雅令斯普林菲尔德当地女孩子倾心不已。

林肯和斯皮德住在他的商店楼上，同榻共眠了四年，他们推心置腹，交流情感。那时，这样同处一室并不奇怪也无不妥。那时的单身青年很少有私人房间，两个或两个以上的人同睡一张床稀松平常。若干年后，林肯成为一名知名律师，跟随巡回法庭接案子，仍然与其他律师同铺。唯有戴维·戴维斯法官独占一张床，这倒不是说他地位尊贵，而是他体重超过 300 磅。

林肯和斯皮德周围聚集着一群斯普林菲尔德的未婚年轻男子，比如后来当林肯伴郎的詹姆斯·麦森尼，还有在斯图尔特·林肯事务所工作的法律系学生米尔顿·海，以及毕业于普林斯顿大学、1838 年在斯普林菲尔德开始律师生涯的詹姆斯·康克林。每天晚上，这些人在斯皮德商店的后屋会面，围坐在火炉旁，谈天说地，交流趣事。林肯总能讲出数不尽的奇闻趣事，自然成为谈话的中心人物。这些夜谈好比自发组织建立的图书馆和辩论社，这群年轻人相互交流自己写的诗句和习作。赫恩登回忆到，他们谈论了政治、宗教等众多话题，常常为了自己的观点争辩得面红耳赤。

林肯并不是以无名之士的身份出现在斯普林菲尔德，而是作为当地著名的律师——斯图尔特的合伙人来到这，因此他很快也很容易地与当地群众打成了一片。一般情况下，刚入行的律师通常需要到处寻找生意，能接手的也都是些别人不愿意接的案子。而林肯不同，他一从业就全面掌管事务所，因为斯图尔特正全力谋求在美国众议院中的一席之地，全部生意就自然落到了这位资历尚浅的合伙人肩上。

事务所的办公室坐落在一条名为"霍夫曼大道"第五大街一排排砖结构建筑中，也就是位于法院广场以北的一个街区。它仅仅是二楼的一个单间，赫恩登回忆道，房间很简陋，只有"一张长沙发，也用作床；一把牛皮椅子，年轻律师常坐在这椅子上学习；一张硬木板凳，常用作拿取书橱中的书籍；还有一张桌子，吃饭、看书全是它"。林肯和斯图尔特常在这间简陋的办公室与委托人会面，倾听当事人诉说，提出合理建议。对于司法惯例存在疑问时，便在"图书馆"查阅资料，所谓的"图书馆"只不过是几本伊利诺伊州报告、国会颁布的各类文件、几本法律诉讼程序工具书、少许法律书籍。图书资源的确匮乏，不过在那个年代，或许斯普林菲尔德的任何一家法律图书馆的藏书都不会超过 100 册。

林肯在管理事务所的日常工作方面毫不费力，比如起草遗嘱、书写契约等；早年居住在纽萨勒姆时，甚至被法学院录取前，林肯就为邻居们做过类似的事了。

稍微复杂一些的案件会交给巡回法庭审理；林肯对巡回法庭也有过几回经验，当过观察员和证人。事实上，早在拿到法律行业许可证之前，他就凭借对法律的熟悉和土地测量员的专业知识，受雇于摩根县（位于杰克逊维尔市）的巡回法庭，担任类似律师助理的职位，协助处理一项涉及木材和土地纠纷的案子。

而现在，林肯已成为一名具有行业执照的律师，通常独立处理案件。他认为必须全面掌握法律形式，了解法律程序，因为即使是细小的失误都可能导致败诉。案件提交给巡回法庭之前，律师必须决定用何种方式进行诉讼：是按通法还是按平衡法进行。前者是指走非常正式的诉讼程序，根据英国普通法及其先例断案；而后者，有时也被称为"衡平法"，遵循的是更为简便灵活的规则，酌情处理。无论采取什么方式，律师（更为准确地说是原告的代表）必须先起草原令状，请求法庭书记官传唤被告；原令状还必须简要陈述争端由来，大概估计下原告方的损失，然后起诉方律师起草一份被称为"申诉"的文件，指出该起诉应采取何种诉讼方式，并且阐明案件的实情。

原告方在申诉文件中必须阐明案件事实，撰写该部分内容需要特别细心谨慎。如果原告所阐述的事实不能被证实，或是这部分事实与案情无关，原告都将败诉。若申诉中所指控的事实与证据不相吻合，法官有权拒绝受理案子。1859 年有个案例，仅仅是因为申诉中原告陈述的借据数额与法庭上证据表明的数额相差了半个便士，法官便驳回了这个案件。

林肯刚接手案件时，花费很多心思研读法律书籍，学习如何在申诉中合理用词。林肯希望能避免任何技术误差，他拟定的文件越来越墨守成规，愈来愈啰唆冗长。以 1838 年五月一个案子为例，为了给富尔顿县一张未付讫借据要回款子，林肯在申诉状中写道："鉴于被告所述，迄今为止，头衔、名义、名字为'约翰·西恩'的公司于耶稣纪元一千八百三十六年三月第二十三日在费拉德尔菲亚市，也就是说，在前文所述的日期和地点签署一张借据，并且在借据上注明了前文的签署时间和地点。并允诺将在前文所述时间的第十二个月后，以'艾特伍德公司'合伙人的名义归还数额七百七十二美元三十六美分，收到还款后那时那地原告将归还借据。"随着从业经验渐渐丰富，他逐渐减少了法律术语和那些啰唆话。自那以后，林肯写的申诉文件成为清晰简明风格的典范。

所幸的是，林肯早期接手的案子大多数只需要常识，而不必精通先例。比如说，林肯代表斯皮德的艾利斯百货商店向托马斯·史密斯经营的一家商店偿还一笔债务，就是一个很好的例子。再稍微复杂的案子，林肯接手的就是为伊利亚·霍顿辩护。当事人霍顿已经与戴维·哈特达成了一块约十二英亩土地的交易。那片土地地处石溪边，在纽萨勒姆附近，而林肯恰恰测量过那块土地。但是哈特的过世让这笔交易的执行出现了问题，现在霍顿要求法庭强制哈特的三个孩子以及哈特的继承人遵守合约中的条款。

这样的案子，斯图尔特·林肯事务所从一开始就接手了很多。早在 1837 年 7 月桑加蒙县巡回法庭开庭期间，事务所的备忘录上记录着 19 件普通法案子及 7 件大法官法庭案子。案子数量大概是最大竞争对手——罗根·贝克公司的两倍，也远远超过其他律师。后来几个开庭期间，尤其是斯图尔特为众议院就职做准备的期间，罗根·贝克公司手里要处理的案件数量超出了斯图尔特·林肯事务所；萨缪尔·特里特公司也比他们的多。但是，林肯手头总是有案子，从没闲着。

林肯的律师活动并不局限于桑加蒙县地区。巡回法庭每年只来斯普林菲尔德两次，每次开庭两周，任何一个律师都不可能只靠这些谋生计。林肯与大多数其他律师一样，跟随巡回法庭一起从一个县到另外一个县，每次庭审两天到一周不等。1837年林肯曾出现在布鲁明顿的麦克莱恩县，而第二年则定期地出现在泰兹韦尔、梅肯、摩根以及伊利诺伊州一些主要县市的法庭上。

行程满满不等于盆满钵满。斯普林菲尔德的律师非常多，竞争之下，收取的律师费用低廉得很。斯图尔特·林肯事务所接手的案子大多要价5美元，律师费在2.5美元~10美元浮动。有一个案子，事务所狮子大开口要50美元，委托人显然急了，要求用为斯图尔特制作一件大衣的方式抵扣15美元。还有个案件，合伙事务所为斯普林菲尔德一家旅店的老板辩护，老板为林肯提供6美元的免费膳食，从而抵偿了律师费。作为资历较浅的事务所合伙人，林肯还有个任务，就是记录这些收取的律师费，事后他和斯图尔特将平分全部收入。

林肯还需要为事务所管账，登记案件、审理结果、收费情况等。同时也记录开销：比如说买几捆木柴，比如说买劈柴用的木锯花了2.5美元，比如买烟囱花了8.5美元等。有段时间林肯的账记得非常仔细，但不久就嫌太烦琐，随后账本上的日期出现了大段的空白。林肯和斯图尔特都不是有条不紊的人：事务所的文件随意堆放在抽屉里、口袋里甚至是林肯的大礼帽里。时不时地，两人不得不因为丢失文件或办事疏忽而向委托人道歉。有一次，斯图尔特到了伦敦，没在事务所，林肯不得不写信询问他，"有个委托人不停逼着我要他留给你的一些契约文件，而我压根找不到"，以及如何答复那个"他妈的老鹰嘴的美国佬"，他成天追问他的案子如何了，可他案子审都没审呢。

虽说账记得马马虎虎，但事务所经营还是十分成功，也给林肯在法律界开始职业生涯提供了绝佳机会。他很快就发现，尽管他的从业训练十分短暂而且还不很系统，但足以和那些自学成才的律师匹敌，甚至与在老律师手下学习却没有受到很多指导的那些律师不相上下。斯图尔特到议会任职，离开事务所，林肯对自己独自经营事务所的能力很有信心。账本上有行字记录了新纪元的开始，林肯写道："林肯时代于一八三九年十一月二日开启。"

当律师的初期，林肯似乎把他的法律职业视为实现政治抱负的踏脚石。他刚刚在斯普林菲尔德安顿下来，就接手了一桩案子，土地在詹姆斯·亚当斯手中，而玛丽·安德森夫人声称这块土地是自己刚刚过世的丈夫地产的一部分。亚当斯是斯普林菲尔德一名德高望重的民主党人，而且仍然在任。经过案卷调查，林肯确信亚当斯的行为已构成欺诈罪，而安德森夫人的主张是合理合法的。林肯向斯普林菲尔德最能干、最有经验的同行史蒂芬·罗根进行了咨询，随后向桑加蒙县巡回法庭提起了公诉。

到此为止，身为律师的林肯表现仍然非常专业，但是不久便开始表现出对亚当斯的政治敌意。事实上亚当斯的过去的确见不得光，他因伪造一份六百英亩的地契而遭到指控，为了逃避这项指控他逃到了纽约。但真正令林肯生气的是，亚当斯居然好意思竞争遗嘱检验法庭法官的职位。这份工作报酬很高，林肯的挚友、和林肯同是辉格党人的安森·亨利医生，也在竞选同一个职位。亚当斯的指控还没有宣判，林肯和律师同事们就开始在报纸上给出了他们的"判决"。他们以"桑普森的幽灵"为笔名，在《桑加蒙日报》上发表了 6 封公开信，每周一次，持续六周，抨击亚当斯是托利党党徒，哈特福特会议的支持者，要求他公开向本县的民众解释，他是仗着什么权势窃取了斯普林菲尔德两块地皮的所有权的，凭什么住在那里，暗示亚当斯在安德森的土地所有权也是骗来的。

1837 年整个夏秋季节斯普林菲尔德的报纸上都充斥着对亚当斯的指控，以及亚当斯和他的同僚们的反击。尽管那些署名为"桑普森的幽灵"的信并不是全由林肯撰写，但在亚当斯弄清楚幕后主使者就是林肯之后，他开始用公开信回击林肯，质疑林肯陈述的事实及其辩术。针对林肯与众不同的宗教信仰，亚当斯给他取了个绰号——"自然神论者"。对此林肯用一张传单和两封公开信予以了回击，极力拆穿亚当斯的证词，并且嘲笑亚当斯的所作所为只是为了把针对他本人的所谓的流言蜚语"撕破、撕碎、撕开、劈开、炸毁、挫败、压倒、推翻、抹去、消灭、炸碎、研磨成粉"。

然而，这些既不体面又不专业的争辩毫无意义，反而让桑加蒙县的选民们不再相信林肯的指控，把票投给了亚当斯。在秋季的竞选中亨利失利了，而亚当斯却如愿当选为遗嘱检验法官。安德森财产案以及其他几桩相关诉讼拖延了好多年，直到 1843 年亚当斯去世，这些土地仍然归他所有。

在斯普林菲尔德，新的州首府还没竣工，州议会仍在万达利亚举行。在这里，林肯同样表现出他强烈的党派意识。虽然比过去经验丰富了一些，但在辉格党两次推选他为州众议员发言人时，他仍然落选了。1838—1839 年的那届会期，林肯在不下十四个委员会任职，其中包括影响力最大的财政委员会。他主要从事幕后工作，例如组织管理辉格党中的少数派。在州议会辩论的讲台上，林肯表现得轻松、奔放，偶尔的轻佻浮薄让沉闷的议程轻松愉快了许多。一位来自蒙哥马利县的议员说，内部振兴计划产生了堆积如山的债务和赤字，为此自己十分担心。林肯笑道，这让他想起印第安纳州的一个古怪的单身汉。此人不管看什么都能看见一个大妖怪，他也因此而名声大震。

林肯很注意维护斯普林菲尔德的利益。与之关系密切的是他在内部振兴计划问题上的立场。1837年经济大恐慌后，内部振兴计划宣告失败。鉴于州财政收入的减少和伊利诺伊州债券市场的暴跌，自由党和民主党领导人均倾向于缩小或者放弃通过运河和铁路来打通州内交通的内部振兴计划。但是，林肯不愿意。"桑加蒙县已经获得了巨大的和重大的收益……为报答给予的支持，代表团宣布本县支持内部振兴计划。"鉴于这种情况，林肯公开称，桑加蒙县虽然不是'法律上必须'支持内部振兴计划，但是"道义上"应该如此。对于那些想修改内部振兴计划的人，他说，州议会也已经是"开弓没有回头箭"，"即使我们想回头"也是不可能的了。他又补充道："我们的这项计划已经实施了这么多，还怎么撤得出来啊？若那样，就太失脸面了，代价也太大了。"

支持内部振兴计划，对于林肯来说，不仅仅是维护脸面的问题。林肯一直认为，美国是一个生机盎然、繁荣昌盛、充满机遇的国家，一些像他这样的穷人家的孩子也能出人头地。他确信，伊利诺伊州拥有丰富的资源，"土壤的肥沃程度超过地球上任何相等范围的土地"，因此，这块土地"比地球上任何相等面积的土地都更能支撑农业发展和支持人口增长"。这个州急需修建铁路和开凿运河，把本州的农业产品运送到世界市场上去。很遗憾，在实施内部振兴计划投入最多而效益最小的那个时刻，经济大恐慌降临了。因此，这个州像蒸汽机一样，陷入了一个"死点"，怎么也转不过去。但是林肯充满信心，"一旦转过去了，就再没有什么阻碍，一切都会再次正常起来"。他又打了一个比方：逆水行舟，不进则退。若现在不支持这项计划，它就完蛋了。

本着"国家兴亡，匹夫有责"的理念，林肯努力为建造铁路和运河寻找新的资金来源。有段时间，林肯寄希望于一个类似于以前提出的计划，即伊利诺伊州从联邦政府手中以500万美元的价格购买本州内所有国有土地。他认为，如果把这些土地再转手卖给实实在在的定居者，其所得利润支付内部振兴计划的开支绰绰有余。州议会同意向华盛顿特区提议该采购计划，但是之后没了下文。无可奈何，林肯把目光转向税收，倾向于对土地实行递增税制，而之前土地税是按统一费率收取的。他一方面深信这个变化"本身在衡平法上是有效的"，另一方面又提醒立法委员，提高的税率将会由"小部分富人"承担。这些人为数不多，左右不了选举。随着经济的继续恶化，林肯仍希望将内部振兴计划去粗取精，变废为宝，希望继续支持至少一项工程。通过精确计算，这项工程的收益能够抵销工程的开支。但正如林肯所料，他的同僚们没能支持他，内部振兴计划最终"整体下马"。

在捍卫内部振兴计划的问题上，林肯显得十分执拗。他的这种精神同样也表现在对伊利诺伊州州立银行的支持上。与大多数辉格党员一样，林肯倾向于建立强有力的国家银行。在安德鲁·杰克逊灭掉美国国家银行的威风之后，林肯就致力于打造州立银行，尤其是州立银行在斯普林菲尔德的中央支行。该银行是他在第一次当选州议员时创立的。林肯一而再，再而三地投票反对民主党提出的关于调查州立银行的提案。

民主党的基本原则是反对设立银行，对带有辉格党背景的斯普林菲尔德州立银行更是恨之入骨。他们发动了一次又一次的运动，其目的就是要摧毁银行体系。银行的命运因此变得生死难料。有时，就连林肯自己也想撒手不管了。他哀叹道，州议会对银行因经营不当而丧失其许可权坐视不理，现在已经"没什么办法让银行重整旗鼓了"。

尽管如此，林肯还是不肯善罢甘休。1849 年 10 月，议会在斯普林菲尔德刚刚竣工的新首府举行。在这次会议上，林肯与民主党进行了一次较量，充分地表现了自己对银行的奉献精神。这事后来弄得是妇孺皆知，可林肯称它为"跳窗骚扰术"。事情是这样的：银行得到授权，其暂停硬币兑换业务的时间可以延续到立法会议闭会前，即 12 月的第一周。林肯和他的辉格党同僚了解到，一旦银行被迫恢复硬币兑换业务，则马上面临破产。一心置银行于死地而后快的民主党，迫不及待要求闭会，可林肯及同僚们则希望能加以阻止。要让会议不休会，唯一办法就是缺席会议，这样就达不到参会的法定人数了。所以辉格党只派出林肯和他信任的一两个助手参加，其他人都缺席了。辉格党还叮嘱林肯在整个会议的进程中只看不说，只要民主党一提出闭会，他就要求点名。会议一直被拖到了傍晚，连蜡烛都搬出来了。为了达到法定人数，一些民主党人被迫从病床上爬起来参加会议。混乱中，林肯和助手们糊里糊涂地参加了下一轮的投票和点名。他们心怀最后一丝希望，试图偷偷逃离会场，阻止闭会。但是会场的大门紧锁，全副武装的议会警卫不肯放行。此计不成，又生一计。他们不死心地从第一层楼的窗户跳了下去。然而，这一切都是徒劳，因为议长已经把他们几个算在出席人数和投票人数内。议会达到了出席的法定人数，会议闭会，银行破产。这个事件后来成了民主党人的笑柄。他们戏称林肯和他的同僚为"飞行兄弟"，并讥笑说，他一跳成名却毫发未损，因为议院"窗户有多高他的腿就有多长"。

因为不喜欢成为笑柄，林肯让自己对银行的热情慢慢冷却下来。第二年再有人提及这个事情时，他对此事的辩解明显减少了许多。

除了在州立法委员会为辉格党挑头之外，林肯还为其党务工作呕心沥血，从而成为辉格党最知名的领导人之一，不仅是在斯普林菲尔德地区，而且在伊利诺伊州中部地区也是如此。1838 年他把自己的政治生涯和律师事务结合起来，帮助正在竞选美国众议院议员的斯图尔特拉选票。为此，林肯表现出了极大的热情，因为当时斯图尔特的对手是民主党的斯蒂芬·道格拉斯，此人恰好越来越被林肯视为主要的政敌。

1840 年的总统候选人提名时，辉格党放弃了党派创始人之一的亨利·克雷，转而提名蒂珀卡努战役的英雄威廉·亨利·哈里森，迎战民主党的马丁·范·布伦。急于取胜的林肯，默许了这次换人。他认为这对自己州是一个"千载难逢的好机会",开始系统性地组织伊利诺伊州中部的辉格党。民主党里有个编辑讥笑哈里森是一个头脑简单的老头儿,除了住在木屋里喝喝苹果酒,什么东西都不追求。不想,辉格党人却用这话大做文章,说民主党的嘲笑正好说明了辉格党候选人与对手范·布伦的贵族气完全不同,和人民打成一片。

他是报纸的热心读者,也常常研读《环球议会》。这上面经常全文刊登国会的辩论。通过阅读,林肯已经完全具备了为辉格党经济政策辩护的能力。过去,在斯皮德经营的商店后屋的火炉前,斯普林菲尔德的年轻人们谈时事、论政治,那些夜谈让林肯磨炼了辩论技巧和能力。这次终于有机会一展所长了。一天晚上,在一次激烈的讨论中,已经当上民主党伊利诺伊州委员会主席的道格拉斯,向辉格党对手们发出挑战,要在竞选中就这些问题展开全面论战。林肯欣然接受了他的挑战。

1839 年 11 月 19 日进行了第一轮辩论,吸引了多方注意。辩论一方是道格拉斯、曾经雇用过林肯的县土地测量员约翰·卡尔霍恩,以及另外两个民主党人士;辩论另外一方是四个辉格党领袖:爱德华·贝克(新议会大厦奠基仪式上演说精彩而声名大噪)、罗根、布朗宁还有林肯。在场的绝大多数人觉得辩论结果不分胜负、平分秋色,唯有林肯认为自己辜负了朋友们的期望。"林肯总能意识到自己的失败,"约瑟夫·吉勒斯皮报道说,"他是我见过的最沮丧的人了。"他要求再给他一次机会,并向民主党下了战书,时间定在 12 月。轮到林肯发言时,已是圣诞节后的第二天。当时,到场观众很少,让林肯有些扫兴。尽管如此,他还是根据议程安排发表了一篇精心准备的演说,约瑟夫·吉勒斯皮回忆说"那篇演讲超越了我们最高的期望"。

民主党所拥护的是独立于州立银行与私人企业并隶属于国库的独立财政制度,而林肯演说的基本主题则是国家银行优势。当然,这里面多少带有自吹自擂的色彩。例如说,他讥笑道格拉斯的想法太"愚蠢",以为自己的那些"无中生有、蛮横无理的话"没人敢反驳;说成百上千的民主党官员"携公款逃到得克萨斯州、欧洲或世界任何能够躲避审判的地方"。但总体而言,这篇演讲思路清晰,条理清楚,为国家银行所带来的经济稳定进行了有力的辩护,同时也对民主党国库分级计划的坏处进行了预测。为了做到实事求是,林肯在论据方面下了不少功夫。他并不满足于对独立国库泛泛的批评,说它会导致"贫困、崩溃、破产、乞讨"等,而是希望一针见血地击中要害。他举例说,一旦这个体系建立起来,一个人现在攒够了买 80 英亩地的钱,到时候只能买 40 英亩,说不定连这点土地也买不回来。

林肯的这篇演讲全文刊登在《桑加蒙日报》上,还被印成小册子到处分发,虽然包含的新观点并不多,但这表示林肯已经把握住了辉格党在经济问题上的尺度。这篇演讲成为辉格党候选人哈里森参加 1840 年总统选举的范本。林肯无论去哪里办案子,无论被邀请去哪里,他都会发表政治演说。

那些演讲总是政治色彩浓厚，他一方面煽动人们攻击范·布伦支持纽约的自由黑人享有投票权，一方面又积极"为蒂珀卡努战役英雄的民权意识和军人声誉辩解"。特别是有一段时间，为了让那个心不在焉、"住木屋子、喝苹果酒"的辉格党人在竞选中能够胜出，很多辉格党人小心翼翼地回避了许多议题，而林肯则在讲演台一脸严肃地大谈辉格党的经济政策。

林肯通常演讲的主题是社会秩序混乱构成的威胁。他演讲的标题也都是些文化团体的老生常谈，常被用来让年轻人在同龄人面前相互比拼演讲技巧，练习提高口才。但是，林肯用自己的风格和方式加以诠释。那个时代，生活发生了急速变化，困扰了许多人，林肯也和同龄人一样，察觉了加速的变迁。美国正修建铁路，开掘运河，交通运输正在发生革命性变化；人口快速分布到美洲大陆的四面八方；大量移民的拥入似乎构成了国家凝聚力的威胁；在奴隶制上的分歧也导致分裂主义兴起；杰克逊时代的政治斗争，把国家政治共识已经破坏殆尽。

所有问题中，最令人不安的是暴民暴动问题，它"蔓延到了全国，从新英格兰到路易斯安那都存在着"。林肯对自己的听众讲述了两个实例：一次是发生在密西西比，开始的时候处决的主要是赌徒，到后来，"每条马路边的大树枝上都吊着死人，不计其数，触目惊心"。第二个例子是一个名叫麦肯吐什的黑白混血儿，因被人指控谋杀了一个绅士，在圣路易斯被人活活烧死。林肯警告说，如果"人身和财产不能免于暴乱的破坏"，"如果法律继续遭到蔑视"，民众对政府的情感势必会发生变化。

对于如何解决，林肯强烈要求实施他所说的那个简单方案："让每一个美国人、每一个热爱自由的人、每一个祝子孙后代幸福的人，以一个革命者的鲜血起誓：不违反任何一条国家法律；也不许任何其他人违反……让美国的每一位母亲，以及母亲怀里的每一位咿呀学语的孩子，呼吸到法律的尊严；让法律走上小学、中学、大学的讲台；把法律刻在经文中，抄在练习本上，印在日历里；让它在神坛上吟诵，议会上宣读，法庭里执行。一句话，就是让法律成为国家的政治信仰。"

这段演讲词的大多数措辞，使用的都是标准的辉格党风格，和他一年前在州议会的演讲如出一辙。但是这次是在讲学，听众也都以为他的讲座马上就要结束了。这时，林肯又开始问大家，为什么美国政治体制受到的威胁比过去的半个世纪都严重。在演说的第一部分，林肯基本上是从社会学的角度进行阐述的；现在，他要从心理学的角度来谈一谈。

林肯表示，在父辈的时代，当美国为其自治政府而斗争的事业还未见分晓的时候，"所有人都希望这次尝试能够成功，这样自己也能从中获得名誉、地位和殊荣"。即便是现在，许多"伟大而善良的人"所渴望的也"不外乎是国会的一个席位、州长或总统的宝座"。但哪怕经过片刻的反省，我们也会明白"这种追求不同于狮群的争斗，也不是老鹰在部落里称雄"。对于那些"踌躇满志、才华横溢"的人来说，这些荣誉是远远不够的。对于一个亚历山大、一个恺撒，或一个拿破仑来说，这些只能算作日常琐事，满足不了他们。他们怀揣的是，给民享政府带来的更大的危险。

多数听众或许认为，这只不过是林肯点缀在长篇大论后面的修辞手法。很少有人意识到，林肯口中描述的这类人正是他自己。林肯的政治理想并不是秘密。正如赫恩登所言，他是一台"不知疲倦的小引擎"。只有斯皮德知道林肯有多么渴望出人头地。对这位挚友，林肯道出自己博大的胸怀："要把自己的名字和人民的利益联系在一起。"可心情沮丧时，他黯然神伤地哀叹道："我还没做过任何事情能让人记得我啊。"

为了防范那些"踌躇满志、才华横溢"的人——自己这类人——林肯从另一个角度提出了看待美国政治体制的观点。演讲中的第一部分他言辞传统而保守，以便让听众的国民感情油然而生。而现在他要建造一所全新的"自由神庙"，不能再靠煽情和从众，而要"从磐石中刻出冷静与理智"。

他这次演讲诉诸的理智，也许可以解释他为什么遗漏了一个重要事件。他没提及发生在斯普林菲尔德附近的一次暴乱，而那次暴乱更为听众所熟知。1837年11月伊利诺伊州的奥尔顿发生暴乱，一群暴徒杀死了持废奴观点的《观察者报》编辑伊利亚·洛夫乔伊。但是，当林肯公开反对暴力时，并没有提到洛夫乔伊或奥尔顿的名字，而只是在谴责暴力事件时，把这些人与"把印刷机扔进河里、枪杀主编"等放在一起，一带而过。尽管林肯对奥尔顿的暴力事件很悲痛，但他也婉转地批评洛夫乔伊挑起废除主义风潮，因为这两个事件都是由于过于冲动而引发的，而这则可能颠覆一个民享的政府。

所有这类事件中，林肯忧虑不已的是人们无法控制的情感。在讲学结束时，他评论道，"激情，将来会成为我们的敌人"。国家必须依靠的不是激情，反而是"理性、冷静、慎重、心平气和的理智"。他告诉华盛顿的人们，"当一切欲望都被控制，当所有的激情都被克制……当活下来的是理智，征服一切的理智，铲除了世界上所有君王的理智"，只有到那时，"幸福才会到来，一切才会圆满。为愤怒成为过去、理智成为主宰而欢呼吧"！

林肯在公共生活中尤其强调理性，这其实也反映了他内心深处的激烈斗争。他要把还未定型的性格统一起来。他不知道自己是谁，也不知道希望别人如何看待自己。他一方面希望沾上斯普林菲尔德"贵族"的气息，能和富有和势利的尼尼安·爱德华兹站在一起；另一方面又希望自己只是"一个普通男孩"，就像那些工人和店员一样，年轻又富有活力。是他们一次又一次地投票支持自己，使自己有机会走进州议会。作为一位彬彬有礼的绅士，他有能力写一封辞藻华丽的信件给鲍林夫人，邀请她陪同她丈夫出席斯普林菲尔德的立法会议，并给予他们"应

有的敬意和绝对的服从"。但是，他也知道众议院的很多人和艾维一样，把他当成
"粗俗的政友"。林肯希望自己被人视为慷慨大方的对手，不情愿伤害他人的感情，
但他还是控制不住自己的急躁脾气，他会在辩论时动怒，宣布"如果有人想在另
外的法庭上解决纠纷"，他"随时奉陪，永不逃避责任"。林肯认为自己在辩论时
观点明确、逻辑性强，但在民主党的《伊利诺伊州纪录报》上他发现，很多人为
他在公共场合露面时的一些习惯性动作表示惋惜，说他的行为举止"有点像个小
丑"，而那既不是他自己，也不是真的属于他。

　　林肯的文风也暴露了他内心的矛盾。在他的大多数公众演说和法律文件中，
他都坚持着自己简洁有力的风格，很少咬文嚼字或使用一些华而不实的语言。但
偶尔，如在学院演讲时，他也用到一些 19 世纪盛行的华丽辞藻。他吹嘘说，美国
根本无须担心外来的侵略，"即使是欧洲、亚洲、非洲的军队全都联合起来，加上
全世界的财富和军力，由拿破仑亲自统领，想靠武力从俄亥俄取一瓢水，在蓝岭
山脉走一步路，哪怕是打它一千年，照样没门"！

　　同样，在对待女人方面林肯也表现出心里的矛盾和冲突。林肯喜欢女人，也
渴望了解她们。1837 年迁居斯普林菲尔德一个月后，他唉声叹气道："自从来到
这里，只有一个女人和我说过话；而且，如果不是不得已的话，连她也不会跟我
说话。"可当身旁有女人时，林肯又总是笨嘴拙舌，很不自在，不知道如何举手投
足。有些时候他会穿着赶马车的靴子，跑去参加社交晚会；有一次晚会上，他说
了句"嘿，哥们，这帮丫头看起来好干净啊"，一句话害得晚会冷场了半天。

　　尼尼安·爱德华兹和伊丽莎白·爱德华兹的奢华住所每周日都举行社交聚会。
通常，林肯都是在那遇见适龄女青年。爱德华兹是个势利鬼，是伊利诺伊州前任
州长的儿子。他把林肯看作是"聪明能干的粗人"，觉得这个律师也许在政治上能
助他一臂之力。伊丽莎白·托德·爱德华兹的志向就是为人做媒，她的客人里似
乎总有一个朋友或亲戚未婚待嫁。她刚把一个叫弗朗西斯的妹妹嫁给了当地医生
威廉·华莱士，现在又准备欢迎来自老家肯塔基的客人了。

　　爱德华兹家总是聚集着斯普林菲尔德里最聪明、最优秀的社会名流。相貌英
俊、气宇轩昂的约翰·哈丁，是爱德华兹夫人的亲戚，也是国会议员有望的候选
人，几乎每次都参加她家举行的周日社交聚会。爱德华·贝克也是一样，他是辉
格党演说家，非常受人欢迎；要不是出生在英国，说不定哪一天会去参加总统的
竞选。布朗宁是辉格党中较为保守、受过高等教育的典型代表。虽然爱德华兹一
家是坚定的辉格党人，但他们举行的社交聚会没有党派色彩，而且还欢迎史蒂芬
·道格拉斯来参加聚会。道格拉斯已经成为州内民主党的领导人，由于能力比块
头大，被人称作"小巨人"。还有位民主党成员也经常参加这里的聚会，那就是出
生在爱尔兰、相貌英俊的州议会审计员詹姆斯·希尔兹。

　　同样，爱德华兹一家总是聚集着斯普林菲尔德里最漂亮的年轻女孩们。但在

爱德华兹家的社交圈里，没有一个比爱德华兹夫人的妹妹——玛丽·托德更能吸引人的注意了。

　　玛丽·托德的父亲罗伯特·托德，是肯塔基州列克星敦市富商，也是当地的银行家。玛丽出生在一个富足的家庭，从小受到家仆的精心照料，在条件最好的私立学校读书。1839 年，由于和继母相处得不好，玛丽决定给自己放个长假，拜访远方的表姐。这地方，她 1837 年曾小住过一段时间。玛丽是个二十二岁的女孩，身材娇小，皮肤白皙，长着一头浅栗色的长发，一双蓝色的眼睛尤其动人，一到这里就迷住了圈子里的其他成员，就连不大喜欢她的赫恩登也把她描述为"年轻又充满活力，相貌端庄，聪慧过人，教养良好，仪态优雅，雍容华丽"。当然赫恩登也觉得她"爱讽刺挖苦人，目中无人，爱摆贵族架子"。不过在赫恩登眼里"玛丽非常健谈，她很快便成为本市之花，成为斯普林菲尔德年轻的男士们的领舞者"。

　　有的人跳舞只会跟着别人的舞步走。说句实话，亚伯拉罕·林肯就是这样的人。他在爱德华兹家的聚会上第一次遇到玛丽时，告诉玛丽他想跟她跳一曲，但可能跳得非常差劲。玛丽笑了，林肯的确跳得非常差劲。林肯被这个活泼聪颖的年轻女子迷住了。他成了她固定的随从，聚会、骑马、去附近城镇远足，玛丽的身边都少不了他的踪影。玛丽跟林肯以前所见的女孩子完全不同。他和玛丽谈话时丝毫不觉得尴尬，因为玛丽的健谈弥补了他不会与女孩子打交道的缺点。爱德华兹太太回忆起这两个人相处时说道，一般是，"玛丽讲，林肯听；他双眼凝视着她，仿佛像中了魔一样，身不由己，一言不发"。她还说林肯"无法和女士进行长时间交谈，因为他没有足够的母系教育，也缺少与女性打交道的聪明劲儿。他着迷的是玛丽的智慧，而玛丽吸引他的则是她敏捷的思维，是她的意志、她的天性和教养"。

　　玛丽常把聚集在她周围的青年男子视为做丈夫的人选。察觉到了林肯对她的注视之后，她也不得不这样对他，因为她离老姑娘已相差不远了，她把自己的终身大事常挂在心上。在那个年代，除了教书以外，这个阶层的女孩子不许从事任何职业。但是合适玛丽的单身汉并不多。玛丽非常喜欢道格拉斯，肆无忌惮地与他眉来眼去，相处得都很开心。但双方很快意识到，道格拉斯把心思全放在政治事业上，对结婚不感兴趣。玛丽发现斯皮德相貌英俊，魅力逼人，但他似乎更为马蒂尔达·爱德华兹所倾倒。鳏夫埃德温·韦伯是斯普林菲尔德的律师，他很认真地向玛丽求婚了。但正如玛丽所说，他有两个不足之处：一是他比玛丽年长许多，二是还带着两个上次婚姻遗留下来的孩子。玛丽称他们是"甜蜜小障碍"。玛丽非常现实，她意识到，尽管自己备受关注，但"我的情郎也不是那么好当的"。

　　相比之下，林肯显得更有吸引力。他诚实守信、彬彬有礼、温柔体贴，这些都弥补了他社会礼节的缺乏。玛丽和他有很多相同的爱好。两个人都来自肯塔基州，都喜欢诗歌，会背很多相同的诗句，尤其是罗伯特·彭斯的诗句。两人都是辉格党成员。那个时代女性是不应该承认对政治感兴趣的，但在 1840 年，玛丽公开表示支持哈里森参加总统竞选。和林肯一样，她更支持亨利·克雷，因为克雷是她家的世交，同时也是她居住在列克星敦时的邻居。对林肯的政治抱负，她十分满意。在肯塔基州时，她就开玩笑说，她要嫁给未来能当美国总统的男人。

1840 年秋，玛丽和林肯的关系更进了一步。他有时在州议会的同僚面前表现出来的咄咄逼人，以及他那妇孺皆知的"州议会跳窗事件"，都可能与这一婚约前景有关。爱德华兹一家人都赞许这桩婚事。尼尼安·爱德华兹说，出于"政策"原因，他希望这桩喜事能成。虽然并没有进一步说明，但毫无疑问，他盘算着，富有影响力的大家族又加入了一位年轻有为、前途似锦的律师和政客，从此更是如虎添翼。爱德华兹夫人也很鼓励这桩婚事，她意识到林肯正"处于上升阶段"。圣诞节前后，林肯和玛丽订婚了。

林肯一旦做出承诺，他又开始想改变主意——就像当初与玛丽·欧文斯的婚约一样，他仿佛不情愿与任何一个愿意接纳他的人结婚。林肯开始怀疑，是不是爱德华兹家操纵了这个婚姻，引诱他向玛丽求婚。他担心自己是否有能力养活妻子，尽管再想这个问题可能为时已晚。现在他当律师年收入 1000 多美元，再加担任州议会议员的薪水。但这两份薪水来源都不固定。一方面，与合伙人的律师事务所面临解散，因为斯图尔特这两年都待在华盛顿，几乎没有打理事务所的生意。加上他众议员的选举连任基本已没有悬念，也就没必要再和林肯维持名存实亡的合伙关系了。另一方面，内部振兴计划泡汤，导致了本州的经济破产，他和他的同僚们也因此遭到越来越猛烈的抨击，甚至是人身攻击。林肯的政治声望开始走向下坡路。在 1840 年的选举中，他没能成为获得选票最多的候选人。他与同僚被人称为"斯普林菲尔德集团"。在一些农业选区，还掀起了一场打倒"斯普林菲尔德集团"的运动。林肯下决心在议会任期届满之后不再谋求连任。因此，他认为自己 1840 年无稳定的经济来源，既无房产，也无存款，还背着在纽萨勒姆时欠下的一屁股"国债"。他觉得无法给玛丽提供她已经过惯了的富裕、奢华的生活。

深深掩盖在这些担忧下面的，是他对婚姻的不确定性。他常把他的一些最为私密的想法和好友斯皮德交流。跟斯皮德一样，他对性可能没有什么体验。两个年轻人都是在条件艰苦的拓荒区长大，而在那里，除了家事外，男人和女人几乎没话可说；男人们聚在一起的时候，总是吹大牛，讲黄色笑话，但并没有实践的机会。两个年轻人对女人和婚姻都持有浪漫的观点。就像林肯在写给朋友的信中所说的那样："对你我来说，尤其不幸的是，咱们太不食人间烟火，把婚姻生活想成天堂，实际上是不可能实现的。"同时，两人对婚姻的"不祥预感"也有同感，而这又导致了他俩"说不出恐惧和不安"。也许他们在为自己未曾尝试的性功能感到焦虑；他们还可能在担心如何才能把自己纯真的爱慕对象变成床上的伴侣。林肯与斯皮德两人都在用理性分析自己的恐惧，并把它归结为对自己的未婚妻爱得还不够深。

斯皮德决定于1月1日出售商店的股份，准备开春后返回肯塔基州。这让林肯的担心变得更为突出，因为他不得不搬出商店楼上那间合住的屋子，和威廉·巴特勒一起寻找新的住处。性情孤僻的林肯，在被人撮合着与玛丽开始亲密的生活——一种全新但具有极大潜在危险的生活的关键时刻，又将失去自己唯一的挚友，他觉得自己仿佛在汹涌澎湃的情感海洋里翻腾，而他偏偏又是一个只想生活在冷冷的理性世界里的人。

终于，他紧张的神经砰的一声崩断了。林肯决定解除婚约。他给玛丽写了封信说，他不爱她。斯皮德劝林肯把信烧了。"如果你有毅力和勇气当面把信中的想法说给她听，"斯皮德告诉林肯，"那是可以的。空口无凭，而一旦白纸黑字地写在纸上，那就是一座碑，会世世代代压在你的身上。"

林肯不情愿地接受了朋友建议，去了爱德华兹家的豪宅。当他告诉玛丽，他不爱她了，玛丽顿时泪如泉涌。开始，她责备自己；可当她回忆起以前在肯塔基曾故意鼓励一个爱慕她的小伙子追求自己，却只是为了最终把他一脚踢开，玛丽放声大哭道："真是恶有恶报啊！"林肯听了，深受感动，把她"搂到膝盖上，吻了一下，然后离去"。

林肯把谈话内容及发生的一切告诉了斯皮德。听完之后，他说道："这最后一吻真是糟糕透了，但也是情不自禁。"斯皮德认为，林肯的婚约仍然存在。林肯走后，玛丽开始反思"他改变主意的原因——内在的和外在的"，最终得出结论，尽管还不能确定，"他仍然爱着她"。于是，玛丽给林肯写了封信，告诉他自由了，但同时也让他知道"她认为这件事并没有结束，也就是说，她没有变心，还像从前一样"。

林肯并没有感到如释重负，反而更加身心交瘁了。上次拒绝了玛丽·欧文斯，让他怀疑自己真的爱上了欧文斯；这次也是如此，玛丽·托德的信让他认识到失去的东西。他变得十分消沉。一月的第一周他还能应付日常事务，尽管有些马虎，州议会开会点名他也都能到场。但沉重的负疚感和闷闷不乐愈积愈深，他终因不堪重负病倒了，在床上躺了一周。这期间，除了斯皮德和亨利医生，什么人他都不想见。

这期间，朋友们担心他会不会自杀。若干年后斯皮德回忆，他不得不"把林肯房间里的刀片、各种各样的道具以及其他类似的危险品，统统拿走"。但与林肯同住在巴特勒家的议员回忆说，"林肯的挚友一点都不害怕他会自残。他十分痛苦、郁闷，但除了这些坏情绪，没有什么可以担心的"。后来在反省自己的所作所为时，林肯说，那段时间他的头脑一片混乱。他痛苦地责备自己出尔反尔，并告诉斯皮德说，曾几何时，"君子一言驷马难追"是他骄傲的源泉，是他"生活中唯一的精华，至少是主要的闪光点"。但现在没了，留下的是"挥之不去的悔恨"，是自己令玛丽不幸福啊！"它还在啃噬着我的灵魂"，在给好友斯皮德的信中他这样写道，"我禁不住要责备自己，在她不快乐的时候居然还希望自己能快乐起来。"

一月底，林肯恢复了日常工作，但是也三天打鱼，两天晒网，无精打采。1月20日，他对斯图尔特说，"过去几天，我像得了抑郁症似的，把脸丢尽了"。但是，他仍然控制不好自己的情绪，也说不出为什么。他通知他的合伙人："我静不下来，写封长信都做不到。"整整三天，他的状态还是那样，没有任何改善。他告诉斯图尔特，"我是世界上最苦的人。如果把我的忧伤平均分给全世界的人，那地球上再也找不到一张笑脸了"。

之后几个月，林肯努力控制情绪，恢复往日的生活。他退出了爱德华兹的社交圈，疏远了自己朋友。就像康克林猜想的那样，他竭尽全力"把自己淹没在错综复杂的法律事务之中"。4月，他踏出了人生的一大步，和斯蒂芬·罗根合伙成立了一间事务所，希望以此缓解他的财务状况。罗根·林肯事务所设在北五大街东边的一个办公室。事务所一开张，就有许多客户找上门，但林肯只分得了事务所收入的1/3而不是1/2，所以并没有赚到多少钱。

他的情绪依然低落，健康尚未恢复。8月，林肯决定去拜访斯皮德，可他已经回肯塔基州去了。林肯在法明顿，路易斯维尔市附近的斯皮德家，待了差不多一个月。斯皮德家的宅邸是由费城工匠在1839年建造的。在这座宽敞的宅邸里，林肯享受了从未有过的安闲生活。一切都安排得舒舒服服，还专门指派了一个家奴做他的贴身仆人。他与约书亚在田野里散步；他和玛丽（约书亚·斯皮德同父异母的妹妹）交朋友；他在去路易斯维尔市的路途上遇到了约书亚的哥哥詹姆斯·斯皮德，詹姆斯还把自己收藏的法律书籍借给了林肯。虔诚的斯皮德太太看到林肯依旧忧伤，便像母亲一样与他交谈，还赠送了一本《圣经》给他，要他好好"读一读、领悟书中训导、祈求上帝的承诺"。林肯允诺道，"回去后我会经常读的"，又模棱两可地加了句，"我怀疑这是不是治疗忧郁的最好方法，能不能把它当成真理呢"？

总的来说，这次度假之旅十分成功。林肯深深地陶醉在那次肯塔基的经历中，返回途中，他在轮船上遇见十二个奴隶，被铁链子拴着，简直就像"钓绳上串在一起的鱼儿"。一位"绅士"要把他们从肯塔基带到南方腹地去。在那里，"奴隶主的鞭子比任何地方都更加残酷无情"。这样的事情林肯不是不知道，可他却熟视无睹，连哼都没有哼一声。多年后，他兴许会回想起当时的暴虐场景；而此时的他，完全困惑在自己的苦恼之中，看到的竟然只是"甲板上最欢乐也似乎是最幸福的生灵"。

待在肯塔基，林肯发现自己的好朋友斯皮德也正处于他曾遭遇过的心理危机之中。斯皮德和范妮·亨宁订婚了。范妮是个活泼好动的女孩子，有一双被林肯称作"天仙般的乌黑眼睛"。随着婚期的临近，斯皮德又有些退缩了，他害怕自己不够爱范妮。回到斯普林菲尔德后，林肯密切地关注着这桩婚事的发展，连续写了好几封信给斯皮德，为他鼓劲，让他鼓起勇气走向婚姻。事实上，林肯和斯皮德就好像在玩一场医生和病人的游戏：1840—1841年的那个冬天，林肯是病人，斯皮德鼓励他，给他提建议；而现在，遇到危险的是斯皮德，而林肯正千方百计地医治他的身体，恢复他的理智。

斯皮德完婚后，林肯给他写信的口气开始不一样了，而且带着"紧张与惶恐"等待着斯皮德的回信，看他如何报告自己的婚姻。斯皮德说他比自己预想的还要幸福得多。得到这消息，林肯高兴了，说"跟你说句实话，你的回信我一会儿就读完了，但它给我的快乐比1841年1月1日那个不祥的日子起我所得到的全部快乐，还要多得多"。原本可以到此为止了，可在经历了那么多的困惑和痛苦之后，林肯觉得还是有必要再次向斯皮德确认一下，他是否真的幸福。婚礼八个月后，林肯还在傻乎乎地问，"不管是在情感还是在理智上，你真的觉得结婚幸福吗"？

林肯急着要斯皮德回信还有个原因，他即将和玛丽·托德再次走进婚姻的殿堂。关系破裂后，尽管两人试图回避对方，可在斯普林菲尔德这么个小地方，有谁不知道谁在做什么呢？林肯和《桑加蒙日报》的主编是朋友；而主编的妻子赛明昂·弗朗西斯夫人决定介入此事，她邀请林肯和玛丽一同参加了一个社交聚会，并把两人拉到面对面，逼着他俩"做朋友吧"。

不久，两人开始在弗朗西斯家中见面，但知道的只有两个人：亨利医生和茱莉亚·简妮。亨利正在细心观察林肯的生理和心理健康，而茱莉亚则是玛丽·托德的闺中密友。他们特别小心不让爱德华兹家人知道这事，因为两人解除婚约后，他们直言不讳地对玛丽说，她和林肯"最好不要结婚。无论是天性、思想、教育、教养还是其他方面，两个人都完全不同，做不了夫妻，生活在一起也不会幸福"。

在私下交谈中，两人发现彼此有很多地方趣味相投。而一次政治上的意外事件，更是促进了他俩逐渐变暖的关系。1842年2月，在州议会林肯屡屡为之辩护的伊利诺伊州立银行被迫关闭，其发行的货币变得一文不值。鉴于其业务在整个伊利诺伊州已经终止，州审计长希尔兹发出命令，缴纳税款时不得使用该银行发行的货币。这本无可非议，但是辉格党借题发挥，立刻开始了对民主党政府，尤其是希尔兹本人的抨击。希尔兹是伊利诺伊州民主党年轻党员中声望仅次于道格拉斯的领导人，而且很有希望被提拔到更高职位。

在参与抨击的人群中，没有人比林肯更积极，因为他总是有办法上《桑加蒙日报》的专栏。他用一个假名字给《迷失的小镇》专栏的编辑写了几封有趣的信，并用信中的人物"丽贝卡"——一个粗俗、没有文化但头脑精明的乡下妇女，来抨击民主党的政策，开希尔兹玩笑。他惟妙惟肖地模仿乡间俚语，报道了"贝卡太太与某个邻居的对话"，说"经济危机都是政客们胡编乱造的"，希尔兹发布的公告"是谎言，而且一点儿都不高明。明明是把金币，可骗他说是铜钱。希尔兹不但是个骗子，还是个傻瓜。他说的话没一句是真的"。

紧接着，林肯又信马由缰地发挥他的想象力，借"贝卡大婶"的口报道了邻居所描述的希尔兹去年冬天参加慈善聚会的表现。那次聚会斯普林菲尔德所有适龄女青年都参加了。希尔兹"把钱给这个，给那个，给另一个……他似乎陷入了甜蜜的痛苦之中。他的灵魂已是苦不堪言，可他的外表明明白白在说，'亲爱的姑娘们，真烦恼啊，我不能把你们都娶进门啊。你们有多难受我知道得很，但是请记住，千万记住，这不是我的过错，谁让我这么英俊，这么风趣呢'"。

很明显，林肯从《迷失的小镇》专栏投稿的过程中，得到了不少乐趣。当他把手稿给玛丽·托德和茱莉亚·简妮看的时候，她们还帮助润色，修改措辞，之后才发表在 9 月 2 日的《桑加蒙日报》上。玛丽和茱莉亚也被兴奋冲昏了头脑，决定自己动笔。当时有传言说，谁要是侮辱了希尔兹，他就会亲自找这个人算账，直到他满意为止。玛丽和茱莉亚也想从这个谣传中找到乐子，不过这个想法确实不太高明。她们又找上了丽贝卡，让她说："让他来找我好了。他可以紧握我的手……如果还不满意，那我只能说，他是第一个握我的手不能感到满足的人。"后面她们还附了首打油诗，署名为"凯瑟琳"，并宣称希尔兹和寡妇丽贝卡即将举行婚礼。

把希尔兹作为嘲笑的对象，对他们三人来说是一场危险的游戏。他们击中了这位州审计长的痛处。尽管希尔兹头脑聪明，人品出众，但有些华而不实、矫揉造作，自以为有着让女人不可抵挡的魅力。此外，他毫无幽默之感，一看到那些文章后就怒不可遏，暴跳如雷。希尔兹强烈要求赛明昂·弗朗西斯公布这些口出恶言的人的真实姓名。为了保护玛丽和茱莉亚，林肯允许弗朗西斯说出《迷失的小镇》的作者，并宣称对所有的来信负责。1842 年 9 月 12 日，希尔兹写信给林肯，"要求把那些通讯稿中冒犯我的所有不实之词全部、干净、彻底地收回"。否则后果是什么，他没有说，也并不需要一一道出。因为希尔兹是个军人，也是神枪手，对决斗的规则了如指掌。

这封信由希尔兹的朋友、州立基金会的特派员约翰·怀特塞德将军送达。收到信时，林肯正在特莱蒙特出席泰兹韦尔县巡回法庭的庭审，他的第一个反应是"一定要反对决斗，要千方百计加以阻止；按他自己以及他的朋友估计，这样才不会伤害到他的名誉"。若是自己，林肯也许会和希尔兹言归于好，并否认自己是存心要诋毁他的人品。但林肯做了个错误的选择，他咨询了伊莱亚斯·梅里曼的意见，此人是斯普林菲尔德的医师，也是名热血青年，他非常期待能进行决斗。在梅里曼的教唆下，林肯拒绝向希尔兹道歉，因为信中包含了"太多的对事实的假设，太多的威胁性言语"。他告诉梅里曼，他宁愿干一仗，也不愿向毁誉低头。

随后，怀特塞德带来了希尔兹决斗的战书，而林肯让梅里曼当他的助手。作为受挑战方，他有权选择决斗中使用何种武器，他选择了大刀。参加黑鹰之战时他曾使用过这种骑兵用的武器。决斗前的那几周，林肯很可能接受了斯普林菲尔德另一个年轻律师——艾伯特·泰勒·布莱索的指导，练习如何使用大刀。他意识到，不管怎么说，自己身高臂长，用起大刀来优势明显；而希尔兹身高只有 5 英尺 9 英寸。对这次武斗，林肯非常认真。"除非自卫，我是不会伤害希尔兹的"，但后来又说，"必要的话，我会把他从头到脚一劈两半"。

根据伊利诺伊州的宪法规定，决斗是非法行为，违反者将处以 1~5 年的徒刑。因此，希尔兹和林肯的任何一次决斗必须在伊利诺伊州之外的地方举行。双方同意，把决斗地点设在密苏里州——密西西比河畔奥尔顿的对岸。决斗必须尽快举行，因为有关即将举行决斗的消息已经传遍了斯普林菲尔德，还有人威胁说所有参加决斗的人都将被捕入狱。

9 月 22 日，在梅里曼、布莱索、威廉·巴特勒的陪同下，林肯来到了奥尔顿。他们越过密西西比河来到决斗地点，与希尔兹的人会合。正当决斗要开始的时候，约翰·哈丁和英格力出面干预，力图阻止这次决斗。哈丁是林肯的政治盟友，也是玛丽·托德的亲戚。而英格力是个医生。作为双方的朋友，他俩劝说希尔兹收回那封侮辱性的战书，这样林肯也就可以推翻前言，申明无意损害希尔兹的"人格和人品"，或是他的"男子气概、绅士风度"；并申明他写的那些《迷失的小镇》通讯稿"只是为了达到政治上的效果"。

就这样，决斗双方握手言和，返回了伊利诺伊州。这段插曲成为林肯人生中最痛苦的回忆之一。他对此感到羞愧无比，所以他和玛丽"双方均同意不再提及这件糗事"。若干年后的南北战争期间，当一个口无遮拦的陆军军官提到这件往事的时候，林肯红着脸说："我不否认这事。但如果你还想得到我的友谊，你就永远别提这个话题。"当然，一想到以前的行为那么愚蠢可笑，林肯觉得很丢脸。而且，作为律师和法庭的工作人员，知法犯法，他为此感到难堪。但是真正刺痛他的心的，是让自己波动的情绪控制了自己的行为。不久前他还要同胞们做事必须"理性、冷静、慎重、心平气和的理智"。想起这些，他就觉得痛苦不堪。

与希尔兹的决斗也带来了一些意想不到的收获。首先，发表匿名信这件事给了林肯一个很好的教训。他的这种做法也许可以追溯到他在万达利亚刚刚当上议员的时候；后来发展到用"桑普森的幽灵"匿名通讯稿与亚当斯进行言辞激烈的谩骂；现在又导致了在《迷失的小镇》读者来信问题上与希尔兹危险的遭遇。从此以后，林肯再也不写这类匿名信了。这次事件还让他意识到，不守公德的幽默感，会对他人造成怎样意想不到的伤害。此后，他很少用幽默来指责或诋毁别人了。他还认识到，自己的智慧有时候也会害了自己。

然而，与希尔兹决斗带来的最积极的结果，就是恢复了与玛丽·托德的婚约。

玛丽也参与了《迷失的小镇》通讯稿的撰写，而林肯却帮她包了下来。这种骑士精神让玛丽感动不已。由于受到斯皮德幸福婚姻生活的鼓舞，林肯再次向玛丽求婚，玛丽欣然接受。到最后一刻，他们才通知爱德华兹家人。玛丽对她姐姐这么解释，"世界上，男女之间的感情总是变幻莫测的。求爱的事情，最好还是保密，谁也不让知道"。伊丽莎白·爱德华兹夫人，最喜欢的是大操大办，在知道这事的时候，离 11 月 4 日举行婚礼的时间，仅有几个小时了。

　　林肯对婚期，一样守口如瓶。直到婚礼当天的傍晚，他才告诉好朋友詹姆斯·麦森尼——巡回法庭的一名工作人员，邀请他当伴郎。林肯也和其他新郎一样，人是在做准备，可腿直哆嗦。麦森尼回忆说，"林肯那表情和动作，就像是即将踏入刑场"。看到林肯又是穿新装，又是擦皮鞋，房东的儿子斯皮德·巴特勒问他去哪，林肯说："我想，大概是去地狱吧。"

　　尽管有些匆忙，还有几分不祥之兆，但婚礼仪式一帆风顺地举行了。为他俩主持婚礼的是圣公会的主教查尔斯·德莱瑟。林肯为他的妻子戴上了婚戒，上面刻着"永恒的爱"。

● 第四章 ●
"铁杆" 辉格党员

"没啥新鲜事,"1842年11月11日,林肯写信给一个朋友,"唯一的亮点就是——本人结婚了。对我来说,结婚这茬真是奇了怪了。"事实上,结婚是他职业生涯的转折点,后来又遇到了接二连三的惊喜。经历了1841年情绪的大起大落,心情逐渐安定,生活趋于平淡,融入资产阶级的中坚分子;他养家糊口,为人父,尽心尽力打理事务所,成为自己在讲学堂上蔑视的那种"伟大的英雄好汉;他足以胜任任何工作,却只是渴望成为州议员、国会议员、州长甚至总统"。

新婚不久林肯夫妇就搬进了"环球公寓"。这座两层的木结构小屋,位于第三大道和第四大道之间、亚当斯大街的北面,有30多个房间,大多用作短租。它的广告说这里也有"8个房间用于长租,在这里居住您将体验到舒适愉悦"。林肯一家子住在二楼一间8英尺宽、12英尺长的小房间,用餐在公共餐厅,每周租金4美元。一对年轻夫妇住这并不奇怪。约翰·托德·斯图尔特婚后携妻子在这住过一段时间。玛丽·林肯的姐姐弗朗西斯和丈夫威廉·华莱士医生也在这里租住了三年。巧合的是,当时住的就是林肯一家现在的屋子。环球公寓这住处还算体面,但膳宿条件略次于同行"美国之屋",且周围环境太吵闹。

林肯对环球公寓颇为满意,不跟随巡回法庭办案时,大多时间都不住办公室,这里也许是迄今为止他最舒服的住处了。而对于玛丽来说,习惯了父亲那宽敞明亮的豪宅和爱德华兹家的奢华宅邸,对租住的小房间不免有些失望。这是她人生中第一次没家仆、没家奴、没地儿存放或展示家当,连自家的客厅也没有。玛丽不满的原因还有:房东提供的食物老是不够分量,蜡烛也不提供。

玛丽对自己的苦命并无怨言。姐妹们曾警告她,这婚姻门不当户不对,从此她就不再属于她们的社交圈了。但她没有怨声载道,她非常爱丈夫,心甘情愿地过着与世无争、半封闭的生活。从此,以前那爱好社交、年轻活跃的女孩淡出斯普林菲尔德的社交舞台,彻底告别了绯闻。

玛丽转变的部分原因也许是她的怀孕。1843年8月1日,婚后9个月还差3天,林肯家第一个孩子降临,姓名中还带上了玛丽父亲名字,叫罗伯特·托德·林肯。在这段难熬的时期,林肯努力辅助妻子、照顾孩子,尽力当个好丈夫。第一个孩子出生后,玛丽发现"亲爱的丈夫……专注地看着我,眼里满是温柔的爱意"。但林肯在婚姻生活中表达的爱意太少了。数年后她说道,他"不是个善于表达的人。感受最深刻时,表达的却最少"。夫妻关系的天平总是很难平衡。她称他为"林肯先生",说话时使用维多利亚时代的正式语气。林肯对玛丽的称呼一直在变化:婚前为"莫莉";婚后写信时为"玛丽",私底下称为"小姑娘";有时称为"小妇人"或是"年轻妻子";罗伯特出生后,称呼她"孩子他妈"。

孩子出生后,一家人不能再挤在旅馆了,林肯不得不为寻找新住处到处奔波。如今他经济能力有限,不再获得州议员的补贴,和斯图尔特合伙时的积蓄也渐渐见底。现在虽然和罗根合伙开办了事务所,前景还好,但收入没有明显提高。也许还在偿还纽萨勒姆时欠下的那笔债务,也许还得赡养他父亲和继母——老两口住在柯尔斯县的"鹅巢大草原",毫无经济来源。

作为上上之策,他们在第六大道租了间三室小房,1843 年秋搬了进去。圣诞节前夕,玛丽的父亲罗伯特·托德来到斯普林菲尔德探望四个女儿以及他最小的外孙,看看取名是否随他。他很快找到了玛丽的新家。对这位女婿,他也非常中意。在购买伊利诺伊州的土地时涉及一些法律纠纷,是林肯在桑加蒙巡回法庭为他辩护。由于不忍心看到玛丽现在的处境,托德先生二话没说就塞给她一根金条。之后每年给玛丽 120 美元生活费。这可是相当慷慨的,要知道,一个家佣每周的酬劳不过是 1.5 美元,而这笔钱足够支付一年了。对林肯也出手大方,和斯普林菲尔德其他女婿一样,赠予了他伊利诺伊州的八英亩土地。

1844 年,他们有经济能力购置房子了,于是在第八大道和杰克逊大道的拐角处购买了一间小屋。小屋原来的主人是教士查尔斯·居瑟,就是那位为他们主婚的牧师。房子相当小。一楼有三个房间:客厅、起居室、厨房。二楼其实是半层小阁楼,有两个起居室。天花板是斜着的屋顶,所以空间狭小,大概只有四英尺宽,高度刚够林肯站起身来。厨房过去一点有个储藏室,可以用来放些杂物或者用作女佣的房间。楼下房间用火炉取暖,二楼房间用小炉子。那个时代,煤气和电都还没出现呢。一家人从贮水池和后院的天井取水。围墙后面有个厕所,是唯一的卫生设施。尽管小点,但结实,建造精美;两口子认为 1200 美元这个价绝对物有所值,更何况还加上了在亚当斯街的一块地段,那也值 300 美元。

养家需要经济基础。为了赚钱养家,林肯投入的精力和努力可谓前所未有。几年后的一次讲演中,他在讲稿开头写道,"律师的职业准则是勤奋;从事任何职业的人都必须做到这点"。这可谓经验之谈:他工作起来是连轴转,对能够处理的案子不管多少照单全收。

和斯蒂芬·罗根合伙的最初几个月,林肯在美国联邦地方法院频频出庭。1842 年 2 月 1 日,破产法生效,他便开始为破产法案子辩护。设立破产法的目的是让商人免于经济萧条带来的损失。如果申请人债务超过资产,联邦法院就宣告申请人破产。伊利诺伊州有 1742 个申请破产者,几乎所有申请者都聘用律师为其辩护。1843 年,破产法废除,在此之前,罗根·林肯事务所处理了 77 件破产案,全州只有三家事务所超过了这个数。破产类案件办起来不难,通常只收 10 美元。

虽然婚后第一年破产案带来了可观的收入，但多数收入仍来自日常文书工作，如起草遗嘱、诉讼状，或是在县法院特别是桑加蒙县巡回法庭，为当事人辩护。例如，1842 年 11 月，巡回法庭秋季巡期的一天，罗根·林肯事务所的日程表上就有 17 个案子待处理：为托马斯·斯巴克斯辩护，指控亨利和托马斯·伯德非法占有 106 英亩土地；为约翰·赫恩登——约翰·威尔逊的地产管理人辩护，指控一位叫赛思·卡特的人拖欠 220 美元货款；还让约翰·杰克逊获准与玛利亚离婚，等等。

事务所蒸蒸日上，终于可以搬出第五大道北面的拥挤房屋，来到斯普林菲尔德的中心商业区。新办公室位于第六大道和亚当斯街道西南拐角处刚建成的坦斯雷大厦。大厦一楼是邮局，二楼是罗根和林肯常光顾的美国联邦地方法院的所在地。律师事务所就在法院楼上，从办公室前屋可以俯视州议会大厦和县法院大楼。

那时正跟随林肯和罗根学习法律的比利·赫恩登这样描述林肯接待潜在客户。他"非常耐心地"倾听客户诉说，"偶尔打断，问客户一些情况，客户回答后又继续说，直到结束"。客户说完后，林肯通常说，"我并不完全同意你的观点，一个小时后到办公室谈一谈——我会告诉你我的看法——正面的看法"。客户第二次来时，他说"你有理"，便开始拟定文件，准备上诉。有时他说"你没理。我建议你和对方达成妥协……你别起诉"。

罗根是桑加蒙县法律界的领导人物，林肯从他身上学到了许多。罗根年长九岁，来伊利诺伊州之前居住在肯塔基州，那时就已经在"联邦律师"界享有盛名，才能为人所识，被选举为巡回法院法官。1837 年担任巡回法官时，他为林肯注册了律师资格。由于不满法官少得可怜的补贴，他辞退法官工作，和爱德华·贝克一起开律师事务所。合伙人贝克是一位魅力迷人的演说家，似乎总能迷倒陪审团。而罗根分析能力很强，对法律程序和术语非常熟悉，是法庭上令人生畏的对手。美中不足的是他声音嘶哑，使他不能成为有辩才的演说家。陪审委员经常不得不因为他体态苍老，满脸皱纹，头发凌乱而暂缓开庭。

罗根与贝克散伙后，为了弥补自己的缺点，他决定邀请林肯当新合伙人。正如他后来说的那样，林肯"帮助我增加陪审团的善意"。林肯当过土地测量员，当过州议员，很多人都认识他，桑加蒙县几乎没人不认识这位瘦削青年；而且他记忆力超群，可以记住临时召集的陪审员的姓名、住处、家庭情况。

在法庭上林肯自有一套维系私人关系的办法，似乎能跟每个陪审员搭上话，谈天说地。他很少使用法律术语，常常用乡间俚语就能把观点阐述清楚。

林肯知道，法庭上的总结陈词十分重要。他在一个面向年轻律师的讲座中建议，"即兴演讲必须精心演练，它是律师面对大众的成功之道。即使一个律师在其他方面非常能干，只要他不擅于公众演讲，也不能带来生意"。他也知道，"过于依赖演说也是个致命的错误"，必须熟知法律程序，检查证据逻辑必须严密。向陪审团总结陈词时，他避免使用讲学演说或戒酒演说中的花哨修辞，一般只用简练的语言概述精心准备的提纲。他告诫赫恩登："比利，别定位太高——目标低一些。陪审团都是普通百姓，要让他们理解你的话语。他们才是你所要传达的人。"

令罗根吃惊的是，林肯渐渐向世人证明他不只是名律师。罗根说，直到此时林肯的法律知识还"非常有限"，他仿效前合伙人斯图尔特，"从不过多依据法律行事"。但是现在"开始对学习法律展现出相当大的兴趣"。新合伙人罗根经验丰富，起草答辩状时精雕细琢，林肯仔细观察模仿，自己撰笔时也努力做到简洁扼要，准确无误。偶尔，他也让罗根提些专业方面的意见。早在合伙关系建立之初，林肯为某起诽谤案的原告辩护，起诉申诉状中写道，被告称原告"可恶的恶棍"。罗根审阅了申诉书，感觉这称呼虽然造成了对原告的冒犯，但在法律上构不成严重犯罪，于是运用了必要的套式："原告说……被告故意、恶意诽谤原告是盗窃犯，该诽谤被人一听到就知道指的是原告本人。"

一般而言，林肯是靠阅读来获得知识。但罗根的身教让他懂得，当律师不能仅靠常识和公平正义，更要依据法律办案。于是他着手学习法律程序和先例。

林肯并不喜欢阅读教科书和理论书。若干年后，赫恩登声称林肯"从不阅读法律入门书籍。事实上……我不知道他通读过哪一本法律书"。这种说法大体上没错。林肯对此解释道："我总是不能通读全书，也从不阅读教科书，因为并无特别动力迫使自己阅读。我记不得书的内容，也记不住。"但赫恩登的观点有失偏颇。事实上，林肯每晚都泡在最高法院图书馆里，寻找是否有先例适用于手头的案子。他很享受这样的读书方式。"当手头有一个特别的案子，我……喜欢刨根究底，用思想的火焰烘干里面的水分。"罗根对林肯的律师成就下的结论，比赫恩登分析得更透彻深刻："我认为他读的书不多，但在处理案子的过程中不断学习……虽然对法律基本知识不甚了解，依然是个很棒的律师，总能努力钻研，把案子解决到最好。"

林肯对法律越来越熟悉，这也体现在他出席最高法院的次数上。年轻律师通常喜欢以琐碎的法律条文为依据，林肯刚出席高等法院时也是如此。

以后的若干年，林肯常常在伊利诺伊州的最高法院出庭。也许是受到了罗根的影响，两人不再过分对技术细节吹毛求疵。他在法庭上感觉自由自在，驾轻就熟，如赫恩登说的那样，他"运用足够的时间阅读报告，采集证据——争议问题和法律论点"。法庭要求律师准备"案件摘要……简要陈述案情和争议所在"。最高法院缩减辩论时间，通常依据双方撰写的书面材料做出裁决，于是律师得精心准备书面材料，大量引用先例。林肯在准备这些材料时，从不把先例视为理所当然，总是追究到英美普通法的法理根源。赫恩登问他，为何如此煞费功夫，他回答，"我不敢贸然推测法官已了解全部。所以假定他们什么情况都不了解"。由于工作认真仔细，林肯成为最高法庭中最成功的律师之一。直到 1861 年赴任华盛顿，伊利诺伊州的最高法庭上他出庭辩护的案子数量至少达到了 300 件。

罗根·林肯事务所经营得很不错。1844 年秋，他俩决定结束合伙关系。罗根告诉他，说想和儿子戴维·罗根一起做生意。对此，林肯没有多加争辩。也许是为没分到事务所 1/2 的收入感到不满；也许是两人都想竞选国会议员，自己的政治理想和罗根有冲突。两人好聚好散，决定散伙时并没有恶言相向，如罗根所言，气氛非常"友善愉快，两人是朋友"。分道扬镳并不意味着立刻拆伙。伊利诺伊州最高法院 11 月开庭期间，两人仍然一起出庭。直到 1845 年 3 月，两人才在《桑加蒙日报》上共同发布声明，宣布解除合伙关系。林肯在此后的律师生涯中若是遇到重大案子，依然会邀请罗根携手共同办理。

林肯又有了新搭档。1844 年秋的一天清晨，他冲上坦斯雷大厦三楼，赫恩登正在那埋头学习，林肯跑得上气不接下气："比利，你愿意和我合伙经营律师事务所吗?"听到这邀请，赫恩登好容易不结巴："林肯先生，这消息对我来说太意外了——论资历，当您合伙人我还不够格，简直是受宠若惊。但我还是想说，乐意接受这个慷慨大方的提议。谢谢您。"看到赫恩登因感恩变得慌乱，林肯若无其事地安抚他："比利，若你信任我，我便也信任你。"两人遂建立了合伙关系。

许多人都对这次新合伙迷惑不解。林肯已经出人头地，是伊利诺伊州著名律师，要挑选合伙人大可在州内的著名律师中随意点将。赫恩登听传闻说，斯图尔特非常愿意和林肯再次合作，如今听说被毛头小子捷足先登，愤恨不已。虽无记录表明林肯为何选择赫恩登作为新合伙人，但明显的是，他厌倦了担当合伙关系中的配角，决意自己开始领军事务所。凭自己声誉而带上门的生意已经足够经营，不需要有名声在外的合伙人招揽客户。赫恩登在罗根·林肯事务所中研读法律已经两三年了，林肯暗中观察他，认为他是"一个勤勉、好学的年轻人……在所有法律问题上都比我精通得多"。他被林肯认为是律师界的明日之星。

选择赫恩登的背后，还有潜伏的政治原因。林肯渴望进入国会，而伊利诺伊州中部的辉格党分裂为两个阵营：一个阵营是辉格党中的领导人物——受人尊敬的斯图尔特家族和爱德华兹家族，人数不多，但家庭党派传统悠久；另一个阵营是"独立奋斗、自力更生""有投票权"的辉格党选民，这些人占党派中的绝大多数。林肯要想改革党内领导制度，修订党内政策，都离不开两个阵营的帮助，他必须赢得双方支持。与玛丽结婚，帮助他建立了与党派贵族阶层的联系。但另一个阵营——"聪明的野孩子"阶层，则更为推崇爱德华·贝克。赫恩登也是这个平民阶层中的领导人物之一。林肯选择他作为合伙人，也是借此对这个平民阶层发出信号，表示从未离弃这群年轻的辉格党叛乱派。

比这些算计更为重要的原因是，林肯非常喜欢赫恩登本人。的确，他尊敬斯图尔特，也崇拜罗根，但对这两人都算不上真挚的喜爱。然而，对赫恩登有一种发自内心的、父亲对儿子般的喜爱；反过来，赫恩登对林肯也表示出了绝对的、毫不犹豫的忠诚。长年累月的合伙关系中，林肯称呼这个比他小九岁的合伙人"比利"；而赫恩登一贯称呼他"林肯先生"。

这个新合伙人有许多讨人喜欢之处。他总是滔滔不绝，精力充沛，天马行空。林肯瘦高个，行动迟缓，着装随意；而赫恩登矮矮胖胖，动作迅速，时常穿漆皮靴子，戴羔皮手套，打扮讲究。林肯性格忧郁，时不时地展现滑稽幽默；赫恩登积极乐观向上，缺乏幽默感。林肯讨厌泛泛的空谈、概述，思维总是按照逻辑发展顺序精确、缓慢地从一个事实转移到下一个事实；而赫恩登思维跳跃，常凭直觉得出结论。

有次，赫恩登向林肯提意见，对着陪审团发言速度应该加快，劲头应该更足。林肯用图示法讲解了两人头脑的区别，顺便回答了他的疑问："把你妻子那双面开刃的小刀拿来，把卧在那边的大折刀也拿来。"他亮开了小刀的短刃，说道，"出刀很快，但刀刃短——而大刀出刀慢，却刀刃长，杀伤力更大。"他补充道，"我大脑里的长沟回也是如此，就像穿过一个长隧道。不像短沟回，很快就折回了……缓慢是我的天性。我在出发起跑线前踌躇犹豫，就好像男孩子为了有个不错的起跑而助跑。体重和速度从助跑中得到动力，才能跳得更远。"

这对新搭档的办公室在坦斯雷大厦。赫恩登带头购买了几张办公桌、一张工作台、一些基本书籍，总计168.45美元，采购费用两人均摊。办公室依旧空空如也。事务所的实习生吉布森·哈里斯这样形容："家具有些破旧不堪，只有一张办公桌和一张工作台，一边凸出的长沙发，五六把普通的木椅子。地板从来没擦洗过……书桌那边的书架装有隔板：那里是办公室的书柜，陈列着布拉克斯通的系列著作，肯特的社评书，奇蒂的诉状书籍和一些其他书。"

合伙之初，分工并不均匀。林肯接见大多数的客户，撰写法律材料，提起诉讼；而赫恩登还只是个学生和实习者，通常处理日常事务：告诉客户林肯去了哪里；帮助林肯查阅要用的资料或工具书。他的职责还包括管理办公事务、登记注册、整理文件等。林肯后来对在厄巴纳的律师同事亨利·惠特尼说，他本以为赫恩登是个"有条理的人，能把事情处理得井井有条"。

但是林肯看错了，赫恩登压根和条理沾不上边。他的确没条理，但是值得怀疑的是，这世上是否有人能把林肯的文件管理得有条不紊呢？办公室没有文件柜，没有文件夹。室内的一角堆放着一摞文件，上面还贴有林肯的小条："要是在其他地方都找不到，就在这堆找找吧。"赫恩登有时也会把法律文件顺手带回家，后来就再也找不见了。林肯常把文件和信函塞在大礼帽里，赫恩登把他的礼帽亲切地称为林肯的"书桌和备忘录"。于是这两个年轻人常常为找文件把办公室搞得鸡飞狗跳，有几次他们必须向客户坦言，已经"找遍了事务所内的所有文件"，客户发给他们的文件"丢失了，或者损坏了，或者找不到了"。

许多客户慕林肯之名而来，很快，合伙事务所接手的生意就刚好达到了他们能处理的饱和数量。事务所第一次为案子出庭是在 1845 年 3 月，地点是桑加蒙县巡回法庭。他们第一次在邻县——门纳德县出庭是在同年五月。事务所建立的第一年内，有 14 个案子在斯普林菲尔德的巡回法院审理；第二年的数量是第一年的两倍。1847 年 10 月林肯赴任国会议员，根据 1847 年的账本得知，林肯离开之前参与辩护的案子有一百多个。

与大多数律师一样，林肯和赫恩登来者不拒：不管当事人被起诉的罪名是谋杀罪、盗窃罪、侵害罪、贪污舞弊罪，或是其他任何罪行，都不拒绝为他们辩护。有的当事人是无辜的，有的是有罪的，但他们认为这些人都有辩护的权利。林肯也不会过分追究辩护的案子的社会意义。1841 年，他在伊利诺伊州的最高法院出庭担任辩护律师，泰兹威尔县的"贝利·克伦威尔"企图出售名叫南希的一位年轻女黑人。法庭判决林肯胜诉，"基于法律推断，本州内所有人都是自由身，这与肤色无关……贩卖自由身是非法行为"。六年后的另一个案子，林肯为罗伯特·马特森辩护。当事人马特森从肯塔基州购买了一些奴隶，打算越过俄亥俄河，运送奴隶去伊利诺伊州南部农场劳作。而那些奴隶半路逃跑，并受到了废除主义者的支持，为自由提起诉讼，那时，美国西北部的法律规定伊利诺伊州是反奴隶制州。马特森聘用林肯和阿什·林德为辩护律师，希望能在这场与科斯县的奴隶对决的诉讼中胜出。林肯依旧和以前一样，承认对方的主要论点：如果马特森把奴隶带到伊利诺伊州永久定居，那么奴隶是自由的；但是必须承认过境权，法律授权奴隶主有权让奴隶在"自由州"短暂逗留。林肯强调，马特森在公开声明中，说的是把奴隶带进伊利诺伊州，并不是打算让奴隶永久居住在这个州。林肯坚持说，"马森也没公开或私下发表任何声明反对这一点"。巡回法庭判决林肯和他当事人败诉，据报道，判决下来后马特森连律师费用都没支付，立马去了肯塔基州。无论是马特森的案子，还是克伦威尔的案子，都不表明林肯在奴隶制度上的立场：他做生意是依据法律，而不是依靠道德。

事务所收取的律师费用依旧低廉。出席治安法官的审判庭，费用为 5 美元；在巡回法庭上为当事人辩护，费用为 10~25 美元不等。偶尔碰上棘手的疑难杂案，收取 50 美元。有次，在伊利诺伊州的最高法院出庭，收取了 100 美元的费用。林肯非常重视接案子之前做出细致的财政安排。他对一群年轻律师演讲时强调道，"收取的律师费并不只是黄油和面包的简单问题，这比那重要得多"。偶尔，他也会接手成功酬金的案子（案子胜诉后才收取律师费）。有次，当事人以律师费作为筹码，林肯在信中许诺，"若胜诉我才会收取这笔酬金；若败诉，我分文不取……'为了这一大笔钱'，我将尽我所能为您辩护"。但是通常情况下，他们接手的案子收取固定的，即商定好的律师费。他建议年轻律师，事先只收取小额聘用定金；若事先收取太多，出庭辩护时可能失去动力和工作兴趣。他总是不遗余力地向当事人催讨律师费，"若您方便的话，我想请您马上给付此案的小额律师费"。他厌恶为律师费而提出起诉，但至少有六次他不得不那么做。

虽然年龄有差距，从业时间也长短不一，但这两人还是平分收入。林肯继承了前合伙人斯图尔特的慷慨大方，不像罗根那样吝啬苛刻。除了最初几个月，后来两人就再也没有系统地记过账目，只是简单地把律师费一分为二，各取一半。就像林肯对惠特尼所说，"我和比利之间，没有动笔记账一说；合作时，我们把全部收入平均分成两份"。而对没有及时收取的律师费，赫恩登每次都记录在册，若收讫到款，他在记录的费用后面仔细注明"已付"。

若仅在桑加蒙巡回法庭开展业务，任何律师都得不到满意的收入。斯普利菲尔德的许多律师，若不是发家立迹，都得跟随巡回法庭到处接案子，类似于漫游旅行，从辖区内的一个县到另一个县，每年巡回两次。第八巡回法庭的辖区，东西是州宽度的 2/3，南北是州宽度的 1/3，面积 1.1 万平方英里。斯图尔特和罗根也定期跟随巡回法庭出游一小段；赫恩登不喜欢居无定所，宁愿待在斯普林菲尔德。据估计，他出游时间也达到了巡回法庭办案时间的 1/4。前几年当律师时，林肯只是偶尔在邻州办案，而现在他几乎成了巡回法庭的随从，一到时间就跟随出巡。

法官或家底殷实的律师通常乘坐的是单座轻型马车；而早期的林肯却只能骑着他的老马"汤姆"，马鞍上挂有两个松垮大包，装有内衣和必需法律文件，也许还有一两本书。后来经济宽裕一点，他让铁匠量身打造了一辆普通马车。巡回的路程中，所到之处杳无人烟，空旷荒芜，走很长的路也可能没个人影。路况也很差，旅行队的行进速度通常每小时只有 4 英里。大多数路比小径宽不了多少。每当春天到来，肥沃黑土开始复苏，大草原变成深不可测的泥潭，不单行李会掉进水里，马背上的人也有危险。许多溪流都没有桥，要过去时，法官要求队伍中腿最长的林肯先试，若他能过，大家就踏着他的足迹蹚过去。

每晚，只要能找到个住宿的地儿，队伍就在那过夜。赫恩登回忆道，有时候"20 个人住在同一个房间，有人睡在行李上，有人睡铺盖，有人盖床单，有人卷几根干草睡"。第二天早上，门外放着装满冷水的大水壶和挂着一块毛巾，用作洗漱。起床太晚的人会发现，毛巾已经湿答答的，不能用了。吃完油脂食物，喝完伦纳德·斯威特所说的"粗制的吝啬咖啡"，帐篷车队收拾行装，继续前往下个县政府所在地。周六或周日抵达下个县，在法院大楼附近的旅馆或客栈歇脚，在那儿，依旧是两三个人同睡一张床。

抵达的第二天一早，这群人会被当地诉讼的当事人重重包围。律师处理案子的效率极高：起草完申诉和驳斥，写完诉状、证言，下午法官就开始审理案件。时间紧迫，不能细究案情，更甭提查阅先例了，巡回法庭上的律师大多只能依赖经验和常识对案情加以分析判断。

当事人和当地律师都巴不得请林肯出面。他正直公正，名声随着巡回法院远扬，比州里最高法院专接疑难杂案的辩护律师的水平都高。巡回法庭中，林肯处理的案子三分之一由他独立办理；其余三分之二与当地律师合作完成。案子很少涉及衡平法或刑事案件。

每天休庭时间，律师们或是准备新案子，或是四处打探看看这并不富裕的小县城有没有可供开发的资源。巡回法庭所到之地，除了斯普林菲尔德、布卢明顿、佩金县城的居民都不到 1000 人。通常情况下，律师得自娱自乐。如果没有消遣，这群人便围坐火炉，交流逸事，谈天说地。每当这个时候，谈话的中心人物非林肯莫属。赫恩登回忆道，"法官、陪审员、证人、律师、商人等，所有人都被他的笑话逗得捧腹大笑，兴奋不已。第二天早上，这些人会感觉所有细胞、神经、肌肉都酸痛无比"。周末，这一轮开庭闭会，由法官和随行律师组成的帐篷车队启程前往下一个县政府所在地。

一次出巡周期至少 10 周。到了秋季，这样的出巡又重复一遍。这样算来，每年林肯跟随出巡办案的时间长达三个月。此外，有时还去第八巡回法庭外的一些县处理事务。周末，许多律师回家与家人相聚，而林肯始终和巡回法庭待在一起。朋友描述林肯刚完婚那几年"非常想家，经常遥望南方发呆"。他会在秋季巡期中抽空回斯普林菲尔德的家一趟。常常回家其实毫无意义，在外忙碌才能赚钱养家。跟随巡回法庭出巡在小县待得久了，熟识更多的当地律师，这样每次就有更多的案子介绍给他办理。渐渐地，投入的时间和精力有了产出：跟随巡回法庭期间，刨去支出，每周收入 150 美元。

待在这些小县城的时候，他渐渐和当地群众混熟了，记住了伊利诺伊州中部成千上万普通百姓的姓名，这奠定了他今后政治竞选的群众基础，这些律师和当事人都是他未来政途的坚定支持者。1847 年，《波士顿导报》记者贝克汉姆与林肯一起乘坐火车穿越伊利诺伊中部地区，他意外发现"林肯似乎认识碰见的所有人，无论是农舍租客，还是每寸土地的拥有者"。记者继续描述，"他亲切地跟他们握手，或是用当地土语说'你好'；有些问候方式以前闻所未闻，见所未见。看起来，他似乎……对路上的每个人都话语亲切，微笑和蔼，微微鞠躬，甚至对路边的牛羊马家畜也是如此"。

除此之外，林肯和巡回法庭在一起还有个原因：他喜欢这样的生活。那样的漂泊生活对于别人来说也许异常难熬，非常辛苦，对他来说却不值一提。他不在乎在哪过夜，不在乎吃得很差，有什么就吃什么，随遇而安。也许出巡办案是很辛苦，但男人间坦诚相待的气氛多少弥补了一些。出巡让他从令人窒息的家庭生活中获得解脱，获得喘息。

林肯一家的生活经常是一片混乱。夫妻二人不只是体型不尽相同，脾气秉性也很不一样。林肯行动迟缓，性格内向，郁郁寡欢，经常陷入沉默。而玛丽活泼好动，健谈且好交际，希望成为他人的关注中心和仰慕对象。来访者时常可以看到，林肯用他最舒适的姿势——全身伸展躺在地板上阅读书籍，别人怎么看、怎么想，都无所谓。而玛丽在黑人女佣周围长大，习惯了那样的环境，每当看见丈夫衣冠不整地去开门，她感觉难堪，脸面上挂不住。

经济窘境加剧了家庭矛盾。婚后前几年，林肯收入很低，一家人被迫挤在小房子里。刚搬进来，就已经满满当当，1846年第二个孩子降临后更是拥挤不堪。第二个孩子叫爱德华，以林肯的政友兼竞争对手爱德华·贝克命名。林肯稍微修改了下房子结构，把一楼划出一块作为新卧室，但并没缓解拥挤。尽管如此，玛丽从未对外抱怨过家庭窘境或经济状况。相反，当屋子太小没有餐厅，客人不得不在厨房用餐时，她把过错归咎到自己不够热情好客，没把客人照顾周到。她吝啬鬼的称号也被人熟知。事实上，她只是根据有限的预算料理家事而已。

林肯埋头工作赚钱，无暇顾及辛苦管家的妻子。玛丽做饭、清扫、擦地。在后院抽水，把水搬运进屋子里，然后烧水。她得留神盯着厨房灶火别熄了，一年里有大半年还得盯着客厅壁炉的火苗。林肯的衣服都是由当地裁缝本杰明·比德尔量身定做，而她自己以及孩子们的衣服却不得不亲手缝制。有段时间，林肯的表妹哈里特·汉克斯在斯普林菲尔德的青年女子学院上学，偶尔给玛丽打打下手，但她俩相处得并不愉快。女佣是爱尔兰人，玛丽把她称呼为"野蛮的爱尔兰人"，认为她不值得信赖，总是懒惰怠工。玛丽也经常和周围的人吵架。

她的坏脾气在斯普林菲尔德家喻户晓。当地居民中流传着这样一些故事：玛丽大声斥骂女佣、工匠、街头小贩甚至是丈夫林肯。某种程度上说，她脾气暴躁，是因为婚后为家务事过度操劳、筋疲力尽。另外，这也折射出玛丽不稳定的健康状况。每年春天，她都犯头疼病，难以忍受，而且每月都会抽筋。头疼也许是过敏导致的，她神经高度敏感，害怕闪电、害怕狗、害怕盗贼。只要处于恐慌中，她的行为就失控。

玛丽脾气暴躁，相当一部分因为她丈夫；同住一个屋檐下的林肯，很不好相处。每年有三个月林肯出巡办案，而她独自在家照顾两个哭哭啼啼的孩子，还有个不称职的女仆。她明白出巡是为了解决经济窘迫，所以并不反对出巡。但她对邻居说，"若我丈夫和普通人家丈夫一样能在家多待一些时间，我会更爱他"。

即使在家时，林肯也没有给予妻子足够的舒适或温暖、关怀或爱慕，而那些恰恰是她渴望的。白天，林肯忙于接待客户，出庭辩护；晚上回到家后，唯一想做的就是坐在壁炉前，安安静静地读书。他没意识到妻子在家里闷了一天，整天面对两个婴儿，没人可以交谈，渴望与人交流。有时，他不理不睬的态度让妻子大发雷霆。一次，他坐在客厅的摇椅上读书，她在厨房做饭，提醒他壁炉里的火快灭了，可他沉浸在书中，没听进去；玛丽喊了第二次，接着第三次；她感觉被无视了，气呼呼的，终于想了个办法吸引他注意力，从壁炉中拿出根木柴狠狠地敲了下他的鼻梁。

但这样的小故事并不经常发生。虽然流言蜚语在斯普林菲尔德广泛流传，但并不是林肯婚姻的主旋律。总的来说，他们彼此深爱。长年累月的婚姻生活中，林肯从未对妻子不忠。因此，玛丽以丈夫为骄傲，是他的忠实的拥护者和爱慕者。每当有人说林肯不如道格拉斯，她都拼命地回击，"林肯先生也许不比道格拉斯英俊……但你们常忽略他宽广的胸怀，林肯的胸怀跟他臂膀一样宽广"。

孩子加固了婚姻。夫妇二人都了解到为人父母的艰辛。孩子成长路上，家长教育孩子不可避免会犯错。尤其是在教育第一个孩子时，两人犯错不少。第一个孩子叫鲍勃，矮矮的个儿，胖乎乎的，从出生起他就更像托德家的人，而不像林肯家的人。玛丽有些神经过敏，过分保护孩子，视线内必须时时刻刻能够看到鲍勃，只要几秒看不到，恨不得大声告诉所有邻居，孩子不见了。而林肯，做父亲的似乎对大儿子不太关心。他并不是故意的，只是他的成长路程没有教会他如何当个好父亲，不知道当个父亲必须体贴孩子，照顾孩子。偶尔他也带孩子出去散步，或是后院劈柴时让孩子帮忙。鲍勃只有四岁，踢踏踢踏地拖着父亲的大靴子到处走，真是感人的父子画面。但留给罗伯特儿时的印象是：父亲总在收拾行李，往挂包里塞东西，准备出巡。

夫妇二人都想尽套路教导长子。鲍勃看起来是个可爱的普通男孩，和那个年龄段的孩子一样淘气。玛丽打孩子时，林肯取笑她是白费劲，于是孩子的打也是白挨了。而林肯纠正孩子错误时，玛丽大声责骂丈夫。埃迪出生后，两人放弃了对孩子的管教。林肯说："我的孩子过得自由幸福、无拘无束，我感到十分高兴。爱是父母与孩子间的纽带。"

维系林肯婚姻的还有政治因素。玛丽·林肯与丈夫志同道合，也是位狂热的辉格党员。在某种意义上说，两人都继承了父辈的党派：玛丽父亲是肯塔基州著名的辉格党演说家；而林肯的父亲托马斯·林肯，希望当选的辉格党总统能够把"民主党领导人碾成粉末，化为尘土"。林肯夫妇都钦佩辉格党的创始人亨利·克莱：玛丽仰慕他，因为他是托德家在列克星敦市的世交；林肯欣赏他，认为他是"辉格党"的完美典型。

林肯总是大步紧跟辉格党的政治纲领。看起来他不只是理解了纲领，而是重复纲领内涵。1840年总统竞选期间，他几次发表类似的演说，攻击民主党支持的国库分级制度，赞成建立国家银行。他的演说也许并无创意，却可圈可点。1843—1844年，他发表了保护关税的演说，内容混乱，但蛊惑人心。他宣称，保护性关税并不是面向普通老百姓征收，而是向"那些傲慢自负、富得冒油的人；他们身穿英国的斗篷、外套、灯笼裤，走路大摇大摆，根本瞧不起本县的产品"。在周游各地做政治演说时，他试图找出理由，说明为什么在提高保护关税后农民买所有的东西会更便宜。然而，一个敌对的记者报道，"林肯讲不出个所以然，反正是那样的"。

　　很明显，林肯对这次演说并不十分满意。选举之后，他继续研究关税问题，拜读了赫恩登收藏的亨利·凯里的《工资率》和弗朗西斯·韦兰的《政治经济学大纲》。韦兰的文风清澈易懂，林肯获益良多，但他剔除了书中自由贸易的思想；凯里支持关税，令他印象深刻。他潦草地记录下自己的思考和结论，写了满满11张半的读书笔记。这表示他还在钻研关税难题。经过深思熟虑，他得出结论：关税不只由富人承担，而是由产业链上的每个环节——征税产品的生产者——商人——消费者平均分担。事实上，取消保护性关税反而会增加商品成本，这是因为产品在生产地与外国市场之间搬来搬去，浪费大，"无效劳动"多。这些无效劳动维持了某种体制——在这个体制内"付出劳动和没付出劳动的人共享果实"。林肯总结道，"这做法是错误的。不应该持续下去。应该确保劳动者独享全部劳动果实；或是尽可能地让劳动者独享。这个目标值得好的政府努力奋斗"。但他的深刻思考离题太远，远远超出了辉格党的党派传统，也超出了任何竞选演说能达到的境界。于是他默默无声地收藏起这些记录。

　　对于林肯来说，成为辉格党一员，不单是思考这个党派关注的社会问题，还必须信仰这个党派的信念。党派信念包含了美国生活的理想。经济上而言，美国生活就是成长、发展、进步。克莱所说的美国体制试图把全国各地的经济建成相互依存的巨大网络，把东北部制造业、西部谷物生产、南部烟草业连为一体。一旦经济利益相同，那么政治利益也会一致。在强有力的美国民族主义的影响下，地方本位主义被人遗忘，阶级对立力量消除，因为"公正慷慨、繁荣富足的体制……大门向所有人敞开——给人希望，给人活力，给人进步，给人进步的条件"。

　　林肯对辉格党忠心耿耿，希望能得到党内认可和尊重，但是这个可能性极为渺茫。1841年，伊利诺伊州议会的第四届任期结束，他选择了放弃竞选连任；州议会对他来说已经没有新挑战或冒险了。要想在州政府获得一席之地，毫无可能，因为伊利诺伊州中民主党成员占绝大多数。这个州从未支持过辉格党总统竞选人，从未有辉格党当选州长，从未有辉格党当选参议员。只有刚建立的第七选举区中，辉格党占了多数。

　　斯图尔特宣布，将在两个任期后退出政坛，重操律师职业。这个消息传出之后，第七选区内部就硝烟四起，为了成为继任人，伊利诺伊州中部的辉格党互相斗争，竞争激烈。第七选区西部地区中，杰克逊维尔市的约翰·哈丁是主要竞争者。这个肯塔基人英俊逼人、经验丰富，在特兰西瓦尼亚大学读过书。而选区东部的桑加蒙县中，党内角逐在林肯和贝克之间展开；前者是吃苦耐劳的老马，后者是措辞华丽的演说家。

　　1843年，林肯在辉格党会议中表现积极，并在辉格党国家委员会的一项活动中精心写成一篇《对伊利诺伊州人民的讲话》，试图博得大家支持提名他。他开始悄悄地在选区大会代表中为自己拉票，这些选区大会代表将投票推选国会议员候选人。他写信给以前的州议会同事说，"如果泰兹威尔县推选其他候选人，他们发现或看清情况发展态势后，还回头想到我，我会很高兴的"。他写信给另一个朋友说，"如果你现在听到有人说，林肯不想去国会，我希望你……告诉那人……他弄错了。事实是，我非常愿意去"。

林肯发现，自己的努力收效甚微，因为另一项政治诽谤运动也正在开展。贝克的支持者谣传林肯借助婚姻，摇身一变成为富裕的"爱德华兹—斯图尔将"精英集团的中坚分子，他被贴上"骄傲、财富、贵族的家族成员的候选人"的标签。林肯对这样的诽谤困惑不已。几乎所有人都了解他出身贫寒，自力更生。为了驳斥对手的诋毁，他写信给贝克的法律合伙人詹姆斯·马森尼，"吉姆，我以前是，现在是，永远都是亚伯·林肯"。但那时诽谤已经显效了。同时，选民们了解到，贝克和他妻子都是虔诚的基督教门徒，得到了更多选民的支持。而林肯却被说成"没有加入任何教会组织，有自然神论者的嫌疑，动辄与人决斗的人"。

林肯宽大为怀，并没因为这些流言蜚语而责怪贝克。两人交情甚笃。各自在坦斯雷大厦有相邻的办公室。一家人对贝克评价很高，第二个孩子以他为名。然而，这些指控和诽谤累加起来，削减了桑加蒙县支持林肯的选民数量，增加了支持贝克的力量。天不遂人愿，桑加蒙大会选举林肯为选举大会的参会代表之一，作为贝克的助手，帮助竞选国会议员。他写信给斯皮德，挖苦自己说，"现在去为贝克效力，感觉自己好比窝囊废，就像心爱的女孩嫁人了，而自己只是她婚礼上的伴郎"。

竞选结果出来了，1843年5月佩金的选区大会上，贝克和林肯都没能获得辉格党选区内的提名。哈丁众望所归，花落这家，代表们投票选举他成为国会议员。虽然结果令人沮丧，但林肯并不是毫无所获，至少收获了两点：一是大会通过决议，贝克是1844年国会选举时"辉格党选区的合适候选人"。因此，哈丁只能任职一届，并且下届必须换贝克上台。如果维持这个选举惯例，总有一天会轮到林肯成为贝克的继任人。后来轮流当职的惯例推广到许多州。

正如事先安排好的那样，第二年，伊利诺伊州中部的辉格党再次在选区大会中聚首。这一次，他们按照安排行事，提名贝克作为哈丁的继任人，到国会任职。林肯不遗余力地帮助朋友贝克竞选国会议员，帮助克莱竞选美国总统，到处发表演讲，揭露"地方主义的荒谬可笑"，向群众保证，辉格党候选人立场坚定，立誓保护祖国。如今"英国人像潮水一般拥入美国大地，带来大量房地产和金钱，冲垮了辉格党的壁垒"，至少在这点上辉格党做得差强人意。全州演讲中，林肯提及了克莱俱乐部，在那个俱乐部大家歌颂"英雄亨利"，赞扬英雄的美德事迹。林肯的演说获得了极佳的效果：戴维·戴维斯称他为"本国最优秀讲演人"。又补充道，"虽然缺乏早期教育，但是很有演讲家的口才"。赫恩登诚恳地说，"若是贝克或林肯缺席会议，感觉缺失了什么似的"。

进行以上这些政治活动，林肯不仅是为了辉格党的政业，也是为了自己的政治生涯。克莱赢得总统选举的可能性很渺茫，但贝克当选为第七选区的国会议员——而林肯排队等着当他的继任人。1845 年秋，距离下次国会议员选举还有整整一年，林肯开始积极走动，四处奔波，确保继任万无一失。他先是得到贝克许诺不再竞选连任，又来到杰克逊维尔与哈丁谈话，哈丁与他分享了在众议院任职两年的经历，并从中得知他将参加竞选。

接下来的半年，林肯和哈丁极力以策略取胜。哈丁的朋友建议提名林肯为州长候选人——如此一来，就没资格提名国会议员候选人了，而且，任何辉格党都没可能在州政府中获得席位。反过来，林肯的拥护者提名哈丁为州长候选人。林肯为了避免有人中伤他，"把哈丁骗去提名州长候选人，让哈丁失去提名国会议员候选人的资格"，设法劝阻他的亲密朋友——《桑加蒙日报》的编辑西蒙斯·弗朗西斯支持这个提议。但是林肯也告诉他，任何斯普林菲尔德以外的编辑要求这么做，他便不会表示反对。

跟随巡回法庭出巡办案期间，他向途经所有县的领导人物请求支持，确保他们支持提名他为国会议员候选人，而当时，人们还都不知道哈丁想再次回到国会。1 月前，朋友向哈丁报告，林肯已锁定提名资格。根据别人与哈丁的信函来往，当时的普遍看法是，"哈丁是个棒小伙，我们都非常信任他。在国会议员问题上，林肯也是棒小伙。工作努力勤奋，对党派忠心耿耿，如果他想当国会议员，这次机会就给他吧。轮流坐庄才是公平比赛"。屈莱芒的一位朋友也同意这点，提醒哈丁，"人民认为这次轮到亚伯拉罕了"。

哈丁意识到根本没机会在政党大会的例会上获得支持，于是写信给林肯，提议使用新规则来选拔国会议员候选人，企图恢复独立候选人的选拔体制，以便让林肯的准备工作功亏一篑。此外，他还希望，每个候选人只在自己的县拉选票，他希望林肯也能同意这点。这非常有利于哈丁本人，因为他当过两年的国会议员，在整个选区的知名度比林肯高得多。

林肯拒绝了对手的提议，宣布"很满意以前的选举体制，那个体制下，你和贝克都成功被提名并当选国会议员"。事实上，看到哈丁的信后，他很难控制自己不发脾气，因为之前贝克一而再地诋毁他，说他颠覆了提名传统，只是为了确保在 1846 年竞选中胜出。而之前他对此指责保持沉默。迄今为止，他尽可能地不在报纸上与哈丁针锋相对，告诉编辑詹姆斯，"尽可能地别介入争吵——至少我会尽我所能，不涉足纠纷"。对林肯而言，与还击心胸狭窄的对手相比，更重要的是避免疏远对手的拥护者。

林肯的策略奏效了。哈丁预感到自己落败，于是退出竞争，参军入伍，加入墨西哥之战。辉格党选区大会于 5 月 1 日在彼得斯堡举行，在林肯的完美掌控下落幕了。根据大会决议，赫恩登当选为大会的常任秘书，前合伙人罗根成为大会委员会主席，决议还表彰了林肯"对辉格党信条的支持和拥护，还有他的才华和能力，他的正直与诚实"。

林肯的民主党对手是彼得·卡特莱特——卫理公会教闻名遐迩的巡回牧师，也是著名的强身派基督教成员，拥护杰克逊总统的制度。虽然卡特莱特自身非常受人欢迎，但他并不是有力的竞选对手。这场竞争没有激发公众的热情。事实上，公众对这场竞选并无多大兴趣；报纸上也只是偶尔报道候选人的公开露面，但对其演说内容并无深入翔实的报道。

竞选接近尾声，卡特莱特走投无路，铤而走险；用一个辉格党员的话说，"他偷偷摸摸地跟随林肯，穿越选区，下流地诋毁对手"，称林肯是个异教徒。该指责在之前其他的竞选中多次被人用过，也许是能"欺骗一些老实人"，卡特莱特的指责收效甚微。8月3日，第七选举区举行投票，林肯以空前的压倒性优势当选新一任国会议员。

竞选胜出，林肯可以好好地休息一下了。他任职的第三十届国会将在1847年11月揭开帷幕，在这之前有整整一年时间为赴任华盛顿做准备。在他这段空白的政治生涯中，给人留下唯一的印象，是6月去芝加哥市出席河港大会。美国总统詹姆斯·波克否决了为国内改善计划提供联邦资金的提案，那次会议是为了抗议否决而举行的。作为伊利诺伊州唯一的辉格党国会议员，他颇受瞩目。《纽约论坛报》的霍瑞斯·格林雷提到，这个"来自伊利诺伊州的高个男人"在会议上"发表了简要、愉快的演讲"。第一次，他的名字出现在全国发行的报纸上。

但是这段闲暇的大多数时间里，林肯安闲舒适地照顾着家庭，经营事务所。老式银版照相机面世了，照下了他的第一张相片，一个自我感觉良好的年轻议员。他穿上最好的西服，僵硬地坐在照相师面前，看得出来，他对这身量身定做的西服非常骄傲，细心扣紧的缎子背心，装饰着金钉、浆得笔挺的衬衫，打得很精致的黑色领带。由于图像扭曲，手看起来比实际大得多。但是，照片中的他胸部单薄，头小身子长，这显然就不是照相师傅的失误了。

对林肯的外貌，数赫恩登的描述最为形象、生动，"他根本不英俊，却也不算丑，长相平凡"。那时林肯大约重160磅，实际身高6英尺4英寸，非常瘦，看起来比实际身高高很多。赫恩登指出，林肯的身高是由于他的腿比常人的长。他观察得出，"坐在普通椅子上时，从椅子底部到他头顶，看起来和一般人差不多高；再如果在他膝盖上放一块大理石板，一定会顺着溜下去……只有当他站立时，才显得鹤立鸡群"。

仔细的赫恩登提到，"林肯先生的前额窄却很高，头发颜色很深，接近黑色，发型随意凌乱，或是被风吹的，或是被手抓的；他颧骨很高——轮廓鲜明，且凸出。眼睫毛浓密，突出。下颚很长，粗壮庄重；鼻子很大——长而且扁平，鼻形轻微偏向右眼，鼻尖闪闪发光；尖尖的下巴，向上弯曲；眼睫毛就像是山脊上冒出的巨大岩石；脸很长，面色发黄，形容枯槁，皱缩干瘪，纹路纵横，头发凌乱；皮肤坚韧，两颊松弛坍塌，腮帮子可见皮褶，看上去情绪低沉，忧愁悲伤；耳朵硕大，几乎和头成直角，也许是生来如此，也许是被重帽子压的"。

赫恩登对林肯所有的描述，都没有抓住 1846 年林肯相片上的神韵。被照者必须十几秒保持一个姿势，动都不动，林肯表情严肃，一笑不笑。但照片传达出了一个已经实现目标的人的神韵。此时，他不再试图用理性压抑情感；不再受情绪大起大落的折磨；不再忽而有拿破仑的抱负忽而深陷情绪的低谷。此时，他内心平和。

现在他能够接受童年痛苦的回忆了。林肯写了首四行韵律诗表达情感。原先计划分成"四个部分，或四个篇章"。第一部分重温了那次回访带来的苦乐参半、悲喜交集的心情。开头如下：

> 儿时家园现眼前，
> 景色黯淡交心间。
> 记忆涌起漫脑海，
> 倒是苦来却也甜。

随着对童年的经历释怀，林肯开始有了另一种忧虑，即理智的丧失。理智就像个内心平衡的陀螺仪，对于调节自身同样非常重要。林肯对于精神错乱的恐惧太深不可测了，但他在马修·根特利的个案上有了一点认识。马修是林肯的老同学，林肯去根特利维尔时再次遇到了他。他比林肯年长三岁，也曾经是"聪明机灵的少年，在贫穷的街坊邻里中，算是富家子弟"。林肯回忆道，"十九岁那年，他无缘无故地就疯了。起初是很难安静下来，最后就完全疯了"。看到童年玩伴悲惨的处境，他感到必须用诗表达："形似人躯，而理智丢失；悲惨的生活，苟延残喘。"虽然格律不全，但这几句诗再现了他看到的那个"咆哮的疯子"时的恐惧感。这个疯子完全没有理智：自残，和父亲打架，甚至试图杀死母亲。林肯无法从记忆中抹去这个疯子的狂躁和痴笑，还有夜晚的鬼哭狼嚎，就像是"丧礼上的挽歌，理智死去，不再回来"。诗句以"哦！死亡！"结尾，使用顿呼法，把疯子和南希·林肯、萨拉·林肯的幽灵联系到了一起："你为什么折磨人，而不是赐福人，为什么把他留在世间徘徊?"

打那以后，林肯写诗的灵感便江郎才尽。第三"章"描述了边界猎熊英勇的经历，诗句的语气和氛围与前两"章"完全不同。此时，缪斯女神离开了他。这也是为什么他没完成原计划的第四部分。他为这些诗作自豪不已，并给昆西的好友寄了份诗稿，让他在《昆西辉格党》上发表，但不要署名。他说，"务必别泄露我名字。不指望这拙作能给我带来什么好评价。也许有人会嘲笑这些诗，我可不想冒这个险"。

他独自一人在家，整理过去的心情，打点行装，准备去华盛顿。斯普林菲尔德的住房以每年90美元的租金，租给了制砖商人科尼利厄斯·路德拉姆，只把阁楼留作存放家具的储藏室。国会任职期间，林肯允许继续沿用林肯·赫恩登事务所的名字。两人都期望任期结束后，林肯可以回来继续当律师。10月25日，林肯全家启程，赴华盛顿上任。

第五章

伊州孤星

1847 年 12 月 2 日，国会即将召开前几天，林肯一家抵达华盛顿，下榻在布朗旅馆。不久，他们便搬到安·斯普里格太太经营的寄宿公寓，这也是当初斯图尔特和贝克担任国会议员时的住处，位于国会大厦东面，是几排住宅中的一栋楼，现在是国会图书馆。同时住在这里的还有八位辉格党国会议员，其中最知名的是来自俄亥俄州的约书亚·吉丁斯——一个坚定的反奴隶制者。

很快，林肯在公寓与大家打成了一片。他给大家讲笑话，谈逸闻趣事，让听者入迷。其中一个叫萨缪尔·布塞的医生回忆道，每当他们政见不一，尤其是对奴隶制的存废争论不休时，林肯就"插入一些趣闻逸事，打断争吵，谈话气氛马上便转变为捧腹大笑，完全打乱了原本争论不休的议程"。为了丰富娱乐活动，林肯常在附近的小巷与其他议员一起玩詹姆斯·卡斯帕里斯提供的九柱球。布塞医生说，"他的九柱球打得不怎么样，但劲头十足，完全是为了锻炼身体，自娱自乐"。打球期间，他时不时地讲些新鲜事——"其中也不乏一些下流的黄段子"——好大一群人围着他。

初到首都华盛顿，林肯夫妇发现这里的生活新奇、有趣。这个 4 万来人的城市，奴隶 2 千多人，自由黑人 8 千多。它还是全国最大的国际都市。往宾夕法尼亚大道的另一端望去，隐约看得见白宫，那是他见到的最富丽堂皇的官邸。白宫南边，筹备中的华盛顿纪念碑奠基仪式正在进行；林肯以国会议员的身份参加了仪式。市内的多数街道的路面铺设尚未竣工，可由鹅卵石铺成的宾夕法尼亚大街的两旁，挤满了各式各样的特色商店，店中陈列着琳琅满目的奢侈品。

与其他议员一样，林肯一家只是这个城市的过客，无法融入华盛顿当地排外的社交圈。但是，他们还是能找到一些开心的事。白宫中常举行招待会，但参加的人不多，因为波尔克总统禁止客人跳舞，也不提供饮料或食物；总统宅邸每半个月就举行一次海军乐队的演奏会。夜晚，时常还举行一些音乐会和演讲。有一次，林肯一家去听了埃塞俄比亚小夜曲音乐会，是由黑人演唱家、吟游诗人表演的，他们刚为维多利亚女王及英国王室成员演出过。

很快，玛丽对这里的生活感到不满。丈夫总是埋头国会工作，几乎没时间陪她。后来林肯也写道，他认为玛丽"妨碍了我的正常工作"。她也没女伴，因为议员们很少携夫人赴任。林肯一家四口住在一个大房间里，玛丽只在进餐时才下楼。孩子也非常淘气，不服管教，难免与其他寄宿者产生摩擦和矛盾。其中一个寄宿者还记得，罗伯特是个聪明的男孩，"随心所欲、为所欲为"，可埃迪总是病恹恹的。第二年开春之时，玛丽决定带着两个孩子去肯塔基州的列克星敦，回父亲家待一阵。有次，林肯在给她的信中暗示与斯普里格太太关系紧张，"公寓里的所有人——或者说是那些和你关系确实不错的人——捎信说他们爱你，其余人没说啥"。

小别之始，林肯埋头于国会事务，无暇思念家人。旺盛的精力全部都投入到国会的事务中去了。大小会议他次次参加，场场不落，创了出勤的纪录。在担当国会议员期间举行了 456 次点名投票，他只缺席了 13 次。因为有当邮政所长的经历，他被分派到邮政和驿路委员会。此外，他还是战争预算委员会的成员。在这两个委员会里，他努力做好本职工作，及时有效地把邮政委员会的调查报告呈交国会；定期向政府提交选民请愿书，其中大部分是有关修建铁路如何占据了政府赠予的土地。他尽其所能地帮助朋友，在联邦政府谋求个一官半职，即便他知道在民主党政府里没人会给辉格党人任何的任免权。他既没秘书也没助手，大多数信件都亲自回复。在众议院演说时，为了让选民知道演讲内容，他还煞费苦心地购买 7580 份文件，亲笔誊写地址，免费邮寄给他的选民——这数量远远超过国会中的大多数议员。

在华盛顿，林肯虽然是初来乍到，但并不惧怕国会的威严，要知道第 30 届国会中，有 200 名议员也是第一次当选。更何况他还在伊利诺伊州的州议会干过四届，对议会程序可谓轻车熟路。虽然第一次在国会发表评论时也有些怯场，但与初次担任国会议员的其他人一样，很快便克服了。他告诉赫恩登，"我觉得在这里发言和在其他地方是一回事。开始有些紧张，但真的一开口，也就还好了"。

不久，林肯开始估量其他议员的能力与才干，权衡各自的政治力量。众议院的情况与参议院很是不同。参议院中，老对手斯蒂芬·道格拉斯与韦伯斯特、约翰·卡尔霍恩、托马斯·哈特·本顿等名人一同参加富丽堂皇的社交聚会。而众议院议员大多能力一般，名声仅限于当地选区，约翰·昆西·亚当斯是个例外。他的决心坚如磐石，为人正直诚实，坚决反对奴隶制。遗憾的是，会期开始不久就去世了，林肯还没来得及深入了解他。除了吉丁斯，他还有一位志同道合的朋友——来自乔治亚州的辉格党议员——亚历山大·斯蒂芬斯。林肯形容他为"爪子瘦小、脸色苍白的肺病患者"。这个来自美国南部州的年轻议员，与林肯目标一致，致力于辉格党的重组和复兴。放眼议会大厅，林肯能识别出哪些议员勤奋努力、具有竞争力。林肯很有自信，认为自己在这些光芒四射的人的面前并不会相形见绌。

他还发现，辉格党党内秩序混乱。虽然辉格党在 1846 年中期选举表现不错，但党内领导人开始为 1848 年总统选举的前景担忧。民主党总统詹姆斯·波尔克任期内政绩非常优秀。几乎完美无缺，坚不可摧，唯一可能被攻击的弱点，就是发动了墨西哥战争。但这个问题，林肯还未给予足够关注。但是像每一个美国公民一样，他知道得克萨斯州 1836 年发动起义脱离墨西哥是怎么一回事。在林肯看来墨西哥人等都是些"小流氓"，因此得克萨斯独立让他感到很高兴。1844 年，总统约翰·泰勒极力主张美国兼并得克萨斯共和国。那时，林肯、亨利·克莱、前总统范布伦和来自密苏里州的参议员哈特·本顿，一致认为这是一个"完全失策"之举。林肯不支持泰勒，认为在领土扩展方面过度热忱。如后来宣布的那样，他"不相信扩张领土有何好处，应该维持国家边界，培育现有领地，灌溉我们的花园，提高国民道德修养和教育水平"。

兼并得克萨斯州后，总统波尔克得寸进尺，以"保护"新领土为由，宣布对新领土的长期占有权。对此，林肯选择了沉默。1846 年 4 月，墨西哥军队与扎卡里·泰勒将军带领的美国军队发生交火，起因是纽埃西斯河与里奥格兰德河之间的领土纠纷，双方都称这块土地为自己所有。美国宣战了。对此，新英格兰地区没有什么反应，而其他州掀起了爱国浪潮。伊利诺伊州的居民甚至蜂拥而至，报名参加志愿军。他的前任——哈丁、贝克两人也披挂上阵。然而，在林肯与卡特莱特国会议员竞选中，墨西哥战争却从未浮出过水面。对这个问题林肯唯一一次发言是在 3 月 30 日的公共集会上，而那是一次"温暖的、令人兴奋的、印象深刻"的演说。演讲中，他鼓励听众参加志愿军。当选国会议员后，他再也没对墨西哥战争发表任何评论，因为，"无论是知之甚多，或是知之甚少，良心都不能同意总统发起的战争。可是作为好公民和爱国者，一旦开战，就应该保持缄默……至少战争结束前应该这样"。

林肯到华盛顿时，战争已近尾声，他感觉可以畅所欲言、自由评论了。泰勒将军在帕洛、阿尔托、雷萨卡德拉鲁阿帕尔马、蒙特雷、布埃纳比斯塔等北部的一些艰苦战斗中，接二连三地击溃墨西哥军队，温菲尔德·斯科特将军率领的远程部队，占领了维拉克鲁斯，并最终攻克了墨西哥城。在 1847 年 12 月的国情咨文中，波尔克总统要求议会增加军费开支，以迅速结束战争，并声称，新墨西哥和加利福尼亚的广阔土地将作为赔偿交付给美国。他带着胜利的口吻，宣布这场由墨西哥发起的战争即将结束，而战争的起因是"墨西哥首先发起攻击，侵入了美国得克萨斯州领土，让美国公民的鲜血洒在了自己的土地上。"

这篇檄文却成为一个突破口，辉格党借机向波尔克总统及其政府，甚至民主党，发起了连续的攻击。林肯一马当先，直指波尔克。12 月 22 日，他倡议通过一系列决议，要求总统向国会议员提供全部的事实和证据，"证明我国公民的鲜血洒在哪块土地上，到底是不是我们的国土"。他还用检察官式的口吻要求总统告知国会，那块土地是不是得克萨斯州，那块土地上的居民受不受"美国政府或是德州的法律管辖，不管是自愿的还是被迫的；有没有接受我们的任职，参加过选举没有，当过陪审员吗，是否缴纳过税赋，等等"。林肯的用意十分清楚，他是想说：

战争是美国军队挑起的，是美国人向墨西哥的居民点发动进攻。

1月3日，这次抨击演变为公众话题。来自马萨诸塞州的众议员约翰·阿什穆恩提议，宣布这是场"由美国总统发起的、不必要的、违反宪法的"战争。85个辉格党国会议员投票赞成通过了该决议，林肯便是其中一员。数天过后，经过一番努力，他发表了一篇长篇讲话，继续抨击总统，并对其战争起因的说辞从法律的角度进行了仔细的推敲，指责总统证据不足，逻辑混乱。这不是一个无意的过失，他要求总统对他的质疑做出回应，"回答要充分、清楚、坦率；要用事实说话，不要强词夺理"。他坦诚地宣布，若总统能做到这一点，"我心服口服"。但若他无法回应，这就说明"他完全意识到自己的行为是错误的——意识到那些战死的亡灵，像阿贝尔一样，向苍天哭诉着他的罪行"。总统发动战争，就是想炫耀武力，是"视战火如彩虹，流血如彩带；如毒蛇的眼睛，令人痴迷却意在毁灭"。一旦达不到目的，他的心便"不顾权力赋予的使命"，像"热锅上的蚂蚁，四处乱窜"。这个"昏头昏脑、迷迷糊糊、分不清东南西北的家伙"说起话来活像个"半睡半醒的高烧患者"，嘟嘟囔囔的，什么也说不清楚。林肯这种随心所欲、口无遮拦的讲话方式，若是在法庭上，他自己也是不允许的。

林肯的期望很快成了泡影。华盛顿没人注意到他的提案，议会既没有辩论，更甭提表决了。他的演说也遭到了同样的冷遇。总统没有回应他的质疑，甚至没有提过他，日记簿里也没出现过他的名字。国会议员多半对林肯的提案无动于衷，只把这当作是辉格党对民主党政府的一般性抨击。来自印第安纳州的一位无名氏议员谴责林肯，没在竞选国会议员时向选民表明其反战立场。来自密苏里州的众议员约翰·詹姆森公开表示，感到非常震惊，约翰·哈丁在布埃纳比斯塔战役中牺牲，贝克是塞罗戈多战役的英雄，而他们两人的继任者林肯竟然发表如此不爱国的演讲。

伊利诺伊州的声音则完全不同。正如所预料的那样，支持民主党的报纸是一片批评之声。斯普林菲尔德的《伊利诺伊州地区报》把林肯的反战态度与哈丁匆忙参军的"英雄行为和勇敢事迹"进行了对比。后来，《伊利诺伊州地区报》又称，林肯的演讲有"政治意义"，预言林肯的政治观点将被"大批投票给他的选民所驳斥"，并警示林肯，当美国士兵从墨西哥战场凯旋时，他将面临"一大笔账要清算"。

会受到民主党的抨击和指责是意料之中的事，也没有想象中那么猛烈。反倒是来自辉格党苍白无力的赞扬，让林肯感到困惑不解。赛蒙·弗朗西斯的《伊利诺伊州日报》（前身为《桑加蒙日报》）一如既往地支持了他。詹姆斯的《泰兹威尔日报》也站在他一边。其他一些辉格党报发表社评，说那篇"呱呱叫的演讲"使林肯"进入了国会一流演说家的行列"。然而，大多数辉格党报纸仿效《昆西辉格党报》，对他发表的演说只是温和地评论道，该观点"基于事实，无法被完全驳倒"。

令林肯更加困扰的是，他收到了伊利诺伊州政友们的私人信函。亨利医生对辉格党中盛行的反战政见持有异议。他警告说，若伊利诺伊州的辉格党沿用亨利·克莱的政策，反对用战争形式兼并土地，那么，这些人将"长期成为议会中的少数"。信中的语气严肃而认真，"我一直和你并肩战斗，如今要与你分道扬镳感到极度痛苦"。约翰·马森·佩克牧师，是圣·克莱尔县浸礼教知名教士，也邮寄了一封类似的信函，口气肯定地说"美国政府没有侵略墨西哥"。

赫恩登也写了封信，说"不满的抱怨声在辉格党中传播"，指责林肯不该投票支持《阿什穆恩提案》。赫恩登理所当然地认为，林肯反对战争，但必然投票反对为战场上的军队运送物资。他警告道，那样的话，合伙事务所的生意不会受到"参战的辉格党"的欢迎。赫恩登认为，不该谴责波尔克总统侵略墨西哥，在墨西哥的领土开战；他主张应该遵循国家法律，"若有必要击退侵略，总统可以在不违反宪法的前提下，越过国界，进入别国的领土"。

由于赫恩登声称代表了伊利诺伊州广大选民的心声，林肯颇费了一些功夫驳斥他的观点。他回复，至于《阿什穆恩提案》，他别无选择；如果投票反对，就是投票支持谎言。虽然指责总统发动战争，但他全力支持运送军队物资。至于那些归国士兵的态度，他指出，华盛顿的老兵们，几乎无一例外，"毫不迟疑地指责总统在战争之初的行为十分不公"。他还驳回了赫恩登有关宪法的论据，"无论何时，总统一说有必要击退侵略，就允许侵犯邻国……这是纵容总统随心所欲地宣战"。那样的话，就是赋予"我们的总统"以"君主的权力和地位"了。

林肯的回信流露出一丝苦涩，无论是赫恩登或是其他反对他的辉格党员，都不了解他抨击波尔克总统的真正用意。如今，战争结束了，和平条约即将在华盛顿签署，抨击总统发动战争的起因，目的只有一个，那就是政治意图——在下届总统竞选之时，彻底打败民主党。

这次政治运动包含了相当大的风险：抨击总统发动战争的起因，很容易被人误解为持反战立场。对于反战立场带来的后果，辉格党记忆犹新。来自芝加哥的辉格党贾斯丁·巴特菲尔德，曾经谴责过1812年战争，有人问他这回是不是依然反对墨西哥战争，他说"不！我曾经反战，那毁了我的一切。从现在开始，我永远支持战争，哪怕它带来瘟疫和饥荒"。林肯自认完全有能力消除这个误解。他与亚历山大·斯蒂芬，还有国会中的一小撮自称"印第安青年"的辉格党携手一起，紧密合作，这样来解除误解：先是抨击民主党总统错误地发动战争，然后，在下届总统竞选时，辉格党方面提名一个打赢战争的英雄，这样不就可以显示其对国家事业的忠诚了吗？

那位即将被提名为辉格党的总统候选人，就是扎卡里·泰勒将军。虽然此人对公共事务一窍不通，也没有从政经验，但是没有人知道他的政治立场，这使得他成为候选人的适合人选。林肯急切希望辉格党内有新领导人出现，因此立马表态站在泰勒一边。

整个春季，林肯四处奔走，为泰勒将军奔走呼号，努力确保他获得候选资格。6月初，辉格党全国代表大会在费城举行，作为伊利诺伊州国会议员中唯一的辉格党员，林肯在会议上备受瞩目。大会举行了数次投票，第四次投票后，终于通过决议提名泰勒为候选人。在特拉华州的威尔明顿市举行的会议，批准了该项提名决议。林肯与其他三位议员一起，在获批的会议上致辞，他被人誉为"伊州孤星"。

与其他"印第安青年"一起，林肯不只是希望辉格党人当选总统，最好还能抛弃无法吸引公众兴趣的老教条，从而建立一系列新的党派原则。由于缺乏主旋律性的全国热点议题，辉格党存在追逐地区局部利益的不良倾向。南部的辉格党想把维护奴隶制度作为中心议题，如此一来，他们比民主党更能代表当地的利益；东北部的流动人口多，而这些人又试图把票投给民主党，所以进退维谷的辉格党与当地一些党派眉来眼去，划不清界线。

为了防范分裂危险，林肯要求泰勒把自己凌驾于这些地区性的、局部性的议题之上。对奴隶制的分歧是导致党内不和的实质，在该问题上林肯也要求泰勒做到超越地区的局部利益。尽管泰勒来自南部州，有200个奴隶，但他宣誓，若国会通过《威尔莫特附加条款》，在墨西哥共和国割让的领土上禁止蓄奴，他将不会否决该议案。（林肯并未说明这事发生概率极低，因为参议院被南方人掌控，《威尔莫特附加条款》无论怎么修订都不可能表决通过。）林肯主张"让人民按照自己的权利进行选择"，这才是政党"最好的原则"。

为了帮泰勒将军竞选，为了重塑辉格党理念，林肯极力推行了一系列的政策，没想到这些政策成了他挥之不去的阴影。由于要求总统证明美国人流下第一滴血墨西哥战场上是不是美国领土，他被人称为"斑点林肯"，这个绰号用了很长时间。在1856年的总统竞选中，对手斯蒂芬·道格拉斯辩论时也这样取笑他。甚至是任职总统期间，也有人用这个绰号质疑他是否爱国。

1848年竞选运动时林肯的言论，对其总统生涯的影响尤为恶劣。他所支持的是弱势总统，应该从不否决议会的提案，从不向阁员强压政策。对于辉格党来说，这不是什么新鲜事。成立这个党的初衷就是"反对可恶、无知、鲁莽、虚荣、恶劣的暴君"。但是，安德鲁·杰克逊的政府是"一人责任、一人处理、一人意志"。那时，辉格党提出反对强势总统，是出于反对他提倡的政策。现如今，随着总统候选人泰勒的提名，辉格党再次提出支持弱势总统的口号，为的是隐藏这位候选人毫无用处的弱点。但是，林肯坚持己见，而且一直到南北战争他都更喜欢一个无作为的总统。他认为，"最好是让国会没有外部偏见的情况下，自己发现问题、自我完善。"后来林肯任总统时，几乎不向立法机构施压，也极少使用否决权，在大多数问题上遵循辉格党的一贯弱势总统方针，给阁员自主权，以至于在外人看来他的政府没有什么政策可言。

在脑海中勾画好如何为泰勒辩护和如何重定辉格党原则之后，林肯准备继续抨击民主党。6月，泰勒、卡斯、范布伦纷纷上场，众议院的议员们也都放下了手头的事务，听听这三位有何见教。6月27日，林肯好不容易等到了发言的机会。他已经是第八个上台讨论总统候选人的国会议员；听众觉得幸运的是，他演讲十分幽默有趣。

《巴尔的摩美国人报》评论他那次演讲好极了，说他"为人敦厚，说话方式特别，让整个议会笑了半个小时……为了让自己的言论回荡在议会大厅上空，他手舞足蹈，边走边说，一段话没说完就不知不觉地走到了大厅中间书记员桌子跟前，只得又走回去，讲下一段时又是一样"。

8月14日，国会闭会之后，林肯仍然留在华盛顿，为泰勒助选，帮助辉格党制定取胜原则。《电池报》是协助辉格党竞选的报纸，林肯参与了管理的报纸，分发成千上万份竞选材料。虽然他不是议会辉格党执行委员会的正式成员，但依然用自己的名义发出通知。

夏天的华盛顿十分炎热，林肯的工作十分繁忙，同时他感到十分孤独。玛丽和孩子们在华盛顿时，他嫌他们碍事；而如今离开了，又格外想念他们。他向妻子抱怨，"我讨厌一个人待在这个旧房间里"，发现"生活就是工作——毫无变化——越来越乏味无聊了"。他急切地盼望妻子来信，以获得孩子们的新消息。有次，玛丽要求他找几双"适合埃迪可爱的小脚丫"的袜子，他找遍了整个首都却一无所获，"没一双你描述的袜子，只有格子图案的"。他挂念孩子们，还做了一个"关于亲爱的鲍比的愚蠢的梦"，打那以后，担心更是有增无减。他给他们写了一些带孩子气的信，嘱咐妻子，"别让亲爱的宝贝们忘了他们的父亲"。

但是他最思念的人还是玛丽。小别胜新婚，在这段婚后分别最长的日子里，给她的信中既有父亲般的忠告，也散发着夫妻间的调情。他问："你完全摆脱头痛了吗？""那真是太好——太好了——这是我们认识以来没犯头疼病的第一个春天。"他又补充道："你身体好了，丰满了，年轻了，一定又会想到结婚。"玛丽也以同样的方式回应，捎带告诉孩子们和家里的消息，"我是多么希望不再靠写信联系，要是今晚我俩能在一起多好啊！你我天涯一方，我非常难受"。不久她开始考虑回华盛顿。他问"如果我同意你回来，你能凡事都依着我吗？那么就赶快回来吧，越快越好。一想到这些，我就急不可耐了，非见到你不可啊"。

玛丽准备出发，正好赶上林肯在新英格兰地区拉票，于是她就带着孩子跟他会合了。虽然喜欢到处观光，但玛丽并未从旅行中获得多少乐趣，因为小埃迪生病了，而丈夫忙于工作，无暇欣赏旅途中的典型的历史遗迹。一行人没有预先通知就出现在马萨诸塞州的伍斯特市。9月12日，辉格党全国代表大会即将召开的前一天，林肯受邀在市政厅发表演说，演说内容与在波士顿、新贝德福德、洛威尔、戴德海姆、汤顿的大同小异。

这次演说与七月在国会发表的内容基本一致，依旧是维护泰勒，抨击卡斯。

如预料中那样，辉格党的报纸，如《波士顿日报广告者》，称赞林肯的演说是"表现出了敏锐的头脑、冷静的判断"。《波士顿地图报》报道，这是伍斯特市中最棒的演说之一。《波士顿先驱报》写道，林肯吼出了"泰勒、菲尔莫尔的惊人声音"。而民主党的报纸对林肯的表现视而不见，自由土地党的报纸嘲笑他的评论"相当诙谐，但是那些事实、道理、辩解都不值得讨论，没必要，是不大可能发生的事情"。《诺福克民主党报》称，他的评论"太让人倒胃口"。《罗克斯伯利大公报》称，他的演说是在"展示忧伤"。

除了演讲内容，林肯的演讲风格也吸引了不少注意力。他不一般的身高令听众吃惊，而他那开场的架势更是让听众不解："斜靠在墙上……姿态随意，语气漠然，然后才渐渐确定自己的站姿，控制四肢，放松舌头，燃烧思维，最后才完全控制住自己、控制住观众。"一些听众被他迷住了，说他能在"论据与奇闻、风趣与才智、圣歌与预言、演说与演绎"之间纵横驰骋。也有一些听众说他"手势笨拙，声音滑稽，表情古怪"。新贝德福德的一位居民用美国佬的简练语言归纳总结了他的看法，"演说的内容充实，却不文雅"。

林肯没能给马萨诸塞州的选民们留下深刻印象，但新英格兰地区留给他的印象不可磨灭。离开时，他感觉已经顺利完成了助选任务，提高了候选人泰勒的知名度。回家时，一家人取道奥尔巴尼市，在那里，林肯与纽约州的辉格党领袖瑟卢·韦德进行了一次会谈，后来是他向辉格党副总统候选人米勒·菲尔莫尔引荐了林肯。随后一行人逛了一下尼亚加拉瀑布，虽说来去匆匆，可林肯兴致盎然："尼亚加拉水流真强劲！和一万年之前一样新鲜清澈。"

林肯为能在总统竞选中出一份力兴奋不已，他越来越确信，秋天辉格党将"压倒多数，赢得一场最为辉煌的胜利"。伊利诺伊州的辉格党对他的热情却无动于衷，这让林肯有些懊恼。大多数成员仍然坚定拥护亨利·克莱，反对提名泰勒为候选人；而剩下的成员却左右为难，辉格党为何一面反对墨西哥战争，一面又提名战争英雄。伊利诺伊州北部县的居民主要是来自新英格兰地区的移民，那里的辉格党反对奴隶制，更反对提名奴隶主作为候选人，而威尔·泰勒恰恰是奴隶主。1840—1844年间，部分辉格党员投奔了自由党；现在有更大批人改变党派的趋势。

林肯于10月返回伊利诺伊州，试图在总统竞选前扭转趋势。他在芝加哥发表日常的讲话中称，若是把票投给泰勒的对手，就等同于"反对限制奴隶制，同意在新领土扩展奴隶制，让奴隶制永存"。快到斯普林菲尔德时，他演讲引起的反响却越来越小；主要是因为不断有人提出他反对墨西哥战争，而这个立场非常不受群众欢迎。《伊利诺伊州地区报》认为，是林肯的反战立场导致了罗根在国会议员竞选中败北。在斯普林菲尔德的总统选举宣传中他没有露面，而是以选举助理的身份，负责激发公众对辉格党投票的热情。他在第七选举区发表了九次演说，大多数时间在伊利诺伊州北部县内，因为那里的人民反奴隶制的情绪更为强烈。他告诫废奴主义者，1844 年投奔自由党使波尔克竞选成功，而如今，1848 年，若支持自由土地党，当选的将是卡斯。

他的告诫奏效了，因为卡斯在伊利诺伊州胜出时获得的选票，比辉格党与自由土地党加起来少了一票。在第七选举区内，泰勒获得的选票几乎平了林肯在 1846 年创造的纪录。林肯至少可以满意地说，他发表演讲的全部县中，除了一个，泰勒的选票超出了罗根在国会议会竞选中获得的选票。为了让辉格党候选人当选总统，他已经竭尽所能了。

下一步，他希望辉格党能采用新的党派原则。12 月，他一人回到了华盛顿，玛丽和孩子们依旧留在斯普林菲尔德。一到首都，他发现新一届国会的中心议题都与奴隶制和奴隶制的扩张有关，而这些问题他至今为止还没有好好想过。来华盛顿之前，他没掌握任何关于奴隶制度的第一手资料。只是有一次坐船去新奥尔良，在肯塔基短暂停留了一阵，见识了"旧时美国南部的黑奴制度"。可是，托德家族和斯皮德家族的表现，是奴隶制最不压迫人的一面。但林肯说过多次，他和他父亲一样，是"天生的反奴隶制者"。

另一个问题是奴隶制的扩张。与同时代的其他人一样，林肯认为，只要把奴隶制限制在现有的蓄奴州内，那么它总有一天会消亡。他确信，如果奴隶制不扩大到别的地区，那它就无利可图，到时便会被人遗弃。从这点来看，不要激发南方州对奴隶制的抵触情绪尤为重要。林肯认为，"宣传废奴思想不会减少，相反会增加它的罪恶"。另一方面，禁止奴隶制进入自由州也同样重要。

当上了众议院议员之后，林肯仍然试图保持这种平衡。他没参与关于《威尔莫特附加条款》的辩论，是因为该提案禁止在墨西哥战争获得的领土上推行奴隶制。而与南方辉格党人斯蒂芬斯携手助选时，是不想引起党内分裂，因为在国会的第一个会期，他的主要目标是让辉格党总统候选人当选。然而他发现，要想完全避免这个议题是不可能的。至少有五次，在投票表决这个有争议的问题时，林肯投了赞成票。

国会的第二个会期，他发现，要想置之度外比以前更难了。反奴隶制的国会议员们试图通过《威尔莫特附加条款》，却屡遭挫败。于是他们把目标转向哥伦比亚特区，集中精力废除，或至少是限制这里的奴隶制。在这个问题上，林肯和其他国会议员心情复杂。一方面，他希望缓和与南方的关系，为废奴主义分子的狂热而产生的不良后果感到惋惜。另一方面，他又与其他自由州的人民一样，认为华盛顿奴隶制是一种挥之不去的罪恶之源，并为此感到羞愧。首都有 2000 名奴隶，每个国会议员或多或少都与当地奴隶有所接触。约书亚·吉丁斯的经历颇具代表性。有次，他和其他一些寄宿在斯普里格家的议员（也许林肯也在其中）待在公寓里，三位全副武装的汉子强行闯入公寓，逮捕一名黑人服务员。这位黑人一直在拼命地工作，挣钱赎身，再有 60 美元就可以还清了。然而，奴隶主变卦了，请求警察拘捕黑奴。

反奴隶制的议员日复一日地提交选民的请愿书，要求在国家的首都停止买卖奴隶，废除奴隶制度。来自马萨诸塞州的约翰·戈勒姆·帕尔弗里是自由土地党的一名激进分子，他提议废除所有旨在建立或维护联邦地区奴隶制的法案。约书亚·吉丁斯支持举行哥伦比亚特区公民投票，让公民发表意见，决定奴隶制存废与否。他宣布，黑人和白人这次都有投票权，并说道："从各国的情况来看，人类这个大家庭中没有什么种族区别"。

林肯很少参与这些激烈的废奴举措讨论，他也没对自己的沉默做任何解释，林肯试图寻求折中方案，想在辉格党总统正式就任之前结束这场即将分裂辉格党的辩论。为此，他仔仔细细地做着准备。他先是起草了个提案，建议给解放黑人以补偿，然后读给吉丁斯和其他寄宿的国会议员听，确保获得他们的同意。原则上吉丁斯反对给予奴隶主任何形式的补偿，但他在日记里写道，"我觉得这是这次能通过的最好的提案了。为了解放奴隶，我愿意向奴隶主支付费用，因为我觉得几乎所有人，如果知道奴隶制要被废除，都会出售手中的奴隶"。他也获得了贺拉斯·曼的支持，贺拉斯·曼是来自马萨诸塞州的反奴隶制国会议员，也是约翰·昆西·亚当斯的继任人。

1849 年 1 月 10 日，林肯在国会发表讲话，提出了戈特议案的替代方案，大会就此重新讨论。林肯号召进行关于哥伦比亚特区奴隶制的公民投票，"每个自由的白人男公民"都有投票权。若大多数投赞成票，则特区内的奴隶制将废除，只保留联邦官员从蓄奴州带来暂住的私人佣工。如果现在契约还未到期的人则仍然为奴隶，不过美国财政部将给予那些愿意释放奴隶的人以"全额现金"补贴。若奴隶的孩子在 1850 年后出生，则是自由身。

通过心平气和的协商，林肯制定出了令反对蓄奴者和维护南部奴隶主利益的人都能接受的妥协方案。这样的提案具有林肯式政府的标志。他认为，他那合情合理、不偏不倚的方法，在解决主要的全国性问题的时候，辉格党完全应该采用。

获得两个极端团体的支持，林肯备受鼓舞，计划下一步提交包含该提议内容的法案。可是到计划公之于众时，他突然发现，这项举措的支持者全都变卦了。北部州的反对派说，他们之所以反对这项提案，是因为如果通过补贴奴隶主的方式来解放奴隶，就表示承认了"那个奇怪制度"的合法性。他们也不能同意林肯提案中关于"逃亡奴隶"的条款。温德尔·菲利普斯和其他废奴主义强硬分子，还给林肯贴上了永久的标签——一条"来自伊利诺伊州的追捕奴隶的猎犬"。义愤填膺的南方人举行集会，抗议林肯的提案。南方议员拜访西顿市长，要求他收回对林肯提案的支持，因为这偷偷摸摸的第一步是要在全国范围内废除奴隶制。南部发言人约翰·卡尔霍恩，甚至不屑于提及林肯的名字，只是说"伊利诺伊州的一位成员"的提案，迫使南方人必须联合起来维护自己的权益；只有这样，"北方人才会停下来，考虑其后果"。

林肯从未正式提出他的法案。后来他解释道，"发现曾经的支持者抛弃了自己，个人影响力又微乎其微，于是我放弃了，因为我知道那个时候要顶着干的话是毫无用处的"。他还渐渐发觉，指望辉格党能在一个建设性的计划下团结起来，那是白费工夫。

令他更为失望的是，1849年3月上任的泰勒政府未能做到举贤不避亲，借机巩固辉格党内的团结。全国的辉格党员都认为，泰勒当选总统后，所有的民主党官员将被免职，或替换为本党成员；选民渴望在政府机构任职。与其他辉格党议员一样，林肯也被这些求职者团团围住。似乎每个人都想捞个一官半职——比如万达利亚地产局的登记员、美国司法部检察官、明尼苏达州州长秘书、伊利诺伊州的执行官、美国海军军队的事务长、斯普林菲尔德的邮政局局长、养老金代理人等。

任何一个没如愿得到职位的人都有可能成为潜在敌人。意识到这点后，林肯费尽了工夫，在不空头许诺的情况下，给予申请者适当鼓励。他给一个早期的申请者说，"你的信我先放在一边，但到时候如果这个职位由我处置，不管是全部或是部分，你都将得到公平竞争的机会"。而对于另一个申请，他坦言，"已经有两个人申请了同一职位，这两人都不错。我不是许诺，但若由我任职，那时，我一定认真挑选，之前的申请者都将列为我考虑的对象"。

向即将上台的政府引荐人才时，林肯清楚告诉大家，每一个职位都得用于加强辉格党内部团结。他意识到泰勒总统不愿意大批量地撤换民主党官员，但他坚持认为，"若一个职位还没落入民主党之手，它必须给辉格党人"；他警告，否则的话，"政府难以维持，对此我深信不疑"。若发现某个民主党官员党派偏见强烈，他支持把此人替换为辉格党成员。

他推荐的小职位，有一部分接受了任命，但整个过程他觉得不满意，令人沮丧。作为一名即将卸任、即将被民主党继任的国会议员，他的权力已名存实亡，对泰勒政府影响甚微。林肯不得不与当选为辉格党下届众议员的贝克分享控制伊利诺伊州的任命权，两人难免发生摩擦。似乎华盛顿已经没人愿意听林肯的诉求，或是承认他在泰勒竞选工作中表现出来的特别执行力。五月初，他哀叹，"我举荐的人中，除了那些没有异议的，没有一个被任命"。

泰勒执政之初，林肯不谋求官职，而是支持贝克成为内阁成员或入职外交使团。林肯请求斯皮德，要他让有社会影响力的约翰·克里坦登为贝克说几句好话，但这位肯塔基州州长对贝克并无好印象。他说，"我认为林肯迅速上升、前程似锦，如果是他申请这个职位，我倒会支持"。这般奉承话没有让林肯冲昏头脑，他回信给斯皮德，"我没资格担任一流职位。而担任二流职位，被那些觊觎这个职位的人诟病，得不偿失"。

很快，他就落入了他极力想避免的那个圈套。很明显，伊利诺伊州的辉格党能担任的最高职位就是土地总署的行政长官，不仅有年收入 3000 美元的丰厚待遇，而且有较大的行政权力和部分任免权。该职位负责管理所有的公共土地；土地何时以何种方式出售，都由他决定。他可以鼓励美国西部移民；因为出售给州政府土地的控制权在他手中，还可以推进修建铁路和国内改善计划。西部人认为，这个职位应该由熟悉西部法规、了解西部农民和铁路开发者需求的人担任；但伊利诺伊州的辉格党认为，该职位若由本党成员担任可以增进党内团结。

林肯的一些朋友极力劝他申请该职位，这个职位比回去重操律师业更好，当律师虽然前途不错，但薪酬不高。戴维斯法官建议，"若我是你，我更愿意接受这个地政局的职位"。他还说，这不是个死胡同，以林肯的老对手詹姆斯·史尔兹为例，史尔兹曾在波尔克总统时期担任这个职位，但现在当选为伊利诺伊州的参议员。

但林肯对此职位的兴趣最多只能说是不冷不热。若提名为这个职位候选人，他很有把握，因为国会中的辉格党"几乎一致同意"。他也知道，这个职位的薪水比他能找到的工作高，但他还是不愿意"舍弃法律生涯"。无论如何，在泰勒发表就职演说前，林肯表示支持提名赛勒斯·爱德华兹担任该职位。赛勒斯是前任辉格党立法委员，也是州长竞选中失利的那位候选人，他还是林肯的妻舅尼尼安·爱德华兹的亲戚。

最后结果是，爱德华兹没能任职，因为贝克不喜欢这个人。这时，朋友们坚持要林肯申请这个职位。但他仍然踌躇，那时他和贝克已经达成一致，若能说服爱德华兹和莫里森两人中的其中一个收回申请，则他们俩全力支持剩下的那一个。林肯对支持者说："对于这些诺言，我不但要忠贞守节，还不能让人胡乱猜疑。"只有爱德华兹和莫里森都婉言谢绝，他才可以接受任命。四月，一个崭新的候选人登上舞台。快速扩张的伊利诺伊州北部地区的辉格党发现，所有的职位都被中部和南部州的辉格党占据了。有人抱怨，"林肯先生不维护斯普林菲尔德和杰克逊维尔以北的利益"。沃什伯恩和他在贾里纳的朋友们也加入队伍，致力于削减贝克的影响力。他们共同想出了一个主意，提名贾斯丁·巴特菲尔德。贾斯丁是芝加哥著名的辉格党律师，在哈里森政府和泰勒政府的司法部任职检察官。他还得到了亨利·克莱、丹尼尔·韦伯斯特、内阁部长艾维的支持。

巴特菲尔德成为候选人的消息让林肯吃了一惊。他说："巴特菲尔德是我的私交，也能够胜任这个职位。但是其他 100 名伊利诺伊州的竞争者也具有同样的能力和实力。"1848年总统提名时，巴特菲尔德支持克雷，而非泰勒；在总统竞选时，也没有出什么力。所以他的当选会是"一个令人震惊的失误"。对此"除了他本人，没有任何一个辉格党人会感到满意"。林肯下定决心加入竞争。

林肯的活动使得总统不得不将对巴特菲尔德的任命推迟了三个星期，留出时间让林肯和巴特菲尔德两个人到华盛顿为自己拉票。一开始对巴特菲尔德青睐有加的秘书埃文对前者所搜罗的支持印象颇深，其中还包括一封由对林肯不满的辉格党人签署的请愿书，声称："对林肯在国会的所作所为很是不满。"有名不满的辉格党人随后还发去信件，谴责"林肯在墨西哥战争上的立场使他很不受欢迎，并且对本州的辉格党人的感情也有很深的伤害"。总统泰勒在对这件事的处理上，采取了一贯的做法，允许每个内阁成员任命自己的部属，自己则把这个职位给了巴特菲尔德。愤愤不平的林肯对此说道："总统快要成为一个稻草人了，既不公正，也不刚强。"

林肯大失所望，不过不是对自己，而是辉格党的同僚。他给埃文写信说："我反对巴特菲尔德获得那个职位，是因为我觉得他的成功会影响我们在这里积极工作的朋友们，并没有其他任何的原因。而且老实说，我并不是想得到那个职位。"林肯认为，巴特菲尔德属于"老顽固"的一派，并不想建立一个强有力的政府，而是满足现状，过安稳的日子。

在林肯的国会议员生涯快结束的时候，他回归到了私人生活，对党的前途已经失去了兴趣。他心情郁闷，即使是州秘书约翰·克莱顿请他出任俄勒冈州长的秘书，作为一个安抚性的补偿时，他还是心情郁闷地马上回绝了。随后内务秘书埃文也认识到伊利诺伊州最活跃的辉格党人受到巨大的打击，邀请林肯出任俄勒冈州长。对于这个职位的可能性，林肯玩味了几遍，很快发现也没有什么前途。因为俄勒冈州由民主党人掌控，一旦加入邦联，便很难选举一个辉格党人担任州长或是参议员。不管怎样，搬到西海岸的俄勒冈充满困难和未知的危险，特别是在埃迪的健康状况时好时坏的时候，这更不是个明智之举。林肯再次拒绝了这个职位，用一个丈夫的惯常做法——归咎于自己的妻子，说妻子"脚下已经生根，动不了了"。

就这样，他的从政生涯似乎画上了一个句号。

第六章
职业之巅

1859 年，在一篇自传性的随笔里林肯写道："跟以前相比，1849—1854 年间是我办案子最勤勉的时候。"那个时候他正在进行职业的重新定向。一家人离开华盛顿后，再次在位于斯普林菲尔德第八大街和杰克逊大街交叉处的小公寓里安顿下来。林肯舍弃了在政府部门的工作，没有薪水可领，因此不得不重操旧业，替人打官司成了一家人唯一的经济来源。虽然格兰特·古德里奇曾向他抛出橄榄枝，以丰厚的薪酬邀他加入在芝加哥的律师事务所，但他拒绝了，理由是"如果我搬到芝加哥，恐怕又要开始天天埋头苦读了，那会要了我的命，因为我现在只想用，不想学"。于是，他和赫恩登又继续合伙干了起来。

这些决定跟他的政治没有多大关系。1860 年他写道："那时的政治宏图，几乎全被找个饭碗谋生的想法取代。"这位雄心勃勃的辉格党员，在伊利诺伊州看不到任何光辉的未来，感到自己的政治生涯已经走到末路。

这些相对平静的日子倒给林肯提供了自省的机会。在华盛顿的岁月，并没有动摇他的自信。不过跟国会的同僚相比，他也明显地感到自己的不足，所受的教育和专业培训都要比他们逊色很多。在一份准备递交给国会传记名录的自述中，他毫不隐讳地自我评价道："缺乏教育。"赫恩登说："他开始意识到自己的缺陷：缺乏思维训练和思维方法。"当时，林肯和别人一样，都相信大脑和肌肉一样，可以通过锻炼来提高，于是他弄了一本欧几里得几何学，开始潜心钻研各种定理和难题。1860 年，他曾私下里自豪地宣称："我研读了欧几里得几何学的 6 本书，差不多全部都掌握了。"

尽管在国会任职期间流失了一些客户，林肯不久就东山再起。一些在他入选国会前悬而未结的案子，仍由他继续接手，其中有一件是南希·罗宾逊·多尔曼的案子。他要求要回加拉廷镇被她继父错误分割的土地。1842 年林肯成为多尔曼的诉讼律师，入选国会后仍一直关注此案，最终在 1852 年打赢了官司。林肯发展新客户很容易，因为大家对他在当选国会议员前的业绩都一清二楚。1849 年他在联邦最高法院出庭辩论时，成功地打赢了一场官司，这无疑使他名声大噪。

在回到斯普林菲尔德之后，林肯接办了许多伊利诺伊州最高法院的案子。他早期接的案子都是些鸡毛蒜皮的琐事，比如 1851 年他担任罗伯特·纳克尔斯的辩护律师，后者控告爱丽加·培根的牛吃了他的玉米。当地治安法官一审判决赔偿罗伯特 2.5 美元，对赔偿金额不满的培根雇了一位当地律师，向梅肯巡回法庭提出上诉，二审判决将赔偿金提高到了 3.33 美元。培根想请林肯帮忙，向伊利诺伊州最高法院继续上诉。

不过不久林肯就接了比较重要的案子。比如担任奥利弗·布朗宁的辩护律师，原因是布朗宁在斯普林菲尔德的一条年久失修的街道上跌断了腿。他起诉斯普林菲尔德市政府失职，没有维护好基础设施。民法对此没有相关的赔偿规定，不过林肯争辩说：依据市宪章规定，斯普林菲尔德有义务及时维修街道。最高法院采信了林肯的辩护，裁定原告胜诉，这一案子也成为该市打官司时经常援引的先例。

在这些最高法院的案件中，林肯和赫恩登往往并肩作战。赫恩登阅读速度快，并且什么都读，每接一个案子，他就去到州图书馆和最高法院图书馆，将所有的相关判决、法律条文和法典统统看一遍。因为很多案例的主题重复，于是他就在一个大笔记本里制作了法律文献索引，涵盖了方方面面的主题，小一点的主题如"街道、桥梁、修缮和失职"；大一点的如"腐败动机""物质或道德流毒""信任"等。随着与商业公司越来越频繁地打交道，林肯和赫恩登还专门整理出了一个小笔记本，标明"公司案例"，用来记录各种商业判决先例，如商业组织、股票没收、许可证没收等。另外，针对每个独立案件，赫恩登还标明了案件大纲、主要症结和判决援引的先例等。

林肯主要承担的是案头工作。最高法院的案子他几乎全都包了，无论是非常正式的还是日常法律公文，他都亲手起草。1848 年，赫恩登就任最高法院副书记，受职务所限，他不能频繁出庭辩论。于是林肯经常一人出马，偶尔也和其他律师一起合作。尽管如此，两人还是认识到，林肯要想赢得案件少不了赫恩登的研究，于是所得的代理费还是双双平分。

在美国的联邦巡回法庭和伊利诺伊州区法院里，也常常活跃着林肯和赫恩登这对搭档的身影。

在这两个法庭上，林肯代理了各种各样的官司，包括海事诉讼，例如密西西比河失事渡船救援案。不过他接手的大多还是债务诉讼，被告是伊利诺伊州居民，原告来自其他州。其中他代理了萨缪尔·大卫公司的 17 宗案子。这是一家位于圣路易斯州的批发公司，主要是向伊利诺伊州买主追还欠款。在调查案件时，林肯雇人调查了所有的债务人，评估他们的资产，看是否能请求法院没收财产，强迫执行还款。当一份更有趣、回报更丰盛的案子出现时，林肯就推掉了这位大客户，在回绝信中他写道："我的主意已定，不想再接受此类商业案件。我可以当庭辩护，但是不能，也不愿，满世界去关注判决的执行。"

林肯继续热衷于其他联邦法院的案件，特别是有关医药器械和专利权的案子。他在芝加哥法院辩护的第一个案子，就是有关控告霍伊特侵犯派克的水车专利权问题。林肯与格兰特·古德里奇合作，出任霍伊特的代理律师。他们使出了浑身解数，用简洁清晰的语言向陪审团解释：霍伊特并非侵权，而只是应用了水车的一项传统原理。他重申，自己以前就当过欧法特位于纽萨勒姆的磨坊的操作工，该磨坊由桑加蒙河水力驱动，因此对霍伊特的情况相当熟悉。当陪审团裁定被告胜诉时，林肯说"这是他律师职业生涯中最满意的一次胜利"。

随着业务量的增大，赫恩登先前租下的位于汀斯利大楼的狭小黑暗的房间显然已经不合时宜。于是他们又在市政府广场的西边大楼二楼，租下来一间大办公室。这间屋子没有任何装饰，两扇脏兮兮的大窗户俯瞰着下面的车库和后街。屋里没铺地毯，中心摆着一张长桌，正对一张方桌，都盖着厚毛呢，一长一短形成个"T"字。还有张老式的写字台，抽屉和文件架里放置法律文件，另有 200 多本法律书籍堆在书架上，一张沙发和零落的几把椅子构成了剩下所有的家具。办公室几乎从来就没有打扫过。

就在这间房子里，这两个合伙人一直工作到 1861 年。如果不在巡回法庭，两个人必定是早早来到办公室，在方桌两端对面坐下办公。林肯有时会在沙发上小憩一会，将两三把椅子放在一起，腿跷到上面或是抵着墙，把全身的筋骨舒展开来。此情此景，被赫恩登夸张成："占去了整个屋子 1/4 的空间！"让赫恩登更为恼火的是，林肯有时会拿着一张报纸或是感兴趣的书高声朗读，并解释说："我大声朗读的时候，视觉和听觉就能发挥作用，帮助理解。首先我看到文字，然后听见文字，这样就更好地记住内容了。"

1848 年，大卫·戴维斯担任第八街巡回法庭法官，接任萨缪尔·特里特。特里特原来审理过许多林肯代理的案件。大卫来自马里兰州，曾就读于凯尼恩大学和耶鲁法学院，与林肯相识多年，但两人熟识起来还是在漫长无聊的巡回法庭的路上和无休止的法庭里。不过单从外表上看，两人简直格格不入。大卫肩宽体胖，据说裤子只能量身定做，穿衣服有洁癖，一丝不苟。而林肯则邋遢得多，瘦骨嶙峋，看起来总是不修边幅，常常挂着一件带口袋的短大衣，裤子短得露出脚踝；冬天的时候干脆直接加上一条圆形的大披肩或者灰色大围巾罩住肩膀，下面紧扣着一颗硕大的风帽扣；夏天的时候，他的行头则换成了一件白色亚麻防尘外衣，上面斑斑点点，显然只能将就着穿。但在其他很多方面，林肯和大卫惊人地相似：都是百分百的辉格党员，殚精竭虑想要促进国家经济发展，提高国民素质；在废奴问题上态度一致，憎恶奴隶制度，但是对废奴主义者全盘推倒的做法又不赞同；在法律问题上，大卫虽然受过专业高等训练，但是在灵活应变和聪慧睿智方面也并未高人一等，他和林肯一样，处理相应问题时充分利用常识，在做出决定时多依照原理而非判决先例。

大卫和林肯没有成为亲密的朋友。正如前者所说："林肯从来不告诉我他的秘密，他不善社交，对人或事没有特别强烈的热情。"虽然这话不中听，却也道出他俩之间确实是工作伙伴关系，相处关键是靠尊敬而非喜欢，彼此对另一方的能力都赞赏有加。

大卫在写给妻子的家书中写道："林肯为人诚信，尤为公正。"大卫做法官时，对林肯的人品十分信赖，以至于有时因为亲人生病或其他突发情况而不得不前去处理时，大卫便邀请林肯坐到他的位子上，暂时代法官判案。当时邀请著名律师暂代法官判案的做法并不罕见（直到 1877 年伊利诺伊州最高法官宣布停止这种做法），但是只有当像林肯这样的律师当代理法官才能做出众人都心悦诚服的决议，因为他既名声在外，又赢得了其他法庭办案人员的尊敬。林肯判决的大多数案子本身普通好判，不过也有一些案子较为棘手，如诽谤、离婚和追讨债款等。

整整 11 年间，大卫、林肯和其他律师在相同的巡回法庭每年两次重复着同样的办公路线。

虽然旅途中路况比起以前略有改善，但林肯从来不搭乘往返于几个城镇的公共马车，而是喜欢坐自己的四轮轻便马车，由"老汤姆"的儿子"老雄鹿"拉。住宿条件十分恶劣，大卫在写给妻子的信中，列了长长一串例子来抱怨他们的处境：一年四季都有泥土，客栈里尽是蚊虫、苍蝇和臭虫；餐厅很脏，桌上满是油腻，桌布都能拧出油来，地板也是油乎乎的，什么都是油乎乎的。服务员也脏兮兮的，估计"身上的灰都有半寸厚"。最糟糕的是食物，"连马都不吃"。不过林肯一向对自己周围环境的舒适程度毫不在意，所以没有丝毫抱怨。他一到旅店，发现肉和面包已经卖完，反而会高兴地说："嗯，没东西吃，倒给我省钱了。"

那时林肯所办的案子，除了涉及的当事人外，对外界大多影响甚微。例如1850 年在频频出现的泰兹韦尔的法庭上，林肯的三位当事人被特莱蒙特村控告非法从事"不卫生的产业"，即一家猪油厂。该厂的生产污染了周围的环境。林肯在辩护时主要站在化工产品的工艺角度，援引了相关的限制性的章程，不过还是输掉了官司，被告每人罚款 10 美元。

林肯从这些巡回法庭官司获取代理费的多少取决于案件的大小。总的来说和其他圈子里的律师一样，都不算多。多数情况下是 10～20 美元。帮助代理人收回600 美元的债务，他的提成只有 3.5 美元。林肯觉得，不能向客户要价过高。1856年，昆西有人给他寄了张 25 美元的支票，请他起草一些法律文件，而林肯回信道："你肯定认为我要价很高，你很大方，不过这活 15 美元就够了。"他把多余的10 美元又回寄了过去。

在处理成百的案件中，林肯为自己牢牢建立了一个律师的好名声。开始这个好名声是基于大家对他诚信的完全信赖上的。人们称他为"诚信的亚伯"或"诚实的老亚伯"，也就是永远不会撒谎的那个律师。林肯在人们眼中，达到了诚实的最高境地。在一次关于法律的讲座上，谈及 1850 年的事情，林肯说道："那时往往有这么一种观念，就是律师肯定不诚信。我在这里告诫各位年轻人，不要屈从于一时冲动或是这种大众观念，而选择律师这个职业。你们要在所有的事情上都决心保持诚信的态度。如果你觉得自己不能成为一名诚信的律师，那么放弃这个职业，保持诚信，另做他选。"

客户和其他律师也都敬服林肯超强的苦干精神。尽管他当庭辩论的大多数案子都来自其他的律师，但是他亲自起草几乎所有的法律文件，从最简单的令状到最反复的诉状，都是他一手完成。1855年，当他代理圣路易斯的银行家和金融家的案子时，作为被告辩护律师的林肯起草了长达43页的回应原告种种不满的文件。要完成这项工作，需要持久的精力集中，而从林肯的笔迹上可以辨识，他是一次性完成了整篇的撰写。当然，像这样需要花费大量人力的案件很少，但林肯的当事人从来没有因为所聘律师的粗心大意而失掉官司。

林肯还以公正而著称。像其他律师一样，林肯也会在技术细节上做文章来打赢官司，不过在法庭上他喜欢以法律的公正性来支持自己的观点，而非依照判决先例。有一次他申请变更审判地，因为认为变更审判地并推迟听证可以让他的当事人获得更为公正的审判。

在法庭上，当对方律师出示证据的时候，林肯很少表示反对。与林肯一起在巡回法庭共事的伦纳德斯威特——一位布鲁明顿的年轻律师说："他会说：'我认为这个可以采纳，有时当他的对手无法证明林肯所知的事实时，林肯会说：'我认为可以就此认定事实是什么。'但是这并不代表他在关键问题上做出让步。他如此大胆地放弃的只是一些他不能证明的东西。而对方辩护律师可能就此沾沾自喜。林肯可以在7个观点中放弃了6个，不过其实后来第7个观点就足以主导整个官司辩护的输赢。如果那个律师认为林肯头脑简单，那势必阴沟翻船。"

1850年一位报社记者写道："林肯在盘问证人的时候，他的聪慧敏锐和法律头脑让人无法掩藏事实或是编造谎言。"他的盘问证人的罕见高妙技术在1858年另一场漂亮仗里发挥得淋漓尽致。这是一起刑事案件，林肯的当事人威廉姆·阿姆斯特朗被指控杀害了詹姆斯·麦彻特。1857年8月，威廉姆·阿姆斯特朗曾和詹姆士·诺里斯、詹姆斯·麦彻特一同参加在新树林举办的一个宗教仪式，结果三人喝得酩酊大醉，发生了斗殴，在打斗中麦彻特被杀死。诺里斯被指控用木板击中了麦彻特的头部，导致后者死亡，而阿姆斯特朗则被指控用他的硬头鞭击中了麦彻特的眼睛。两件案子被分开审理，法院裁定诺里斯为误杀。阿姆斯特朗的母亲汉娜请求林肯出庭为自己的儿子辩护。念及与阿姆斯特朗的父亲私交甚笃，并在纽赛勒姆时也得到了汉娜的许多友善的帮助，林肯当即答应下来，而且分文不收。

案件审判在位于比尔兹城的卡斯镇法院进行。当时的主要证人是查理斯·艾伦，他声称亲眼在当晚的月光中，大约11点，清楚地看见了150英尺外的打斗，在打斗中，阿姆斯特朗袭击了麦彻特。在盘问中，林肯看似随意而缓慢地让艾伦一遍又一遍地讲述当晚发生的事情，描述自己看见了什么，如何看到的。然后，当证人振振有词说自己所言非虚时，林肯拿出一份1857年的年历，显示出艾伦所谓的看见袭击的时候，月亮已经落山了。一片大笑之声从席间发出，艾伦的谎言不攻自破。

在总结陈词时，林肯的非凡能力被一位伊利诺伊州的记者描写为："是本州的水平之巅，可能有人与其媲美，但无人能出其右。"几乎没有几次像这次一样，在结尾之时，林肯对陪审团发表了一通感情强烈的演说。在为阿姆斯特朗辩护最后，林肯仔细回顾了对方辩护律师所提证据的漏洞，然后大大抒发了一番自己的强烈感情。据当时的对方辩护律师回忆："把陪审团完全震住了。他回忆了自己以前还是个穷苦又没有朋友的男孩的时候，是阿姆斯特朗的父亲给予了他无私的帮助，将他带到家里，给他吃穿，让他拥有家的感觉。"当他说话的时候，眼里饱含泪水，而他伤痛的故事也将陪审团感动得热泪盈眶。"他所赢得的同情为年轻人的获释加上了一个大大的筹码。而且他的真诚深深打动了陪审团。"阿姆斯特朗被无罪释放。

不过这种总结陈词对林肯来说是比较罕见的。他往往在结束的时候声音低调，逻辑有力，简练易懂。正如一位记者写道："他的总结陈词没有虚假的夸耀，没有虚弱的感性，而是以一种大胆有力，强盛洗练的方式，将判断印在人的脑海之中。"

大卫和其他律师往往会质疑，为什么林肯从 1854 年起都基本和法庭办案人员待在一起而不回家，甚至有时他们会怀疑林肯的婚姻生活出了什么问题。其实不为人知的是，打官司的代理费是林肯唯一的收入来源。他和戴维斯，罗根和其他一些第八街巡回法庭的律师们不一样，他没有从地产投机中暴富，也没有自己的公司或是农场。林肯需要不断地工作。他不回家，是因为回不起。

幸好在夏季，林肯往往可以在斯普林菲尔德待一段时间。冬天的时候，伊利诺伊州最高法院和美国联邦区法院人员在州首府开会，这时他就需要借这段时间好好处理下家事。他的父亲托马斯·林肯身体状况已经渐渐不容乐观。林肯父母在 1840 年后就一直住在位于科莱斯镇的鹅窝草原上一处面积达 120 英亩的农场上的双层木屋里。尽管林肯的兴趣爱好和价值观与他的父亲和继母迥然不同，不过他还是很关心父母的健康，力图使他们过上比较舒适的生活。

对于他的继母，林肯一直是满怀深情的。他的信的结语会写："给我所爱的母亲。"但对自己父亲的态度往往处于矛盾之中。他们之间从来没有走得很近，而且在林肯离家之后，两人之间更是渐渐疏远。而且托马斯浑浑噩噩、一事无成的一生也是为林肯所不屑的，他认为父亲已到了 70 岁的高龄，有点老态龙钟，不由得受靠不住的约翰斯顿摆布了。

1849 年 3 月，在林肯从华盛顿回去的时候，从约翰斯顿那里听说托马斯快要死了。前者给他写信说："他很想见你。如果可能的话，你就来看看他，因为你是他这一支单传的孩子，骨子里流着他家族的血。所以他自然而然在这个时候非常想见你。"同时约翰斯顿还请两个近邻跟林肯说："托马斯已经病入膏肓，发自肺腑，诚心诚意地想见自己唯一的儿子一面。"这个时候，尽管林肯正忙于参选土地办公室的专员，他还是立即赶回家乡与父亲会面，连查普曼告知他"你父亲并没有得心脏病，肯定很快痊愈"的信都没有收到。为此他动身去华盛顿的安排推迟了一个星期，并因此可能失去获得这个职位的机会。

第二年冬天，约翰斯顿又给林肯写了两封信诉说父亲越来越差的身体状况。不过林肯没有回信，他认为又是在虚张声势。直到有次听到查普曼也这样说，林肯才将父亲病重的消息当真。不过他解释道："我非常想去探望父亲，但是公务繁忙加上分娩后的妻子生病在床，真是分身无术。"这两个理由大致都还站得住脚，因为乘马车回去路上就要花三天的时间，但是林肯天天都有案子在手急需办理。不过他确实很想回去，他也可以将手上的案子委托给合作人或是请求顺延。他的妻子玛丽在 12 月 21 日分娩，尽管是顺产，她无疑需要林肯在家帮助照看新生儿，如果林肯这时离家，对于玛丽来说会有很大的压力。不过玛丽只是身患小恙，而且周围又有亲戚朋友可以帮忙照料婴儿。于是，林肯再次决定在这关键时候动身离家，这个决定再次引起妻子的不快和抱怨。

林肯在信中敦促父亲要"呼唤和信任我们伟大慈善的上帝，因为上帝连麻雀的降落都能感知，连我们头发的根数都相当了解"。这些话从林肯口中说出，显得牵强附会，难以让人信服，旨在说与他那些浸礼会的老教友的亲戚们听的。他对约翰斯顿说："跟父亲讲，如果我们再次相见，也许会比以前更让人难过。不过如果他命定快要离开，则不久要与以前的很多爱着的人重逢。而我们剩下这些人，通过上帝的援手，也热切希望与这些人相见。"林肯之于父亲的去世，没有什么明显的伤痛，对于父亲也没有抱太多的感情，因此他没有参加父亲的葬礼。这不是因为他没心没肺，而是因为托马斯·林肯标志着一个早已远离儿子林肯的世界，他去了，也没有在后者心中引起伤感。

在父亲病危的最后几年，林肯不得不在接近家门口的时候顺带处理家事。1849 年 12 月，林肯身体虚弱的小儿子爱德华·贝克，突然身患重病，得了当时无药可治的肺结核。这个未满 4 岁的小男孩在急病中挣扎了 52 天之后，在 1850 年 2 月 1 日离开了人世。他的死给林肯夫妇带来了巨大的伤痛。林肯一如既往地藏起了自己的悲伤，仅仅说"我们非常想念他"。而他的妻子，在接连失去自己的父亲和深爱的祖母之后，袭来的丧子之痛让她几乎无法承受。

而之前日夜守护在婴儿旁边，也使她心力交瘁。和她丈夫一样，她也并不相信基督教，因为也不会相信儿子的死是某种神圣的安排，是个皆大欢喜的结果。不能从宗教信仰中获得安慰的玛丽在命运的悲剧中伤痕累累，两年多后她还写信给一位住在肯塔基州的朋友说："即使到现在，站远了看，我还是不能对自己痛失爱子释怀。"

　　小爱德华死后的几个星期玛丽再次有了身孕。林肯显然希望这一胎可以弥补失去的小儿子。玛丽怀孕仍然是平安无事的，因为林肯大多数时间都在巡回法庭办案，因此她多半还是一个人待在家里。孩子生下后被取名为威廉姆·华莱士·林肯，和他的叔叔同名，当医生的叔叔在爱德华在世的最后日子里给予了林肯一家很大的帮助。这个孩子是林肯家最漂亮最聪明的，一生下来就受到林肯无尽的疼爱。

　　后来因为华莱士需要一个玩伴，于是玛丽在 1853 年产下了第四个孩子。这时林肯夫妇都想要个女儿，不过生下来的还是个男孩。林肯给他取名为托马斯，和自己父亲的名字一样。这显示出在他心里，父亲的形象并不是那么一无是处，而且也可能承载了林肯未能参加父亲葬礼的愧疚之情。新生儿有个非比寻常的大脑袋，和细小的身体极不相称，被林肯戏称为"小茶壶"，这个绰号自此跟了他一辈子。

　　从一八五几年开始，林肯代理案子的性质开始发生了变化。他还是手头上案子众多，收费低廉，影响不大，不过他开始接手越来越多的有关正在全州兴建的特路的官司。有特路的地方就有法律纠纷：有关许可证和专营权的纠纷，修筑方法的纠纷，评估和税务的纠纷；有关公共承运人和乘客的纠纷；有关合并、联合和托管的纠纷。和其他律师一样，代理这些案件赚取的费用也成为林肯主要的经济来源。

　　林肯长期以来一直宣扬公共交通的改善是经济发展的关键。在 1851 年，他接办了第一件有关奥尔顿—桑加蒙特路公司的重要案子。这条铁路被林肯称为"在将要连接波士顿、纽约两大城市和密西西比河的重要链条上的关键一环"。官司起因是当时的出资者之一——在桑加蒙西部拥有大片土地的詹姆士·巴瑞特，因为抗议在原来的修筑路线上所做的更改，拒绝支付剩下的款项。当时他认购了 30 股，以自己 4215 英亩的土地作为质押，虽然土地不久就要大大增值，但是如果将路线缩短 12 英里，他将无利可图。奥尔顿—桑加蒙特路公司聘请林肯担任辩护律师，将欠款不缴的巴瑞特告上了法庭。这件案子在当时十分重要，因为"如果巴瑞特赢了官司，那么会造成其他的出资者也敢于停止支付。林肯下了很大的功夫，重点着眼在要证明巴瑞特是奥尔顿—桑加蒙特路公司的股东之一，因此该公司有权要求他支付未交纳的款项。接下来的时间林肯频频与纽约和奥尔顿的特路局官员接触，坚持向他们索要相关文件来支持自己的当事人。他说："我竭尽全力，就是要找到适用的法律。"伊利诺伊州最高法院采纳了他的观点，而主法官萨缪尔·特里特评价道："我们不能允许少数顽固的股东从中作梗，使得民众和特路公司不能从一条质量更好、花费更少的特路中获益。"这个决议在以后美国各州的审判中，被援引了 25 次之多，它确立了这样一个准则，即以后的公司的许可证内容要符合公共利益。与此同时，这场官司的胜利，也使得林肯成为伊利诺伊州在特路官司方面最为盛名和最为成功的一名律师。

第二年，林肯首次为当时受人瞩目的伊利诺伊州中部大特路公司辩护。这条中部特路的修筑，旨在将芝加哥与莫拜尔和墨西哥湾连接起来。在那之前林肯已经代理了两个小案子，渴望接手大案。当州政府将中部特路批给该公司的时候，提出一切免税，只需每年向政府库务署交纳所谓的"特许税"。这个决定遭到了公司所在的麦克莱恩镇官员的不满，他们称州政府没有权力规定公司无须交纳镇政府规定的税款，并且在该镇他们都要对不动产征税。而公司方面宣称，如果两边都要交纳税款，那么公司就没有活路了。接下来的官司让林肯觉得"是这个州能发生的最大的法律纠纷"，希望成为任何一方的代理律师，参与到这场争议的解决中去。于是他与钱鹏镇的正在处理类似案件的官员联系，不过没有得到回应。于是他给中部特路公司的代理律师写信，信中说："我现在有空想参与此事，如果可以就算我一个吧。"于是他受聘代理此案，费用为 250 美元。

1854 年伊利诺伊州最高法院开庭审理此案，林肯以前的两个搭档——罗根和斯图尔特担任麦克莱恩镇的辩护律师，林肯和特路公司的律师詹姆士·乔尔代理公司方面出庭。林肯和赫恩登在辩护的前期准备中十分细心审慎。根据赫恩登的调查研究，林肯起草了一份诉状，主要声明州议会有权免除公司的本地税款，并且他还援引了诸多州法庭判决的先例，包括新泽西州、伊利诺伊州、马里兰州、亚拉巴马州、印第安纳州、密西西比州和南卡罗来纳州最高法庭的判例。

法庭没有采纳原告和被告任何一方的观点，因此关于州议会免除税务的职权合法性问题，还要举行听证。1855 年再次开庭重新审理。最终林肯方胜诉，法庭在 1856 年所做的判决中，大部分引用了赫恩登搜罗的判决先例。

这是个大案，事后参考了赫恩登的意见，林肯第一次开出了 2000 美元的代理费。而公司方面的官员听闻这一惊人数字，气恼地说："这跟律师明星丹尼尔韦伯斯特的要价一样高。"而林肯在咨询了其他六位伊利诺伊州的知名律师后，将这一价码提高到了 5000 美元。而公司因为缺乏资金无力支付，于是林肯一纸诉状将公司告上了法庭。

在听证时，林肯在麦克莱恩镇的法官大卫戴维斯面前，为自己辩护，声称如果他并不是漫天要价，如果官司没有打赢，那么公司要每年支付 5 万美元的税款。法庭很快裁定林肯胜诉，随后林肯与赫恩登平分了这笔代理费。不过这场官司并没有影响到林肯和中部特路公司的良好关系，在以后的日子里，他继续代理了这个公司相当多的诉讼官司。

除了特路案子之外，林肯开始代理另外一个类型的案子，即在修建特路桥的时候，影响河上的航运而产生的法律纠纷。林肯自己认为争论双方都有道理。他曾经是一位老船员，对于水上运输有种抹杀不掉的情结。就在 1848 年他从国会返家的途中，他对五大湖上的船只的兴趣倍增，于是发明了运用所谓"浮力室"的一种器械，来将蒸汽船从沙滩上拖到水里。不过就另一方面来说，自林肯在州议会做事以来，他一直是特路运输的笃定支持者，坚信促进经济发展特路运输是关键。

当双方之间的纷争升级为法律诉讼时，林肯就站在聘用他的一方。1851 年他作为原告代理律师出现在美国联邦巡回法庭上，当事人是哥伦比亚保险公司，控告伊利诺伊河上特路桥的建造者，因为之前一艘驳船撞桥沉没，而保险公司认为特路桥建造者应当对此负责，支付相应的赔偿费用。而被告方称，桥梁的建造获得了州议会的许可。林肯在辩护中，质疑"州议会在辖区内允许在一条通航的河流上修建障碍物的权力"，法官托马斯·德拉蒙德也认为伊利诺伊河上的航运应该是"自由清晰，不受限制的"。对于特路桥是否对航运造成妨碍的问题，陪审团未能做出裁定，最终此案庭外和解。

1857 年，林肯摇身一变，成了特路桥修筑方——洛克岛桥梁公司的代理律师。该公司在密西西比河上修筑了第一座跨河特路桥，承载芝加哥、洛克岛和太平洋铁路路轨。结果有一艘汽船撞上了桥柱，起火烧毁。船主约翰赫德将洛克岛桥梁公司告上了法庭。争论一方是支持赫德和内陆水运的圣路易斯有关方面，另一方是支持特路桥建设的芝加哥有关方面。重量级的案子引来了美国西部地区最优秀的一批律师。

林肯在家度周末的次数频繁了之后，他和孩子的接触也多了起来。在大儿子罗伯特成长的时候，林肯往往出门在外，所以父子感情并不深厚。对于威利和泰地，林肯倾注了父爱。威利聪明伶俐，脾气温和，伶牙俐齿，而且对他人的情绪变化很是敏感。林肯觉得这个孩子的头脑和自己一样。他曾对一位来访者说："我了解这个孩子在找到满意的解决问题的方法之前的每一个步骤，就像我为达到目的所慢慢进行的程序一样。"泰地感情浓烈，容易激动，比较像母亲。他尤其得到父亲的怜爱，因为他先天口齿不清，而且随着牙齿弯曲，表达越来越有障碍。

林肯夫妇对自己的孩子很是骄傲。每当有客人来访的时候，他们会把孩子们穿戴得整整齐齐，让他们在客人面前表演舞蹈、演讲、朗诵诗歌等。玛丽会用尽自己所会的一切字眼来赞扬孩子们的表现，而林肯则努力掩饰自己的骄傲之情，会说："这些孩子有时候确实很出色，如果他们不是早熟的瓜菜的话。"

林肯不忙的时候，会帮着照顾两个小孩。这在斯普林菲尔德是很少见的，林肯因此也被邻居私下里叫作"妻管严"。林肯这样做，可能觉得玛丽的家务太重，而且身体不好，他有义务帮妻子分担，也可能是在父亲托马斯去世后，林肯回想到他小时候是多么渴望父亲的疼爱。

威利和泰地还小的时候，林肯会用一架小马车拉着他们在家门口的街道上来回玩耍，有时还读书给他们听。不过有时他读书太入迷了，会忘了身边的两个孩子，有次连孩子从马车上摔倒了都没有留意到。孩子们长大一点后，林肯会带他们进城，一人牵着他的一只大手，或是牵着他的衣角。如果其中有个走累了，林肯还会把孩子举到肩上扛回家。有一次林肯这样扛着泰地的时候被妻子的姐姐看到，后者批评林肯说："快把他放下来吧，你不觉得他够大了可以自己走路了吗？"林肯回答道："哦，你不觉得他的小脚很累了吗？"

周日的时候玛丽会去教堂，这时林肯就常常把孩子带到自己的办公室去。不过在那里孩子们让赫恩登觉得很烦，据后者回忆说："这些孩子会把书、灰斗、墨水瓶、煤灰、纸张、金笔、信件等能找到的东西都堆成一堆，然后在杂物堆上跳舞。林肯对此也不说一句。他往往毫不在意，对孩子们的过错也熟视无睹。我想要是这些小孩坐在他的帽子里，然后用帽子来擦他的靴子，林肯也会付之一笑，认为这个小把戏很机灵。不过我倒是有许多次，想拧拧这些小鬼的脖子让他们老实一会，不过出于对林肯的尊敬，我还是把嘴巴闭得牢牢的。"

赫恩登对孩子们的厌恶可能来自对孩子母亲的敌意。他和玛丽·林肯一直关系不好。1873 年，赫恩登与玛丽初次相遇，那时他从肯塔基州来看望朋友巴勒。在舞会上，赫恩登邀请玛丽共舞，意欲恭维这位女士，说她"跳得如蛇一样灵活柔韧"。结果没有幽默感的玛丽脸上一红，回敬道："赫恩登先生，蛇的比方是很讽刺的，特别是对于新来者来说。"然后拂袖而去，将他留在舞池里。赫恩登对此一直耿耿于怀。在林肯打算追求玛丽的时候，他还劝诫林肯不要做这样的打算。林肯的婚礼没有邀请他参加。而多年以后赫恩登回忆说："玛丽这个女人骄傲蛮横，贵族气重，头脑灵活，出口无礼且不留情面。"

毫无疑问，玛丽也讨厌丈夫怎么选择了赫恩登作为自己的工作搭档，她本期望他会选择一个在社会上更有名望的人。她觉得赫恩登喧闹、无赖，有时还过度嗜酒。对于赫恩登在斯普林菲尔德发起的种种活动她都不感冒，比如大力支持当地图书馆联盟，倡导戒酒运动，保护妇女权益等。即使赫恩登在 1854 年当选为斯普林菲尔德市长，也没有改变玛丽对他的看法，不过因为他和自己的丈夫是工作搭档，工作归工作，不在她所能操控的家务事范畴，她还是设法对赫恩登采取了一种得体，或者说是冷淡的态度。玛丽很少去林肯的办公室，也从不邀请赫恩登去家里吃晚餐，许多年后她总结说："赫恩登先生对我来说可以说是个完全的陌生人，他不是我家的常客，办公室才是他的驻地。"

自己的妻子和工作伙伴之间存在敌意，如果换了他人足以造成分心和错乱。不过这对林肯来说毫无影响。实际上，他倒是觉得两人之间的这种紧张关系对他有所裨益，因为两人都与他利害相关，但是都不会让他分心。玛丽对赫恩登的酸酸的敌意使得后者更加努力地与林肯共事，对办公室的打理更加用心，而玛丽因为知道赫恩登头脑思辨，观察敏锐，也在一定程度上收敛了自己的脾气。

在林肯从国会归来投身到律师事务所的这几年，是比较平静而充实的。正如威廉·豪厄尔在 1860 年的《林肯传》中所写："林肯从政治回到法律之后，事业上十分成功，家庭也十分和睦，邻里相处愉快，读读书散散心，这时再谈政治上的宏图大志，对他来说是没有什么吸引力了。"当一位朋友将这些话拿到林肯面前请他修正时，林肯没有做一处改动。

● 第七章 ●
不再是辉格党

对林肯从国会退休后的生活，豪厄尔的描述是比较准确的，不过还没有显现他整个生活的全貌。虽然弃政从法，但林肯没有失去对政治的兴趣，也没有完全退出政治生活。他还是常常为国家存在的种种问题而忧心忡忡，并试图找到解决方式。和他做别的事情一样，林肯也渴望在政界出类拔萃，但苦于没有机会。尽管作为律师已经功成名就，林肯还是会经常觉得自己的未来一片黯淡。他曾对赫恩登说道："想到一个人会死，而他为之奋斗的国家却依然如故，没有任何改善，他是死也不能瞑目啊！"

作为国会前任议员和社会名人，常常有人请林肯推荐工作。尽管他明确表示不参加1850年的议员竞选，但他还是活跃在政党管理的组织活动之中。

在1852年的总统竞选中，林肯扮演的角色十分活跃，但没太引起人们的注意。他被封为伊利诺伊州的全国辉格党委员。那次辉格党提名的候选人是温菲尔德·斯科特。为了表示支持，林肯在斯普林菲尔德温菲尔德·斯科特俱乐部发表了一通演说，例行公事地把斯科特表扬了一番，同时对民主党候选人富兰克林·皮尔斯调笑般地攻击了一顿，说他"17岁的时候才敢在父亲面前说'不'"，言下之意相当没有主见。不过斯科特当选的可能性微乎其微，所以，豪厄尔在其竞选传记中说，"比起他所参与的其他总统竞选，那次林肯下的劲儿最小"。

时不时地，林肯流露出并不喜欢自己的老政治家的身份。1852年总统竞选中他拉票时的演说平淡寡味，直到在他攻击史蒂芬·道格拉斯剽窃亨利·克雷和丹尼尔·韦伯斯特的思想，还声称自己是1850年"妥协案"之父时，他的演说才变得活跃有趣。当道格拉斯正确地指出1852年的律师宣言含义不清时，林肯极具讽刺地回敬说："我们的法官在措辞方面是多么敏锐啊！"林肯对道格拉斯的不满不仅仅来源于政治竞选，因为道格拉斯一直是他的老对头，让林肯失望的是，此时的道格拉斯已经成为美国国会举重若轻的人物之一，而自己还是个普普通通的平头百姓。

林肯的不快还流露在其他细节上。据赫恩登回忆说："他有时心情愉悦地来到办公室，可过了一会心情就变得十分忧郁，他会拿起一支笔，坐在桌边写写画画，然后就开始走神。"林肯会用手托着下巴，一言不发地呆坐上几个小时，茫然地注视着窗外。有时他心情特别抑郁，在走进办公室的时候甚至不跟赫恩登打声招呼。当赫恩登察觉到林肯情绪不好时，他会在门口的玻璃格上铺上小地毯，离开一两个小时，锁上身后的门，给林肯腾出一个私人空间，防止有人来打扰这个"不幸而苦恼的人"。

与此同时，林肯在巡回法庭工作的同事也注意到了他捉摸不定的阴沉抑郁。1854 年后和他一起共事的亨利·克雷·惠特尼说，林肯经常噩梦连连。"有一天晚上，"惠特尼说，"我们住一个房间，我突然醒来，发现林肯坐在床上，手指在鬼魅的炉火映射下若隐若现，他在狂乱地自言自语，说一些不着边际的话。如果这时有个陌生人看到这一场景，肯定认为他突然发疯了。他突然醒过来，从床上跳下来，往火里加了点柴，就在炉边坐了下来，严肃阴郁，低沉沮丧，一直坐到第二天早饭铃响。"

赫恩登将林肯的抑郁归结为他家庭生活的不幸。而另一些人则言之凿凿地声称他的抑郁是源于他慢性的便秘和所服用的蓝色药片。可能这些人说的都有道理，不过他们都忽略了一个关键性的事实，那就是：因为自己的政治夙愿变得遥不可及，林肯便郁郁寡欢了。

尽管林肯已经退出国会，他却丝毫不愿退出政治的公共视野。当时学园运动正风靡一时，人们拥挤在演讲大厅内，如痴如醉地倾听上几个小时，如果不能得到什么教训启示，至少也聊作消遣。1859 年的时候，随着特路网的建成，斯普林菲尔德也成为东部的演说家必去的一站。外面的许多著名的大律师和本地的有名律师，给当地居民举办了许多演说，林肯由此觉得他也可以成为演讲团中的一员。

然而，林肯想成为一位大受欢迎的演讲家的初衷，一次都没有如愿。他本来打算将自己的一篇关于尼亚加拉瀑布的赞美诗作为演说内容，后来也放弃了，事实证明那是个明智之举。他的一场关于法律的演讲也中途夭折。演讲一开始就有些消极，林肯说道："作为一名律师，我不够成功。如果把这些东西都讲出来，失败和成功的例子一样多。"

林肯最为投入也是最奇怪的一次努力，是一篇题为"发现与发明"的演讲，他说"有点像讲座"。这场演讲总的来说是平淡无奇的，中间靠着《旧约》的一些典故和美国百科全书穿针引线。在接下来的 12 个月，林肯在伊利诺伊州的几个城镇巡回演讲。但是，来听他演讲的人还是稀稀落落，毫无热情，尽管当时他已经具备了总统竞选者的潜力。据赫恩登评价："他的演说毫无生气、毫无激情、死气沉沉、乏善可陈。"

接下来，林肯准备的两篇追悼词也不见成效。

除了表达自己支持克雷在奴隶制上的立场之外，林肯还流露出自己对于奴隶制的一些观点的变化。一直以来，他都反对奴隶制，但认为这个奇怪的制度可能不是特别重要，不一定会导致国家的分裂。这部分是因为他不了解奴隶制所造成的。

他也开始逐渐了解到奴隶制对于南方白人居民的影响。当时他的岳父罗伯特·托德和亨利·克雷正致力于肯塔基州的奴隶解放运动，目标是能在 1849 年的肯塔基州宪法大会上通过此案。对此林肯也很有兴趣。然而，宪法大会绝大多数人都一致反对废除奴隶制，或是对其做任何改善。而竞选议员的托德在运动中去世，如果他还活着的话，这次宪法大会的决议对他的政治发展也是毁灭性的打击。通过这些变化，林肯对于南部人民的观念有了新的认识。在肯塔基州的选民中，大部分都不是奴隶主。但即便是他们，也都投票反对解放奴隶。林肯从中了解到，对于拥有奴隶，"那些没有思想头脑发热的年轻人来说，这是个极大的诱惑，因为在他们眼中，奴隶是世界上最气派、最亮眼的私有财产"。一位肯塔基州民曾告诉他："就算你有土地、现金或是银行存款，可走起道来跟其他人都没什么区别。不过如果你身边有个服服帖帖的黑人，那就不一样了，谁都看得见你有奴隶啊。"

林肯致力于寻找一种理性的解决方法，来应对美国自由社会中因奴隶制的存在而引起的种种问题。他最终找到了"殖民化"。像"美国殖民协会"的克雷和首席大法官约翰·马歇尔一样，林肯也开始相信将非洲裔的美国人送往利比里亚不失为一种减轻美国国内社会问题的良策。把这些黑人送出美国进行重新安置，开始的时候可以送一些已获得自由的黑人，这可以减少被美国南方白人看作是社会中最具破坏性的因素。

这个计划完全是理性的，但是也完全不切实际。因为美国的黑人几乎全生在美国，长在美国，根本不想被送到遥远的非洲；而且南部的种植园主也根本不愿解放自己的奴隶，北部的白人也不愿意支付遣送和重新安置黑人所需的大笔花费。林肯对他的计划也时不时产生了怀疑。1854 年，林肯宣称：他"愿意解放所有的黑奴，将他们送到利比里亚的故土"，"但是再三思索之后，我认为尽管愿望是好的，但是短期内执行这个计划是不可能的。如果只用一天的时间把他们都送到利比里亚去的话，那么 10 天后就会统统死去；可是如果要用十天的时间送的话，这个世界上又没有那么多剩余的船，也没有那么多剩余的钱"。

尽管现实行不通，林肯的殖民化想法一直持续到总统竞选期间。不过，对于一个相当理性并为此而自豪的人来说，坚持这一幻想让人不免有些疑惑，尽管不难解释。林肯对非洲裔的美国人并不了解，导致他忽略了黑人反对殖民化这一事实。1850 年在斯普林菲尔德的五千居民中，只有 171 人是黑人，其中大多数做仆人或是从事其他的家政服务。比如说林肯家的洗衣女工玛丽亚·万斯就属于这个群体。她每周在林肯家干两天活；类似的还有一名人称"理发店的比尔"的海地人威廉·弗洛维尔，此人还曾经向林肯咨询过几件法律小纠纷。这些人都不会大胆声称他们是美国人，但是跟非洲又扯不上边，也不愿意离开美国。

林肯在总统竞选时大力宣扬殖民化，与此同时，对上述无法解决的问题也就视而不见。他承认自己并不知道如何废除奴隶制："如果赋予我地球上所有的力量，我也不知道在现行的体制之下如何废除这一制度。"即使他有所计划，也没有方法实行。在 1850 年签署的"妥协案"中，辉格党和民主党都认为所有关于奴隶制的问题"已经彻底解决"。尽管当时的林肯越来越认识到废奴已势在必行，至少也要加以限制，但是苦于找不到切实可行的解决方法，也无法在政坛里表达他的想法，因此，殖民化这一说给了他一个很好的解脱。

1854 年，现实取代了幻想。1 月 4 日，参院国土委员会主席史蒂芬·道格拉斯提案，成立内布拉斯加地区政府。这项措施势在必行，因为大量的移民正从密苏里和爱荷华拥入管理混乱的内布拉斯加地区，而且还有一条颇受欢迎的跨州铁路穿越该地区。1820 年的密苏里妥协案禁止在这片地区实行奴隶制，但是，由于害怕人口增长迅速、财大气粗的北方人会超过自己，南方人千方百计地扼杀了内布拉斯加成为自由地区的努力。为了避免自己的提案遭遇同样的厄运，道格拉斯提出："在内布拉斯加地区成为联邦的一个州之后，可以根据自己的宪法，决定保留或废除奴隶制。"他引用了 1850 年建立新墨西哥州和犹他州所颁布的法案条款，使得内布拉斯加地区也具有了所谓的"普遍的自治权"。但是因为他所倡导的措施中没有涉及奴隶制的存废问题，也没有提及密苏里妥协案的限制条款，那些支持奴隶制的议员便迫使他在提案中明确表示废除"妥协案"。尽管不情愿，也明知这样会引起"轩然大波"，但他还是照做了。同时，他还同意将内布拉斯加地区分成两部分：堪萨斯和内布拉斯加。堪萨斯和内布拉斯加法案得到了皮尔斯政府的赞同，在一番唇枪舌剑之后在国会获得通过，并于 5 月 30 日成为法律。

林肯说："这项法案让我们大吃一惊，相当震惊……我们都蒙了，傻了。"接下来，林肯的反应显示出他着实是深受震惊。对于堪萨斯和内布拉斯加法案，他没有发表任何公开或是私人的评论，而道格拉斯凭借自己的精明，操控着议会，对竞争对手强烈打压，使得国会两院都通过了该项法案。马萨诸塞州议员查理斯·萨姆纳和俄亥俄州的萨蒙·切斯，在其他废奴国会议员的支持和帮助下，共同起草了"独立民主党人的诉求"，对撤销密苏里妥协案进行了猛烈的抨击，说"这完全背弃了之前神圣的承诺，背叛了先前的权利，是一种犯罪，一个残暴阴谋的重要组成部分，是想在一块广袤而未被侵占的土地上，排斥所有来自旧世界和美国各州的移民，把这片土地变成只有主人和奴隶的专制之地"。可林肯对整个事件一言不发，一字不提。

林肯的沉默一部分来自他工作的繁忙。当堪萨斯和内布拉斯加法案在国会审理的时候，林肯正忙得不可开交。除了日常的一些法律事务，伊利诺伊州中心铁路与麦克莱恩县的纠纷案，即将于 2 月 28 日在伊利诺伊州最高法院开庭审理。在听证会举行的前几周内，林肯将自己所有的时间都花在了准备诉状和当庭辩论上，因为这个案件也许是他整个律师生涯中最为重要的一个，但肯定是回报最高的。

既没有担任国家公职，又不打算担任什么公职，林肯感到一个普通公民没有必要对堪萨斯和内布拉斯加法案公开发表评论。1854 年的选举，不管是道格拉斯本人还是他的提案，都不可能直接出现在伊利诺伊选民的面前。这一年选举只有州财政部部长，而这一职位跟他是否支持该项法案毫无关联。这一年秋天将有国会代表和州立法委员的选举，但是当时的政治局势纷乱不堪，林肯不清楚如何介入才会取得成效。

伊利诺伊州同北部各州一样，民众强烈反对堪萨斯和内布拉斯加法案，但是道格拉斯的敌对者意见很不统一。在芝加哥，对道格拉斯的敌意主要来自约翰·温特沃斯个人，此人是道格拉斯的政敌，古里古怪但颇具人气，而且还掌管着颇有影响力的《芝加哥民主党人》报纸。同时，《芝加哥论坛》和《芝加哥民主新闻报》也对他大加斥责。在伊利诺伊州北部的其他地方，反对呼声则更多是在意识形态层面。1840 年至 1844 年间，自由党在那里逐渐发展壮大，而且自由土地党的追随者数目也剧增。看到反对法案的人越来越多，祖籍新英格兰的欧文·洛夫乔伊发现了一个机会，建立起一个新的反奴隶制的政党，即"共和党"。伊利诺伊州南部是民党的铁杆支持者，几乎都一致赞成堪萨斯和内布拉斯加法案，因为民众担心如果向奴隶占有者开放堪萨斯，像他们这样的小户农民就无法在当地立足安身。就仿佛患上了黑人恐惧症，这一部分人不愿意惹火烧身，连废奴运动都不愿靠近。

这些分歧足以让一个政客裹足不前，但是还有更多的裂痕使他更难做出抉择。当时一股移民潮正在兴起，引起了美国本土族群的惶恐不安。在伊利诺伊州，因为修筑铁路雇用了许多外国人，致使当地居民对于这些外来者的语言、行为和信仰的天主教都产生了恐惧。1854—1855 年经济出现急剧衰退，导致部分铁路建设停工，许多本地劳工要跟外来者竞争有限的工作岗位，这使本地人的恐怖逐渐演变成了憎恶。本地的清教徒们纷纷加入秘密的团体，其中就有一个名叫"国歌的命令"的组织。这个组织宣扬延长外国人的归化时间，并且限制天主教会的权利。这个组织的规模无人知晓，因为每一位会员都会发誓，在外人询问时，只说一句话："我不知道。"该组织自我标榜为美国的本土党，并且在政治领域活动，暗中扶植候选人。跟堪萨斯和内布拉斯加法案所引起的政治波澜相比，它给正常的政治联盟带来的是更多的骚扰和威胁。

林肯对于排外主义并没有好感，但他深知这股政治力量对他至关重要，因为他的一些最强硬的支持者，包括《伊利诺伊州报》的主编西梅翁·弗朗西斯，都是该协会的成员。后者一直以来都帮助林肯在这份报纸上发表言论和观点立场。后来有些人指控林肯本人也是本土党成员。虽然这只是谣言，但他的许多政治盟友已经成为本土党成员，而且林肯并没有努力与之撇清关系。有一次，一个本土党的委员会问他能不能支持他们，他却故意装聋卖傻，说些不着边际的话搪塞他们："美国本地人不围腰布，不拿斧子吗？……我们已经把他们撵出了家门，现在只能依靠其他像我们或我们的先辈一样早早来到这个地方的人了。"

　　而在公共场合，林肯将自己对于本土党的立场处理得十分周严。一开始他表明自己对这个秘密组织一无所知。后来他说："如果真有这么一个团体，口号是'一无所知'，就算它有什么不好，我也无资格反对；如果它有一些好的，我更无话可说，上帝会助它兴盛的!"

　　那年夏天，时局已经逐渐鲜明，围绕道格拉斯和州的自治权问题，在伊利诺伊很可能有一场激战。面对这样动荡的形势，林肯没有亮明自己的立场。一些反奴隶制的重量级人物，如萨尔蒙·切斯、约书亚·吉丁斯，都在公开场合发表了演说，而林肯则对他们的演讲细细研究。7月，当强势的肯塔基州反奴隶制的政客卡斯·克雷来到斯普林菲尔德，谴责堪萨斯—内布拉斯加政策的蛮横无理，号召人们"不管是自由土地党、辉格党，还是民主党，大家要捐弃前嫌，组织起来，把威胁他们自由的强敌拉下马来"。当克雷发表演讲时，林肯躺在草地上专心地聆听。他需要时间，将这些人的观点都整合起来，变成自己的观点。8月底，林肯终于出击了。在斯科特县的温切斯特举行的辉格党大会上，他对密苏里妥协案这个"最大的错误和不公"发动了猛烈的抨击，称它是让"奴隶制在自由的土地上蔓延"。林肯终于旗帜鲜明地加入了这场战役，尽管他的行动还有一定的局限性。正如他稍后所写："他发表这番演讲的意图和目的，不外乎尽可能保证理查德·耶茨能够再次进入国会。"林肯的这个目的决定了他的手段。于是，决定要批判道格拉斯和堪萨斯—内布拉斯加法案，他要以辉格党的身份参加竞选，而不是反奴隶制者、反内布拉斯加者甚至"融合论"者的身份，让一个辉格党同僚重新进入众议院。

　　林肯一旦决定加入这场战斗，就马上开始了行动。在品尝政治快感的同时，林肯不遗余力地扶植理查德·耶茨。除了日常的律师工作之外，他把所有的时间都花在了帮助这位候选人赢得竞选上面。事实上，他担当了耶茨的竞选经理，每天数个小时地与耶茨讨论交流，给他提供种种竞选建议和技巧。在了解到摩根县有一些从英国来的移民因为听说耶茨是本土党人而感到不安时，林肯马上写信澄清，并发往任何"有大量英国人和德国人居住的地区"。当林肯听到有些民主党人散布谣言说耶茨嗜酒时，他意识到可能因此错失一大部分禁酒人士的选票，于是马上采取行动破除谣言。他写道："我从没看见他喝过酒，或者言语行为中流露出任何喝过酒的迹象，也从没从他嘴里闻到过酒味儿。"后来，他好像感到将来一定会证明耶茨确实嗜酒，便仔细地跟一位朋友解释说："在其他条件相等的情况下，我更喜欢一个有节制的人，而不喜欢没有节制的人。但不管怎样，我绝对不会单凭一个人是否滴酒不尝来决定是否把票投给他。"

　　尽管林肯想对耶茨的竞选鼎力相助，他却拒绝被提名角逐州议院的席位，从而加强辉格党在桑加蒙的势力。因为这个职位并不对他的胃口。他在美国众议院已经工作过一段时间，在此之后再去竞选州议院参议员，对他而言好像是一种职业生涯的退步。但是当地几名反奴隶制领袖向林肯承诺，如果他参选，那么一定会得到他们的选票，同时还暗示会投票支持耶茨。与此同时，斯普林菲尔德的本土党委员会也向林肯透露他们已经暗中提了他的名。林肯对他的支持者诚恳地解释道："我对本土党并没有感情。"不过又补上："他们如果愿意，也可以投我一票，民主党人也有可能这么做。"即便是在这个时候，他也没承诺要参加竞选。

9月3日，当林肯在杰克逊维尔为耶茨拉票时，斯普林菲尔德颇有名望的辉格党兼本土党人威廉·杰恩在《伊利诺伊州报》上发文宣称林肯将竞选州议院参议员。这一消息见诸报端后，对丈夫的政治夙愿了如指掌的玛丽·林肯在第一时间冲到报社，要求删掉林肯的名字。当林肯回家的时候，威廉·杰恩给他家里打了电话，坚持劝说林肯参选。那时杰恩发现林肯"是他所见过的最悲伤、最忧郁的人"。据杰恩许多年后回忆，林肯在房间里踱来踱去，在拒绝参选的时候几乎哭了出来。林肯说："不，我不能。你不了解。你不懂我的处境。"

当时林肯没有向别人解释他的种种忧虑，但是他对自己的政治规划已经了然于胸。他很清楚1854年秋天的州议院将会选出一位参议员接替现任的民主党人詹姆士·西尔兹。因为当时道格拉斯和堪萨斯—内布拉斯加法案的反对声越来越大，从而能够预见下一任参议员很有可能来自反内布拉斯加法案的团体，并且他认识到自己将成为这个位置的有力候选人。然而，作为一名律师，林肯清楚伊利诺伊州宪法规定州立法委员不能参选美国国会。这个时候，林肯陷入了两难的处境。如果他竞选参议员，他可能再没有机会往更高的位置上爬，如果他放弃这次机会，那么辉格党派可能因此失去在桑加蒙的选票，耶茨的竞选也会因此失败，从而导致他在日后的参议员竞选中再也得不到支持。闷闷不乐的林肯最终被杰恩说服，同意在报纸上刊登自己的参选公告。

林肯在扶植耶茨和反对堪萨斯—内布拉斯加法案上下了极大的功夫。在一个月内，他先是在卡罗尔顿的辉格党联合会上露面，随后又到杰克逊维尔，最后在布卢明顿演讲了两次。因为本土党和宣扬戒酒团体对他在伊利诺伊州中部竞选获胜都很重要，所以他在演讲中两方都不敢得罪。在他第二次在布卢明顿的演讲中，对着禁酒团体发表了一番颇有成效的演说。头一天下午道格拉斯刚光顾过那里，发表了一通为自己的法案正名的演讲，而当天晚上林肯的演讲就与之针锋相对。提起道格拉斯时，林肯说有次看见他正和自己的民主党同僚饮酒，当林肯准备离开的时候，道格拉斯说："林肯先生，你不要喝点什么吗？"林肯回答说不。结果道格拉斯挖苦地说："什么！难道你是禁酒协会成员吗？"我的回答是："不，我不是任何禁酒协会的成员，但是我不喝酒，对任何酒精饮料都不感兴趣。"

这个段子随后被林肯的朋友在各个禁酒团体传播开来。

在民主党掌控的爱荷华州和缅因州，反对堪萨斯—内布拉斯加法案的呼声迫使道格拉斯不停地到处演讲，不停地向伊利诺伊州的选民解释和维护自己的提案。

每到一处，他都会反复诉说同样的辩词：作为国土会的主席，他有义务为移民不断拥入的内布拉斯加地区建立一个政府。而禁止在这个地区实行奴隶制的密苏里妥协案被 1850 年的新的"妥协案"所取代，而新的妥协案将民主党的纲领——民主自治——写进了法律。如果国会在该地区引入自治制度，实际上是赋予该地区的居民和其他地区居民一样的权利，即有权选择社会制度，包括是否实行奴隶制。自治制度下的居民能够迅速建立政府，加入联邦体系，而不会妨碍国土的扩张。堪萨斯和内布拉斯加地区土地较为贫瘠，气候比较恶劣，在上面建立种植园让奴隶耕种是很不切实际的，因此，这两个地区肯定不会推行奴隶制。在这样的情况下，法案的反对者主要来自想搅起地区仇恨的反奴隶制团体，和企图煽动种族和宗教纷争的本土党人。这场争议很有分量，而道格拉斯的陈述可以说是充满了激情和真诚。

林肯热切希望找到一个时机挑战道格拉斯。尽管他对他的所有论点都烂熟于心，在驳论方面他还是做了大量充分的准备：阅读浩如烟海的宣传册子，回溯国会的各种相关法律和演讲，研究了各种统计数据。对此《伊利诺伊州纪录报》不怀好意地说："林肯一连几个星期都泡在图书馆里，绞尽脑汁，穷尽想象地搜索着论点论据。"对于林肯来说，他在寻找一个打败道格拉斯的时机。但是，这个久经沙场的参议员，实在不想跟林肯再发起一场论战，因为道格拉斯所到之处都受尽批驳。

10 月 3 日，道格拉斯出席了在斯普林菲尔德召开的伊利诺伊州集会。在集会上，他再次声明拒绝和林肯同台演说。后来遭遇暴风雨，露天的大型集会被迫取消，于是道格拉斯在州首府的众议院大厅发表了一场激动人心的演说，阐述了他对堪萨斯—内布拉斯加法案的解释和维护，听众掌声雷动。在演讲最后，道格拉斯猛烈抨击了本土党。整个过程中林肯一直在大厅里来回踱步，仔细倾听每一句话，每一个字。最后在人群散开时，林肯突然跳到台阶上大声宣布，他或特伦布尔会在明天回击道格拉斯，并且邀请他到场，给他机会当场做出回应。

第二天下午，林肯来到了人头攒动的众议院大厅，在那之前他已经做了充分的准备，来挑战道格拉斯前一天提出的所有论断。当天道格拉斯坐在他对面，压抑着自己的冲动，等待反击时刻的到来。但是林肯成功地列举了一系列的可笑典故和政治趣话，引起了听众的极大热情。他称道格拉斯是自己的"敬爱的朋友"，对其大加赞美，使得他也时不时跟着这位演说者一起戏谑哂笑。接下来，林肯指出道格拉斯曾在 1849 年评价密苏里妥协案是"神圣的条款"，这时道格拉斯忍不住插话说："演说真是高明！"而接着林肯又说道格拉斯曾经企图将"妥协案"的覆盖范围扩展到太平洋地区时，道格拉斯哼着气说："当时你还投了反对票！"林肯马上抓住了最后的话语权，接着说："确实如此。我当时希望将这个覆盖面积进一步扩大到南部的。"这次两人之间的言语交锋没有产生什么实际效果，不过两人确实可以分庭抗礼了，而这一点却是道格拉斯所不愿意接受的。

在一大群被人形容为"睿智、专注"的听众面前，林肯的这次演说一共持续了三个多小时。当天下午，大厅内潮湿酷热，林肯没穿西装，也没打领带，那打扮就像是为干体力重活而来的。与其他大多数演讲者不同，他在讲台上没有来回踱步，或是靠在发言台上。据赫恩登所说："他站得笔直，两条大长腿撑着身体，两只脚的指头都碰到了一起。"林肯在演讲开头总显得有些局促，嗓音"尖锐，老是叽叽地怪叫"。不过渐入佳境后，他的声调渐渐降低缓和下来，变得"和谐优美，富有韵律"。演讲开始的时候，他的手总是背在后面，右手紧握着左手，过一会后他会放开两只手，常常是左手抚摸着外套的翻领，右手则用来打手势强调观点。他演讲时手势不多，不过在强调关键论点时，他会双手高举，头猛地一点；偶尔也会伸出细长的右臂和精瘦的食指，以便更好地阐述某个观点。在最为激动的时候，他会"掌心向上，双手呈50°角，向天空高高举起"。

在撇开了这些与竞选关系不大的事情后，林肯集中谈论了堪萨斯—内布拉斯加法案，以及道格拉斯为此进行的辩解。开始的时候，他把国家有关奴隶制立法的历史从《西北法令》到《密苏里妥协案》又到《1853年妥协案》全都仔细回顾了一遍，最后的落脚点就是道格拉斯在1853年提出的堪萨斯—内布拉斯加案，并提醒大家国会有权在国土上禁止奴隶制。也就是在这个时候，在1854年的堪萨斯—内布拉斯加法案上，道格拉斯来了个180度的大转弯，这实在让人惊叹不已。

接下来，林肯对道格拉斯赞成这一法案所做的辩解进行了攻击。他声称，废除密苏里妥协案对于在内布拉斯加领土建立政府来说并不是至关重要的。他指出，近年来，虽然存在着对密苏里的限制，但是爱荷华和明尼苏达照样成立了州政府。道格拉斯1853年提案，一个几乎就要通过的提案，应该也可以证明，内布拉斯加也可以仿照这样的模式组成政府。林肯极力否认是公众舆论使得道格拉斯抛出了他的堪萨斯—内布拉斯加法案。他指责道格拉斯有关奴隶制不会进入新领土的说法是欺人之谈，是哄小孩的把戏。

说到这一点的时候，林肯主要是诉诸理性与日常生活的经验。但转到下一个话题之后，他演讲的口气完全变了。他争辩道，"自治的权利是神圣的"，这个权利要求我们铲除，而不是限制奴隶制。只有这样那片土地上的人们才能自己决定是允许还是反对奴隶制的存在。当然，人们必须制定自己的法律，而这是不能干预的，就像不能干预"弗吉尼亚的牡蛎法和印第安纳酸果法"一样。但是，他们不能依据"黑人是人还是不是人"这样判断，来决定到底是允许还是不允许奴隶制的存在。

尽管林肯的演讲精练有力，但听众们还是觉得没有新意，因为毕竟关于堪萨斯—内布拉斯加法案的争论已经持续了九个月之久，从各个方向对法案的抨击已经是应有尽有。林肯本人也在 1854 年的竞选中承认："许多人已经从各个方面谴责了道格拉斯的不公正性，再让我对已经千疮百孔的论断提出自己的驳论，我都会觉得自己蠢了。"

然而，当林肯谈到奴隶制时，抨击它是"不公正的兽行"。听众从他道义的呼喊中听到他的与众不同以及深刻的含义。林肯在谈到这个问题时，愤怒地斥责道："从道义上讲，一个人有什么权利将另一个人当作奴隶使用。"同时还指出："奴隶制在美国各州间蔓延，并且还有可能蔓延到世界其他地方去，这同样是天理不容的。"

这一观点成为林肯信仰的奠基石，是他"人人生来平等"理念的保证。在他 1854 年发表的多次演说中，他屡次故意地把独立宣言中的"人人生来自由，平等"错误地引用为"人人生来平等"。"我们的革命先烈"都明白奴隶制是完全错误的。但在一开始建立联邦政府的时候，现实中没有可能完全废除奴隶制，因此他们尽全力将它限制在最小的范围内。他们在宪法中没有写入这个词，也只允许间接地引用它。"这就好比一个身染重病的人把自己的伤痛或毒瘤藏起来，不敢马上割掉，生怕失血过多而死，但他还是希望在某个时间把它切除。"

林肯还有一个强有力的论点，即美国反对奴隶制的斗争必须和整个世界的大背景联系起来。他对世界各地的解放运动一直表示关注，比如对哈布斯堡君主政体举起革命大旗的路易·科苏特报以同情之心。但直到最近几年，他才看到美国作为一个追求自由的典范受到其他国家推崇的重要性。在他对克雷所作的悼词中说道，克雷觉得"这个世界最好的希望就是美国联邦的统一"。他发现，如果美国任凭奴隶制在其本土上蔓延，它对"世界其他向往自由的党派"的影响力就会削弱。林肯警告说："一方面口口声声说崇尚人类自由，一方面又允许奴隶制的毒瘤存在，我们这是正在向全世界宣布自己是伪君子。"

这是一次不同凡响的演讲，其修辞与感情以往的演讲都无法比拟。当他演讲结束后，在座的女人们使劲挥舞手里的白手帕表示支持，而男人们则不停地大呼"万岁"表示致意。道格拉斯急不可耐地登上讲台，足足花了两个小时来反击林肯。据一些民主党人说，道格拉斯参议员完全驳倒了林肯，而赫恩登则说："道格拉斯完全被林肯打败了，自己都感觉论点全被推翻。"

那个时候，各党派总喜欢用自己的报纸报道自己的战绩。不过接下来的几天，事实表明林肯确实是胜了一筹。就在林肯发表演说之后，伊利诺伊州最强势的两位反奴隶制者伊卡伯德·科丁和洛夫乔伊当晚通知会议成立"共和党"，以便遏制奴隶制势力的不断蔓延。当晚出席的人很少，据报道，只有 26 个成年人和一个男孩。这也不足为奇，在林肯滔滔不绝地讲了三个小时，道格拉斯接着又讲了两个小时之后，谁还想再开什么大会呢？但是第二天开会的时候人倒是来了不少，大多是从北部的城镇赶来的代表，并通过了一项党的政策宣言。然而，会上真正热闹的却是谈论林肯的演讲。伊卡伯德在拼命喊叫，而洛夫乔伊则是热情地鼓吹。据报道，所有的人都在欢呼，说这是一个"光荣的废奴宣言……应该在全国反复宣讲"。尽管大家对林肯没有出席这次会议感到遗憾，但还是在没有经过他同意的情况下，提名他到州中央委员会。

《纪录报》的反应正好印证了林肯讲话的影响。一般而言，该报纸的主编们都会克制自己，不对林肯妄加评论，因为他们对这位同乡颇有好感和欣赏之意。但林肯的论点削弱了道格拉斯的立场，于是他们刊登了一篇"献给已故亚伯·林肯大人的悼词"来挖苦他。带着几分幸灾乐祸，悼词这样写道："曾几何时，他是同路人的荣耀，如今却孤家寡人；他具有非凡的能力，可只能蒙蔽瞎子；他能言善辩，可只会欺骗无知的人们；在一帮口是心非朋友的吹嘘、怂恿之下，他忘乎所以，自诩伟人，战书下到道格拉斯门前。毁灭——消亡，成了他难逃的噩运；僵硬的遗骸又怎样卷土重来。"

辉格党的反应也显示了林肯对道格拉斯抨击的效果。演讲后的第二天，斯普林菲尔德的众多辉格党人催促林肯在竞选剩下的时间里，乘胜追击，继续挑战，彻底驳倒道格拉斯，直捣他的老巢，让他"无处可逃"。

林肯正是这样做的。10月16日，他来到皮奥里亚，在那里向道格拉斯发出挑战。但是道格拉斯非常不愿意接受这新一轮的挑战。接连不断的竞选，已经使他精疲力尽，嗓音沙哑，几乎发不出声。私下里他跟一位朋友说："我实在不愿意跟他同台辩论，他是我碰到的最难对付、最危险的对手。"同时他也意识到拒绝林肯的邀约要冒很大的政治风险。为了摆脱这一困境，道格拉斯故意连讲三个小时，将时间一直拖到下午五点。这时候登台的林肯面对的是一群疲累躁动，迫切想回家的听众。林肯及早意识到了这个问题，于是他请听众们先回去吃饭，七点钟再来听他演讲，并且还预留了一小时给道格拉斯辩驳，林肯真诚地对听众说："你们肯定有兴趣，看他怎么把我驳得体无完肤。"

林肯的演讲与他在斯普林菲尔德的一模一样。不过这次他将稿子写了出来，在一个星期内连载在《伊利诺伊州报》上，以便民众广泛阅读。然后他去到厄巴纳，效果十分明显。几年后，亨利·惠特尼称赞那篇演讲是"没有任何人能够匹敌"的力作。随后他又去了芝加哥。有一位记者这样描绘他的演讲，他给"所有党派、所有的人"都留下了深刻印象，"一、他为人坦荡，二、讲话颇有气势"。

在秋天的选举中，北方各州的选民对道格拉斯和堪萨斯—内布拉斯加法案都不感冒。在当选的31位纽约国会议员中，29位反对内布拉斯加法案。在宾夕法尼亚州获选的25位众议院议员中，反对派人数也高达21位。在众议院的9个席位中，有5个被反内布拉斯加的新任议员占据，而这股势力将会掌控下一次召开的大会，并努力实现从伊利诺伊州选出下一届总统的目标。

在立法会的组成明朗之前，林肯就已经开始了行动，想要在那里争得一席之地。他在芝加哥发表的演讲和其他演讲一样，都为他巩固了在伊利诺伊州北部的支持票。既然现在出来的选举结果表明反内布拉斯加联盟占了上风，林肯马上要抓住这个机会实现自己的政治夙愿。选举结束三天后，他写信给一位曾经托他办理一件有关专利权大案的书记员——查尔斯·霍伊特，说："你曾经对我很是赏识，现在如果还是这样的话，请你助我一臂之力。这里有些朋友是支持我的，支持我进参议院。"他请霍伊特和其他有通信来往的人在新议员名单中"在我的名字下打上赞成的记号"，并向他索要了即将就位的参议员和众议员的"名字，邮局地址和职位"。他拉拢的主要是议会中的辉格党人。他在写给一位新任的立法委员的信中说道："现在，一位辉格党人也有可能加入议会，那么我想抓住这个机会成为这名辉格党人。您是议员，手中有一票，请仔细考虑下这个可能性，看看给我投票是不是最好的选择。"为了拉票林肯可谓不辞辛劳，以至于后来赫恩登这样写道："在11月选举之后的几周里，他每天睡觉跟拿破仑一样，一只眼睛睁着。"

林肯认识到竞选之路困难重重，因为新成立的立法会缺乏组织，结构零散，上一届75位代表中只有5位还继续留任。

林肯同时也知道除此之外还有许多特别的难题有待解决。一方面，在11月的选举中，桑加蒙的大部分选民给了他前所未有的多数选票，支持他加入州议院。这个事件对林肯来说，最多是喜忧参半的，因为伊利诺伊州的宪法规定州议院的议员不可以参加更高职位的选举。林肯思考了整整两个星期，最终拒绝加入州众议院。他说道："我不能投票给他人，只有我自己当选，才能帮到耶茨。"

据《芝加哥先驱报》的查理斯·雷评论，林肯的拒绝"使那些废奴者纷纷撤销了对他的支持"，因为他们害怕林肯将个人财富放在反内布拉斯加运动之上。而向来支持林肯的本土党也将林肯的拒绝视为背叛，其中威廉·简宣称"他们对林肯大失所望，甚至怀恨在心"。桑加蒙的反内布拉斯加势力对林肯的拒绝很是吃惊。他们无法在圣诞节前即将举行的特别选举中，找到比他更有竞争力的候选人。而林肯的反对者则嘲讽地说，选民扇了林肯一记耳光，西尔兹则称之为"本季度最好的圣诞玩笑"。

在反内布拉斯加运动中，激进的反奴隶制派构成了新的共和党，而林肯必须在这个错综复杂的局势中挣扎出一条生路。出于谨慎或工作压力的考虑，他于1854年10月离开了斯普林菲尔德，而在他离开期间召开的大会强烈呼吁在美国全境废除奴隶制，废止1850年颁布的《奴隶逃亡法》。会议期间，林肯被增补进了州中央委员会。对此，林肯没有明确接受或是反对，直到选举之后科丁要求他出席委员会的会议的时候，他才表态。对于这样一个十分微妙的问题，林肯不愿意过多卷入，所以是敬而远之。因为，他需要这些人的支持，但与他们搅在一起又会影响他的公众形象。他在给科丁的回信中说："对于加入委员会，我有些茫然。没有人事先询问我的意愿，也没有人书面通知我，而我竟是在2~3个星期后才发现自己的名字已经在名单上了。"其实林肯可以轻易地就卸任,但是他不愿意丢掉下一届参议员选举时能够获得的支持。他说:"我认为自己的态度跟共和党所有成员一样,坚决反对奴隶制。但是,要我承担这一职务,实实在在去从事反奴隶制的活动,我的行动可能不会让共和党满意。"他用带有外交辞令的口吻问道,不知是共和党对他的立场有所误解,还是他误解了共和党的意思。

林肯再次重申,他反对堪萨斯—内布拉斯加法案,是从一个辉格党人的立场出发的,而非一个共和党人或是废奴主义者的立场。他在斯普林菲尔德的演说虽然雄辩有力,但所传达的信息是走中间路线。这主要是为了获取伊利诺伊州中部的保守辉格党人的支持。

林肯感到自己正在脱离最强劲的反奴隶制的势力,与反内布拉斯加联盟中的共和党势力也是渐行渐远。在伊利诺伊州北部,许多人认为如果一位候选人不是老党派的成员,那么他就不能当选参议员。由于先前遭受的背叛,他们不再相信所有的政客。而许多人因为林肯的背景也对他表示质疑。对此,查理斯雷写信说:"我得承认,我有点怕林肯,他出生在南方,交结的也都是南方人;如果我没有错的话,他同情的是南方人;而他的妻子,知道吗,就是那个托德家的女人,是拥护奴隶制的;他一家人都是。"

对以上的种种质疑,林肯通过一些中间人加以澄清。头一年夏天,赫恩登试图联系上了泽比纳·伊士曼。此人是芝加哥《自由西部》的主编,强烈反对奴隶制,而且比自己同伴们更为激进。赫恩登与这位主编就林肯的事进行了一次长谈,希望他能够"看清林肯的心灵"。赫恩登向他保证说:"尽管他话不多,但是你可以相信,他是有道理的。"伊士曼被打动了,但是并不是完全信服,于是《自由西部》仍然继续揭林肯的短。为了获得更大的帮助,林肯找上了埃利胡·沃什伯恩。此人刚以共和党的身份从格利那地区新入选国会,曾经是辉格党人,并且对林肯很是赏识。沃什伯恩很主动地将林肯推荐给伊士曼,称所推荐的这位伊利诺伊州北部的共和党人"才华超群,诚实正直,其驳斥道格拉斯的演讲在斯普林菲尔德是前所未有的"。在林肯的支持者中,最有影响力的当属俄亥俄州的反奴隶制老将约书亚·吉丁斯,他宣传对自己在国会的同僚提供"无条件的支持","并会亲自前往伊利诺伊州投林肯一票"。

对于林肯写信拉票的活动,大多数收信人的反应都十分积极,说"很乐意助你一臂之力"。查尔斯·霍伊特回信说:"目前我会尽己所能。"莱肯镇的编辑罗伯特·波尔回信说:"不论什么情况下,我都会为你服务,助你成功。"而在刘易斯敦的一位办事员回信说:"我附近的绝大多数辉格党人都大力支持你。"

1855年议会开会的时候,林肯相信有26位议员承诺参加他的选举,比答应其他候选人的人数多出了两倍。但是,他还需要25票。据林肯的估计,大会与会者100票中有43票是道格拉斯民主党的,这些人没有一个会把票投给林肯。道格拉斯早已把参院选举变成了一次民权的公决。

　　为了取胜，林肯不得不赢得几乎所有反内布拉斯加议员的支持。整整 1 个月，在协调反内布拉斯加法案联合阵线内部不同力量立场的同时，林肯也马不停蹄地为选举四处游说。尽管如此，他还是会让自己的努力不至于太惹眼。可是当他与议员们交谈的时候，参院选举的事情还是一次又一次被提及。这时，他会说："让我谈这个话题太敏感了，但我必须承认，如果得到您的支持，认为我是担任这个职务的恰当人选，我会高兴不已。"为了帮助他在议院的支持者，他还准备了几个小笔记本，仔仔细细地把参众两院的议员们记录下来，他们代表的是哪个州，背后的政治组织机构是什么等都写在上面。大卫·戴维斯也暂时脱下了自己的法官长袍，帮助林肯策划他的议会选举策略。已经当选众院议员的罗根，成为他的发言人，负责与北方废奴主义议员打交道，确保得到他们的支持。赫恩登千方百计地影响一些废奴主义分子，而莱昂纳多·斯威特和奥德·希尔·拉蒙则专门做那些摇摆不定的议员的工作。

　　通过这一番努力，林肯在立法会选举的头几个星期里，支持率一直在攀升。通过审慎的协商，他的助手们为他拉来了"所有极端的反奴隶制的人"，赢得了绝对发言权以及众院的全体议员的支持。但与此同时，他也失去了至少三名辉格党人的选票，其中一位正是他在圣克莱尔镇的老友莫里森。如果再失去更多的辉格党的盟友，获胜的希望将十分渺茫。在 1 月 31 日选举的当天，林肯还差获胜所需的 3 票，但对于 3 票从何而来，仍然是一筹莫展。

　　对于当时的局势，林肯总结说："5 个反内布拉斯加法案的立法员中，有 4 个一定不会投辉格党的票，但是如果没有其中两个人的支持，我就不可能达到获胜需要的票数。"

　　因为遭遇一场暴风雪，投票被推迟了。这场自 1831 年以来最严酷的风暴使得斯普林菲尔德与世隔绝达 12 天之久，州立法会的参会人数都达不到最低要求。但在 2 月 8 日的第一轮投票结果与林肯之前料想的十分接近。他以 45 票领先，西尔兹以 41 票紧跟其后，特伦布尔只有 5 票。

　　最为关键的是投给州长乔尔·马特森的一票，此票显露了民主党人的暗中算盘。因为其时西尔兹的获选已经不大可能，于是当地的民主党人拒绝了道格拉斯的提议，而是秘密地向这位政府工程的富裕承包商靠拢。为了不触犯道格拉斯，马特森表示支持堪萨斯—内布拉斯加法案，但是私下里对道格拉斯的许多政敌说了相反的话，以取得后者的支持。他在立法会很有势力，在伊利诺伊州和密歇根运河一带有许多的支持者，因为他不断地向这些人提供法律或是工程上的好处。

　　在前六轮的投票中，民主党人一直支持西尔兹，而第七轮，重新调整之后转而投给马特森。特伦布尔的票数也在上升。这时林肯对如何投票产生了犹豫。在第九轮，林肯因为自己的铁杆支持者获得了 15 票，特伦布尔 35 票，马特森 47

票，还差 3 票就可以当选。这个时候，马特森可能会用钱暗中收买一部分特伦布尔的支持者。对这位承包商的这种把戏，据说林肯也有所耳闻。

在意识到这个危险之后，林肯果断地带着自己剩下的 15 名支持者，在第十轮中倒向了特伦布尔一边。罗根对此大失所望，但仍敦促林肯再坚持一会儿，再试个一两轮，看看结果。但是林肯心意已决，他对自己的支持者说："我支持特伦布尔。"他的追随者也忠实地按照他的旨意投出了自己的选票。第十轮投票结束，特伦布尔当选美国参议院议员。

但在私下里，对于这次选举的结果，林肯很是失望和难过，觉得很难接受自己的 45 名支持者大半临阵倒戈，输给之前只有 5 名支持者的特伦布尔。在选举失败之后，林肯十分沮丧，曾对自己的老友约瑟夫·吉莱斯皮说道："我再也不会参选了，我能够有风度地接受敌人打败我，但是遭到朋友的背叛着实很受伤。"对于林肯竞选的失败，罗根大发雷霆；大卫·戴维斯本来就不信任特伦布尔这个死硬的民主党人，现在更是火冒三丈；玛丽对这一结果伤心透了，而且此后再也不和特伦布尔夫人朱丽叶·简讲话，尽管简还是她多年的闺中密友。

但是在公众场合，林肯从来没有流露出他心中真实的失望。他在给沃什伯恩的信中说："我只是对我的失利略有遗憾，但是心里并不十分在意。"他还勉强地补充道："特伦布尔的当选给我带来的欣慰胜过了我的失利给我带来的不快。"他对在竞选中封杀自己的四位民主党的反内布拉斯加法案人士也没有口出恶言，其中的两位——诺曼·朱迪和帕默，在林肯日后的政治竞选中还鞍前马后地为他奔忙。林肯竭尽全力掩饰自己的失意，为特伦布尔澄清关于暗箱操作的谣言，并且在选举结果出来当晚还参加了一个本应为自己举办的庆功会。晚会上，他竭力保持微笑，而当女主持人说"我明白你有多么失望难过"时，林肯立即走上前与新当选的特伦布尔握手，并且说道："是很失意，但还不至于不祝贺我的朋友特伦布尔吧。"

在反省之时，林肯并不觉得这次的失利是场灾难。毕竟他离成功只有几步之遥，而且让他欣慰的是，选举的结果狠狠打击了道格拉斯和他的人民主权论，并且新当选的特伦布尔口才和意志力都是出类拔萃的，一定不会让道格拉斯在参议院的日子好过。另外，这次选举还为林肯在 1858 年与道格拉斯的竞争扫除了障碍。在特伦布尔获胜的当晚，反内布拉斯加法案的民主党人因为林肯的突出表现，承诺支持他参加下一届的参议院选举。稍后特伦布尔对此特别写信重申："我会继续为共和党的事业努力，也会为在我的竞选中起了关键作用的朋友，在下一次竞选中取代道格拉斯努力。"

3 月，林肯不得不向一位书记员解释为什么自己忽略了一部分 12 月的案子。他写道："我这段时间一直忙于政治，忽略了律师所的经营。现在竞选失利，我该回归工作了。"在竞选失败后的 12 个月里，林肯没有发表任何关于政治的演讲或声明，而是全心全意投入到律师工作中。

1855 年的夏天和秋天，林肯一直在办理一件关于专利侵权的纠纷：一名收割机的发明者赛勒斯·豪尔·麦考密克指控约翰·曼尼侵犯了他的专利权，因为约翰正在制造一个极为类似的机器。这件案件十分重要，因为很明显，收割机正在改变小麦收割现状。这种机器的市场广阔，并且会取代数以千计的体力劳动者。为了打破麦考密克的专利垄断，许多西部和东部的制造商都出资支持约翰·曼尼。他们聘请了多名国内专门从事专利权案件处理的知名律师，领头的便是费城的大律师乔治·哈丁。负责伊利诺伊州的法官托马斯·德拉蒙德将会亲临这个案件的审理，哈丁认为律师团里应该有一个来自伊利诺伊当地的律师。这样一来，法官可能会认识这位律师，也容易对他产生信任。但是，这个东部来的律师瞧不起当地律师，带着几分傲慢。他说道："在这里，只怕是找不到一位对这件案子的辩护很有帮助的律师。"

由于没有得到芝加哥律师伊萨克·阿诺德的帮助，哈丁在六月的时候，派他的同事彼特·华生——华盛顿专攻专利案律师，到斯普林菲尔德去看看林肯能否拿得下来。在没有事先通知的情况下，华生来到了林肯的律师事务所，见到了一个"个子很高，穿着既不像外套又不像马甲的衣服，自称是林肯的男人正在清理自己床铺"。林肯的朴素穿着和狭小、简陋的房子，使华生没有留下什么很深的印象。华生觉得他不是同事哈丁想要找的那位林肯律师。但既然咨询了别人，又把别人拒绝了未免太不近人情了，他也会生气的。因此，他还是付给林肯 400 美元作为诉讼的聘用定金（酬金为 1000 美元）。这让林肯觉得，他必须出庭辩论。

林肯开始研究起这案子。曼尼的工厂在洛克弗德，林肯还专程到那儿去了一趟，仔细调查了他的工厂。令林肯感到费解的是，华生没有给他案件的证词和相关的法律文件。他只好自己跑到芝加哥的美国州法院去搜集了相关的材料。林肯在报纸上看到，这件案子是在辛辛那提而不是在芝加哥举行审理，最高法院的法官约翰·麦克莱恩将会负责主审。没有任何人通知林肯什么时候去参加听证会，也没有人正式邀请他出席。

尽管这样，林肯自己搭着火车到了辛辛那提，去拜访了住在伯内特大宅的哈丁。这位费城的律师并没有因此而被打动。在他眼里，林肯是个"个头很高，长得粗野，像是个相貌丑陋的穷伐木工；穿得很差，手里拿把蓝棉布伞"。哈丁觉得林肯这家伙不会起到什么作用，何况现在又有匹兹堡天才的律师埃德温·麦克马斯特·斯坦顿加入了他的辩护方，他更不会看上林肯了。"你怎么带了个长臂猿来，"斯坦顿问哈丁，"他什么都不知道，对你也没什么用处。"他们对林肯说，他不用参加审判了。尽管这样，林肯还是留在了辛辛那提，密切地关注审理的进程，可最后他还是没能参与到其中。"我们都住同一间酒店。"哈丁回忆道，但不论是他还是斯坦顿，两人都"没有和林肯讨论过这个案件，没有和他坐在一个桌上，没有叫他到房间里来，没有叫他一起去出庭或从法院一起回来。总而言之，就是没怎么和他打交道"。

在周末的时候，林肯回家了。他感到自己很受侮辱，所以当收到剩余的酬金支票时，就把它退回去了。他觉得自己没有参与到辩论的工作中，没理由拿剩下的酬金。但华生还是把支票寄给了林肯，解释道，这是他应得的钱。林肯没有对他在斯普林菲尔德的同事们提起这件事，但他对赫恩登提过他曾被"那个叫斯坦顿的人粗暴地对待过"。他们的冷漠态度深深地刺伤了林肯，在他竞选参议院失利后，这件事也使他备受打击。

尽管1855年的大部分时间，林肯忙于法律方面的事务，但他仍对政治抱有兴趣。早期的一些南方政治家，诸如托马斯·杰弗逊，希望奴隶制能慢慢地消失；一股新兴的势力却认为奴隶制应该长期地保存下来。林肯和赫恩登都订阅了《查尔斯顿信使报》和《里士满探索者报》。这两家报纸都赞成奴隶制的存在。他们还指出，曾经作为"必要的魔鬼"出现的奴隶制现在已经成为一个"积极有道德的事物"。赫恩登买了一份乔治·费茨休写的《南方社会心理学》。这位有能力且极端的弗吉尼亚辩论家认为，奴隶比自由劳动力更为合适，因为在奴隶制下，工人们有安全的保障和更大的自由。

费茨休奇怪的逻辑让林肯困惑不已。林肯在备忘录中，指出了这位弗吉尼亚人观点里的错误之处："尽管大量的文字都试图证明奴隶制是个好东西，但是我们还从没听说过有谁自愿去当奴隶。"这种认为奴隶制给奴隶更大自由的观点，在事实面前是苍白无力的。就连又傻又笨的奴隶都知道当他们为奴隶主干活时，他们自己受到了虐待。

对于这些问题，林肯思考得越多，他就越感到悲观。在1855年的夏天，他写信给一位肯塔基的朋友，其中提到"数十年的经验证明了，对于我们而言，奴隶制的和平退出是不太可能的"。"在美国，黑人奴隶的现状很难改变，那些思想顽固的家伙也很难改变"，他为此感到很悲哀，"就算是俄国的独裁者放弃权力，宣布他的臣民都是自由的共和主义分子，美国的奴隶主们也不会自愿放弃奴隶制"。自动放弃奴隶制对当时的美国来说，希望渺茫，大家必须正视的事实是："作为一个完整的国家，美国能否让奴隶制与自由平等和平共处？"对于这个问题，林肯在将来会做出回答。但是现在，他选择了逃避，"这个问题现在对我来说太难回答了。我现在只能祈求上帝为我们解决这个问题"。

在堪萨斯发生的事件，使得奴隶制问题变得日益棘手了。就像林肯预料的一样，"没有什么比堪萨斯—内布拉斯加法案更适合在奴隶制问题上引起争端和暴力冲突了"。他说，"这项法案与暴力结下了不解之缘：在暴力中出生，在暴力中通过，在暴力中维系，而今又要在暴力中执行"。而定居的事宜，在内布拉斯加州进展顺利，但堪萨斯州却是一片混乱。定居者发现政府没有人来管这些土地，于是一个个冲过去，宣布占有最好的土地。从法律上讲，这片区域是印第安人的保留地，但政府还没来得及给印第安人发放土地证。很显然，定居者之间会发生摩擦冲突。要维护土地的所有权，定居者只能靠左轮手枪、长矛和大刀。堪萨斯—内布拉斯加法案中规定向奴隶制开放这片领地，这无疑是对反奴隶制的一种挑衅行为。一些像"艾利萨耶新英格兰移民救助"的公司，一开始就把自由州的移民大量放了进来，而且这些人还带着枪和弹药。密苏里州支持奴隶制的势力，也在边界地区纠集许多人，准备大干一场以便保证能够在堪萨斯实行奴隶制。密苏里州的投票一开始，这块土地上的立法选举就变成了一场闹剧。

对于支持奴隶制的那些势力所做出的挑衅行为，赫恩登和其他在斯普利菲尔德反奴隶制的人都要气得发疯了。他们要"用各种方式，不管有多疯狂，一定要把自由宣传到底"。一如往常，林肯劝阻他那些情绪激动的伙伴，告诫他们"暴力和血腥抵抗"是错误的，而且是违背法律的。林肯认为废奴主义团体应该考虑用"更为有效的方式"来解决问题，那就是政治手段。

问题的关键在于，什么样的政治手段才是有效的。尽管不愿面对，但是林肯不得不承认，他参加已久的辉格党，已经开始走下坡路了。这些年来，辉格党的经济政策是呼吁联邦政府扶持经济发展，但是这个政策看上去是越来越不切实际了。1848 年在加利福尼亚发现金矿之后，辉格党的经济计划更加显得过时。辉格党在 1850 年签署了妥协的协议之后，就和民主党联合了。随着党派间的差异逐渐模糊，党员的忠诚也在减退。

困扰林肯的是，他不知道自己该站在哪边。他很清楚，在美国"任何一个无党派的人，都不会在政治上有所作为的"。但是他还是不知道自己该选择哪一边。他的老朋友约书亚·斯彼得现在与他的政治立场不同。当他问起林肯站在哪边时，林肯回答道："这的确很难说清楚。我想我是一名辉格党人，但他们说现在没有辉格党了，那么我就成了一名废奴主义者。"

在 1855 年年底，林肯发现可以做出选择了。辉格党已经不再是个充满活力的政党，而科丁和洛夫乔伊的废奴主义共和党因为过于极端，无法获得广泛支持；本土主义运动也已经达到了顶峰。伊利诺伊州所需要的就是联合所有反对奴隶制的政党，成立一个新的政党。这在北方的很多州都已经实现了。

林肯准备成为这个政党的领导人。1856 年的 1 月，杰克逊维尔《摩根日报》的保罗·赛尔贝提议召开一次反内布拉斯加法案的编辑会议，这次会议也是为了下届总统选举做准备。林肯很赞同他的提议。在 2 月 22 日那一天，编辑们在迪凯特召开了会议，林肯是唯一一个不是记者的与会者。在林肯的带领下，与会者们起草了一份保守的宣言，要求恢复《密苏里妥协协议》，支持《逃亡奴隶法案》的立法，保证不干预已经存在奴隶制的州。会议建议 5 月 29 日在布鲁明顿召开一次全国性的会议，但仍然没有点"共和党"的名。

　　晚上会议休会，编辑们都参加了晚宴。在晚宴上，林肯非常引人注目。当晚，一位发言人建议林肯应该代表新政党的候选人竞选州长，而林肯则明确回绝了。他说一位反内布拉斯加法案的民主党人更加适合那个位子。但是在敬酒时，大家还是称赞他是"伊利诺伊州长期的朋友，我们下届的参议员候选人，"林肯马上站了起来，在一阵长时间的掌声之后，说"我很赞成后面的那个观点"，并指出作为与会者中唯一一位非报界人士，他觉得自己有些不合时宜，特别是长相。他说自己就好像是一个长相丑陋的人，在骑着马穿过森林时遇见了一位同样骑着马的女士。见到他，这位女士停下来，说："天哪，你还真是我见过的长得最丑的男人了。"

　　"是啊，夫人，可我也没办法。"他回答道。

　　"不，我觉得你有办法，"她说，"至少你可以待在家里不出来。"

　　尽管林肯在迪凯特的聚会里表现得很活跃，但他的一些保守朋友们还是没有意识到林肯对新政党运动的执着。5月10日，赫恩登在编辑会议上被提名为反内布拉斯加法案委员会的成员，他提议把桑加蒙反对堪萨斯—内布拉斯加法案的居民召集起来，开一个大会选举参加布鲁明顿会议的代表。尽管林肯并没有从政，又是在佩金开会，赫恩登还是把林肯和他的名字都写上了。这做法震惊了约翰·斯图尔特。他冲进林肯和赫恩登的办公室，质问赫恩登林肯是否签了名。赫恩登承认了自己的行为。"你这样是会毁了他啊。"斯图尔特抱怨道。但赫恩登知道他做的正是他的伙伴所希望的，也正是迪凯特会议希望林肯去做的事。为了让斯图尔特安心，他给林肯发去了电报，告诉林肯名单的公布在保守的辉格党里已经引起了一阵轰动。很快，他的伙伴回答道："好的，继续！到时和你们见！"

　　被选为布鲁明顿大会的代表，林肯对于这个反内布拉斯加的新党很看好，对它的前途一点都不感到担心。回顾了前几次组建反奴隶制党的失败经历后，林肯担心的是那些主要的政客们不会参加，而在南伊利诺伊，道格拉斯的势力很强大，所以南伊利诺伊很有可能就没有代表来参加。林肯很早就来到了布鲁明顿，趁手头上还有时间，他离开下榻的大卫·戴维大厦，一个人在小城里逛。为了打发时间，他在一家小珠宝店里逛，花了37.5美分买了生平第一副眼镜。他对陪在身边的亨利·惠特尼说，他"有点儿"需要这副眼镜，毕竟他也47岁了。当林肯看到从芝加哥来的末班火车上挤满了参加会议的代表时，他感到很满意，看来这次做的决定是很明智的。

　　在5月29日那天，270名代表在大厅里集合，讨论组建伊利诺伊共和党的事宜。各政见不同的人都聚到了一起，有像林肯一样的保守辉格党人，有像诺曼·裘德一样的反内布拉斯加民主党人，有像新近当选的本土党代表杰西·诺顿，有像阿道夫·梅耶一样的德国人，还有像洛夫乔伊一样的废奴主义者。通过与20多位有影响的与会政客一番商谈后，奥威尔·布朗宁这位保守的昆西律师起草了一份兼顾各方利益的政治纲领。为了安抚大约 2 万名德国裔选民，纲领保证不会拒绝那些有宗教信仰和出生地有问题的人。这个保证比较模糊，也没有得罪本土党人。在奴隶问题上，纲领没有明确表明态度，只是说国会有权利和义务取消奴隶制。候选人名单上各派的势力均衡：威廉·毕赛尔是位反内布拉斯加民主党人，同时也是墨西哥战争的英雄，州长的候选人；德裔领导人弗朗西斯·霍夫曼被提名为副州长的候选人；其他三个职位的候选人则是曾为辉格党的本土党人。

代表们认同了林肯在创建新党过程中所做出的努力，请他在休会前发言。林肯很高兴，一方面一切都进行得很顺利，另一方面他也正式和辉格党分离。大家公认，那次林肯的演讲是他最好的演讲之一。他的演说是即兴的，没留下任何可靠的记录。虽然赫恩登在林肯演讲时做了 15 分钟的记录，但之后他也没有记录下去，赫恩登"干脆把纸和笔扔掉，沉浸在演讲的激情中"。

只是《奥尔顿每周邮报》刊登了一篇关于林肯演讲的简短报道，对这次演讲的亮点给予了较高的评价。林肯号召大家团结起来应对奴隶制的扩张。他再次重申"愿意与一切反对奴隶制的势力联合起来"。如果北方的联合引起南方人反感，从而去"豢养"一批分裂分子，那么我们就应该直言不讳地告诉南方人，"国家的统一必须维护，不仅仅是领土的完整，还有她精神的纯洁"。他把丹尼尔·韦伯斯特那如雷贯耳的话——共和党的座右铭——回赠给南加利福尼亚的"联邦消失论者"，那就是："自由与联邦，现在与未来，永不分离。""他的演讲充满了激情、活力以及力量。"赫恩登回忆道："他的演讲既有逻辑又不失人情味儿，既富有激情又讲求公平和真理，既喷发着对世间错误的愤怒，又饱含沉重、复杂的感情。"那天，赫恩登觉得林肯的形象似乎变得更加高大了。

林肯意识到，在 1856 年的总统大选里，共和党面对的问题很棘手。共和党不仅是新组建的政党，缺乏完善的组织，还面对着众多的竞争对手。民主党人巧妙"弃用"颇受争议的道格拉斯，转而提名前国务卿詹姆斯·布坎南。在公共事务方面，布坎南这个人来头不小，在堪萨斯—内布拉斯加法案风波期间，他曾出使英国，有着不凡的从政经历。而那些本土主义者，现在变身为美国党。他们提名前总统米拉德·费尔默。费尔默辉煌的辉格党从政经历让他有了一大批的保守派支持者。玛丽·林肯一向很支持丈夫林肯，但是就连她也说，"就因为那颗善良的女人心，自己对费尔默也有着几分欣赏，因为他明白'把外国人留在我们国家的必要性'"。

为了反对这两个保守派候选人的提名，林肯决定 6 月 17—18 日在费城举行第一次共和党的全国大会。他写信给参加了会议的特伦布尔，提到最高法院法官俄亥俄的约翰·麦克莱恩的提名将会"拯救辉格党人"，但是他也说到他的选择不是一成不变，而是会随情况而改变。"我还在政界，我有可能提名任何人，除了那些我认为他的政治纲领不太对的人之外。"

费城大会并没有按照林肯预先计划的那样进行，也没有选任何在共和运动里引人注目的领导人。

当进行到副总统的候选人提名时，代表们倾向于选择前辉格党人。热门人选是威廉·戴顿——一位新泽西州的前参议员。遗憾的是，共和党没能充分认识到东北部州的重要性。伊利诺伊州的代表们参加了会议，纳撒尼尔·维尔考克斯提议林肯为候选人。特伦布尔以列席代表的身份也参加了会议，他认为林肯是个"常不错的人"，其他代表也很支持林肯成为候选人。一整晚他们都在努力争取其他代表们的选票，劝告印第安纳州的代表们不要投票给戴顿，因为如果投票给他，对西部的州没有好处。

6月19日，伊利诺伊州的代表们派宾夕法尼亚州的约翰·埃里森提名林肯，称赞他是"大好人、辉格党的中坚分子"。伊利诺伊州代表威廉·阿彻尔赞成了这一提名，他说他已经认识林肯将近30年了，一直觉得林肯是个"真心的爱国者"。反内布拉斯加的民主党人约翰·帕尔默，虽然曾经在1855年反对过林肯竞选参议员，但是这次也发表赞成声明，"我们（伊利诺伊州）能够战胜布坎南，但是我想如果让林肯和约翰·弗里蒙特联手的话，我们会赢得更轻松一些"。

但是，伊利诺伊州的行动还是晚了一步，因为很多州的代表早就答应把选票投给戴顿了。在一次非正式的副总统候选人提名投票中，戴顿收获了253张选票，而林肯只收获了110张选票。对于这样的支持，林肯内心还是感到了一丝得意，因为这表明全国已经都知道他是一个新党的领袖了。但是，表面上他还是装作对此漠不关心的样子。在厄巴纳巡回法庭时，戴维斯和惠特尼告诉他，说他得到大家的支持，而林肯则带着几分迷人的假谦虚说道："没准不是我吧，在马萨诸塞州有个伟人也叫林肯，我想是那个人。"

为了回报人们对他的支持和欣赏，林肯全身心地投入到竞选中了。他自己回忆，在参加共和党的竞选过程中，他演讲了不下50场。他选择的演讲地大多在中部和南部，而这些地方都是费尔默的势力范围。那儿的共和党编辑们努力为林肯做宣传，让南方的选民了解，林肯是肯塔基人，"口才堪与亨利·克雷相媲美"。

1856年，林肯的演说几乎没有任何记录保存下来，不过这期间的演讲也没有太大的价值。他只是偶尔在演讲中赞扬一下弗里蒙特，是位"年轻、勇敢，名声在外的领导人"，或是攻击一下"布坎南及其同伙"，很少提及最近发生在堪萨斯袭击自由州居民的事件，也不想煽动他的听众。他没有提及在支持奴隶制与反对奴隶制之间的争端，5月21日被南方支持奴隶制的暴徒们对劳伦斯的洗劫，以及南加利福尼亚代表普雷斯顿·S·布鲁克斯连日来在参议院对查尔斯·萨姆纳的攻击（因为后者做了反奴隶制的演说）。林肯的演说低调，却很有说服力，他呼吁广大的美国的民众反对奴隶制的扩张，不要把自己手中的选票浪费在胜算极小的费尔默身上。

在给老的辉格党老朋友们的信件里,他也同样声明了自己的观点,说给费尔默投票就相当于是给布坎南投票。林肯没有秘书,为了把自己的想法告诉以前的政治同伴们,他只好把信成批印刷,最后手写上时间和问候语,信封上盖上"机密"字样的章,然后再寄出去。有封信送到了一位民主党编辑的手中,他把这封信的内容公开了。

共和党的报纸形容他的演讲是"无可辩驳的",展现了他"雄辩的才华和非凡的能力"。民主党的报纸则用"枯燥无味,乏味至极"来形容他的演讲。林肯自己对竞选的影响没有抱太大的希望,但听到当地共和党领导人对他的工作"比较满意"的时候,还是很高兴的。

最后,结果还是印证了林肯此前的预见:"要是我们能把弗里蒙特和费尔默的支持者联合起来,在伊利诺伊,布坎南就处在了我们的掌握之中。但是,我们一旦孤军奋战,就是我们被布坎南掌握了。"11月时,布坎南赢得了伊利诺伊州,继而赢得了选举。

当林肯回顾了这两年的经历时,他也总结了自己在这期间受到的打击和教训。竞选参议员,他受到挫败;在麦考密克收割机案件中,他受到东部律师的嘲笑;在第一次共和党副总统提名中,他又落选了。当然,除了这些失败的经历外,他在堪萨斯—内布拉斯加法案的风波中赢得了尊重,同时被视为共和党人在伊利诺伊州的主要领导人。在1856年之后,林肯发现他再不用跟赫恩登抱怨自己的未来,或是因为自己没能力为国家的发展做些什么而痛苦了。

● 第八章 ●
分裂的家

在 1856 年的竞选之后，林肯在政治上行事比较低调。很多人邀请他去做演讲，但他都婉言谢绝了。他的解释是："去年我把大部分的时间都投入到了政治上，现在我得做一下自己的事情。"他带着极大的热情，重拾自己的律师工作。1857 年对于律师林肯来说是个忙碌的丰收年。但是他并没有放弃政治事业，一直在幕后支持着共和党的建设和发展，为 1858 年共和党人与斯蒂芬·道格拉斯的竞选之战做准备。

1856 年的总统大选结束之后两星期，桑加蒙县巡回法庭的秋季开庭期开始了。第一天林肯和赫恩登就有 5 个案子在手，第二天有 10 个。接下来，他跟合伙人就是整天泡在法庭上。可是接到的案子，也都是一些鸡毛蒜皮的小案子。1857 年，林肯接手的国家大案越来越多，有的在斯普林菲尔德，有的在芝加哥。这些案子通常都很复杂，牵扯很多方面，所以付的费用也相对而言高一些。比如说，艾菲·雅富顿案，这是一宗涉及轮船公司和铁路公司权益的案子，林肯为了这案子几乎整个九月都待在了芝加哥。

林肯一整个夏天都在追讨他为伊利诺伊中央铁路麦克莱恩县税务案的律师费。最后他不得不因此起诉，在当地铁路系统仍没有支付他的薪酬后，他去了纽约，希望那里的公司总部能把这笔账支付了。他的妻子玛丽也陪着他一起去了纽约，如果说是因公倒不如说度假。在伊利诺伊中央铁路的相关人员不愿意去，所以林肯和玛丽只好在东部待了一段时间。玛丽说，"在东部转悠真是开心极了"，去了尼亚加拉，又去了加拿大。回到纽约，林肯决定不再等待了，于是弄到了对铁路公司财产的强制执行令。拿到执行令，伊利诺伊中央铁路公司把欠他的账付清了。就在一个月后，发生了 1857 年大恐慌，铁路公司也随即宣告破产了。

这段时间恐怕是玛丽·林肯一生中最幸福的时光了。从社会地位上来看，她的丈夫已经是伊利诺伊州颇有声望的政治领导人；从经济上来看，她丈夫做律师的可观收入让她不用为生活发愁。这时的林肯手头很宽裕，所以他把律师费的一半借给了芝加哥的律师裴德（另一半分给了赫恩登）。裴德正在做土地投资的买卖。由于不急着用钱，所以林肯也就没催着还账，只是裴德还钱的时候把利息算上就可以了，所以这笔钱最后还给林肯的时候已经涨到 5400 美元了。

因为现在手上有闲钱了，玛丽·林肯准备把他们独居了 13 年的小屋重新翻修一下，扩大一些。早在 1850 年的中期，他们家的小屋就已经人满为患了，一家 5

口，林肯和玛丽以及他们的 3 个儿子，有时还会加上一个女仆。不管怎么说，对于一个有头有脸的公众人物来说，这也未免过于寒酸了。翻修房子也许是玛丽起的头，不过就算不用林肯的钱，玛丽也很有可能付得起小屋改造的钱。早在 10 年前，她父亲就把 80 英亩地给了她，在 1854 年秋，桑加蒙县为了这些地支付给玛丽 1200 美元。到了 1856 年 4 月，汉农里加戴尔大厦开工，整个斯普林菲尔德都在传，说林肯家要有大变化了。"林肯先生把后面的楼加高了 2 层，"约翰·托德·斯图尔特夫人对她的女儿说，"我想他们在改造完工之前能有足够的房间来住了。"还不怀好意地补充了一句："特别是玛丽，自己的钱总是没有用在自己身上。"

林肯还在巡回法庭的时候，工程就完工了。林肯赶回家发现小屋已经焕然一新了，现在俨然是幢希腊复古式的两层小楼，墙面漆成巧克力色，嵌着深绿色的百叶窗。林肯假装糊涂，晃晃悠悠地走到邻居家，"请问，您知道林肯家住哪儿吗？他家以前就住这儿"。就像往常经常发生的情况一样，林肯的幽默被人误解了。那人一本正经地告诉他，玛丽自己把房子改建了，她丈夫一点儿都不知道，也不知道他会不会同意。林肯其实是知道小屋改建的事儿，但他也的确埋怨过妻子钱花得太多。从此以后，玛丽就不再把自己花销的实情告诉林肯了。

当然，加了一层楼，林肯的活动空间比以往大了一倍。他们家大门的位置没有变，但是在前廊的右边多出了个大起居室，很是舒适，大人们可以阅读，孩子们也可以玩耍。在走廊左边的一个前厅被当作会客厅，两扇拉门隔出一个后厅，用作林肯的图书馆和阅览室。一般讲究的家庭会把这两间房子统一风格装修，但是林肯还是把它分成两间屋，要是碰上大的聚会，他可以打开门溜到后厅去。

在二楼，林肯夫妇现在有个独立但是相通的起居室，宽敞且舒适。这样的房间设置并不是暗示他们夫妻之间的关系不好，或是性生活结束了。这是当时有钱人家流行的室内装修风格。有了独立的卧房，玛丽就不会经常被林肯的失眠和噩梦搅得睡不安宁了。罗伯特现在也有了自己的房间。威利和泰德住在罗伯特的隔壁房间。还有一间精致的客房和一间女仆住的小房间。林肯翻修过的房子既不像爱德华兹的公馆，也不像州长迈特森刚修的气派大房子，但是它也算是斯普林菲尔德最好的房子之一了。

对于玛丽·林肯而言，这座房子就是整个世界。她的孩子们那时也长大了，不再需要她整日地照顾了。年龄小一点的孩子们还是很调皮。1854 年后罗伯特离家到伊利诺伊州大学（其实也就是当地的一所预科班）去学习，他学习不太好，1859 年参加哈佛大学的入学考试时没有通过，只好去了新罕布什尔州的菲利普斯·埃克赛特学院再学习一年。玛丽在婚后第一次来读书，和亲戚朋友写一些家长里短的信了。

她也有了娱乐放松的时间。虽然她家的餐厅不大，但是她能邀上 6~8 个客人在餐厅里办个小型聚会。芝加哥的伊萨克·阿诺德对玛丽精湛的厨艺记忆犹新，当时桌上摆满了"鹿肉、火鸡、草原鸡、鹌鹑肉以及其他野味"。不过玛丽最喜欢办大型的自助餐会。1857年2月，为了庆祝林肯48岁的生日，玛丽举办了一个"气派、热情的"私人自助餐会。

就某种程度而言，林肯所表现出的好客，多半是为了维持他的政治关系网，林肯脑子里无时无刻不装着政治。他并没有因为1856年的竞选失利而灰心。不管怎样，共和党人还是成功地把威廉·毕赛尔"送"到州长的位子上。在全国大选中，詹姆斯·布坎南当选为总统，仅仅是因为反对票中的弗里蒙特与费尔默之间的内讧。如果把两人的选票加起来，总共40万张，占绝对多数。在1856年12月芝加哥共和党集会上，他告诉大家，如果党内各派系之间能求同存异，在"人的平等权利"这个中心思想上达成一致，形成我们的政治共识，下次选举非他们莫属。

在1857年3月6日，布坎南宣誓就职的第三天，美国最高法院正式宣布了一项决议，否决了密苏里州一个黑人的诉求。这让共和党人感到既有必要，也有可能赢得一场胜利。这次否决案关系到了一个名叫德雷德·斯科特的奴隶的命运。斯科特的主人是名陆军军医。他先把斯科特带到了伊利诺伊的罗克埃兰，根据西北条例以及本州宪法，奴隶制在伊利诺伊州是明令禁止的；后来，又把他带到明尼苏达州的斯内林堡，根据密苏里妥协条约，在那儿奴隶制也是被禁止的。在回到了密苏里州后，斯科特的主人死了。于是，斯科特向法庭起诉，要求给予他自由，理由是他一直是一个自由州的居民，之后去的州也不支持奴隶制。这个案子一直上诉到最高法院。首席大法官罗杰·泰尼按照多数法则判决斯科特没有权利诉讼，因为作为黑人，他不是美国公民。自从这个国家建立初始，泰尼宣布道，"黑人就要低人一等，生来就不能享受与白人一样受到尊重的权利"，而且那些开国者们在《独立宣言》和《宪法》里都没有包括黑人。这位首席大法官继续说道，居住在自由州并不能让斯科特享有自由。因为，尽管所有的国会的法案，包括《密苏里妥协条约》，都把奴隶制排除在外，但是都"没有得到宪法的批准"，所以"无效"。

反对奴隶制的代表人物《纽约论坛报》的霍瑞斯·格林雷听到这个结果之后暴跳如雷，指责说，最高法院的这个决议是由一帮人"（在华盛顿的酒吧里做出的"，不值得尊重，《芝加哥论坛报》预言，这项决议可能迫使一些自由州也施行奴隶制，芝加哥有可能会变成一个奴隶市场，男人、女人、小孩都会被拿到街上拍卖。北方反对奴隶制的牧师们对于泰尼的言论进行了猛烈的指责，反对的声音是如此强烈以至于《纽约先驱报》预测"整个北方将会陷入与最高法庭对抗的局面"。

和大多数伊利诺伊共和党人一样，林肯对德雷德决议案反应比较迟钝。直到5

月底的时候他才去查看这案子的卷宗。他认为，联邦法庭在诉讼案上不再行使司法权，这对"那些黑人而言算是件好事"。林肯说这句听上去冷冰冰的话，在某种程度上，是因为这件案件的决议成因很复杂。

林肯不愿去挑战法院的判决。他非常尊重法律和司法程序。一方面，民主党只信奉多数，什么事情只要是大多数人的意见就是正确的，根本不相信理智；另一方面，改革派的废奴主义者则信奉道德至上，同样也置理性于不顾，希望出台一项超越宪法的法律。在这种情况下，林肯认为法律给人们提供的是一套标准的行为规范，这也是这个受到双重威胁的社会所急需的。在 1856 年的竞选中，林肯提议法官作为奴隶问题的最后仲裁者。"美国最高法院就是裁决这些问题的地方，"他宣布，"我们共和党人会服从最高法院的决议。如果你们民主党人也决定服从的话，这件事件就能画上句号了。"

但是德雷德·斯科特的案子让林肯开始重新思考。如果法院仅仅是简单地认定斯科特是个奴隶，他想"没有人会对它的正确性提出质疑"。"如果这个重要的决议是法官们一致同意的，不带有明显的党派偏见，司法程序符合规范，而且和公众所期盼的结果一致也不违反各个部门的一贯做法的话，"他继续道，不接受这个结果，将会被视为"有党派嫌疑，不仅如此，有想革命的嫌疑"。但当大多数的法官推翻了前面无数的判例，其中包括柯蒂斯法官这次援引的案例，无视美国历史上很多州都已经把黑人视为公民的事实，把这一否决权运用到整个非洲裔的美国人身上，那么他们的决议就完全错了。

最困扰林肯的是在德雷德案件里，首席大法官毫无道理地声称，不管是《独立宣言》还是宪法里都没有把黑人纳入公民的行列。林肯直截了当地指出泰尼明显是在"曲解《独立宣言》浅显易懂，毫无错误的语言"。在所有的美国人心中《独立宣言》就是神圣的，也是针对所有的美国人的。现在，为了让奴隶制永久存在，"竟然要拿《独立宣言》来做文章，肆意地断章取义，胡乱曲解。如果是它的起草者们要是知道《宣言》受到这等待遇，估计都会从墓地里爬出来找他们算账的"。首席大法官对美国自由民主的基石和法律如此胡乱地曲解，这让林肯对司法的公正和公平产生了动摇。自此，他对最高法院的裁决再不是绝对地服从了。

直到 6 月，林肯还是保有这些观点。那时道格拉斯回到了伊利诺伊，在斯普林菲尔德进行了一次较大的演讲，内容针对的是斯科特一案。他认为那些裁决的法官自视"诚实、有良知"，实际上他们的所作所为就像是对"我们政府的共和制度的致命一击"。为了缓和伊利诺伊州"恐黑症患者"的不满情绪，道格拉斯表示同意泰尼的言论——黑人不包括在《独立宣言》所指的范围之内。他说，黑人就是那种"低下的人种，不论是什么年龄，不论在什么地方，他们都没能力管好自己"。他也警告共和党人不要支持"白人和黑人间的种族融合"。

直到注意到泰尼、道格拉斯对《独立宣言》的解释，林肯这才开始他暴风骤雨般的谴责。他指责这位首席大法官和参议员伙同他的民主党人，试图扩大奴隶制并使其永久化。为了达成目的，他们狼狈为奸，使深受压迫的奴隶雪上加霜。

为了让人觉得这种压迫是可以忍受的，道格拉斯胡言乱语地指责共和党人就是想"和那些黑人一起吃饭、睡觉、投票！就是想和他们通婚"。当时几乎在所有的白人心中都有一种天生厌恶心理，讨厌白人和黑人种族之间能够融合，而道格拉斯则处心积虑地把人们往这个想法上引，从而从中捞到救命稻草。林肯马上还击道："这是什么逻辑？就好像是说，如果我不希望那个黑人女人当我的奴隶，那么就是说我想要她做我的妻子？"《独立宣言》的作者是从没有说"所有的人，无论肤色、身材、智力水平、道德水平和社会能力，都是平等的"，但他们的确"认为所有人生来平等——一样有不可剥夺的权利，其中就包括生活的权利、追求自由和幸福的权利"。

这篇演讲虽然很富感染力，但不激进。贝尔维尔的共和党的德裔美籍领导人古斯塔夫·科尔纳抱怨道，"这篇演说太过讲究保守"。他认为林肯是位"很优秀的人，但论狡猾，比不上耶稣会会士；论老谋深算，比不上道格拉斯"。对此，林肯也没有进行探讨。他的目的不是去挖掘这两位民主党代言人之间政见的不同，而是让大家看到民主党人是如何联合起来压迫非洲裔美国黑人，并又是如何一直试图扩张奴隶制的行为。

这是林肯为了 1858 年的竞选而准备的基本战略。这次的大选将会选出州立法机关的委员，而下一届的美国参议员将由这些人提名产生。林肯相信道格拉斯这次有软肋可击，而他这次不会坐等机会来临。早在 1857 年的 8 月，林肯就开始号召他的共和党同伴们"现在就行动起来，掌控立法会"，并建议他们仔细拟定一个选区投票人的名单。他警告所有的共和党人，"让一切都要悄悄地进行，不要引起对手的注意"。

为了下届的参议员竞选，林肯组建了一个忠心耿耿、踏实肯干的智囊团。有些人很早就参与了林肯的竞选活动。赫恩登一如既往地支持林肯，而且他也和废奴主义者打过交道。州审计员杰西·杜布瓦和州秘书奥查思·黑什不仅是林肯亲密的政治伙伴，也是他在斯普林菲尔德的邻居。拉蒙和惠特尼则负责关注州中北部的动态。在布鲁明顿地区，有莱昂纳多·斯威特和戴维法官帮助林肯。在芝加哥，林肯最忠实的支持者要算是诺曼·裘德。虽然在 1855 年的时候裘德没投票给林肯，但是自从跟林肯一起工作后，他就改变了看法。《芝加哥新闻论坛报》的查尔斯·雷打消了早年的疑虑，现在成了林肯最忠实的支持者之一。在伊利诺伊南部，约瑟夫·吉莱斯皮曾和林肯一起在州议会工作过，也很支持他。

秋天到了，发生在堪萨斯和华盛顿的事件让林肯和他的伙伴们特别警惕。为了结束发生在堪萨斯的动乱和流血事件，总统布坎南和其他许多的民主党人都认为，迅速批准堪萨斯升格为州的决定是合适的。于是在 2 月的时候，政府下令开始投票活动。按林肯的话来说，这简直就是，"有史以来最大的闹剧"。自由土地党的人认为，这场投票就是支持奴隶制的一派操纵了的，所以他们待在家里没出来。本来有9000多名注册选民，最后只有2200名来投票了。九十月的时候，代表们聚集在莱康普顿，起草了一部州宪法，并提交给总统和国会批准。这是一部支持奴隶制的宪法，它的出台不仅使堪萨斯的200多名奴隶得不到自由，还规定他们的子孙世代为奴。这项宪法七年内不能修订。与会的代表不顾总统布坎南和新任州长罗伯特·沃尔克的建议，提出要进行公决，但内容不是宪法，而是是否允许引入更多奴隶到本州来。由于急于平息堪萨斯危机，布坎南不顾自己做出的承诺，签署《莱康普顿宪法》，并把它推荐给了国会。

道格拉斯决定反对这项法规。他知道他将面对伊利诺伊州的大选，而林肯则非常有可能成为他的对手。由于拥护堪萨斯—内布拉斯加法案以及签署了德雷德·斯科特决议，道格拉斯已经人气大跌。如果再拥护支持奴隶制的《莱康普顿宪法》，他将失去更多的支持者。特拉布尔的一位记者这样写道，"如果堪萨斯实行了《莱康普顿宪法》，那么道格拉斯在伊利诺伊就输定了。"除了政治上的考虑外，道格拉斯觉得这项法规违背了他的主要原则，因为这项法规否认了堪萨斯城的居民选择自己政府形式的权利。他发誓说"要尽最大的努力来纠正这个错误"。

道格拉斯反对《莱康普顿宪法》和总统，这让共和党人非常高兴。《纽约论坛报》的著名编辑霍瑞斯·格林雷在伊利诺伊有着5000~10 000人的读者。他认为，道格拉斯的做法不仅是正确的，而且"显然很有勇气"。许多政要都觉得，道格拉斯将要跨进民主党的阵营了；而且"对我们事业的帮助要比全国其他人大得多"。

民主党人对《莱康普顿宪法》问题众说纷纭。林肯对此的第一反应，就是共和党人应该站出来表明自己的观点，因为不论是布坎南还是道格拉斯，他们的观点都不对。林肯坚信，道格拉斯反对《莱康普顿宪法》只是一个蒙骗共和党人的小花招。他和他的朋友就像"一帮孩子布下了一张网，看看鸟儿们会不会来啄食，上当"。

但是到了12月底时，林肯开始发现格里利和东部其他的共和党人好像在逐步走进网里。林肯愤怒质问参议员特伦布尔："《纽约论坛者报》这样给道格拉斯歌功颂德到底是什么意思？""这是代表了华盛顿共和党人的意见吗？难道说提升共和党人的影响力就必须牺牲我们伊利诺伊州？"春天的时候，东部的共和党人对道格拉斯的赞扬之风愈演愈烈。赫恩登去华盛顿和东北部转了一圈，提起东部的共和党人很支持道格拉斯的选举，同时格里利也认为伊利诺伊州共和党人反对道格拉斯是很愚蠢的行为。

伊利诺伊州共和党人很反感外界对他们的干扰，他们依然决定支持林肯，根本不屑于提名道格拉斯。"但愿不会发生这样的事，"杰西·杜布瓦生气地说道，

"难道我们的朋友们都疯了吗?"这样的变动简直是不可思议。赫恩登生气地给格里利写信说:"当我们是辉格党人时,道格拉斯攻击我们;当我们是共和党人时,道格拉斯还是攻击我们;不管我们是群体还是个人,他都攻击过我们。这种没完没了的漫骂,是如此的无耻、肮脏、卑劣,是可忍孰不可忍。"

林肯和他的朋友们很担心那些前民主党人会临时变卦,支持其他的候选人。1855年的时候就发生过这样的事。其中最有可能变卦的,就是芝加哥共和党前国会议员温特沃斯。此人飘浮不定,但人缘极好。在堪萨斯—内布拉斯加法案的问题上,他与道格拉斯分道扬镳,最近又以空前的压倒性多数选票成功当选芝加哥市长。温特沃斯对参议员的宝座似乎有些垂涎,但是他很明智地认识到,在共和党人中林肯应该是最佳人选,所以他就到此止步,没有任何动作。但是,民主党的报纸为了瓦解他们的对手,谎称他有意参选,并宣称温特沃斯曾说过林肯绝对不可能被选上,他打算把坚决推选他的代表们团结起来,共渡难关。林肯的一些支持者,如曾经在芝加哥跟温特沃斯交过手的裘德,把这些话当真了。林肯自己也是一样。

为了防止共和党内部的分裂,林肯的朋友们开始认真地准备秋季的大选。这次大选将会选出87位下届的立法委员,包括13位留任的州参议员。尽管林肯自己表现得不太积极,但是他的支持者们在县大会一次次地宣布,林肯是他们唯一支持的参议员人选。之后,他们安排了共和党州大会,为的是提名参议员候选人,这在美国历史上是第二次。这样的程序可以称得上是前所未有的,所以吸引了很多人的注意力。

在6月16日那一天,共和党人在斯普林菲尔德的州议会大厦召开了大会,结果是事先安排好的。代表们一致通过布朗宁起草的纲领,提名州财政局局长和教育厅厅长人选。当裘德和芝加哥的代表们带着一个横幅,上面写着"库克县支持亚伯拉罕·林肯"走进会场时,会场里响起了一阵掌声。一位来自皮奥里亚的代表上前把标题改成"伊利诺伊州支持林肯",这使得会场更加沸腾了。与会代表们一致投票给林肯,林肯是"共和党人推选接替斯蒂芬·道格拉斯为美国参议院第一人选,也是唯一的人选",赫恩登说,"这是一件大事",共和党人都"像炸了锅似的,但爆炸的不是毒气,而是雷电,让大家都颤抖起来了"!

就在当晚的8点,林肯发表演说,表示接受提名。为此,他已经思考了好几个星期,并一字一句地打草稿,零散的纸上、信封的背面到处写的都是,并把它放在自己的高礼帽里随身携带。全稿完成之后,他最后又逐字逐句地修改了一遍。对于演讲的内容,林肯一直保密。当杜布瓦问他的时候,林肯回答道:"过段时间你就会知道,现在我是不会提前公布的。"定稿之后,他首先读给了赫恩登听,然后又读给了他的一些智囊团成员听。到晚上开会时,林肯凭借着超强的记忆力,流畅地发表了演说,其间他都没有看过自己的手稿。林肯对于这个"分裂的家"

的主题已经思考了好几年。早在 1855 年，他第一次竞选参议员失利时，他就对肯塔基的一位记者说过："作为一个国家，我们还能永远像这样一半奴隶一半自由地维持下去吗？"第二年在和弗里蒙特竞选时，好几次林肯提到"他认为我们的政府再也不能对一半受压迫一半自由的现状视而不见"。1857 年 12 月，林肯发表了一次演说，他指出，大家的争议都转移到了《莱康普顿宪法》的问题上，而"奴隶制对国家而言是个重大的问题"，这会导致政党的分裂。"一个分裂的家是不可能持久的，"林肯最后这样说道，"我相信，我们的政府不会永远容忍长期的一半人是奴隶一半人是自由的现状……摆在我们面前的问题是，这个国家是否会变成奴隶制国家。"

演讲的第一部分，他指出，将奴隶制推向全国就是道格拉斯险恶用心的一部分。林肯指出，首先是道格拉斯，他的堪萨斯—内布拉斯加议案是想让所有的州都对奴隶制敞开大门，这搅乱了国人长期形成的观念；之后是富兰克林·皮尔斯总统，他大力地推进了这项议案，使之法律化；接下来是詹姆斯·布坎南总统，他在就职宣言里丧心病狂地敦促民众接受最高法院还没有宣布的意见，而这个意见的主旨就是要扩大奴隶制；他的话音未落，首席大法官罗杰·泰尼就判定，所有限制奴隶制的立法就此失效。跟绝大多数的共和党人不同，对于用什么措施来扩大奴隶制才能发挥"奴隶的力量"林肯并没有指责。在整个竞选过程中，林肯都小心翼翼地避开了"奴隶的力量"这几个字。他承认，"我们不会百分之百地知道"民主党领导人是有预谋的。"但是，"他打了个比方，每个盖过仓房的伊利诺伊农民都能明白，"当我们看见许多规格的木料的时候，我们知道这都是由不同的工匠在不同的时期和地点事先准备的；而这些工匠就是斯蒂芬、富兰克林、罗杰、詹姆斯（比如说道格拉斯、皮尔斯、泰尼、布坎南）。当这些木料组合到一起的时候，所有的榫头都准确地固定好了，一根不多一根也不少，一座住房或是磨坊的框架就搭起来了。"现在说这四个人不是按同一个计划或用同一张蓝图来建造的，谁会相信啊。

林肯指控北方共和党领导人支持奴隶制度是有预谋的，或许他真的是这么认为的，因为他根本信不过道格拉斯。在他看来，道格拉斯这个人毫无原则。一条毫无根据的传言说道格拉斯正在派一些"行踪诡秘的人"去伊利诺伊州，要搞一场"无声的抗拒"就能分裂共和党人。根据林肯的判断，这很有可能，"对于道格拉斯来说，这再自然不过了；他就是这样的人"。林肯对道格拉斯的嫉妒由来已久，对他的怀疑也在与日俱增。人们找到了林肯一份零散的手稿，谈到了他和道格拉斯相识 22 年的恩恩怨怨。其中，林肯曾把自己和道格拉斯的政治生涯进行了一番痛苦比较："在两人比抱负的竞赛中，我输了，而且是一败涂地；可他赢了，而且是战果辉煌。"林肯也曾对约瑟夫·吉莱斯皮抱怨说，道格拉斯在他面前"盛气凌人，傲慢无比，就因为他在国内的威望比我高"，随后又略带惆怅地说，"如果我俩换个位置，我是不会那样对他的"。

林肯这次的怀疑最终证实是没有根据的。道格拉斯和皮尔斯的确是联手来确保《堪萨斯—内布拉斯加法案》通过，但布坎南和泰尼跟这事没关系。泰尼的德雷德·斯科特决议案和道格拉斯的"人民主权论"是水火不相容的。道格拉斯和布坎南两人之间舌枪唇剑，这已经是尽人皆知的事，但为了找到一个把柄，林肯不得不把两人在《莱康普顿宪法》问题上的针锋相对说成是情人间的"拌嘴""吵架"。

为了自圆其说，尽管没有什么道理，林肯还预言将会再次出现类似德雷德·斯科特决议的案例，目的就是保护全国各州的奴隶制。首席大法官泰尼对于这样的批评十分恼火，正积极准备发布一个德雷德·斯科特决议案补充说明，这是林肯没有想到的。但是，作为一个见多识广的律师，他认为在不久的将来肯定会发生类似的案子，届时司法部门还是会站在奴隶制一边。"雷蒙与人民之争"一案就是一个例子。这个案子涉及的是一位弗吉尼亚奴隶主，争议的焦点是他是否有权带着他的奴隶进入纽约，然后中转去得克萨斯州。这场官司打到了最高法院，这已经不是什么秘密。按现行的做法法官该怎么判，完全不用费劲就能猜得出来。

林肯的"分裂的家"演说不在于指责这样一些细枝末节，而在于它所传达的深刻含义。演说的目的非常明确，就是要告诉伊利诺伊州和东部的共和党人，道格拉斯根本不值得信任，必须打败他。

在演讲的结尾十分简短，其中林肯质问道，把奴隶制推向全国这个潮流谁能阻挡得了？很显然，不是道格拉斯，尽管他的支持者们提醒我们，"道格拉斯是位伟人，而我们大家都不过是些无名鼠辈"。但道格拉斯有前科，他曾经支持过奴隶制，这使他成为一头失去了牙齿被关在囚笼内的狮子。林肯用了一句可怜巴巴的话提醒他的听众说，"一只活着的狗，怎么着都会比一头死了的狮子强吧"。不！把奴隶制送上黄泉的事业应该交给共和党人，应该由共和党人来完成。他们才是这个事业的同路人。"结果是不容置疑的，"林肯最后说道，"我们不会输——如果我们立场坚定，那我们就会胜利。"

其实，林肯的"分裂的家"演说由三个部分组成，包含了三段论必然性：把奴隶制全国化必定要失败；而斯蒂芬·道格拉斯却大力支持这种行为；因此，斯蒂芬·道格拉斯必定要失败。

林肯的"分裂的家"演说可以算得上是共和党领导人发表的一次极为激进的演说，同时，也为他博得了不少关注。而在五个月后，威廉·西沃德预言说，"奴隶制和自由之间存在着无法避免的冲突"。这篇演说的第一个听众是赫恩登，就连这位志同道合的朋友都告诫林肯："尽管你说的都是真实的，但以此为演说是个明智之举吗？"林肯的其他顾问们也都认为这篇演说词不太适合公开发表，他们反对林肯运用"分裂的家"的寓意，认为"这种象征意义在我们这个时代显然是太超前，太极端了"。编辑约翰·洛克·斯科瑞普斯也曾提起，大多数听到过林肯演说的人都认为"这是以共和党的名义对我们国家现有制度发起挑战的宣言"。

林肯其实早就预料到"分裂的家"演说中的预言会引起争议，所以在几个月前，他就试图缓解其冲击力，他告诉斯科瑞普斯说，"不管我的言辞是否在推波助澜，这些都绝不会是我有意为之"。林肯坚持认为，"在演讲词中我并没说我支持了什么……我仅仅是做了一个预言而已，而且也有可能是个愚蠢的预言"。但是，林肯从来没有否认这一点。他知道，要能得出必须打败道格拉斯的结论，这是他的三段论逻辑中必需的大前提。

当道格拉斯得知共和党将提名林肯时，他意识到要应对这位对手，他必须打起精神。他对记者说，"我马上就有得忙了，林肯这人既老实也精明；就算我赢了他，那也得一番苦战"。道格拉斯发现在《莱康普顿宪法》的问题上取得胜利之前，他必须待在华盛顿。即使是在华盛顿，道格拉斯也没有闲着。

当道格拉斯开始出发到州内各地巡回演说时，林肯也大多尾随其后，常常是道格拉斯刚做完演讲，林肯就宣布将对此做出回应，有时候是在当天夜晚，但更多是在第二天。《纽约先驱报》评论说："一位现任的美国参议员前脚刚讲完，另一位想当参议员的人后脚就跟着讲，这样的事还真是有点反常。"

林肯认为"自己第二天在道格拉斯的演讲地也做演说，这样的事是非常有必要的"。但他的顾问对他的这一"尾随策略"的意义表示怀疑。裴德作为林肯非正式的竞选经理人，负责北伊利诺伊州。他认为林肯这样的行为会让道格拉斯一直高度关注林肯。一位迪凯特的支持者分析道，道格拉斯喜好虚荣，爱虚张声势，所以每到一处就吸引了各党派的支持者来一看究竟。道格拉斯演讲结束后，只有坚定的共和党人才会留下来等着林肯，支持林肯的演说。"或者可以这样说，道格拉斯召集了一大群听众，而林肯的听众则是最终留下的那拨人。"道格拉斯和他的支持者们对于林肯的这种做法大为恼火。《伊利诺伊州纪录报》称，林肯之所以这样做，是因为他自己没有能力召集到这么多的听众。民主党旗下的《芝加哥时报》对林肯的做法也嗤之以鼻。

道格拉斯不愿与林肯纠缠，开始用更多的时间来对付莱曼·特伦布尔，因为特伦布尔曾经指控道格拉斯在废除《密苏里妥协方案》的过程中有腐败的交易行为。见此状况，林肯改变了自己的战斗方案。为了把公众的注意力从他们两人的争执转移到自己竞选上来，他提出了一系列的问题要与道格拉斯辩论。道格拉斯对此不太情愿，因为在公众面前与一个知名度比自己低的人辩论，他得不到什么，而失去却很多。他责怪林肯的挑战来得太晚，他的演讲日程已经排满了，而且可能还得匀出一些时间给第三个潜在候选人，一个民主党提名，对布坎南总统十分忠诚的人。但是，道格拉斯也知道不能拒绝林肯，因为那样别人会以为他怕林肯。最终，道格拉斯勉强答应参加7场辩论，除了第二场和第六场被安排在芝加哥和斯普林菲尔德，其他的五场都被安排在伊利诺伊州的各个选区。

1858 年的竞选对于林肯而言，并不是仅仅和道格拉斯辩论就完事了。林肯没有秘书，没有全职助手，没有专门的竞选经理人，只能靠自己来完成竞选方方面面的工作。为了筹钱，他曾跟那些对他的事业发展有兴趣的朋友们说，现在是该他们出手的时候了。他甚至在地方小报伊利诺伊州的《帕里斯草原烽火报》上刊登支持共和党的文章。他还全程监督自己竞选演说文本英文版和德文版的印刷和发行。林肯意识到在南伊利诺伊州，共和党的势力很弱，他联合特伦布尔及其他五位助手，答应给年轻的德裔美国新闻人约翰·尼克雷 500 美元，让他提高圣·路易斯的《密苏里民主党人报》的发行量。这份报纸虽然名字让人误以为是民主党人的报纸，但实际上是共和党人在南伊利诺伊的喉舌。

林肯的大部分时间都用在了思考共和党的竞选策略上。回顾 1856 年的竞选，很明显共和党人这次是很有把握赢得州财政局局长和教育厅厅长两个职位。但是参议员席位，结果还得看将近百场的州议会竞选，而这方面他能施加的直接影响十分有限。所以说共和党人的任务可以说很艰巨，因此，用赫恩登的话说，林肯"对于他能否取胜不只是没有把握，而是感到迷茫"。

尽管有着不安的情绪，林肯还是很快地调整了过来，全身心地投入到了竞选的准备工作中。他草拟了一份详尽的列表，上面记载着各选区在此前选举中的投票分布情况。林肯预测在 1858 年，1856 年投费尔默票的选民现在会支持共和党的候选人。林肯在他的列表上这样标注道，南伊利诺伊，"无望"，共和党人没有必要在那个地区浪费精力和资源；北伊利诺伊，"毫无疑问，我们肯定能拿下"，因为有着广泛的竞选基础，所以林肯认为在这些地区的县就算不开展竞选的宣传活动都可以。根据这样的指导思想，林肯对他的竞选行程进行了有针对性的安排。在伊利诺伊的南部和北部，他将各进行四场演说。林肯把大部分精力都投入到了在中部地区的宣传演讲活动中。在林肯看来，中部诸县市就是"我们的必争之地"，这些地方曾经是辉格党（现在逐渐演变为本土党）的势力范围。

很快，林肯发觉辉格党人不太买他的账，只有极少的前辉格党人参加了 1858 年的共和党县级大会。为了制止这样的行为，林肯在竞选过程中一再地强调他曾长期为辉格党服务，他才是继承亨利·克雷衣钵的人。与此同时，道格拉斯也宣称自己是这位伟大的肯塔基人的继任者。林肯一直在努力争取辉格党人的支持，可是林肯的希望在法官里尔·迪奇的一通声明后化为了泡影。这位法官是辉格党中的一名知名人士，也是林肯的一位好友，他声明支持道格拉斯，至于不支持林肯的原因，则是"林肯和那些废奴主义者走得太近了"。之后，迪奇透露说，他收到了肯塔基的约翰·克里特登的来信。克里特登是克雷在政治上的继承者，也是美国参议院议员，他透露自己支持道格拉斯。林肯对这个说法感到怀疑，于是写信给克里特登表达了他的疑惑和焦虑。可令林肯震惊的是，克里特登在回复中说，他的确认为道格拉斯的再次参选"非常有必要，这不仅是对本届政府的重要一击，还可以表现出我们所从事的伟大事业对于人民主权和司法公正的意义"。

为了巩固自己脆弱的联合阵线，林肯千方百计分化瓦解民主党。尽管道格拉斯和布坎南就和解问题进行了几次努力，但是他们之间的裂痕还是无法弥合。

道格拉斯宣称，国家民主党和共和党之间肯定有着龌龊的交易，他们两党唯一的目的就是把他打垮，除此之外别无相同之处了。为此，特伦布尔曾经向林肯求证是否有着这样的联盟关系存在。林肯给他的回复是，就他看来，他们并没有跟布坎南联手。虽然林肯非常希望看到民主党内部出现分裂，但是他并没有采取任何相关的行动，他字斟句酌地说，我们和"达恩分子"之间没有任何的联盟或是协议，"没有任何承诺，没有互相提供支持，没有相互交换选票"。赫恩登也澄清说，"……两方之间没有任何的明示或暗示、直接或间接的约定"。

尽管表面上，林肯声明他们之间没有任何联系，但事实上，仅仅在他回复特伦布尔几天之后，他就密会了国家民主党的州财政局局长候选人约翰·道尔第上校，与之讨论竞选的有关事宜。道尔第向林肯保证，国家民主党一定会在每个选区都派出候选人参选，林肯对此回复道："如果你们真的能依此进行的话，一切都好办了，我们是胜利在望。"大部分情况下，林肯并不是直接和"达恩分子"接触的，他是通过中间人来沟通的，因为他不想外界抓到自己和"达恩分子"联系的把柄。中间人的合适人选首推赫恩登，因为他的兄弟艾略特·赫恩登是《伊利诺伊民主党人报》的编辑，而这家报纸又是国家民主党人在斯普林菲尔德出版的。赫恩登的父亲坚定支持布坎南，所以赫恩登夸口道，"他们很爽快地说一定会这样做"。赫恩登知道不应该让林肯跟这些事情扯上关系，所以他跟特伦布尔也是这样说的，"我知道这些详情，但是林肯的确是不知道的"。

随着竞选进程的深入，共和党和国家民主党走得也越来越近了。到了9月，出席共和党党代会的人越来越少以至于他们只能在民主党会议厅里开会，一面被别人当作笑柄。在大会上，杰西·杜布瓦向林肯汇报说，共和党人已经通过"你的人"得知了国家民主党人的策略。一位资金短缺的《伊利诺伊民主党人报》的出版人对他的一位欠发薪水的员工这样说道，"他再等一两天就能得到林肯先生的500美元"——这件事也许是真的，也许是假的。

由于需要频繁地出去演讲，林肯没有办法整天待在办公室处理竞选的事宜。竞选期间，每天共和党人和民主党人都在全国各地举行集会活动。共和党的一些年轻人都被派到比较小的集会地，比如说像是学校和乡村教堂。在比较大型的集会上，共和党人会邀请一些外州的政要演说，比如说俄亥俄州州长萨蒙·切斯，邻近的印第安纳州代表斯凯勒·科法科斯，来自邻近州声名显赫的政治家族的小弗朗西斯·布莱尔，他也是颇有影响力的《圣路易斯民主党人报》的一名编辑。俄亥俄州的克雷蒙·维拉迪汉代表在伊利诺伊州也为道格拉斯做了几场演说，但是民主党人认为他们可以不用请"外援"。

相对而言,伊利诺伊州的选民们还是愿意听自己支持的领导人做演说。道格拉斯在竞选的过程中一共做了 130 场演说,林肯做了 63 场(不包括他对一些小型活动所发表的评价和对共和党人的一些恭维赞赏话)。在竞选前的数百天,道格拉斯行程 5227 英里,而林肯在 7—11 月,也有将近 4350 英里的行程,350 英里是水路,600 英里是在马车上走过的,3400 英里是在火车上度过的。

林肯和道格拉斯之间的 7 场正式辩论虽然仅仅是 1858 年竞选中很小的一部分,但是引起了公众的极大兴趣。他们的演讲都是一个套路。他们两人轮番首辩,首辩的人有一小时的陈述时间,之后的一个半小时留给对手回复,最后,首辩的人还有半小时进行反驳。林肯对此安排有所抱怨,因为道格拉斯能有 4 个首辩机会,而他只有 3 个。

共和党的《纽约时报》这样报道说 1858 年的伊利诺伊是"当年美国政治斗争中最有意思的一个地方"。全国的报纸都对伊利诺伊的竞选活动做过报道。

记者们注意到了候选人在外表上的巨大反差。道格拉斯身材矮小,只到林肯的肩膀那儿,长得很壮实,相貌普通,唯一奇怪的就是鼻子顶端横着拱出一道皱纹;而林肯长得很高,非常消瘦,脸色蜡黄,充满忧郁的神色。道格拉斯讲话声音很大,官味十足;而林肯的声音很尖,有时会尖得刺耳。道格拉斯举止优雅,当掌声响起他会很有礼貌地鞠躬致敬;而林肯举手投足显得有些笨拙,当他鞠躬时,看上去像把折叠刀在开合。

他们在公众面前展现自己的方式也有所不同。道格拉斯喜欢展现一种强势的姿态,把自己表现得像是一位颇有声誉的政治家。他总是和美丽的第二任妻子阿黛勒·卡茨一同出行,乘坐的火车也是装饰豪华,舒适且适合娱乐。他穿着气派,蓝色的亚麻西装上镶着银色的纽扣。出现在公众面前时,他俨然就是一位正在做报告的美国参议员。林肯故意让自己和道格拉斯的形象大不相同。他出行时,坐的是普通车厢,因为在那儿他有很多机会接触选民,和他们交谈,了解他们的想法。除了最后一场在奥尔顿的辩论有玛丽·林肯陪伴在身边外,其他的几场辩论都没有看见玛丽的身影。林肯不是那种刻意向公众展示自己优雅端庄妻子的那种人。林肯很不喜欢穿着正装出席辩论,支持共和党人的德裔美国领导人卡尔·舒尔茨这样描述林肯的装扮:"他通常是穿着袖子奇短的黑上衣,裤子短得能让人看见他的一双大脚。"

林肯总喜欢不时地把人们的注意力转移到他自己和道格拉斯的不同上。林肯调侃道,道格拉斯的支持者们,期望着他们的领导人能在不久的将来成为这个国家的总统,仿佛从他那"圆润、开心的"脸上就看到了自己无尽的美好前景,"邮局、土地局、元帅,还有内阁、外交等这些肥差好像就向着他们涌来";而在林肯那"可怜、精瘦、长长的脸上",人们"连个卷心菜都看不到"。事实上,林肯的确是个对个人享受不太关心的人。在这场竞争中，最重要的是展现林肯是位普通人，精明、廉洁，而不是大量的财富，著名的律师。

伊利诺伊州的渥太华是位于芝加哥西南 80 英里的小镇，有 9000 左右的人口。首场辩论就安排在这座小镇上，吸引了大约 1 万人前来观看，这些人有的是徒步过来，有的是坐马车过来，甚至还有一些是坐着船从伊利诺伊运河过来的。一共有 2 辆火车到这里。一辆是有着 17 节车厢的特别专列，载着的是芝加哥的观光者；一辆是有 11 节车厢，来自佩鲁和拉萨尔。林肯中午的时候乘芝加哥的专列到达，下车时受到了当地市长约瑟夫·格拉维尔的欢迎。据《芝加哥新闻论坛报》报道，"渥太华的年轻女士们用绿色常青树枝和标语把林肯坐的马车装饰得非常漂亮"。林肯坐在马车上，由军队护送，旁边是铜管乐队演奏，欢迎的队伍有半英里长，经过市中心广场，一直到市长的宅邸。与此同时，道格拉斯的支持者们也倾巢出动，欢迎道格拉斯。道格拉斯的豪华马车，由四匹雄赳赳气昂昂的马拉着，从佩鲁而来。

一点钟的时候，人们开始走进拉菲特广场。演讲即将在那里进行，广场上人山人海，大家都在寻找最佳位置听演说。广场上没有座位，为了听完演说，人们要站整整 3 个小时。一些报纸还报道说，有些"小丑"爬到了临时搭建的演讲席的屋顶上，把看台压垮了，砸到了那些毫无防备的接待委员会的成员脑袋上，一度造成了混乱，但幸好在道格拉斯演讲之前恢复了秩序。两点半钟，道格拉斯准时开始了。

道格拉斯的开场白火药味十足，把林肯吓了一跳。道格拉斯故意引用林肯的话，说自己的确是一头狮子，不过不是林肯说的死狮子，而是一头牙齿锋利、精力充沛的雄狮。在宣布了一直贯穿整个竞选过程的竞选主题之后，道格拉斯指责林肯和特伦布尔自 1854 年以来就一直策划要颠覆民主党和辉格党，以期"创造一个以共和党之名为幌子的废奴党"。为了证实这一点，他拿出了一本激进的反奴隶制纲领，说这个纲领于 1854 年在斯普林菲尔德的共和党第一次州立大会上通过，据说林肯也签了字。此时的道格拉斯，就像是一位律师盯上了一位不情愿出庭的证人，要求林肯告诉他是否仍然赞同这项纲领，是否还和 1854 年时一样支持无条件地废除《逃亡奴隶法案》，是否仍然反对更多的州成为蓄奴州，是否支持哥伦比亚特区废除奴隶制，是否保证要斩断州与州之间的奴隶贸易，是否希望全国的土地上不再出现奴隶的身影。道格拉斯还指责林肯，从来都是不赞成自治，不允许州与州之间存在着差别；而这一政策"是华盛顿、麦迪逊或任何其他政府政策的制定者从来没有想过的"。

一时间，林肯被问蒙了。他擅长的是先把自己的想法仔细梳理一遍，然后再措辞、润色。但辩论时则要求思维敏捷，根据对手的发问迅速调整自己的论点。很显然，林肯对于辩论的模式还不太适应。林肯结结巴巴地说，他和道格拉斯所说的那个1854年的决议没有任何的关系，是有人未经他的同意擅自使用了他的名字。他同时声明，自己在奴隶制问题的态度上并非那么激进。为了证实这一点，林肯详细地宣读了他1854年的皮奥里亚演讲，其中他提到自己也不知道该如何结束奴隶制。

林肯急急忙忙地结束了自己的演讲，分配给他的时间好多都没有用完，也没有很好地把握演讲的基调，还不时地开些过时的玩笑，说道格拉斯曲解了自己在种族问题上的观点，是典型的"花言巧语，玩文字游戏，什么都不能证明"。林肯说着说着就开始运用法律术语，让听众们一头雾水，不知所云。林肯说，鉴于道格拉斯并未否认参与了支持奴隶制活动的指控，"用我们律师的话来说，就是默认这一事实"。但是，道格拉斯马上出示了一个声明，说他不曾支持过奴隶制，林肯马上说道，"我反对；对于默认之后的所有诉求不予考虑"。对于道格拉斯的质问，林肯婉言拒绝，尽管林肯在这些问题上的态度很早以前就已经明确。林肯非常地小心谨慎，他要等到下一场辩论再见机行事，"除非他也让我这样步步紧逼地盘问一下，不然我是不会让他这样问我的"。

听完道格拉斯的反驳之后，大部分的听众都寻找跑散了的家人，各自回家去了。据《伊利诺伊州纪录报》报道，"当道格拉斯离开讲坛的时候，几乎人群都向他拥来，人群中不断爆发出阵阵欢呼声，这样一路直到酒店为止"。林肯的共和党支持者也很热情，十几个人把他扛在肩上，乐队一路伴奏，直到市长的宅邸。实际上，林肯并不是很喜欢这样的举动。对林肯怀有敌意的记者亨利·韦拉德认为这样的行为非常滑稽可笑，"那奇怪的身躯就这样架在他的支持者的头上"，他的两腿"还在他们的肩膀间晃来晃去，他的裤子被扯到了膝盖那儿，连里面的衬裤都可以看见了"。

林肯的一些朋友担心和上次在渥太华的辩论相比，他是不是表现得过头了。理查德·耶茨表示，他和其他的一些人对林肯的表现很是满意，但这样的人毕竟是少数。林肯自己对结果表示满意，在第二天的时候说道，"昨天的炮火太猛，但很高兴我还活着"。但是林肯的绝大多数智囊团成员都认为林肯没有完全展现出自己的气势。雷马上就要去纽约出差，临走时他叮嘱国会议员沃什伯恩"要是在弗里波特见到林肯，一定要叫他放开了！不要老是以守代攻"！与雷同属一个报纸的约瑟夫·梅迪尔也呼吁林肯改变策略。他认为，"不要再一守再守，不要再提以前的演说或立场……而应该牢牢树立一个信念，要把那些支持奴隶制的蛊惑人心的政客揪出来，把那些叛徒和阴谋者揪出来"！

回顾了自己的表现，林肯对自己在渥太华的糟糕表现很担心，于是他召集他的智囊团于8月26日在芝加哥召开了一个会议，目的是商讨出一个针对道格拉斯质问的合理对策。与会者建议重新考虑林肯的竞选策略。梅迪尔替他的同事向林肯谏言，下次在弗里波特辩论的时候，林肯应该"对道格拉斯提出一些对他而言难堪的问题"。

林肯在弗里波特的这场辩论，比起一个星期之前的渥太华的那一场，显然主动多了；听众与伊利诺伊州一样，非常同情废奴运动。面对这样的听众，林肯一开始就回答了道格拉斯在渥太华对他的质问。他的回答非常中规中矩：他没有支持废除《逃亡奴隶法案》；他没有强烈反对其他的蓄奴州加入联邦，尽管会感到很失望；也没有明确反对任何一个州根据公民的意愿制定宪法；如今他没有请求废除哥伦比亚特区的奴隶制（尽管他非常希望看到这一局面）；也没有支持禁止州与州之间的奴隶贸易（尽管他承认自己在这个问题上没过多地考虑过）。

他回答完之后，向道格拉斯提出了四个问题。首先，在堪萨斯的居民人数没有达到必需的数量时，道格拉斯能够根据英国法律支持堪萨斯成为联邦的一个州吗？其次，"任何一个美国领地的公民能够在制定宪法之前以法律的形式在其领地范围之内排除奴隶制吗？再次，道格拉斯是否会默许并服从美国最高法院的决议，宣布各州没有权力自行废除奴隶制？最后，道格拉斯是否赞成兼并新领地，而不管这种兼并是否对奴隶制问题产生任何影响"？

这四个问题中，第二个是关键一问。尽管梅迪尔催促林肯早点把这个问题抛出，但是林肯在发问之前还是犹豫了一会儿。他其实早就猜到道格拉斯会如何回答这个问题，而且正如他所预料的，道格拉斯立即就做出了回应，说"任何不友好的立法"都能够把奴隶制赶出这个国家的土地，因为"除非有当地警察机关的支持，不然奴隶制是连一天都没办法存在的"。"尽管在与我一起演说的时候，林肯已经对此听了不下百遍"，但是我还是要说"美国公民有权在宪法制定之前在他们领地范围内废除奴隶制"。这个回答后来成为被人熟知的"弗里波特主义"。这个预料之中的答案对于林肯而言比较重要，如果不能让道格拉斯明确地表明这一观点，那么将"很难把他拉入正题"。

在这之后，林肯利用赫恩登和其他人为他在斯普林菲尔德报纸上做的调查，抛出了一个爆炸性消息。道格拉斯在渥太华处心积虑宣读的那份废奴决议，那份所谓的林肯签字同意的决议，实际上并不是在某个斯普林菲尔德的大会上宣读的，也不是在林肯所参加的某个会议上宣读的，而是在凯恩县的某个会议上形成的。林肯极其气愤地指责道，道格拉斯"真是太不寻常了"，居然如此不谨慎，如此冒天下之大不韪，说出那样的话。这样的谎言，只要稍微调查就可以被拆穿的！

这突然的一击让道格拉斯慌了手脚，但他毕竟是经验丰富的辩论老手，不一会就把自己给调整过来了。道格拉斯采取了声东击西的战术。他说林肯拿废奴决议签署的地点做文章，是在回避自己是否签署或反对废奴决议的问题。道格拉斯的目的是想把大家的注意力从本身转移到"地点"上去，以便借题发挥，攻击林肯在墨西哥战争中"英雄们流血地点"的问题。当发现这一招没有起到预期的效果时，道格拉斯又开始不停地对着听众大喊"黑人共和党人"，以激怒听众。每当听到下面的听众齐声回应"白色，白人"时，道格拉斯就借机谴责这些人，他显得很骄傲地说道，"我以前就见过你们这些流氓暴徒，你们的愤怒我不屑一顾"。

几乎所有的人都认为林肯在弗里波特的表现比在渥太华的要好一些，他的忠实支持者赫恩登也确信"林肯已经在这场比赛中占有明显优势"。就连远在马萨诸塞州的一位《洛厄尔每日邮报》的编辑也很仰慕林肯，他甚至公开宣称林肯的演说非常有说服力，"以至于人们都开始盘算林肯要是竞选更高的席位胜算有多大了"。

第三轮的演讲是在琼斯堡进行。琼斯堡在伊利诺伊州的最南边的尤宁县，是座有 842 人居住的小镇。这个小镇上的人大多是从肯塔基和田纳西迁过来的，都是坚定的民主党人，对黑人非常排斥。这个小镇发展落后，没有什么经济基础，对于共和党而言，这个地方的投票没有太大的意义。林肯也知道他在第三场辩论里不占什么优势。只有不到 2000 人观战。

林肯和道格拉斯把之前辩论时的观点重新表演了一遍，换汤不换药，毫无新意。

三天后在查尔斯顿，林肯受到的不再是冷漠，而是热情。科尔斯县的很多人都认识托马斯·林肯和他的家族，一些热心的人还把一幅 80 英尺长的巨幅张贴画铺到街上，上面画的是 30 年前的林肯坐在一辆 3 对牛拉着的马车上。民主党对此也有对策，他们打出一条横幅，上面写着"黑人平等"，配着一幅画，画上是一个白人男子和一个黑人女子，还有一个黑白混血的小男孩站在他们身边。共和党人觉得欺人太甚，于是在辩论开始前把它撕得粉碎。

辩论伊始，林肯就这个问题发表了评论。他说，最近有个上了年纪的人很想知道他是否支持白人和黑人间的绝对平等。这个问题可能是林肯自己编的，但是这给了他开始演讲的机会，使得他能在这个曾是保守辉格党的势力范围的地方表明自己的观点。"我从来没有在政治和社会的层面提出过白人和黑人的平等问题，"林肯宣布道，"没有支持让他们成为选民或是陪审员之类的，没有认为他们适合去坐办公室，或是和白人结婚。"他继续说道："黑人和白人身体上有差别，我相信正是这个差别使得黑人和白人在政治和社会这两方面不可能完全平等。"

林肯这样的说法，从政治上讲是十分得当的，因为在这里绝大部分居民都来自南方。早在 10 年前，这里 70% 的选民都支持一项把黑人赶出伊利诺伊州的宪法修正案。在这样的小镇，林肯说出上述的话是一项权宜之计。不过，这些话也代表了林肯内心的想法。尽管他一生都在与奴隶制做斗争，但是在非洲裔美国人的地位问题上，他很少发表言论。和他那个时代的人不太相同的是，林肯对黑人并没有敌意。但是他的确不太确信他们是否适应进入自由社会，他甚至想过美国的种族问题是不是可以通过殖民化的方式来解决。

突然，林肯话锋一转，莫名其妙地攻击起道格拉斯来，说道格拉斯虽然坚决反对《莱康普顿宪法》但的确参与了在堪萨斯推行奴隶制的阴谋。查尔斯顿演讲开场白的大部分时间谈的都是这个问题。这个问题最先是特伦布尔提出来的，十分复杂，很难说清楚，因为它牵扯到参议院多个委员会的秘密文件以及国会的实施方案。对此，道格拉斯曾断然否定，说特伦布尔指控的证据"从头到尾都是捏造的"。林肯不愿看到特伦布尔这样被中伤，所以现在利用这个机会为他辩护。然而，他的一大通综述不但枯燥无味，而且难以让人信服。

道格拉斯对林肯的举动感到惊讶，怎么可以用大部分的辩论时间来讨论个人的名誉问题。他气急败坏地质问林肯，"你这样做是为了什么？难道林肯先生现在不是在辩论，而是在宣读特伦布尔的演讲稿吗"？他轻蔑而傲慢地说，"我原以为我是在和亚伯拉罕·林肯先生竞选，因为他宣布是我的竞争对手"。现在他却把大块的时间用来讨论这些"凡人琐事"，看来这场辩论只是为了"挽回尊严"，未免有些"不合时宜"。

查尔斯顿辩论让林肯跌入了谷底。但在与道格拉斯的后三场对决中，他开始恢复，有了上佳的表现。在盖尔斯堡的辩论是在诺克斯学院的校园里进行的。这场辩论吸引了大批的听众前来观战。这个地区的居民大多来自斯堪的纳维亚，他们反对奴隶制，对共和党的候选人很感兴趣，很热情。此时的道格拉斯在这场漫长的竞争中已经精疲力竭，话锋锐减，演讲落入俗套，他声称，林肯就是一条政治变色龙。在伊利诺伊的北方，林肯拥护的是"大胆激进的废奴主义"，但在中南部的县就变成了"保守的辉格党人，亨利·克雷的信徒"；在芝加哥，林肯大谈自己对于黑人平等权利的信念，而在查尔斯顿，他又宣称一个高等种族必须与低等种族并存。和林肯的多变相比，道格拉斯宣称自己的观点从来就没有变过，非常明晰。他了解《独立宣言》的作者们没有打算把黑人算在内，这个"政府是建立在白人政权之上……只为白人及他们的子孙后代谋福利"。

对此回复时，林肯声音洪亮，精神抖擞，严肃地指责道格拉斯一直密谋要把奴隶制在全国推行。为了达到这一目的，道格拉斯不惜篡改历史，改写美国革命的故事。"他重返我们创造自由、独立的时代，其目的就是想要将震荡在我们心际的炮声捂住。""他向我们发射道德的光芒"，林肯引用亨利·克雷的话来说，"是想用它来抵挡热爱理性与自由的光辉"，其目的就是让奴隶制长存。用不了多久，他甚至想"打贫穷的墨西哥的主意，占据南美洲富饶的土地，然后就是那些毗邻的小岛"。

一周以后在昆西，两人又各自做了相同的辩论，但都没有提出什么新意。在演讲快要结束的时候，林肯才提出了他认为是本次竞选之根本的议题，即"以对奴隶制认知的对错来区分不同的人"。共和党人认为"不管是在道义上、社会上，还是在政治上，奴隶制都是错误的"，并且竭尽全力去阻止它的蔓延。而民主党人却并不认为奴隶制是错误的，道格拉斯身为他们的领导人，"在党内德高望重，但据我所知，至今他都没有评价过奴隶制到底是对还是错"。

结束了昆西的辩论之后，林肯和道格拉斯都登上了"路易斯安那城号"，沿着密西西比河驶向最后一站——奥尔顿。在 10 月 15 日的辩论中，道格拉斯首发上场，显得异常憔悴，声音嘶哑，以至于他讲话的前一部分人们几乎都听不见。

林肯再一次针对道格拉斯的指责重申了自己的答复。奥尔顿的听众大多出生在南部，具有很强的南方情结，认识到这一点之后，林肯觉得针对这一地区的听众，应该向他们解释把奴隶制赶出堪萨斯州以及全国各州的重要性。"我们人口众多，需要这样一片土地来疏散"；我们需要这片土地让"白人能找到自己的家园"；在这片土地上，"不管是德国人、浸信会教徒还是其他的信徒，都能在这里找到新的家园，使他们的生活更加美好"。

说到这里，林肯旧话重提，说到了那个他认为是"真正的议题"，并把它定义为一个冲突："一方把奴隶制看成是个错误，而另一方则不把它看成是错误。"在达到了这一系列辩论顶峰之后，他对奥尔顿的听众说，"在道格拉斯法官和我们这些笨嘴拙舌的人偃旗息鼓之后，这个问题还将会在我们的国家存在下去。关于对与错的争论将是世间永恒的话题。这两条原则从一开始就相互对立，以后也会水火不相容。这是一场庶民与帝王之间人权与神权的斗争"。

道格拉斯对此做了简短的反驳后，辩论就结束了。

到现在为止，最后的结果还是很难预测的。就算是一个细心观看了所有 7 场辩论会的人，或是只看了一场但从报纸上关注了其他几场的选民，也很难下定决心投票。要说辩论技巧，道格拉斯在辩论开始的时候给人留下了深刻的印象。但随着辩论会的不断推进，林肯逐渐在流畅和灵活度上占了上风。然而，无论是林肯还是道格拉斯，他们都没有完全展现作为演说者应有的最纯熟的演说技巧，没有阐明自己的立场，没有富有逻辑地推进自己的辩论以及系统地反驳对手的论点。

精明的伊利诺伊选民注意到了这一场场的辩论中，有很多部分都重复了。道格拉斯几乎就用一篇演讲稿讲遍所有的辩论会。林肯说"参议员的连续演讲，可以说是自始至终地如一"。尽管林肯自己的演讲不是一成不变，但是林肯常常大段引用自己以前的演讲片段，而在好几场辩论中，他几乎引用的都是相同的段落。

到底有多少选民关心林肯和道格拉斯之间在奴隶制问题上的辩论，人们不得而知。演讲者可以选择当年发生的任何事关国家的重大问题作为辩题展开辩论。在 1857 年发生的事情有：银行业的整改、税率的修订、移民的控制、农民的土地、工厂工人的待遇等。但是不论是道格拉斯还是林肯，都没有就以上的任何一个话题展开辩论，因为不管是他们还是伊利诺伊的选民们都认为，当前最重要的是要讨论奴隶制的现状和未来。

因为把焦点集中在了奴隶制的问题上，林肯和道格拉斯很自然地把他们之间的不同观点夸大了。如果不是在这样一个对立的情况下，他俩会在更多的地方达成共识。比如说，他们都不喜欢奴隶制：林肯是公开地谴责奴隶制的存在，而道格拉斯只是私下里很遗憾这样的制度存在于世。

但这毕竟是辩论，不是开派对，不管是真是假，林肯和道格拉斯必须要强调各自与对方的不同。很多"不同之处"是他们制造出来的，与1858年的参议员竞选根本没有什么关系。比如说，道格拉斯不断地指责林肯在墨西哥战争时没能支持自己的国家，这和竞选几乎就没什么关系；其次，道格拉斯处心积虑地宣称特伦布尔"无耻地背叛了林肯"，但1855年他也是导致林肯竞选参议员失利的原因之一。

有时甚至他们争得热火朝天的稍大些的话题，事实上和竞选也没有什么关系。比如说，《独立宣言》的起草。人们在宣布人人生来平等时是否把黑人包括在内，这也很难看出到底和1858年的伊利诺伊州参议员竞选有什么关联。两位候选人因黑人的能力与未来，以及政治与社会平等，争得面红耳赤，表现出两个竞选人政治理念完全不同，但是这些争论现在不是，也不大可能成为美国国会要考虑的事情。

林肯的朋友们普遍认为，在最后三场的辩论后，林肯已经明显处于上风。林肯最后一直强调奴隶制的道德问题，这也是很难被驳倒的。道格拉斯唯一能反驳林肯的，是林肯的负面立场：既然反对奴隶制，为什么不提出"在它走向最终灭亡的进程中"应该用什么东西来取代它。

对道格拉斯而言，辩论中最为关键的论点就是自治。在他看来不管是在州内，还是在全国范围内，美国人有权去选择和决定自己政府形式和社会制度，比如说奴隶制。在最后一场辩论中，道格拉斯很明确地表达了自己的观点。他对奥尔顿的听众们这样说道，"比起我为基督教地区的黑人所做的工作来，我更关注的是人民自治的问题，我关注的是人们自治的权利"。

对伊利诺伊的选民而言，选举候选人或是政党并不是问题的关键，问题的关键在于对美国未来的两种不同的走向之间进行选择。一条则是道格拉斯代表的大多数人的权利，而另一条则是林肯力争的少部分人的权利。在道格拉斯看来，不管是在州内还是全国范围内，大多数人的权利是不应该受限制的。如果他们愿意，他们也可以让黑人居民变成奴隶。而林肯同样也很看重自治，他对由印第安纳州和伊利诺伊州的酸果法律产生出的多种变体也没有横加干涉。令林肯感到难以释怀的是，就算是多数人，你们也无权去限制少数人生存和追求自由幸福的权利。

谁也不知道林肯和道格拉斯的辩论会对最后的投票产生什么样的影响。11月2日是个阴冷潮湿的秋日，大批选民走出家门参加了投票，人数甚至超过1856年的总统大选。竞选州财政局局长的共和党候选人收获了125430张选票，道格拉斯的民主党候选人得到了121609张选票，国家民主党得到了5071张选票。竞选州议会的候选人选票也差不多是这样分布的。和之前预想的一样，除了三个县之外，民主党在伊利诺伊南部和伊利诺伊河沿岸的县获得大胜，而共和党则在北部大获全胜。通常而言，一些比较富有的县倾向于投票给共和党，而那些比较贫穷、发展滞后的县则倾向于投票给民主党。而那些林肯和道格拉斯都着重宣传的中部县，两党的得票都很接近。

尽管共和党赢得了广泛的胜利（成功竞选州财政局局长及教育厅厅长），但他们还没能掌握拥有推选下届参议院议员权力的州议会。州参议会里有 13 位连任的参议员，其中的 8 位是民主党人。这意味着，如果共和党人想在两个议会中占得多数席位的话，他们必须在新的议会成员中拥有过半的席位。但是议会的席位分配是根据 1850 年的人口普查来确定的。根据分配原则，共和党赢得了 50% 的选票，但只有 47% 的席位，而民主党只赢得 48% 的选票，却占有 53% 的席位。这看上去不太公平，但就算严格根据人口来计算，共和党也只能获得 44% 的席位。这样的人数，哪怕是加上他们连任的 5 位参议员，也不能确保林肯竞选参议员成功。在 1859 年的 1 月 5 日的投票表决后，道格拉斯以 54 票对林肯的 46 票再次当选美国参议院参议员，任期为 6 年。

在失利之后，共和党人对竞选进行了事后调查。《罗克福德纪录报》与其他报纸一起指责"国家这样进行名额分配是不公平的。难道仅仅根据人口的数量就要剥夺其他人的代表权吗"？还有一些人把矛头指向伊利诺伊中央铁路公司，认为他们把一些没有投票权利的人也糊弄过关，为的是帮助民主党赢得关键县。赫恩登也站出来声称"数以千计的爱尔兰天主教徒从费城、圣·路易斯和其他的城市来到我们这里"。许多人指责霍瑞斯·格林雷以及东部一些对于林肯漠不关心的共和党人。一位自称来自伊利诺伊帕里斯的选民宣称，"格里利的那些人对于林肯而言，只是帮倒忙"。有些人认为克里坦登对于道格拉斯的支持也影响了许多前辉格党人以及本土党人，尤其是在中部地区，影响更大，导致了那些人都急急忙忙跑去把票投给了民主党。

尽管林肯对选举的结果没有表现出特别的惊讶，但的确对此非常失望。他再一次目睹胜利从指间溜走。经历了又一次的失败之后，林肯深切地感受到了单枪匹马难取胜的道理。他时常觉得很沮丧，就在州议会推选道格拉斯为参议员的那天，林肯甚至觉得自己的政治生涯从此结束了。心情不佳的林肯苦涩地说，"除了比利，我希望所有的人都抛弃我算了"。

但很快林肯意识到，自己作为一名政党的领导人，他必须打起精神，让同样深受打击的伙伴们走出失利的阴影。林肯在给自己的老朋友亨利医生的信上写道："对于自己能参加这样最后一场竞选，我感到很高兴。""参加这场竞选让我有机会来了解这个时代的种种问题，这是我在其他的地方所不能了解到的；还有一点，尽管将来我会被大家遗忘，但是我相信我为了公民自由所做出的努力是会被长久记住的。"林肯对他的朋友们说，"斗争并没有就此停止，公民自由的事业是不会在一次失败后就结束的，就算是失败了一百次，我们也不会就此放弃"。

● 第九章 ●
甘苦自知

1859 年，林肯发誓说"今年我一定要管管自己的事了"，所以谢绝了演讲的邀请。林肯对诺曼·裘德解释道："我已经很长时间没有赚钱了，现在连贴补家用的钱都快拿不出来了。"因此，在 1858 年的大选结束四天后，林肯和赫恩登就出庭了，在桑加蒙县的巡回法庭上为一位客户辩护，客户为此支付 23 美元的审判费和其他费用。在此之后的一年中，林肯不断地接各种有偿案件，这之中除了皮钦·哈里森谋杀案之外，其他的案子都不值一提。林肯一如既往地为开庭认真准备，但是他发现自己好像逐渐对法律失去了激情。有时他给客户写信态度并不是特别平和。他曾写信给一个对他办事方式不太认同的客户，说"我现在非常乐意把您的案件转给任何一个您指定的律师，既然我曾经给您造成了很多麻烦，那么我分文不收"。

现在林肯感兴趣的还是政治。作为伊利诺伊州共和党的领导人，他觉得自己有责任率领着共和党在即将到来的 1860 年的总统大选中赢得胜利。要想赢得胜利，首先需要把涣散的伊利诺伊共和党团结起来，阻止其他州的共和党人来动摇军心。最后就是选举一个总统候选人，这个人还必须有能力把 1856 年大选时支持弗里蒙特和费尔默的那部分选民拉到自己的阵营里来。

在参议员竞选失利后，伊利诺伊的共和党开始人心涣散，债务缠身。州中央委员会主席的裘德因此背上了偿还 2500 美元的义务，这还不包括自掏腰包支付的 1300 美元。那些曾保证要为共和党捐款的党员们，此时也都不愿意站出来，这让裘德大为恼火。他请求林肯帮助他筹款还账。林肯说他可以拿出 250 美元来，之后就和黑什、杰西·杜布瓦一道向新当选的州教育厅厅长牛顿·贝特曼求助。那封信表面上看起来像是求助，实际上是在告诫贝特曼，他的当选和共和党的鼎力帮助是分不开的，因此他应该义不容辞地伸出援助之手。伊利诺伊中部的共和党人表现得不积极是有原因的。他们中的许多人都觉得州中央委员会在竞选的时候忽略了他们，转而重视芝加哥地区。一些前辉格党人，诸如法官大卫·戴维斯，他对前民主党人在大选中表现出色十分不满，也怀疑裘德是在利用自己的职位提升自己在州内的影响。赫恩登也大肆指责裘德滥用党内经费，这让芝加哥的律师不快，要求林肯管束一下他伙伴的那张嘴。赫恩登也郑重许诺不再多言。但是自此以后，林肯失去了对这位搭档政治上的信任。

裘德和温特沃斯在芝加哥地区的矛盾不断升级，他们之间不仅是私人之间的积怨，也是在争夺温特沃斯的《芝加哥民主党人报》和《芝加哥新闻论坛报》。这两份报纸一直以来都赞助着裴德。为了在财政管理上攻击裴德，温特沃斯称裴德对林肯不忠，在 1855 年的时候让林肯竞选参议员失败，在 1858 年时因为自己的管理不善导致共和党的再次失利，而现在他又密谋想要推选特伦布尔而非林肯为总统候选人。极想成为州长的裴德为了自己的名誉，对这样的诽谤提起了诉讼并要求赔偿 10 万美元。他们两人都找林肯求助。温特沃斯想要林肯作为自己这桩诽谤案件的辩护律师，而裴德则坚持请求林肯为他写一封公开信以证明他的清白。林肯权衡再三，决定保持中立。

让林肯忧心的是，对手斯蒂芬·道格拉斯对众多共和党人有着难以抗拒的吸引力。尽管道格拉斯再次当选为参议员，而如今却因他的自由港主义理念而失去了很多南方人的支持。1858 年 12 月，民主党参议员核心小组会议采取前所未有的行动，罢免了道格拉斯疆域委员会主席的职务。这就充分说明了几乎没有南方人支持他。精明现实的道格拉斯又转而采取新举措以谋求共和党人的支持，这种方式与他曾在莱康普顿争论中的所作所为如出一辙。林肯提醒共和党，一直以来他都始终如一地反对颁布全国范围内保护奴隶制的法律，也都自始至终反对重启黑奴贸易——这两点都正合南方极端主义者的心意。

林肯对他的这个主要对手还是心存顾忌的，因为他认为道格拉斯是个两面派。

1859 年 9 月，道格拉斯在《哈泼月刊》发表了一篇名为《联邦当局与地方当局的分水岭：人民主权论》的长篇大论。文中引用了林肯"分裂的家"和西沃德"不可抑制的冲突"的观点表述，他洋洋洒洒旁征博引，论述着自革命之日起人民主权就一直是美国政策；这一"伟大的原则"意味着"每个独立政治共同体的人们（附属殖民地、地方、领地，包括主权国）在处理各自政体事务的时候，都有不可剥夺的权利"。在拐弯抹角的推理之后，他说德雷德·斯科特决议早就承认了这一权利，并且断言，人民主权若解释正确，民主党试图通过国会法案将奴隶制排除在外的努力，以及南方人将奴隶制推向全国的企图，都将付诸东流。

林肯也读到了他的这篇文章。就算许多人没有读过这篇文章，但其中主要观点也在许多人中广为流传。事实上，道格拉斯的目的是成立一个新党——把民主党温和派和以前的辉格党保守派合并起来，共同对抗南北方的激进主义者。为了让这一理论为更多人知晓，他欣然接受邀请，参加 1859 年的俄亥俄的选举活动。他宣布支持当地民主党候选人，敦促"所有保守党——所有爱好和平、遵守法律的人们——联邦的所有朋友们"举行集会，支持人民主权论。

林肯发觉道格拉斯的所作所为确实构成了威胁。他认为这个小巨人是"自由最危险的敌人"，为了"阻止这个狡兔三窟的人"，林肯欣然接受俄亥俄州共和党中央委员会的邀请，参加了那次选举活动。

林肯并没与道格拉斯一同出席俄亥俄州的政纲发表会，但是他在哥伦布、戴顿、哈密尔顿、辛辛那提（9 月 16—17 日）发表演说，加上两天之后在印第安纳波利斯的演说，事实上构成了 1858 年参议院辩论的延续。演说的主要内容无非是重复以前演讲过的观点，只是现在批评道格拉斯更为随意了。显然，此时他已经听进约瑟夫·梅迪尔的建议，"你不是候选人时，怎么大胆说都可以。别忘了你擅长的'八卦新闻'。不仅要含沙射影，有时候也要指名道姓，绝不留情"。林肯不亦乐乎地"称赞"道格拉斯的人民主权论为"伟大"的"原则"。如同"哈伯的十九页遗书"里的解释，"如果某人决定让一个人当奴隶，这个人或者其他人都没有权利反对"。

此时的林肯与当初那个跟道格拉斯辩论时期的他相比，更加成熟睿智，推理严谨。林肯说，道格拉斯的真正危险来自"日渐堕落的公众舆论"。道格拉斯试图证明《独立宣言》并不包括非洲裔美国人的观点，已经让许多白人对黑人的看法发生了改变。他最近又发表言论，说他支持"黑人的对手是鳄鱼，白人的对手是黑人"这一说法。这一公开言论使得"黑人不是人只是畜生""黑人被比作鳄鱼和爬虫"的观点在人群中广为传播。林肯知道，"群众的看法在这个国家就是一切"，而道格拉斯和同党们正在用贼喊捉贼的手段，来瓦解阻挡奴隶制的力量，以便很快否决废奴法律，制定全国范围的奴隶法典，让黑奴贸易死灰复燃。

在 1859 年发表的演说里，林肯还仔细论述了一个以前辩论时一笔带过的话题，林肯坚持劳动价值理论："劳动是满足人类需求的源泉。"那些具有资本的人可以为"勤劳俭朴，身无分文的新手"提供工作，那些新手"除了有一双上帝赐予的强有力的双手和奋斗的心以外，什么都没有"。如果这个新手工作勤劳，态度认真，一两年内他就能攒够钱自己买块地，然后定居、结婚、生儿育女；很快他也就能开始雇佣其他劳动者。林肯提醒在座的俄亥俄州听众们"早些年我自己也是个被雇佣的劳工，月薪 12 美元"。他还坚称，自由社会内"被雇佣的劳工总有一天能够摆脱被雇佣的身份而出人头地"。

林肯版的美国梦在某些层面上是有局限性的。他自信满满，认为只要认真工作人人都有机会成功。日益加大的贫富悬殊没能让他感到不安。他把自己看成是人民的公仆，可自己最忠实的支持者一个个都是大农场主。例如，来自麦克林县的艾萨克·凡克拥有两万五千英亩大草原；还有来自罗根县的威廉·斯库利拥有三万五千英亩土地。然而，林肯并没有觉得这两者之间有什么矛盾。他最有力的政治支持者大卫·戴维斯，当时正成为本州内最富有的地主和土地投资家之一。他也不觉得这有什么值得一提。尽管林肯经常代表最大的国有企业——铁路部门发言，但他认为经济增长点主要还是来自民营经济。在分析过程中，他很少关注不断增加的工人，事实上这些人将来爬上社会上层的机会微乎其微。

自从合众国建立以来，自由经济和奴隶制一直共存，基本上一直也都相安无事，而如今两者之间的矛盾和冲突越来越强烈。与绝大多数共和党的看法一样，林肯也认为奴隶制只有两条路可走：要么扩充它的版图范围，要么从版图上消亡。伴随着土地资源的逐渐耗尽，奴隶数量的自然增长，奴隶主必须搬迁到新的土地上。而另一方面，"造物主赐予了人类"改善生存状态的"权利"，因此自由社会同样需要生存空间，必须扩张版图。长久以来，林肯都认为"上帝把土地赐予美国人民正是出于这一目的"。美国领土的最佳用途是让"自由白人建立家园"。但如果是道格拉斯和南方民主党当道，那么来到新领地的白人劳工将面临和免费奴隶的竞争。因此林肯告诫他的听众们，"你们是投票者，你们是新土地的主人，因此你们应该好好地保存这块土地，让它没有奴隶制。只有这样，你们的子孙后代才愿意去"。

1859 年下半年，林肯在堪萨斯州、威斯康星州、印第安纳州、爱荷华州、俄亥俄州演讲受到了热烈欢迎。这充分证明了他应该被提名为更高职位候选人。这个可能性早在 1858 年选举后就有了端倪。追随者对林肯的落选愤愤不平，认为林肯是"有史以来上帝创造的最杰出的人之一"，于是他们就有了这样的呼声："难道我们不能让他当上总统或副总统吗？"

第一个把林肯与总统人选联系起来的，也许是莱肯县默默无闻的《伊利诺伊大公报》。但直到《桑都斯基（俄亥俄）商报》在 11 月 6 日号召共和党人提名林肯为总统候选人的时候，才引起人们更多的关注。不久后《昂尼（伊利诺伊州）时报》的头条新闻就用了"亚伯拉罕·林肯将在 1860 年竞选总统"的字眼。与此同时，诸如《纽约先驱报》《洛克福德（伊利诺伊）共和党人》《雷丁（宾夕法尼亚）日报》等多家报刊都出现了支持林肯成为总统候选人的社论。

所有人，包括林肯本人，谁也没把这些报道当真。林肯并不认为自己是块当总统的料。在 1858 年与道格拉斯的政治斗争中，林肯对自己的好友记者亨利·韦拉德透露说，他自己都怀疑自己能否胜任参议员的角色，尽管他的妻子信心满满地认为他有一天能成为总统。他的长手抱膝，爽朗地大笑道"像我这样乳臭未干的傻瓜也能当总统"。这些报道大多都只是为了暗示林肯是一个有前途的共和党人，理应在伊利诺伊州的初选中获得人们的认可。其他一些报道也只表示让他能当上共和党候选人的副手。

林肯对这些要提名他为候选人的呼声给出的答案始终一致。《洛克岛纪录报》的编辑想立刻在报上发布消息，让全州人民都知晓林肯将竞选总统。但林肯在写信给这位编辑时谈道，"坦白地讲，我必须说自己不适合当总统"。萨缪尔·加洛韦准备在俄亥俄州组织一场支持林肯竞选总统的运动时，林肯也给了他同样的回复。

林肯声称不参选总统并不是由于畏惧，而是现实原因，因为在外人眼里，要竞选美国总统，他并不比其他任何想要得到这一最高职位的人准备得更为充分。他既没有万贯家财，也没家族的传统；接受的正式教育只有短短几年；如今已经

50 岁，却从未有过行政管理经验，从未当过州长，甚至斯普林菲尔德市长也没干过；虽然对宪法颇有研究，也钻研过开国元勋的著作，但是对建立在这些文字之上的政治实体知之甚少。除去在众议院担任过一届议员，而且还不怎么成功，过去十年内没有担任过其他公职。尽管也算得上是共和党的建党功臣之一，但在人口密集的东部州没什么知己，有的也只是几个普通朋友，而东部人民的投票在总统选举中至关重要。与道格拉斯的辩论的确让他举国闻名，但他在 1855 年与 1859 年的参议员选举中都落败了。一位波士顿记者毫不客气地排除了林肯当选的可能性，"至于林肯，我想他又要像以前那样争不赢了"。

尽管有这么多的先天不足，他自己也比其他人更加清楚，但他确实在觊觎着总统的职位。事实上，任何一个有点胆识和智慧的人，稍稍回顾一下最近几届政府要员竞选的可怜样子，都不禁会想，也许林肯就能如愿入主白宫，而且未必就比富兰克林·皮尔斯或詹姆斯·布坎南差多少。

当林肯比其他人更可能获得共和党提名的时候，林肯开始考虑竞选总统的可行性了。党内有很多强有力的候选人，但都各有缺陷。排名居首的是威廉·西沃德，他是前纽约州州长、现任国会参议员，毫无疑问是个富有经验的、精明的前辉格党政客。但是，由于发表与他的身份极其不符的极端主义言论，现困在其中。在一次演讲中，西沃德居然公开宣称法律高于宪法，并且预言奴隶制和自由主义之间会爆发不可调和的冲突。除此之外，他强烈反对本土主义，从而进一步疏远了本土党选民。1857 年的低关税使得钢铁业失去保护，使宾夕法尼亚共和党选民大为恼火。他们则更倾向选西蒙·卡梅隆。可是，卡梅隆在其他州很少有支持者，并且还有人质疑他有经济问题，甚至可能涉嫌巨大的贪污腐败。俄亥俄州的州长、共和党人萨蒙·切斯，也努力想要获得提名，党内很多致力于排除奴隶制的人都是他的坚实后盾。但是，他缺乏人格魅力和政治嗅觉。

精明能干的林肯意识到，打败这些著名的竞争对手的最好办法，不是公开宣布他即将参选的消息，而是私下里步步为营地巩固自己的实力、扩张影响。为了把自己的理念传播给更多群众，他认真整理、保存了 1858 年与道格拉斯辩论的文件。在亨利·惠特尼的帮助下，林肯搜集到《芝加哥新闻论坛报》关于他的演讲的报道，以及《芝加哥时报》关于道格拉斯演讲的报道。在 1860 年全国提名大会前不久，适时出版了长达 268 页的名为《1858 年著名伊利诺伊州竞选中，尊敬的亚伯拉罕·林肯和斯蒂芬·道格拉斯的政治辩论》一书。一时间洛阳纸贵，引发巨大的轰动。

1859 年 12 月，为了竞选时获得更多人认可，林肯开始悄悄准备自传。《切斯特县（宾夕法尼亚州）时报》的记者约瑟夫·里维斯曾要求林肯提供传记材料，以便写关于林肯的报道。这一想法由布鲁明顿的政客杰西·菲尔转达给林肯。林肯简明扼要地回顾了自己的一生，首先是简朴的童年生活，然后是职业生涯，结束语概括为"倘若要描述我的话，那就是：一个大约六英尺四英寸、瘦削、体重约180磅，皮肤黝黑、头发漆黑，还有一双灰色眼睛的人。至于还有别的什么特征和标记，我一时也想不起来了"。后来他把这段话给了菲尔，强调说"这些特征没什么大不了。我想，我确实也没什么特别之处"。很明显，里维斯觉得这些描述太过平淡，于是添油加醋地赞美了林肯的演说天赋和对保护性关税的长期支持。对宾夕法尼亚州人民来说，这样的措辞非常亲切。里维斯的文章在共和党其他报纸上大肆转载，可以算得上是公开发行的第一部林肯自传。

林肯欣然接受来自纽约的邀请，于1860年2月去亨利·韦德·比彻主教的布鲁克林普利茅斯教堂演讲。林肯知道听众是久经世故的东部人民，立刻开始为这次演说调研和准备，而且比以往更加用心。为了那个场合匹配，林肯专门花费了100美元向当地裁缝伍兹·亨科尔量身定做了一套崭新的黑西装。

在他到达东部之前，那次演讲的赞助由共和党青年中央联盟全部承担。这个组织成员内有65岁的威廉·库伦·布莱恩特，49岁的霍瑞斯·格林雷，还有其他一些年轻人。这个群体正在举行一项名为"阻止西沃德"的运动，这次演讲也属于其中活动之一。林肯排在密苏里州的废奴运动领袖弗兰克·布莱尔、肯塔基州废奴主义者卡休斯·克雷之后，第三个出场发表演说。根据赞助者的意思，这样的安排可以"吸引更优秀、更繁忙、从不参加政治会议的市民"。青年共和党事先没有通知林肯，就把演讲场地由原来的布鲁克林改成曼哈顿的库伯联邦大厦。抵达东部并在埃斯特宾馆登记之后，他才知道这一变动。于是，他在抵达纽约首日就埋头改稿，把听众对象由宗教团体改成符合政治听众的稿子。

2月27日，星期一，林肯在一群共和党青年的陪同下一睹百老汇的风采，还饶有兴致地留了影，这张照片被林肯称为自己的"影子"。照片拍摄地点是在马修·布兰迪工作室，他边拍照边与史学家乔治·班克罗夫特互开玩笑，"我正在去马萨诸塞州的路上。我儿子在那读书，如果报道属实，他懂的可比我多多了"。林肯稍坐片刻，布兰迪创作出了这幅照片，真可谓是艺术品：拍照时林肯的左眼稍微向上飘移，于是他修正了下底片；也把林肯脸上的纹路去除了，这样一来，英俊的政治家形象跃然纸上。

当天晚上，林肯在布莱恩特的热情介绍后登场。据乔治·哈芬·普特南回忆，库伯联邦大厦里坐了满场听众，很多人是在等待"一个衣着古怪、相貌粗俗、没有教养的人"出现，而林肯的出现真的没有让听众们看到他的庐山真面目。"长腿而笨拙的身材，虽然是穿着专门为这次行程定做的宽大西装，但这西装一眼看上去就知道裁缝的手艺不怎么样；长着一双大脚，一双笨拙的双手，可演讲者似乎过分在意那双手；荒凉的长脑袋，覆盖一小撮似乎没有铲除干净的毛发。这形象实在与纽约人心中完美的政客大相径庭。"同样令人失望的，还有林肯在演讲开头那既尖锐又刺耳的声音。

　　林肯一脸严肃地从蓝色大盖帽里取出演讲提示小纸条，他很快就抹去了听众脑海里固有的粗俗拓荒者的印象。演讲中，林肯以大师般的气势探讨了这个国家切实可行的政治道路。在演讲的前三分之一，林肯仔细剖析了道格拉斯的论点。

　　接下来，林肯探讨了南方人的地位问题。指出布朗发动的突袭行为不是奴隶叛乱，而是"白人鼓动奴隶起义，奴隶不愿意"。他进一步指出，南方人在进行了详细国会调查后，发现没有任何一个共和党与这起叛乱事件有牵连。南方人抓住布朗叛乱事件不放，这只能进一步说明他们借题发挥，是一种'不成功便成仁'的做法。最近，南方人甚至变本加厉地宣布，要是 1860 年总统选举中共和党当选，联邦将会解体，而这都是北方的错。林肯嘲讽道："太酷了！一个强盗用枪顶着我的脑门，牙缝里吐出几个低沉的字：'乖乖站住别动，否则我就杀了你，然后你就是杀人犯！'"

　　北方人应该怎么办？共和党不能和道格拉斯一样，对奴隶制漠不关心；也不能和南方激进主义者一样，对奴隶制过分热情。共和党必须毫不畏惧地采取行之有效的措施，坚持把奴隶制驱赶出疆域，或是把奴隶制限制在现有的蓄奴州内。林肯非常激动地以下面这段话作为演说结束语："我们不应因为莫须有的指控而逃避责任；也不应该因为政府受到威胁、我们可能坐牢而退缩。让我们坚信正义就是力量，在这个信念的指引下，让我们鼓起勇气，实现我们的理想。"

　　从演讲的角度说，这次演讲非常成功，多次被观众的掌声打断。结束时，群众挥舞着手帕和帽子站立欢呼。后来《纽约论坛报》的诺亚·布鲁克斯叫喊着："他是自圣保罗以来最伟大的人！"在哈佛法学院就读的一位学生，虽然所接受的教育告诉他要控制情感流露，却也告诉他父亲，"这是我听过的最棒的演讲"。翌日，纽约有四份报纸整版刊登这次演讲文稿。布莱恩特在《纽约晚邮报》称，这次演说"非常有力，很有逻辑性，令人信服"。格里利更是无所顾忌，称赞"林肯先生是个天生的演说家，其阐释力与说服力可谓炉火纯青，出神入化，无与伦比，虽然他这样的效果不可避免是为了取悦听众，调动他们的激情"。这次在库伯联盟大厦的演讲立刻被《纽约论坛报》《芝加哥新闻论坛》《底特律论坛报》《阿尔巴尼晚报》等报纸印成了单行本，并多次发行。

　　对于没有公开宣称自己想当总统的人来说，在政治上这是近乎完美的一步。他出现在西沃德的家乡，面对一大批切斯的拥护者，精明的林肯只字不提前面这位共和党总统提名竞争者的名字。因为他知道，如果共和党想在 1860 年的选举中获胜，他们需要得到之前投票给菲尔莫尔的选民的支持。于是在库柏联盟的大会上，林肯一再强调他的保守主义立场。他没有提到自己"分裂的家"的观点和西沃德关于压制不了的未来纷争的预测。林肯在他的演讲中，将共和党描绘成一派温和主义者，只是想保护开国元勋们倡导的平等公平的传统不受那些支持奴隶制势力的破坏。而且，他也特别注意语言的运用，以便达到自己想要的效果。他注重语句的结构，避开煽动性的修辞，甚至还卖力地背诵建国者时期的投票记载。所有这些都显示出理性和稳重，而不是一派天真的狂热。简而言之，林肯的这番演讲取得了巨大成功。

第二天林肯前往新英格兰，打着看望罗伯特的名义，因为罗伯特在上一年的九月进入了那里的菲利普斯爱塞特学院学习。林肯自然是很乐意见到自己的儿子和他的同学们。当罗伯特的一位同学拿出班博琴，为林肯开了一个不大正式的音乐会时，林肯满心欢悦，还对自己的笨拙且无音乐天赋的儿子说："罗伯特，你也该有个琴了。"不过，林肯此行的真实目的很快就显现了出来，那就是借此行加强与那些即将参加共和党人全国大会代表们的联系。在库柏联盟大会的演讲取得成功后，林肯像是一头受到共和党联盟推崇的狮子，所到之处——康科德、曼彻斯特、多福和爱塞特——都留下了他的竞选演说。在最后一场演说中，爱塞特学院的许多学生都坐到了听众席上，听众多达500多人。这些人都熟悉罗伯特，觉得他"是位讲话睿智的绅士，生性安静，具有一种独特的尊贵"。但当林肯进入演讲大厅的时候，他们都惊呆了。眼前这人"身材瘦高，黑色的大衣松松垮垮，很不合身，黑色裤子也不合身，膝盖处还皱巴巴的"。他们看到的林肯，头发凌乱，领带歪歪扭扭，长长的腿不管是放在椅子下面还是旁边，看起来都那么不入眼。学生们纷纷嘀咕说："罗伯特的父亲看起来这个样子？""看到他这个样子，你难过吗？"不过当林肯撑直腿从椅子上站起来，一开口讲话，所有的人都忘记了他的样子。他们不再为罗伯特有这样的父亲而感到遗憾。能够认识林肯，他们深感荣幸。

林肯在新英格兰待了两个星期，其间几乎每一天都要发表演说，除了西沃德的大本营曼彻斯特之外，他跑遍了罗德岛、新罕布什尔州和康涅狄格，为那些地方的共和党人助一臂之力。这是件不容易的差事。由于许多听众都读过他在库柏联盟大会的演讲词，所以他不能再简单重复，而是需要想出新的方式来阐述自己的观点。在这个问题上，林肯最成功的创意就是很好地解释了共和党人一方面坚决反对奴隶制的扩张，另一方面又不承诺取消南方的现行制度。他说道："如果我在街上，田里或草地上发现一只眼镜蛇，我会拿个棍子就把它打死。每个人都会鼓掌说我做了件好事。但是假使这蛇是在孩子们睡觉的床上发现的，那就不一样了：要打死蛇，可能伤到孩子；要是蛇没打死，却被激怒了，蛇还可能咬到孩子。"因此林肯坚持说，结束奴隶制最好的方式就是坚决反对奴隶制扩散到其他地区。在这个问题上是不能妥协的。林肯不断敦促说道："让我们要坚定地履行自己的义务，毫无畏惧、卓有成效地完成它。"在演讲最后，他套用了库柏大会慷慨激昂的结语："让我们坚信正义就是力量，在这个信念的指引下，让我们鼓起勇气，实现我们的理想。"

林肯的东部之行所取得的成功，使他向着共和党的总统候选人又进了一步。就在一月，他在是否竞选的问题上还踌躇不定。在与裴德，杰克逊·格里姆肖和其他一些敦促他参选的伊利诺伊州共和党人商谈之后，他仍然表示怀疑自己是否能如愿地获得提名。经过一夜的辗转反思，并且与比自己更有野心的玛丽的彻夜长谈之后，林肯决定让这个秘密小组暗中为他的竞选进行活动。不过当时他没把自己当成一个严肃的竞选者，而是希望能借此机会，联合伊利诺伊州的共和党人，从而巩固他在党内的领导地位。他解释说："如果没在全国获得提名，对我倒是打击不大，但是如果在共和党大会上没得到伊利诺伊州的代表团支持，对我的打击就不小了。"不过从纽约和新英格兰回来之后，林肯不再掩藏自己希望当选的愿望。4月他在写信给询问他参选意向的特伦布尔的时候说道"坦白地说，我确有此意"。

依照选举传统，总统是由别人推举的，所以林肯不能公开举行竞选活动，而是必须通过助手和中介人来操作。这些人大部分是1858年在他参加议会竞选中出力的拥戴者。在斯普林菲尔德，他继续依靠伊利诺伊州的黑什和杜布瓦，两人可以利用职位之便，熟知整个州所有的政治动向。在芝加哥，温特沃斯自告奋勇助林肯一臂之力，但最终还是倒戈到了裴德旗下。林肯还力图通过西奥多·卡尼修斯获得这些选民的支持，因为卡尼修斯拥有斯普林菲尔德的《伊利诺伊州观察报》。而他最信任的顾问则是法官大卫·戴维斯，关于这位非正式的竞选经纪人，林肯宣称："我对他什么都讲。"

当林肯的智囊团在殚精竭虑工作时，林肯本人要表现出不介入的样子。当有人询问他关于当下政治情势的看法时，林肯回复说自己并不适合回答这些问题，因为"当将一个不怎么伟大的人直推向一个伟大的职位时，他的头会偏向别的方向"。然而，林肯也成功地表达了自己对其他候选人能力的怀疑。他称西沃德"是我们能从北伊利诺伊州找到的最好的候选人，但是就南伊利诺伊州而言，他又是最差的"。他对于切斯也是相同的看法。而贝茨"可能是我们州南部最好的人选，但是又是北方最差的"。而他毫不作假宣称的最好的人选，是75岁高龄的法官约翰·麦克莱恩，不过再年轻个15岁就好了，10岁也成。

尽管呼声很高，林肯还是保持着谨慎的态度。《新避风港》的编辑詹姆士·巴布库克听过林肯最近在康涅狄格州竞选活动中发表的演说，印象深刻，主动提出要帮助林肯竞选。而林肯在面对伸来的橄榄枝时，用不寻常的奇怪口吻说："对于当选总统，同寻常人一样，我也不免有个人私心。"然而，他又递给巴布库克一张名单，上面列有11个可以帮助他获选的"密友"的名字。

当一位雄心勃勃的伊利诺伊州共和党人建议林肯筹集一万美元的竞选基金时，林肯称这个建议完全不靠谱："就算一万块能让我避免遭受约翰·布朗的命运，我也筹不到。据我所知，没有一个朋友会把钱押在我的竞选上。"而当林肯的一位名声不太好的老朋友马克·达雷海向林肯要钱，想作为代表参加共和党全国大会从而增加当选阿肯色州参议员的概率时，林肯回复说："我对于财政是没有控制权的。"但是林肯承认"在政治竞赛中，花钱是正确的，也是必不可少的"。于是他承诺赞助马克 100 美元让他参加大会。（不过最后的结果是，马克没有当选为阿肯色州的参议员，但是前往芝加哥为林肯加油助威，那 100 美元林肯兑现了承诺。）

林肯计划的核心，取决于道格拉斯在即将到来的竞选中所期望扮演的角色。如果民主党全国大会 4 月 23 日如期在南卡罗来纳州的查尔斯顿举行，提名"小巨人"道格拉斯的话，那么共和党人就必须提名一位西部候选人，而在那里道格拉斯十分受欢迎。从另一方面讲，如果民主党提名了一个倡导南部权利的冠军人物，像肯塔基州的副总统约翰·布雷肯里奇，或者如果民主党内部意见分裂，那么共和党便可以自由提名切斯、西沃德或其他任何一位反奴隶制的领导人。因为，如以前很多时候一样，林肯的前途还是和道格拉斯休戚相关。

在这种政治局势下，林肯采取了非常简单的竞选策略。他希望能够获得伊利诺伊州代表团的一致支持，参加共和党全国大会，然后再获得其他几个州代表团中的一些人支持。

对策的第一步是保证获得伊利诺伊州代表团的一致支持。这并不是件容易的事，因为该州北部西沃德的支持者和南部贝茨的支持者都喜欢根据划分的区域来选举代表。"我们能做的"正如裴德所说"希望能够暗中拉拢一些人"。在这个时候，林肯认识到该州中部耶茨和其他中部委员会委员的投票具有决定性意义。不过他承诺，"我会尽可能来应对这一局面，但结果只有老天知道好不好"。事实上，林肯将这一局面处理得非常好，中部委员会最后投票决定代表将在全州范围内选举产生。

此时，另一件同等重要的事情是要让共和党全国大会在芝加哥顺利召开，因为林肯在那里备受报纸媒体和民意的青睐。还可能召开这次会议的还有圣路易斯，但那里贝茨的影响力是非常大的。共和党全国大会成员裴德在处理这件重要事情时表现拖沓，林肯写信敦促说，"我们这里的一些朋友"。认为开会的地点具有十分重要的意义。于是，裴德将会议选址一事提交全国大会决定，最终结果是芝加哥以一票险胜，而这一票正是裴德投的。

在全国大会召开前一星期的 5 月 9—10 日，伊利诺伊州共和党全州大会将在迪凯特召开。对于许多参会人员来说，当务之急是推选一位州长候选人。最终，斯威特和耶茨的支持者联合起来打败了裴德，提名耶茨为候选人。而在总统候选人方面，伊利诺伊州共和党的意见不统一，但大家一致同意要恭贺林肯，因为他是最得宠的人。就连大卫·戴维斯也认为，全国大会推选的候选人不是贝茨就是西沃德，这是不言而喻的事情。要说第一轮就能投给林肯，只不过是个恭维话罢了。

但是林肯最热情的一些支持者决意要以迪凯特大会为契机，发动一场真正的总统竞选活动。他们认为目前所缺的是一个响亮的口号，像"木屋加苹果酒"就在 1840 年为哈瑞森的当选做出了重要贡献。当然，林肯的"老亚伯"和"诚实亚伯"的名号早就尽人皆知，但是这些称谓都寡淡无味，甚至有些不好的意思。于是，迪凯特年轻热忱的政客理查德·奥格尔斯比认为林肯需要一个更有活力的生动形象。在请教了老约翰·汉克斯谈话后，他找到了 1830 年汉克斯和林肯共同修建的一处栅栏，并将其中两根拿了回来。在大会召开的第一天，奥格尔斯比在选举州长的间歇请汉克斯出场，后者在别人的搀扶下颤颤巍巍地走进会议厅，拖着那两根栅栏，上面写着：

亚伯拉罕·林肯
栅栏候选人
参加 1860 年总统竞选

这两根栅栏是从 1830 年托马斯·汉克斯和阿布·林肯建造的三千多根中挑选的，林肯的父亲，是当时梅肯镇的拓荒者之一。

栅栏上的叙述不够准确，因为林肯的父亲不是该镇的第一批拓荒者，而且当时是约翰·汉克斯，而非托马斯·汉克斯帮忙劈开栅栏的。不过没人在乎这些小错误，而是被栅栏上的旗帜和飘带所吸引。当栅栏被放到会议厅前方时，听众中爆发出雷鸣般的掌声。而被主持人叫到前台的林肯，面色通红，对来自四面八方的代表说，自己确实修建了一栋木屋，30 年前就在离迪凯特不远的地方劈木材，不过他不确定眼前的栅栏是否就是当年修建的篱笆中的两根，但是他用亲和的语气说："在我长大成人的过程中，我做了更多比这些更好的栅栏。"

在听到林肯的发言后，听众的喝彩声之大，甚至让林肯的竞选智囊团都觉得低估了林肯的人气。现在，林肯"劈栅栏的人"就像当年安德鲁·杰克逊的"老山胡桃"和哈瑞森的"蒂普卡努河"一样，在普通民众心中也取得了相当高的人气。在群众心中，他不仅大力宣扬自由精神，平易近人，毫不做作，娓娓道来诸多故事，而且更是自立、自强的典型，是自由劳动力的代表，是伟大的西部精神的体现。不过关于林肯身上的这些神秘品质——和其他许多神秘特质一样，都是虚虚实实，有真有假。事实上，林肯对他自己拓荒者后代的身份并没有什么感情，他不喜欢体力劳动，而且尽量少干活。对于他早期的成功，他将其归结为深受一些志同道合的好友相助——如约翰·托德·斯图尔特，史蒂芬·罗根和大卫·戴维斯，再加上自己的努力。他不是一个淳朴的农民，而是代表着在逐渐商业化的美国脱颖而出的一位事业有成的大律师，享受着崛起的经济中的一块大蛋糕。对此，迪凯特的选民代表们认为事实倒不是那么重要。他们为之喝彩的不仅仅是民众青睐的儿子，而且是大有前途的总统候选人。

在大会休会当天，林肯在大棚式会议厅旁边的一处果园内会见了包括裴德、戴维斯在内的一些好友。他们躺在草地上，仔细研究将要派往芝加哥的代表名单。林肯个人选择了民众普遍倾向的四位代表。裴德作为共和党全国委员会委员和芝加哥利益集团的代表，当然也在此名单当中。同时，林肯认为美籍德国人的选票同样重要，于是提名科尔纳为第二人选。他选择了布朗宁为第三人选，因为后者在老保守派和之前的土地党中的影响力不可小觑。林肯知道布朗宁倾向于贝茨，能够依靠的只有布朗宁对自己的老交情以及对伊利诺伊州利益的关心了。团队的最后一个人选是大卫·戴维斯。

为了防止这些人临阵变卦，林肯的顾问团一致决定在第二天的大会上快速通过一项由约翰·帕尔默提出的决议，内容是"亚伯拉罕·林肯是伊利诺伊州的共和党推举的总统候选人，并且本州的所有代表都要高调确保他在芝加哥大会上获得提名。并且要作为一个整体把票投给他"。这样，在芝加哥大会上，林肯才会获得伊利诺伊州的一致支持。

出席芝加哥大会对林肯来说，是个不小的诱惑。但从迪凯特回来之后，他对莱昂纳多·斯威特说"作为一名候选人，他如果去了未免太张扬了，而待在家里就不一样了"。再三思考之后，他决定在代表们开会期间还是留在斯普林菲尔德。对路过此地的一些代表，他热情接待了他们，并向他们保证：自己只想作为总统候选人参选，而不想在共和党内退而求其次。他知道西沃德可能会得到党内大部分极端反奴隶制者的选票，便试图在芝加哥大会上将自己包装成一个温和主义的候选人。对于即将赴会的《伊利诺伊州日报》编辑爱德华柏克，林肯写了一张便条给他，内容是"我同意西沃德所谓的'不可抑制的冲突'的说法，但不支持他的'更高法律'的理念"。对于"不可抑制的冲突"，林肯认为那不过是对自己"分裂的家"理论的另一种说法。但他认为，西沃德的比宪法更高的法律一说将会吓到温和共和党人和保守共和党。

5月16—18日，共和党第二次全国大会在芝加哥刚建好的"大棚式"会议厅举行。林肯并没有直接卷入会议纷扰的程序之中。在第一天关于党员权力资格的争论中，伊利诺伊州代表并没有发挥很大的作用，也没有试图修订党纲，因为它除了将语气变得温和一点之外，并没有改变1856年版本中谴责奴隶制权利的意思。伊利诺伊州的共和党为了增强自己的吸引力，让西部农场主高兴，支持了一项宅地法案；几项联邦政府的拨款案，以便修缮西部河流和海港，给五大湖流域的底特律、芝加哥和其他城市带来好处；以及一项略微带有保护性的税收案，以保护宾夕法尼亚州和新泽西州的钢铁生产利益。克服了很大困难后，他们通过一项妥协性的决议，一方面小心翼翼地避免提到或是指责土地党，另一方面又谨慎地反对马萨诸塞州计划。该计划主张延长外国人加入美国国籍后获得投票权的期限。最后，决议兼顾各方利益，呼吁"要全面有效保护各阶层的权益，不管是美国本土人，还是归化的外国人，不管是在国内还是国外"。

芝加哥大会上林肯的代表所关注的不在于修订党纲，而在于林肯的总统竞选。他们发现，西沃德的地位比想象中坚固，因为道格拉斯的支持者和南方权益拥护者陷入了僵局，民主党全国大会在没有推举出总统候选人的情况下被迫休会。而这时，西沃德已经获得了"大英格兰"地区的支持，也就是北方的各州，如马萨诸塞州、纽约州、密歇根州、威斯康星州、爱荷华州、明尼苏达州等。如果民主党人继续否决对北方民主党最有力的候选人道格拉斯的提名的话，西沃德就极有可能获胜。着眼于现实的共和党人料到，当民主党全国大会在 6 月召开时，道格拉斯会成为候选人，因为后者在俄亥俄峡谷地区拥有极大的势力，包括俄亥俄州、印第安纳州、伊利诺伊州和肯塔基州都是拥护者。特别是当新的全国联邦党——也就是差不多由自由党人和美国党组建的一个党派，在 5 月 10 日提名田纳西州的约翰·贝尔和马萨诸塞州的爱德华·埃弗里特为候选人时，西沃德的竞争对手更是欢欣鼓舞。因为这意味着在南方各省，西沃德的选票不可能占到上风。除非他在第一轮的投票中获得明显的优势，否则共和党的那些竞选经理人就需要暂时停下来思考一番，寻找一个更为可靠合适的候选人。

在芝加哥，万分精明的共和党人正在寻找这样一位意想中的候选人。这个人不仅仅能够获得北方各州的拥护，还必须得到 1856 年获胜的弗里蒙特的青睐，而且在宾夕法尼亚州、印第安纳州和伊利诺伊州能够取胜。这三个州正是西沃德的薄弱所在。对于切斯，他只是在自己的俄亥俄州代表团中有一部分人气。

经过这样一番分析之后，林肯就成了最佳人选。他不是一匹黑马，也不是热门人选僵持不下时意外冲出的一名候选人。从大会召开的第一天起，他就是伊利诺伊州代表团一致支持的重要参与者。尽管在除西部各州之外没有多大名气，但是林肯的出现正中共和党下怀：他明确反对奴隶制的扩张，而且多年来他一直致力于经济发展，提出大受宾夕法尼亚州欢迎的一系列改造和保护性税收制度。对于那些仍然将自己看成亨利·克雷的追随者，原自由党人来说，林肯在情感上拉近了他们的距离。而且，林肯成功地表示反对土地党，但又没有对本土主义者发表谴责。如果芝加哥的共和党代表从政治角度出发的话，林肯就是他们的选择。

但是，林肯当然知道，在政治领域感情和理性的作用一样重要。这就是为什么他希望他的智囊团在芝加哥能够为他提供信息，消除流言蜚语，倾听民意，给予他支持，安抚那些怒不可遏的人们，讨好那些抱有怀疑态度的代表。大卫·戴维斯待在他下榻的特莱蒙特酒店操控这一切活动。他的首要目标，就是确保在第一轮投票表决中林肯至少要获得 100 张以上的选票——要超过其他人的票数（除了西沃德之外），并且还有一些保留票数在掌握之中。这样一来，林肯在第二轮的投票中就有优势了。抱着这种想法，戴维斯开始行动。他针对不同的情况，派出合适的人选去跟那些代表们套近乎，比如他派来自缅因州的斯威特去见缅因州的代表，派来自佛蒙特州的帕克斯去游说那些佛蒙特州的代表们。在争夺那些在林肯和贝茨之间摇摆不定的代表们选票的过程中，布朗宁功不可没。裴德负责安排"大棚式"会议厅的座位。他费尽心思把纽约代表团安排在大厅的一端，把宾夕法尼亚州代表团安排在另一边，中间坐着的是林肯的支持者。这么一来，投票时两个代表团的人就不能相互影响，相互讨论了。西沃德部下的总指挥瑟洛·韦德搭乘火车来到了芝加哥，这是一趟专列，13 节车厢上挤满了这位纽约参议员的支持者。得知这个消息后，裴德特意让伊利诺伊铁路公司为他们提供特别优惠票。这样一来，数以千计的支持者就能到会支持林肯。第一天之后，他们发现西沃德的人似乎可以把整个"大棚式"会议厅挤满，杰西·菲尔和沃德·希尔·拉蒙监督了入场券的印刷过程，以确保林肯的人能拿到票，并在西沃德的支持者赶到之前就占好位置。

跟所有政治会议一样，政客之间的讨价还价、交易是不可避免的。有的候选人谈论的是牲口交易；有些初出茅庐、举棋不定的人谈论的是政治靠山；偶尔也有人直接谈投一票值多少钱。韦德计划在芝加哥来做交易，早在奥尔巴尼他就这么干过。他在伊利诺伊代表们面前游说道，如果他们在第一轮投票时支持西沃德，那么他们将会在林肯提名副总统上提供帮助，还会主动捐出 10 万美元给伊利诺伊和印第安纳的共和党作为竞选专用款。

一些林肯的支持者也想跟对手们玩同样的花招。在大会开始前，雷提醒林肯，"你需要一些你信得过的朋友为你说点话啊，这些的确是有必要的"。堪萨斯州的共和党员德拉赫（林肯负责了他在芝加哥的一切费用）也持有相似的观点。他写信给林肯，认为戴维斯、杜布瓦还有他团队中的其他成员都太过"老实"了，和纽约州的那些"疯狂的赌徒"政客们相比，他们太天真了。林肯应该在宾夕法尼亚、俄亥俄、马萨诸塞以及爱荷华州，向他们承诺如果投自己一票，那么他们将得到丰厚的回报。德拉赫继续说道，"我知道你觉得这样很没意思，但你也得知道在这个圈子里，游戏规则就是这样，就要做好准备和魔鬼一起游戏"。

对于德拉赫的建议，林肯用一句话回复了，"请不要用这样的买卖来束缚我"。在林肯看来，这条建议没什么用。尽管戴维斯和竞选团队也在不断地讨好那些摇摆不定的代表们，但他们并不认为有必要去贿赂这些人。

据报道，戴维斯似乎同宾夕法尼亚州代表团有过交易，如果他们在首轮投票中支持林肯，作为回报，他们会安排西蒙·卡梅隆进入内阁。卡梅隆在芝加哥的代表法官约瑟夫·凯西要求，作为第二轮投票的回报，卡梅隆应该成为林肯内阁中的财政大臣，并且控制联邦政府在宾夕法尼亚州的所有任命权。对此，戴维斯模糊地回应道，宾夕法尼亚州肯定能在内阁中获得一个席位，本人也将会推荐卡梅隆为财政大臣。凯西认为戴维斯是代表林肯说出这番话。在他眼里，这就是一种保证。于是在大会之后，他马上写信给卡梅隆，要宾夕法尼亚把票投给林肯，"这个转变是基于你和我们共同的利益而产生的"。斯威特却不这么认为，在大会之后的第九天，他在一封写给朋友的私人信件里提到，"根本就没有达成什么保证"。戴维斯本人也相信他自己只是表达了个人、有条件的承诺，很平静地否认了任何交易之说："在公事上，林肯先生对这个世界上的任何人都没有承诺什么——没有为了他的提名保证过任何东西。"

当共和党全国大会召开之际，林肯还在斯普林菲尔德忙他自己的事，但他也很急切地想知道芝加哥那边的进展如何。5 月 18 日那天是个星期五，也正是提名的日子。林肯把时间打发在"五柱戏"的游戏上。这是从手球中派生出来的一种玩法，林肯一行人在靠近《伊利诺伊州报》的一个空地上玩起了这个游戏。当得知詹姆斯·康克林突然从芝加哥回来的消息，林肯立即赶到了他的办公室，迫切地想知道来自芝加哥会场的最新消息。林肯放松地坐在一条老式沙发里，听着康克林预测西沃德不会被提名，成功的将是自己。林肯对此有些不相信，他不想过分乐观。在他看来，不论是贝茨还是切斯都很有可能胜出。言罢，他站起身来，大声宣布道："好了，康克林，我相信了，我还是回到自己的办公室，做我的律师吧。"

林肯一边接受着人们的祝贺，一边说道"在我看到第二轮投票的结果时，我就料到会是这样"。从《州报》的办公室走出时，林肯跟那些停下游戏向他祝贺的球手们打趣道："先生们，你们还是走近一点，握握我的手——荣誉会使你们的手气好一些。"说完这话，林肯就赶着回家了，临走时他还不忘调侃一番："家里还有个小妇人对这个快讯的兴趣比我还大呢！"

伴随着他被正式提名的消息，另外还有一个报道，说为了平衡一下选票，大会还提名了一名来自缅因州的前民主党人汉尼拔·哈姆林为副总统候选人。此时的林肯感到他应该去一趟芝加哥。在那儿，他可以同共和党人们分享成功的喜悦，安抚心存不满的西沃德支持者们。但是他的顾问们一致建议他待在斯普林菲尔德。戴维斯在电报中简洁地说道："看在主的份上，不要来这儿。在你见到我之前，不要写任何信件，不要做任何承诺。"

林肯按照戴维斯的话做了。5 月 19 日那天，一群由马萨诸塞州的乔治·阿什穆恩带领的代表团来到了林肯在斯普林菲尔德的家，正式通知他成功提名。刚开始气氛有些尴尬，一些代表们之前都没有见过林肯，他们被林肯的外表吓了一跳。林肯此时感到有点放不开，因为他才和玛丽为了是否要给客人们敬酒而争吵过，因为给客人敬酒是理所当然的事，更何况是在肯塔基玛丽父亲的家中。但由于林肯知道戒酒运动的影响力，所以坚持只给客人倒冰水。他对玛丽解释道，"我们搬进这房子都 16 年了，在这些年里，我没让朋友们在我家碰哪怕一滴酒。虽然我现在有了新身份，但这个习惯不能改。"在阿什穆恩宣读完提名通知后，林肯小心翼翼地回答道，他需要时间来充分考虑这个计划。其实，林肯也是 4 天后才正式接受了这项计划。为了不让大家见面时难堪，林肯玩了一个他后来常在白宫玩的小把戏。他选中了宾夕法尼亚州的代表——瘦瘦高高的威廉·凯利，问他的身高是多少。

"6英尺3英寸。"他答道。

林肯笑着说："我不穿高跟靴都有6英尺4英寸啊。"

"所以说宾夕法尼亚要让伊利诺伊三分啊，"凯利讨好地说道，"真是荣幸啊，我们找到了一位可以让我们仰视的总统候选人。"

当那些人开始放松起来的时候，他们来到了隔壁的客厅，在那儿他们见到了林肯夫人。据阿什穆恩回忆，她身上有股南方人的气质，健谈、富有魅力，"如果她来到白宫，作为美国公民，我会感到十分骄傲和自豪"。

提名后到大选前的这段日子，林肯与见到的人谈话都没有什么内容。林肯现在成了名人了，人人都想见到他，每天拜访他的人都很多，家里都容不下了。尤其在威利得了猩红热之后，拜访的人多得恨不得要把他们家的门槛给踩烂。约翰·伍德州长表示愿意让林肯使用州议会大楼里他的办公室办公，林肯高兴地接受了这番好意。一整个夏天，他都是在那儿工作。尼克拉作为林肯的秘书和助手，也同他一起工作，每月还有75美元的薪水，由林肯在斯普林菲尔德的10个有钱朋友赞助。

林肯收到的信成百上千，大部分都无足轻重，但林肯还得为这些祝贺信做出礼貌的回复。许多人写信索要他的亲笔签名，而林肯也已经形成了一套标准的套话："听闻您希望得到我的亲笔签名，特随函附上。您真诚的林肯。"宾夕法尼亚农校的华盛顿农业文学社（后更名为宾夕法尼亚学院）选举他为名誉会员，林肯表示感谢，并收下了"州主席的交椅"。这把椅子由34种木材做成，每一种代表了联邦的一个州。林肯与道格拉斯辩论地点之一的诺克斯学院，也表示想授予他法学博士的学位。

林肯的大部分时间就耗在满足公众的好奇心上。有人甚至不知道他叫什么，他不得不跟包括阿什穆恩在内的人强调他的名字是"亚伯拉罕"，而不是"艾布拉姆"。摄影师们蜂拥到斯普林菲尔德为他照相。这其中拍得最为成功的要数芝加哥的亚历山大·赫斯勒，就连林肯也表示照片"完全展示了我的那张脸"。他抓住了其他摄影师所没能抓住的特点，林肯那奇特的弯曲下唇、右脸颊的那颗痣还有他独特的抬头姿势。大部分的摄影师认为安静时，林肯的脸就是一副面具，照相机无法在他的眼中捕捉到光彩，照相机也无法在他讲故事的时候捕捉到他微笑时的神采。有一些艺术家到了斯普林菲尔德为他画像，林肯也很配合地坐在那儿让他们画。为了推翻东部那些人认为林肯很丑的观念，法官约翰·瑞德要求约翰·亨利·布朗为林肯画一幅看上去"很英俊"的画像。著名的画家托马斯·希克斯完成了一幅带有浪漫主义的画作，林肯也说"这样一来东部的人们就能有个正确的概念，我到底长得什么样……我认为这幅画里透着一股令人愉快的感觉，与平常的我有些不一样，但也不是完全不同"。

看完了林肯的画像，人们又开始嚷嚷着了解他的生活。无数人要求得到林肯的生平资料，为此林肯不得不起草了一份回复，然后通过尼克拉发出去："有关此类要求实在太多，他无法一一顾及。"甚至在芝加哥大会还没结束时，市面上都有了关于林肯和哈姆林的传记。最早的也许是威格曼版，6月2日在纽约出版，由拉得和卡尔顿编撰，书名为《亚伯拉罕·林肯的演说词以及公共事业》。这本书最为显著的特色是，其作者威廉·迪安·豪厄尔斯采用了很多他的助手詹姆斯·奇·霍华德在斯普林菲尔德采访的一手资料。霍华德自己也另外出版了一本传记。《芝加哥新闻论坛报》的编辑约翰·洛克·斯克利普斯凭借林肯给他的一本自传式简介，也写了一本林肯的传记《林肯的生活》。那段时间市面上销售的竞选类传记，差不多有10万~20万本。

林肯的朋友们一致要求他不要参加任何公开的政治活动。6月后，当民主党内出现分裂，北方提名道格拉斯而南方却提名约翰·布雷肯里奇。此时林肯毫不怀疑地认定，如果共和党内团结一致，那么共和党必将取得总统选举的胜利。他花了大量的时间来调和宾夕法尼亚州卡梅隆参议员和共和党州长候选人安德鲁·科廷之间的矛盾。在他看来，这个州实在是太重要了。所以他努力给两方都留下他在关税上是公正合理的印象，把他在19世纪40年代的一些演讲稿的集锦送给他们看，以显示他是拥护贸易保护措施的。林肯意识到西沃德的人之所以不满，是源于在芝加哥的失利。他通过大卫·戴维斯向纽约州人表示他"现在没有，以后也不会，依附于任何一个人、小集团或者是派系；他非常希望能和每个人都相处融洽"。林肯一而再再而三地保证，如果他参选，他的口号就是"公平公正地对待任何人"。不论在欢迎拜访者来斯普林菲尔德，还是在写信的时候，林肯都拒绝在共和党内搞区别对待，就算是对在芝加哥大会时支持其他候选人的共和党人，他也不会表现出反感。他对曾支持西沃德的卡尔·舒尔茨解释道"我不会根据大会上的表现在党内搞区别对待"。

虽然总有人来访，信函也是经常不断，但是林肯还是发现作为总统候选人在各个方面都受到了很多限制。这些天他很少去律师事务所了。当赫恩登来到他在州议会大楼的办公室时，他发觉这位昔日的同伴"已经感到极度地厌倦"，然后他大声地对特伦布尔说，"老天啊，我是不会坐到他那个位子，那样就会像他一样对什么都厌倦了"。

8月，林肯出现在了斯普林菲尔德一个大型的集会上。他只是想看看那些支持他的人，也正好让他们瞧瞧自己。在人们的要求下，林肯在那儿重申了自己的政策："自从我成为候选人之后，我就秉承一个原则——不再做演讲了。"人们对于林肯的出现疯狂不已，当他表示要离开时，露天广场上的人群将他的马车团团围住，马车的顶都被捅破了，人群拥了上去，林肯感觉自己都快窒息了。幸亏有位朋友把马赶到了林肯的马车跟前，把他拽了出来，"把他从马尾巴上拖到马鞍上"，他这才得以脱身，骑着马回到城里。

有时林肯很想在竞选中变得更为积极主动一些，就像道格拉斯那样，无拘无束地四处巡回演说。不久，西沃德也从败选的伤痛中走了出来，到西部去为共和党拉票。这时，林肯则在思考去芝加哥见西沃德一面，可他的朋友们再次劝阻他不要做这样的事。他也只好乖乖地待在家里。不过当西沃德路过斯普林菲尔德时，这两人终于还是见上了一面。在感到烦躁的时候，林肯甚至异想天开地想要接受邀请去马萨诸塞的斯普林菲尔德，在马术表演赛上发表演说，这样他就可以顺便看看才考上哈佛大学的罗伯特。但他的朋友极力劝阻，说这会被看成是"共和党情况危急的迹象"。于是，这次行程又只好作罢了。

渐渐地，林肯好像已经远离了纷纷扰扰、吵吵闹闹的竞选了。在大部分北方城市，不计其数的年轻共和党人"完全觉醒"了，他们穿着黑色油布斗篷，戴着帽子，扛着木栅栏，点着火把，举行了声势盛大的游行集会，而这一切似乎与林肯没有什么关系。他只能看看那些由共和党准军事组织举办的展览。林肯承认"那些游行啊、表演啊，还有大型聚会啊"，都不合他的胃口；而那些将选区组织起来，让选民都出来投票的"枯燥、琐碎"苦差才是竞选的王道。

林肯焦急地等待着10月举行的州竞选反馈的消息，尤其是宾夕法尼亚州、俄亥俄州还有印第安纳州的消息。反馈回来的消息和一个月之后的普选结果大致相近，共和党在这三个州大获全胜。这说明共和党的竞选策略技高一筹，证明共和党拒不接受移民限制招数已经奏效，成功地拉拢了相当一部分的外裔选民，尤其是年轻的新教徒选民。更为重要的是，他们向人们表明，林肯煞费苦心地不公开攻击本土党是正确的，而他们也能把1856年支持费尔默的那部分人争取到自己这边。最后，他们还证明，尽管林肯本人对此不太感兴趣，但是"完全觉醒"俱乐部通过经常的聚会、组织锻炼，激发了很多年轻选民的热情，他们中的许多人在这次的选举中投出了自己的第一票。为了庆祝胜利，斯普林菲尔德的"完全觉醒"俱乐部成员组织了游行队伍。他们来到林肯的家门前，林肯站在门阶上，被朋友们簇拥着，向他们弯腰致谢。第二天，林肯写信给西沃德："现在好像我们真的要接管政权了。宾夕法尼亚、俄亥俄、印第安纳的情况都超乎了我们的想象。"

现在要做的，就是在11月6日大选来临之前的这几周不要出现失误。沉默是金，因为任何新言论或是重复以往说过的话，都会招来对手的"误读"。林肯叫他的一位颇为担忧的顾问放心，"你不要担心我会突然甩给公众一封信件，诸如此类的事情是不会发生的"。

到了选举日那天，赫恩登来到林肯在议会大楼的办公室，催促他去投票。起初林肯还不太情愿，在听到自己的选票也许对州竞选很重要后，林肯把名单的上面一截剪了下来，列出总统候选人的名字，这样他就不会投自己一票了。之后，在赫恩登的陪同下，由拉蒙和艾尔沃斯护送，林肯来到了投票点。当他来到那儿投票时，共和党人都兴奋地欢呼大叫起来，甚至连民主党人也抬了抬帽子对他表示尊敬。

当晚在州首府，林肯和当地的共和党人一道等待着电报收发室传来的消息。伊利诺伊拿下了，接着是印第安纳，其他的西部州也形势大好。但最为关键的东部州却迟迟没有消息传来。林肯、杜布瓦、黑什都在电报收发室内走来走去，忐忑不安地等待着消息。直到十点终于传来了拿下宾夕法尼亚州的捷报。就在他们等待纽约州的消息时，共和党受到沃森·沙龙的邀请，在那儿举行晚宴。当林肯步入大厅时，女士们都用"你好，总统先生"来欢迎他。晚宴结束后，林肯留守在电报收发室直到次日早上两点他收到消息，纽约州也被收入囊中。这个消息确定了林肯的胜利。后来林肯回忆道："我回家了，但也没睡多久，因为我已经意识到肩上的责任有多么重了。"

现在离他取胜的具体票数出来还有几天。等到最终的选票结果公布时，共和党以1，866，452比1，376，957的票数超过道格拉斯领军的民主党。此外，布雷肯里奇获得849，781张选票，贝尔获得588，879张选票。虽然在普选中，林肯和哈姆林只有不到40%的支持率，但他们还是在选举团赢得了180张选票，其中，布雷肯里奇72张选票，贝尔39张，道格拉斯只有12张。除了新泽西州外，民主党在其他的自由州都获得了胜利。共和党和道格拉斯领导的民主党在新泽西州是平分秋色。尽管道格拉斯在普选中赢得广泛支持，但只赢得了密苏里州的选举团和新泽西州一半的选票。贝尔在接近北方的南部地区的一些州，诸如弗吉尼亚州、田纳西州还有肯塔基州获得了强有力的支持，而布雷肯里奇则在其他的蓄奴州赢得了胜利。这对于林肯和哈姆林而言不是好事，他们在南方没有捞到一张选票。

在选举之前，林肯又开始流露出悲观的情绪，因为他意识到这是一场事关他能否入主白宫的选举。他还曾对一位纽约的拜访者说道："可以说，如果是出于个人考虑，我宁愿在参议院待一个任期，因为在那儿我觉得好像更有能力尽好自己的职责。"

· 第十章 ·
公仆难当

作为当选总统，林肯面对的问题异常棘手。在得知他当选的消息后，南方各州开始出现不和的局面。11 月 10 日，南卡罗来纳州议会一致通过一项决定，定于 12 月 6 日举行州议会选举，其目的在于厘清州与联邦之间的关系。8 天后，佐治亚州也举行了类似的活动。在一个月内，下南方的各个州都开始为脱离联邦采取行动。北方人在如何应对和处理这件事上也产生了分歧。

当时的美国政府对此危机束手无策。詹姆斯·布坎南总统左右为难，不知所措。一方面他认为这种脱离联邦的行为是违反宪法的，另一方面，他又确信这样的事迟早总会发生。即将届满的国会被新组建共和党控制着，是由前辉格党、前民主党、前美国党组成的大杂烩。共和党仅仅只有作为反对党的经验，此前他们从来没有机会作为执政党，为国家大事提供建设性的意见。

现在所有的目光都聚集在了斯普林菲尔德。在这里，一名从政经验不算丰富，声望不算很高的领导者，全靠自己摸索，为新一届的政府来出谋划策。

在选举后的几个月里，林肯在斯普林菲尔德继续着他的事业。有私人秘书尼克拉的协助，林肯每天处理几篮子的信件。由于信件的处理量太大，尼克拉新雇了一位年轻的布朗大学毕业生约翰·黑伊来帮助他。索求林肯亲笔签名的信件是最容易处理的。如果是祝贺信和索要工作的信件，就直接进了垃圾桶。不过还是有很多的信件是需要林肯亲自处理的。

每天上午十点，林肯打开自己在州议会大厦的办公室，等候在外面的拜访者就蜂拥而入。到了中午的时候，他就关上门，直到下午三点到五点半的时候他再出现在办公室里。来拜访他的人，什么样的都有：有自愿提供建议的政客、有寻找独家新闻的记者、有想为他画像的艺术家、有只想和林肯握个手的女人们、有只想来呆呆地看着他的乡巴佬、有从纽萨勒姆来的老友们。每天来拜访的人络绎不绝。林肯的办公室只能容下 12 个人，但他想把所有的人都照顾到。要是发现了有代表团待在大厅里，他肯定会走到代表团的领队面前，然后招呼大家一起到他的办公室去，相互寒暄一番。

林肯的拜访者们不知道如何去面对这位当选总统。他的山羊胡子把他的老朋友们都吓了一跳。在竞选期间，一些纽约的"真心共和党人"都为林肯那不修边幅的宣传照而担心。这样不讨好的外形，有可能会导致流失选票的，所以他们建议林肯"注重一下外表，蓄一下络腮胡，穿竖领衬衣"。11 月底的时候，林肯开始炫耀自己的一小撮胡子。没人知道林肯是怎么转变的。也许，他这样是想把真实的自己掩藏在大胡子后面，他还没做好当总统的准备；也许，他是在展现自己超强的自信，他不怕被人套用双关语嘲讽，"老亚伯嘴上有毛啦"；也许，这暗示着当选总统想在公众面前展现新的面孔，一副看上去更威严的大胡子形象；也许，留胡子表明了林肯在提名和宣誓就职这段时间里感到厌倦，无聊了。

林肯的态度和外形把拜访者都吓了一跳。尽管他经常被别人叫作"老亚伯"，可实际上在当时，林肯算是最年轻的美国总统之一了。那时，林肯51岁，比上任总统詹姆斯·布坎南小了将近20岁。林肯看上去也是精力充沛，有着无穷的活力。

他的拜访者普遍都惊讶于他的大嗓门。除了脱离联邦这个话题他避而不谈，林肯和他的拜访者们谈论各种见闻，发表各自的意见。让林肯的拜访者们感到不解的是，林肯很喜欢跟客人们讲笑话和逸事，而这样做显然不是很符合一个总统的身份。当说到这些故事的时候，林肯神采奕奕，一旦说到可笑之处，林肯就会放声大笑，以至于笑声都可以在州议会大楼久久回荡。听到一个有意思的故事时，他会乐得拍自己的大腿，笑得前仰后合。林肯很喜欢双关语，越是大胆的，他越喜欢。喜欢帕特里克和他新靴子的故事，"我永远都不会穿上它们"，帕特里克说，"除非是我把它们穿了一两天，把它们都撑大了"。林肯喜欢这些荒诞的故事，尤其是那些以肯塔基或是印第安纳州为背景的故事。

他对这些故事倒背如流，因为他觉得它们有意思极了。讲些这样滑稽有趣的故事，和拜访者之间的谈话气氛自然就活跃了。林肯会利用讲故事来避开可能出现的批评，逃避棘手的问题，摆脱难缠的采访人。当前肯塔基州长查尔斯·摩尔黑德催促林肯对脱离论者妥协的时候，林肯想起了《伊索寓言》里的一篇寓言。故事说的是一位美女爱上了一头狮子，她的家人一方面反对她嫁给一只野兽，一方面又害怕这只野兽的锋牙利爪。于是她的家人就想了一个办法，要求这只狮子必须把它的尖牙利爪拔的拔剪的剪，这样才能保证它不会伤害到他们的女儿。为了爱情，狮子照做了，可就当他把利爪剪掉，把獠牙拔掉的时候，这家人马上就拿着棍子打它。听了这样另类的回答，摩尔黑德面露不悦，他说道："这的确是个非常有趣的故事，也很恰当，但并不是一个令人满意的回答。"在整个总统的任期内，面对那些没有幽默感，老虎屁股摸不得却又想从他身上得到直接答案的对手们，林肯都是用这个策略来应对他们。

在林肯成功当选后的3个月里，他没有发表任何公开的言论，也没有做过正式的演讲。最多，他也都是说些温和平淡的话，诸如"让我们时刻铭记所有的美国公民都同属一个团体，都是兄弟姐妹，都应该有着手足深情"。他顶住了那些要求安抚南方的压力，也没有理会那些要他再重申观点的人。在一封署名为"私人机密"的信件里，林肯说道："我不会再说那些我已经说过的话，同样，也不会再说那些已经印成文字，公布给公众的话。"

　　林肯这样出言谨慎，保持沉默，是因为他还没能完全保证最后的竞选成功。尽管在 11 月的大选中，共和党取得了胜利，但是他自己还没有获得一张选票。总统选举团的成员直到 12 月 5 日才能聚在一起，而他们的选票要到 2 月 13 日才能统计出来。这就是林肯眼里"最危险的时刻"。只有过了这一关，他的总统身份才算是被法律确认了。

　　他也听从了很多党内领导人的建议。就在大选结束之后，瑟洛·韦德虽说总在替西沃德说话，但这次他督促林肯保持在大选中的那种"自尊、勇敢和庄重的举止"，不要发布任何公开言论。约瑟夫·梅迪尔提醒林肯不要"听信那些该死的傻瓜和无赖的谎言，不要去发表那些所谓的'挽救联邦演讲'"来安抚那些南方人，"他不能陷入那些给狼设的圈套里去"。在某种程度上，林肯并不情愿重申他在地方分裂上的意见，如果不说就不会引起北方人的恐慌和士气消沉。只要是林肯流露出了一点被南方人吓倒的迹象，那将让他的北方支持者陷入一片混乱。辛辛那提的记者唐·皮亚特告诫道，南方人是真的要打仗，90 天内这块土地上就会遍布军用帐篷。

　　但林肯深信在南方还是有大量的联邦主义者，给他们一段时间，让他们冷静下来，他们一定能拆穿那些脱离论者的阴谋。在过去，南方人也曾经威胁过要脱离联邦，1819—1820 年就有过一次，在杰克逊时代有过一次，在墨西哥战争时期也有过。这样的事情现在也会发生的。希望林肯改变他的立场，这样的行为仅仅是"南方人打垮北方人的小花招而已"。如果林肯同意这样做，那他"就完全没有影响力了"。

　　但迫于社会舆论的压力，林肯不得不考虑重新定位他的立场。为此他为特伦布尔参议员起草了两段文字，在 11 月 20 日斯普林菲尔德的共和党胜利大会上宣读。在这段文字里，林肯保证，在他的管理下"每个州依然有处理各自内务的权力、自由选择保护各自财产方式的权力、保持和平和秩序的权力"。很多人都认为这份声明完全来自当选总统，所以他们根本没把特伦布尔的安抚演讲放在眼里。

　　在林肯写给特伦布尔的一篇文章里，可以看出林肯对于脱离论者的本质还不太了解。林肯希望特伦布尔说那些脱离论者"现在急切地想脱离联邦，是因为他们感觉到已经无力再让南方人相信联邦政府会做出危及他们各方面利益的行动"。之后，林肯又加了一段叫人惊讶的话："对于南方的备战，我感到挺高兴的。这样的话，要是有任何起义、暴动，人民就会很容易把他们镇压下去。"特伦布尔的做法非常聪明，他没有按林肯的话来说，但是之后他做出了意外之举——谴责脱离行为简直就是恐怖主义，并且发誓要快速行动起来，对付南方的那些"叛徒"。

　　在竞选之后的那个晚上，林肯太疲惫了，无法入睡。沉重的担子马上就要压在他的肩上，林肯开始思考他的智囊团的最佳人选。他随便找了张纸，在上面匆匆写下了 8 个人的名字：

> 林肯·裘德
> 西沃德·切斯
> 贝茨·布莱尔
> 戴顿·威尔斯

透过这个名单，就可以猜到林肯的意图了。他知道自己并不是因为公认的能力而当上共和党领导人，他只是名义上的共和党领袖。如果林肯的政府想要取得成功，他需要得到西沃德·切斯和他的党内主要对手们的支持。正如他向瑟洛·韦德坦诚的那样，"他们长期的从政经验以及他们角色的重要性，都表明他们应该获得自己即将拥有的地位"。

这份最初的名单也暗示了林肯对共和党内部的状况了如指掌。共和党并不是一个完全和谐统一的党，内部充满着竞争和利益冲突。共和党内部的前辉格党成员和自由土地民主党成员之间长期不和，但他们对于林肯和他的新任政府而言，都非常重要。如果这些党内派系之间能保持和平相处，那么在内阁中大家势力均衡，就不会出现争权夺利的事情了。

林肯把这份名单记在心中，依然保持自己的谨慎作风。在竞选后的第二天，林肯邀请从未谋面的汉尼拔·哈姆林到纽约来见面。在 11 月 21 日那天，未来的美国总统和副总统开始了一场为期 3 天的会谈。报道称这是一次"最为亲切的会面"。在这 3 天里，特伦布尔时不时也会加入他们的谈话，外界称他是"总统在参议院的代言人"。其间，共和党的一些领导人，如威斯康星州的卡尔·舒尔茨，也时不时地被请来出主意。

现在工作日程上第一条就是组阁。林肯已经明确表态让西沃德担任国务卿，算是对他为共和党工作的认可，也是对他在参议院职位的尊敬。但不知道他是否肯接受这样的任命。由于芝加哥议会没有通过对他的提名，西沃德的感情受到了伤害，可能不会情愿去当林肯的下属了。如果西沃德拒绝了这项任命，就需要好好考虑措辞，不能让大家把这事看成是对新政府的一种拒绝。林肯很相信哈姆林在处理这类棘手的政治难题上的能力，所以把这些事交给他来办。

林肯的小心翼翼以及在政治上经验的短缺，差点让西沃德的任命泡汤。迟迟没有公布西沃德的任命通知，这让纽约的共和党内一些反对西沃德的派系很受鼓舞。这些人之所以反对西沃德，主要是因为韦德被卷入了一场贿赂州议会的事件里。他们希望内阁中的人都是"正直、双手清白的人"。在西沃德这件事上林肯的态度表明他也在听取各方的意见。然而很快就有谣言传出来，说林肯这样并不是真心想要西沃德进入内阁，而是把这个任命当成恭维话说给他听。其实林肯根本就巴不得西沃德不会接受这个邀请。就是因为这谣言，林肯不得不尴尬地面对西沃德，还要给他一个解释。最终，在斯普林菲尔德，林肯和韦德面对面诚恳地长谈了一番，西沃德终于答应了。

在接受任命之前，西沃德和韦德曾经向林肯施压，希望他能修改一下名单，多提名一些南方人。只有这样，南方各州才会相信林肯领导的新政府是真正的联邦政府。但与此同时，这也将打破萨蒙·切斯或者是西沃德的其他对手进入内阁的美梦了。林肯觉得这是个不赖的主意，但就是不知道行不行得通。为了试试这个建议的可行性，林肯写了篇很短的社论匿名发表在《伊利诺伊州刊》上，询问："是否有南方的绅士愿意跨越南北两方的政治鸿沟加入他的内阁，一起共事？"

林肯把那些南方的联邦主义者称作"奇珍异宝"。北卡罗来纳州的约翰·吉尔莫是个反对分裂的保守辉格党员，他就是林肯眼中的一颗"珍宝"。由于吉尔莫一直坚持联邦的完整，所以林肯想邀请他来斯普林菲尔德谈谈。但是这位北卡罗来纳人好像没有领会林肯的用意，婉言谢绝了。在1月，韦德和西沃德找到吉尔莫，向他提供一个内阁的位子，但是他坚持要求共和党对奴隶制提供保护，以此来缓和"南方的兄弟们"的情绪。因为有这样的要求，吉尔莫失去候选人的资格了。

吉尔莫没有了候选人的资格，这就给蒙哥马利·布莱尔带来了机会，而且蒙哥马利本来就在林肯最初的名单上。他虽然不是南方人，但是一直住在蓄奴的马里兰州。在那儿，他曾经很卖力地为共和党的总统竞选宣传。有着消瘦脸庞的布莱尔有很多的支持者，像前民主党人特伦布尔、哈姆林，马萨诸塞州废奴主义州长约翰·安德鲁也是他的支持者之一。尽管韦德强烈反对布莱尔入阁，但是布莱尔还是被任命为邮政大臣。

林肯早就了解萨蒙·切斯和西沃德是竞争对手。要是让西沃德知道他向切斯发出"邀请"，西沃德肯定就不会接受他的任命了。所以直到西沃德接受了之后，林肯才向切斯抛出了自己的橄榄枝。萨蒙刚结束了两期的州长任期，马上就要进军参议院。林肯还没有亲眼见过这位俄亥俄人，所以他想在发出任命前好好和他谈谈。他们在1月4日和5日长谈了很久，切斯给林肯留下了深刻的印象。林肯认为切斯"是个百分之一百五十出色的人。"此人人高马大，天庭饱满，充满智慧，用卡尔·舒尔茨的话说，一看就是"一副政治家的模样"。

这一次的见面暗示了林肯和切斯两人以后的关系不会是一帆风顺的。林肯首先向切斯解释他把内阁中的第一位置给西沃德的原因，然后他就向切斯推荐财政部部长的职位。他说，宾夕法尼亚人之所以反对切斯是因为赞成自由贸易。但是林肯相信这些都不是问题。林肯劝切斯"接受财政部部长的任命。但也不要以为这个位子非你莫属"。对于这个似是而非的任命，切斯很谨慎地回答道："就算把这个位子真的给我，我不想，也没有准备好接受这个职位。"尽管切斯在俄亥俄的朋友，纽约的共和党内反西沃德的人都给林肯施加了很大的压力，但是林肯决定等到了华盛顿之后再说任命的事。

在芝加哥的时候，林肯曾保证他的副总统可以从新英格兰地区选人进入内阁。这可谓是一个慷慨之举，但林肯坚信哈姆林的选择就是他的选择：《哈特福德晚间新闻报》的编辑、前民主党人吉迪恩·威尔斯。威尔斯曾经率领康涅狄格代表团去芝加哥，帮助击败了西沃德。在 1840 年期间，威尔斯曾担任海军物资装备部的领导一职，所以林肯和哈姆林选定他当海军大臣。

同时林肯也在跟内阁名单上的另一个人打交道。12 月 15 日，爱德华·贝茨来到斯普林菲尔德拜访林肯。贝茨在他的日记里提到，林肯认为贝茨的加入"对组成一个成功的政权是很有帮助、很有必要的"。林肯似乎都不太记得自己一周前曾经给西沃德写过信，他向贝茨保证说"贝茨是唯一一个他有过通信、亲口通知任命消息的人"。为了不让这位 67 岁的密苏里律师一心想着内阁首席职位，林肯跟贝茨解释，他之所以让西沃德担任国务卿，是出于政治上的考虑。但是林肯很注意措辞，他给贝茨留下一个印象就是，他其实希望西沃德能拒绝担任国务卿的职务。如果这样，贝茨就曾经是国务卿的拟定人选。林肯给贝茨提供的职位是司法部部长，贝茨觉得比较合适，就接受了。

林肯对于其他内阁候选人的任命就没有这么顺利了。裴德也在林肯的名单上，虽然有伊利诺伊共和党内前民主党人的支持，但是大卫·戴维斯、莱昂纳多·斯威特以及其他的前辉格党人都极力反对他进入内阁。就连玛丽·林肯都很不喜欢他。在这种情况下，林肯开始权衡伊利诺伊和印第安纳州在内阁里的利益分配问题。卡莱布·史密斯对内阁席位非常感兴趣，大卫·戴维斯也提醒林肯，"要是不和印第安纳方面积极主动合作，那么就不会从他们那得到帮助，印第安纳代表团也不会支持你了"。林肯还要顾虑史密斯在印第安纳的对手斯凯勒·科尔法克斯，这个人曾经在总统竞选人提名时力挺贝茨，而在竞选的过程中又支持林肯。这也难怪林肯会对瑟洛·韦德说，"组阁……真不是像我之前设想的那样简单"。

权衡再三，林肯决定把裴德从名单上划掉。这并没有使伊利诺伊州遭受太大损失，作为当选总统的家乡，伊利诺伊已经获得承认了。把裴德排除在名单之外后，林肯就得在史密斯和科尔法克斯之间做出选择了，最后林肯选定了史密斯。"科尔法克斯年轻、前途光明，"林肯说道，"但是对于史密斯而言，如果现在失利，以后就绝无其他的机会了。"

相对于宾夕法尼亚而言，印第安纳的问题算是容易解决的了。由于宾州的共和党成员一直存在分裂的状况，所以林肯原本没有打算在宾夕法尼亚选择内阁成员。一派忠于参议员卡梅隆，一派跟随州长当选人安德鲁·科廷以及宾夕法尼亚州共和党委员会主席麦克鲁尔。林肯认为提名新泽西的戴顿，这就代表了宾夕法尼亚部分人的利益。

这个想法惹恼了卡梅隆的支持者们。他们认为林肯没有明白在提名的头一天晚上大卫·戴维斯和莱昂纳多·斯威特在特莱蒙特宾馆与宾夕法尼亚州代表团的谈话。在竞选两天之后，卡梅隆的代表们在戴维斯和斯威特的护送下，来到斯普林菲尔德和林肯面谈。他们马上就发现林肯好客、随和，但是又有点让人摸不着头脑。他们在听从戴维斯的建议后，启程回家，然后组织了一场书信助选活动。很快林肯的桌上就堆满了各式各样的对参议员卡梅隆的赞扬信。这样一来，林肯对卡梅隆的印象变得非常深刻了。斯威特随后也提醒林肯"卡梅隆也是可以影响提名结果的"。

卡梅隆成为内阁候选人，这一下子引出很多反对的声音。自由贸易者反对卡梅隆，因为他赞成征收高额关税；西沃德和韦德的反对者也不喜欢这个提议，因为这样一来西沃德就会在内阁里再次得到投票。更多的不满和敌视则是源于卡梅隆多变的行事作风。霍瑞斯·怀特在给特伦布尔写的信中提到，"他的名声不是一般的坏"。就连一向温和的哈姆林都反对提名卡梅隆进入内阁，不能"让一颗老鼠屎坏了一锅汤"。

整个 12 月，林肯都在为这个问题烦恼。尽管左边是对于卡梅隆的指责，右边是对卡梅隆的赞扬，但林肯还是试探性地做出了决定，他还是倾向提名卡梅隆。他邀请卡梅隆到斯普林菲尔德，12 月 28 日两人在卡梅隆的酒店房间见面聊天。很明显，林肯喜欢出现在他面前的这个卡梅隆。尽管卡梅隆的名声不好，但是那天站在林肯面前的是个和善、瘦瘦高高、脸庞轮廓分明的绅士。卡梅隆和林肯一样，是一个自力更生的人。在赚到很多钱之前，他干过印刷，当过编辑，后来靠经营钢材、修铁路才聚集起自己的财富。他的名声既不是一尘不染，也不是很糟。林肯喜欢那些名声稍微有那么一点疵点的人。比如说马克·德拉赫、拉蒙、赫恩登。这两个政客可以说一拍即合，非常谈得来，就在第二天卡梅隆要走时，林肯给他写了一个简短的通知，大意是他保证让卡梅隆进入内阁，职位不是财政部部长就是国防部部长。

卡梅隆一路上乐得不行，在回华盛顿的路上把林肯给他的小纸条给几个朋友看。但是他好像高兴得过早了。他的对手麦克鲁尔正带着文件去斯普林菲尔德，这些文件是用来证明卡梅隆在道德上不适合担任政界高层管理人士的。林肯由此意识到他"那样草率地给卡梅隆写条子，很有可能导致事态发展到无法控制的地步，就算他有心把卡梅隆带进内阁，现在都不可能了"。他建议卡梅隆出于面子上的考虑，谢绝这份任命。为了安抚卡梅隆，林肯让特伦布尔承诺，"在宾夕法尼亚或是其他州要好好善待"卡梅隆的朋友们。林肯焦急地等着卡梅隆的电报，但一直是杳无音信。后来林肯听说，自己的突然改口伤害了宾夕法尼亚人的感情，便道歉说写那一封信的时候心情"很焦虑"。然后，林肯又另外起草了一封措辞讲究的信，"如果你能让我收回任命，这将把我从巨大的难堪中解救出来。我不是因为不相信你的能力或是忠诚，而是因为一些复杂的变故才做了这样的决定"。报纸和政客们都在喋喋不休地谈论这件事，每天有上百封支持或反对卡梅隆的信件寄到林肯手中，而这位"了不起的温尼贝戈首领"则一直保持沉默。

为了早日结束僵局，林肯让公众都知道在他去华盛顿上任之前，他是不会让任何宾夕法尼亚籍的人进入内阁的。之后，林肯在东部之行的行程中透露说，本届政府留用一两个上届布坎南的内阁成员也未尝不可，其中包括财政部部长。在这个时候，宾夕法尼亚的商界利益集团便面临在林肯政府中没有代言人的处境，代表煤炭与钢铁的政治派系也觉得，与其说内阁无人代言，还不如让一身毛病的卡梅隆进入内阁。

林肯就只能这样跌跌撞撞地选出他的内阁成员了。这样的筛选过程也预示了这样的内阁将来不会很和谐地相处，也不会对总统非常忠心。

1860—1861 年的冬天，林肯忙于组建自己的内阁，而他的国家此时也处在风雨飘摇之中。在 12 月 3 日，国会召开会议，听即将卸任的布坎南总统的演说。面对国家的分裂，他感到惋惜，但同时又说他无力回天。三天过后，南卡罗来纳人以压倒性多数选出了一届分裂主义分子的州议会。12 月 20 日，他们宣布南卡罗来纳不再属于联邦政府。1 月底，佛罗里达、密西西比、阿拉巴马、佐治亚、路易斯安那也都效仿南卡罗来纳州的做法，如法炮制。堪萨斯州也开始酝酿分裂计划。在 2 月的时候，南方 6 州的代表聚集在阿拉巴马的蒙哥马利，起草新的美国邦联政府宪法。就在南方退出联邦之后，他们把自己境内的联邦军火库和要塞都控制了起来。除了在佛罗里达的两个军事设施外，只有彭萨科拉的皮肯斯要塞、南卡罗来纳州的查尔斯顿防御工事还在联邦政府的掌握之中。12 月末，驻守查尔斯顿海岸线姆尔崔堡的罗伯特·安德森少校把他的一小部分守备部队调到更易防御的萨姆特堡。在 1 月 9 日那一天，"西部之星"号带着给养和 200 名增援部队，来加强萨姆特的守备部队。南卡罗来纳人率先开火，逼迫他们撤退。

在华盛顿，官员们在如何处理日益加剧的危机这一问题上意见不一。除了总统之外，还有很多保守人士也认为，应该召开全国大会修改宪法，并希望以此来消除南方的不满情绪。众议院组成了一个 33 人委员会，每个州派出一名国会议员，来处理这次危机。在几番辩论之后，委员会提出通过新墨西哥成为州，实施更为严格的《逃亡奴隶法案》，解除北方州实施的人身自由法案，修订宪法，禁止干预奴隶制等。参议院也组织了类似的 13 人委员会，但无法达成一项计划。不过约翰·克里坦登参议员——13 人委员会的委员之一，却提出了一条广泛的妥协方案，建议以国土划线，在该线以北的各州禁止奴隶制，以南的各州可以建立或维持奴隶制，但必须在联邦政府的保护之下。克里坦登计划在要求严格实施《逃亡奴隶法案》的同时解除人身自由法案。弗吉尼亚州也在华盛顿发起了一次"和平大会"与之呼应，并向国会提出了一项与"克里坦登妥协案"类似的多方宪法修正案。

在 1860—1861 两年间，要想轻易通过一个妥协案并不容易。克里坦登提出的妥协案就遭到了南北两方人的反对。在这样的情况下，只有当选总统从中斡旋才有可能改变国会里的共和党人的意见。也只有这样，南方人才有可能重新考虑他们的立场。但事实上，林肯并不愿意这样做。他觉得这就像是在收买那些分裂主义分子。林肯曾经很严肃跟别人提到过，"要是让我去同意这样一个妥协案，还不如让我去死"。

林肯认为，那些分裂分子旨在改变美国政府的根本性质，所以现在能做的只有两件事：一是修订宪法，尽管他打心眼里并不赞成这样做，但如果美国人民有这样的意愿，就算是要求不干预奴隶制，他都不会去反对了。

二是通过革命变更政府。自从墨西哥战争以后，人们熟知林肯是公开支持革命的。他认为"革命是人民所拥有的神圣权利，是用来推翻现存的政府，建立适合人民的新政权"。从理论上看，如果南方诸州宣布独立，林肯可能会批准。但是林肯对这种革命的权利一向有严格的定义。他坚持认为，革命是一种道德的权利，而不是一种法律的权利。所谓的革命一定是要为了"道德上的正义事业"。在他的思想里，"没有这样的事业，革命毫无正确可言，只是邪恶武力的拙劣表现"。

这就是"无政府主义的本质"，也是林肯所不能容忍的。"一个州是否有权脱离自己的国家，这个问题根本没有商量或辩论的余地。"林肯这样对尼克拉说道。这个问题早在安德鲁·杰克逊时代就已经解决了。"作为一个总统，就应该执行现行的法令法规，维持现有的政权，绝不可能接受任何有关分裂的提议。"林肯在写给韦德的信中提到，"没有任何一个州可以单方面脱离联邦……不论是总统，还是各级官员，都应该去维护联邦统一，保证国家机器的运转。"

林肯反对所有的妥协方案，这与他在国会中的共和党同僚们的步调不一致。他们对南方的事了解更为详细，感到南方诸州的脱离很有可能要成为现实。韦德代表西沃德提出延伸《密苏里妥协方案》的底线；众议员查尔斯·弗朗西斯·亚当斯建议准许新墨西哥州存在奴隶制；就连一直坚持反对妥协的特伦布尔也力劝林肯早点拿出一个方案来"稳固我们和南方的朋友之间的友谊"。

许多人催促他，甚至施压于他，林肯勉强同意做出一点让步。这多少给了南方的邦联主义者一点安慰和支持，同时也没有产生实质性的后果。林肯一直都承认《逃亡奴隶法案》符合宪法。而今，为了迎合南方人，他说不得不声明，说非常愿意看到《法案》顺利有效地实施下去，前提是"保护人们的自由权，保证自由人不会再次沦为奴隶"。《人身自由法案》是由州议会而不是国会通过的，那么"如果这样的法案同国会通过的法案相冲突"，应该被废除的。南方人不仅关注着哥伦比亚特区的废奴形势，还紧盯着州与州之间的奴隶贸易。林肯在给西沃德的信中提到，"我有点担心，到底怎样做才算是合适之举呢"？在林肯看来，他宁愿批准新墨西哥州不禁奴，也不愿在制止奴隶制扩张问题上闪烁其词。

　　林肯深知，任何对奴隶制扩张的妥协都有可能导致共和党瓦解。反对奴隶制的扩张，在这个问题上也许所有共和党成员的看法都是一致的。这不仅是林肯保证高举的旗帜，也是 1860 年共和党主要的政治纲领。他曾发誓："我不能采用任何形式使得共和党变成一个徒有其表，有名无实的政党。"林肯在做决定之前会考虑很久，可一旦决定了，他就不会轻易再去改变它。这点也得到了他的妻子玛丽·林肯的证实。玛丽说，"一旦他下了决心，不论是男人还是女人，没有任何一个人能动摇他"。林肯在斯普林菲尔德的朋友知道他的这个特点。有些人认为这正是林肯有骨气的表现，但威廉·杰恩说，"我们中的有些人觉得他这是固执"。

　　1 月的时候，伊利诺伊州议会举行会议，林肯从议会大楼的州长办公室搬了出来，在杰克逊大楼租了一间办公室。由于不断有人上门求官，为了避开这些人，他只能躲到圣·尼古拉斯酒店一间临时雕刻室，所以他在新办公室待的时间比较少。在酒店里，雕刻家托马斯·琼斯正准备为林肯塑一座半身像。

　　林肯忽然发觉自己应该静下心来好好构思下他的就职演说。他从赫恩登那儿借了一份宪法、一份杰克逊总统的反国会法禁止令声明、一份亨利·克雷为《1850 年妥协案》所做的伟大演说。林肯曾对赫恩登说，这篇赞美"自由和联邦"的文章是"有史以来最棒的演说词"。经过一番思考，林肯起草了一份自己还比较满意的演说词，随后让《伊利诺伊州报》的一个老板威廉·贝尔海彻把稿子秘密印刷了 20 份，分发给他的朋友们，等着他们提出批评和建议。

　　在 1 月的时候，玛丽怀着对第一夫人的憧憬，动身前往纽约。林肯的兄弟史密斯一路陪着她，罗伯特则在纽约和他们会合。玛丽一下子意识到自己的丈夫 3 月的时候就有份 25,000 美元的薪水了。想到这一点，她决定订购一个衣橱。玛丽要让那些南方寡妇们瞧瞧，如今是她的丈夫入主白宫，而她再也不是边疆的土包子了。商人们迫不及待地让玛丽随意赊账，而玛丽则背着林肯疯狂采购，结果欠的账也越来越多。她心安理得地接受买官人的礼物，其他那些想从林肯政府里分得一杯羹的人也给玛丽一些好处。玛丽现在成了受到特别待遇的重要人物了。

　　林肯很思念自己的妻子。据《纽约先驱报》报道，"虽然林肯有很多过人的才干，但可以肯定，对家务事他一窍不通"。在 1 月 25 日玛丽回来之前，一连三个晚上，林肯冒着风雪到火车站去接她。

　　5 天后，林肯独自一人去科尔斯县去看望自己的继母。一路上，林肯先坐客车，再倒货车，最后坐马车才到了目的地。尽管中途折腾了这么多趟，但没有了记者和买官者的纠缠，林肯心情非常愉快。在查尔斯顿吃晚饭的时候，一个狂热的崇拜者向林肯发誓，他要誓死捍卫林肯，绝不允许任何人破坏林肯的就职演讲。林肯说，这倒让我想起了一个故事。一位年轻人即将赶赴战场，他的姐妹们精心制作了一条背带，上面绣着"胜利或死亡"的字样。"不，这太不好了，"年轻人说道，"还是别写得那么极端，写"胜利或受伤"还差不多。"

林肯的继母莎拉·布什·约翰斯顿·林肯，73 岁了，和女儿一起住在法明顿。林肯这次探望，和继母、姐妹相处得很好。看望了继母之后，他马上去了父亲的墓地，在父亲坟前讷讷自语，说是总想着给父亲换一块合适的墓碑，可一直没有做到。当他挥手向继母告别时，继母的眼泪止不住地往下流。"我不想要亚伯去竞选什么总统啊，"若干年后她这样说道，"……就害怕他会出什么事啊……要是那样，我就再也见不到他了。""不会的，妈妈，"林肯安慰继母，"要相信主啊，一切都会好的。我们以后还会再见的。"

2 月 6 日，林肯一家向亲朋好友告别，并在斯普林菲尔德举行了一个告别会，纽约的多家报纸把它描述为"多年不见，盛况空前"。

在离开斯普林菲尔德之前，林肯一家还有一些琐事需要妥善处理。他们在大街的房子以每年 350 美元的价格租给了一位退休的铁路公司主管卢西恩·蒂尔顿。林肯每年拿出 24 美元为他的房子和外屋支付价值 3000 美元的保险。他们卖了一块多余的垫子、一个衣橱外加 6 把椅子，剩余的家具就留着了。林肯指定斯普林菲尔德"海上火灾保险公司"的罗伯特·欧文为他的理财顾问。他把自己所持有的抵押和证券列了一个清单交给了欧文，这些资产的总价值为 10,000.57 美元。林肯授权欧文，在他离开斯普林菲尔德去华盛顿之后，欧文全权负责处理他所有的财政事务。而玛丽则加班加点地忙着打点行李，检查是否有什么落下了。

林肯一家跟他们在斯普林菲尔德的朋友们热情地道别。林肯最后拜访了几位友人，其中就有赫恩登。在竞选后的几个月里，他们两人没怎么见面。这对昔日的搭档，在一起畅谈法律、国家的现状，林肯还向赫恩登抱怨很多人找他求个一官半职，这让他心烦不已。这位当选总统已经疲惫不堪了，他告诉赫恩登，"我早就对当官没什么兴趣了"。过了一会儿，他又问赫恩登："比利……我们一起共事多久了？"

"16 年多了。"赫恩登回答道。

"这么长的时间里，我们俩一次都没玩过猜字游戏吧？"

"没有，的确是没有啊。"赫恩登很快地回答道。

在此之后，他们两人都没接话，气氛一下子显得有些尴尬了。林肯犹犹豫豫地说道："比利，嗯……有件事，我考虑了很久，希望你能告诉我……这个，你能告诉我，你喝醉过多少次吗？"

赫恩登听了，有点不知所措，迟迟没有回答。林肯见状，把话题转到其他方面，劝说赫恩登再找一位搭档。把意思说清楚之后，林肯拿了几本书、一些文件，又和赫恩登谈了一会儿就准备下楼了。林肯回头望望律师事务所的"林肯·赫恩登"招牌，低声说："还是就这样挂着吧，让我们的顾客知道，就算是竞选之后，林肯·赫恩登律师事务所还是老样子，没有任何变化。要是以后我回来了，我们还像以前一样开律师事务所。"

　　2月11日，天气寒冷，还下着雨，但还是有许多斯普林菲尔德的居民来到"大西部火车站"为他送行。玛丽去圣·路易斯采购去了，在印第安纳波利斯与林肯会合。这位当选总统自己把所有的行李捆好，贴上标签，上面写着"林肯，白宫，华盛顿特区"。当局为林肯准备了一趟专列，由威利引擎的车头、行李车和为林肯及随行准备的豪华沙龙组成。早晨7点55分，林肯登上了为他准备的私人车厢，其间还停了一会儿，向他的朋友和邻居告别。据说他当时"内心感慨万千，无法控制自己复杂的感情，话也不知道怎么说"。

　　我的朋友们（他开始说）——在这离别时刻，没有人能体会到，我那难过的心情。这儿和这儿的人民，给予我的帮助太多太多了。我在这里住了20多年，在这儿，我经历了从青年到壮年的转变。我的孩子们都在这儿出生，还有一个长眠于此。现在快要离开这儿了，我不知道什么时候能再回到这块土地。如果不是因为主的庇佑，我也不会赢得最后的胜利。正是因为有了这样的信念，我才不会失败……让我们坚信一切都会好。愿主保佑你们，我知道你们也会为我祈祷，再见了，我的朋友们！

　　在接下来的12天里，列车载着当选总统缓缓穿越全国，行程1904英里。这辆专列从斯普林菲尔德出发，途经印第安纳波利斯、辛辛那提、哥伦布，之后再转向匹兹堡，继续驶向克利夫兰、布法罗、奥尔巴尼、纽约城。在最后的一段行程里，林肯在去华盛顿之前拜访了费城和哈里斯堡。为了防止出现阴谋破坏活动和意外发生，有关部门和人员做了大量的准备。这辆专列大部分的时候是3车厢，第四节是后备车厢，偶尔才需要挂上。第一节车厢是预备给记者的，第二节车厢是留给那些有幸与当选总统同行的高官政要、社会名流的，第三节车厢才是林肯和家人休息的地方。

　　这趟行程既像是政治宣传，又像是一次全国休假。沿途都有人在路边欢呼，希望能见上林肯一面。在一些俄亥俄的小镇，比如说像米尔福德、拉佛兰德、莫罗、奇尼亚，人们都聚集到车站旁，乐队奏乐，礼炮齐鸣，向未来的总统致敬。在哥伦布，大约有60,000的居民来加入到了庆祝活动中。在一些大型城市，为了目睹未来总统风采，人们争先恐后地拥向林肯，警察们则尽全力保护林肯的安全，不让人群接近他。在布法罗，人群拥挤一度造成混乱，亨特少校为了让那些疯狂钦慕者接近不了林肯，自己的肩膀都被挤得脱臼了。

　　这次行程的目的就是让公众有机会了解他们的新总统，第一位出生在阿巴拉契亚山脉以西的美国总统。林肯经常出现在火车的后部，为的就是让公众有更多的机会"来观察我有意思的长相"。很快，林肯就有了一套屡试不爽的模式：先来到公众面前，然后说"现在我可以看到你们，你们也可以看到我，这样一来，我就占了大便宜了"。林肯也很开得起玩笑，所以他给人们都留下了一个好印象。《纽约先驱报》报道说，"我们普遍认为真人的形象比画像上要好多了"。后来成为美国总统的卢瑟福·B·海斯也在印第安纳波利斯被林肯的举动逗乐了，因为林肯笨拙地向人群鞠躬致意的样子，看上去很有意思。"尽管他长得很粗鄙，但在阳光下他说话的时候好好地打量他，你会发现他绝不是那种粗俗的人。"海斯说道。

身为政治家的林肯很好地利用了这次环游。在辛辛那提，他称赞"受到了前所未有的热烈欢迎"……他不断地称赞人群中的女士们"优雅漂亮"。在纽约的韦斯特菲尔德，他见到了那个叫他蓄须的格雷斯·比德尔，在她的小脸上亲了亲。

林肯发觉人们不仅对他本人感兴趣，对他的家庭同样很感兴趣，所以他劝说玛丽和他一起在小站跟公众见面。但就像他对阿什塔比拉的女士们说的一样，"他不应该劝说玛丽出现在公众面前，勉强玛丽做她不擅长的事真的不是好主意"。不过在旅途的最后一段，玛丽终于迈出了一步，同意和林肯一起出现在火车站的月台上。林肯对在车站等候他的人群说："现在你们可以看到第一家庭的高矮配了"。

见过了未来的第一夫人，公众开始对第一家庭的其他成员感兴趣了。尽管林肯的两个儿子在整个旅途都玩得很开心，但在精心保护下，他们也很少出现在公众的视线里。为了打发无聊的时间，每当有拜访者上车，泰德和威利就问别人："你是不是要找老亚伯啊？"然后他们就随便指个人说是林肯。但是另一个儿子罗伯特就经常在公众面前出现了。他被人叫作"铁路王子"，其一是因为他父亲是"劈栅栏"出生的，手腕力气很大，其二是因为在欢迎威尔士王子的招待会上罗伯特一改沉默本性，主动和女孩调情搭讪，又喝了很多卡托巴葡萄酒，最后还耍酒疯要去开火车。罗伯特一时兴奋过头，忘记了父亲交给他的任务：好好保管那个装有就职演讲稿的小袋子。罗伯特轻易就把这个重要的东西交给了一个酒店的门童保管，而这个门童把袋子随意地扔到服务台后面一堆没人看管的行李里。林肯从来没有对任何一个孩子发过火，这次也是他唯一一次对孩子发火。为了找回那些文件，林肯亲自在那些没有认领的行李里翻找，幸运的是，他找到了那袋文件，而且文件很完整，没有损坏。

这次旅程还有一个目的，就是要激发北方人对联邦的支持，希望他们对联邦忠诚。由于这个原因，林肯坚持沿线所有的接待委员会和发表的言论都是没有党派之分的。在环游的早期，到达印第安纳州的拉斐特时，林肯对外宣布说："当我们中的一些人可以有不同的政见，但我们对联邦的感情还是一样的。我们坚信在国旗下，我们会捍卫联邦的统一。"林肯一直重复，他所受到的那些热烈的欢迎并不是对他一个人的肯定和赞美。他说自己之所以竞选总统成功，完全就是"运气好，偶然让自己撞上了好运，并不是因为自己有多好"，"也许我只能说自己只不过是一个公仆，一个碰巧用得着的公仆"，"我只是千千万万最最普通人中的一个，被选为总统完全是幸运。实际上，除开总统这个头衔，我就是个名不见经传的平常人"。

一路上，林肯在俄亥俄、纽约、新泽西还有宾夕法尼亚应各方的邀请发表了不少的演说。林肯不停地演说，疲惫不堪，有时甚至会讲到失声。在一些重要的场合，林肯会事先准备好演讲稿，但大部分的时候林肯都是即兴演讲的。在这种情况下，难免演讲词会有很多重复之处，有一些讲话毫无主题，前后不连贯。当一向高傲的小查尔斯·弗朗西斯·亚当斯听说那个名不见经传的当选总统竟然"巡游全国，亲吻小女孩们，还留胡须"时，完全震惊了。还是纽约记者乔治·坦伯顿·斯特朗比较理智。他全程关注了总统竞选的活动，在他眼里"林肯说话很有条理，可以信赖，我也对他越来越尊敬了"。

斯特朗和其他那些一直关注林肯的人都认为，他的演讲是在为自己即将执掌的政府政策做铺垫。林肯认为这些影响联邦发展的危机是"那些别有用心的政客们精心策划的"。林肯在克利夫兰大声质问道："哪里来的这些群情激奋？哪里来的这些抱怨？这一切都是人为煽动的！"许多人担心林肯这样说话，没有考虑到当前的严重形势，林肯就是要质问那些南方人："说清楚，他们到底觉得在哪些方面会被伤害，或是已经受到伤害了。"

同时，林肯不停地呼吁北方人，希望他们在这场危机中立场坚定。林肯从未同意南方脱离联邦，根本没有默许过南方侵占联邦的碉堡、军火库，更不可能承认南方的独立。林肯一而再，再而三地强调，既然选他当总统，就是要他坚决维护宪法，执行现行的法律。有些人把他的这番话说成是"恐吓"和"侵略"，对此林肯在印第安纳波利斯演说中这样回应道："政府只是坚守要塞，或是收回自己的要塞……因为它们本来就属于政府；对于进口的商品也只是收了应该收的税；把本不该发出去的邮件收回了。这就叫恐吓、侵略吗？"林肯虽然这样说了，但他也不愿意看着危机愈演愈烈。于是他又很快加上了一句："今天，我这样发问并不代表我做出了什么决定。"

就在总统及其随行往东部进发的时候，从南方传来的消息越来越令人担忧。杰弗逊·戴维斯在2月18日宣誓就职，成为美利坚联盟国的临时总统，而这时的林肯却还在赶往华盛顿的路上。林肯的旧时好友亚历山大·斯蒂芬斯却成为美利坚联盟国的临时副总统。就在同一天，戴维·特维格将军把堪萨斯州的所有军事哨所都交给分裂主义分子。

面对这一切，林肯比任何时候都义正词严地表明了立场：坚决维护联邦的完整。在纽约的敦刻尔克做短暂停留的时候，他还特意从火车上下来，拿了面国旗，号召他的听众们"只要我维护联邦的完整，就请大家支持我"。在纽约城，他又同那些听他演讲的人群这样说道："至今为止，没有什么能让我对分裂行为点头的。"在特伦顿，林肯对新泽西州议会承诺，一定会寻找一种和平的方式来解决这次危机。但同时他也警告说，"必要时，也可能会毫不留情"。

在这趟环游的最后几天，一件意料不到的事差点毁掉了林肯精心树立起来的英勇形象。平克顿全国侦探事务所的头儿阿兰·平克顿，透风给裘德说有人准备在林肯路过巴尔的摩时暗杀他。之前林肯也收到过多次的恐吓，但是这一次对方似乎是来真的了。平克顿这次受雇于费城的威尔明顿—巴尔的摩铁路公司的董事长费尔顿。费尔顿很担心那些分裂主义分子会在他公司的铁路线上搞破坏。平克顿发觉巴尔的摩的"反林肯情绪"非常强烈，巴尔的摩以街头暴力著称，又是一个支持南方的城市。他的那些侦探们向他报告了很多刺杀林肯的阴谋。当林肯的专车途经费城来到卡尔弗特街车站时，林肯和他的一行人必须要下车，穿过城市来到卡姆登街车站来搭乘巴尔的摩—俄亥俄列车前往华盛顿。就在林肯出现在卡尔弗特街车站的狭窄前厅时，一个名叫赛普里阿诺·费伦迪尼的理发师和他的同伙们正在策划暗杀他的计划。平克顿劝说林肯尽快离开费城，赶在那些暗杀者下手前搭乘夜班车离开。

林肯拒绝了这个建议。他坚持说，"我今晚不能走"。他明天早上要亲手在独立大厅升旗，当天还要在哈里斯堡给宾夕法尼亚州议会演讲。林肯说"无论如何，就算是拼上性命"也要把这些事情做完。

2月22日那天，林肯在独立大厅时已经感到危险的存在。在《独立宣言》"追求自由"精神的指引下，一定要保住这个联邦。林肯警告说，"如果这个联邦不能维持完整，那么就真的糟透了"。"在这个时候，我宁愿被刺杀，也不会投降的。"

就在林肯前往哈里斯堡的时候，年轻的弗雷德里克·西沃德从华盛顿带来了机密消息。正是这个机密消息让弗雷德里克的爸爸西沃德参议员和温菲尔德·斯科特将军确信，巴尔的摩阴谋是千真万确的。在林肯做完演说后，他就和他最信任的智囊团成员一起讨论如何应对这起暗杀计划。平克顿向林肯建议，为了不引起怀疑，最好单独搭乘一辆从哈里斯到费城的火车，到了那儿之后，乘坐晚上11点的火车前往巴尔的摩，早上3点30分到达巴尔的摩，然后在两个半小时之后，再悄悄抵达华盛顿。裘德认同了这项建议。但萨姆纳上校指责"这是一个懦夫计划"，他觉得最好的方法就是派出一队骑兵切断通往华盛顿的路，但是蒲柏上尉觉得平克顿的建议可行。在仔细讨论之后，一直沉默的大卫·戴维斯问林肯："你是怎么想的？"

在林肯看来，这次的阴谋不一定是真的，而且他觉得如果是因为一个根本不存在的危险落荒而逃的话，那就太可笑了。不过他的确很欣赏平克顿的职业水准，也对弗雷德里克带回的机密证实了那些侦探的话的事印象深刻。最后，林肯决定"不赞成裘德的计划，除非有其他可以说服我的理由"。

这项计划只等具体落实了。平克顿坚持不让车上的其他人知道行程的改变，但是林肯觉得玛丽应该知道计划有变，"要是没有看到他，她的情绪会变得很激动的"。尽管萨姆纳上校一直反对，但是拉蒙还是被定为林肯整个旅途中的唯一贴身保镖。平克顿这样形容拉蒙，他是个"没脑子自以为是的傻子"，但是拉蒙身材高大，骁勇善战，更重要的是他会用自己的命来保护林肯。

林肯当晚就溜出了在哈里斯堡的酒店。因为当天林肯没有戴他那顶招牌式的大礼帽，而戴了一顶别人在纽约送给他的科苏斯软帽，所以没人认出他来。为了不让他那高大的身材太过显眼，他把大衣随意地披在身上。在哈里斯，林肯登上了一辆特别列车，车上已经严密部署，严防一切可能发生的刺杀行动。在费城，林肯在平克顿和拉蒙的陪伴下进入了一节开往巴尔的摩的卧铺车厢，在一个卧铺上休息。由于林肯个子太大，在卧铺上都没办法舒展身体。一切都进行得很顺利，林肯中途在卡姆登车站转车赶往华盛顿。一直到出车厢的时候，都没人注意到林肯。忽然有人高声呼喊，"亚伯，你可骗不了我啊"。平克顿和拉蒙马上准备制服这个陌生人，但这时林肯认出了此人是他的好友国会议员沃什伯恩。沃什伯恩得知了这次改变的计划，特意赶到车站来见林肯，随后他和林肯一起搭车到了位于宾夕法尼亚大道 14 号大街的威拉德酒店。

很显然林肯这次化装夜行的行为，招致了很多不利的评论。《纽约时报》的新闻记者约瑟夫·霍华德以此为素材写成了一篇专栏，说林肯戴了一顶苏格兰方格呢帽，披了一件军用大衣灰溜溜地从哈里斯堡逃走。很快就有漫画家为林肯画了幅漫画，画上的林肯戴了一顶苏格兰圆帽，穿了一件苏格兰短裙。就算是严谨的观察家都被林肯的这一举动搞得很难堪。"我们一直认为林肯先生不是那种缺乏胆量的人"，《纽约论坛报》上这样写道，不过林肯应该列出一些"非常紧急和危险的"证据，来证明他需要采取这样的行动。乔治·坦伯顿·斯特朗清醒地写下了这样的记录，希望林肯应该证明巴尔的摩阴谋的存在是毋庸置疑的，否则，"当选总统夜晚偷偷摸摸溜到首都，这件事会极大地影响林肯的形象，同样也会令新政府蒙羞"。

最终这件事还是平息下来了，不过林肯为自己这次听从建议躲避暗杀感到很后悔。林肯曾对伊利诺伊的国会议员艾萨克·阿诺德提到，"不管是当时还是现在，我都不相信如果按最初的想法去做的话我会被人暗杀，但是我觉得冒一些无谓的风险是不必要的"。这样的解释既站得住脚，也合情合理。但是不管怎样，这件事还是对林肯一直悉心建立起来的形象造成了影响。

到达华盛顿后的十天里，可以算是林肯一生中最忙碌的日子。在他到达威拉德酒店的当天，就给在哈里斯堡的妻子玛丽发去电报报平安。他和西沃德一起吃早餐，然后一起来到白宫会见布坎南总统和其他的内阁成员。在见到了斯科特将军之后，林肯和西沃德一起赶回华盛顿。西沃德形容这时的林肯"热情、友好、看上去很自然"。下午的时候，林肯会见了蒙哥马利·布莱尔和他的父亲弗朗西斯·布莱尔爵士，前者很快成为他的邮电部部长。在下午三点左右，玛丽和孩子们到达华盛顿，林肯一家在酒店团聚了。

大多数的时候，林肯和玛丽晚上在酒店的会客厅里接待那些来访的人们。这些人中有的是出于一种责任感想来看看未来的美国总统是什么样的人，有的人为了谋求一份公职来试试运气，有的人则是纯粹出于好奇来看看。一个弗吉尼亚人形容林肯是"沙丘鹤与安达卢西亚驴的综合体……自负、软弱、幼稚、伪善、毫无礼貌、毫无道德修养"，但在大多数人的眼里，林肯虽然不懂修饰自己，却有其独特的魅力。在社交场合，林肯非常放松，也善于交际。当他参加不莱梅外交官鲁道夫·施莱登在华盛顿举行的晚宴时，他给英国外交官里昂以及在场的其他官员们留下了深刻的印象。不过仍有位来自荷兰的官员这样评价林肯，"他总是说些粗俗的笑话，还笑得前仰后合"。

林肯所做的这些，都是为了去试探华盛顿方面对于此次南北危机的反应。道格拉斯强烈支持安抚南方人，并敦促林肯说服共和党人同意妥协解决问题。同时道格拉斯也声明，他和他的民主党不会趁乱谋取任何政治利益。他郑重地对林肯表示，"我们的联邦一定要保持完整和统一！这个时候，没有什么比爱国更重要的了，总统先生，我们都支持你，愿主保佑你"。这番话让林肯很感动，也大受鼓舞，他说，"真心感谢你们，有大家的支持，主也在保佑我们，一切都会好的"。当道格拉斯离开后，林肯对一旁的拜访者感慨道，"道格拉斯真是位道德高尚的人"！

就职前林肯整日忙于参加各种会议，不过这样的经历也帮助他选定了最后的内阁成员。在他到达华盛顿之前，只有西沃德和贝茨确定进入内阁。在麦克鲁尔·科廷一派不再表示反对之后，卡梅隆才得以确保自己在内阁中的席位，不过这位宾夕法尼亚人坚持要财政部部长的职位。但一直以来有呼声要求切斯担任财政部部长。为了妥善解决这个职位问题，林肯向共和党的参议员们寻求帮助。林肯按字母顺序来询问参议员们，他们希望谁来担任财政部部长。19人中，有5人投票给戴顿和根本不在名单之内的罗德岛参议员詹姆斯·西蒙斯，3票投给卡梅隆，11票投给切斯。根据这一投票结果，林肯正式任命切斯为财政部部长。而摆在卡梅隆面前的就是两个选择，一是国防部部长，一是内政部部长。卡梅隆非常窝火，满腹不满地选择了国防部部长一职。这样的任命也暗示着林肯其实并没有把国防看得特别重。

切斯的任职对于西沃德而言，无疑是服下了一剂苦药。西沃德一直希望自己能够成为新任政府的第一部长。在他看来，正是由于他在参议院推行自己的明智政策，才使得这个国家在总统竞选期间得以保全。在下南方的7个州退出后，他认为正是自己的安抚政策使得南方的局势趋向平稳。尽管弗吉尼亚州、南卡罗来纳州、田纳西州、阿肯色州授权议会重新考虑脱离事宜，但是这些州的联邦主义者已经控制了局势。西沃德确信，只要局势太平那么这些人就会保持忠诚。

西沃德没把林肯的话放在心上，他认为自己可以说服林肯，要他不去理会深南方地区的脱离热潮，而在上南方地区扶植联邦主义。西沃德看上去没有切斯那样仪表堂堂，他身材单薄、面容消瘦、长着一个鹰钩鼻，眉毛浓密。尽管仪表上没有过人之处，但西沃德凭借自己的聪明智慧和个人魅力让林肯颇为欣赏他。无论是在早餐、晚宴、会议或是招待会，林肯都会带着西沃德一起出席。在林肯眼中，西沃德热情友好、为人不浮夸，还和他一样喜欢讲笑话，很合林肯的心意，所以林肯愿意听从西沃德的建议。"老亚伯为人光明磊落，实话实说，从不背信弃义，"格里利嘟囔道，"可他现在落入了狡猾蜘蛛编织的网中，不能展现真正的自己了。"

在任命切斯后，林肯摆脱了这张网的束缚。西沃德虽然很恼火，但是他并不感到惊讶。在他应邀阅读林肯的就职演说草稿时，就明白了林肯将要采取的政策和自己的并不一样。切斯直接对分裂行为表示谴责，他的口号是"先就职，再调整"。所以说，选择切斯本身就说明林肯对南方不再会采取西沃德谨小慎微的"怀柔政策"。

西沃德沮丧不已，力谏林肯改变决定。他说自己和切斯的差异是不可调和的。"出于责任感以及自己应该得到的，他坚持要把切斯排除在外，如果自己留下的话。"可是西沃德没能说服林肯，于是在 3 月 2 日，西沃德匆匆写了一张便条，"在我表示愿意接受国务卿一职后，情况发生了变化，现在我认为似乎有必要收回以前的意见，请求离开"。

这让林肯陷入两难境地。他需要西沃德，但正如他对尼克拉说的那样，"我也不能答应西沃德的这一要求"。林肯暗示西沃德并非不可替代。当一帮支持西沃德的纽约商人拜访林肯时，他们对林肯任命切斯颇有微词，认为切斯对自由贸易的支持以及对南方的强硬态度会危及他们的生意前景。除此之外，他们还坚持道，西沃德是绝对不会和切斯共事的。为了未来的政府关系和谐融洽，林肯准备了两份名单，一份是他认为理想的组合，其中包含了西沃德和切斯，一份则准备任命戴顿为国务卿，西沃德为驻英格兰大使。看到名单，那些人惊得瞠目结舌。林肯把这两份名单透露给裴德，裴德则很关注名单到了最后会不会还有变动。林肯知道裴德和韦德关系很好，一有风吹草动他就会告诉韦德，韦德再报告给西沃德，所以林肯说，"名单要是变了的话，那一定是从高层变起"。

不过林肯没有直接对西沃德说任何话，也没有公开承认西沃德那份退出的信。就职的前一天是个周日，一切都照常没有发生变化，林肯邀请了所有的内阁成员（包括了西沃德和切斯）参加晚宴。第二天，也就是就职仪式正在进行的时候，他给了西沃德一封短小的便笺，希望西沃德能重新考虑一下。林肯这样的安排给了西沃德考虑的时间。事实上，西沃德的确很关心国家的命运走向，这位纽约人感到"他不能就此回家，不能撒手去英格兰，不能就这样把国家的命运交到林肯手里去碰运气。尽管他仍然怀疑林肯口中的'联合内阁'计划"，但是他对妻子说道："我相信自己能够容忍他人所不能容忍的，也许我能等到自己的计划成功的那一天。"就这样，西沃德接受了任命。

3月4日中午，詹姆斯·布坎南和亚伯拉罕·林肯从威拉德酒店出发，坐上了一辆四轮大马车，沿宾夕法尼亚大道驶向国会大厦。为了保证林肯的就职顺利进行，斯科特将军在沿途房间的屋顶上都安排了狙击手，同时还有一个连的士兵封锁街道，他自己则率领一支轻型火炮连在国会山驻扎，另一支轻型火炮连则由东部陆军总指挥约翰·乌尔指挥。这场总统的宣誓就职仪式短暂而忙碌，看上去更像是一次军事行动，而非政治典礼。

布坎南和林肯从北面进入国会大厦，首先参加了副总统汉尼拔·哈姆林的宣誓仪式。之后，林肯的老朋友、口才极佳的贝克向大家介绍林肯。林肯想站起来向大家致敬，但是他那顶高筒礼帽给他带来了点小麻烦。道格拉斯见状，连忙说"能让我为您效劳吗"，接着帮林肯把那顶高筒礼帽摘了下来，并且一直保管着，直到仪式结束。据一位亲历者回忆，林肯当时宣读就职演说时的声音"尽管不是特别雄浑有力，却非常清晰，即使是在最远处的观众都能清楚听见他的每句话"。当他宣读完后，年老体衰、时年84岁的大法官罗杰·泰尼步履蹒跚地走到林肯面前，把就职宣言交到了这位美国第十六任总统手中。

对于南方分裂主义的政策走向如何，听众还是不太清楚，因为林肯的就职演说，就像他的内阁班子一样，是不同意见的混合体，而且彼此搭配并不完美。在林肯离开斯普林菲尔德之前，这篇就职演说还显得很有条理，称联邦是坚不可摧的，分裂是不合法的，必将会受到法律的制裁。他保证，"我将会行使自己权力去收回沦陷的公有财产和土地，去保全、收回和控制本来属于联邦政府的公共财产和土地，并征收进口关税"。林肯承诺"在不危及国家主权的情况下，不会采取任何血腥的暴力手段"。他敦促分裂主义分子停下脚步，好好想想："我那心存不满的同胞们啊，现在内战的导火索在你们手上，不在我的手上！'要和平还是战争'要回答这个严肃问题的是你们，而不是我啊。"

在此之后，西沃德的建议使得这篇就职演说又发生了更大的变化。尽管承认林肯的基本观点"很有说服力，不应该被删减"，但是西沃德还是认为这篇演讲显得太过挑衅。西沃德警告道，如果林肯不加修改，就这样演讲，那么弗吉尼亚州和马里兰州会在60天内退出联邦。到那时联邦政府不得不对美利坚联盟国宣战，来保卫首都华盛顿了。因此，这篇稿子被大费周折地又删又改，那些有可能引起南方人"愤怒、发狂"的词语都不能再出现，还需要加入一些词语"来迎合南方人的偏见和热情，消除东部的担心和恐惧"。西沃德还提出，希望林肯加入一些"富有感情的词"，一些"显示冷静和自信的词"。他还亲自操刀写了一段结语："演讲马上就要结束。我们并非非敌即友的关系……我们是同胞手足……那神秘令人敬畏的乐声一直响彻战场，在那些爱国将士的安息地久久回荡，这乐声也回荡在我们宽广大陆上每个人的心中。现在守卫国家的天使重现，而这乐声也将伴随着他，再次在这个国家中响起。"林肯按照西沃德的建议做了很多修改，不过他觉得西沃德最后一段用词太过讲究，所以他用自己的语言重新组织了一下：

我真不愿结束我的演讲。我们不是敌人，而是朋友。我们一定不要成为敌对的两方。回忆的神秘之弦，从每一片战场和爱国者之墓伸展到这宽广的国土上的每一颗跳动的心房和每一个家庭，当我们本性中的更为美好的天使——只要他们真的乐意——去再次抚动琴弦，我们必将陶醉于联邦协奏曲之中。

在林肯发表就职演说之后，反响和之前预计的差不多。在所谓的美利坚联盟国中，人们觉得内战的爆发是不可避免的。《哥伦布首都每日实况》预言林肯的政策意味着"鲜血将会染红这片土地和河流，兄弟之间将会同室操戈"。

最为发人深省的评论是一家民主党报纸《普罗维登斯每日邮报》。它似乎嗅到了林肯就职演说的最终版和初稿之间的不同，"如果总统先生是为了明确他的意图而这样筛选词语的话，那么这样的努力至少是不成功的。在这篇演说里有些话的确非常直白，但紧接着的表述就含混不清了"。

进行完就职仪式的第一天，林肯一早就在办公桌上发现了一份来自罗伯特·安德森上校的报告，上面提到他驻守的萨姆特堡的部队只能支撑 6 个月了。如果他不能及时得到给养，那么他只能被迫投降了。安德森强调，要保住这个要塞，必须要有 20,000 名训练有素的士兵作为保证。

这个紧急情况使得林肯有些措手不及。到现在，政府还没有形成一支履行职责的队伍。参议院还没有确认他的私人秘书，约翰·尼克拉。他的内阁成员还没有一个被批准上任。他任命的国务卿还没有同意接受这项职务。萨蒙·切斯甚至都不知道自己被提名了。

此时的林肯急需得到帮助。他坦言，当成为总统之后"他对自己将要履行的职责并不太清楚，也不知道该如何处理这些事情"。他力争事事亲力亲为。当时也没有人来教他任何规则和办公的程序，以至于他犯了很多令人难以置信的错误。比如有次，他自以为能够直接对海军中军官下命令，甚至都没有通知海军大臣威尔斯。还有一次，他在没有国会授权的情况下，想在国防部下设一个民兵局，由他的朋友艾尔默·艾尔沃斯来管理。在参议员查尔斯·萨姆纳看来，"总统先生所面临的困难是，他不知道该怎样做一个国家的总统。他以为自己很了解办事的流程了，但实际上做得毫无章法"。

这条来自萨姆特堡的消息着实让毫无经验的林肯感到为难。他不得不在增援与放弃之间做出选择。根据他的就职演说，他既承诺"在不危及国家主权的情况下，不会采取任何血腥的暴力手段"，又保证"去保全、收回和控制本来属于联邦政府的公共财产和土地，并征收进口关税"。而萨姆特正是属于联邦的要塞。

林肯一直在苦苦思考解决的方法。他并没有草率做出结论，也不愿意去冒险。林肯一贯喜欢对别人的决定加以考虑，而不太愿意采纳自己最初的方案。在 3 月 6

日的第一次全体内阁正式会议上，林肯只字未提萨姆特危机，也没对此发表任何公开声明。在接下来的几次非正式会谈中，林肯告诉吉迪恩·威尔斯，他不会妄下结论，目的是"为政府制定相应的命令和政策争取时间"。在采取行动之前，林肯还是小心谨慎地查证消息是否属实。他向斯科特将军问了一连串的问题：安德森能坚守多久？斯科特有没有能力增援萨姆特堡？如果没有能力，他需要什么其他的给养？威尔斯的回答让林肯忧心忡忡。他认为，增援萨姆特堡需要一支海军远征队、5000人的常规陆军部队和20,000人的志愿军。如果不能满足这些条件，萨姆特沦陷"只是个时间问题"。

在3月9日的内阁会议上，萨姆特危机作为重要事件被摆上了议题。直到这时，内阁成员们才意识到事情的严重性。如果等待救援的安德森要求25,000人的兵力增援，那么这座碉堡肯定就保不住了，因为那时联邦所有的兵力才只有16,000人，还都分散驻守在印第安分界线边境。

林肯此时仍不情愿接受这样的现实。当时弗朗西斯·布莱尔爵士强行闯入林肯的办公室，警告林肯"撤离这个要塞就等于联邦投降了"，也就等于是叛国！尽管第二天这位老人为自己的冲动之举向林肯道歉，但经历这一闹之后，林肯更加不愿意放弃萨姆特了。

林肯又得知，并不是所有的军事专家都和斯科特将军一样持悲观的态度。蒙哥马利·布莱尔夫人的亲戚、前海军上尉古斯塔夫斯·瓦萨·福克斯对海岸防卫很在行。他以前就建议从海路提供给养，增援萨姆特堡。他将会采用空载的纽约拖船，在夜色的掩护下，把人和物资从海上运到要塞去。他的计划在布坎南政府时期没有得到采纳，而固守传统观念的斯科特讥讽这个计划根本不可行。到了现在，出身于西点军校的蒙哥马利·布莱尔很支持这项计划，而林肯也开始慎重考虑其可行性。

3月15日，林肯召集内阁成员再次就萨姆特危机展开讨论。他提出，"如果现在尝试对萨姆特堡进行支援，各位觉得这样做是否明智"？他要求每位成员写出自己的意见。西沃德率先表示了反对，他认为如果进行支援，那无异于"挑起一场战斗，并且很有可能引发全面内战"。卡梅隆、威尔斯和史密斯纷纷赞同西沃德的意见。一开始，切斯也对这个计划怀有疑虑。如果由此爆发战争，就必须征调大量的兵力和财力，很有可能财政部都无力支付。要是这样，他是不会建议增援的。但之后切斯全盘考虑了一下，他觉得不太可能这么轻易地引发战争，所以也就对增援计划表示了支持。同时，蒙哥马利·布莱尔也极力主张实施此项计划。南方人都认为"北方佬没有勇气来维持联邦政府"。唯有及时增援安德森的部队，给他提供弹药，"才能表明北方人无所畏惧，才能展现北方人民和他们的总统维护国家完整的决心"。

现在，林肯的智囊团内也是意见不一，所以他无法做出决定。单纯从军事角度看，他的职责很明确，仅仅是"保证要塞内的士兵安全撤离"，但如果从政治角度看，撤退"将会造成不可挽回的影响"。几个月后，林肯在国会这样解释道："这将会被看成是自愿的行为……让联邦的朋友们蒙羞，长了对手的威风……事实上，这会对我们国家造成毁灭性的影响。"

"这样的事情绝对不允许发生。"林肯在结束时这样说道，但实际上他也不知道如何去避免。通常情况下，如果一个管理者面临很多选择，那么他不会马上做决定，而是继续寻求其他的方案。林肯采取的也是这样的策略。事实上，林肯很欣赏福克斯，在与他长谈了几次之后，林肯派他去查尔斯顿，表面上是去通知安德森做好可能撤退的准备，实则是去获取攻守两方的第一手情报。除此之外，为了检验西沃德的话是否有道理，林肯派他在伊利诺伊的老朋友、出生在查尔斯顿的斯蒂芬·赫尔波特去南卡罗来纳州调查民意。与赫尔波特同行的还有沃德·希尔·拉蒙。这个拉蒙不仅嗜酒，还对废奴主义非常仇视，这倒帮他接近了南卡罗来纳州另一个阶层的人们。

从这以后，萨姆特危机变得尽人皆知了。各个方面都向林肯表达了强硬的声音。缅因州的共和党领导人尼尔·道写信给林肯，"所有的共和党人都会同意"撤离萨姆特的决定，因为"毫无疑问这只是一个军事需要"。

另一方面，有一些共和党人觉得现在正是和南方人一决高下的时候。参议员撒迦利亚·钱德勒是位性格直爽，嗜酒如命的密歇根商人，他坚持认为"这事不能这么匆匆决定，不经过一番较量怎么行"？林肯在斯普林菲尔德的老朋友威廉·巴特勒无法接受轻易放弃萨姆特堡的说法，他气得提笔就给特伦布尔写了封信（因为太过愤怒，他竟然没有顾及语法和拼写），"难道是林肯先生怕了吗？我知道他肩负的责任重大，但是看在上帝的份上，请告诉林肯先生，要么就把责任扛在肩上，要么就背着个让这个本来有希望的国家走向落魄的名声吧"。一帮身为共和党的国会议员警告林肯，如果他不增援萨姆特，那么会给共和党内部带来灾难性的后果。特伦布尔在参议院发表一项决议，"总统有权在权力范围内使用各种手段来维持和保护美利坚合众国的国有财产"。

在这些不和谐的声音把林肯团团包围的时候，他收到了派往南卡罗来纳密使的情报。福克斯返回华盛顿，十分有把握地说趁暮色通过海路将给养送给萨姆特，是完全可能的。3 月 27 日，赫尔波特带回的消息不容乐观。"可以预见，分裂是不可避免的了。"他继续说道，"在那儿联邦根本没有号召力。"他断言，任何增援萨姆特的举动都会被认为是战争的信号，任何船只，即便一看就知道是运送给养的，都会被拦截下来，拒绝通行的。

而就在此后的第二天，林肯收到了一个令他更为震惊的建议。斯科特将军建议，仅仅放弃萨姆特堡不足以让上南方（其中包括斯科特的老家弗吉尼亚州）恢复对联邦的忠心，还应该把已在联邦控制内，位于佛罗里达沿岸的皮肯斯要塞也交给南方。他认为唯有这样慷慨大方的做法"才能缓和这八个蓄奴州的不满情绪，才能重给他们信心，才能使他们恢复对联邦永久的忠诚"。

那晚，林肯努力控制着情绪，和玛丽一起举办了第一次国宴，不过他吩咐内阁成员在宴会结束后留下来。林肯哽咽着把斯科特的建议传达给了在座的内阁成员。布莱尔怒斥斯科特根本不是提供军事建议，完全是在"玩弄权术"。除了西沃德与斯科特的观点有相同之处外，其他人都赞同布莱尔的观点。林肯通知各位成员，在第二天召开正式会议。当晚林肯辗转反侧，他意识到做决定的时候马上就要来临了。

第二天早上林肯"心情糟透了"。他感到很焦虑，因为中午就要会见内阁成员们，就是否增援萨姆特和皮肯斯要塞做出最后的裁决。当天，除了卡梅隆因故不能出席会议外，其他人都递交了各自的书面意见。西沃德依然坚持反对派兵增援萨姆特或为其提供给养，因为这有可能引发内战，但由于觉察到林肯肯定会采取一些行动，他表示应该"不惜一切代价"控制皮肯斯要塞。卡莱布·史密斯同意西沃德的观点。贝茨也认为"无论如何"都不能把皮肯斯要塞拱手送人，不过他没有对萨姆特堡提供有价值的建议，只是说"现在就要决断是放弃还是增援"。然而切斯和威尔斯旗帜鲜明地表示一定要增援萨姆特堡。布莱尔放言，如果总统采纳了斯科特将军的意见，他就辞职不干了。

林肯和内阁大多数的人意见一致，又或者说，内阁成员的意见增强了他的决心。他早就派福克斯对增援萨姆特需要的船只和物资做了备案。现在他命令威尔斯和卡梅隆做好准备，4月6日从纽约启程。福克斯收到口谕，受命前往纽约为此次航程做好准备，但不要确定具体的日期。为了最终做出的这个决定，林肯承受了常人难以想象的压力，付出了大量的精力。他曾对布朗宁提到，这辈子遇到过不少大风大浪，但唯有这一段时间是他最感心力交瘁的。就连玛丽都说林肯那段时间常常晕倒，也经常因为偏头痛不得不卧床休息。

虽然决定已经做出，但西沃德不甘心失败。在派出舰队去萨姆特之前的那些日子，尽管西沃德倍感绝望，但还是一直试图去改变林肯的主意。他一直通过中间人和美利坚联盟国的官员保持联系。这些官员是被派来和华盛顿方面就脱离联邦进行谈判的。西沃德向他们承诺一定会从萨姆特撤军。他一直认为只要安德森的部队撤离，那么就有把握解决这场危机。现在，他陷入了一个尴尬的境地，一边是他对南方的承诺，一边是林肯对萨姆特采取行动的决心。

为了跳出自己的尴尬境地，西沃德开始采取"威逼"的措施。4月1日，他向林肯提交了一份题为《关于总统所做决定的几点看法》的备忘录。开篇他发表了一段声明，"我们这届政府已经执政将近一个月了，但是到目前为止都没制定一项外交或内政的政策"。从这段话之后，西沃德催促道，奴隶制只是个党派争端，现在应该把公众的视线转向"统一或分裂"。为了实现这一目的，应该放弃萨姆特堡，确保皮肯斯以及墨西哥湾内的小要塞，要把公众的关注从国内的纷争转移到外国的事务上去。

由于没有确凿的记载，所以没有人知道林肯对这份文件有什么看法，不过估计林肯也把他当作是愚人节的笑话一笑了之了吧。然而有一点可以肯定，林肯已经觉察到西沃德迫切想担任"第一部长"的心态了。西沃德的文件里对林肯刺激最大的一点，莫过于指出现任政府至今没有制定一项政策。对于这点其他人也表示赞同。参议员萨姆纳和菲森登证实"林肯的确没有明确一项政策，只是保持沉默，静观其变"。卡尔·舒尔茨提供消息说，现在北方普遍对林肯感到不满，因为他们认为林肯缺乏领导能力。舒尔茨对林肯说，"大家都认为，不管是决定开战还是承认南方所谓的美利坚联盟国，现在都需要拿出一个明确的说法，这样总比模棱两可的态度强很多"。

林肯对于西沃德引出的这个问题非常恼火，他严肃地回复西沃德，他在就职演说里就已经明确提出了要保住本来属于联邦政府的公共财产和土地。如果解释正确的话，这话的意思就是不撤离萨姆特堡。林肯提醒西沃德，这项决策在那时是得到了他"明确支持的"。林肯没有理会西沃德关于对欧开战的言论，而是郑重表明了自己的态度，如果一定要我加大力度执行所确立的政策，我一定把它指派给某位内阁成员。林肯的这番话的意思再明白不过了。后来，林肯觉得自己的话语太过尖锐，便改口说："如果要做的话，由我来做。"这份回复林肯也许没有送出去，而只是把它夹在了他的文件之中。在与西沃德讨论时，他反驳了西沃德的观点，却没有伤害西沃德的感受。

西沃德在备忘录被林肯否定后，仍然继续催促林肯寻求一个保存面子的方案来解决南方的危机。林肯也愿意寻求避免战争的方案。一个可能的方案是，如果弗吉尼亚无条件地效忠联邦，那么就同意从萨姆特撤军。可是这项计划毫无可取之处。尽管许多弗吉尼亚人支持南方诸州，但绝大多数人还是对联邦忠心耿耿的。在弗吉尼亚州议会里，联邦主义者占了多数的席位。林肯希望与其中的联邦主义领导人乔治·萨默斯进行会谈，但萨默斯谢绝亲自前往华盛顿。他派出另一位联邦主义者约翰·鲍德温前往华盛顿，后者于 4 月 4 日与林肯进行了秘密会谈。两人的会谈后来演变成争执。但据可靠文献记载，总统曾允诺，"如果你能向我保证弗吉尼亚州效忠联邦，我就会撤军。用一个要塞换得一个州，这交易也不错"。不知鲍德温是故意不理会林肯的话，还是没有领会林肯的用意，总之谈话以失败告终。

西沃德的另一项计划是把给萨姆特的给养转给皮肯斯要塞，这样一来就不会招致南方的敌意了。在 3 月 29 日，西沃德在内阁备忘录中提出，要求派出陆军上尉蒙哥马利·梅格斯去筹办给皮肯斯要塞的补给。当天，他把梅格斯带到白宫。林肯告诉梅格斯，由于佛罗里达州脱离了联邦，现在皮肯斯要塞已经处在被包围之中。布坎南总统曾经派 200 名士兵搭乘布鲁克林号战舰前往皮肯斯要塞，但当时就被拒绝登陆。所谓的美利坚联盟国承诺，如果联邦不派遣人员来增援皮肯斯要塞，那么可以达成一项非正式和解协议。在林肯就职之后，他曾口头下令军队登上布鲁克林号，许多总统都会这样做，目的是检验政令的执行情况。3 月 11 日，他以文件形式更新了命令，而斯科特将军派去了一支舰队，命令舰上的军队必须登陆。林肯至今还不知道进展如何。但在和梅格斯交谈的时候，他曾透露也许他的命令"失效了"。梅格斯对于佛罗里达州的要塞都很熟悉，林肯要求他重新组织一支增援部队。

这两个计划都有条不紊地同时进行着。威尔斯和布莱尔力荐的萨姆特计划，在福克斯的指挥下，采取水路增援行动；西沃德牵头的皮肯斯计划，由梅格斯负责，则是一项陆军军事行动，但是这两方面都互不知道对方的计划。这一方面是出于各军种间竞争的需要，另一方面也是因为内阁成员之间存在着分歧。尽管互相都不知晓对方情况，但是为了争取有限的资源，双方不免相互竞争。威尔斯看中了海军最好的汽船——保巴坦号，想把这条船列入福克斯的舰队里去，不巧西沃德也选中了这条船。西沃德起草了一份把保巴坦号分配给皮肯斯舰队的命令，放在一堆有待林肯批阅的文件的最上面，就这样，他拿到了林肯的批准令。得知了这件事后，威尔斯半夜把西沃德拖到白宫，问林肯到底是怎么回事。面对这两人，"林肯一会儿看看威尔斯，一会儿又瞧瞧西沃德，之后他对这两人说一定是出现什么误会了"。威尔斯回忆道，在林肯确认他们之间没有什么误会之后，"把责任全揽在自己的身上，一个劲儿说自己不够仔细、不够细心，他那时应该再认真留意一些"。之后，他把保巴坦号又划给了福克斯。

在此之后，又发生了一连串的事，足以证明刚组建的政府内部组织混乱无序。虽然十分不情愿，但西沃德还是向纽约发了封电报，把总统的新命令传达下去，可匪夷所思的是，命令最后的署名竟是"西沃德"。保巴坦号的指挥官大卫·波特上尉在离开纽约港之后才收到了这封新命令。但由于签署人不是总统，他拒绝接受新指令。结果保巴坦号就前往参加了皮肯斯救援行动。事实上，皮肯斯并不是"重灾区"，福克斯的萨姆特舰队才真正需要保巴坦号的支援，福克斯的妻子形容这完全就是"无情的背叛"。

4 月 1 日，林肯决定派遣福克斯的远征队去支援萨姆特堡。他通知安德森派舰队去支援他们；如果派来的舰队遭遇抵抗，一定还会增兵。林肯这步棋走得很果断，但依然留有余地。因为这支舰队还有四五天才出发，林肯还有时间来灵活机动一下。不过 6 号传来的消息让林肯的萨姆特计划戛然而止了。正如他事先担心的那样，增援皮肯斯要塞的计划没能实现。在到底是放弃还是增援萨姆特要塞的正式决定做出之前，梅格斯的舰队根本无法靠近皮肯斯要塞。

看到局势已经无法挽回，西沃德不得不同意和解，但他仍想再搏一次，扭转敌对的局面。由于西沃德曾经对美利坚联盟国的官员承诺过，如果要对萨姆特进行增援的话，他们会事先通知的，所以他现在想方设法让林肯在派出补给分队之前给南卡罗来纳州的官员发出警告。4 月 6 日，林肯派出国务院的一名办事员罗伯特·邱去查尔斯顿，告知州长皮肯斯·弗朗西斯"这次只是给萨姆特堡进行补给，如果这次的补给行动没有受到抵制和阻拦，那么就不会在没有通知的情况下有派遣军队的可能性"。放出这条消息，有两个目的，一是避免激怒南方当权者，二是表明如果要增援安德森，也不会偷偷摸摸不让别人知道。

林肯根本没有指望邱之行能带回任何好消息。自从了解了赫尔波特带回的情报后，他就知道不管在什么情况下，南卡罗来纳州人肯定会攻击联邦方面的船只。尽管如此，林肯还是抱着最后的一丝希望，为和解而努力。不过在此之后，林肯已经明白，萨姆特增援必将导致流血冲突。印第安纳、俄亥俄、缅因、宾夕法尼亚这几个州的州长都向林肯表示，如果爆发战争，他们愿意派自己的民兵支援。林肯回复道："局势正在不断升级，所以我想这样的准备非常有必要了。请时刻关注局势的变化！"

4 月 12 日，联邦舰队始终无法靠岸，也就是在这个时刻，南方的联盟国开始炮攻萨姆特堡。在短短的 34 小时之后，安德森和他的军队不得不投降了。战争开始了。

在此之后，林肯对他在萨姆特危机期间所采取的计划做出了解释。在 7 月 4 日，在给国会的咨文中林肯解释道，萨姆特援助计划是皮肯斯堡增援计划的一部分。萨姆特计划"最终启动与否是根据当时情况而定的"。尽管林肯没有明确表示但曾暗示过，如果他有能力实行增援皮肯斯堡的计划，他就会取消萨姆特行动的。皮肯斯计划的成功就"暗示了林肯实行的一项策略，这样一来，如果放弃萨姆特堡，公众也比较容易接受"。不过，翻阅林肯那段时期（就职之后到萨姆特危机期间）的文字记录，找不到任何文献资料可以证实这个说法。事实上，他在 7 月 4 日递交国会的咨文更多体现的是西沃德的意见。

当林肯准备这份咨文的时候，布朗宁正好来白宫拜访他。这两位老朋友很自然地谈到了战争的爆发。布朗宁在日记中写道，林肯没有对率先开火的南部联邦支持者进行谴责，没有对战争的爆发表现出任何的后悔之意，也没有提起为自己在战争中所扮演的角色而有所愧疚。林肯坦言自己在就职之后和萨姆特被攻陷这一期间所承受的压力非常大，身心俱疲。不过他并不承认是由于自己的领导不力才导致了危机的爆发，也没有提及内阁中的不和、增援队伍准备不足以及各军种之间的竞争。布朗宁曾在林肯就职前给他写过一封信，信中他给了林肯很多建设性的意见，"如果政府和那些分裂主义分子之间发生冲突，一定要清醒地认识到，叛徒都是一些有野心的人，一定要随时关注他们的动态。如果要尝试增援萨姆特堡，必会引来南卡罗来纳人的攻击，到了那时政府一定要在全国民众面前以公正的姿态面对入侵，并重新夺回那些要塞"。

林肯其实就是按照这样的策略来看待萨姆特增援行动。他对布朗宁说："这个计划是成功的。他们攻打萨姆特堡，要塞失陷，这个结果利大于弊。"这些话并不是随便说说而已。古斯塔夫·福克斯为了萨姆特计划失利而痛苦，他请求林肯任命他为总司令，林肯回复道："就算萨姆特计划有可能会失败，你和我还是希望它能有利于国家的进步。现在这个结果证明我们的希望没有错，仅此而言，我们也应该得到莫大的安慰。"

这些秘密言论并不代表林肯有意挑起战争。自就职之后，他就一直为避免战事做着各种努力。他曾经发誓绝对不做第一个向兄弟举起屠刀的人，也绝对不会主动放弃任何要塞。林肯确信，如果放弃，立刻就会导致联邦的解体。要化解这个前后矛盾的立场，最好的办法就是南方联盟的人开第一枪。联邦政府的萨姆特堡增援计划正好激怒了南方人。如果增援行动成功的话，这个对联邦而言没有价值的要塞，将会被永久地废弃，因为这个要塞也没有能力抵挡那些南方人的攻击。这就像他对布朗宁说的那样，从这个意义上说，要塞失陷，"这个结果利大于弊"。用他给福克斯信中的一句话说，"有利于国家的进步"，因为这样一来每个人都会认识到不是我要战争，而是战争找到了我。在攻击事件发生之后，林肯告诉国会："我们唯有动用政府的武装力量，抗击颠覆者的武力，才能维护国家的统一。除此之外，我们别无选择。"

● 第十一章 ●
人民之争

萨姆特堡被袭事件让局势逐渐明朗了。这个消息可以说挽救了林肯政府，帮助他们逐渐从摇摆不定的局面中走了出来，形成了一个明确的目标：镇压叛乱，挽救联邦。

北方人并不惧怕战争的爆发，他们对胜利很有信心，因为北方有着丰富的自然资源，在制造业上有着很强劲的优势，铁路线里长是南方百分之三百。很显然北方的两千万人口也很容易击败南方的 5 百万（在上南方宣布脱离后，增至 9 百万）。西沃德预测，战争会在 90 天内结束。《芝加哥论坛报》期待"最远在两到三个月内就可以取得成功"，因为"仅靠伊利诺伊就可以把南方人给收拾了"。《纽约时报》预测 30 天内就能胜利，《纽约论坛报》对读者保证，"杰夫·戴维斯公司 7 月 4 日独立日就可以凯旋，大摇大摆走上华盛顿的街头"。

但是林肯对结果没有这么乐观。在听到了那些盲目乐观夸大北方，贬低南方的言论后，林肯警告了那些过于自信的人，北方人和南方人都是同根同源，基本上都有着"相同的性格和能力"。林肯预测，"如果是一个对一个，南方士兵和北方士兵半斤对八两，谁也不比谁差"。

1861 年 4 月 15 日，萨姆特要塞失守后的第二天，林肯发表了一项声明，宣布"由于南方七州自行组成联合体，阻碍了法律的实施，一般的司法程序已经不能解决这一问题"。他还呼吁各州派出 75,000 名民兵"来镇压上述的联合体，以确保联邦法律在那些地区能够正确地实行"。同时，林肯要求国会在 7 月 4 日召开特别会议。

支持林肯声明的呼声潮水般涌来。几乎每个北方城市都开展了大型声援联邦的活动。在匹兹堡的一次公开集会算得上是此类活动的典型例子。成百上千的人聚集在一起，超越了党派，宣誓永远对联邦忠诚，愿意用自己的生命、财产和名誉捍卫自己的家园。在林肯的领导下，不论是民主党人还是共和党人都重振旗鼓。就在上述的声明发表前的一天，即 4 月 14 日，林肯与道格拉斯长谈了两个小时，把自己准备发表的声明给他看。此时的参议员已经忘记了他们之间的不和。道格拉斯对外界表示，尽管他"对政府所有政治议题都反对，但他全力支持总统为维持联邦完整所采取的任何符合联邦宪法的措施，维持现有政权，保卫联邦的首都"。返回伊利诺伊不久后，道格拉斯就开始劝说西部的民主党人支持总统，因为"同心协力地备战才是重归和平最好的办法"。

　　对林肯的这份声明的唯一批评是招募军人太少。道格拉斯告诉林肯，他应该招募 20 万，而布朗宁更是认为需要 30 万。但在 4 月 15 日当天，林肯只招募 75000 人，是听从了斯科特将军的建议。此外，上南方诸州现在仍徘徊在联邦和分裂分子之间，如果联邦一下子大量地征兵，他们会认为联邦下定决心进攻南方了。更为重要的是，林肯认识到，不论是从武器、后勤、交通还是新兵的训练方面，政府都没有完全做好应对的准备。

　　林肯只要求这批军队服役 90 天。这样做并不是因为他觉得战争可以很快地结束，而是因为 1795 年的法律规定，在国会召开一次会议后，所做征集的军队服役不得超过 30 天。7 月 4 日的国会会议之后，这次召集的队伍在 8 月 4 日那天就必须依法解散。他本来是可以再早一点召集国会议员开会的，不过如果那样，召集的队伍服役的时间甚至会更短。

　　很快，北方各州征兵名额就报满了。马萨诸塞州州长约翰·安德鲁，早就怒不可遏，马上响应林肯的号召，他回复道："消息已收到。我们州的兵要送到哪里？"其他州的州长也纷纷表达了相同的意见。地处最北部缅因州的伊斯雷尔·沃什伯恩向林肯保证，"缅因州各党派人士将紧密地团结在政府的周围"。西部的印第安纳州州长莫顿保证招募 10,000 人来"保卫国家，巩固政府的权威"。

　　前来应征报名的人络绎不绝。来自新罕布什尔州纳舒尔的雷内维克·迪克森写信给林肯，"我们只有一个 17 岁的儿子萨默斯，他现在已经长成男子汉了，我们时刻准备着为联邦的完整统一而战"。这些应征的志愿者们发誓"要那些与他们为敌的叛军感到悲哀"。一位年轻士兵告诉他的母亲说，他们此时的爱国热忱已经沸腾。"不管是阵亡，成为为自由而战的烈士，还是凯旋，戴上胜利的花环，他们都觉得一样光荣。"

　　不过在仍处于联邦领导的上南方各州，情况就不一样了。南卡罗来纳州州长约翰·埃利斯这样回复林肯，"这场战争事关人民的自由权，我们州不卷入这场违背国家法律的战争。你不会获得从南卡罗来纳州军队的支持"。弗吉尼亚、田纳西、阿肯色这几个州的州长都表达了相似的观点。这四个州随后马上脱离了联邦，并在数周内就加入了把"首都"迁到里士满的南方联盟。

　　那些边疆的蓄奴州一开始也不支持林肯声明里的提议。肯塔基州州长比利亚·玛戈芬的态度是"我们肯塔基绝对不会派出军队来帮助镇压南方的手足同胞"。密苏里州州长克雷伯恩·杰克逊谴责征兵是"不合法的、不被宪法承认的，是毫不讲人情、恶毒的行为"。在特拉华州，奴隶制现象并不普遍，州长虽然不认同林肯的征兵要求，但并不阻止志愿团体为联邦出力。

　　马里兰州现在被视为重中之重了，因为它不仅环绕首都，也控制着唯一一条通往哥伦比亚特区的铁路线。州长托马斯·希克斯感到很担心。4 月 18 日那天，巴尔的摩市长乔治·布朗给林肯拍了封电报，"请勿往此处派兵"。第二天，马萨诸塞第六军团赶往华盛顿，途经巴尔的摩时遭到一伙分裂主义分子袭击，一些平民和 4 名士兵丧命。听闻此事，林肯想去稳住马里兰州长。这位州长虽然是联邦主义者，但在分裂主义分子重压之下，精神都要崩溃了。林肯同意增援部队绕开巴尔的摩。

林肯怀疑这项安排是否能长久，所以他半开玩笑地对马里兰州人说道："如果我同意你的请求，以后让军队不经过你们的城市，你们明天就又会跑来要求军队也不要从旁边经过。"林肯的预感是正确的。就在希克斯州长向他提出要求后不久，他又开始建议林肯请英国外交官里昂勋爵来对这场冲突进行斡旋。这在林肯看来，简直是得寸进尺。当巴尔的摩委员会 4 月 22 日造访的时候，又提出了不要再让军队通过马里兰州，希望他能和南方联盟达成和解。林肯对马里兰州的容忍已经到了极限。林肯必须要安排军队保卫首都，军队要到华盛顿只能经由马里兰州。"我们的人不是鼹鼠，没那个挖地道的本事；他们也不是属鸟的，没本事飞到华盛顿，"林肯这样回敬马里兰州人，"回家跟你们的人说，如果他们不会攻击我们，我们是不会动手的；但是如果他们真的下了手，我们一定会以牙还牙的！"

其实林肯只是吓吓马里兰州人，因为现在他手上根本没有足够的兵力保卫华盛顿。自从萨姆特事件之后，不断有支持南方联盟的高级官员外逃，其中还包括很多军队将领。最引人注目的要算是罗伯特·李。他拒绝率领联邦军队，他感到自己必须为家乡弗吉尼亚州而战。

有将近一周的时间，华盛顿处于被包围之中。马里兰州人把连接巴尔的摩和北方的铁路桥都毁坏了，切断了电报线路。大家每天都担心遭到弗吉尼亚的分裂主义分子的袭击，担心会有成千上万支持分裂主义分子的人来支持那些人。那段时间，林肯每天在白宫里踱来踱去，急切地朝着波托马克河的方向望去，希望能看见前来增援的船只。最后，林肯终于爆发了："他们为什么还不来！为什么还不来增援我们！"华盛顿的上空每天都流传着谣言，都是关于增援部队即将到来的消息，其中包括了纽约第七军团和罗德岛军团，但是一个支援的部队都没有到来。林肯和马萨诸塞州第六军团遇袭受伤的士兵聊天，他讽刺地说道："我根本不信这里有北方人。第七军团简直就是一个神话故事嘛。罗德岛再也不存在我们的地图上了。你现在才是唯一的一个北方人。"

4 月 25 日，第七军团的到来改变了孤立无援的状况。本杰明·巴特勒将军创造性地想出了一条避开巴尔的摩的路线。他们通过切萨皮克湾把人员运输到安纳波利斯，然后从那儿上车来到华盛顿。不过现在仍然还有一点小麻烦。马里兰州议会将于 4 月 26 日在弗雷德里克投票决定是否脱离联邦。斯科特将军原打算在会议开始之前逮捕那些脱离主义的政客，但林肯让他静观其变。如果有必要的话，就实施"炮轰这些城市，停止人身保护令"的方案。事实上，执行这套方案的可能性不太。但为了搞清楚马里兰州对联邦是否忠心，5 月 13 日巴特勒将军占领了联邦山，因为在联邦山上可以俯瞰巴尔的摩港。

不只马里兰州局势不妙，肯塔基州的情况最初也好不到哪里去。肯塔基州不仅控制着重要河流俄亥俄河的南岸——还是林肯的故乡，所以他不希望这个州落入南方联盟的手中。相近的血缘关系、频繁的贸易往来，还有相似的奴隶制背景，这使肯塔基州和南方有着千丝万缕的关系。但是，由于有亨利·克雷和约翰·克里坦登两人的努力，肯塔基和联邦的关系仍然十分紧密。然而，林肯征兵令却刺激了肯塔基州的南方支持者，他们也掀起了反对联邦的浪潮。所幸的是，林肯在肯塔基还有一帮头脑冷静、富有责任感的朋友们，像是约书亚·斯彼得，还有他的兄弟詹姆斯。詹姆斯是路易斯维尔的一名律师，林肯对他非常信赖。肯塔基最终通过了一项中立的决议，"既不和政府结盟，也不和那些脱离联邦的州结盟，但始终支持联邦"。林肯很巧妙地避免了正面的冲突。他对肯塔基州前国会议员加瑞特·戴维斯说，自己拥有"不可置疑的权力，可以随时让联邦的军队进出任何州"，并承诺"只要肯塔基州不做任何反对联邦的事，那么肯塔基州不会受到任何打击"。

对于肯塔基中立的立场，南北两方只是表面上尊重，实际上双方都在暗地里较劲，在肯塔基争取各自的支持者。在联邦这方面，林肯不仅任命肯塔基人罗伯特·安德森为新组建的肯塔基军事部门的指挥官，还派另一名肯塔基人威廉·尼尔森秘密分配给肯塔基的联邦主义者5000套武器装备。不过，林肯避开了在这个敏感时期的敌对情绪，因为他渐渐发觉肯塔基州的联邦主义者队伍日益壮大，数量上远远超过了分裂主义分子。

在处理密苏里州的问题上，林肯不是那么成功。作为边疆蓄奴州，密苏里州具有重要的战略意义，它不仅控制着俄亥俄州、密西西比州的交通，境内的密苏里河也是西北交通的要道。由于对密苏里的政治局势不太清楚，林肯只能依赖布莱尔家族。布莱尔家族关注的是如何提升弗兰克·布莱尔的政治前途。支持南方的一小派人在东密苏里圣路易斯城外的杰克逊营集会，而支持联邦的人在纳撒尼尔·里昂的领导下在城内聚集。里昂要求杰克逊营内的人投降，随后双方在城市的街道里发生了冲突，导致了28人丧生。杰克逊州长闻讯后连忙组织了军队，由前州长斯特林·普莱斯指挥。西部军事指挥官威廉·哈尼急忙参照肯塔基的中立条约，和普莱斯起草了一份停火协议。但背后有布莱尔撑腰的里昂，暗中破坏了哈尼的计划，最终停火计划没有执行，结果是两败俱伤。

而弗吉尼亚州，林肯没有做过多的努力就把它争取到联邦这边来了。来自弗吉尼亚州西部各县的联邦主义者，对州大会投票脱离联邦的决定非常愤怒。返回家乡后，他们决定从分裂主义阵线分裂出来。联邦主义者在惠灵召开大会，宣布脱离弗吉尼亚州加入联邦，在里士满建立自己的州政府，并选举弗朗西斯·皮尔蓬为州长，同分裂主义分子分庭抗礼。大会还号召弗吉尼亚西部的县市联合起来，成立一个新的州。皮尔蓬履行了自己的职责，批准西部诸县的脱离请求，随后这些县又向联邦申请成立西弗吉尼亚州。皮尔蓬政府后来迁离了惠灵，直到战争结束之前都在亚历山德里亚，并得到了联邦政府的庇护。弗吉尼亚和西弗吉尼亚问题处理起来非常复杂。当时乡间到处游荡着小偷、盗贼、流氓和绝望的人们，不论是皮尔蓬政权还是西弗吉尼亚政府，都只得到了一小部分居民的支持。林肯不太好插手这件事。他正式承认了皮尔蓬政权，并努力让更多的人承认它。但林肯对西弗吉尼亚是否能成为州持怀疑态度。

林肯已经发觉边疆诸州政权并不稳定，所以开始采取措施加强北方的准备活动。5 月 3 日，他再次发出动员令，增补了又一批志愿者，期限是 3 年。没有等到国会授权，林肯就扩大了联邦常规军的规模，增设了 8 个步兵团、1 个骑兵团和 1 个炮兵团。此外，他还下令海军招募了 18,000 名水兵。早在 4 月 19 日的时候，林肯就下令封锁 7 个南方联盟州的港口，现在封锁的范围又扩大到北卡罗来纳州和弗吉尼亚州。两天后，内阁成员一致同意派遣一艘小型战舰，为来自加利福尼亚的船只护航。这些船上所装载的金子对联邦财政至关重要。与此同时，林肯又在没有得到国会授权的情况下，命令波士顿、纽约、费城的海军造船厂负责人分别购买 5 条船，并且进行了改装，用来保障华盛顿水路的畅通。

自从萨姆特事件之后，林肯需要处理的事情日益增多。尽管在重压之下林肯依然顽强支撑着，清楚地判断哪些事是亟待解决的。作家贝亚德·泰勒来到华盛顿采访林肯，发现总统并没有像传闻中那样憔悴不堪，相反，林肯显得"非常有精神，充满了活力……看上去冷静沉着"。就连西沃德也为林肯的表现感到惊叹。他在 6 月写给妻子的信中说："很少人能同时拥有高超的管理能力和充沛的精力。总统不愧为我们中最为杰出的人，他需要的只是始终如一、尽心尽力的合作。"

7 月 4 日，林肯向国会的特别会议递交了咨文，对他在萨姆特危机中所采取的措施都做出了详尽的解释。他在文中谴责南方人率先挑起冲突，而自己之后采取的行动则是为了保护联邦。作为一段珍贵的历史，咨文的意义在于它的预见性。与他 4 月 15 日的宣言联系起来看，咨文清晰地定义了林肯对战争的看法，解释了他将如何将它付诸实践。

在接下来的 4 年里，林肯一直坚持认为，这场战争只是南方州里的反叛分子挑起的"暴动"。这些人纠结在一起，"形成了一股强大的力量以至于一般的司法程序无法将其镇压下去"。尽管有时他也认为这场冲突是内战，但一般情况下，他只用"叛乱"来形容它。在林肯的咨文和信件里，"叛乱"一词出现过不下 400次。他从来没有承认过南方的那些州脱离了联邦，也没有认同敌方的美利坚联盟国地位。如果被迫要在公共场合提起南方的联盟国，他只会说，"所谓的美利坚联盟国"。

对于这场战争的定义林肯如果不能一以贯之，那么那些被俘的南方士兵就会被当作罪犯，而那些水兵就会被当作海盗。杰弗森·戴维斯警告过林肯，如果这样的事发生，只有加深仇恨，导致报复的产生。在听取了多方建议后，林肯政府不动声色地修正了立场。整个战争期间，被俘的南方士兵和水兵都被关押在联邦和南方的监狱营中。这些地方拥挤不堪，脏乱不已，但已经比他们原本要押去待的地方好多了。

一方面，林肯把这场战争看成是内乱；而另一方面，林肯又对南方港口实行封锁。这两种做法自相矛盾。威尔斯部长和查尔斯·萨姆纳后来向林肯建议道，依照国际法，最恰当的做法是关闭所有的南方港口。封锁是交战国之间采取的手段，如果实行封锁那么就等于是林肯承认了南方政权的美利坚联盟国为国家了。林肯并不理会这样的说法。宾夕法尼亚州共和党领导人萨迪厄斯·斯蒂文斯嘲弄道，"这简直荒唐到顶了，是个伟大的错误"，因为在法律意义上，我们"正在封锁自己"。他气愤不已地冲到林肯面前，就这件事情质问林肯，林肯心平气和地说道："我对国家与国家之间的法律根本不了解，我觉得这样做没什么问题吧。"斯蒂文斯说道："林肯先生，作为一名律师，我不得不提醒您，您正处于很艰难的时刻。""噢，好的。"林肯回答道，"在西部的法庭我就是一名好律师了，不过我们在那儿没用到过国家之间的法律。我想西沃德先生比我了解得多，这个问题就留给他吧。"林肯接下来的话把斯蒂文斯气得够呛，"不过事情都已经做了，再说这些也没意义了。既然事情已经发展成这样，那么我们只能阵线一致了。"

在接下来的四年，林肯一直坚守他对这场战争的定义，事实也证明，林肯的决定很有远见。在林肯眼中，南部联邦国从来没有存在过，所以也就谈不上什么双方之间存在谈判或和平条约。而叛乱是内部的个人行为，不是由任何政府组织的，所以在整个战争期间内南方的那些州依然属于联邦，依然受到宪法的保护。依照宪法，包括奴隶在内的私有财产是受到保护的。既然南方诸州依然属于联邦，在宪法约束范围内，那么如果是因为参加叛乱，所追究的是有着叛变行为的个人，而不是那些人所居住的州，所以当最后联邦政府获得胜利时，南方那些州依然和其他州一样，不会有什么改变。

不论是 1861 年 7 月的咨文，还是林肯发表的声明，都明确表明林肯认为进行一场战争也是总统分内的事，不应该受到政府其他部门的过分干扰，也不需要过多参考宪法对如何保护个人权益的赘述。作为这个国家的最高统帅，他相信自己能在政府司法机构的监督下很好地行使权力。像是宣布进行封锁、延长志愿者服役期限至 3 年、扩大海陆常规军的规模、为购买物资把公有资金注入私人账户，这些事情原本都需要首先得到国会的批准，但如果在紧急情况下，就要求总统做出决定，尽管没有得到国会授权。7 月林肯在国会对这些行为解释道："我感到非常遗憾，在事关保卫联邦的紧急时刻，我不得不这样做。当然，这样做丝毫不会在法律上对国会的权力有任何的影响。"

　　不过对于林肯而言，停止人身保护令带来的麻烦更大，因为这涉及联邦政府的立法和司法部门。不管是在现有法律中，还是在曾有的判例里，都没有发现有总统停止人身保护令的相关权力和先例。这就引发了国会和其他立法部门的争议。

　　在接下来的几年里，美国经历了历史上最严重的人身自由侵害时期。在那些对脱离行为异常敏感的地方，人身保护令被一次次地取消。1862 年的 9 月 24 日以及 1863 年的 9 月 15 日，林肯两次在全国范围内暂时取消人身保护令。最初，对被捕的平民进行仲裁的控制权由国务卿掌握。据最完整的统计，在战争开始的前 9 个月内，有 864 人没被审问就被直接关进了监狱。但 1862 年 2 月后，控制权转交国防部部长，结果案件数量直线上升。那些被关进监狱的多半都是间谍、走私犯、穿越封锁线的人、非法交易者或外籍居民，只有很少部分人是政治犯，而他们被逮捕的原因也仅仅是因为公开表达自己的政治信仰。不管怎样，林肯在他的第一份咨文里明确提出，他的政府首要关注的不是公民的自由权利。

　　这显然是违反了宪法精神的，但林肯在 1861 年 7 月的咨文里对此进行了掩饰，他辩解道，由于国家正处在特殊时期，目前唯有维护国家的完整，保卫国家才是最重要的事。

　　国会在 7 月 5 日听取了林肯的咨文。在南方的一些参议员和众议员退出后，共和党在两院都占据了大量的席位。48 位参议员中，有 32 位来自共和党；176 位众议员中，有 106 位来自共和党。来自边疆州的联邦主义国会议员在开会期间常常与共和党国会议员合作。民主党议员大量流失，更为不幸的是，6 月 3 日，民主党参议员斯蒂芬·道格拉斯去世了。不然的话，他将带领与林肯政府为敌的反对党一直战斗下去。

　　从各党成员的表现来看，党派之争并不重要了。几乎没有人热心于党派之间的争吵。在国会会议上，议员们对于林肯建议国会向一支 40 万人的军队拨款 400 万美元的意见表示了"不可抗拒的欢迎"。如其中一位议员所说，现在他们已经转换了角色，成为一个"超大对策委员会"。在听完林肯的建议后，国会马上批准拨款 500 万美元来武装一支 50 万人的军队。

　　由于联邦军队要开始准备出征，所以这件事情也就慢慢平息了。自从林肯号召征兵开始，出征的压力就产生了，不过当时还没有制定出一个明确的战略。林肯对军事了解不多，他认为应该派兵重新夺回萨姆特堡和其他被南方占领的联邦军事设施。如果要实行这个计划，那么不仅需要大量的陆军，也需要海军的配合，这远远超出了 1861 年联邦军队的能力。此时斯科特将军提出了"蟒蛇计划"。这个计划是先用海军封锁南方联盟的水路，然后再派大约 85,000 名士兵沿密西西比河南下，从伊利诺伊南部发动进攻。这个计划的确有可取之处，不过要想成功，得有一个前提条件，那就是在联邦的军队向西行进的时候，不被 10 万多驻扎在弗吉尼亚州的南方联盟军队察觉。蒙哥马利·布莱尔认为，只需要派一小部分联邦军队向南方的联邦分发武器，就可以把那些叛乱分子镇压住。来自西弗吉尼亚的乔治·麦克莱伦主动提出带领 80,000 人的队伍爬上大卡纳瓦峡谷，穿过阿巴拉契亚山脉，从西部包围里士满。麦克莱伦的计划完全没有考虑地形的因素。

尽管缺乏明确的战略，这个推进的计划还是迅速引起了争论，因为在开战之后，联邦军队已经连续遭遇了败仗。5 月 24 日，弗吉尼亚正式通过脱离决议，当天林肯就派遣联邦军队穿过波托马克河，占领亚历山德里亚。包括艾尔默·艾尔沃斯在纽约招募的义勇兵军团在内的联邦军队悄悄地往前压进，迫使弗吉尼亚的军队撤退。在取得胜利后，艾尔沃斯发现在马歇尔大厦上还飘扬着一面南方联盟的旗帜。这面旗帜总能用望远镜从白宫就能看见。他马上冲上楼顶，把它撕了个粉碎。就在艾尔沃斯下楼的途中，被酒店老板开枪打死了。林肯几乎把这个年轻人当成了儿子般对待，对他的死痛心不已。艾尔沃斯的葬礼在白宫举行，之后林肯致信给他的父母，"他对国家而言贡献颇多，给朋友带来无限的希望，可惜却这样匆匆逝去"。

在随后的几年里，每天报道成百上千的人阵亡，而像艾尔沃斯这样的悲剧已经不会引人关注了，但它却刺激着政客们和新闻人。他们开始呼吁采取进一步的行动。每当这个时候，林肯总是倾向于等等看，然后再采取行动。但现在他不得不下令围剿南方联盟在弗吉尼亚州马萨纳斯的军队，因为这对华盛顿造成了持久的威胁。

由于斯科特将军年事已高，已经不能适应行军，林肯指派毕业于西点军校的 42 岁的欧文·麦克道尔将军负责这次行动。6 月 29 日，林肯在白宫会见内阁成员以及军事顾问，商讨麦克道尔将军的简单明了的计划。在确信波雷加德将军手下只有 35,000 人之后，麦克道尔提议在对手得到增援之前就发动进攻。斯科特不赞成这个计划，他喜欢大规模作战，不赞成这样一点一点地啃。但是林肯和其他的内阁成员认为麦克道尔的计划可行，于是批准他 9 日开始行动。

一周后，麦克道尔才得以出发，而在这期间南方联盟已经派驻守谢南多厄峡谷的约瑟夫·约翰斯顿增援波雷加德将军的队伍。麦克道尔的队伍在马萨纳斯遭遇南方联盟军队。麦克道尔的计划在华盛顿尽人皆知，这次随行的有 6 位参议员，10 位众议员，20 多名记者以及其他的一些人员。

由于相信麦克道尔定能大获全胜，林肯 7 月 21 日那天悠闲地去了教堂。中午他去斯科特办公室，发现这位将军正在睡午觉。林肯摇醒斯科特，斯科特迷迷糊糊地向林肯汇报，直到他睡觉之前，前方消息一切正常，在他快要昏睡之前，他又向林肯预测麦克道尔胜利在望。到了晚上 6 点的时候，情况发生了突变，西沃德急急忙忙地赶到白宫，带来消息说麦克道尔的队伍正在全线撤退。林肯来到国防部，看了前线送来的急报，"今天失利了，保卫华盛顿和这支队伍的力量……这支队伍不可能完整归来了"。林肯和内阁成员们整晚都待在斯科特的办公室内，听着从前线传来的一个又一个令人担忧的消息。当晚，林肯躺在长沙发上，亲耳听到那些亲历战败的人发回的第一手消息，整夜无眠。

第二天，林肯开始评估损失。他得知麦克道尔队伍中的许多人都英勇奋战，顽强抵抗。如果没有约翰斯顿对波雷加德的增援，联邦军队这次是一定能够获胜的。尽管那时面对超出自己几倍的军队，绝大多数联邦志愿者军团成员都有组织地撤退，而那些联盟军队伍据说都是由一些赶牲口的无业游民组成，而且90天服役期马上就要满了。联邦这支部队虽然被击败了，但是并没有被击垮。麦克道尔的队伍被补充到波托马克南面的各个要塞里去了。傍晚时分，卡梅隆发电报告知那些焦急的纽约人，"首都现在安全"。

在这场败仗之后，政界马上就有了反应。为了更为明确地支持联邦，国会参众两院一致投票通过约翰·克里坦登的决议，宣布"这场战争的目的……不是去征服，也不是为了推翻……已有的制度（指奴隶制）……而是为了保卫……宪法，维护联邦的完整统一"。这份决议与林肯在就职演说里的保证一样，那就是不干涉州内的奴隶问题。

实际上，这样的团结只是假象。这次的败仗对联邦而言是惨重的，必然会招致指责。麦克道尔和斯科特将军都受到了批评。斯科特将军被指责为动摇军心，在战败两天后，他当着林肯的面对几位伊利诺伊的国会议员道歉，不过他的道歉更像是在为自己辩护。他对着议员们说，"我是全美最大的懦夫，我将会证明这一点。先生们，我的确考虑过。不过为了这事总统先生今天就应该把我革职了。主一直引领我，在我得知他做出战斗的决定时，我毫不犹豫地遵照他的旨意执行了。尽管这样我还是应该接受惩罚，因为当我明知自己的队伍并不适合这场战斗时，我没有坚持，反而让他们抵抗到最后"。

这时，林肯插了句话："你好像在暗示，是说我强迫你做决定的吗？"

斯科特没有直接回答："您是我所见到的对我最好不过的总统了。"

与斯科特不同，林肯愿意接受批评。在冷静分析了所有因素后，他发现尽管这次的行动没有取得胜利，但并不是完全指挥的错误。联邦士兵都是新招的，南方联盟的士兵也是他们新招的。双方的指挥官都没有指挥大规模遭遇战的经验。如果在这场战斗中彻底击垮南方联盟的军队，那基本就可以结束战争了。

想到了这点，林肯马上想办法消除导致联邦军失利的原因。为了提升士气，林肯走访了华盛顿附近的军事要塞，并对官兵们承诺，作为总统他一定会确保各种必要的供给。同时他也要求严明纪律。有次他去科科南堡视察，一位官员满脸不高兴地抱怨威廉·谢尔曼上校曾经威胁要像杀一条狗一样枪毙他，因为他连声招呼都不打就去了纽约。林肯听到后这样说道："这样啊，如果我是你，他要是威胁了我之后，我再也不会相信他了，因为我知道他不会真的这样做。"

很显然，这个堡垒需要一位新的指挥官。在上次的战斗之后，林肯命令乔治·麦克莱伦接管华盛顿附近的军队，然后再把刚到达华盛顿的那批 3 年服役期的志愿军团调教成一支训练有素的队伍。

在麦克莱伦接手组织训练新兵的那段时间，林肯总算可以暂时放下那些政治上的琐事，喘口气休息一下了。刚到白宫时，林肯一家就惊叹于白宫的规模之大，不算那些暖房、外屋和马厩，就已经有 31 间房间了。光是东厅一间屋的面积就和他们在斯普林菲尔德的家一样大了。一楼除了林肯家的餐厅之外，其他的房间都对公众开放。上了年纪的爱尔兰人爱德华·麦克玛纳斯是白宫的看门人。他原本负责对进入白宫的访客进行审查，但实际上，任何人都可以随时进入白宫，很多人还会晚上来访。2 楼的房间几乎有一半都对公众开放，这样一来，林肯一家的私人空间就没有那么大了。楼上的椭圆形房间变成了家庭的起居室。靠南边的两间相邻屋子是总统先生和夫人的房间。在斯普林菲尔德，他们的房间虽然也是独立的，但中间相通。穿过宽阔的走廊就到了国宾接待室——威尔士王子厅，在这边还有罗伯特的房间，但只有在哈佛放假时，他才有时间住在白宫。泰德和威利的房间比较小，都在白宫的北部。

林肯家的小孩子们经常在白宫搞些恶作剧。对于大人而言，那些驻守在白宫南面的士兵看上去一点都不亲近，但对威利和泰德而言，这些来自宾夕法尼亚的军人是他们的玩伴，这些人会给他们讲故事，会陪他们玩耍。威利和泰德特别喜欢扮成军官玩训练的游戏，而周围的男孩们就假扮受训的对象。一位联邦法官住在白宫附近，他的两个孩子布得、霍利与威利、泰德年纪相仿，这四个人经常在一起玩打仗游戏，他们把房顶当成碉堡，拿着漆得像大炮的小原木，煞有介事地瞄准遥远的南方联盟。

只要林肯有时间，他就会和孩子们一起玩耍。有次布得、霍利的姐妹朱丽叶·塔夫特发觉楼上的椭圆屋很吵，等到她跑进房间，看见总统正躺在地板上，威利和布得抓着他的手，泰德和霍利抓着他的腿。看到朱丽叶进来了，泰德大喊道："朱丽叶，快过来，坐到他肚子上！"有时林肯也会和他们安静地待在一起，给他们讲讲故事，每当这时，威利和布得就坐在他的腿上，泰德跑到林肯的背后，趴在椅背上，而霍利就靠在林肯的身边。

不过对于林肯而言，像这样的放松时刻并不常见，因为他工作起来比任何一位美国总统都要拼命。随便吃了早餐后，林肯就马上来到办公室，他要争取在一天正常日程开始之前，把那些需要签署的文件都尽可能地签完。办公室中央摆放着一张黑色胡桃木桌子，林肯和他的内阁成员隔周就会在这儿举行会议。一个沙发和两个椅子靠墙摆放着，墙上挂的都是一些军事设施的地图。一张破旧不堪的红木书桌，被摆放在墙角。

总统办公室旁边的房间都是其他办公人员的办公室，里面的装饰没有特别之处。林肯的私人秘书是为人谦虚、办事有条理的尼克拉，而充满活力的约翰·黑伊则担任尼克拉的助手。随着信件量的日益增大，内政部的职员威廉·斯托达德被抽调过来帮尼克拉的忙，每天他们都要筛检 200~300 封的信件。斯托达德每天的任务之一就是把那些思想诡异的人以及疯子的来信扔掉。后来，由于斯托达德生病，内政部的另一名职员，来自明尼苏达州的爱德华·尼尔接替了他的工作。尼尔时不时会不来，黑伊针对他的表现借机阐明了助手的职责："也许事情不会很多。但我们的职责就是让总统尽可能少地受到打扰，尽量不要让太多的人进入白宫。这样做看上去好像是不好客，却是有益的。我这里有一些免费邮件，如果是来信没有特别事情，就不需要送交总统。"

尼克拉和黑伊都非常忠于林肯，也坚信林肯日后定会成为一位伟大的总统，而且他们早早地想到自己以后会为林肯著书立传。林肯答应为他们写书提供帮助。有了林肯的支持，尼克拉和黑伊在文章里，亲切地称他为"老人"（可能由"老亚伯"演变来的）或者是"将军"（这个词是用来指日本德川幕府时代的掌权人）。而林肯总是直呼尼克拉的姓，对他充满尊重；而他把黑伊当自己的儿子一样看待，叫他"约翰"。

在刚开始执政的那段时期，林肯总是希望能把所有送达白宫的早报都看完。不过后来他发觉，这样太耗费时间了，所以他就改为叫秘书们把新闻做成摘要的形式供他细读。不过现在他没有继续这样做了。林肯现在只是偶尔看两眼电报，不会坚持看新闻和社论了。在林肯看来，凡是报纸上的消息他肯定都知道，用不着再费神看了。

在林肯上台的前几个月，前来拜访的人络绎不绝。林肯快速地浏览那些推荐信，然后把它们推荐到适合的部门，专心地聆听来访者的抱怨，然后恰当进行安慰。如果他想拒绝申请，他会委婉地讲故事，以此说明此要求不可能达到。其中有位官员被控挪用 40 美元的公款，他希望得到宽大处理，原因是他只挪用了 30 美元。这件事让林肯想起了一个故事，一个印第安人被控强奸邻居的女儿致使她生下了 3 个私生子女，"这绝对是谎言，"这个印第安人愤怒地说，"我能证明，她只生了两个孩子。"

林肯这样的亲民政策奏效了。很快有关他的平易近人、极富耐心和仁慈的说法传遍了北方。美国民众头一次觉得白宫的主人可以算是他们的代表了。他们把林肯称作"圣父亚伯拉罕"，送给他朴实的礼物：一桶黄油、一箱巴梨还有新英格兰的鲑鱼。一名来自纽约约翰斯堡的男子送给了林肯一份特别的礼物——"我们的国鸟，雄鹰"，尽管这只鹰在捕捉的时候伤了一只脚，但是"不管怎样，它还是一只雄鹰，和我们的国家一样，受到了创伤，但他的翅膀完整无缺，伸展开来有 7 英尺长"。

玛丽也取得了一些成功，她现在是自多莉·麦迪逊后最引人瞩目的入住白宫的女人。由于自小就对社交很有兴趣，加上受到她丈夫在政治上的熏陶，玛丽没有很快退居幕后的想法。她要成为这个国家的"第一夫人",这个称谓正是为了形容玛丽而产生的。

她很喜欢白宫女主人的身份,也给许多的拜访者留下了好印象。为人挑剔的美国记者威廉·霍华德·拉塞尔虽然对她的外貌和举止颇有微词,但称赞了她简洁的珠宝,还有"大方华美的服饰"。他还注意到玛丽经常摇扇,为的是展示她匀称的肩膀。在拉塞尔眼里,玛丽"人到中年,身材一般,相貌平平,不过意识到了自己的身份,很努力地改善自己形象,不想让人觉得她只是林肯夫人,一个伊利诺伊律师的老婆"。说到最后,拉塞尔虽然觉得难以启齿,但还是评论说"我承认我对她的努力还是有些失望"。

作为第一夫人,玛丽把翻新白宫作为她的主要任务。在玛丽眼里,白宫急需大改造,有的家具已经不能用了,墙纸开始脱落,有的地毯也磨穿了,窗帘也破旧了。11间地下室脏乱不堪,成了老鼠的安乐窝。整个白宫看起来像个经营不善的三星级酒店。国会曾拨出20,000美元的款项给林肯,供他在四年任期内,用这笔钱来修护白宫。这笔钱正好供玛丽来实施她的白宫大改造计划。

回到华盛顿,在她的监督下,工人们把白宫打扫干净,重新上漆、粉墙。这么多年来,白宫第一次被清理得这么干净整洁。当玛丽采购的家具运抵白宫,当所有用品摆放好后,此时的白宫看上去富丽堂皇,尽显优雅。

秋天到了,账单也陆续寄到了玛丽的手中,这时她才发现原来她买的东西远远超过了国会给林肯四年的拨款总和!玛丽顿时慌了手脚,她努力不让林肯知道这件事。由于这件事,玛丽的心情极度不好,经常会对周围的人大发雷霆。这样一来,尼克拉和黑伊暗地里叫玛丽"母老虎"。为了尽可能地把钱补上,玛丽想到去卖白宫的二手家具,但这样筹来的钱相比欠款而言,简直是杯水车薪。这个时候,白宫的园丁约翰·瓦特对玛丽说了一个简单的方法来应对这件事。他叫玛丽在家庭支出的账上做假账,这样就掩盖了买这些商品的事实。玛丽把白宫的服务员解雇了,她自己来做这些事,然后把薪水都攒起来,不过她保留了瓦特的工作。

尽管这样做,还是不能掩盖她超支的事。玛丽找来管理白宫财务的本杰明·弗伦奇,希望他来向总统解释一下整件事,并要林肯请求国会再次批准拨款以支付白宫装修所欠的费用。很显然,林肯听到之后非常生气。他表示,绝对不会请求国会"为胡乱在那座老房子上的花费"付账。在林肯看来,"当那些穷得连毯子都没有的士兵在寒风中瑟瑟发抖时,总统却为了装修白宫找国会要20,000美元,这样的事要是传出去,简直就是丑闻!白宫原本就装修得不错了,至少比我们住过的房子都要好"。林肯发誓不再伸手找国会要一分钱,要靠自己的薪水来补上剩下的欠款。不过到了最后,国会默默地通过了两项拨款决议用以填补修整白宫的费用,所以林肯不得不收回了当时要自己还账的话。

在上次战役之后,公众对总统的支持一下子受到了影响。很多民主党人意识到，这将会是一场旷日持久、花费巨大的战争。民主党内主战的党员都站在总统这边，支持林肯的主张，而相当一部分的民主党人并不情愿仅为着"维护现有宪法以及现有的联邦"而继续打仗，同时他们又担心一场持久的战争会演变成"暴君的特洛伊木马"。有一些人，像是特拉华州的詹姆斯·贝雅德和俄亥俄州的克莱蒙·瓦兰迪加姆，他们很乐意承认自己是主和派的民主党人。贝雅德的座右铭就是"没有什么比一场毫无结果、没有希望、非正常的战争更糟糕的了"。

产生这样的分歧让林肯很是头疼。他认识到了自己真实的处境。共和党虽然在大选里胜出，但普选中只赢得了很少的一部分选票。如果没有民主党的支持，单靠共和党是没有办法平息这场叛乱的。在林肯看来，"在这场较量中以少胜多几乎是不可能完成的任务"。自此之后，林肯悉心栽培国会中主战的民主党人，这其中包括田纳西州的安德鲁·约翰逊，马里兰州的列维迪·约翰逊。在遴选指挥官时，林肯注重的是军事专业技能而不是所谓的"政治派系"。林肯选择的大多数将军都是民主党人。在政策上，林肯也常常在公众面前摆出"联邦 VS 分裂"的话题，以此来赢得广泛的支持。

许多共和党人都感到林肯忽略了反对奴隶制这一问题，而这正是共和党的核心观点。就在战役两天后，密歇根参议员撒迦利亚·钱德勒和萨姆纳在副总统哈姆林的陪同下来到了白宫，催促林肯把这场战争转变为自由与奴隶制之间的较量。萨姆纳主张，释放奴隶是一项军事需要，而钱德勒则要求林肯下令解放奴隶，这样一来南方就会陷入混乱之中，南方的联盟州必然会不攻自破了。林肯很有礼貌地听完了他们的建议，不过最后他表示这样的措施并不符合大众的观点。

共和党成员开始心存不满。在他们看来，林肯是位有心无力的领导者，他做事温吞吞，没有领导能力。当时供职于国务院的波兰裔贵族亚当·库诺斯基在日记里清楚地记下了共和党国会议员们的心态，"从某种程度上来说，林肯先生和法国的路易十四国王有点相似，都是一样，心眼好、为人诚实，都怀有良好的愿望。但是对他而言，处理起这些事情有些力不从心"。据库诺斯基记录，参议员韦德"反感这届政府的办事效率低下，形同虚设"。

到了八月底，一起事件的发生终于引爆了共和党内对林肯政府的不满。西部军事部门指挥官约翰·弗里蒙特将军在密苏里州西南部大败南方联盟的军队，结束了在那里曾经很普遍的游击战。弗里蒙特在密苏里全州颁布了一项军事法令：如果平民携带武器，将会被送到军事法庭受审；如果被判有罪的话，将会处以死刑，那些帮助过叛军的奴隶主手下的奴隶将获得自由。

弗里蒙特没有跟当局政府商量就擅自发布这样的声明，而这项声明明显同林肯在就职演说里的意见相左，也与最近通过的《克里坦登决议》背道而驰。这项声明同时也违反了《没收法案》的精神，该法案是针对那些帮助南方叛军的奴隶而制定的。林肯知道，弗里蒙特的命令必须要做一些修改。他命令弗里蒙特收回击毙携带武器的平民的决定。林肯劝告弗里蒙特，"根据你所谓的声明，如果你杀了他们，那么作为报复，南方人就会杀掉我们的人。然后这样的报复行为就会无休止地进行下去"。在林肯看来，弗里蒙特解放那些帮助叛军的奴隶主手里的奴隶，更是没有益处的决定。如果这样做，"就会惹恼那些和我们关系友好的南方盟友，说不定会完全破坏肯塔基的局势"。

虽然林肯声明他写给弗里蒙特的信是"本着提醒而非指责的态度"，但弗里蒙特认为自己受到这样的指责太冤枉了。他觉得自己身处前线，不得不处理密苏里州出现的南方叛军支持者的报复行为；政府对他的军队在人员、物资、装备上的补给明显是忽略了，可他还是在为国家而战。弗里蒙特的妻子杰西是密苏里州参议员的女儿，她看到丈夫整天为此恼火不已，她也不明白总统为什么要这样看待自己的丈夫，所以在得到丈夫的同意之后，杰西来到华盛顿，亲自去拜访总统。

在9月10日那天，弗里蒙特夫人一到达华盛顿就请求安排她和总统见面。林肯答应马上见她，于是在当晚9点，尽管经历了旅途劳顿，弗里蒙特夫人还是马上赶往白宫。林肯在红厅接见了她，却连坐都没有让她坐一下，这让杰西感到一丝不快。她把她丈夫的信交给林肯，在信中弗里蒙特解释了自己的处境，林肯"微笑了一下，但这微笑让人感到不舒服"，看完之后也没有多说什么。杰西想把丈夫的观点解释得更清楚一些，所以她继续解释道，打击奴隶制会帮助联邦获得英国的支持和帮助。这时林肯打断了杰西的话，"你看上去真像一位女政治家"。之后的话对杰西而言有些"刺耳"。林肯告诉她，"这是一场为联邦而战的战争，弗里蒙特将军不应该把黑人扯进来搅和"。

第二天，林肯注意到弗里蒙特将军不愿意自己动手修改声明，于是便"很愉快地"命令他修改，而且"要与《没收法案》保持一致"。一些林肯身边的顾问担心弗里蒙特会不服从林肯的命令而"自立门户"。但林肯是不会允许文职政权被军队推翻的，也不会允许任何人裁决诸如奴隶制这样的敏感问题，除了他自己。

但弗里蒙特的问题远没有结束。虽然他有着西部开路先锋的美誉，但在密苏里州的政界却很不得意。他跟所有的人都不和。他嘲笑密苏里州州长汉密尔顿·甘博没有管理能力，而后者马上就去华盛顿抱怨圣路易斯的军事能力很弱。他还跟自己的下属们发生过争执。但是他犯的最严重的错误，是居然跟布莱尔家族的人大吵大闹，甚至下令逮捕弗兰克·布莱尔。布莱尔家族曾经帮助他得到了西部军事部门指挥官一职，而如今他把这些人也得罪了。林肯观察到，"他已经不信任身边的任何人了。他错就错在把自己孤立起来，不允许任何人接近自己。他已经不知道自己的所作所为会招致什么结果了"。

布莱尔家族一直对总统施压，要求撤销弗里蒙特的职务。在林肯看来，无论下属多不胜任自己的职位，他都不太愿意就这样撤销他们的职务。林肯对蒙哥马利·布莱尔说，如果不再给他一次机会，就这样撤掉了弗里蒙特，"这对他不太公平"。在 10 月，副将军洛伦佐·托马斯呈交了一份对弗里蒙特极为不利的报告，这样一来弗里蒙特在 11 月 2 日那天被撤职了。

弗里蒙特事件使全国陷入了混乱的局面。就像林肯预测的那般，弗里蒙特的声明极大地影响了边疆蓄奴州的联邦主义者的情绪。约书亚·斯彼得马上写信给林肯，表达他对弗里蒙特事件的关注和愤怒。肯塔基地区的负责人罗伯特·安德森警告道，如果"不马上废除这项声明，那么联邦政府将会失去肯塔基"。由于弗里蒙特法令，肯塔基州议会决定马上废除中立决议。在弗里蒙特法令被废除以前，州议会的立场不会发生任何改变。更为严重的是，如果这件事得不到妥善解决，肯塔基境内的联邦志愿者将会倒戈支持南方联盟。

而情况在北方则恰好相反。很多人已经厌倦了战争，他们希望政府采取进一步的措施结束战事。几乎所有的报纸都赞同弗里蒙特的观点，像是共和党报《纽约论坛报》《纽约时报》《芝加哥论坛报》自不用说，就连独立的保守派报纸《华盛顿国家资讯报》、民主党报《波士顿邮报》和《芝加哥时报》也认同他的做法。甚至连一向谨慎的保守派布朗宁也提笔写信给林肯，表示支持弗里蒙特，"弗里蒙特的声明非常有必要，也会起到良好的效果。西部民众和西北部的民众都支持他的做法"。

来自爱荷华州的消息显示，民众普遍对不支持弗里蒙特的做法表示"极度失望"，而且西北部的志愿者开始大量流失。一位威斯康星州的选民写信给林肯，"你的命令让北方人民极为失望，没什么打击比这个事件更大"。《芝加哥论坛报》的霍瑞斯·怀特言辞中透露着愤怒，"我已经找不到任何语言来表达我的愤慨之情！"本杰明·韦德对林肯极尽嘲讽之词，林肯的行为与他"出生在白人底层，在奴隶州受了点教育"的经历很符合。韦德还意犹未尽地讽刺道："可以预见，在年度咨文（国情咨文）中，我们的总统一定会向国会建议，希望给每个参加战争的叛军分子 160 英亩土地。"甚至连林肯昔日的搭档赫恩登都表示为林肯的做法感到羞耻，赫恩登调侃道，"难道他真以为，说几句奉承话就能击退成千上万的叛军？他应该亲手吊死某个人，这样来练练胆。要是他没胆去吊死男人，那就让他拿孩子和女人下手吧"。

在这样不断受到指责和抨击的情况下，林肯写了一封长信给布朗宁，信中详细列出了他反对弗里蒙特申明的原因。他解释道，如果按弗里蒙特的命令做，肯塔基州说不定早就脱离了联邦。在林肯看来，"失去肯塔基州就意味着全盘皆输。因为如果失去肯塔基，那么密苏里和马里兰也将不保了。这些州如果都与我们为敌，那么我们的麻烦就大了，很有可能我们会被迫同意分裂，我们也会失去我们的首都"。林肯知道布朗宁对宪法和法律无比热爱和尊重，所以他给出了一条更有说服力的理由，"弗里蒙特将军的声明根本不是一项军事条令，而是一项政治声明，因为其中涉及了财产没收和奴隶自由问题"。事实上，这就是独裁专政的体现，因为它流露出"将军可以做任何他愿意做的事"的迹象。这种行为根本不是拯救联邦，而是把联邦逼向投降的边缘。"难道可以自欺欺人地认为美国政府，或者说任何一个在宪法约束下的国家，能够容忍一个将军或总统能声明一下，就对财物有永久的裁定权吗？"

当有关弗里蒙特缺乏军事管理能力和财政问题严重的证据浮出水面后，各界对他的支持慢慢地减少了，公众又把矛头指向麦克莱伦，指责他战事推进缓慢。7月时麦克莱伦还被民众称为华盛顿的保卫者和国家的守护者，现在就受到了各方的抨击。起初几乎所有人都很喜欢这位 34 岁的将军，麦克莱伦相貌英俊，看上去强壮且富有活力。布朗宁评价他"很有头脑，看上去也很英勇，能力超过常人"。几乎人人都赞同这样的说法。麦克莱伦在给他妻子的信里写道"不知是怎么搞的，我好像成为这个国家里的掌权者一般。我去参议院的时候，那些议员争着抢着跟我握手，他们让我感到空前地自信"。

作为一名技术娴熟的工程师，麦克莱伦为要塞免遭突袭做出了很大的贡献。他换下那些服役期为 90 天的志愿者，换上服役期为 3 年的那批人，对他们严格训练，密切关注他们的训练情况。他似乎被看成了无所不能的人。在 8 月 15 日之后，他的队伍被称为"波托马克之军"，士兵们都非常爱戴他。

麦克莱伦不仅在军事和技术上能力出众，他还很懂得处世之道。他邀请了总统、国防部部长以及其他内阁成员和参议员们出席他筹备的阅兵仪式。他和林肯在外形上的反差让在场的人忍俊不禁。麦克莱伦那天盛装出席，而林肯戴着他的那顶大礼帽，看上去像是"骑在马上的稻草人"。就连士兵们也被这场景逗乐了，但是他们依然保持良好的精神状态，齐声向林肯致敬欢呼。在最近的几个月里，林肯已经很少受到这样的礼遇了。

不过麦克莱伦的好日子到了秋天就戛然而止了。批评家们开始抱怨他没有利用大好天气对南部的叛乱者发起进攻，就知道留守马纳萨斯。霍瑞斯·格林雷要求军队应该向里士满进军。参议员钱德勒曾经是麦克莱伦的支持者，可现在已经对他丧失信心了。他沮丧地说道："尽管弗里蒙特的行为让人失望透顶，但是比起麦克莱伦，他还是好多了。"他把麦克莱伦的失败归结为政府的"胆小、摇摆不定、无能"。韦德更是肆无忌惮地谴责林肯和麦克莱伦。他咆哮着说麦克莱伦之所以把西部人拉到波托马克之军训练，就是为了方便"林肯先生和他的内阁成员们安静地享受晚餐，为了让林肯太太不受任何打扰，专心地学习法语和跳舞"。

在特伦布尔参议员的鼓动下，韦德和钱德勒开始劝说林肯，要他命令麦克莱伦主动出击。那些批评家不停地声讨麦克莱伦，批判热情一直不减。

10 月 21 日，麦克莱伦派遣一支小分队冒险渡过波托马克河前往利兹堡，途中遇到叛军的猛烈袭击，损失惨重撤回营地。在这次冲突中，林肯的好朋友，也是俄勒冈州的参议员爱德华·贝克上校阵亡了。听闻这不幸的消息后，林肯一家备受打击，而第二天白宫连一个拜访者也没有。很快在国会中，对阵亡参议员的悲痛之情马上汇聚成对麦克莱伦的声讨，包括他计划不当，支援不得力。立法者们纷纷开始怀疑，除了贝克的上级军官查尔斯·斯通有可能对联邦不忠，是不是连麦克莱伦本人也是心怀鬼胎？

麦克莱伦辩解，他之所以会表现不佳，是受到了年老体衰的斯科特将军的影响。此话一出，议员们蜂拥至白宫要求总统撤销斯科特将军的职务。11 月 1 日那天，林肯心情沉重地接受斯科特退休的申请。林肯在一份声明中高度赞扬了斯科特在事业上的杰出成就，感谢他在遭到背叛时依然"对宪法、对联邦、对国家的忠诚和付出"。

自此之后，林肯任命麦克莱伦全权负责联邦的军队。俄亥俄州的唐·卡洛斯·布舒尔的军队准备向田纳西推进；密苏里州的亨利·哈勒克的军队计划沿密西西比河向下游行进。这些都要在麦克莱伦的指挥下进行。林肯对他说："你现在肩上的担子更重了。"听罢，麦克莱伦静静地答道："我有能力做好所有的事。"

可是他仍然没能发起一次进攻，这使得他与总统和国会之间的关系每况愈下。在他初到华盛顿的几个星期内，他还曾断言，"总统是个白痴"，但当他统率全军后，他罕有言论发表。现在他开始和民主党的政客们走到一起，时常在给妻子的信件里提到"林肯像个没能力的狒狒"，而"西沃德就是个爱管闲事，无能的自负狂"，"威尔斯像个唠唠叨叨的老女人"，贝茨"是个老傻子"，卡梅隆就是一流氓。他很快就厌烦了林肯定期来到他的总部，向他宣读最新的军事派遣计划，讨论军事活动。有一次萨缪尔·亨特泽尔曼将军正好在场，当时林肯正在指着弗吉尼亚州的地图，向麦克莱伦提出战略建议，亨特泽尔曼注意到麦克莱伦觉得这个计划荒唐透顶，但他仍假装很认真地听着。林肯离开后，麦克莱伦转身就对他的下属戏谑道："你说这人是不是稀有物种？"

林肯后来更加频繁地在深夜造访麦克莱伦，跟他商讨战略问题，麦克莱伦实在是忍不住了，觉得一定要想个办法不让林肯再这样做了。11 月 13 日那天，林肯和西沃德在约翰·黑伊的陪同下，又来到麦克莱伦那儿。由于麦克莱伦外出，他们便决定留下来等他回来。一个小时之后，他回来了，却没有理会门童的通知，径直上了楼。又过了半个小时，林肯他们派人通知麦克莱伦，他们仍在等待。这次他们等来的是麦克莱伦冷冰冰的回复"他已经上床休息了"。黑伊认为林肯一定感到受到了莫大的冒犯，但林肯说道："不必考虑礼仪和个人尊严，这样很好。"从这以后，林肯再也没有造访过麦克莱伦。

尽管林肯曾表示如果麦克莱伦能取得胜利，那么他愿意对麦克莱伦付出耐心，但是慢慢地林肯不再对他抱有幻想了。在 12 月呈交国会的咨文里，林肯表达了希望公众继续支持麦克莱伦之后，又说了一番看似奉承实则讽刺挖苦的话，"有人说一个差劲的将军胜过两个能干的将军。我看这话没错，也可以这样来理解，一支军队由一个无能的人来指挥要比被两个出色但意见不一的人指挥强"。

参议员钱德勒直接对林肯说，如果一整个冬天麦克莱伦都让他的大军驻守在营地的话，那么他赞成"立刻换杰夫·戴维斯顶替麦克莱伦的职务"。

1861 年 12 月 3 日，林肯第一次发表国情咨文。这份文件完全就是把各部门的消息拼凑在一起做成的。其中，总统写了一些意见，比如说建议成立农业部（次年就成立了）以及敦促尽快承认海地和利比里亚这两个黑人政权国家，这在此前的亲南方政权看来是不可想象的。

这篇咨文看上去有些晦涩难懂，还有一个原因。美英两国之间由于"特伦特号"事件导致外交危机，而这件事又不适合公开，所以林肯只能简而言之，几句话带过。10 月的时候，弗吉尼亚的詹姆斯·梅森和路易斯安那的约翰·斯莱德尔作为南方联盟的"全权大使"出访英国和法国，然后又逃过封锁，搭乘英国邮轮"特伦特号"前往古巴。在没有得到华盛顿方面命令的情况下，美国军舰"圣贾辛托号"的舰长查尔斯·维尔克斯拦截了这艘船，并进行了搜查，逮捕了南方联盟的"大使们"，把他们关押在波士顿港的沃伦堡。北方各界对维尔克斯的这一行为大加赞赏，但海外认为这简直是对国际法的公然蔑视，是对英国的侮辱。由于维尔克斯在行动前没有汇报，林肯事先对他的行为一无所知。

不过话说回来，林肯对外交的确不在行，所以他把这些都交给国务卿来负责。他唯一感兴趣的就是挑选外交人员。他任命裴德为普鲁士大使，以此作为对他的奖励；为了感谢卡尔·舒茨，林肯派他去马德里皇室赴任，可是这位德裔前革命者在西班牙受到了冷遇。凯瑟斯·克雷被任命为驻俄大使，不过这实际上是林肯借机把这个麻烦人物赶到国外的招儿而已。在外交事务上，林肯基本上以西沃德的意见为准。有一次，在西沃德的推荐下，查尔斯·弗朗西斯·亚当斯担任了圣詹姆斯的大使。他向林肯表示感谢的时候，林肯冷不丁冒了一句："亚当斯先生，选你的人不是我而是西沃德先生，你是他的人。"

1861 年 4 月 1 日，西沃德一份措辞强硬的备忘录迫使林肯开始关注外交政策了。5 月的时候，当西沃德打算给亚当斯的一封涉及战争的急件被林肯看到时，他开始重视外交事务了。由于欧洲方面已经承认了南方联盟交战国的身份，这让西沃德大为光火。他严厉谴责英国干涉了美国的内政，而这一行为直接导致了"我们两国从此刻开始不再是朋友。我们两国曾经有过两次敌对的经历，而现在我们又将成为敌人"。林肯不知如何妥善应对这样的局面，他只好向参议院外交关系委员会主席查尔斯·萨姆纳求助。在萨姆纳的支持下，林肯在西沃德原文的基础上进行了一些修改，使得语气更显攻击性，并命令此信件直接送到亚当斯手中，不得让这封信落到英国外交部的手里。

从这以后，林肯经常和萨姆纳一起讨论外交方面的问题。这两人看上去是一对奇怪的组合。萨姆纳风度翩翩，求学于哈佛，游历过各国。而林肯是一名自学成才的总统。他们在各个方面的经历都不相同。萨姆纳在参议院工作了10年，他坦言自己是个工作狂，并对自己迅速高效的办事效率感到自豪。在他看来，林肯"诚实但缺乏经验，工作习惯不是很符合规则，不能马上抓住问题的本质，常常被细节拖住了手脚"。萨姆纳认为自己措辞简洁，每当他听到总统称分裂行为"是冠冕堂皇的叛乱"，或形容南方联邦支持者"夹着尾巴逃跑"后，就为总统的措辞头痛不已。不过萨姆纳这人没什么幽默感，跟林肯聊天时经常不明白他的用意。这样性格迥异的两个人最后竟慢慢成为好友。尽管经常会惹人生气，但林肯知道萨姆纳是个坚定廉洁的官员；而萨姆纳也发觉总统"想替国家做出正确的决策，想保住这个国家"。总统频繁同萨姆纳讨论外交事务，西沃德都看在了眼里，大发牢骚地说道，华盛顿一下冒出了这么多的国务卿。

林肯起初对逮捕梅森和斯莱德尔的行为感到满意。因为在那段时间，联邦急需一个胜利来稳定民心。当时除了蒙哥马利之外，所有的内阁成员都赞成林肯的想法。蒙哥马利建议马上释放被捕的这两人。在一阵热捧维尔克斯后，公众开始冷静下来了，他们渐渐理解了蒙哥马利的意图。从中立国的船只上驱逐南方联盟的外交官，这样的行为是触犯国际法的，同时这也违背了美国一直以来坚持的不在公海上搜查和逮捕人员的惯例。除了这些之外，一定不能承认维尔克斯曾经登船并搜查英国邮船，因为一旦承认，英国政府绝对不会容忍这样的侮辱。

由于政务缠身，林肯根本无暇顾及"特伦特号"危机，直到萨姆纳11月底返回华盛顿后，林肯才意识到了这场危机的严重性。萨姆纳一直和英国自由党领袖约翰·布莱特、理查德·科布登保持联系。这次萨姆纳带回消息，由于梅森和斯莱德尔被捕，英国掀起了一股反美浪潮。他还有封阿盖尔郡公爵夫人的信件，公爵夫人的丈夫是帕默斯顿内阁成员，由信得知，英内阁认为逮捕行为"简直疯狂至极，很难相信，如若不是美政府想挑起英美间的战争，怎么做出这样的决定"？这些如同重磅炸弹般的消息令林肯震惊不已，他开始每天关注事件的进展情况。如果此时和英国闹僵，那么很有可能导致英国对美国宣战。

林肯叫萨姆纳放心："要是英格兰不想打仗，就不会再起战事的"。林肯担心欧洲方面误解了他的外交政策，所以他主动表示愿意抛开外交礼节，亲自和英国外交官里昂勋爵会谈。林肯很急切地想促成这次会面，"如果我能见到里昂勋爵，五分钟之内他就会明白，我是多么渴望和平"。萨姆纳觉得这样做有些不得体，但在约翰·布莱特支持下，他建议林肯把和英国之间的问题交由普鲁士国王或是一些知名国际法专家来进行仲裁。林肯听取了萨姆纳的意见，马上开始起草文件。林肯相信"如果英格兰决心公正对待这个问题的话，那么我们很有可能会握手言和"。

几乎没有其他人赞成仲裁的提议。据身在海外的联邦特派员瑟洛·韦德透露，英国政府正在为战争做准备。英政府下令禁止把硝石运往美国，其他的战争物资适当限制，同时 8000 名士兵被派去保卫加拿大。驻法大使戴顿也报告拿破仑三世决定支持英国政府。所以到了 12 月 23 日，里昂勋爵代表英国政府正式要求释放梅森和斯莱德尔以及美国政府的道歉时，林肯并没有感到很惊讶。里昂勋爵私下也对西沃德表示，要是 7 天之内英方没有得到满意的答复，那么他将关闭大使馆，离开华盛顿。

林肯在圣诞节那天召开了内阁会议，萨姆纳出现在当天的会场，他把这段时间布莱特和科布登的来信念给在座的内阁成员听，在心中布莱特、科布登两人不断催促释放梅森和斯莱德尔。与会成员都意识到，此刻他们所做的决定将关系到"国家的生死存亡，"现在最要紧的是避免同英国交战。林肯也表示不希望"在自己任期两场战争同时爆发"。到了这个紧要关头，西沃德也认识到了这场危机的严重性，在会上他宣读了一份决定草案，承认维尔克斯船长触犯了国法，并解释了释放梅森和斯莱德尔的原因。除了布莱尔之外，其他内阁成员表示很难接受这样的决定。切斯说这感觉像是"喝了胆汁和苦艾汁"，苦不堪言。就连林肯都没办法轻易下定决心释放那两人。到了最后还是没有达成一致，所以第二天只得继续开会。

等到其他人离开后，林肯对西沃德说："你可以继续准备你的草案，陈述必须释放那两人的原因，而我将会摆出不能释放他们的原因。在明天的会上，再来逐一比较。"

到了晚上，林肯放弃了原来的打算。他向布朗宁表示，不应和英格兰再起战事。在第二天的会上，西沃德宣读了他的终稿。虽有些遗憾，但与会者还是一致通过了这份草案。休会期间，西沃德找到林肯，"你觉得你能反驳我吗"？

林肯笑了笑，"我发现我无法找到令自己满意的论点，这就说明你的观点是正确的"。自此"特伦特号"危机画上了句号，而美国南北之间的内战也没有上升为国际冲突。

1861 年和 1862 年的秋冬之际，国内危机不断升级。联邦军队一直毫无作为，各项开销却不断增多，面对这一局面国会议员们很是无奈。特伦布尔表示将提出一项议案，如果有人胆敢以武力反抗联邦或是参与支援或教唆叛军，一经发现立即没收其财产和奴隶。特伦布尔也是来自伊利诺伊的参议员，曾是林肯的亲密政治盟友。如今连他也断言总统"在面对重大危机时缺乏必要的决心"，并相信国会必须采取措施尽快结束战争。

其他的国会议员们想通过调查委员会来推动战争的进程。这个机构曾在瓦解削弱布坎南政府的过程中起到了很大的作用。整个夏天，威斯康星州的约翰·波特都在率领内务委员会暗中调查现任政府中支持叛军的人，然后将这些人清除出去。

众议院司法委员会急切想调查的是所谓"新闻电报审查制度"，而且竟然从白宫的内部下手。因为，尽管事先打了招呼不得泄露总统的国情咨文，但《纽约先驱报》还是抢在国会开会之前就把咨文的部分内容捅了出去。经证实，《先驱报》的消息是从一个叫作亨利·维克富的人那儿得到的，而此人正是报社安插在华盛顿的秘密调查员。维克富和玛丽·林肯关系不错，是白宫的常客。《先驱报》的竞争对手《纽约论坛报》举报，有可能是林肯夫人把总统先生的咨文拿给了维克富，众议院司法委员会接到这个举报后立即着手展开调查。

说到要调查玛丽，几乎没有一个人会提出反对意见，因为没人喜欢这位总统夫人。华盛顿上流社会的那些贵妇们认为她是南方人的奸细，对她的所作所为没一件看得上眼。由于玛丽来自南方，她的一些兄弟还参与了南方的叛乱活动，这使得一些北方的妇女开始怀疑玛丽对联邦是否忠心。《辛辛那提商报》的谬拉·霍尔斯特德讥讽玛丽"是个呆子——为全城的笑柄。她的豪华马车、招摇的用人、华丽的马匹，一看就很俗气。除此之外，剩下的就是她那招人讨厌的臭架子"。纽约的约翰·比奇洛嘲笑玛丽故作高雅姿态，学别人说法语，当问到是否会说法语时，玛丽就用蹩脚的法语回答"好的"。一时间，华盛顿到处流传着关于总统夫人和"骑士"维克富的流言蜚语。

维克富被委员会传唤后，拒绝说出他的消息来源，结果当晚就被扣押。第二天，维克富同意说出真相。原来给他咨文的不是玛丽而是白宫的园丁约翰·瓦特。委员会成员对这个问题思考了几天，最终决定终止调查。

7月的时候，特别调查委员会开始调查有关政府合同的造假和管理不当。委员会由纽约的查尔斯·维克负责，旨在揭露密苏里州弗里蒙特负责期间的一些丑闻。后来证实许多事件都与国防部的管理不当和不合理支出有关。消息一出，自然导致了总统被怀疑与供应商有幕后交易，为他们牟取利益，自己也受益。林肯为人非常谨慎，他拒绝承认曾批准军队的屠夫把最好的牛肉供应给了白宫。有人跟林肯说，这件事根本就是一件小事，不值得认真对待。林肯却不这么认为，"据我观察，那些影响恶劣的丑闻都是由一些微不足道的小事慢慢引起的"。

就算国会没有派人调查，林肯也明白，国防部的管理一团混乱。林肯曾对尼克拉提过，卡梅隆"对正事一无所知，不仅自私，对总统不尊敬，对国家不负责任。根本没有能力提出任何政事来讨论"。不止林肯一人这样看待卡梅隆，很多人都对他提出异议。早在7月24日，古斯塔夫·科尔纳就对特伦布尔参议员提出过要"卡梅隆应该辞职。人们已经对他失去信心了，大家都在怀疑他挪用公物公款。林肯必须要指派一个诚实的人担任国防部长一职"。一位纽约人写信给林肯，"现在大家都认为卡梅隆是个贼"。他在信里详细叙述了卡梅隆把5磅重、一半棉花一半羊毛的毛毯当成10磅或11磅全毛毛毯卖给士兵的经过。布朗宁此时提醒林肯，"不管这些是不是真的，卡梅隆已经失掉了民心"，应该撤掉他的职务了。一位纽约银行家詹姆斯·汉密尔顿放话，如果林肯把卡梅隆撤了，他就提供1亿美元给资金紧张的财政部。

从一开始，林肯就并不情愿让卡梅隆待在内阁，可是如今要下令革他的职又显得犹豫不决。他希望能通过暗示，让卡梅隆自己辞职。林肯故意对卡梅隆的好友斯凯勒·科法克斯说，现在解除卡梅隆部长一职对他而言不公平，但又说"如果把这个问题摊开来讲，从头再来"，他感到国防部换人是件好事。林肯很明显地表露希望约瑟夫·霍尔特来接替卡梅隆的职位，他在布坎南政府后期就担任过国防部部长一职，可是卡梅隆对此无动于衷，就是赖着不走。

眼看要他辞职的压力越来越大，卡梅隆决定放手赌一把。当时所有的部门都要求写一份报告，最后同总统的咨文一起送交国会。借着这个机会，他在报告里写道："弗里蒙特的解放奴隶法令受到了密苏里当地反对奴隶制人士的欢迎……应该把奴隶们都武装起来，让他们也参与到抗击叛军的队伍中来。"在没有通知总统的情况下，他把这份文件分发到各大城市的报社。林肯得知后，立刻下令收回这些含有奴隶制等令人反感问题的文件。这次事件之后，卡梅隆的离任只是时间问题了。林肯可以容忍下属在管理上的无能和懒惰，但绝不允许弗里蒙特或是卡梅隆在奴隶制问题上擅自制定政策。

终于在 1862 年的 1 月 11 日，林肯毫不客气地通知卡梅隆，说他的"调任请求"得到批准，现被正式任命为驻俄大使。当切斯把林肯的通知信交给卡梅隆时，这位前国防部部长忍不住哭了起来，他把这封信看成是对他的侮辱，"是政治和个人上的双重打击"。为了稳住卡梅隆的情绪，林肯收回了那封信，让卡梅隆自己递交辞呈。在此之后，林肯又写了一封信，表达了"真诚的尊重"，赞扬了卡梅隆"为了国家所表现出的能力、爱国精神以及忠诚"。

卡梅隆风波并未随着他递交辞呈而结束。内务委员会继续调查国防部存在的渎职行为。4 月的时候，参众两院接受了内务委员会的建议，投票调查前部长"滥用职权谋私"的行为。到了这个时候，林肯只能介入这件事了。他向国会解释道，不投标就签订合同、没经允许挪用公款以及其他的违规行为，都是在战争早期时的不得已举动。卡梅隆虽然"批准了这些事情"，但不能因此受到指责。如果要算的话，"不仅是总统，包括所有其他部门的负责人都有责任"。经林肯这样一说，为了避免整个政府机构陷入一片混乱，调查委员会放弃了调查。

战争行动联合委员会在这期国会之初就设立了，职责是调查整个战争期间军事方面的事件。这个委员会设立之初是为了调查公牛跑战役失败的原因，但很快，它的调查范围扩大到国内所有军事事件。

林肯对这个委员会颇有不满，他很担心这个委员会会成为煽动反对这届政府的工具。当韦德和钱德勒得知了林肯的这一顾虑之后，他们立刻赶到白宫，对他解释道："这个委员会意在帮助总统，而不是给总统添乱的。"事实上，这样的承诺可信度有多少，大家心里都很清楚，但是至少在委员会成立的初期，一切看上去都很和睦。12月31日，林肯第一次和委员会成员举行了会议，他很高兴地看到"议员们情绪都不错"。

委员会的成员们和总统都迫切希望了解麦克莱伦的计划。这位将军寡言少语，就算是对总统也是言而不尽。他委婉拒绝透露任何细节，却给出了一个很隐蔽的暗示，表明他不再想进攻马纳萨斯的敌军，而是考虑一个"不论是敌人还是我们的人都意想不到的计划"。委员会从他的口里也就挖出了这些信息。本来他被再次要求讲述计划细节，可是在圣诞之前，麦克莱伦感染了伤寒。3个星期之后，他已经病得不能做任何繁重的工作了，更没办法接受委员会的询问。

●第十二章●
背水一战

    司法部部长贝茨在1860年最后的一篇日记里写道："大家都认为总统先生很优秀，但是他缺乏决心，目标不明。我很担心他不能领导好这届政府。"贝茨为人谨慎保守，他的这个判断几乎代表了大多数人的看法。基本上大家都认同林肯是个诚实友善的人，见过他的人都会喜欢上他。1862年的1月，拉尔夫·爱默生和参议员萨姆纳一起来到白宫，爱默生形容林肯是个"直率、真诚、友善的人，有着律师的头脑，为人高尚不粗俗，有着男孩般的快乐"。但几乎很少人认为他胜任总统的工作。

    他好像缺乏统领大局的能力。释放梅森和斯莱德尔，让美国蒙羞。征召了那么多的士兵，每天开销巨大，却都在营地待命过冬。随着军事费用日渐增长，财政部部长不得不靠贷款来维持开销。全国的银行不得不中止硬币支付。西北部的农民严重缺乏劳动力，因为家里的壮丁都参军了。农产品也没有市场，因为密西西比河被封锁了。一个伊利诺伊预言家警告道："人们的心正在流血，如果他们发现没有希望，就不会再服从了。"

    1月初，一切看上去都没有希望，林肯第一次觉得南方联盟会取得胜利了，他甚至还提到"我们联邦变成两个国家的可能性"。

    造成这些问题的原因就是军队不能向前推进，没有取得胜利。麦克莱伦仍被伤寒折磨，不能恢复工作。1月6日那天，林肯和战争指导委员会成员们又进行了一次会议，会上委员会成员对于无人知晓麦克莱伦的计划而震惊不已。林肯表示，"不认为自己有权力去了解，作为一名非军事人员，他只能尊重麦克莱伦将军的决定"。

    迫于日益高涨的进攻呼声，林肯决定应该采取一些行动了，鉴于麦克莱伦因病不能工作，他就自己担任总指挥。林肯之前听麦克莱伦提过一项联合行动，具体是一部分军队穿过阿巴拉契亚山向西行进，波托马克之军再进行推进。林肯电报通知布舒尔和哈勒克，希望他们打前阵。但他们回复林肯对这个计划一无所知。林肯命令他们两人"马上与华盛顿保持联系，密切关注华盛顿的指示"。他指示，让哈勒克的部队或虚或实对地处肯塔基西部的哥伦布发起攻击，然后布舒尔的部队向肯塔基州中南部鲍灵格林推进。林肯希望布舒尔的队伍能长驱直入，一直到田纳西东部，因为在这儿联邦军队可以切断南方联盟的东西铁路线，这条线路是"敌人的交通大动脉"。除此之外，联邦军队的到来，能够解放居住在田纳西东部为数众多的联邦主义者。林肯把这些人看作是"我们在南方的宝贵的支持者"。

可是这两个将军都没有实现计划。林肯自身还没有太大的把握来担任军事指挥官,所以他只是提供"希望能被考虑的意见",而不是下令,既然不是命令,这两人也就没有认真对待。由于一到冬天,通往东田纳西的路很不好走,所以布舒尔告诉林肯他宁愿去纳什维尔,但林肯认为纳什维尔没有一点战略价值。哈勒克也认为布舒尔的计划没有军事意义,但是他也拒绝了总统的命令,理由是没有办法把零散的军队组织起来进攻哥伦布。林肯非常沮丧,他在送交国防部的信件上这样写道:"这简直是太令人失望了。不论是哪个方面都令人失望,我们什么都不能做。"

在林肯心中,绝望之情日益加剧,他决定自己亲自率部去战斗。毕竟他是这个国家的总统,他有责任保卫国家。林肯从国会图书馆里借了亨利·哈勒克的《战争的艺术》作为教材,还有其他几本有关军事战略的书,开始学习如何带兵打仗。他经常同华盛顿附近的指挥官切磋军事问题,认真阅读那些身在战场的人写回的报告。

不过林肯知道自己不是带兵打仗的料。就算整天钻研军事也不能帮助解决林肯他必须面对的问题。1月10日那天,林肯见到了军需总监蒙哥马利·梅格斯,把目前所面临的问题跟他谈了谈,"人们已经要失去耐心了;切斯那儿再也拿不出钱了;我们的陆军元帅得了伤寒,卧床不起。你说我现在能做什么"?

听了林肯的话之后,梅格斯建议他向波托马克之军几个师的高级将领征求意见。当晚,林肯邀请麦克道尔将军、威廉·富兰克林将军到白宫做客,一起陪同的还有西沃德、切斯以及国防部助理部长皮特·沃森。在这场非正式的会议上,林肯把他的难题一吐而出。他必须要把这些事情摆出来,因为问题终究是需要解决的。如果麦克莱伦将军不准备动用波托马克之军,"如果能有可行的计划",林肯"想去借这支军队来试试"。对此,将军们表达了各自的意见。麦克道尔主张再次对马纳萨斯发起进攻,而富兰克林由于对麦克莱伦的计划有所了解,建议让军队沿波托马克河向南行进一直到约克河,这样就可以从东向里士满发起进攻。林肯听了之后没有马上做决定,而是叫两位将军先去了解军队的现状,第二天再来见他。

次日林肯和两位将军又碰面了,这时麦克道尔和富兰克林都赞成马纳萨斯计划。但是这个计划遭到了蒙哥马利·布莱尔和梅格斯的强烈反对,这两人曾经参与了上次的公牛跑战役,他们担心这次将重演上次的失败之战。林肯一时不知如何解决这个问题,所以只好休会了。

1月13日,麦克莱伦拖着带病的身体,参加了谈论会。麦克莱伦认为这次的会议完全就是针对他的阴谋,他在会上一言不发,闷闷不乐。当林肯再次列举必须要行动的原因时,麦克莱伦嘲讽道,"就是个瞎子也看得明白这件事",之后他又开始一如既往地担心南方联盟军队在人数上占优等。切斯最后直截了当地问麦克莱伦，到底有什么打算，什么时候采取行动。麦克莱伦默不作声。此时梅格斯对麦克莱伦耳语一番，大意是告诉他，总统有权知道他的计划。听了这话，麦克莱伦才嘟囔了句，"要是我把计划告诉了他，第二天早上《纽约先驱报》就会全文刊出这项计划。他守不住秘密"。一再追问之后，他还是说"不太愿意展开计划"，因为对军事计划而言，越少人知道越好，"但如果下令要求我说的话，我只能说出来"。尽管花费了这么多的心思，林肯从麦克莱伦口里只得到了一个在恰当时机进攻的保证，但就算是这样，林肯也宣布对这样的结果非常满意。

显然，林肯对此并不满意。尤其是当他发现一项原本计划好的占领密西西比河入口处的行动最后却因为军方的一项物资没有准备好而流产了。这件事激怒了林肯，他对古斯塔夫·福克斯说："他不得不亲手处理军队的事务了。"

国会中的共和党议员不时地对林肯进行攻击批评，这样让林肯心力交瘁。国会内的共和党议员间开始出现不和。战争的进行、叛党州的未来，还有奴隶制的现状，这都和林肯有着千丝万缕的关系。而在这些问题上，国会中的共和党议员也意见不一，而且党派的界限也不是很明显。一边是自称激进分子，认为如果要想打好这场战争必须要没收南方的财产、释放奴隶。另一边有点温和派的作风（有时候他们也称自己为保守派），他们希望在战争的进行过程中，尽量不要破坏南方的经济和社会结构。

而林肯认为进行战争主要是总统职权范围内的事。上述两派都不认同这一观点，也并没有坚定地支持总统和他制定的政策。韦德是一名激进分子，他公开指责林肯执政能力低下，而温和派的缅因州参议员威廉·菲森登也对林肯感到失望，"在政府的任何一个部门里绝对找不出第二个像他那样的人，"末了还要加上一句讽刺一下，"如果林肯先生像他的夫人那般果断，然后把这股子果断劲儿用在正道上，那么事情就不会发展成现在这样。"

共和党国会议员会这样批评林肯有部分原因是在林肯之前，共和党内还从没有成为执政党的先例，所以他们还没有完全意识到要维护自己的领袖。共和党的发言人曾经公开批评过皮尔斯和布坎南总统，所以他们习惯于批判执政者的习惯依然没有转变过来。国会中的许多领导人，尤其是来自参议院的那些议员，许多人在华盛顿待了很久，在华盛顿政界这个圈子里资历很深，可谓是"圈内人"，所以在他们眼里，林肯是个"圈外人"。这些共和党的参、众议员们只对他们自己的地方选民负责，他们对林肯那坐得并不牢的位子还不太认可。作为一名少数党总统，林肯既要赢得共和党的支持，又要赢得民主党人的认同，既要争取到北方的人心，又要把边疆诸州的人拉拢过来，既要从东部得到拥护，又要照顾到西部。

久而久之，很多共和党国会议员对林肯开始漠不关心了。既然职务都已经分派完毕，那些人从林肯身上再也指望不到什么了。林肯不会通过任命职位的方式来惩罚他的敌人，也没有时间和嗜好去打击那些狂妄自大的国会议员们。立法议员们都认为林肯是个友善好心的人，却不是个有能力的总统，他一旦结束任期就会被人淡忘的。

一些批评林肯的共和党人甚至都不愿意和白宫保持表面上的良好关系。这些"雅各宾"们虽然人数不多，但大多身居要职。在参议院里，韦德、钱德勒、特伦布尔是出了名的反对林肯的激进分子。爱荷华州的詹姆斯·格兰姆斯和明尼苏达州的莫顿·威尔金森也常常跟着一起发表一些批评政府的言论。不过在公开场合，这些共和党领导者们还是装作很尊敬总统的样子。曾经有次韦德在参议院发表演讲，在提到林肯时，他说总统是位"温和、公正的人"，非常有绅士风度，就连对"叛徒都很温柔和宽容"。不过一到私底下，韦德就明显表现出对林肯的反感。12月31日时，林肯和战争委员会成员一起开会，会上韦德直言道："总统先生，你正在一点一点地把我们的国家逼上绝路。知道为什么会这样吗？就是因为军队至今都没有行动，对奴隶制你也没有给出明确的政策！"这些激进的"雅各宾"们总是时不时找机会羞辱林肯。有次，韦德受到白宫的邀请参加舞会，他把邀请卡退了回去，还在上面写了几行字："难道总统先生和夫人不知道现在有内战？他们不知道，韦德先生和夫人倒是知道，所以决定不来参加这样吃吃喝喝，跳舞娱乐的舞会。"

事实上，这些激进分子对林肯的敌视也有报复的因素。1860年韦德没有获得共和党内的提名，这让他久久不能释怀。特伦布尔觉得在分派职务的时候，自己被忽视了，还大发脾气地宣称，只要林肯还是总统，他就再也不踏进白宫了。

这些人对林肯充满敌意，而林肯却不明白这些"雅各宾"们为什么要这样做。他曾经很钦佩这些人，也从他们那儿学到了很多，他希望从他们那儿得到支持和帮助而不是诋毁和冷嘲热讽。他对约翰·黑伊说，格兰姆斯参议员一直这样反对他，身为总统，这让他感到非常失望，"在我来到这儿之前，我一直很希望能够在参议院里得到格兰姆斯的支持和帮助。我非常欣赏他，他是一名颇有实力的同伴，非常难得的朋友，同时也是令人可怕的敌人……但是他现在对我产生了误会。我不清楚他为什么一直对我很冷淡，甚至充满了敌意"。

1862年2月过后，军事方面的局势开始有所扭转。卡梅隆走了之后，林肯马上找来埃德温·斯坦顿来担任国防部部长一职。这项任命有点出乎人们的意料。斯坦顿曾经作为律师在麦考米克收割机案中冒犯过同为律师的林肯，由于林肯这人不爱计较个人恩怨，所以他不计前嫌也不足为奇，但是斯坦顿一直都是民主党人，这本应该是对他不利的因素，为什么会任命这样的人呢？布坎南时代，斯坦顿曾经担任过司法部部长一职，支持当时脆弱的政权，客观上为林肯和布坎南之间的政权交接做了很好的铺垫。卡梅隆那段呼吁释放奴隶，武装奴隶的宣言就出自他之手。这样说来，正是他的一纸文章让他的头儿丢掉了官位，而他却成了继任者。

熟识斯坦顿的人都知道他是个两面派。吉迪安·威尔斯断言，这位新的国防部部长定会"对下属粗暴压制，对上级阿谀拍马"。只要他需要，他定会尽力巴结那些对他有帮助的人。

斯坦顿这个人不算和蔼可亲，也不算成熟稳重。但林肯就觉得他是不可替代的人选。新任的国防部部长大约 57 岁的样子，个头不高，矮矮壮壮，却很有头脑，很诚实。在国防部工作时，他把一个长长高高的大桌子移到一个对公众开放的房间里办公，在那儿，你可以经常听到他训斥那些无良商人和想获得提升的军官们的声音。斯坦顿充沛的精力让林肯回想起一个故事，说的是一个教区的居民想在他们的循道宗教牧师的口袋里放砖头，让他动弹不得。"也许我们也会以这样的方式来对待斯坦顿，"林肯对国会议员道斯说道，"但我想的话，还是先让他活跃一段时间再说吧。"

林肯和他这位新任国防部部长关系处得不错，他们后来还成为挚友。林肯知道斯坦顿这人脾气不好，做事有些独断专行，常常做出一些武断的决定，但他并不想去干预他。有位朋友向林肯抱怨斯坦顿，林肯在回信中这样写道："如果我愿意的话，我的确能够干预他的决定，但这样一来就等于把他架空了，仅靠我一人是没有办法很好地管理国防部的。"从某种程度上来说，林肯和斯坦顿两人各自分工。对此林肯这样解释道："只要做得到，我会向每个人提出要求。但斯坦顿和我之间有项共识，如果我给他的命令前后矛盾，他就会拒绝执行。他有时就是这样做的。"林肯也会不时地假装出让斯坦顿否决他的行动计划。林肯把对报纸的审查任务交给了斯坦顿，有次他解释了为什么拒绝发表公众演说，"你们知道的，国防部部长一直对舆论把关甚严啊，这样才能管住他们，不该刊登的绝对不能刊登。我担心要是我说多了，他也会对我严加管教的"。很显然，林肯是开了一个玩笑。如果斯坦顿拒绝执行林肯认为重要的命令，那么林肯一定会强制要求他执行。

现在国防部由斯坦顿管理，林肯也可以把视线转到军队的事务上了。和麦克莱伦的几次会面让林肯备感失望，现在这位将军也已经痊愈了，但依然不愿意透露自己的计划。1 月 27 日那天，林肯坐不住了，他强行发布了一项名为"关于全面战争的总统一号令"的命令，要求所有的地面和海上部队在 2 月 22 日对叛军发起猛攻，并严正声明所有的指挥官必须落实责任到位。

这项命令折射了林肯对于军队毫无作为的深深失望，所以在草草阅读了一些关于军事战术方面的书后，林肯就马上发出了这样的命令。在林肯看来，既然麦克莱伦迟迟没有动作，那么他只有自己下令行动了。不过就像他对布朗宁说的那样，"这其实只是对那些在位的高级将领们的一次警告"。林肯的这次计划既没有考虑到天气、道路、交通和后勤的因素，也没有考虑到敌方的实力。不过事实上，林肯根本没打算实施一次真正的进攻，他只是想通过自己的表态来让军方紧张起来，让他们清醒现在必须要采取一下行动了。

林肯的这招儿果然奏效了。2月22日那天的确没有大规模的进攻，而在此之前联邦军队在西部开始取得胜利了。在林肯发布命令的前几天，也就是1月19日的时候，在乔治·托马斯将军的率领下，联邦军队在米尔斯普林斯战场上遭遇南方联盟军队，并在肯塔基州东部大败联盟军。更令人振奋的是尤利西斯·格兰特将军率部占领了田纳西和昆布兰河。2月6日，在海军将官安德鲁·弗特指挥的海军小炮艇的掩护下，格兰特的部队攻占了田纳西河沿岸的亨利堡，11天后唐纳尔森堡也投降了。在这样的情况下，南方联盟不得不放弃肯塔基和田纳西大部地区。2月25日，布舒尔的队伍占领了纳什维尔。

接连的胜利让联邦政府喜出望外。林肯签署命令，提升格兰特为少将军衔，此时林肯心情大好，沉醉在胜利的喜悦当中。他觉得大肆赞扬东部人的战斗能力有些不妥，但是伊利诺伊军队最近英勇表现已经说明"如果南方人认为他们比我们西部人强的话，那么他们真是大错特错了"。在联邦首都，人们都沉浸在欢乐的气氛中，人们认为如果波托马克之军再给以联盟军一记重击，那么他们就会彻底被击垮了。甚至连林肯也被这样的乐观思潮感染了。

2月5日，林肯召开了一个盛大的晚宴。这个晚宴预示着某个时代的来临。国务院的礼宾官员曾经建议总统要么就在针对公众的大型晚宴上露面，要么就参加小型的私人晚宴。但是玛丽不理会这一套，她邀请了500名宾客，准备向大家展示她精心布置的白宫。得到邀请的人必须在门口出示邀请函才能入内。很自然，有些没有得到邀请的人发起了牢骚。大概9点的时候，马车陆陆续续地载着宾客们到场了，宾客之中有精心打扮的外交官们，有身着戎装的将军们，有内阁成员们，有最高法院的法官们，还有一些参议员和众议员们。客人们在一名身穿深红色制服的工作人员的带领下来到东厅，林肯在那儿迎接他们。《华盛顿星报》形容，"这场宴会是同规格里做得最好的"。

林肯的欢庆只是暂时的。在晚宴之前的几天，由于白宫的供水系统被污染了，他们的儿子威利患上了"胆汁热病"，不过很有可能是伤寒热病。林肯和玛丽急得都想把晚宴取消了，但是家庭医生说威利暂时不会有生命危险，林肯才按计划进行晚宴。尽管医生给他们吃了定心丸，林肯和玛丽在晚宴期间还是抽空溜上楼去看看威利。接下来的两周，泰德也患上了和威利一样的病，而威利的病越来越严重了。

为了照料病中的孩子们，林肯整晚整晚地熬夜，根本无法集中精力处理政务，时常还会出错。威利的病情起伏不定，时好时坏，在晚宴之后的两周，他变得越来越虚弱了，而林肯开始对他的康复不抱希望了。2月20日那天，威利离开了人世。林肯步伐沉重地走进办公室，哽咽地说道："尼克拉，我的孩子离开我了，永远地离开了。"话音刚落，他就忍不住哭了起来，可是他还是转而去安慰泰德。

林肯夫妇对于儿子的死悲痛欲绝。当他端详着已经不在人世儿子的脸庞时，他只能心碎地说："他活着的时候多好……我们真的很爱他。"在威利下葬的那天，狂风大作，暴雨倾盆，一切都好像是安排好了似的，好像上天都在为孩子的离去而悲伤。葬礼之后的很长一段时间，林肯都把自己反锁在房间里，一个人伤心痛哭。无数个夜里，他梦到和威利开心地在一起，可是醒来只能面对孩子已去的现实。在去门罗堡的路上，林肯大声把《麦克白》和《李尔王》中的片段读给他的助手听，他用《约翰王》中康斯坦斯的一段话来悼念自己的儿子：

> 神父啊，我听见了你说的话，
> 我们能够看见那远在天堂的朋友们，
> 如果这是真的，我想再次看见我的孩子。

林肯声音颤抖地说完后泪流满面。

为了照顾病中的泰德，林肯多了一些时间来休息。泰德仍然处在病中，威利的去世让他受了很大的打击。为了安抚泰德，林肯时常俯身靠在泰德的床前，给予他关心和安慰。

在那段时间，林肯第一次从宗教中寻求安慰。多年后，玛丽回忆道："自从威利去世后，他第一次有了这样的想法。"这段话或多或少地暗示了林肯和玛丽之间并不亲密的关系。自从大选以来，他的言论越来越多地涉及宗教思想。在1860年以前，他很少在信件或是演说中引用神灵的说法，自从他感到总统的重任之后，他常常在祈求主的帮助。在斯普林菲尔德发表告别演说时，他就提到，"如果没有无所不能的主的帮助……我是不可能取得胜利的"。在去往华盛顿的途中，他一遍又一遍地赞扬"主从来就没有抛弃我们"，并且充满信心地说道，"万能的主"会保卫国家和联邦。在林肯的就职演说中，他表明在"智慧、爱国主义和基督教的影响下"，这场即将到来的战争是会避免发生的。

这些只是抽象的对于神灵的祈祷。事实上，他还是需要自己来救自己。在威利死后的数周，林肯同菲尼亚斯·格利长谈了几次。格利是华盛顿纽约大道长老会教堂的牧师，林肯曾经在那儿租了一个座位。格利轻声安慰林肯，威利并没有死，而是幸福地生活在天堂。也许林肯并不相信这是真的，但是他宁愿这一切是真的。尽管这个春天充满了悲伤，但林肯并没有皈依宗教。"这个过程只是一个宗教理念的升华。"林肯这样说道。尽管如此，林肯没有成为任何一个基督教派的成员，也没有抛弃他的宿命论思想。

威利的死对玛丽的打击更大。在斯普林菲尔德时，埃德的去世已经让她伤心不已，这次威利的死更让她无法承受。在威利去世的三周里，她悲痛得无法下床，甚至都无法参加威利的葬礼，更不要提照顾患病的泰德了。此时泰德的病一点一点地好了起来。只要在玛丽的面前提起威利的名字，就会引得她情绪失控，大哭不已，这样的情况一连持续了几个月。鉴于这样的状况，林肯不得不请一位护士来照看玛丽。在威利去世后，玛丽再也没有去过他死时待过的房间，也没有去过楼下存放威利遗体的房间。当玛丽好不容易能够下地活动了，她马上穿上了深色的丧服，在重重黑色面纱和绉纱的包裹下，几乎都看不到玛丽本人的样子。

至少有一年的时间，白宫没有举行任何社会活动。为了表示哀悼，玛丽坚决地停止了以前每周在白宫草坪上海军乐队的例行演奏。对此，她向大家宣布，"当我们沉浸在悲痛之中时，我们需要安静"。当林肯一家遭受不幸时，仍有一些人幸灾乐祸。一名华盛顿的商人写道："我想这一切就是天意吧，出了这样的事，林肯夫人就会推迟举行更多的宴会，这样就不会让那些没有受到邀请的优秀人士感到愤怒了。"大卫·戴维斯不喜欢玛丽，但是对她丈夫林肯很是钦佩，他推测，"这次悲剧也许会让玛丽收敛很多，不再招致流言蜚语，也许会改变她对人生的看法"。

威利死后，林肯在军事上的乐观心态也在慢慢消失。不过目前为止，还是有值得庆祝的事。3月6—8日，阿肯色州西北部的豌豆岭战役彻底遏制了联盟军队对密苏里州的入侵。在东部，安布罗斯·伯恩赛德在攻下了罗阿诺克岛之后，继续向内陆进军，逼近北卡罗来纳州的纽伯尔尼，这块地方将来可以用来建立军事基地。在取得亨利堡和唐纳尔森堡的胜利之后，驻守在密西西比峡谷的军队似乎就无法再向前推进了。在接连两个星期没有收到格兰特的消息后，哈勒克认为他的部下已经被胜利冲昏了头，于是把他从指挥的岗位上撤了下来。有报道说，格兰特旧习毕露，在华盛顿，他像个"十足的赌徒和醉汉"。

波托马克之军的进展更是一般。总统颁布的"关于全面战争总统一号令"迫使麦克莱伦不得不把自己的战略计划透露给林肯。麦克莱伦一直认为如果再对马纳萨斯发起进攻，那一定都是一场败仗，他始终觉得对方的兵力远超过联邦军队。依麦克莱伦看来，联邦军队的目标应该是直取里士满。他制订了一个详细的计划，由东边对里士满发起进攻，然后海军部队掩护他们的后续支援。林肯并不认为这是个好主意，他更倾向于直接进攻马纳萨斯。

在接下来的几个月内，麦克莱伦一直在为他的计划得到认同而做着努力，而林肯总是在扯他的后腿。麦克莱伦丝毫没有意识到，在一个民主社会中，军队指挥官始终是要服从于民政当局的。他觉得自己的行动没有必要让总统知道，更没有必要征求他的意见。反观林肯，由于觉得自己在军事上并不是专家，所以不太情愿直接参与到军事计划的讨论中，他也没能让麦克莱伦明白，当他做出建议时实际上是希望麦克莱伦接受它。由于他们两人之间没有达成默契，所以一直没有成功地合作过。

在"总统一号令"颁布4天之后，林肯的耐心已经消磨得差不多了，他又制订了第二项特别计划，命令波托马克之军在 2 月 22 日之前拿下马纳萨斯。麦克莱伦收到命令后，提笔给斯坦顿写了洋洋洒洒 22 页的信，他在信中详细阐述他反对进攻马纳萨斯的原因，然后写明他由东进攻里士满的计划。林肯对他的计划还是没有兴趣，他向麦克莱伦扔出一连串的问题：和攻打马纳萨斯相比，麦克莱伦将军的计划是不是耗时更长，花销更大？这样计划一定会成功吗？如果失败的话，有没有有效的方法撤退？麦克莱伦耐心地重复了他反对攻打马纳萨斯的原因，他保证道"我用自己的性命和名声担保，我把我们的事业也赌上了"。林肯尽管没有被完全说服，但还是默许了他的计划。

接下来的一个月，麦克莱伦开始着手准备他的计划，而林肯在一旁冷眼观看。其间，一些小细节更增加了他的疑惑。在弗吉尼亚沿岸的联盟军关闭了下波托马克的导航站。波托马克之军声称无法赶走他们。之后一位年轻有为的联邦军官执行一项独立突袭任务，发现弗吉尼亚沿岸几乎没有任何的碉堡要塞。更让麦克莱伦感到不安的是，他没能把联盟军赶出哈珀斯渡口。在那儿，联盟军控制着巴尔的摩和俄亥俄的铁路线，而这条铁路线是连接联邦首都和西部的命脉。麦克莱伦计划，让一部分兵力通过波托马克河，于是他下令在河上搭起临时浮桥。但是六英寸的宽度还是太宽了，无法通过切萨皮克运河和俄亥俄运河，所以这个计划也搁置了。

在这段时间，林肯和麦克莱伦发生过一次冲突。林肯首先向他抱怨哈珀斯渡口计划的彻底失败，然后表露自己的担心，如果麦克莱伦把军队调派去从东袭击里士满，那华盛顿就成了一座无人镇守的都城，他认为麦克莱伦的这步棋"似乎有着叛国的意图，把守军派去攻打地方中心，留下首都和政府无人看守"。林肯没有证实过他的说法，但他的确是和一些反对麦克莱伦的战争指导委员会成员交谈过。麦克莱伦听到林肯这样说，一下子气得跳了起来，他愤怒地告诉林肯，绝对不允许任何一个人称他叛徒。麦克莱伦的举动让林肯很不安，他马上收回了之前的指责，说"他只是重复其他人的话而已，他实际上也不相信这些流言"。

谈到最后，麦克莱伦答应就他的计划向波托马克之军几个师的指挥官征求意见。其中八个由麦克莱伦提拔的年轻将军赞成这项计划，而其他四个年纪大点的将军投了反对票。之后他们一行人前往白宫，在那儿林肯和斯坦顿和他们详谈了一番。尽管林肯和斯坦顿都担心首都的安全问题，但最终他们还是接受了大多数人的意见，并派麦克莱伦前去负责。事后林肯对斯坦顿说："除了接受他的计划，我们别无选择，我们不能拒绝这项计划然后再贸然采纳其他的计划，如果失败了，我们必须承担一切的责任。"

到了这时，林肯仍然对这个计划不放心，所以他下令把波托马克之军的 12 个师整合成四个军团。战争指导委员会曾经讨论过这个方案，并认为这是一个敏感的举动。现在的波托马克之军仅凭一个指挥官是无法全面照顾到的，而麦克莱伦对这个整合倒是很赞成，他原打算在一场战役结束后，按照表现挑选各集团军的总司令人选，但是林肯打破了麦克莱伦的计划，他随后就任命萨姆纳、欧文·麦克道尔、萨缪尔·亨特泽尔曼还有伊拉斯谟·凯斯四位将军为集团军司令。其中，前三位都反对过麦克莱伦的这项计划。

除了抢先任命这一举动之外，林肯还下令在麦克莱伦和其他四位集团军司令宣布华盛顿完全安全之前，波托马克之军不得改变它的军事基地。这也说明了林肯对麦克莱伦的战略依然不放心。

三天之后，林肯又展开了一项针对麦克莱伦的行动。首先由斯坦顿做了一份详细的报告，向内阁成员汇报，大意是说麦克莱伦在管理波托马克之军的过程中存在"妄自尊大、玩忽职守、缺乏纪律性、不分主从"的情况，之后林肯和他的顾问们一致认为一人身兼全军总指挥和波托马克之军的指挥官不太合适。鉴于此，林肯解除了他全军总指挥的职务，麦克莱伦现在仅仅是波托马克之军的总指挥官。林肯的命令巩固了哈勒克将军麾下驻扎在密西西比峡谷的军队，这几支军队在拿下亨利堡和唐纳尔森堡的战役中功劳最大。为了安抚密苏里州的废奴主义者和德裔人士，弗里蒙特被派去管理新组建的山区工作部。人们期望着他来解放东田纳西的联邦主义者。也许，最为重要的转变在于，现在所有三个部的指挥官都是"直接向国防部部长汇报"，由此国防部部长全权负责传达命令和管理军队。

大部分人对这样的调整表示欢迎。麦克莱伦是从报纸上得知这些消息的，尽管有些不高兴，他还是接受了降级，并写信给林肯，"我将和以前一样愉快地工作……降职不会影响到我以后的工作"。

现在看来，似乎麦克莱伦可以实施他的计划了，但是一个小插曲又让林肯对他心生疑惑。由于接到消息，联盟军从马纳萨斯后撤，麦克莱伦带领整个波托马克之军，浩浩荡荡 112,000 多人前去马纳萨斯，只是为了看看有什么发生了。他们发现联盟军的确已经离开了，而且他们的人数只有 50,000 人左右，只有麦克莱伦事先估计的一半左右。那些看上去很难攻克的碉堡工事，实际上只是伪装得像大炮的原木而已。公众知道真相后，这简直沦为一大笑料。

由于联盟军从马纳萨斯撤军，使得麦克莱伦的计划发生了改变。他不得不命令波托马克之军沿波托马克河下游走，然后沿拉帕汉诺克河上游行军，到达距里士满 50 英里的厄巴纳。后来他发现如果在这个据点，他的队伍就位于南方军队和里士满之间，所以他再一次调整了计划，决定深入向南，到位于约克河和詹姆斯河之间的半岛上。处在联邦控制中的门罗堡也在这座半岛之上，把守着进入切萨皮克湾的入口。4 月 1 日，部分波托马克之军登上了半岛。林肯依然紧张焦虑地关注着局势的进展。数月之后，林肯对布朗宁说，他一直认为麦克莱伦的战略是错误的，"他始终觉得应该在马纳萨斯大打一仗"。

那些希望麦克莱伦下台的共和党人还在指责林肯不去打击导致这场战争的根

本原因——奴隶制。那些议员们常常在国会里拐弯抹角地谴责林肯，有次宾夕法尼亚共和党人萨迪厄斯·史蒂文斯抱怨道，这场战争中"没有宣布为政府伟大的目标而战，没有任何呼唤自由的声音回荡"。但是在私人信件当中，批评家们直接称总统是"无能之辈"，一面努力保存奴隶制，一面却又和盛行奴隶制的南方开战。一位与特伦布尔通信的人写道："绝不会有比这更可笑的闹剧了。"马萨诸塞州的民主党创始人之一弗朗西斯·伯德感叹道："林肯是在挽救奴隶制，这无疑是在自杀。白宫现在掌管着奴隶身上枷锁的钥匙。"一些林肯昔日的政治盟友也很直接地表达了他们的不满。约瑟夫·梅迪尔哀叹道："林肯先生，看在主和国家的份上，你快点醒醒吧，这是一场奴隶主的叛乱啊。"一位伊利诺伊州人，愤怒于林肯的行为，他预言道"如果没有及时地改变现有的状况……那么会有许多布鲁图站出来，比林肯更爱自己的国家"。

其实林肯对于奴隶制的观点与他们并无二样。他并没有掩饰自己反对奴隶制的思想，他对那些边疆州的代表们说过"我认为奴隶制是不对的，并将一直持这样的看法"。在林肯看来，奴隶制是导致战争的一部分原因。有些时候，他会采取一些措施把自己和那些支持奴隶制的前任们区别开来。尽管最高法院在德雷德·斯科特案决议上表明排除奴隶制度不符合宪法，他还是很愿意签署一项在全国范围内禁止奴隶制的法令。他也很乐意同英国签署一项关于打击大西洋奴隶贸易的条约。在查尔斯·萨姆纳的催促下，林肯拒绝了为纳撒尼尔·戈登减刑，戈登是第一个因为参与了罪恶交易而被判死刑的美国贩奴者。

但是他不愿意再通过一些大而空泛的政策。他已经准备"采取一些手段"来保住联邦，但他反对仓促通过一些"激进且极端的方法，把好事变成坏事"。1861年12月，他亲口对国会议员提到，"我知道有项政策一旦通过，就要开始对暴乱进行镇压。我很担心，不希望这场无法避免的冲突演变成一场暴力事件"。林肯忽然想到自己在就职演说的时候曾保证过不干涉已经存在的奴隶制现象，按他的说法，那些已经脱离的州依然是属于联邦的，所以对于南方联盟的奴隶制问题，他不知道该如何对待。此时此刻，不论他说什么做什么都不会有明显的效果。

这样持续不断的批评对林肯而言不完全是坏事，至少让林肯开始认真地思考自己在奴隶和解放奴隶问题上应该作何姿态才是明智之举。一直以来他只是表示不认同奴隶制，他希望奴隶制会慢慢消亡，幻想黑人问题出现在其他的地方，而不是美利坚的土地上。在1858年那年的辩论上，道格拉斯不止一次地指出，林肯没有就如何终止奴隶制做出详细的解释。现在他必须就此制定一个积极的政策。此时国会正在推行特伦布尔的第二项《没收议案》，这项议案一旦生效，会给奴隶带来解放。在这种情况下，林肯不得不尽快有所行动。

林肯对于全面解放奴隶的可行性仍有质疑，他认为必须要解决一些由奴隶制衍生出的问题。就好像现在有很多从奴隶主手中逃出的奴隶，他们纷纷加入了联邦的军队，这就是一个摆在林肯面前的问题。由于《逃亡奴隶法案》仍然有效，一些西部的联邦指挥官，比如说哈勒克，允许奴隶主们到他的营地去搜查是否有奴隶，并认领自己的奴隶回去。马萨诸塞州的本杰明·巴特勒将军反对奴隶制，他并不愿意把这些奴隶重新放回奴隶主的手中，他称这些奴隶们为战时禁运品，一旦让他们回到奴隶主的手中，就会被他们的主子利用为南方联盟做事，所以巴特勒拒绝把他们交还给奴隶主。他的这一说法马上在北方流行起来，在此之后，奴隶们常常被叫作"战时禁运品"。林肯对这两种做法都没有做过正式的评论，但他曾在 1861 年 7 月的时候对布朗宁表示过"政府不应该也不会把那些奴隶送回曾经的主人手中，这就等于把他们送到我们的敌人手里"。

如何处理这些逃出来的奴隶始终是个难题。把他们送回奴隶主手上也不应该，让他们无所事事地待在联邦军队的驻地似乎也不太合适，如果是在那些憎恨黑人的边疆州，这些奴隶们肯定不会被释放的。北方那些州也不想接纳他们。林肯在努力寻找解决的办法，他最后想到了亨利·克雷的点子，在国情咨文里，他提出把这些出逃的奴隶"送到某个或某些适合他们的地方"进行殖民化。

对林肯而言，这个点子不算是新主意。早在 1852 年写给克雷的颂文里，林肯就已经肯定殖民化的做法了。紧接着在伊利诺伊殖民协会会议前，林肯做了几次演说。在和道格拉斯的辩论中，林肯也不止一次地提过殖民化，不过到了最后，他还是承认这不是解决种族问题的最佳方案。布莱尔家族曾一度对殖民化很感兴趣，最近他们又重拾这个话题了。密苏里州的代表弗兰克·布莱尔长期支持把"这些黑皮肤的，来自非洲的人"送到中美洲去。在战争爆发之初，弗兰克的父亲弗朗西斯·布莱尔爵士提醒过林肯，"气上非洲裔的黑人离开美利坚的土地"是不可避免的趋势。蒙哥马利·布莱尔在这件事上的看法和他父亲以及兄长是一致的，为那些已经摆脱奴隶主的自由人建立一个殖民地"是绝对有必要的，能够防止可怕的灾难发生"，因为黑人和白人是不可能共存的。

许多殖民主义者曾经很热衷于把那些自由人送到非洲去，不过到了 19 世纪 60 年代，他们倾向在美国政府的保护下，在中美洲或加勒比海地区建立殖民地。海地、丹属西印度群岛、荷属圭亚那、英属洪都拉斯都是备选的殖民地建立地，不过他们最中意的是新格拉纳达（也就是后来的巴拿马）上一块齐里基环礁湖旁的土地。一个名叫安布罗斯·汤普森的费城商人在此拥有十几万英亩的土地。这里咸水湖的深度达到了建立海军基地的标准，土地很适合种植棉花，据说这里的煤矿储量也很丰富，而汤普森期望能以市场半价把这块地卖给海军方面。布莱尔家族催促道，这块土地很适合作为美国自由人的殖民地。林肯认为可以考虑一下这个想法。

这项项目起初是为了安置那些出逃的奴隶，而现在某种程度上却演变成了要消灭部分或者整个边疆州地区的奴隶制，这已经成了美国政府难以处理的难题。

几乎每天地方政府官员和军队指挥官之间都要发生摩擦，地方政府官员发誓要拥护有关奴隶制的联邦法律，军队方面则不愿意把流亡的奴隶交还给他们的主人。此外，林肯深知只要这些人口众多，具有战略意义的州坚持奴隶制，那么他们有可能会归附到南方联盟那边。他同样明白，边疆州奴隶制长期存在已经影响到了外交政策，使其越来越复杂，只要特拉华州、马里兰州、肯塔基州和密苏里州依然维持奴隶州的现状，那么欧洲国家就不会把美国国内的战争看作是自由和奴隶制之间的交锋。因此，解放奴隶不仅将会在外交上给联邦带来好处，缓解上南方地区的民政当局和军方之间的矛盾，还能起到削弱南方联盟的作用。

1861—1862 年的秋冬之际，除了处理总统分内的事务外，林肯还使用特殊的手段让那些有可能对他的计划质疑的人闭了嘴。林肯意识到，新英格兰地区不仅反对解放奴隶，也反对殖民化的提议，他费尽心思说服萨姆纳，使其站在自己这边，在国会中，萨姆纳是废奴主义的积极支持者。萨姆纳一周要对林肯做两到三次的有关反对奴隶制的演说，林肯对此表现得很有耐心。12 月初的时候，林肯和萨姆纳就国会新一届会议将面临的难题长谈了一番，期间他们还回顾了有关奴隶制问题的方方面面。萨姆纳很高兴地发现"几乎在所有的问题上，我们都是相同的态度"。当他们分开的时候，林肯提到，"这样看来，萨姆纳先生，在这个问题上我们之间唯一的分歧在于时间，到底是一个月还是六周"？萨姆纳回复道，"总统先生，如果说那就是我们之间的唯一分歧，那么直到您指定的最长时间被通过之前，我在这件事上将不再多说一句话"。

两周之后，萨姆纳进一步参与到了林肯的计划当中。自 11 月后，林肯就同乔治·菲舍尔和纳撒尼尔·史密瑟斯一起起草一项关于在特拉华州逐步释放奴隶的法案（事实上，特拉华州的奴隶数量并不算很多）。林肯为此准备了两项略有不同的提案，这两项提案中都保证了联邦为特拉华州的解放奴隶行动提供资金保障，一旦提案通过，那么解放奴隶运动将会马上开展。一项提案预计在 1867 年完成解放奴隶运动，一项预计在 1893 年完成。林肯比较倾向于第二种方案，如果采纳，那么联邦政府需要每年提供 23,200 美元的资金，一直持续 31 年。林肯吩咐把提案分发给特拉华州的立法委员们，但就如菲舍尔说的那样，"这些议员们并不赞成这些提议"，所以没人认真把这些提议当成议案来考虑。这样一来，特拉华州的解放奴隶计划宣告流产了，不过可以注意到，在整个过程中，萨姆纳并没有对解放奴隶计划提出异议。作为一个 30 多年致力于废奴事业的废奴主义者，萨姆纳已经接纳了林肯的计划，站到了他那边，"同人类的自由与解放问题相比，钱能算什么问题"？

除了把萨姆纳收入自己的阵营，林肯还得到了切斯的支持。切斯也是一名殖民主义者。林肯找切斯帮忙，并不仅仅是出于策略上的需要。他们两人在组阁之初互相不了解，而到现在已经在工作上发展出一种积极的合作关系。林肯对切斯在财政部的工作所表现出的高效印象深刻，也相信切斯在处理财政问题上的判断能力。在此之后，他曾经对约翰·黑伊提过，他"基本上让切斯全权处理他管理范围内的任何事"。其实，林肯对于政府财政管理颇有研究，还会时不时帮助切斯制定全国银行业的法案，但他觉得对外宣称自己对财政一无所知，这也不失为一个好策略。一帮纽约的金融家希望银行业的法规有所改变，林肯却说"我对有关钱的事务一概不清楚"。切斯对于林肯是一种怎样的感情呢？他对林肯有过不满，也常常和林肯的政见不和，反对过他的管理方式，但在日记中，他还是反复提到，林肯是个好人，为人诚实。

"特伦特事件"让林肯的解放奴隶计划推迟了，接着林肯儿子威利的死又使这个计划往后延迟了。到了春季，林肯终于向国会提交了一份简短的咨文，内容涉及"废除奴隶制"，这是第一份由美国总统向国会递交的有关废奴的提案。3月6日那天一大早，林肯就把萨姆纳召唤到了白宫，在把咨文递交给国会之前，他想读给萨姆纳听，听听他的意见。尽管萨姆纳对其中的一些用语有所保留，尤其是"废除"这个词，他仍然评价林肯的咨文写得"清晰明了……很自然"，不需要做什么改动。萨姆纳很赞同林肯的观点，他不停地读啊读啊，最后林肯不得不打趣地说："如你所愿了吧，好了，我今天必须要把这份咨文交到国会去。"

在这篇咨文里，林肯敦促国会通过一项联合决议，宣布"美利坚合众国将会同任何一个采纳逐渐废除奴隶制的州合作，给予这样的州资金援助，用来补偿因废奴而带来于公于私上的不便"。这样一份声明是完全符合宪法的，因为其中没有涉及任何联邦政府在州的范围内干涉其奴隶制的断言，但允许各州"拥有完全自由的权利"去选择接受或拒绝这项提议。林肯声称提出这项建议，不是出于道德或是司法的考虑，而是由于这项提议能够使那些边疆州免受诱惑而加入"所谓的联盟国"。

林肯的精心准备得到了回报。他的提议受到了欢迎。有谁会拒绝一份被布莱尔家族、萨姆纳、切斯同意的提议呢？旧金山的《加利福尼亚每日妇女报》很好地总结了舆论的看法，认为"这篇咨文是出现在正确的时间，正确的地点的一个正确的产物"。在纽约，《晚间新闻快报》《纽约先驱报》《世界报》，还有《晚间邮报》全部都赞同林肯的这项计划。就连经常批评林肯的《纽约论坛报》都发出了积极的信号，"这份咨文本身就是我们国家历史上的划时代的一笔"。第二天《先驱报》又追加道，"它就像是我们国家的一颗启明星一般，我们感谢主为我们带来亚伯拉罕·林肯，让他成为美利坚的总统，成为这个国家的治理者，毫无疑问，此刻我们感谢有如此智慧的人领导着我们向前走"。

林肯也时刻关注报界的反应。《纽约时报》一直以来都是林肯政府的忠实支持者，但是这次在解放奴隶计划的费用上有所微词，林肯得知，马上跟报社的编辑亨利·雷蒙澄清，特拉华州的解放奴隶行动所需要花费的钱只有战时每日所需钱的一半；87天的军费就足以让所有边疆州以及哥伦比亚特区的奴隶获得自由。雷蒙此后更改了报道的侧重点，发布了好几篇评论文章，称这篇咨文"是实践智慧和完美政策的杰作"。

然而，边疆州的国会议员们对此保持沉默。林肯把蒙哥马利·布莱尔叫来，他曾大胆地表态，允诺尽量解放奴隶。布莱尔对林肯暗示道，这些国会议员们是在等待军队赢得一个胜利。林肯听罢不耐烦地回了一句："这就是我为什么不愿意等的原因。如果我们真的胜利了，他们就会觉得无所谓了。"

第二天，布莱尔让边疆州的代表们都了解了咨文的内容。林肯否认"有任何要伤害蓄奴州的利益或是感情的企图"，他提醒那些代表们，如果不好好解决那些逃离到联邦战线的奴隶的问题，那么就会给南方联盟的人以希望，认为总有一天，边疆州会加入他们的阵营中去，这样一来战争又将持续。林肯一直强调他的计划不是强制性的，并希望大家能够严肃认真地对待。国会议员们针对这个提议不停发问。这项计划是否合乎宪法？国会是否会为这个计划拨出专款？这是实现全面解放奴隶的第一步吗？这样的步骤实行之后，紧接着会是针对自由民的殖民计划吗？林肯试图缓和这些议员们的情绪，让他们不再那么担心，但根本没起到作用。事实上约翰·克里登认为所有的国会议员都相信总统之所以会这样，是由于"高涨的爱国热情和为国家荣誉而着想"。

国会就林肯的决议进行了简短的讨论。一些边疆州的代表们认为这项决议不合乎宪法。另一方面，来自宾夕法尼亚州的约翰·希克曼（他是名废奴主义者）则认为这项决议不过是林肯做出的小小补偿罢了，"仅仅是为了迎合那些选举他的党派们的期望而已"。一些非国会议员的废奴主义者觉得这项决议透露出林肯想拯救奴隶制的意愿。不过这样的持异议者还是少数，在国会里，这项决议还是以高票通过了。

尽管在国会得到认可，但遗憾的是，没有一个边疆州实施这项计划。唯一有所动静的是，哥伦比亚特区的一项关于补偿解放奴隶的议案。这项议案提到，每释放一名奴隶，将会提供300美元的补偿给奴隶主，官方也将拨款10万美元用来给"那些想移居的奴隶们建造殖民地居住"。然而，这样的措施并不是林肯想要的。强制在联邦特区实行的解放奴隶与边疆州自愿实行的解放奴隶，意义是不一样的。"如果某个或是某些边疆州能够快速执行的话，我会感到更为高兴的。"林肯对何霍瑞斯·格里利如是说。可惜的是，没有一个边疆州这样做了。

林肯的军事计划也好不了多少。在麦克莱伦降职之后，总统和国防部部长发现他们在指挥军队，部署行动等一些具体事情上忙得不可开交。林肯最终听从了切斯和贝茨的建议，增添一名军事上的顾问，于是他找到了64岁的退伍老兵伊桑·希区柯克。希区柯克是革命英雄的后代，而他成为一名战士主要是受了家庭传统的影响。后来，比起军事而言，他更喜欢潜心钻研宗教和哲学问题。3月的时候，他到达华盛顿，从斯坦顿那儿获悉总统需要他的协助。第二天，林肯跟他谈了自己拿掉"叛徒麦克莱伦"所承受的压力，向他解释作为总统"他只是政府权力的执行者，并不具备军事方面的知识"。这位将军头部曾经两次负伤，最后顽强地康复了，现在他认为他将会被告知取代麦克莱伦，成为波托马克之军的统帅，不过至今他还没得到确切的消息。事实上这位老将军并不情愿，他意识到不论是林肯还是斯坦顿都不知道该让他做些什么。就这样他很勉强地接受了一份在国防部的参谋工作，而把他安排在那儿，对总统和国防部部长而言几乎都没有什么意义。

林肯和斯坦顿依然管理国防部，而前线战事依然没有什么进展。在西部匹兹堡，南方联盟的军队在田纳西河登陆，在夏洛之战中逼近格兰特的队伍。幸好当时布舒尔的队伍及时赶到，才避免遭受重创。最终，联邦军队在夏洛一役大获全胜，不过 13,000 的伤亡数字也使得此次战役成为战争史上最为血腥的一次交战。面对如此惨痛的伤亡数字，哈勒克大为光火，责备格兰特，而当时很多人也想因此把格兰特拉下台。林肯冷静地处理了这一情况，驳回了那些人的要求，"我不会免去他的职位，他也是在场上厮杀战斗的人"。由于格兰特的名声受到影响，哈勒克不得不亲自带领西部军队向密西西比的柯林斯前行。

东部的进展没有西部这样快速。弗里蒙特向上汇报，如果他的部队得不到增援的补给，他无法展开行动。对此林肯也无能为力，因为麦克莱伦在半岛战役中调动了波托马克之军的大量人员，而林肯和斯坦顿对于这次战役获胜没有抱什么希望。斯坦顿把有关麦克莱伦为人不忠诚的传言散播出去，然后又假惺惺地宣称自己当然不相信这些加在这位将军身上的所谓的罪名。林肯表明，他并不怀疑麦克莱伦的忠心，但他不满其在指挥战斗中的表现，"他不够积极，不够进取"，他用三言两语就把麦克莱伦的性格特点勾勒出来，"他这人有能力策划一场战役，但到了临门一脚的那一刻，他就变得犹豫不决，紧张万分"。

由于对他心存疑虑，林肯声明要麦克莱伦不要肆意行动，如果不能保证华盛顿"完全安全"，那么就不要开始他的作战计划。这个条件让林肯和麦克莱伦无法达成一致意见。林肯无法让麦克莱伦明白保卫首都具有何等重要的政治意义。而麦克莱伦也没能让林肯明白，保卫华盛顿的最佳途径就是攻击里士满。

在启程前往半岛之前，麦克莱伦按照要求召开了一个战争会议，他的集团指挥官们建议保留 40,000~50,000 人的兵力保卫华盛顿的安全。麦克莱伦认为他已经贯彻了林肯的要求，他已经派了 22,000 人驻守在华盛顿城内外，也安排了其他的部队驻扎在周边地区，诸如马纳萨斯、沃伦顿、谢南多厄峡谷以及下波托马克，一旦首都受到袭击，这些地区的军队可以马上增援华盛顿。麦克莱伦做出了这样的部署，却没有把自己的想法同林肯谈过，在启程前往半岛之前，他只是把一纸文件在希区柯克面前晃了晃，关于军队人员安排他什么都没透露。作为国防部部长的斯坦顿，仍然是把新手，遇事颇感紧张，因为担心首都的安全，他派希区柯克和华盛顿守军的总指挥詹姆斯将军去核实麦克莱伦是否遵照林肯的要求力保首都安全。这两人都认为麦克莱伦没有这样做。4月3日那天，林肯命令麦克道尔的军团后撤保卫华盛顿，这样一来，麦克莱伦有将近三分之一的兵力不能派往半岛执行任务了。

在此之后，麦克莱伦和联邦当局的争执就没有断过。麦克莱伦得知南方联盟军进驻了半岛的约克镇，并且他又犯了老毛病——过高估计敌人的兵力，所以他开始要求增援。没有了麦克道尔的帮助，他感到无法赶走敌军，所以采取包围敌人碉堡的策略。林肯听闻，极其不耐烦地提醒麦克莱伦，就算没有麦克道尔的增援，他手上也有10万人的兵力，建议他"最好尽快突破敌人的防线"。收到林肯的回复，麦克莱伦也大为恼火，他在跟妻子的信中发泄道："我很想跟他说，你最好亲自到前线来，自己指挥试试看！"

林肯告诉布朗宁他"很不满麦克莱伦的这种拖拉行为"，但他仍然想方设法消除这位将军的烦躁情绪，方法之一就是耐心向他阐明麦克道尔的军队留守华盛顿的原因。他还是忍不住为自己辩解了一番，"你还是应该公平地看待我在这件事上的处理态度，我如果一直坚持沿着这海湾向下，寻找一块战场，而并不是要在马纳萨斯或是那附近开战的话，这是治标不治本的方法，不论在哪儿，都有可能出现敌人"。林肯向麦克莱伦保证他会尽自己所能来维持军队，但他最后提醒麦克莱伦"你一定要有所行动"。

这两人的关系虽然很紧张，但是还没到闹僵的地步。一番思量之后，林肯重新分配了兵力，派麦克道尔军团下由富兰克林率领的一个师前去半岛支援麦克莱伦。林肯的这一举动触动了麦克莱伦，他把这视为"来自总统的牢固友谊和信心的象征"，他向蒙哥马利·布莱尔坦言终于明白"总统的用意是好的了"。他很快就承诺会打个胜仗向华盛顿汇报汇报，也许"会有一些伤亡，不过那只是作为辉煌胜利的代价"。

5月3日那天，当南方联盟军从约克镇撤退之后，麦克莱伦开始了他策划已久的半岛推进计划。林肯决定到前线去查看实际推进情况。在切斯、斯坦顿和艾格伯格·维勒将军的陪同下，林肯登上了财政部的一艘新缉私船"迈阿密号"，沿波托马克河直下，第二天便到达了门罗堡。78岁的将军约翰·乌尔负责指挥门罗堡的守军。在得知麦克莱伦的军队在威廉姆斯堡击退南方联盟军的消息之后，林肯和他的助手们一致认为解放诺福克的时刻就要到来了。诺福克地处詹姆斯河入海口，也是梅利麦克号藏身之处，这艘军舰至今仍对联邦海军构成威胁。

尽管乌尔将军麾下很多有经验的士兵都认为在诺福克附近登陆几乎是不可能的事情，因为诺福克附近浅滩很多，离海滩一英里的距离时，船只就不容易靠岸了，但是切斯还是觉得应该亲自去一探究竟，他乘着"迈阿密号"，然后在一只拖船的牵引下尽量向海岸靠近。切斯把他观察到的汇报给林肯，而林肯也在一番研究之后，找到了另一个登陆的地点。某晚，林肯和斯坦顿乘着一艘拖船向海岸靠近，而切斯则在"迈阿密号"用远程大炮掩护他们。林肯执意要从拖船下到那些弗吉尼亚人所谓的"神圣土地"上，于是在明亮的月光下，他从船上翻下，滚到了海滩上。

此次冒险证明了登陆计划是可行的，在第二天的进攻中，林肯没有亲赴前线，而是留守在门罗堡讨论其他的事宜。当晚，他就得到捷报，切斯已经登陆，率领联邦军队收复了诺福克还有投降的敌军。巨大的爆炸声则宣告了"梅利麦克号"的彻底毁灭，这艘被南方联盟军弃用的军舰已经不复存在了。切斯在写给女儿的信中这样描述道，"梅利麦克号"的爆炸结束了总统这一周的征战旅途，我敢肯定，如果总统此次没有来到这里，诺福克应该仍然在敌人的手中，而"梅利麦克号"则仍是那些叛军向联邦政府挑衅的一个威胁。

林肯的这次亲征似乎表明了他和斯坦顿对军队的不信任。但他不希望麦克莱伦有这样的感受。此后，在乌尔将军总部的晚宴上，有人含沙射影地提到麦克莱伦，林肯对此指责道："我不希望听到任何针对麦克莱伦将军的言论，这让我感到很不舒服。"

但麦克莱伦并不这么大方，他感觉胜利都在他的掌控范围内，他坚持要修正林肯最近的一些决定。他从未成心眼里采纳林肯设想的部署安排，他认为正是这些部署"差点导致了威廉姆斯堡的毁灭性失败"，计划着要把那些"无法胜任的"指挥官们从集团军和各师里清除出去。林肯勉强准许了麦克莱伦的计划，不过他还是提醒了这位将军，不管怎样"这都是征求了我所能找到的每个军人的意见，参考了我所能找到的每本现代军事书籍而得来的"。他同时警告麦克莱伦，这样的行为有可能会被看作是"骄纵一两只宠物，残害他们所谓的对手"。林肯还要麦克莱伦想清楚，如果一下子把萨姆纳将军、亨特泽尔曼将军、凯斯将军降职的话会有什么样的后果产生，人们会怎么想？

麦克莱伦仍然抱怨他的兵力不足，无法与敌军抗衡，他一直朝林肯嚷嚷着要求把麦克道尔的军团交还给他，增援他的兵力。一方面林肯不想让华盛顿因为防守薄弱处在危险之中，另一方面他也想尽快解决麦克莱伦的增援问题。思考一番后，林肯找到了一条既能保卫华盛顿又能让麦克莱伦的军队得到增援的方法：他会派麦克道尔的军队从陆路向里士满进军，然后与麦克莱伦在半岛的军队的右翼部分会合。

为了让麦克道尔明白自己的计划，林肯在斯坦顿和海军军官约翰·达尔格林的陪同下，来到阿奎亚湾。当他们一行人到达波托马克湾后，麦克道尔向他们介绍正在搭建的栈桥，他这座桥坐落于又深又宽的山谷之中，距水面有 100 英尺的高度。林肯像个孩子似的跟大伙说道："让我们来走走这座桥吧！"尽管这座桥只有一块木板那样宽，林肯还是在前带路，走了一半，斯坦顿就开始感觉头昏目眩，达尔格林也感到有一些头昏，但他还是去搀扶斯坦顿。只有林肯一人感觉不错，没觉得掌握不了平衡，尽管公事缠身，但他的身体还不错，比较健康。

可他的政治事业就不如他的路走得那么稳了。直到 1862 年 5 月底，在林肯的领导下，不论是在东部战场还是西部战场，联邦方面几乎都没有获得什么胜利。唯有在遥远的路易斯安那，大卫·法拉格特负责看守密西西比河下游的军事要塞，并成功攻下了新奥尔良。此时，财政部已经没有什么储备了。在几乎穷尽所有的方法之后，切斯不得已向国会申请，请求国会发行法定货币（通常叫作林肯绿币）。林肯和切斯一样担心这项措施是否合乎宪法，但别无选择他也只能批准这项提议。国内事务遇到困境，外交事务也不那么让林肯省心。由于棉花短缺，已经造成棉纺织作坊的从业者大量失业，欧洲国家已经没有耐心等待了，似乎有承认南方联盟的趋势了。在国会，林肯几乎到了四面楚歌的地步，共和党的那些雅各宾派们对他采取的每个措施都大加批判。林肯的执政前景似乎一片黯淡。英国《观察家报》和《麦克米兰杂志》的美国记者爱德华·戴西给出了这段他对林肯的看法，"当总统林肯离开白宫的时候，虽然会比布坎南得到更多的尊敬，但不会像布坎南那样依依不舍"。

● 第十三章 ●
天　意

　　每当林肯受到打击和挫折时，他就会转向宿命论。不可否认，宿命论深深地影响了林肯。1862 年的 6 月 20 日，贵格会一个叫"进步的朋友"社团的教徒们来拜访林肯，他们催促林肯尽快发表一篇关于解放奴隶的声明，而此时的林肯正处在一种不明朗的心情之中。刚开始，林肯与他们争了一会儿。身为总统，如果他不能让南方那些人乖乖听话，不再闹腾的话，那么他能有力地颁布并贯彻解放奴隶声明吗？林肯则提出："如果一纸解放奴隶的法令就能废除奴隶制，那么约翰·布朗早就下了。"说完，他神情严肃地对来访者们说道，他承认自己和自己的国家在遇到艰难险阻的时候"需要得到主的帮助"。在那些为他写回忆录的人面前，他曾说过，有时他甚至感到，"也许是上帝在借他之手，完成一项伟大的事业，而这也是他求之不得的"。但他也警告过他们："也许……上帝结束奴隶制的方法会与他们的不一样。"

　　本想速战速决的战争也没有什么进展。在西部，联邦军队在拿下密西西比的科林斯之后，准备拿下密西西比河峡谷，而维克斯堡的关键城市则仍在南方联盟的手中。在田纳西，布舒尔没有按照林肯的部署向山区挺进，结果没能把阿巴拉契亚山脉的那些联邦主义者从南方联盟的控制中解救出来。联邦军队开展的水陆两栖军事活动，曾经带来了收复新奥尔良、南卡罗来纳州海岛还有哈特拉斯角的胜利，但现在似乎收效甚微了。最为严重的是，从麦克莱伦和波托马克之军那儿传来的消息都让人感到失望。

　　由于在战场上没有什么好消息，林肯团结那些中庸派的计划也受到了阻碍。就算南方联盟中还有忠于联邦政府的人，但也没有迹象表明他们听到了林肯恢复他们在联邦席位的允诺。在北方，反对奴隶制的人们对于林肯迟迟不对奴隶制有所行动而感到不满，抱怨他完全被那些支持奴隶制的边疆州牵着鼻子走了。与此同时，他的那套在边疆州推行的解放奴隶行动也没什么起色，来自这些州的代表们不明白在南方联盟还依然保留奴隶制的情况下，那些联邦的支持者有什么理由要负担解放奴隶的费用。为了林肯的给获释的非洲裔美国人在海外建立殖民地的计划，国会拨了面值相当于 50 万美元的债券，尽管有国会的支持，但除此之外似乎只有林肯一人对这项计划有信心。

　　唯有麦克莱伦在半岛战役取得胜利才能打破现有的僵局，但林肯没能及时向他派去增援力量。他的确承诺过要派麦克道尔的军团由陆路来支援麦克莱伦的军队，但正当队伍准备出发时，他临时改变了主意，把队伍派往谢南多厄峡谷。在那儿，南方联盟的汤姆斯·杰克逊准备开打一场漂亮仗，如果能胜利，就能缓解里士满的压力。由弗里蒙特、班克斯、詹姆斯·希尔茨率领的联邦军队在各方面都不敌杰克逊的军队。杰克逊率军向北直逼哈珀斯渡口。有报道说，联邦士兵"四散逃跑，丢盔卸甲，士气全无"，仿佛是又一个"公牛跑战役"的重演。一些人看到这个形势感到害怕了，担心杰克逊会渡过波托马克河，威胁到华盛顿的安危。在那一刻，甚至连林肯都认为南方联盟的军队将会直取华盛顿。他写信给麦克莱伦，"我觉得现在是你要抉择的时候了，你要么马上攻打里士满，要么放弃一切保卫华盛顿"。

由于没有总司令也没有参谋长，林肯和斯坦顿只能每天甚至是每小时都关注战事进程，部署抓捕杰克逊的行动计划。林肯甚至每隔几分钟就会对麦克道尔、班克斯、哈珀斯渡口的指挥官鲁弗斯·萨克斯顿还有弗里蒙特下具体的命令。

但林肯的计划终究还是失败了。杰克逊的人后撤速度很快，麦克道尔的军队没有赶上他们。在林肯看来，能否抓住南方叛党，拼的是"行军速度"。所以他催促麦克道尔"能赶多快就给我赶多快"。弗里蒙特的军队则起不到任何作用，因为他没有听从林肯的安排，而走了另一条路线，花费了8天的时间走了70英里的路程，而他的对手杰克逊则在两天之内率部赶了50英里的路程。林肯对于自己的计划过于自信了，如果要实现在峡谷中抓获杰克逊，需要3支军队从不同的方向同时配合——弗里蒙特从西部包抄，班克斯从北部来袭，最后麦克道尔从东部配合。只有配合得当，才有可能把难以捉摸的杰克逊给抓住。对于哪些该松、哪些该紧、什么时候下命令，林肯还没有掌握其中的技巧。在诺福克那次莽撞的出征经历之后，林肯应该会感到有些沮丧，因为他慢慢认识到自己只是一个政治领袖，而非军事专家。

杰克逊在谢南厄尔的行动，实际上是南方联盟为了转移林肯他们在半岛战役上的注意力而故意安排的。麦克莱伦的军队以每天两英里的速度向里士满缓慢前进，他不断地抱怨自己遇到很多困难，不是碰上大雨就是道路无法通行，不过他嚷嚷得最多的还是兵力不足，需要增援。5月31日，由约瑟夫·约翰斯顿率领的南方联盟军队对波托马克之军发起了进攻。当时波托马克守军一部分在奇克哈默尼河左岸，一部分则已在右岸。在这样的情况下，林肯唯一能做的就是在华盛顿给麦克莱伦打气："好好地坚守阵地——坚守住所有阵地，就有序地放弃一点。"尽管总统都这样说了，联邦军队还是在这场橡树林之战中奋力作战，第二天把南方联盟的军队逼得退守里士满。南方联盟指挥官约翰斯顿在这场战役里负伤，由罗伯特·李接替他指挥南方联盟的军队。

麦克莱伦这边已经有5000人伤亡了，他不断地要求林肯派兵增援他的队伍。而林肯也尽自己最大的力量来满足他的要求。他要求麦克道尔军团下麦考尔的那个师马上出发前往半岛，把门罗堡交给麦克莱伦，命令伯恩赛德从北卡罗来纳调来任何他能调动的军队。可是把麦克道尔余下部队派去的计划最终没有实现。林肯向麦克莱伦解释道，希尔茨的那个师在峡谷内追赶杰克逊时"士兵的身体状况都很糟糕"，"衣服都划破了，脚上打起了血泡"，再也无法前进了。

等到大雨停了，路况好了，麦克莱伦就准备带领他这 13 万人的队伍向里士满迈进。6 月 18 日那天，林肯轻声问麦克莱伦计划何时行动，这样他就能"更好地处理事情了"。麦克莱伦这样回答道，"只要老天爷开恩不下雨了，明天以后我们就和这些叛军开战"。私下里，麦克莱伦很不满林肯的一些决定，而他的首席情报员阿兰·平克顿在交给他的报告中提到："诚实的亚伯再一次落入了敌人的手中，他不再是我们忠诚的朋友了！"麦克莱伦也认同这种说法。在军队总部，面对那些新闻记者，麦克莱伦大肆谈论南方联盟军的优势之处，抱怨联邦政府对待他的态度。麦克莱伦最喜欢的副官之一——费茨·波特也在其中推波助澜，他也表明联邦政府一直都忽略他们的请求，不派兵加强波托马克之军的兵力。他敦促《纽约世界报》的记者在报纸上发问："难道在一个无能的国务卿控制下的总统就很希望联邦政府被打败，然后延长战事吗？"

在 6 月 25 日那天，南方联盟军队抢在麦克莱伦的军队对他们发起进攻之前先发制人了。麦克莱伦错误地估计了南方联盟新上任指挥官的个性，他以为李是那种"谨慎过头，在巨大责任面前表现软弱的人——即使为人勇敢，精力充沛……不过……当有重压在身的时候，就不够坚定……习惯于表现得胆小、犹豫不决"。南方联盟军在七天战役中，把波托马克之军逼得撤退到了奇克哈默尼河，半岛以南，由在詹姆斯河上的联邦炮艇保护。

正当波托马克之军在半岛上绝望作战之时，林肯偷偷溜出了华盛顿来到西点。斯科特将军正好在那儿度夏。尽管斯科特将军上了年纪身体也很虚弱，但在人们眼中，他依然拥有军事家的头脑，也许他是林肯唯一能够信赖，认为可以得到客观建议的指挥官了。他们两人就麦克道尔军队的去向问题讨论着，到底是让目前驻扎在弗雷德里克斯堡的麦克道尔军队保卫华盛顿，还是去半岛和加入麦克莱伦的队伍中？这次的讨论没有明确的结果，不过之后斯科特交给了林肯一份备忘录，在这份备忘录里很隐晦地批评了林肯最近的做法，他认为林肯不应该集结兵力抓捕杰克逊，赞成让麦克道尔的军队沿水路增援麦克莱伦。这位上了年纪的将军提醒林肯："在里士满击败那些叛军，或是逼得他们后撤，这些都将是结束叛乱的象征。"

第二天，由于得知林肯出行的消息，一小群人在泽西城欢迎林肯，期待着他发表一些评论。林肯对他们说，他的这次行程"没有人们说得那么重要"。事实上，只要想到麦克莱伦在半岛的战役，这次行程就真的没有什么重大的意义。斯科特的话没有改变林肯的想法，他没有把麦克道尔的军队派去增援麦克莱伦，从西点返回的当天，他就下令把北弗吉尼亚所有的联邦武装力量整合成弗吉尼亚之军，任命约翰·蒲柏为弗吉尼亚之军的指挥官。听到这个消息之后，弗里蒙特十分气愤，他不愿意听从官职比自己低的蒲柏的命令，所以转成非现役了。

林肯的一切决定实际上都表明了，他认为以麦克莱伦的个性，他是绝对不会用一场关键性的仗来拿下里士满的。怀着焦急不安的心情，林肯依然坚持看从麦克莱伦军队总部发来的快件。他们在信件里找各种理由搪塞不行动的原因，不停对林肯发着牢骚，抱怨着。在麦克莱伦口中，鉴于天气不能进攻、路况不好不能进攻。林肯了解到，天气问题根本就不是不进攻的原因，对此他不太高兴，他认为与《圣经》上说的相反，大雨是浇在正义的一方而非不正义的那方。麦克莱伦一边接受阿兰·平克顿的情报，一边不停地抱怨自己在兵力上的劣势，声称他面对的是 20 万兵力的南方联盟军的队伍。林肯和斯坦顿对敌方实力的估计要客观现实一些，按照乌尔将军和梅格斯将军的建议，让联邦军队在南方联盟军面前表现得处于劣势。

麦克莱伦则感到非常愤怒，抗议"当局没有好好维持这支军队"，他和他的参谋长兰道夫·马西将军甚至都提到了被迫投降的可能性。在 6 月 28 日交给斯坦顿的一张便条里说"我很明白地告诉你，你们（指斯坦顿和华盛顿的白宫官员们）竭尽全力想牺牲我的军队，对于你们的'好意'，我是不会谢谢你们的"！文章后面的几句话看上去有叛变的感觉，所以电报监管员在把这些话都删了之后，才把文章拿给林肯和斯坦顿看。原文直到几个月之后才公布出来。

这段时期，林肯一直都很焦虑。斯坦顿称自己"感觉很疲惫，无法正常地进食"，他对健康委员会的亨利·伯乐士医生解释道，"我就是不能照常饮食了，每次随便看一下就吃不下去了"。玛丽·林肯也说她丈夫每天都睡不好，看上去"疲惫不堪，满脸愁容"，连布朗宁也担心林肯的身体会被拖垮。布朗宁对林肯诉说着他的担心，林肯拉着他的手，"用一种轻柔打动人心的语调说着——'布朗宁，没准儿哪天我就会死了'"。

不过在公共场合，林肯一直努力表现得很镇定自若。他对麦克莱伦命令道，"如果可以，一定要守住你的阵地，但是记着，不管怎样，哪怕你退守到门罗堡，都要保全你的军队。在这个国家，我们还有实力可以拼，而且终将展现出来"。林肯明白需要新的队伍，但是他同时也深知"一个内心充满恐惧，惊慌失措"的将军只会不断地要求增兵。林肯慢慢认识到麦克莱伦所倡导的那种作战方式是不可能打败南方联盟的，而且他的不满也在加剧。6 月的时候，一位医生曾经对麦克莱伦的做法表示过抗议，因为他下令不准联邦士兵使用罗伯特·李夫人名下的白宫地产——半岛上最卫生、最好的医院，而林肯就此驳回了麦克莱伦的命令。这位医生曾经这样问过林肯："就因为麦克莱伦将军为了保护叛军的阵地，难道就眼睁睁地看着我们勇敢的士兵像腐烂的绵羊一样死去吗？"

麦克莱伦从来就没有完全理解或是信任过林肯，不过他知道林肯对他很不满。

不管怎样，林肯都决定在 7 月初去拜访在哈里斯的麦克莱伦的总指挥部，亲自视察波托马克之军。到达那儿的当晚，他就检阅了军队。当他骑着马出现在队伍前时，数千把步枪在月光下闪着光芒。一位中尉在他的日记中记录道："迎接总统的是长时间热烈的掌声，在劫后余生的灾难后，他出现在这里……就好像为沮丧的军队注入了新的活力。"可这位沮丧的指挥官并没有这样的感受。麦克莱伦声称这些士兵并没有欢迎总统的到来，这一切都是"他要求的，而士兵们只是无奈地服从着"。这位将军在写给妻子的信中认为，林肯就是"'一根旧拐杖'——用朽木做成的旧拐杖"。

就在林肯到达部队之后，麦克莱伦交给他一份机密信件，在这份信件里，他大致陈述了自己"对于现在叛乱局势的看法"，承认他的想法"并不符合现在军队的形势，也不算是职责范围内该考虑的"。他认为，与南方联盟作战应该"遵循基督教文明的最高原则"。也就是说，不能没收那些叛党的财产。这些提议在国会引起了争议，尤其是不要"强制性废除奴隶制"。如果为了执行这条"合乎宪法和保守"的政策，总统就需要为军队任命一个新的总指挥。麦克莱伦谦虚地提到："我并不是想为自己争取到这个位子，但如果把这把交椅让我坐的话，我很愿意为您效劳，也会永远忠诚地为上级工作的。"

这封信用词恭敬，也没有流露出一点不服从的意味。在此之前，麦克莱伦就请求过林肯给他一个机会阐述自己对于这场战争的看法，林肯对此也表示欢迎，愿意听听"他谈谈整个国家战局的形势"。就像是一些反对麦克莱伦的人宣称的那样，哈里森的那封信是在找台阶下，并非毫无理智或是无理取闹。麦克莱伦甚至提出，在避免全面解放奴隶的时候，联邦政府有权下令在给予奴隶主适当赔偿的情况下"释放某一个州的所有奴隶"，比如说密苏里州或是马里兰州。不过麦克莱伦终于挑明了他的一个观点——战争应该尽可能不要牵涉到平民百姓，应该是在职业军人之间进行的对抗。

这项政策花费了他们一年多的时间，而林肯也确信最后的努力是以失败告终。他读了那封信，却没做出任何评论，不过他表示感谢麦克莱伦给出这些意见。之后，他开始对麦克莱伦在全国战事上的建议发表看法，麦克莱伦的话让他想到了"一个人骑着马，马的前蹄向上抬起，而人把脚插在了马镫中。他对这匹马说，'如果你再向上抬的话，我就只能下马了'"。

林肯拜访哈里森不是为了了解仗该如何打，而是想来寻求一个最佳的方法结束这场烧钱且毫无意义的战争。林肯对麦克莱伦关于败仗的解释一点都不感兴趣，这让麦克莱伦感到很受挫。林肯没有对他透露自己的想法，他只是要求麦克莱伦和他的军团指挥官们来估计联邦军队的实力，以及南方联盟军队驻扎的地方及条件。

7月11日，也就是返回华盛顿两天后，林肯任命亨利·哈勒克"作为总司令来指挥美利坚合众国的所有陆上部队"。这项任命表明了林肯对麦克莱伦本人和他的战争观的批判。林肯不是一时兴起做了这个决定，而是经历了数周的思考才做出的决定。很明显，当他6月去拜访斯科特的时候，就已经拿定主意要在指挥人员的安排和战术上做大的变动。

任命蒲柏就是林肯改变策略的一个信号了。林肯很信任这位长相英俊、蓄着黑色山羊胡的新任将军。蒲柏是林肯一位伊利诺伊的老同事的儿子，曾跟随林肯去华盛顿参加就职典礼。林肯很欣赏蒲柏的战绩，他曾在密西西比河一战拿下10号岛的那仗中表现良好，他也曾带领哈勒克手下的一支军队在科林斯奋勇作战。更让林肯感到舒心的是，蒲柏是一名狂热的反对奴隶制的共和党人。切斯是蒲柏的保护人，而他的岳父则是一名来自俄亥俄的坚定的共和党人。除了对本人的喜爱，林肯还很欣赏他的战争观。蒲柏有点喜欢夸耀，说话大大咧咧的，毫不掩饰自己对包括麦克莱伦在内的东部将领们的不屑，他认为麦克莱伦太过高估南方联盟的实力，嘲笑那些自认为战略比战术本身更为重要的人。

当时看到蒲柏有学识又有口才，林肯都不情愿让他离开华盛顿。在七天战役时，林肯还私下把他任命为自己的首席军事顾问和副官。蒲柏每天都陪着林肯待在国防部的电报室，帮助林肯翻译麦克莱伦一封封的快件，同时他也直言不讳地表示麦克莱伦撤退到詹姆斯河是一个错误之举。但慢慢地，蒲柏不太情愿当个顾问了，他想亲自上前线。林肯也不断地向哈勒克推荐他，而哈勒克本人也是由斯科特将军大力推荐的。

离开了办公室的岗位后，蒲柏开始扛起指挥官的重任，很显然，他不会是第二个麦克莱伦。他很直接地向那些筋疲力尽、意志消沉的东部士兵们表明他来自西部，"在那儿我们经常看到敌人的软肋"，并且承诺他关注的重点是队伍的推进而不是后撤。

自从蒲柏上任，林肯的信心就大增。这位新上任的将军行事风风火火，精力充沛，很快就把队伍带得很像样子。他计划直接通过陆路直捣南方联盟的都城——这曾是林肯一直催促麦克莱伦却没有得到回应的事。林肯听闻这个消息，大为欣慰，8月上旬的时候，他颇有自信地对萨姆纳说联邦军队在两周内就会出现在里士满。

就在林肯任命哈勒克两天后，林肯又在奴隶制问题上做出了重大的转变决定。如同以往一样，他没有在公开场合宣布这些变更，也没有完全明确地把现有与过去划清界限。他一边支持着麦克莱伦的半岛战役，一边和蒲柏一起建立新的队伍；一边为他的老政策渐进主义努力造势，一边又在推进全面解放奴隶的事业。

在国会休会之前的7月12日，林肯召集了边疆州的代表们和参议员们来到白宫，林肯指出，在这些州内，由于战争带来的"摩擦和伤痛"，奴隶制将会很快消亡。除此之外，他还提醒他们，他很有可能会被迫采取措施，因为北方反对奴隶制的浪潮"正向我袭来，而且一浪高过一浪"。作为爱国人士和政治家，他们应该把这项计划快速地传达给人们，让他们了解和接受它。

在这次会见之后，林肯对着伊利诺伊的代表艾萨克·阿诺德和欧文·洛夫乔伊大声倾吐道，"唉，我是多么希望他们能够接受我的建议啊！这样，你，洛夫乔伊，还有你，阿诺德，还有我们所有的人都不会这样徒劳地活着！"边疆州的国会议员们依旧拒绝他的领导。不过与以往比起来，这次稍有不同的是，这些人参加了一个冗长的为林肯的提议举反证的会议，他们质疑林肯的建议的逻辑性，还有他的政策的一致性。他们的观点就是"所做的任何事都要合乎宪法"。

在 7 月 13 日那天，林肯与西沃德和威尔斯同乘一辆马车，前去参加斯坦顿年幼儿子的葬礼。在路上，他向内阁中的这两位保守派透露他"已经认识到，我们必须让奴隶们自由，不然我们自身也将被征服"。听到林肯这样说，西沃德和威尔斯都大吃一惊，因为到目前为止，林肯一直拒绝任何关于政府干涉奴隶制的提议。他们两人表示，需要时间来考虑这件事。而林肯希望他们能认真思考一下，因为"必须要有所行动了"。

以总统法令的形式颁布解放奴隶法令的想法已经不新鲜了。早在萨姆特堡危机之时，萨姆纳就来到白宫提醒林肯，他有权去释放那些南方叛党手中的奴隶，他敦促林肯要有所行动。1861 年 8 月，弗里蒙特的那次有关释放密苏里州奴隶的声明，也像是在提醒着林肯，政府是可以做这些事情的。同年 12 月，卡梅隆作为国防部部长，也在他的报告里提到应该以法令的形式颁布解放奴隶条令。最近，也就是 5 月的时候，南方军事部门的大卫·亨特将军宣布"在一个自由的国度，有关奴隶和战争的法律是永远不能并存的"，并宣布了一项命令——那些在佛罗里达州、佐治亚州还有南卡罗来纳州的奴隶们是"永远自由的"。

尽管切斯坚持认为"这项命令非常重要，不应该被撤销"，但林肯很快就宣布亨特的声明"无效"。他对切斯说，"任何一名作为指挥人员的将军都不能在没有征求我意见的情况下，有这样的举动"。在撤销了亨特的命令后，林肯说话的时候好像换了一个基调。他第一次明确表示，他拥有权力下令解放奴隶。这次他是否能行使他的权力将取决于废除奴隶制是否"对于维持政府而言是必需的行为"。在此之后他还观察到，就法律或是宪法而言，公开颁布解放奴隶法令没有任何的保留余地，因为"作为陆军和海军的总指挥，在战争时期，我认为我有权采取能最好击垮敌人的措施"。

在驳回了亨特的声明之后，林肯开始把解放奴隶当作是一项政策而非原则来思考了。他开始酝酿一项自由声明。林肯在五月的时候向斯坦顿提过他的想法，也很有可能在 6 月 18 日那天同副总统哈姆林草拟一项声明。这个月之后，在国防部电报室的密室里，林肯在吩咐托马斯·埃克特少校拿一些大页码纸来，因为他说，"他想写点什么"。在白宫，林肯公务繁忙，时常要被打扰，而在电报室里他"能静下心来，整理好思路"。这样，他就坐在埃克特的位子上，面对宾夕法比亚大道，开始写起来。据埃克特回忆，"他总是写一会再抬头望望窗外，然后停笔思考一番。不过他好像没有马上写很多东西。他反复研究自己已写的文字，一旦下定决心，就又抓起笔写上一两行字。之后他静坐好几分钟"。第一天仅完成一页不到。他离开办公室前，把文件交给埃克特保管，特别嘱咐别让其他人看见。之后几周，天天埋头写写改改，每回补几句，又删几句。直到全部完成，才告诉埃克特那是"给予南部奴隶自由"的宣言。

忙于起草宣言的六七月间，人们蜂拥而来，要求林肯尽快解放黑奴，他乐此不疲地与来访者周旋，玩玩小把戏，使使辩护小技巧，最糟糕的理由在他口中还不赖。事实上，这些人与他本人的政见一致，彼此休戚相关，他正系统性地阐述解放奴隶的思想。毫无疑问，这些言谈没捅娄子，他处理这事时游刃有余，保持着极大的灵活性。

七月四日，萨姆纳两次造访白宫，敦促"解放法令的第二次神圣日早日到来"。他认为林肯"差一点"要发布宣言，解放弗吉尼亚州东部的奴隶。但总统说"为时尚早"，还不到火候，慎重考虑后，决定取消试点计划。原因就像向某参议员解释的那样，发布宣言可能迫使北方的蓄奴州——密苏里州、肯塔基州、马里兰州退出联邦，投靠南部联盟。另一个原因是，计划很可能无法执行，只是虚张声势。

七月中旬，林肯准备亮明态度。麦克莱伦在半岛失利，波托马克河军队士气低落，部队叛乱，都促使了这项决定。此外，美国北部反奴隶制的民声见长，志愿参军人数锐减，马萨诸塞州州长安德鲁直言不讳地说，若这场战争后奴隶制完好无损，则政府统治将动摇。

其中对亮明态度最有影响的是，1862 年 7 月 17 日，国会以共和党一致同意通过了《第二项没收法案》。该法案规定，凡是参加叛乱的都是国事犯，财产充公，并解放他们手中的奴隶。

《第二项没收法案》还规定六十天后，叛乱者的奴隶将"永远从奴隶状态中解放出来，此生不再为奴"。对此他这么评论，"说国会可以解放国内的奴隶，这太令人吃惊了"，因为这句论断违背了共和党政纲，而他和共和党议员们正是基于这个政纲选举产生的。他告诉布朗宁，"国会议员对本国奴隶无任何权力。战争结束后所余事务应全部交予本州内部处理"。若干涉奴隶的权力存在于联邦政府之手，那么，原应由国家总统——又称为总司令掌控的战争权力也会在联邦政府泛滥。林肯并未就纯理论问题与国会辩论，他接受了法案，但是削减了国会自主解放奴隶的内容。

7 月 13 日，他与西沃德、韦尔斯初步会谈，为正式提议做铺垫。一周后，总统准备正式与阁员商榷这个问题。7 月 22 日，阁员们还没意识到这是个重大的历史时刻。依旧饶有兴致地讨论教皇下达提供军队供给的法令，或是谈论黑人移民去中美洲聚居。总统第一遍读宣言时，这些人很难集中注意力。语句结构奇怪、修辞笨拙，林肯依旧试图把原先逐步性、补偿性的废奴政策融入如今直接、迅速废奴的新方案中。宣言开头就说，《第二项没收法案》将在六十日内生效，除非南部"停止参与、帮助、支持或煽动现存的叛乱行为"。然后，总统请求向"任何自愿、逐步废除奴隶制的州"——包括叛乱的州——提供经济援助。宣言结尾说，他作为"美利坚合众国陆海军总司令"声明，1863 年 1 月 1 日将正式宣布"任何州内的所有的奴隶……或是宪法不被承认的范围内生活的奴隶……是永远的……自由身"。这是"一项合适且必要的军事措施"——注意了，不是正当公平的措施。

会议之初，总统便通知内阁成员，他"已经下决心采取这项措施，没有事先征求意见，如今只是把宣言摆在大家面前"。不可避免地，宣布后会场立刻炸开了锅。斯坦顿和贝茨坚决支持"立马施行"。切斯出奇地冷静，他担心《解放宣言》将动摇政府的财政状况，是项"非常危险的措施"，"解放奴隶应该以更好、更安静的形式完成，例如将军组织奴隶、武装奴隶等"。即使有这些保留意见，他依旧承诺全力支持宣言。

邮政局局长布莱尔将军那次会议晚到了，他反对废奴，"因为这会让本届政府在秋季选举中失利"。内务部部长史密斯也反对废奴；他与总统政见不一，正打算从这届格格不入的内阁中辞职。西沃德在与林肯、韦尔斯共度马车之旅、事先协商后，仔细考虑了《解放宣言》的后果，担忧这样会"割裂与外国的关系、停止六十年以来的棉花生产"。为了恢复国外急需的棉花，外国也许会阻碍废奴，进而干预内战。更具说服力的是，联邦军队局势不妙，在这个特殊时刻发布《解放宣言》，会被视为"穷途末路政府的最后一招，发出哀号声对外求救"。林肯后来回忆"他把这理解为最后的尖叫，是撤退的表现"。

阁员们意见不一，没能对《解放宣言》达成一致，林肯只能宣布闭会，后来他对一个来访者说，其实很期望第二天就能发表宣言。当天晚上，西沃德一行人、瑟卢·韦德来访白宫，再次反对宣言，说这将导致与周边邻国关系疏远。林肯不情愿地只能搁置一边。萨姆纳连续五天拜访林肯要求发表宣言，林肯只得说，"取得胜利前不能发布"。

之后几周，林肯反复思索是否发表《解放宣言》的问题。为了理清思维，他召唤伊利诺伊州老友伦纳德·斯威特来到白宫，一同回顾所有人对《解放宣言》的意见，一同阅读提到《解放宣言》的信函，无论是支持的还是反对的。斯威特后来回忆"从举止看来他不愿强加个人意见于别人，而是想权衡利弊、启迪听众"。看到总统的态度保持中立，斯威特在会谈后给妻子写信时信心满满地说：

"他不会发表任何解放黑人的宣言"。

与斯威特的猜测一致，林肯坚定地拒绝了在当政期间解放，或是间接解放奴隶。废奴主义者把征募黑人加入联邦军队奉为原则，而且北方官员认为这是解决军事配额的好办法。但是林肯坚决否定了这一措施。本着"共有的人性"，逃亡到联邦军队的黑人不该遭受"缺乏水、住处、其他生活必需品"，即便如此，他也没做好招募黑人参军的思想准备，不确定这些被解放的奴隶是否会战斗；也害怕他们手中的武器会落入南部联盟手中。此外，他还告诉布朗宁，武装黑人"会引起军队内部的不满情绪。非常危险。弊多利少"。萨姆纳在这个问题上再三劝说林肯，若征募黑人，则"南部联盟的后卫将成为联邦军队的前锋"。林肯依旧坚持自己的意见，"倘若那样，军队半数战士会丢弃武器，三个州会投入南部联盟的怀抱"。对这个问题林肯态度非常强硬；一次，来访的西方政治家代表团劝说编制黑人军团。林肯失了耐心，最后忍不住大声叫喊："先生，你已经知道我的决定了。这是我慎重的选择，而且会坚持下去……若人民不满，我就卸任，让哈姆林顶替我。"

与此同时，他还在为将要发表的《解放宣言》做民众思想工作。之所以反对发表《解放宣言》，很大程度是顾虑到人们认为黑人和白人无法和谐共处。他再次回想起很久以前的一个想法：让黑人移民到美国以外的地区。8月14日，他召集美国黑人代表团来到白宫，就白人和黑人的未来关系问题进行讨论。林肯说："你我种族不同，其他任何两个种族间的差异都不能与我们之间的比。"在美国任何一处地方，黑人都不能享受与白人同等的待遇。最后总结道，"最好的办法还是分开居住"。他劝说黑人代表们带头接受政府资助，在中美洲建立聚居地。

林肯的提议一经提出，立刻被绝大多数黑人代表断然拒绝。富有影响力的黑人报纸《太平洋呼声》声称，总统的一席话"很明显，他、内阁成员和其他大多数人，都很少考虑黑人的公正。若必要的话，他会受到来自北部与南部的傲慢与偏见上下夹攻，被碾成稀巴烂"。总统一席话也没能获得反奴隶制白人的支持。"多大程度上反对种族歧视，才算有男子气概？让被解放的奴隶在美国安家才是明智选择！"切斯在日记里记录了这些想法。废奴主义者们认为林肯鼠目寸光，却忽略了这是历史上美国总统首次在白宫接见黑人代表。其实代表中的一些黑人领袖支持林肯的首创精神，这是"最人道、最仁慈的运动，是为了奴隶们的利益而提出的"——亨利·海兰德·嘎奈特教士就是其中一员，他领会到了总统的初衷是"不再让奴隶兄弟们回到原先的状态"。

那些批评林肯的人们，无论是黑人还是白人，都未能充分理解建立黑人聚居地的原因——真心真意地理解——其实他是下了一步高明的政治棋子：为最终全面解放奴隶的胜利做准备。他无疑希望建议被驳回。但是他知道，如果能让黑人自愿迁出美国，既可让邻国逐渐接受黑奴解放的事实，也将安抚恐慌南方黑奴解放后将大量泛滥的北部人民。

不久之后，林肯进一步着手制造舆论。格里利在《纽约论坛报》发表了名为《两千万人的祈祷》的过激社评来抱怨，没发布《解放宣言》是"匪夷所思的、灾难性的疏忽"，因为那是《第二项没收法案》所要求的；试图不根除奴隶制就平息南部叛乱，简直"太荒谬可笑了，只会是徒劳"。面对这些指责，林肯这样回复："我努力的首要目标是拯救联邦，并不是拯救奴隶制，或是摧毁奴隶制。若一个奴隶都不解放就能拯救联邦，我就不解放；若解放所有奴隶才能拯救联邦，我就解放；若拯救联邦需要解放一些、保留一些奴隶，我也将那么做。无论怎样处理种族问题和奴隶制，其目的都是拯救联邦。"细心阅读的读者会发现，林肯措辞十分用心谨慎，"首要"意味着"最重要""主要"，却不是"唯一"。

林肯给格里利的回信在报纸上广泛刊登，获得了众人的一致赞同。但是林肯还无法宣布"新的真理性观点"，也不能按照个人意愿行事。《解放宣言》的草案锁在抽屉里，静静躺着。他时不时地拿出来瞧两眼，然后"添一行字，或是做点小改动，这里、那里润润色，焦急地观看事态发展"。然而，要发表宣言，他急需一场胜利。

胜利并未到来。整个七月，麦克莱伦带领着庞大军队在半岛受酷暑煎熬，准备发动攻势，不愿撤退。从报纸上得知当选总指挥的是哈勒克却不是自己，麦克莱伦生气极了；他对受到的冷遇沉思了很久，发牢骚说"林肯应尽可能地发动攻势。他没有一丝一毫的绅士风度或是朋友之道。我没法当他是朋友"。他告诉妻子："我有把握，如果他够大胆，明天就会把我解职。只是胆小怯弱阻止了他这么做"。

从林肯来看，从不认为麦克莱伦会真正战斗，他对布朗宁谈道："如果今天用魔法增援麦克莱伦军队10万人，他会欣喜若狂，感激涕零，说明天进军里士满。而转天，又会发电报说获得消息敌军有40万，如果不继续加派援军，就无法继续推进"。

总统告知现任军队总指挥哈勒克，可以让麦克莱伦继续担当波托马克军的首领，也可以将那人解职，随他处置。盛传哈勒克是伟大的军事学家，战场经验丰富，曾带领军队与南部联盟在西部战场作战屡屡得胜，在这样的传言中，新指挥抵达了华盛顿。他被人称为"老脑袋"，曾在西点军校担任教授，比起战术的实际运用，更熟悉军事理论。他渐渐领会到，林肯、斯坦顿及其他内阁成员想让他承担解职麦克莱伦的责任，他故意避开了。他在信中对妻子说，"他们想让我做他们不敢尝试的事情"。即使被林肯派遣去詹姆斯地区视察军队，他也依然感觉力不从心，似乎不能胜任、无法行使总统授予的职权，只能一再地催促、请求、哄骗、命令麦克莱伦撤出半岛回到华盛顿近郊，以增援波普带领的正向前推进的部队。麦克莱伦对协助竞争对手打仗毫无兴趣，总是拖后腿；哈勒克对此无可奈何，只能痛苦地绞紧双手。这位总指挥忍不住抱怨，"我几乎要崩溃了。总是没法让麦克莱伦按照我的想法行动"。

麦克莱伦在半岛按兵不动，联邦军队要取得胜利只能取决于弗吉尼亚州的波普军队了，现在这个军队正向马纳萨斯以南挺进，林肯密切留意着动向。8月9日，联邦军队在雪松山区受到"石壁"将军杰克逊阻截，对此林肯并不沮丧，再次敦促麦克莱伦加速从詹姆斯地区撤退，尽快增援波普部队。李将军判断麦克莱伦军队威胁不到里士满，便派遣詹姆斯·朗斯特里特将军率领军队协助杰克逊将军，把全部兵力投入到弗吉尼亚州南部，与波普的军队展开激烈战斗，以夺取第二次布尔溪战役的胜利。此时林肯总统依然对战况十分乐观。战役开始的头两天，林肯泡在陆军部的电报局里，监听前方发回的战场速报。8月30日，略微放松心情，参加了斯坦顿家举行的由"美丽冷酷、甚少微笑"的女主人主持的休闲晚宴。斯坦顿向林肯保证"除非对方使诈，否则我们不会失败的"。晚宴后，陆军部的哈勒克流露出沉着而自信的表情。林肯期待着明天一早获得捷报，晚宴结束后就回去了。这场艰苦的战争即将迎来决定性的时刻——胜利即将到来。

但是，那天晚八点，他来到黑伊的房间，黑伊告诉他刚知晓的消息，"约翰，恐怕，我们又失败了"。波普军队失利，被迫撤回，他说"在那里能稳住军队"。林肯毫无疑问地回想起曾经好几十次从麦克莱伦那得到类似的消息。说"我不喜欢这措辞，不希望听到军队需要'坚守'"。虽然是坏消息，但他并没有陷入绝望，仍试图重新恢复攻势。他不停地说"必须在敌方撤离前重击他们！必须彻底击败他们"！

第二天早上，他完全接受了波普失利的消息。再一次，南部联盟军兵临城下，威胁华盛顿。再次，首都医院充斥着伤者，街道上挤满了落伍的士兵、逃兵。虽然战场上英勇战斗的士兵们士气不如第一次布尔溪战役低落，但是指挥官们比第一次士气低落得多。波普谴责麦克莱伦未给予增援，要求军事法庭审判菲茨·约翰·波特和威廉·富兰克林。这些将军争吵不休时，军队乱了阵脚，撤到了首都近郊。

林肯在电报局费时费力地获知消息、催促加速增援波普军队，感到筋疲力尽，忽然心情跌落谷底。再一次，他的计划失败了。这场激烈的侵略性战争，理论上李将军取得了胜利，抢占南部首都的计划夭折了。战争失利，发布《解放宣言》的时机也不复存在，因为奴隶制是这场战争的起因。似乎无论做什么也无法获胜了。再一次，人生观濒临崩溃的边缘，他在便笺纸上随意写道："我几乎都准备好要说……这次战争是上帝的旨意，上帝指示战争不该就这样结束"。

林肯非常不情愿地放弃了攻势，转而采取防守。随着战略的改变，他又开始转向不可或缺的麦克莱伦将军。只是这次不再抱幻想了，这人总是"危言耸听、干扰军队正常作战"，"虚弱、牢骚太多、含糊茫然、失策逃跑"。没能增援波普军队的确是不可原谅的失误。但是林肯也知道，他是一流的组织者，也是非常能干的工程师。另外一点也同样重要——麦克莱伦的复职有助于重振波托马克军的士气。他总结说："必须让麦克莱伦重组军队，让军队摆脱混乱秩序。"又补充道"麦克莱伦与他的军队站在一条线上"。他并未咨询其他人的意见，只是把决定告知了哈勒克，并要求麦克莱伦指挥回撤到首都附近的军队保卫首都。麦克莱伦对于遭受的冷落十分不满，与林肯、哈勒克进行了一次"令人愉悦的、开诚布公的交谈"后，才勉强接受了这次复职。他对妻子解释，"同意复职是为了国家利益。是上帝召唤我这样做"。

林肯知晓内阁成员也都对麦克莱伦有异议，便独自部署了新指挥。听传言说麦克莱伦将被召回重新统帅军队，斯坦顿立刻激动地告诉韦尔斯，他"再也不能也不愿为留任麦克莱伦让步了"。意识到任命将军的事情由林肯一人说了算，他说"这人对于危难之时总统赋予他的重大责任和兵权一无所知，若坚持任命这位在职期间不断抹黑的将军，会让责任和困难更为艰巨。斯坦顿与切斯一起写了封抗议书，控诉麦克莱伦不称职，很可能是叛国贼。他们还让其他成员在抗议书上联名签字。史密斯签字了。两人希望获得更多签名，便容忍贝茨把语句改得温婉一些，为"任命麦克莱伦为军队指挥这事不牢靠"。美国司法部部长也签了字。但是韦尔斯拒绝签字。他同意将麦克莱伦免职"符合公众情绪和国家利益的要求"，但是抗议书会"对总统造成无礼和不敬"。

最近的败绩已经让林肯"心如刀割，苦闷不已"，呈交的请愿书更是令他心烦意乱。他告诉内阁成员，"几乎要上吊自杀了"。他尊重内阁成员们反对麦克莱伦复职的"诚挚认真"的请愿行为，面对阁员的一致反对（西沃德缺席，布莱尔缄默），他宣布"很愿意将麦克莱伦解职，然而没发现谁比他做得更好"。他解释道，"应该充分利用现有资源"。

林肯希望麦克莱伦只是暂时充当防守型将领。第二次布尔溪战役大获全胜后，李将军没有停顿，继续跨过波托马克河，开始进犯马里兰州。起初林肯把这次受侵视为契机，认为"让敌军侵略哈里斯堡和费城，战争就会结束"；远离援军、供给不足，李将军必败无疑。然而，南部大军咄咄逼近，宾夕法尼亚州的军官们士气大受打击，自卫军处于叛乱的临界状态。哈勒克坚持认为只有麦克莱伦能阻挡敌军的侵略。林肯只好勉为其难地把麦克莱伦从代任司令提升为常任司令，全部职责交由麦克莱伦。林肯对韦尔斯解释："我原本不愿意那么做，他做事我没信心"。

除了这些异议，之后的两周，林肯竭尽所能地加强麦克莱伦军队实力。为了防止波托马克河的军队失散，避开了正受南部侵略的当地政府增援军队的请求。宾夕法尼亚州州长恳求政府派军80，000人，他撇开了，提醒科廷，"山那边，我军所谓受过训练的军队不到80，000人"。他不得不劝说惊慌失措的哈里斯堡、费城、巴尔的摩市长，保卫他们城市的最好办法就是让联邦军队集结，追赶李将军部队。

南部军队获得了布尔溪战役的胜利后，紧接着对马里兰州发动侵略，这引起了他人对林肯及其战争策略的批评。最近的事件让乔治·斯特朗深信，林肯是个"怪老头"，"不胜任总统的工作"。老朋友们，例如俄亥俄州的萨缪尔·加洛韦提醒林肯，"从麦克莱伦到波普，从波普又到麦克莱伦，反复无常的变化引发了群众的不信任"。其他批评者更是直接。芝加哥的一位卫理公会牧师——罗伯特·莱尔德·科利尔教士发出道德英雄主义的号召，道德英雄主义正是总统所缺乏的素质，"讲讲故事、说说笑话并不能当个合格的总统。绝不能把国家命运交到颤抖的总统手上……现在的时代、现在的人民需要的是认真、纯粹、敬畏。"

重组政府的呼声越来越高。肯塔基州的参议员加勒特·戴维斯要求总统解除斯坦顿和切斯的职位，说他们是"内阁中最阴险的成员"。其他人要求林肯开除麦克莱伦。

麦克莱伦恢复职位后，林肯不止一次产生反悔之意。9月13日，芝加哥的基督教徒代表团要求发布解放黑奴法令，林肯说在这样的局势下解放黑奴困难重重。最新的《没收法案》发布后，"《没收法案》令一个黑奴也没站到我们这边"。他问："就目前所在的态势，发表《解放宣言》会有什么好处？我不想发布一个注定无效的方案。好比教皇下了封事关彗星的诏书。"

按照这想法行动时，林肯承受着越来越大的压力。他号召征募更多的志愿军，各方却反应平淡。北方一些州长直言不讳地说，除非总统遏制奴隶制，否则定额任务完不成。北方参战州的州长即将举行会议，肯定会提出发表《解放宣言》的请求。南部联盟眼看着就要被欧洲国家承认，除非采取坚决反对奴隶制的立场，否则欧洲一定会行动。这些急报让总统愁眉不展。

总是不愿逆舆论而行，不愿做骑虎之势，林肯慎重考虑许久，才做出了艰难的选择。最终，这个难题留给了至高无上的人。向劝说他发表《解放宣言》的基督代表团说，"我迫切希望知道上帝对此事的旨意。要是我知道，一定照做"！他仔细关注李将军侵略马里兰的消息，以及麦克莱伦追击军的动向，试图找到蛛丝马迹。他告诉阁员，"我立誓，立书保证，若上帝让我们在最近的战役获胜，那就是神的指示，我会把解放黑奴事业当作自己的责任"。

9月17日，麦克莱伦获得安提坦战役的胜利。虽然不是期待的压倒性胜利，却也带来了神的预兆。林肯重新翻出搁置许久的《解放宣言》，周末时"修整了一下"，召集阁员9月22日听证。既然已经做出决定，他感到十分放松，待在家里，好几周都没有这么轻松了。为了暖场，在正式会议召开之前他通常读幽默故事给人听。这回，他阅读了节选自《尤蒂卡的蛮横暴行》的一小段故事，这本书是阿耳特莫斯·韦德寄给他的。总统认为这故事好笑得很，除了暴躁的斯坦顿，其他人都十分喜欢这故事——或者至少假装很喜欢。

笑够了，然后转入正题，先是提出了早先讨论过的《解放宣言》，以及搁置的理由。他说："我觉得时机到了。虽然希望时机能更成熟、处境更有优势。"但是，现在是他实现誓言的时候了，略微迟疑地对内心的上帝说。"大处"不希望做什么改动，他已经决定了；"文句或小的细节"大家要是认为哪里需要修改，他很乐意接受。

对于阁员们来说，林肯陈述的宣言用词沉闷，缺乏以往著名发言中常用的修辞手段。"最中庸的语言、干巴巴的常用词写成；既没有引起慷慨的激动，也没有反映人民的暖流……和高尚……情感。"文中完全没有提及奴隶制的暴行，也没有说取消奴隶制是出于道义。

向阁员介绍《解放宣言》时，林肯明确表示，不确定它是否可行、是否能成，也不确定新政策能否被大众接受，"我很清楚许多人在这方面做得比我好，在其他方面也比我优秀。若公众更信任他，若他对宪法的运用比我熟练，我很高兴让位"。但这些几乎不可能实现，进而总结道，"我必须尽我所能；承担应该肩负的事业和责任"。

阁员继续就宣言进行讨论，西沃德提出了言语上的两处修改意见。切斯生硬地说："事实上，《解放宣言》并没指出我希望的做法。既然它已写成，我愿意接受，全心全意支持。"只有布莱尔持有异议。不是因为他反对解放黑奴，而是担忧宣言会对邻国关系，以及军队产生不好的影响，而且会影响秋季选举，加强民主党的势力。林肯说第一个威胁他已经考虑过了，至于第二个威胁，他说"不那么重要"。因此，文件交给国务秘书，复印、分发。

● 第十四章 ●
左右为难

　　林肯把解放宣言认作执政成就的顶峰。他告诉肯塔基州老友约书亚·F·斯皮德，宣言发表后总统地位将巩固，"姓名与保护人民利益的美誉"相连。然而，宣言发表后的最初几月，情况更不乐观。战争伊始一直小心维护共和党、民主党主战派、边界州领导人之间的联盟关系。而宣言的发表不仅让本不稳固的联盟摇摇欲坠，雪上加霜的是，助长了民主党中反战求和的势力；兵变的迹象也有了苗头。宣言后的百日内，林肯的总统地位变得岌岌可危，要想顺利度过重重危机，似乎任务艰巨。

　　北部对解放宣言的初步反响早在预料之中，反对奴隶制的人们欢呼雀跃。霍瑞斯·格林雷在《纽约论坛报纸》呼喊"上帝保佑亚伯拉罕·林肯"！约瑟夫·梅迪尔在《芝加哥论坛报》称，总统发表了"人类历史以来最伟大的宣言"。几乎所有的北部主要城市举行大型集会庆祝宣言，到处是篝火、游行、火把，当然也少不了激动人心的演讲。许多表扬信雪片般飞入总统办公室。

　　几乎每个著名作家，尤其是新英格兰地区的，纷纷表示赞成宣言。约翰·格林立夫·惠蒂尔、威廉·卡伦·布赖恩特、詹姆斯·罗素·洛威尔均大发赞美之词。就连一直以来对林肯很淡漠的拉尔夫·沃尔多·爱默生，也准备对"原以为的全部缺点、错误、耽搁"既往不咎，"允许总统为祖国做更多贡献"。

　　与此同时，共和党内部悄无声息。萨迪厄斯·斯蒂芬斯、本杰明·韦德曾强烈抨击林肯在废奴问题上的无作为，如今却一言不语。查尔斯·萨姆纳在马萨诸塞州投身参议员连任选举，他认为支持林肯的《解放宣言》可以消除废奴主义者的怀疑，兴高采烈地宣布，"与大多数忠实于祖国的北方人一样，我坚定且由衷地站在总统一边"。北部州的州长们原本聚集在艾尔图纳，希望敦促总统斗争得更彻底，却发现总统抢占先机，领导们只能结队南下华盛顿，恭祝林肯发表的宣言是"公平正义措施、明智稳妥的政策"。

　　毫无疑问，这些称赞让迄今甚少受到公众赞扬的总统大为受用。但思想现实的林肯不会过度重视公众反应。他对汉尼拔·哈姆林说："虚浮的人才会看重报纸的赞词和名人的溢美之词"。各方给国防部的捐献额减少；自愿参军的人数也锐减。他对副总统说："北方对宣言反响虽然强烈，但仅靠反响不能镇压起义"。

　　而南部，正像总统预料中那样，坚决反对《解放宣言》。杰弗逊·戴维斯谴责发表宣言的人企图煽动奴隶叛乱，也进一步说明了南部要为独立而战的原因。而对于南部的联邦主义者，宣言起到了"制冷效果"。田纳西州的爱默生·埃思里奇说解放宣言是"对南部联邦主义者的背信弃义"。田纳西州东部、反对国家分裂的托马斯·尼尔森，指责"解放宣言是野蛮暴行"。南部黑人的反应林肯无从得知。直到内战结束黑人才承认，当时早通过密报得知宣言即将发表，已经准备好伺机而逃。

外国对《解放宣言》的最初反应更令人沮丧。发表宣言的初衷之一是抢先阻止大不列颠和法兰西承认南部联盟。原本预测伦敦、伯明翰及其他英国城市进行游行，庆祝解放宣言的发表；若英国民众压倒性地支持黑奴独立，那么英国政府便无法代表南部联盟介入此事了。但事与愿违，国外反对《解放宣言》：许多人认为除了对北方战线以内的黑奴，宣言无效；有些人预料一场奴隶战争将爆发；英国外交部部长约翰·罗素预言，"勘掠、纵火、报复"将发生。就如西沃德之前警告的，欧洲国家唯恐解放黑奴会导致急需的棉花供应不上。

再回头看下北部地区，随着欢欣鼓舞消退，众人开始推敲揣摩宣言。废奴主义者说，林肯只做出了解放黑奴的承诺；且是有条件的解放；承诺可以在 1 月 1 日前随时撤销。还有些人说，宣言实际上耽搁了黑奴解放，而黑奴解放是《第二次没收法案》要求的。格里利从最初的狂热冷却下来，哀叹道，林肯的法令豁免了"有数百万的市民拿起武器对抗联邦"的路易斯安那州和田纳西州。持同样意见的还有威廉·劳埃德·加里森，他对宣言发表后"奴隶制依然存在于支持联邦的蓄奴州"惋惜不已。

更令总统困扰的是，宣言引起了坚定支持者的不满。边界州的一些联邦主义者认为，这一举动会使联邦失去马里兰、肯塔基、密苏里的支持。共和党中的保守派认为宣言违反了宪法，发表宣言很不明智。奥威尔·布朗宁是林肯故交，也是为数不多华盛顿能推心置腹的人之一。他非常反感《解放宣言》，拒绝与总统讨论此事。甚至有一些内阁顾问也为宣言感到遗憾。西沃德虽然在选择支持总统后就坚定不移，但是回想时他也觉得这个宣言没必要，也是无效。蒙哥马利的布莱尔发表的批评含混不清，他姐姐一语中的地点出了他的看法，完全"是个错误……纸上谈兵……没有实际成效"。相比之下，内务部部长卡莱布·史密斯的无声反对就不那么引人瞩目了；他与林肯政见不一，加上身体欠佳，11 月便辞去了职务。

虽然人民的声音被遏制了，但在 1862 年秋季州长选举和议员选举中显露了端倪，总统所属的共和党遭到重挫，林肯对此早有准备。1860 年，在少数选民的支持之下，林肯当选总统。同年，那届国会选举的共和党把席位分给对手民主党。随着战期拖延，民主党势力渐强。在林肯领导之下，联邦军队时而成功，却从未大胜。战争损耗了千万人的性命，战时生活十分劳苦，而总统继续号召征兵 60,000 人，这表示损兵折将还将持续，战争结束还远得很。同时，国家财政也陷入了困境。决定多发纸币似乎是铤而走险。

1862 年前半年，不断有人提醒林肯，共和党有麻烦了。他本人也意识到将在秋季选举遭遇挫折，有一次，他向卡尔·舒尔茨预言，民主党不会支持他的政府，因为政府太过激进；共和党也不会支持他的政府，因为他不够激进。

预示到前景不妙，共和党名人们催促林肯加强本党力量。约翰·佛奈——宾夕法尼亚州的一名编辑哀叹："除非总统愿意动用任免权，支持党内政友，带来的灾难才能避免。"令党内领袖失望的是，林肯按兵不动，他甚至拒绝支持正在伊利诺伊州连任竞选的老朋友欧文·洛夫乔伊，形势严峻。1862 年夏季，林肯忙于指示大规模军事行动；但其他时间他也没有用心经营政治事业，因为即使参与国会的明争暗斗，也改变不了选举结果。州长们和市长们发现，总统对国会议员选举影响甚小。不管怎么说，林肯是不受人欢迎的总统。事实上，九月他对阁员说，"我觉得选民对我的信心比不上以前了"。

他也意识到过分介入州内竞争，会被牵扯进党内派别斗争。而家乡伊利诺伊州的选举，总统插手干预了，也许只是无心之举。早些时候，伊利诺伊州的共和党勉强阻止民主党支持的州宪法通过，受到那次警示，他们现在便参与了联邦的运动，"不同的党派路线、党派偏见，都应该融入爱国主义思想中"。作为策略的一部分，重新划定了本州选区的界线。林肯的家乡桑加蒙坚决拥护民主党，如今并入其他三个支持共和党的县，组成新选区。新选区很可能提名大卫·戴维斯为议员。但在提名前，林肯流露出想让老朋友替补美国最高法院职位的空缺，这一职位正是戴维斯想要的。伊利诺伊州的共和党不得不转而提名伦纳德·斯威特，他也和戴维斯一样曾为林肯出过力。而民主党那方提名约翰·托德·斯图尔特为候选人，斯图尔特是林肯的第一任律师搭档。

虽然大多数州长和议员的提名早在林肯发表《解放宣言》前就形成了，但宣言依旧影响了北部选举。《解放宣言》加强了新英格兰地区和西北地区的共和党力量，赢得了废奴主义者的支持。一位佛蒙特州人写道，"这份文件——广阔的大海、一帆风顺"。但是其他州就像林肯预料的那样都是反对意见。切斯在一封信里说，北部的民主党在吼叫："我告诉过你了；这除了是个废奴战争，其余什么都不是"！

虽然预料到宣言发表后共和党会失去许多选票，但看到民主党根据 9 月 24 日发表的第二项声明——其中废除了人身保护权——断定林肯是个独裁统治者，他还是非常惊讶。支持民主党的《伊利诺伊州区域报》声称，联邦政府正"用军事逮捕的方式在忠实于联邦的州实施恐怖统治……公民未经审讯就被逮捕，莫须有的恶名是背叛爱国公民。这破坏了宪法所保护的演说自由、新闻自由和'人身自由权'"。这个论断成为纽约举行民主党运动的主题。

10 月、11 月，大选临近，总统焦急万分地期待选举结果。来访者说他看起来

"背负着重担，背都弯曲了"。一个芝加哥妇女写道，"内省的表情、走路摇摇晃晃，就像梦游的人"，脸上"显露了懊恼、忧虑、过度操劳的神态"。虽然通常总是很好地控制情感，但是在这些难熬的日子里偶尔还是流露了内心。

忧虑成了现实。票数清点完毕，选民们慢待了林肯以及共和党。曾经在 1860 年支持共和党的州，如今一个又一个地转而支持民主党：纽约、宾夕法尼亚、俄亥俄、印第安纳、伊利诺伊。新泽西州在 1860 年选票非常分散，但如今也转而支持民主党。《纽约时报》说，总体看来，选举结果表明"民众对总统缺乏信心"。

共和党人不干了，蜂拥而至，纷纷给林肯分析败绩原因。在伊利诺伊州，共和党的失利被归因于《解放宣言》发表前斯坦顿下达不合时宜的命令，允许暂躲在卡罗镇的"偷入北军战线的黑奴"定居于全州的农场；民主党以这个命令为由，指责林肯政府试图将伊利诺伊州"非洲化"。共和党一厢情愿地认为，民主党之所以会赢是因为正当投票年龄、支持共和党的选民都在参军，这样想会好受些。林肯自己也认为"支持我们的朋友都去参军了，所以民主党才占据了优势"。但这个结论根本站不住脚。支持民主党却去参军的人数，跟支持共和党却去参军的人数其实相差无几。

精明的纽约州律师戴维·达德利·菲尔德等人，把选举结果归因于随意逮捕的政策。他告诉总统，"没人判断这些逮捕合法；就算合法，也没人说只是临时措施"。他说，如果政府还继续不经审判就逮捕民众，"有充分的理由质疑你不具备领导政府的能力。"林肯从没公开承认是侵犯人身自由导致共和党选举失利。即使是在随意逮捕泛滥横行的 1862 年他也极少关注这个问题，但在失利后几个月却紧盯它。林肯不打算在战时放弃或缩小特权，却开始着手思考如何更好地执行权力。

绝大多数共和党人还是把共和党的失利归咎为"战争的失败"。他们把责任推给林肯总统。卡尔·舒尔茨谴责林肯把"民主党纳入阁员。他把合众国目前最重要的权力——军队的权力交给对手"。有个纽约人更是直率地说"软弱、优柔寡断、缺失道义上的勇气"的林肯让麦克莱伦将军、布尔将军为"丢脸面"的选举失利背黑锅。

许多共和党政客都同意这一点。选举一结束，宾夕法尼亚州的国会议员就到白宫报告结果，说失利是因为"军事行动拖拉"，麦克莱伦将军和布尔将军理应负责。而林肯依然坚持让二人掌握军事大权，来自匹兹堡选区的代表穆尔黑德毫不客气，"要不是你的错，军队不会战败"。他又说，宾夕法尼亚州的共和党"听到某天清早你吊死在白宫门口路灯柱上的消息，会不由得拍手叫好"。

林肯大受打击，压低嗓子回答，"某天早上看到这样的情形不必惊讶。我也不会为谁做暴力准备工作感到惊讶"。

如果说真的担忧暴力，那他担忧的是兵变，而不是因为失望而暴动的共和党。军队的普通士兵和普通军官几乎全是政府的忠实支持者，军队有传言说独裁者将驱逐扰乱统治的军官，例如哈勒克和斯坦顿。

林肯很少收到西部军队军心涣散或是叛乱行为的消息。密西西比州军队的指挥格兰特非常可靠。虽然曾经是民主党，但对政治没兴趣，也不反对《解放宣言》；相反，致力于战胜南军。10 月 3—4 日，密西西比州科林斯战役，他手下的联邦军队在罗斯克兰斯将军的带领下击退了南军进攻，这也是 1862 年第四季度联邦军队为数不多的胜利之一。

布尔的忠心他也毫不怀疑，布尔在田纳西州中部指挥俄亥俄军队。但林肯常为布尔和麦克莱伦一样行动缓慢而生气；布尔曾无视进军田纳西州西部多山地区的命令，固守纳什维尔，而联邦主义者正在田纳西州西部遭受南部盟军的恐怖统治。秋季，林肯的不满与日俱增，因为布拉克斯顿·布拉格和科比史密斯带领的两支南军进军肯塔基州，恰好与进军马里兰州的李将军呼应，布尔被迫后退到路易斯维尔市。林肯的耐心被布尔磨光了，于是任命乔治·托马斯将军为军队指挥；那时布尔正准备反击。1862 年 10 月 8 日，肯塔基州佩里维尔的非决定性战役，让布尔暂时免于削职。

然而，波托马克军又是另一回事了。主要将领和指挥部成员都是民主党，他们不全心全意忠实于不断修改战争性质和调整战争部署的共和党总统。这些高级官员只效忠于军队指挥，他们与麦克莱伦的观点一致，认为战争只是军队内部事务，不应涉及奴隶在内的公民财产，并说麦克莱伦在半岛战败是因为民政当局擅自干涉。第二次布尔溪战役中，波普吃了丢脸的败仗，林肯才犹豫不决地重新任命麦克莱伦为军队指挥。这都使他们对总统更加嗤之以鼻。安提坦战役前，麦克莱伦派成员讨论了"逆华盛顿政府而行、威胁林肯的计划"，想让林肯放弃干涉奴隶制，结束战争。菲茨·约翰·波特说，总统发表的《解放宣言》"在军中很受嘲讽，他们对林肯政府感到恶心、不满、不忠，甚至想违抗命令"。

安提坦战役后，林肯更加小心谨慎地判断麦克莱伦是否有牵扯进这些"叛乱"。而麦克莱伦方面，也十分好奇总统是否还信任自己。因为安提坦战役获胜后，林肯的祝贺显得轻描淡写，而麦克莱伦本人却认为那是"军事艺术的杰作"，不由得担忧林肯受制于他的对手们。于是，他指派善于捕获信息的智囊团成员之一艾伦·平克顿去了趟白宫。9 月 22 日，发表《解放宣言》那天，平克顿与林肯促膝长谈，但是谈话内容并未涉及宣言。其实，麦克莱伦正用他的侦探窥视林肯的心理；而林肯也正是通过这个侦探来侦查麦克莱伦的想法。

林肯得到的信息比平克顿得到的更多。早在律师界时就练就了向对方证人反询问的技巧，在表达意见时更能充分利用。平克顿写信给麦克莱伦，林肯"渴望知道你的压力、你的意见、你认为不重要的问题，或是不值得让他知道的问题"。林肯的语气十分恭敬，没有引起平克顿的怀疑，其实他是在盘问。总统提出了一系列的问题：麦克莱伦为什么没能及时营救哈普斯渡口的联邦守备队，从而致使他们在安提坦战役前夕向"石壁"将军杰克逊投降？安提坦战役的联邦军队与南方军队相对力量如何？南部军队据估计有 14 万人，而事实上李将军手下的有效兵力也只有 52，000 人，为什么联邦军队没有在战胜后转天乘胜追击？南部军队是如何能够畅通无阻地越过波托马克河，回撤到安全地带的？

林肯对麦克莱伦的态度十分和蔼友善，给这位侦探留下了深刻印象，也令他深信不疑。林肯的语言透露出不常见的感情奔放，说麦克莱伦在南部山区和安提坦战役中取得了"决定性的伟大胜利"，国家"欠他恩情"。"对麦克莱伦的表现非常满意、非常高兴。"平克顿这样总结调查："我对他存有偏见。但必须坦言，在他的所有话语中，最令我印象深刻的就是这次坦诚相待、开诚布公的谈话了。他渴望能公正对待你。"

从平克顿那刺探得知的信息更令林肯深信，安提坦战役不是获胜，而是一次良机的错失，波托马克军高层军官挥霍了良机。虽然没有足够信息证明麦克莱伦不忠于联邦，但侦探透露机会一再错失，林肯开始有所怀疑。至少可以说，波托马克军士官只是半心半意地对抗南部军。

安提坦战役、宣言发表之后，酒吧和军队都在谣传他将成为独裁者。林肯十分忧虑，希望能终止谣言。与平克顿谈话后又了解到，属于哈勒克一帮的约翰·柯伊少校说，联邦军队没在安提坦战役"追击"南部军队，是因为"游戏规则不是这样"。"战争目的不是任何一方取得上风，双方必须在各自战场活动，直到某天累了倦了，停歇下来，谈判、妥协、和解，奴隶制依旧。"

9 月 27 日，柯伊被召集来白宫，林肯临时组建军事法庭听审，并做出裁决，"任何一个军队任职的士官说出这样的话，都是不能允许的"，要求"随即"将他开除。如果说战争的确是"一场游戏"，游戏规则是联邦军队不能取得上风，那么"他的目的就是打破这个游戏"。林肯冷酷地说。

这个时刻"杀鸡儆猴"，给"不算少的一部分军官"树立前车之鉴，很有必要。约翰·柯伊的哥哥是托马斯·柯伊，后者是麦克莱伦参谋机构的军法官，也是麦克莱伦心腹之一。

没有证据怀疑麦克莱伦叛国。但他不同意政策，这点倒是丝毫不差。麦克莱伦私下说宣言"蹩脚差劲"，他反对《解放宣言》，也反对"废除人身保护令所赋予的权力"。他询问纽约州的政治顾问威廉姆·阿斯品沃尔该如何评价"开展奴隶战争、解放奴隶、大笔一挥把自由的民主体制转为专制统治"这些措施。阿斯品沃尔回答，将军发过誓必须听从总司令命令，并无发表公开声明的义务。布莱尔家也提醒他约翰·柯伊的遭遇。他这才放弃发表反对宣言的言论。

为了验证麦克莱伦不忠的传说是否属实，10 月 1 日林肯出人意料地溜出了华盛顿，跑去巡视战场、检阅军队。他抵达麦克莱伦军队时已经迟到，"美国总统开着一辆'普通救护车'，长腿弓着，膝盖几乎碰到了下巴，像只狒狒朝车窗外微笑"，看到这一幕一些士兵"十分失望"。其中一位说，"林肯先生不只是我见过的人中最丑的，也是举止最怪异、表现最笨拙的"。麦克莱伦把林肯带去安提坦战役战场，试图讲述 9 月 17 日这里的战况。林肯却立马转过头，回到军营。那天晚上，他住在与麦克莱伦相邻的帐篷里。

黎明破晓，总统叫醒了随行的斯普林菲尔德老邻居黑什，两人走到高处，俯视整个军营。他靠近黑什轻声问："黑什，这是什么？"黑什回答："怎么了，林肯先生？这是波托马克军队。"林肯顿了顿，直起身子，稍微大点声音说："不，黑什，不是，这些是麦克莱伦将军的近卫军。"

那天晚些时候，林肯骑着漆黑的马检阅了军队，没有亲切地打招呼，也没有敬礼。相反，他快步跑马离开，明显没看两旁的士兵。

巡查期间，林肯很好地隐藏了不信任麦克莱伦的真实想法，而麦克莱伦也隐藏了对总统的看不起。他对妻子说，总统"个性和善""和蔼可亲"，"深信我是美国最棒的将军"。礼尚往来，为了报答林肯的称赞，麦克莱伦首次向战士们宣布，总统发布了《解放宣言》，好战士应该遵守国家法律。他分外注意确保这个命令文件传达到总统。

带着对出巡大致满意的心情，林肯回到了华盛顿。对一位友人谈道："现在我在波托马克军的控制权盖过了麦克莱伦。"之前，部队士兵对任命波普为指挥十分不满，但是现在认识到总统及时弥补错误重新任命了麦克莱伦。加上最近一次战役麦克莱伦开口要什么，林肯和陆军部就给什么，但他丢掉了赢得一场决定性战役的机会，没乘胜追击把李将军的军队逼入波托马克河。林肯欣喜得很，"至高无上的政权恢复了。最高长官再次掌控大权"。

现在，林肯信心满满，这时将麦克莱伦解职军队不会暴乱，他就搁置了这个行动。早在安提坦战役时，林肯就警告过别"过分谨慎"，以为这样他就一定会追击李将军，将其逼入弗吉尼亚州。林肯希望再给他一次机会。尼克拉轻蔑地嘲笑，林肯放任麦克莱伦"就像母亲宠溺想法奇怪、充满缺点、牢骚满腹的孩子一样"。

麦克莱伦开始喋喋不休地叙述没能推进军队的原因：士兵疲惫不堪、军事储备消耗殆尽。林肯失了耐心，不想听他唉声叹气。他发现麦克莱伦在作战初期耽误了十九天的宝贵时间，第一个士兵才越过波托马克河，之后又用九天把整个军队带过河。军队在波托马克河以北安闲地等待，而杰布·斯图尔特率领一群勇敢的南部骑兵闯入马里兰州、宾夕法尼亚州，毁坏了军用品商店、机械工厂、钱伯斯堡的火车，不费吹灰之力，几乎没有折损一兵一将。这次突然袭击没造成军事上的失败，但因为发生在秋季选举前几天，很令人生气和难堪。据报道，林肯"差点大动肝火"，然而他再次压制住了。

安提坦战役、佩里维尔战役之后的几个月，林肯开始展现军事才能。哈勒克对他帮助甚微，那人只会抓耳挠腮地讲出方方面面，使得林肯得依仗直觉找出解决军队问题的办法。在去安提坦战场的路途上，林肯曾经遇到一群落伍士兵，对他们做了记录，一些是逃兵，一些在休假。"你找不出任何一个市或县或村没有休假的士兵和军官，而且人数多得像黑莓。"八月上旬，林肯对来访者抱怨，"要填补军队空缺，就像用铲子去除虱子。你能铲出满满一大铲。"他比画了滑稽的手势，"还没找到地方扔早就跑掉了。"

他逐渐意识到，军队问题的根源既不在将军，也不在于人民，将军和人民明白现在处于战争特殊时期必须依靠打硬仗才能度过难关。他大喊，问题根源"是那些自以为有办法能通过某种方式——诸如策略——摆脱困境的人"！"没错，就是策略！麦克莱伦自认为策略可以击退叛军；他的军队也这么想。"布尔在佩里维尔战役后慢悠悠地追随布拉格进入田纳西州，麦克莱伦在安提坦战役后慢悠悠地追击李将军，这些失误都被林肯归因于"策略"。

十月底，转折点到来了。选举竞争异常激烈，俄亥俄州、印第安纳州、伊利诺伊州的共和党州长们和代表们要求林肯将布尔解职，布尔麾下的俄亥俄军队士兵大多是从他们的州招募来的。田纳西州东部的联邦主义者正叫嚷着要求保护；麦克莱伦却故意忽视群众的呼声，也不顾上级军官的指示，宣布不去田纳西州东部，要在舒适暖和的纳什维尔地区过冬。这下子林肯也没法维护他了。10月24日，布尔被解职，罗斯克兰斯接任，军队重组为坎伯兰军。

几乎同一时间，麦克莱伦告知林肯，波托马克军没能及时追击李将军的原因是骑兵的战马"疲惫不堪、日渐消瘦"。林肯再也无法忍耐，迎头痛斥："我能问你个问题吗？自从安提坦战役让所有战马疲劳后，你的战马又干了些什么呢？"紧接着一封电报的语气缓和了点，他说会"公正对待"处理这事。但是麦克莱伦的命运已经决定了。他告诉弗朗西斯·布莱尔，"已经尝试了多次让这个蠢蛋掌握军权，却厌倦了"。

他告诉切斯，选举前夕把将军解职"不太明智"，应该等待时机成熟。然而，11月5日，命令哈勒克将麦克莱伦解职，授命安布罗斯·伯恩赛德为波托马克军首领。

任命罗斯克兰斯和伯恩赛德的决定非常英明。尤其是伯恩赛德，事实证明选对了。他在罗诺克岛战役中树立了军人声誉，看起来能成为伟大的统帅。而身材粗壮、仪表威严、络腮胡子，这些特点都让人感觉很有男子气概。作为麦克莱伦的军事盟友，由他来接班几乎不会引起将军支持者的反感。然而麦克莱伦的敌人领悟到两人的友谊已经冷却，因为麦克莱伦曾经批评伯恩赛德在安提坦战役进军拖沓。

罗斯克兰斯和伯恩赛德在政治立场上保持中立，大体上支持总统政策。与麦克莱伦不同的是，两人都不是坚定的民主党，也没与共和党温和派，或是共和党激进派结盟。

任命罗斯克兰斯和伯恩赛德是否恰当仍是仁者见仁，智者见智。伯恩赛德自己也说无法胜任统管波托马克军，而迄今为止罗斯克兰斯也没有展现出率领大军的军事才能。大多数人暂时都愿意给两人公正的审判。

林肯每天工作很长时间，起早贪黑，经常彻夜不眠后就赶去白宫，早餐通常是一杯咖啡、一个鸡蛋。早餐过后回到书桌旁，接下来一个小时左右，审查文件、签署任命书。处理的通常是日常办公事务，比如向弗雷德里克·巴登表示祝贺：他刚刚宣布消息说他的女儿雷欧波丹·巴登公主殿下嫁给了王子殿下赫尔曼·兰根伯格。当然，负责起草文件的是美国国务院，但是美国总统还是需要一一签字。整整一个上午，他高效地处理这些文件，写上"提交给哈勒克将军，恳请他考虑是否意见一致"；或是交给卡莱布处理，"根据建议安排此次任命"；或是交给陆军部部长，"请就此做出较为合适的回复"。

10点左右开始是办公时间，总统开始接待请愿者和上访者。一个叫桑特弗尔德的来访者记录了某天早上林肯接待的来访者们：有个"短小精悍、没长胡子、稚气未脱的男孩"对林肯耳语，要求得到文员职位；林肯说"哦，我知道了，会妥善处理的"，才把他打发走。一个中尉申请担任黑人军队的头头，但其实那时还没允许黑人参军呢，林肯断定他只是想被提升为上校，就打断了他。后来又来了个"看上去老实巴交、身材壮实的德国军人"，少了一条腿，用拐杖一跛一跛地走，恳求总统给他一份华盛顿的工作，却没有任何材料或凭证证明是如何失去腿的，"我怎么知道你是战争中失去的，还是闯入生人果园后，落入陷阱才失去的？"林肯滑稽地反问他。然后，心肠一软，给了张卡片，让他交给军需官。

下一位来访者的遭遇就不那么友善了。他明确表达来意，说自己年老体弱，不为人知，想把总统名衔冠名于一个商业项目。林肯气愤地大叫："不行！你把美利坚合众国总统当成是经纪人？你来错地方了。你和那些为此事而来的人们，大门在那边！"

接着又来了位"白发苍苍、绅士风度的老人"和他"漂亮可爱、讨人欢喜"的女儿，只是来向总统表示敬意。林肯热情地接待了两位，以"真诚坦率、和蔼温和、随意的方式"。后来一位苏格兰访客说，他的同胞希望林肯能继续坚定支持《解放宣言》。听后林肯立誓，"上帝保佑我！我希望能证明我心目中正确的原则"！

那天早上最后一个来访者是西部乡下的粗人，正好路过白宫，想"见下总统，很荣幸能和总统握手"。虽然部长们认为接待这些人纯粹是浪费光阴，林肯却感觉受益良多，他把这些会谈称为"舆论浴室"。来访尽管随意、零星、无关紧要，但让他在民意测验前，有机会了解普通人对于他和政府的看法。

按照惯例，每周有两个下午召开内阁会议，林肯暂停办公。偶尔要是有空闲，下午会骑马去华盛顿附近的军营和军区医院视察；有时林肯太太会顾及他的健康，要求他也一起坐马车。林肯从不喝酒，他心不在焉地吃完摆在面前的食物，晚饭后又回白宫加班三四个小时。如果有即将实施的重大军事计划，他会披着灰色披肩，不带护卫或保镖，独自步行到陆军部电报局，然后在那阅读最新来报，与电报局的报务员谈笑风生。等回到白宫的居住区休息，通常已近半夜。林肯太太唉声叹气："如果晚上11点发现疲惫的丈夫已经回到了舒适温暖的房间，在长沙发上边休息边与我聊聊白天的事，那还算幸运的。"

即便是罗斯克兰斯和伯恩赛德就任后出现了短暂和谐时期，也极少有桑特弗尔德记录的平淡无奇的日子。独掌决定权的总统总有处理不完的问题。11月和12月，林肯的精力大多用于解决明尼苏达州苏族人①暴动。资产阶级为了让苏族人离开土地，许诺一次性给予补偿金，现在又拖延支付这笔钱，苏族人处境绝望，几乎饿得濒临死亡。夏天，他们的中介人成功为这些饥民找得了食物，而如今供应者却说，"就我个人而言，如果他们饿的话，就吃草，或吃自己的粪便好了"。八月，一些年轻的苏族人为了几个鸡蛋，袭击了明尼苏达州阿克顿的农场，闯入民居，杀死五个白人移居者。转眼之间，这个暴力行动扩展到了明尼苏达州的西南部，印第安人的起义尚未平息，就有350个白人被杀害了。这是美国历史上最惨烈的一次印第安人迫害白人的行动。

起义的消息传到了首都华盛顿，林肯那时还在全身心地应对李将军入侵马里兰州。他指派刚刚从第二次布尔溪战役前线下来的波普将军，负责镇压苏族人暴行的军事行动。波普将军勉为其难地接受了这个指派。

有次，波普在明尼苏达州把对总统的愤恨转移到苏族暴民身上。他说，"发现威斯康星州和明尼苏达州到处都是恐慌"，还预言"如果不立刻采取行动，大范围的印第安战争即将爆发""如果有权力阻止这一切的话，他的目标就是根除苏族人。将把他们当疯子、野兽对待"。明尼苏达州当局们把这当作是复仇的好机会，而且可以保卫从苏族人那里夺来的土地，在当局积极狂热的配合之下，军事行动进展迅速，联邦军在十月初就粉碎了苏族人暴行的主力，并组建了一个特别军事法庭，开始审讯抓捕的1500个印第安人，其中包括妇女和儿童。

收到消息，林肯立刻告诉波普，没有他的许可不允许任何处决。林肯承认对印第安问题知之甚少。早在九月，约翰·罗斯长官强烈要求林肯向受制于南军的切罗基族人②提供军事援助，而林肯说，"那些众多的事务让我分心，我不能决定美国与切罗基族之间的条约关系"。他不大了解印第安人，和同代的白人一样，大体上把他们看作是野蛮人、是进步的阻碍。每回酋长们穿着传统礼服在节日拜访他，林肯总是十分欢迎，不仅是因为这些人的异域风情，他很乐于当国父的角色，

① 北美印第安人。
② 北美印第安人之一族。

用洋泾浜语发言，向他们解释"地球是个大圆球"。

　　同样，对于内务部的印第安事务运作也不了解。只是出于政治施舍而不是对印第安事务感兴趣，他把卡莱布·史密斯任命为内务部部长，把威廉姆·多尔任命为印第安事务委员会主任。而任命他们下属时，林肯大多遵循共和党国会议员的意愿。

　　而如今，明尼苏达州的情况超出了印第安事务中的欺诈或是公款挪用。被印第安人的起义吓唬得心惊胆战的白人们，决定实施报复。共和党州长亚历山大·拉姆齐把苏族人称为"刺客""侵犯妻子、姐妹的强奸犯"，坚持认为本州的白人"在任何情况下都无法容忍苏族人的存在，无论数量多少"。许多人认为打败苏族人后，应该趁机驱逐叛乱的部落成员，甚至温和的齐佩瓦族出州，没收他们的土地。

　　11月8日，林肯收到一份出自军事法庭的名单，上面有303个将处以绞刑的人名。他立马要求波普将军发来罪犯罪行和社会恶劣影响的定罪记录。波普回复道，明尼苏达州的人民生气极了，要是名单上任何一个人没被处以极刑，那么很可能会发生一场"不加区别的杀戮——包括印第安人中的男女老少"。明尼苏达的参议员莫顿·威尔金森随声附和，"印第安人要么按照法律受处罚，要么在没有法律的情况下被谋杀"。州长拉姆齐补充，除非被判罪的每个苏族人都处死，否则"个人报复也会代替官方审判"。

　　但是总统受惠普尔主教、委员会主任多尔的影响，拒绝卷入一窝蜂的狂热。他咨询了军法署署长约瑟夫·霍尔特如何才能避免这个判决，不由州政府决定哪些人应该处死。霍尔特坚定地说，"权力不能授予或转让他人"。听后开始从容不迫地查找定罪记录，区分哪些是最残暴的行为，诸如杀害无辜农民的谋杀犯、强奸犯等。他拟就了三十九人的名单，仔细地一笔一画地写下印第安人的名字。他把这个新名单发电报给军事当局，特别嘱咐电报员要小心谨慎：因为即使是个小过失，也可能把一个无辜的人送上绞刑台。

　　12月26日，38个人被执行死刑。这是美国历史上最大的一次当众处死。很少有人赞扬林肯削减了死刑犯的名单。相反，他的仁慈宽厚在明尼苏达州引发了群众抗议，这股抗议旋风一直持续着，直到内务部部长许诺白人移居者"会得到受到掠夺破坏相应的合理补偿"。即使是这样，对林肯和林肯政府的不满仍然存在，1864年，共和党在明尼苏达州失去了力量。参议员（以前的州长）拉姆齐对总统说，要是当初绞死更多的印第安人，共和党会获得多数票的。林肯回答："我不能用死人来换取更多的选票。"

　　明尼苏达州的印第安人起义只是林肯在一年一度的国会咨文里涉及的众多话题之一。事实上，这份即将在12月1日递交的咨文花费了他许多时间，以至于11月他不得不把每天接待公众的时间缩减到两个小时。

　　这份咨文也让林肯有机会重述本届政府的执政目标。他知道面对的听众很苛刻，不好随意打发。最近的选举结果让国会中的民主党大受鼓舞，因为下届众议院他们的席位将从四十四增长到七十二，民主党指望有更多力量加入党派纷争，不跟共和党总统亦步亦趋。两院中的共和党会更加难以驾驭。共和党中的保守议员，尤其是纽约州、宾夕法尼亚州、俄亥俄州的议员，名存实亡，没什么影响力。

　　林肯没有亲自把咨文递交国会，而是按照惯例，由秘书诺克雷把文件送去，然后由书记员大声宣读。咨文中的大部分内容都是例行公事。

　　令人惊讶的是，林肯重述了把美国分离为两个联邦国家在自然法则上是不可能的，还引用了就职演说中的一大段话。令人困惑的是，他接下来又赞赏密西西比河上游和俄亥俄山谷地区是"共和国的人民大众"。该地区没有海岸，因此绝对不会同意联邦的解体。如果那样的话，它东西两个地区的对外通道就被堵死了。

　　书记员的语气单调平淡，议员们感觉是在听老生常谈的报告，而不是精心准备的总统咨文。然而一到感兴趣的话题他们又兴致勃勃了，例如补偿性解放黑奴。许多人对再次提到这个话题十分意外，大家都认为《解放宣言》已经解决这个问题。而林肯在咨文中说，《解放宣言》只是通过了而已，该法令是否有效力值得怀疑。林肯在私下谈话和公众演说都对宣言的效力很悲观，预言宣言没法让"军事势力范围以外的黑奴获得自由"。有次，他给一群来白宫参观的牧师讲了个有趣的故事：某个律师在西部法院试图证明牛有五条腿，他把牛尾巴也称作腿。总统说，"但是，法官的判决只是说他把牛尾巴称作牛腿，并不是说牛尾巴就是牛腿，毕竟牛只有四条腿"。他告诉来访者，因此，"宣布奴隶自由并不等于奴隶获得自由"。他意识到，无论是宣言最初宣布，还是 1 月 1 日法令正式生效，都没有影响到边界州，或是南部靠北地区。此外，该宣言的法律依据是战争行为。一旦和平恢复，法庭宣布该宣言违宪，新政府就会对该宣言予以撤销。

　　因此，国情咨文提出了另一项永远废除奴隶制的方案。作为一名领导能力很强的总统，林肯提出了宪法的三项修改案。第一，那些在 1900 年 1 月 1 日前废除奴隶制的州将得到一张国家付款契约。第二，确保获得自由的奴隶们"在战时的意外事件中也享受真正的自由"，他们的奴隶主若是忠实于国家，国家将给予补偿。第三，授权给国会拨出专用款项，用于"在自由黑人的自愿下，在美国以外疆域建立黑人聚集区"。

　　这一系列措施十分新颖，其实林肯在三月咨文中就提到过。整盘计划也类似于六月要求边界州接受却徒劳的计划。事先审阅咨文的人都认为计划根本行不通。切斯尽管被咨文中"高尚情操和美丽的语言"所感动，但也反对包括细节在内的所有计划，理由是"触及奴隶制的宪法修正案不可能得到三分之二的赞成票，也不可能获得三分之二州的批准"。布朗宁判断林肯是患了"幻想症"，这份提案即使不被反对，也至少得花四年时间为人接受。

　　林肯意识到困难重重，宣布计划时重现了与道格拉斯辩论所惯有的热情四溢、雄辩流利。大卫·戴维斯说："林肯把全身心灌注于补偿性解放计划中。他认为，国会不反对的话，问题就解决了"。让他高兴的是，有传言称肯塔基州、马里兰州即将接受补偿性解放计划。此外，他还认为南部的一些蓄奴州极有可能在年底回归联邦，但故意没对国会提及这点。

　　整个秋季，林肯积极鼓动南方联邦主义者和驻扎在南部的军官发起由想当国会议员的人参加的投票选举，实际目的是让这些州成功脱离南部联盟。他对田纳西州、阿卡萨斯州的占领区，弗吉尼亚州的诺福克会举行选举有些许希望；但真正的希望是寄托在路易斯安那州。他认为那里"有教养的绅士们，宣誓支持宪法、没有欺骗嫌疑的人们"，会带头让州回到联邦，"根据宪法的旧条款下重返和平"。他着重补充道："他们的举动将关系到 9 月 22 日的宣言。"换句话说，如果南部的一些州建立起忠实于联邦的政府，派遣出议员参加国会，那么他们将免除《最后解放宣言》的处分。

　　有可能让叛乱的南部州重回联邦，林肯扬扬得意，而且信心满满。若是伯恩塞德、罗斯克兰斯、格兰特给予南军重创，其他州将效仿路易斯安那州；林肯预见到战争很可能在 1 月结束，到时联邦很可能恢复，但是美国依然有奴隶制存在。

　　但这个暗淡的前景并未困扰他很久，因为他知道奴隶制注定灭亡。一位来访者记录道，"他认为奴隶制的根基已经被战争摧毁、被南部士兵破坏了"。因此，目前的主要任务是制定从奴隶制到自由制的过渡方案。这个方案必须被边界州的白人接受，林肯急需这些人的支持，因为这些州的共和党在最近的选举中失利了；这个方案还必须对南方腹地的白人有吸引力，要使他们刚投奔联邦的诚意是真实的。根据来访者的记录，他真正关心的还是"如何为黑人们谋福利——为黑人们建立聚居地，南部恢复学徒制"。他很有信心计划可以实现所有目标。

　　要想计划成功，必须立马实行。时间不多了，因为他承诺在 1 月 1 日发表《最后解放宣言》。他对一个来访者说道，"宽限期满的那天，战争的性质将改变。起义将平息。奴隶制将根绝"。边界州自愿废奴的可能性也就小了。林肯对南部联盟中的白人仅存的一丝幻想也破灭了：如果他们回到联邦，他们可以从"旧时美国南部的黑奴制度"拯救出点什么。

　　在林肯迫切心情的背后，隐藏着另一个不明确的原因。他依赖的支持力量遭受严重的侵害。过去六个月，或是必然，或是上帝的旨意，他时不时地被推向激进的方向。发表《解放宣言》、解职麦克莱伦，都是明显的例子。这些举动让他失去了温和派的支持，却也没赢得多少激进派的支持。要是总统还想有政治前途，路线必须撤回到中间，以巩固统治。

　　林肯在 12 月 13 日错失了拯救国家的机会。伯恩赛德将军不顾林肯的警告和建议，一意孤行，率领波托马克军越过拉帕汉诺克河，抵达弗雷德里克斯堡；然后命令军队朝着玛耶高地前进，南军正埋伏在那随时出击。一天过去后，伯恩赛德军队的死伤人数和失踪人数达到了十分之一，而南军的伤亡数字不到对手的一半。那次是联军历史上最惨的失败。

总统迟迟才收到伯恩赛德战败的消息。直到深夜，他从亨利·维拉德那获知了战争结果。他仔细盘问了刚从前线归来的记者，联邦军的伤亡程度、军队士气、再次发动攻击取胜的可能性等。维拉德怕林肯不知道伤亡多惨烈，他特意强调，遇到的每个将官都说获胜是不可能了，如果不迅速撤到河流以北，还会遇到更大的灾难。林肯苦笑着说，"但愿没那么糟糕"。

事实如此。随着消息渐渐传出，强烈的怒潮开始席卷北部。虽然伯恩赛德坦白承认自己失职，愿意承担全部责任，但是怒潮并没对准他。挨骂的是哈勒克和斯坦顿，他们被指控不支援军队。指责最终是指向了林肯政府，弗雷德里克斯堡的惨败只是执政不力的表现。约瑟夫·梅迪尔在《芝加哥论坛报》声称："战争失利、赋税过重、货币贬值、棉花匮乏……国债飙升、伤亡惨重、成功前景黯淡、密西西比河持续禁航……所有这些造成了国家和人民陷入绝望"。结尾总结道，每个人都感觉"战争正朝向灾难性的、不体面的结局发展"。

在半岛战役之后已经可以听到对总统和政府的质疑，而如今更加震耳欲聋了。还有一些批评者针对了林肯个人。一个威斯康星州居民要求"叛国者林肯和林肯太太"辞职卸任；明尼苏达州参议员威尔金森对林肯在处理苏族人问题上的宽厚仁慈深感愤怒，声称"除非总统去世、建立新政府"，这个国家是没救了。

许多批评者虽然质疑林肯的决心，却愿意承认他是善意的。意识到换掉这个任期还有一半的总统似乎可能性不大，大家似乎试图找个理由相信他。参议员格兰姆斯说，林肯不过是"任人摆布的木偶"，常受到"阁员们的鞭策"。

于是，对总统的不满又转移到了内阁身上。1862 年下半年烦人的报纸上充斥着迫切要求重组内阁的呼声。他们说内阁不和睦，事实差不多如此。除了西沃德以外，几乎每个阁员都抱怨林肯咨询内阁的方式缺乏条理。理论上，每周召开两次内阁会议；而实际上，这些会议按吉迪恩所说"很少召开、不稳定、没有规律"。尽管阁员不热衷于在国务卿缺席时谈论议题，西沃德却常常缺席。韦尔斯批评说，西沃德更乐意"每天大部分时间用于拜访总统、教导总统、交谈奇闻逸事、扯扯参议院的小事、灌输党派看法"。至于斯坦顿，韦尔斯说他参加会议只是"与总统耳语几句，或是拿着公文到角落与总统私聊"。会议非常随意。查尔斯·萨姆纳这样描述他被邀请参加的一些会议：林肯把腿跷在桌子上，脚跟比头还高一截，其他阁员也找了些额外的椅子跷腿。切斯抱怨这些会议没有固定议程，阁员们也没有真正在会议上交流看法。内务部部长史密斯补充，与以前的总统不同，林肯总是独自决定最重要的问题，而不征求阁员的建议，阁员们顶多只是评论评论而已。他发表《解放宣言》就是个例子。

阁员相处得不算融洽。韦尔斯和切斯不信任西沃德，察觉他总是一副和蔼的老好人样，似乎盲目乐观，没意识到国家危机的严重性。而斯坦顿脾气暴躁，一副神秘兮兮的样子，其他人都不愿意与他结交，尽管他和切斯工作中合作得还比较愉快。戴着一头假发的韦尔斯，常被人当作笑料。就连林肯也善意地拿这个老顽固取笑，称他为"悔王星之父"，"检查诺亚方舟的模型，看着说明书想着美国海军"。史密斯被阁员们认为一无是处、无足轻重；大卫·戴维斯也说，他"没有真情实意"。所有人巴不得他赶紧辞职。邮政部部长蒙哥马利·布莱尔与那些对着干的人斗争到底；切斯和斯坦顿是他的眼中钉。

林肯意识到了阁员们的嫌隙，他不仅允许存在甚至是鼓励阁员们意见不一。他知道这些不和谐并不像看起来那么简单。阁员间的冲突来源于不同的性格而不是不同的理念；这些人下意识地为林肯的"宠爱"争风吃醋。这是魅力非凡的大人物在一生中遇到的棘手问题，林肯也不例外。西沃德和切斯之间、斯坦顿和韦尔斯之间的冲突，就好比是斯普林菲尔德时的赫恩登和玛丽·林肯之间、入住白宫这些年来林肯太太与尼克拉和黑伊海之间的争斗。

林肯向激进派靠拢的那段时间，温和派不断要求重组内阁。然而，十一月初过后，换成激进派要求重组内阁。而最主要的攻击目标是西沃德，他代表了林肯执政的所有过失。激进派声称，国务卿从未有斗争的意愿：在南部脱离联邦关键时期，他与南部使节协商；反对建立萨姆特要塞；为麦克莱伦辩护；反对并且延缓了《解放宣言》的发表；与瑟洛·韦德一起葬送了激进派的华兹华斯将军担任纽约州州长的前程。西沃德在四月发给美国驻伦敦大使查尔斯·弗朗西斯·亚当斯的公文进一步证明，这位国务卿未能充分理解南北冲突的本质。直到 7 月 5 日，西沃德公开谴责了"黑人奴隶制的狂热拥护者和极端反对者"，"双方都必须为内战负责"。《芝加哥论坛报》的约瑟夫·梅迪尔宣称，"西沃德必须被赶出国会。他是附在林肯身上的恶魔。他才是实际掌权的人。他用含有氯的海绵蒙住了亚伯的鼻子"。

11 月 16 日，弗雷德里克斯堡战役后的第三天，林肯才意识到国务卿受到的敌意。那一天，他收到西沃德托人带来的消息，"我特此辞去国务卿的职位。希望尽快批准"。他的儿子弗雷德里克·西沃德也用类似的语言，辞去了国务卿助理的职位。林肯痛失得力助手，惊异万分，反问带来消息的纽约州参议员普雷斯顿·金，"这是怎么回事"？

金回答，弗雷德里克斯堡战役的失利引起了轩然大波，群情激奋，所以参议院的核心成员当天下午召开会议，"确定采取什么措施才能安抚民心、缓解事态发展"。参议员威尔金森指控西沃德"对总统的头脑有支配性的影响"，预言"只要有西沃德在内阁中，就只会有战败和伤亡"。这样一来，开会的目的就明朗了。参议员格兰姆斯提出，人们对国务卿缺乏信心，最好把他解职。尊敬的雅各布·柯拉墨提出"不存在真正意义上的内阁"。说话尖刻的威廉·费森登说"似乎有'后门'影响着内阁的结论"。虽然没有明确点出西沃德的名字,但说"参议员应该能得出结论"。情况太突然了,但是国务卿的朋友们还是阻止了一致通过格兰姆斯对西沃德的责难。西沃德的对手们只得宣布暂时休会,第二天继续开会,投票结果16:13,实现了他们的意图。

金并没有等到最后投票结果,而是径直去了西沃德家,在那汇报了会议情况。西沃德说,"随他们乐意怎么对待我。但是不能把总统的失策算到我头上"。于是,写了封辞职信。

那天晚上,总统拜访了西沃德,但是西沃德去意已决。他发电报给家人,让他们别来白宫会合了;他和儿子一起打包整理准备回老家——纽约州的奥本。

接下来的两天,林肯一方面把西沃德辞职的事保密,另一方面焦急地等待着共和党核心会议的投票结果。林肯对核心会议的进展了如指掌。此时他万分痛苦,因为弗雷德里克斯堡战役战败后不久敌军又发动了新一轮攻击。12月18日下午,他与布朗宁会面,问"这些人想干吗"?然后自问自答"他们想摆脱我,有时我也不怎么愿意让他们高兴"。他又说:"我们站在毁灭的边缘。我觉得上帝在与我们作对,看不到一丝希望"。

当天晚上七点时委员会代表参议员们拜访总统时,林肯又恢复了平静。用费森登说的"惯常的温文尔雅"举止接待了这群来客,耐心地听完委员会主席柯拉墨宣读核心会议的决议。决议要求总统改革内阁,以便阁员同意"政治原则和总方针"。

然后,韦德直言不讳地责备林肯把战争指挥权交给"不同意战争的人",把最近的选举失利归因于"林肯把战争事务的指导权交给了怀有恶意和怨恨的民主党"。

承认相信总统的爱国热情和正直诚实后,费森登声称,"内阁没有发挥顾问的作用。事实上,许多重要的决定不仅没有通过协商,而且也没有依靠阁员的渊博知识,就决定了"。他还说西沃德对战争进程起了不利的影响。接下来的话似乎有些偏题,他说军队的指挥官"大多拥护奴隶制、同情南方人";其中一些人,例如麦克莱伦之流,利用职位之便谴责政府没有及时支援他们。

这时林肯打断了他。当律师的丰富经验告诉他,及时岔开话可以消除对方敌意。要不是事态严重,他倒是很想讲个小故事什么的。相反,他拿出了一大捆纸,大声宣读了半个多小时他写给麦克莱伦的信,这些信件表明,政府不遗余力地用最佳的兵力支持军队。

然后,参议员言归正传,这时怒气已平息。

会谈持续了三个小时,直到最后也没有采取行动。会谈结束时,正如费森登所料,林肯总统"心情非常好"。他承诺将慎重考虑委员会提交的决议。共和党激进派离开白宫时，一想到可以"摆脱整个议会"就欣喜若狂，钱德勒与"最真最好的人"欢庆，终于清除了西沃德这一"政府的沉重负担"。

林肯另有计划。第二天，在除了西沃德所有人都出席的阁会上，他宣布了国务卿辞职的消息、汇报了与共和党核心委员会闲聊的结果。他评论，这些人认为西沃德是"失败的真正原因"。又用古怪的语气说，"他们相信总统为人正直诚实，每当他有什么善意，西沃德先生总能设法不知不觉吸出这些好点子"。然后，要求阁员们晚上七点半再次碰面，"大家自由讨论下"。

委员会也被邀请在同时间同地点。参议员与阁员们在接待室会合，面面相觑，脑子里胡乱猜测着。会议开始，林肯先是说了大串话，用"温和又严厉"的语气评论前一天晚上参议员呈交的决议，承认的确没有定期与整个内阁商量，但是"重大问题还是经过了合理考虑"，"他不知道内阁有分歧、意见不统一"。然后号召阁员们说说"内阁是否不统一、是否协商不够"。

大多数阁员毫不迟疑地点头承认重大问题是协商过。这下切斯的立场就尴尬了：如果现在还指责，那么总统会知道背叛者就是他；如果支持总统的论调，那参议员就会认为他欺骗了他们。切斯试图逃离这个陷阱，气势汹汹地吼道"要是知道会被参议员委员会责难，今天就不该来这"。他发现没办法躲开陷阱，于是既没坚持前言，也没有说出真相，而是声明"重大问题尽管没有充分讨论，但是大体上被内阁思考过了"；而且内阁相处很和谐。

会议又持续了一段时间。参议员重述了对西沃德的指责。切斯被迫承认的是，指责国务卿秘书的理由很明显地减弱了。半夜一点，参议员和内阁成员离开白宫。没有得出任何结论。大家都感觉内阁不会发生什么变化。

切斯感到位置不保，准备辞去财务部部长之职。第二天，被林肯传唤到白宫时他带上了辞呈。他、斯坦顿、韦尔斯在办公室等了会儿，总统才到，林肯到后立马对财务部部长说："我请你来，是因为这事带来的麻烦不小"。切斯结结巴巴地说，他也为昨天晚上的会谈很伤感，已经决定辞职了。

林肯接着问："辞呈呢?"切斯边从口袋拿出张纸边说："在这里。我今早刚写的。"

"给我吧。"林肯伸出手去拿，而另一头切斯明显不愿松手，欲言又止。但林肯还是把辞呈拿了过来，打开看了下，露出胜利的笑容，"这样一来，难题解决了，我现在可以处理了"。

然后斯坦顿也递交了辞职书，但林肯无视了他，对这位陆军部部长说："你还是回到职位，我不收你的辞呈。""不多留你们了。"这次谈话便唐突地结束了。

虽然手握两封分别来自西沃德和斯坦顿的辞职书，林肯却拒绝接受他们辞职，依然留用。当他还是小男孩，住在印第安纳州的时候，曾想出个骑马时驮南瓜的好办法。他对纽约州参议员伊拉·哈里斯说"我可以骑马了。背包两端各有一个南瓜"。意思是这两人相互制衡。

这周末，内阁危机结束了。从某种意义上说，问题并没有解决多少。但是从中得出了许多教训。激进派认识到，无论多么精心策划还是密谋，都无法从总统手中夺得掌控政府的权力，因为缺乏力量。林肯坚定地对布朗宁说，"他才是主导者，其他人不应该这样做"。切斯部长的声誉一落千丈。危机结束了，参议员们问柯拉墨，切斯为什么之前说林肯没有条理，又不与阁员协商，后来却又说内阁相处得很和谐呢。直率的佛蒙特州参议员说，"他撒谎了"。费森登明确指出了后果，"他因为害怕得罪敌人而牺牲了自己的朋友，将永远不被人原谅"。西沃德的位置稳稳当当；在尼克拉一类的人眼中，国务卿"经历了被赶出局的风波后，大获全胜，再次赢得了总统的信任和尊重"。而且西沃德认为自己的职位完全是拜总统的善意所赐。接下来的几个月，他说话变得格外小心，也不怎么干涉其他部门的事务了。

林肯也从这次危机中收获了教训。他意识到，以前从未有条理、有礼节地与内阁商议问题。此后一段时间，他一丝不苟地向阁员征询争论议题的意见。

但最为重要的是，这次危机让林肯感受到了自己的力量。事过一年后回顾处理危机的方式，林肯对约翰·黑伊说："我不知道是否有更好的解决方式，但我知道我的做法是正确的。如果向那场风暴屈服，开除西沃德，那么事态发展就会完全倒向一边；我们身边只会留下支持废奴的人。当切斯把辞呈交到我手上，我就知道大局已经在握，这次危机已顺利度过。"能做到不让激进派和温和派占据主导却又和睦共处，林肯为此很是自豪，他向伦纳德·斯威特吐露对这次危机的最终评定是"当总统也许不如其他人，但是让不和谐因子团结在一起，我不比别人差"。

第十五章
国民的声音

　　1863 年元旦的新年接待会上，来宾们摩肩接踵。第一批来客是由国务卿引荐的、着装正式的外交使团。林肯热烈又礼节性地一一握手的样子让旁观者不由得想起锯木头的农夫。然后，穿过人群走到林肯夫人身边。第一夫人身着紫色礼服，腰部有黑色的菱形装饰，她还在为威利戴孝呢。第二批来访者是陆海军军官们。林肯的办公室里国务卿西沃德和儿子也是他的助理弗雷德里克，带来了《最后解放宣言》全文。文件宣布，除了田纳西州和一些南部州的部分地区外，全国的所有奴隶，以及仍在叛乱州的部分奴隶"此刻起、从此后永远自由"。"这是正义的措施，它合乎宪法的规定，出于军事的需要"，总统祈求"人类对之做出慎重的判断和全能上帝对之赐予恩典"。"一生中，我从未像现在这样认为自己是正确的。"他握手握得僵硬麻木，拿不稳笔，"人民将会密切关注我现在签下的名字，他们如果发现我的字发抖，一定会这么说：'他的良心不安！'但无论如何，这个字都得签！"然后，他握紧笔，缓慢又仔细地在宣言结尾署了名。

　　共和党内部派系分界线越发明显，但无论是温和派还是激进派都认为林肯当总统很失败。从 1862 年 12 月的内阁危机中得到的自信又在 1863 年上半年遇到了严厉考验，在面对面意见不合时运用自如的明智、策略、忍耐，却在大型利益集团纷争时毫无用处。一句话说，怎么当总统还有很多要学。

　　1863 年年初，军队没什么好消息。诚然，驻扎在田纳西州东部的罗斯克兰斯军队顽强地对抗布拉格军队，经过旷日持久、代价惨重的斯通斯河战役打败敌军后，总统表彰了这位将军娴熟的军事"才华"、超凡的"忍耐力"和"无所畏惧的勇气"。然而，联盟没有追击。战役结束后的冬季，罗斯克兰斯在穆弗里斯伯勒按兵不动，对总统的进军令置若罔闻。与布尔一样，罗斯克兰斯认为道路行不通，供给困难，与纳什维尔、路易斯维尔之间的通信线路薄弱。

　　最令人困扰的是，波托马克军在弗雷德里克战败后一蹶不振。伯恩赛德很有气概，说承担战败责任的是自己，而不是总统或是陆军部。这点让林肯十分满意，对他有了些信任，"伯恩赛德是第一个愿意为他开脱责任的人"。然而，伯恩赛德已经失去了下属和军队的信任。

　　此时，波托马克军内部的不满情绪抑制不住了，许多军官认为伯恩赛德能力不足，令人失望。约翰·牛顿和约翰·科克伦两位将军预料到即将面临失败，便快马加鞭回到华盛顿，向总统报告。虽然林肯不信任这些下属的一面之词，认为这些人的目的是让麦克莱伦复职，但是他还是命令伯恩赛德停止行军，理由是"不应该不告知我就开展军事行动"。

元旦那天，新年招待会开始之前，伯恩赛德来到白宫为自己辩解。12万人的军队正对着弗吉尼亚州的敌军，无论是在弗雷德里克下方还是上方，进军都势在必行。但是鉴于手下的师长们没一个支持他的军事计划，他愿意放弃计划、放弃波托马克军指挥的职位、放弃美国陆军部的职位。他"非常乐意让位于其他军官"；并且暗示林肯除了关注军队指挥的军事能力外，还得留神陆军部部长斯坦顿、总司令哈勒克是否忠诚，这两人既没有"坚定不移地积极支持总统的政策"，也没有承担"自己那一份责任"。

林肯左右为难，只得问哈勒克对伯恩赛德的军事计划有什么看法。哈勒克却含糊其词，"战场司令能对战场形势做出最准确的判断"。焦急的总统要求哈勒克去伯恩赛德据点进行战场视察、与军官谈话。

哈勒克对此回复的意思是辞去总司令的职位，原因是"就我与战场上将领的观点有很大不同"，不可能做到执行任务时同时"让总统满意又让自己满意"。

林肯别无选择，只能撤回命令，在命令后批注道"撤回，因为受人尊敬的、严厉的哈勒克"。他才刚把政府人员从一场分裂危机中挽救出来，绝对不能再让内阁陷入分裂了；而如今已经有两个主要成员提出辞职，其他成员也会纷纷效仿，有可能要波托马克军大换血。但是，下这个决定时有些心不甘情不愿，后来他说哈勒克只不过是个"一流的办事员"。

至于怎么处理伯恩赛德，林肯更是手足无措了。他不愿意解雇虽然失败但忠心的下属，或许是感到自己在其他人心中也很失败吧。他真心欣赏伯恩赛德的谦逊和忠实：虽然能力不足，但是斗志值得赞赏，他开始怀疑那些批评伯恩赛德的人，认为他们是麦克莱伦的人。不管怎么说，没有出现更好的接班人，总统坦率地对伯恩赛德写信说，"我不认为替换波托马克军的将领能带来什么益处"。

伯恩赛德将军再次得到了机会。在哈勒克的许可后，他计划率领波托马克军，越过弗雷德里克以西的拉帕汉诺克河，在李将军侧翼攻击。林肯同意了此次行军，特意嘱咐"一切小心，必须前进"。1月19日，军队从营地出发，开始缓慢地行进，即将完成一项军中师长认为注定失败的任务。愈加恶劣的天气使得反对声更重。大雨转为雨夹雪，军队陷入泥沼，勉强坚持三天后，伯恩赛德取消了计划。评论者嘲笑这是"泥浆三月"。

回到宿营地，伯恩赛德大发雷霆。他把行动失败归咎于下属们不忠心，盛怒之下起草命令将四个少将免职。带上命令回到华盛顿对林肯说，如果不批准这命令，他就不当军队指挥了。林肯说"你说得没错"，但是与斯坦顿、哈勒克协商后才做出决定。第二天，伯恩赛德再次来到白宫，林肯告诉他，将由其他人接任他担当波托马克军的指挥官。

　　要选个接任者不是件容易的事。虽然遇到巨大公众压力，但是他依旧不考虑将麦克莱伦复职。可以提拔尚未成名的罗斯克兰斯或是格兰特，可是这两人来自西部，提拔西部将领作为指挥，是对波托马克军的无礼。

　　犹疑之间，林肯想到了约瑟夫·胡克。这人有许多缺点：是个十足的酒鬼；口无遮拦地批评伯恩赛德不称职，几乎到了反抗的地步；他甚至说这届总统和政府"愚蠢至极，已经完蛋了"。他对记者说："糟糕的情况会一直持续，直到出现一个独裁者，越早越好"。但是，除了这些"缺点"外，这位英俊的、脸色红润的将军在半岛战役和安提坦战役中骁勇善战，甚至还负过伤，这些经历为他赢得了"战士乔"的绰号。

　　林肯把胡克召集进白宫，当面递交了一份精心写成的私人信件，信件里称赞了胡克勇气可嘉、军事才能卓越、非常自信等。同时，当面对他说，"我对你还有一些不怎么满意的地方"。哀叹胡克曾经打击伯恩赛德的自信心，还提到"最近说军队和政府都需要独裁者"。林肯继续说，"虽然你做过这些事，我还是决定给予你军事指挥权"。他提醒这位新指挥官，"只有获胜才能建立独裁统治。冒着你会建立专政的危险，我现在希望你能打赢战争"。他允诺政府将给予全力支持，"注意行事别太草率"。

　　任命胡克为新指挥，在北部很受好评。这也给林肯总统缓解了些压力。民众们知道，新指挥官要重组军队、提高士气，得花一番工夫和时间。林肯可以暂时把精力放到其他问题上面。

　　大多数外交事宜交由国务卿西沃德处理。他信任西沃德，对他的外交能力也十分钦佩。总统很少干涉其他部长，一般都是各部长独立负责。

　　与其他国家关系通常都很友善，很少需要国务卿或总统出面调停。毫无疑问，林肯从泰国国王的来信中获得了不少乐趣，为了对美国人民给予的支持和帮助表达谢意，信中夹带了自己的照片，还邮寄了一把剑和一个鞘，一对象牙，还表示愿意送来几头种象。美国总统这样回复道，也许是西沃德代写的，"美国所处地理位置的纬度没有低到能繁衍大象，蒸汽汽车和蒸汽船是国内贸易使用的最好、最迅捷的交通方式"。

　　时不时地，美国大使在外国不拘礼节的或是古怪的行动也造成了一点点小麻烦。林肯在《伊利诺伊州国家广告报》的老搭档、如今的美国驻维也纳领事——西奥多·卡尼休斯擅自决定，让意大利将军加里伯尔狄在联邦军队担任指挥官。比这事情严重的是有关驻圣彼得堡的美国部长的抢椅子游戏，这个职位先是给了卡修斯·克莱，以奖赏他在 1860 年芝加哥提名大会上对林肯的坚定和支持，他是来自肯塔基州的废奴主义者。在街道上与俄国人起了几次冲突，亮出猎刀，这位部长便厌倦了，又在联邦军队里找到了更有意思的生活。林肯任命了西蒙·卡梅隆接替他，卡梅隆没做多久，刚把国书呈交给沙皇，就请了假，跑到宾夕法尼亚州竞选参议员去了。与此同时，克莱总是喋喋不休地缠着林肯说这说那，如应该如何进行战争等。林肯觉得最好还是把他发配到俄国，这样更有益于联邦事业的成功。沙皇非常通情达理、和蔼友善，俄国坚定支持联邦，总是打消欧洲想要插手美国内战的念头。

而美国与大不列颠、法兰西的外交关系更为微妙。这两国的经济利益与美国内战息息相关，于是都不支持联邦事业，两国上流社会的人民用猜疑和惊恐的眼神看着民主蓬勃发展的美国南部，与实施奴隶暴政统治的南部更为亲密。联邦切断了南部的棉花出口，导致大不列颠和法兰西的纺织品制造区域损失严重。而这两国的造船业又发现为南部海军制造军舰有利可图。由于有这些经济利益牵扯在内，英法两国很早就树立了自己的中立立场，把南部联盟视作"交战国"；英国险些因为特伦特事件和美国打仗，这表明美国内战很有可能蔓延为世界大战。此外，法国国王拿破仑三世为了巩固马西米兰的傀儡政府，派兵前往墨西哥，这一举动是对门罗主义①和联邦政府发出了直接挑战。

处理其他大的外交事务时，林肯也表现出了小心谨慎。也许他和西沃德都忽视了 1862 年夏季和秋天英法两国是如何干涉美国内战的。那时，南部联盟在战争中取得了一系列胜利，似乎证实了英国首相格拉德斯通的声明：杰弗逊·戴维斯已经让南部联盟成为独立国家。面对经济困难、贸易崩溃，拿破仑眼看着影响经济发展的内战要无止境地拖下去，不愿坐视不管，决定与英国联手干预。而英国首相帕默斯顿勋爵、英国外交大臣拉塞尔伯爵十分乐意法国插手。直到英国内阁发生了一次大争论之后，英国才停止介入；麦克莱伦在安提坦战役获胜、林肯发表了《解放宣言》，这些消息也加固了英国内阁中支持联邦的力量。

1863 年年初，他再也无法忽略干涉战争的外国行为了。《纽约论坛报》的主编霍瑞斯·格林雷下结论说，战争没有希望了，"联邦还是会回到原来的状况"。这等于是说，应该放弃格里利一直催促的《解放宣言》，应该欢迎英国、法国甚至还有瑞士介入内战、进行调停，如果这些国家是"本着促进和平的精神"而来的话。格里利深受一位反复无常的矿物投机者威廉·朱厄特的影响，后者刚从法国带回了拿破仑三世的调停建议书。贺瑞斯由于热情澎湃而满脸通红，匆匆赶往华盛顿，试图赢得法国部长亨利·梅西耶的支持。而林肯对此不置可否；外交事务参议员委员会的主席查尔斯·萨姆纳说，联邦军又急需一场胜利。但是这些人的回答并没让他沮丧，他对《纽约时报》的主编亨利·雷蒙德说，他一定要通过调停来结束战争。雷蒙德反问他，林肯总统对这个方案有什么看法。他的回复是，"你看着……我会让林肯这么做的"。

这次调停危机提醒了林肯，对外国施加影响来支持联邦事业非常重要。美国

① 美国总统詹姆斯·罗发表一番演讲确定美国在未来欧洲的冲突中将保持中立立场。

驻英国大使查尔斯·弗朗西斯·亚当斯，美国驻法国大使威廉·戴顿，都在这方面做得不错，但效果受职位和地域所限。为了能把声音传递到英法两国更多的民众中，林肯鼓励民间人士多对外交流、非正式出访这些国家。

与此同时，林肯也开始试图通过自己的言行来赢得大不列颠国的支持。在美国资金的秘密援助下，英国多次举行公众集会表达对联邦事业，尤其是对解放黑奴的支持。在查尔斯·萨姆纳的协助下，美国奴隶解放运动在全世界传播开了，总统特意写信给曼彻斯特和伦敦市的工人，表达对他们失业的深切同情和慰问，还把棉花短缺归因于"不忠实于联邦的人的行为"，而不是因为联邦切断了南部的出口。

写给英国工人的信件中，林肯简化了美国内战情况。内战考验了"依据人类自由而建立的政府，是否可以在建立人类枷锁特区的袭击下屹立不倒"。英国人一旦用这个观点来看内战，一定会对美国政府表示同情。为了更有说服力，林肯起草了一份声明，让萨姆纳带给英国工会主义的朋友，声明中说，南部叛乱的基本目标是"维持、扩大奴隶制，让奴隶制永存"，还说，"任何一个国家都不应该被文明开化的国家所承认和接纳"。

总统个人的宣传效果如何我们不得而知，国内政局不断波动，又加上畏惧美国报复，导致两个欧洲强国采取中立。然而对林肯来说，这次把白宫作为希道坛，越过外国领导人的不同声音，向普通民众大声说出自己意见，勇敢地扩大了总统的职权范围。后来，他把这种方式用在国内政务，并且效果很不错，这次只是试行。

支持外国势力介入调停的不是只有格里利一个。民主党受到秋季大选胜利的鼓舞，利用法国国王的调停来指责林肯政府。12 月，国会召开的第一天，俄亥俄州众议员桑赛特·考克斯要求政府释放所有在押犯人，指责随意逮捕是"不合乎美国宪法和法律规定的，是当权者非法霸占使用民众手中的权力"。1963 年 1 月，军事局面恶化。皱眉瞪眼像只被链条拴着的藏獒的特拉华州参议员威拉德·索尔兹伯里哀叹道，林肯总统"不加区分的幽默和刑罪"限制了公民自由。他还警告说，《最后解放宣言》"会让其作者遗臭万年"。1 月 14 日的众议院会议上，克莱蒙特·瓦兰迪加姆发表全文演讲。这位英俊帅气、谈吐伶俐、长于表达的俄亥俄议员谴责林肯试图用战争手段恢复联邦制是"绝对的、灾难性的、血腥的失败"。

瓦兰迪加姆的意见并没有代表整个民主党。民主党的战争派依旧支持林肯总统镇压南部叛乱，支持他们认为符合宪法规定的政府措施。但是，民主党中的绝大多数都认为这个国家已经厌倦了腥风血雨，即将通过协商和妥协的方式解决争端。例如，纽约州举行了一次群众集会，表里不一、名誉扫地的前市长费尔南多·伍德代表民主党和平派发表讲话，他敦促总统立刻停止战争，召开与南部联盟的和谈会议，"在不再流血的情况下恢复联邦"。极端反对者认为无论什么代价都要恢复和平；有的要推翻林肯政府；有的正与南部政府接洽。

来自中西部的不满更多，危险更大。战争爆发时，西部人民立刻召集在一起，这些新兵组成了活跃在密西西比山谷的强有力的联邦军队。战争的前两年，遭受了无以计数的重大折损。许多人变得暴躁，对战争也失去了信心。横跨 1862 年和 1863 年的冬天，志愿兵的招募停止了。之后，1863 年 3 月 3 日，林肯政府签署了另一项征兵法案，把西部人民和家庭继续推入痛苦的深渊。

西部人民的不满变得更严重，战争给北部带来了繁荣，而西部什么都没有，这不公平。

西部人不满的真正根源是《解放宣言》。几乎没有什么西部人会支持废奴。那些在 19 世纪 80 年代和林肯同时期加入共和党的人，更关心别让奴隶制扩展到国土，而不关心是不是根除奴隶制。西部人中有很大一部分，尤其是俄亥俄、印第安纳、伊利诺伊这三个州的人民，他们的家庭关系和商贸利益与南部较为紧密，属于斯蒂芬斯·道格拉斯阵营。他们致力于保存联邦制，却对奴隶制的未来毫不关心。《解放宣言》改变了战争的性质。西部的民主党领导人对底下的拥护者说，"我们来告诉你。这是一场废奴战争。我们是为了镇压叛乱，不是让它成为废奴运动"！

西部人们害怕《解放宣言》发表后南部被解放的黑奴会大量拥入本地，更是对林肯的政策怀有敌意。有预言说，"俄亥俄州黑人猖獗。他们跟你竞争，压低你的薪水，你和他们一同工作、一同吃饭，你的孩子和黑人小孩一起玩耍，你的妻子和黑人妇女相处，你和你的家庭就降到他们那么低等了"。这个担忧并不是完全没有道理。九月，斯坦顿下达了命令，把在伊利诺维斯州聚集的"违禁品"① 向北输送，顶替那些参了军的农场劳动力。对于这个问题的恐慌和担忧到处弥漫，林肯不得不在 1862 年 12 月的国会咨文中提到这点，驳斥那些"虚构的甚至是恶意的"反对解放黑奴的人。他非常巧妙地将话题转向把黑人移居于"适宜的地方，与同种人一起生活"。然而西部人没相信他这套，依旧认为《解放宣言》后就实现种族平等了。

西部人的不满还具体表现在不时有暴力运动发生。一些县还发起了抵制逮捕联邦军队逃兵的运动；有几次，在家休假的联邦士兵遭人杀害；也有反对继续打仗的示威和游行。丑恶的种族歧视在这些暴动中显而易见。

大型群众集会和县大会纷纷宣布，"仅凭武力无法重建联邦"，反对这场战争成为废奴的改革运动，质疑即将发布的征兵法案违背了宪法，并要求停火。这些人还号召举行全国会议，以达成"休战"共识，最终会议在四月第一个周二举行。人民反战情绪之强烈，以至于伦敦的《泰晤士报》说林肯发表的《解放宣言》

---

① 南北战争期间偷入北军战线的黑奴。

"动摇了北部联邦的凝聚力",并且预言西部即将从现有剩余的联邦中脱离。

许多西部的联邦主义者也有同样的预感。他们把担忧告诉总统。伊利诺伊州坚定的民主党约翰·麦克科勒纳德提醒总统,"中部和西北部州在酝酿一场风暴",还预言"中部与西北部州不是从新英格兰州脱离,而是与其他叛乱州再次联合"。共和党更是惊慌失措,发现"到处都是叛乱……胆大妄为、目中无人、肆无忌惮、逍遥法外"。民主党占据多数的伊利诺伊州议会坚持认为,除非林肯撤销《解放宣言》,否则联邦不可能恢复;并且要求总统尽快宣布休战;还任命了参加路易斯维尔和平大会的与会代表;阻止军事逮捕,禁止黑人迁居本州,等等。共和党州长理查德·耶茨不得不宣布休会,这是历史上首次,在没有立法授权的情况下擅自决定。同样的情况也发生在印第安纳州,受民主党主导的州议会威胁要接管本州的军事力量,要不是共和党冲出会议室,会议没能达到法定人数,拨款提案都没法通过,被迫休庭,这个可怕的谋划就通过了。

林肯相信这些有关人民不满情绪和密谋造反的报告。州长耶茨是认识多年的故友,完全可以信赖。而莫顿就没法全信了,他"有时的表现是我认识的最狡黠的人之一"。莫顿有次请求与林肯在哈里斯堡碰面,就面对的危机进行协商,林肯拒绝了,因为美国总统不在首都、印第安纳州州长都不在省会,"太会引起误解了"。虽然如此,他还是仔细阅读了莫顿提交、由社会改革家罗伯特·欧文撰写的报告,其中描述了西部地区的秘密和平社团的活动,揭示了民主党关于结束战争、承认南部联盟独立、与新英格兰其他州联合建立新国家的全盘计划。这些消息让林肯非常苦恼。他从未意识到,西部的叛乱和骚动极少出于对战争和联邦不满,其实更多是出于对共和党的敌意。他忧心忡忡地对查尔斯·萨姆纳说,他害怕"后院起火"——民主党,尤其是西北部的民主党——比军事问题还要担心。

此刻开始,林肯转而支持在西部建立忠实于联邦的共和党统治,镇压人民的不满情绪。1月,耶茨告诉他必须建立四个驻扎在伊利诺伊州的武装政权,来监视州议会,一旦有必要立刻解散议会。总统立刻批准了这项提议。

政府开始采用新的征兵法案,不止是为了征募军人,而且也是为了镇压民众不满情绪。林肯任命詹姆斯·弗里少校为宪兵司令,而宪兵司令助理将被派往各个州,与当地州长通力合作,主要任务就是招兵入伍,要是遇到抗议,立刻就把那些反抗的人送入监狱。

让安布罗斯·伯恩赛德去西部维持治安,这点上林肯失策了。伯恩赛德刚从弗雷德里克战场归来,担任俄亥俄州的指挥官,他不容许因为任何粗心或是失败导致更大灾难,精力充沛地与"无论是明显的或是暗示的叛乱"作斗争。4月13日,他发布第三十八号将军令,任何做出有利于"敌军利益的举动"的人都将以间谍或叛国罪名被逮捕,接受审判。将军令特意提到了严禁"同情敌军的习惯"。

西部民主党和平派的领导人瓦兰迪加姆,决心鉴定下这个违反宪法、侵犯人身自由的将军令。5月1日，他在俄亥俄州维尔努山发表了激动人心的演说，演说中谴责伯恩赛德滥用专制权力，抨击"林肯王"发动战争是为了解放黑奴、束缚白人。四天之后，瓦兰迪加姆被伯恩赛德逮捕，军事委员会宣判："罪名是以削弱政府镇压叛乱的力量为目的发表叛国言论。"在之后的战争期间，这位前议员被关押在某个要塞。

逮捕瓦兰迪加姆这事向林肯提出了个严肃的问题。林肯的最初反应是支持下属在战场的决议。伯恩赛德曾经把第三十八号将军令发回华盛顿给林肯审阅，哈勒克和林肯都没异议。毕竟这位将军的行动是经林肯1862年9月24日发表的《解放宣言》授权的，宣言暂停了公民的人身保护令。后来国会通过的一项议案又巩固了林肯的职权——根据立法委员的解释，这项议案授予总统中止人身保护令的权力，或是证实了总统的确有这权力。相应地，5月8日，林肯发电报给伯恩赛德表示"绝对支持"逮捕瓦兰迪加姆。

重新考虑后，又对逮捕事件有了全新思考。阁员们对逮捕瓦兰迪加姆深表遗憾。一些人怀疑这次逮捕是否必要。韦尔斯坦率地说，"是伯恩赛德的过失"。政府内部产生不满情绪还有个原因是，明明应该去俄亥俄州的民事法庭，却在军事法庭受审。现任最高法院法官的大卫·戴维斯不停地强调，此类情形下由军事法庭审判是违反宪法的也是错误的。哈勒克给伯恩赛德的信中说，"在俄亥俄这样忠实于联邦的州，尽量不要干涉民事法庭"。还有一些人对瓦兰迪加姆被判监禁而不是流放南方联盟战线深感遗憾。

瓦兰迪加姆被捕在政府内部引发的惊愕与全国人民的愤怒相比，简直小巫见大巫。先锋的《纽约地图报》说，事件中体现的"军事独裁专制"，显露出了"华盛顿政府的虚弱、愚蠢、沉闷、管理不善、罪恶"。纽约市举行的一次集会上有人说，如果瓦兰迪加姆被捕事件不受指责，那么"言论自由和人身自由消失了，宪法和国家也凋谢了"。另有人尖锐地指出，瓦兰迪加姆的言论激烈程度还比不上若干年前林肯批评波尔克总统的言辞。还有人大声呼喊，"华盛顿市总统交椅上的那个人比任何一个南部叛乱者都要背信弃义十倍"。全国的报社，许多是忠实于联邦的报社，纷纷抨击逮捕瓦兰迪加姆的行为，与《纽约先驱报》意见一致，认为"这是导致最终血腥和混乱的第一步"。

林肯迫于舆论压力，与伯恩赛德将军的建议背道而驰，在5月19日宣布减轻了瓦兰迪加姆刑期，并把这位前议员流放到南方联盟战线。

瓦兰迪加姆事件磨炼了林肯。6月1日，伯恩赛德提议令反战立场的《芝加哥时报》停止发行，林肯立刻否决了这个提议。威尔伯·斯多瑞编辑的《芝加哥时报》把《解放宣言》说成"丑陋的篡夺、刑事犯罪、国家自取灭亡"，还说林肯牺牲无辜战士的生命。尽管如此，林肯认为禁止报纸发行后的民愤会比允许发行严重得多。

但是，这次逮捕事件引发的社会影响太大，无法抹去。俄亥俄州民主党提名仍在流放中的瓦兰迪加姆为州长，借此来表达对林肯的不满。更重要的是，这段插曲也对民主党战争派影响不小。

1862 年的秋季选举中，一些州的共和党已经意识到共和党从 1860 年起成为少数党；而民主党曾与南部结盟，以"联盟"为口号争取选票。这种联合不完整也没有取得很好效果，重组党派的可能一直存在着。

在边界州势力巨大的布莱尔家族提出了重组的一个方案。邮政部部长蒙哥马利·布莱尔也非常推崇。这个计划中要求林肯总统重组内阁，将西沃德和斯坦顿解职，让麦克莱伦重任军队指挥官，而布莱尔则成为"林肯总统的私人顾问而不是发号施令者"，蒙哥马利·布莱尔称赞自己的父亲"毫无疑问，是美国最能干、知识最丰富的政客"。这个方案没有出路，首席检察官贝茨评论道，布莱尔"使计谋、耍手段"，把狡猾当智慧。

还是纽约州保守的共和党瑟卢·韦德提出的方案更可行些。"把分裂主义者从民主党中剥离，把激进派从共和党中剥离，然后合并，1864 年完成重组。"

另外一个重组的办法就是让保守的共和党、支持林肯的边界州人民和支持霍雷肖·西摩的民主党成员们通力合作。西沃德虽然不同意政府的行事方法，毕竟不是"铜斑蛇'。这方案很不错，为了促使这项议案通过，瑟卢·韦德早在 1 月就辞去了《奥尔巴尼晚报》编辑的工作，这消息令林肯有些吃惊。免除了党内责任后，开始抵制称为"狂热"的格里利和废奴主义者，要是放任不管，"政府必然推翻，国家必然灭亡"。韦德分离出党派的事众所周知，连副总统哈姆林都预言他即将加入民主党。

林肯自己并非只是助了一点力。1 月，他试图赢得西摩对政府措施的支持。他提醒西摩的弟弟约翰说，他和西摩在保存联邦上休戚相关；如果联邦不在，那么就没有"下届总统"了，无论是民主党还是共和党。林肯乐于听取约翰的抱怨，约翰说"共和党内颇有一些人自持爱国主义的专利"。林肯知道西摩非常重要，他是美国"最大的州的州长"。于是直接写信给他，"主要是加深相互了解"。他试图把差异最小化，巧妙地假定两人都认为"维持国家生机、维护祖国统一"非常重要，消除"互相之间不公正的猜疑"。收到信的西摩害怕这是个圈套，犹豫了三周多才回信，冗长的信中说，"在宪法所赋予的权力范围内……对那些因为公共事务管理而起诉的人表达应有的尊重、给予他们公正慷慨的全力支持"。林肯没有拖延，之后几个月密切留意，保证州长发出的任免权请求得到及时地、亲切地处理。

林肯让韦德转告西摩，如果支持政府镇压叛乱，那么他就支持西摩在 1864 年成为联邦的总统候选人。和以前的传言一样，故事又被人放大了。林肯未必会放弃竞选连任，况且就算林肯不竞选，让谁继任也不是由他说了算的。林肯和西摩都没留下关于这笔"交易"的记录，韦德的话也没有证实这事。有位编辑写道，林肯是这么说的，"西摩州长……能让民主党就范、能镇压叛乱、能维护政府。告诉他，如果他为国效力，我就让位于他"。事实上，林肯没有为了支持西摩而退出下任总统竞争，只是对韦德说的预言，如果西摩用权力"对抗叛乱、支持国家，那么他将成为下届总统"。

这些与西摩联合行动或是重组党派的美梦，都被瓦兰迪加姆事件击碎了。民主党反战派陷入混乱。民主党的领导权落入坚决反对林肯的人手里。

党内对于林肯的反对力量也积蓄着。尽管顺利度过了 1862 年 12 月的内阁危机，但是一些共和党成员依旧认为必须通过重组和换新领导人来改革政府。

1862 年 12 月召开的国会是表达对林肯不满的集中地。这届议员大多即将卸任，没有一个派系信任林肯。1863 年 1 月，前任最高法院法官本杰明·柯蒂斯来到华盛顿，说大家普遍认为"总统无能"，"一蹶不振、不知所措、愚不可及。就算他自己灭掉自己，也没什么好吃惊的"。共和党中的保守派觉得没必要把为联邦而战转化为为奴隶制而战，反对限制言论自由、新闻出版自由，反对随意逮捕政见不一的人。另一方面，激进派责怪林肯处置奴隶制的动作太慢，责怪林肯不知道叛乱州重归联邦体制前必须重组社会制度。国会开会期间举行了热火朝天的讨论，共和党中的不同派系已经不再内讧，共同把矛头指向了白宫，驳回林肯的起诉，因为战争的起因是"罪名昭彰的篡权，活该受到全社会的谴责"，总统的政策是把南方作为被占领的省对待。

尽管党内意见不一层出不穷，第三十七届国会的共和党却留下了难忘的丰硕法律记录。第三次会期，通过了《征兵法案》。不同于 1862 年通过的征兵法，新征兵法案不再把军事配额分给各个州，把征募军队的任务脱离出国家官员的手，让 20~45 岁的壮丁为国效力。在切斯的强烈要求和林肯的沉默施压下，《全国银行法》也通过了，第一次建立起全国流通货币和国家银行网络。之前开会的时候还通过了《宅地法》，这项新的国内税收法律改变了国内税制，以关税立法的形式真正保护了美国本土工业，租赁横贯大陆的铁路，建立了一大批接受政府赠予土地的学院，成立美国农业部，所有这些都是与养兵打仗相关的大事。硕果累累的法律成果是在共和党摒除派系纷争、与总统友好合作之下取得的。

不论属于什么派系，许多共和党人都希望把总统交由军事法庭，这点在 1863 年头几个月就有苗头。3 月，马萨诸塞州作家及律师理查德·亨利·达纳来到华盛顿，说"最惊人的现象就是人们不忠实于总统。个人忠诚压根不存在"。《辛辛那提市商报》的编辑、共和党保守派穆拉特·霍尔斯德骂总统是个"可悲的、糟糕的傻子"，还说"要不是总统太他妈混蛋了，我们会过得很好"。

共和党中的温和派想让西沃德和布莱尔成为内阁的主心骨；而激进派要求政府彻底把温和人士扫地出门。他们把主要目标对准西沃德，认为他"荒谬、不忠、阴险的政策"导致了联邦军连连失利。来自密歇根的参议员撒迦利亚·钱德勒属于激进派，确信西沃德是"彻头彻尾的叛国贼"。来自纽约的詹姆斯·怀特法官激烈反对西沃德，发动了将西沃德削职的请愿活动。

激进派发现彻底改革政府不可行，便开始试图重组政府。其中一个目标就是军事指挥权。他们说军队的主要军官都由民主党担任，这些人对联邦事业没什么热情，更严重的是，他们破坏奴隶解放运动。正如温和派们不断催促林肯使麦克莱伦复职，而激进派坚持要求林肯把指挥权给本杰明·巴特勒。

激进派努力想让弗里蒙特晋升，也没什么起色。他们对他信赖，因为早先尝试过解放密苏里州的黑奴。但是弗里蒙特的精神包袱也很大。对他在西部部门的管理传的流言蜚语；同时树下了位高权重的布莱尔家族这个死敌。而后，又在谢南多厄河谷平平淡淡地任职，又气冲冲地辞了职。

林肯在激进派的施压下，与弗里蒙特将军进行商讨，计划派遣他去招募黑人军。他希望黑人军队可以立马壮大到一万壮士的队伍。而这项任命从未执行，也许是因为哈勒克反对他，更偏爱西点军校出身的人当将领。于是，弗里蒙特只得愤愤不满地回到纽约。

共和党激进派越发觉得，应该撤换的不仅是阁员或将领，而是林肯总统。这一年年初，一些激进成员与副总统哈姆林会面时，表示支持他担任1864年总统大选候选人。而哈姆林私下觉得林肯"是个难得的好人——只是时运不济"，于是拒绝了他们的请求，说"我全心全意忠实于林肯总统，如今我们应该放下私人情绪，坚定支持他"。

激进成员觉得总统继承人差不离是财政部部长切斯。内阁危机期间失去了人们对他的信任，但依旧是鼎鼎大名的精力充沛的政治领袖、强有力的行政官员、忠实的废奴者。既是废奴主义者也是老兵的约书亚·吉丁斯预言，要是没什么大的反对，切斯将成为下届总统竞选中"唯一的共和党候选人"。对于他人的推测切斯没有采取什么行动来打消。就在12月内阁危机前，他还写信给支持者说，有必要"重新组合政党"，"既代表民主党，又代表共和党"，政党领导人以前当过民主党，现在是共和党。这描述的其实就是自己。

受到各方阻挠，林肯灰心不已。2月，一个细心的观察者发现林肯"双手发抖，显得疲惫又憔悴"，他似乎"越来越虚弱"。海军上将约翰·达尔格伦是白宫的常客，他在2月6日的日记里写道，"我发现林肯总统现在都不讲笑话了"。马萨诸塞州的废奴主义者温德尔·菲利普斯对总统提到连任的事情，他的答复是，"哦，菲利普斯先生。我对这事已经没有任何个人感想或是期望——我不能说从未有过。就按我经历而言，当总统这事太受摧残了，负担太重了"。

周围总是环绕着官僚主义者、申请文职或是军官的人，袖手旁观的人，他这位总统实在是太孤独了，华盛顿最孤独的人。布朗宁连任竞选参议员失败，这样一来，国会中他就一个朋友也没有了。而内阁成员中他最欣赏西沃德，喜欢与他谈论趣事，但这两人相识时已经成年又都是著名的政治家，从不向对方吐露真挚的心声。

从妻子玛丽那他也得不到什么情感支持。她依旧身穿素服，为威利哀悼。2月，威利去世一周年纪念日，她再次心痛欲绝，在写给吉迪恩·韦尔斯夫人的信中说，"只有痛失亲人的人才能意识到，忌日到来时心有多痛"。她不想遗忘对威利的记忆，总是让巫师帮她和儿子交谈，其中最有名的就是内蒂·柯尔伯恩。在白宫就至少举行了八次降神会。林肯参加过一次，但是他不信这个。不久，玛丽感觉不依靠媒介自己就能掀开生者和死者之间的帷幕，用魔法召唤死去的两个儿子的魂魄。她对同父异母的妹妹说："威利还活着。他每晚都来看我，站在床脚边，脸上挂着一如既往的可爱笑容……有时还有埃迪"。

玛丽就像一团沮丧之云，让白宫的这段日子也是死气沉沉。她以前用奢侈的装饰和精致的装饰把总统官邸打扮得富丽堂皇，现在却毫无兴趣。正式招待会曾经是乐趣来源，现在却当成是酷刑，尤其是有破坏者带走纪念品的时候，要么带走了花边窗帘的一块布，要么使得帐幔显露出来，甚至是像记者诺亚·布鲁克说的，割掉"地毯上的几小块，留下手掌那么大的伤疤"。玛丽克服沮丧地出席了元旦的大型招待会，但是心思不在状态。她机械地招呼客人。

白宫现在没什么娱乐或消遣。唯一一次就是为了接待"大拇指汤姆将军"查尔斯·斯特拉顿和他新娘匆忙举办的接待会。他们刚于2月10日在纽约结婚。玛丽只是出于责任参与；而林肯却乐在其中，弯下他六英尺四英寸的身子，一本正经地与三英尺四英寸的客人谈天。

一方面，玛丽自己精神恍惚，似乎忽视了处于困境中的丈夫急需安慰。另一方面，林肯顾及妻子精神脆弱，不想她为政治问题所累。不管怎样，她是否能帮上忙还是个疑问。她的政治"触角"曾经在斯普林菲尔德大有用处，到了华盛顿就相当没用了。玛丽把政客区分为朋友或仇敌，她厌恶所以有可能成为林肯竞争对手的人。从一开始她就看西沃德不顺眼，希望他尽早辞退。她比林肯还要早察觉到切斯的总统野心。在她看来，林肯处理内阁危机的方式错了，正确的方式是以内阁危机为契机，清除掉除了蒙哥马利·布莱尔之外的全部阁员。她认为阁员中只有布莱尔是完全忠实的。这些古怪想法令林肯困扰不已，但更困扰的还是玛丽总在谈话或信件中阐述她的政治看法。她不知道第一夫人的一言一行都会被人从政治上评价。她把罗达·怀特选作好朋友，不觉得跟她交谈是发表政论；怀特太太完美无缺，但她丈夫詹姆斯·怀特正在发起把西沃德驱逐出内阁的请愿活动。在这种情况下，林肯觉得不要对妻子吐露太多为好。

威利死去后，林肯从泰德身上获得不少安慰，两人感情越发深厚。很多时间用来和这个小男孩玩耍，逗逗小猫，养养小狗。伦纳德·斯威特描述狗狗是个"可爱的小家伙，在屋子里到处跑，汪汪直叫，有时还前腿举起，只用后腿站立"。

泰德聪明伶俐，惹人疼爱，但没受过什么训练，九岁了还不会自己穿衣，虽然请过家教，但还是不会读书写字。对他的缓慢迟钝林肯倒是不怎么担心，"让他去吧。赶上别人有的是时间"。因为泰德语言有障碍，所以很难理解他，但父亲林肯懂他，不能表达想法时这位小男孩多么沮丧。当泰德突然闯入内阁会议，奶声奶气地叫爸爸，林肯停下手头事情把全部注意力投向这个小孩子。反过来，泰德也非常爱爸爸，总是在办公室逗留到很晚，有时在沙发或椅子上就睡着了。林肯离开办公室时，抱起泰德走向大睡床，现在泰德通常和他一起睡那里。

大儿子罗伯特大多数时间都在哈佛读书。父亲用自己特殊的方式表达对儿子的自豪，对来访者夸赞儿子"正在接受最好的教育"，虽然学费"有点负担不起"。他隐晦地把儿子当作竞争对手，自我解嘲地说，"鲍勃比我聪明得多，我只受过一年教育。但鲍勃的表现不会比我好"。罗伯特寒暑假会在白宫度过，华盛顿市人说他仪表堂堂、举止优雅，私下谈话里还说他很幽默。但在父亲面前僵硬又笨拙，似乎找不出什么可说的。当罗伯特回到剑桥，每个人都长舒一口气。

两个秘书的角色罗伯特都比不上。与约翰·尼克拉和约翰·黑工作了很久，相互越来越熟悉，林肯喜欢有他俩做伴。因为这两位秘书就住在白宫，晚上经常路过拜访，谈谈天，回顾当天的新鲜事。有次午夜时分，林肯大笑着走进屋子，给他们读了托马斯·胡德写的一首好玩的诗。黑伊海在日记里写道，"他穿着件短衬衫，底下是长腿，从后面看就像是鸵鸟的尾羽。这副样子比他讲的笑话有趣得多。似乎他完全不知道"。

林肯非常珍视两人的忠诚。反过来，两人也一路关注着他逐渐成长为总统，欣赏他运用杠杆的力量平衡政局。他们尊敬这颗"边远蛮荒地区的木星"，他用"稳健的双手控制着战争之弩箭和政府的运转"。秘书们是第一批察觉到林肯的英语能力的。毕业于布朗大学的哈特不禁为林肯公开文件中"修辞非常糟糕，部分语言粗鲁、臭名昭著"哀叹不已，而且这些文件"将被历史永远记住，作为伟人的豪言壮语"。两人总是和林肯在一起，讨厌接近林肯的其他人。两个秘书与林肯太太之间就形成了微妙的竞争关系。表面上是为白宫的管理和整修意见不一，最根本的原因是为林肯总统争风吃醋。

1863 年头几个月，林肯察觉到不得人心后，找到一切的原因了。一群来自英格兰州的废奴主义者拥来白宫，代表北部人民抱怨军官和战士没在战场如实实施《解放宣言》。总统这样回复，"我的印象里……人民大众总是对军事胜利不多而不满。战场的失利让所有看上去都是错的"。

那段时间，陆军将军们和海军将官们正在商议新的行动计划，打算发动新一轮袭击。林肯努力保证军力充足、武器优良。人力的确是个大问题。内战持续了两年，伤亡无数，第一批招募的士兵已经该退役了，士兵们都盼望着回家。成千上万的士兵没有请假就逃跑了。林肯对自愿回到军队的士兵实行大赦，却也收效甚微。几乎没有人志愿参军了。在新的征兵法令显效、带来大批士兵之前，还有几个月要熬。

林肯踌躇许久，不情愿地动用了他发誓永远不使用的力量："美国黑人军"。自从战争开始，废奴主义者和黑人领袖就力劝林肯这样做。弗雷德里克·道格拉斯请求，"把奴隶们和自由的黑人尽量利用起来，组成军队，让奴隶们高举解放之旗，向南部进军"。但是有力的保守派反对这个提议。一些人认为黑人不会开打的，那么他们手中的武器就会被南军夺去；另一些人预言说，黑人拿到武器后会起来反抗奴隶主，这样南部就成为又一个圣多明哥。尽管 1862 年 7 月通过的《没收法案》就批准了征收黑人士兵，但林肯还是不愿实施这么革命性的政策。在南部部门的戴维·亨特将军试图在南卡罗来纳州招募黑人军，林肯立刻否决了他，说他"可以雇佣黑人当劳动力，但是不能答应招募士兵"。

即便是发布《初步解放宣言》后，林肯依旧抗拒使用黑人军队。宣言本身是用来劝说南部联盟在百日以内回归联邦；否则他们将失去所有的奴隶。而同时宣布逃脱出奴隶主的奴隶就被编制为黑人军，这样就不合逻辑，而且会产生反作用了。林肯的观点是，把黑人聚居于国土以外比编制成军更有效。但是招募黑人军已经是不可抵挡的趋势。早在《解放宣言》被发布前，斯坦顿在林肯不知晓且不反对的情况下，让鲁弗斯·萨克斯顿将军在南卡罗来纳州招募黑人军；本杰明·巴特勒将军在路易斯安那州召集自由黑人；詹姆斯·雷恩在堪萨斯州欢迎任何种族的人参军。

在持续不断的压力下，尤其是在萨姆纳的施压下，林肯开始渐渐倒向征募黑人军队一边。萨姆纳的支持或至少是中立态度，对于度过内阁危机至关重要。也许林肯还受到了副总统哈姆林谈话的影响。哈姆林曾经把一些年轻的军队士官带进白宫，其中还有他的一个儿子，这些人自告奋勇担任黑人军队的指挥官。林肯深受这群愿意在种族偏见的事业中牺牲职业前途的年轻人感动，终于说，"我想时间差不多了"。他察觉到《解放宣言》在"某些方面"不利于招募联邦军，他下结论说"如果适用，应尽量从中受益"，方式就是招募黑人军。

《最后解放宣言》宣布以前的奴隶可以重新纳入军队，但角色仅限于"驻守要塞、阵地、基地、其他地点、各类舰只的防备军"。不言而喻的是，林肯现在的立场变了，他放弃了在美国以外建立黑人聚居区的计划。从此以后，林肯总统认可黑人未来将成为美国公民。

一旦变换立场，总统开始积极催促指挥官招募黑人进军队。比如说，他询问驻扎在弗吉尼亚州的约克镇和门罗堡垒的约翰·迪克斯，这些职位"是否可以部分或完全由黑人军队守卫，让白人士兵去其他的地方"。

整个春天，林肯大力劝说大量招募黑人士兵。而巴特勒将军和弗里蒙特都拒绝受命去南部、去招募黑人军队，林肯直接把目标转向了战场上的将领。他提醒田纳西州的军政府首长安德斯·约翰逊，"黑人是恢复联邦可以利用的力量，却也是无效的力量"。他敦促约翰逊带头招募黑人士兵，预言"只要密西西比河堤上有五万武装优良、训练有素的黑人士兵，叛乱立刻平息"。

春季的计划即将付诸实施。他让纽约州的丹尼尔·厄尔曼把路易斯安那州的自由黑人编制为一个志愿旅；更冒险的是，他和斯坦顿把民兵指挥官洛伦佐·托马斯派往密西西比流域招募黑人入伍。到1863年年底，托马斯招募的黑人已经到了20个军团。

除了招募足够的士兵，林肯还努力为军队提供最好、最先进的武器。他的努力总是受到行动迟缓、迂腐保守的军队官僚的阻碍。军械署长官詹姆斯·里普利出生于1794年，是个顽固的传统主义者。他总是因循守旧，每次出现什么新武器通常就被扼杀了。里普利反对后膛装弹的枪炮、连发步枪、"咖啡磨手枪"（机关枪的前身），以及其他新颖兵器。相比陆军，海军更愿尝试新武器，韦尔斯部长冒险在《督查者》上也证实了这点。但官僚机制还是占据主导。

对小机械和小器具也非常感兴趣的林肯，积攒着各类新的武器模型。比如说一件沉重的蓝钢铁甲；一个被总统用作纸镇的手榴弹、一尊用来守卫公地持有证的铜大炮。林肯自己也是个发明家，希望给有新主意的人公平机会。有时去华盛顿海军工厂。

达格伦随时可以在那试验新武器、新炸药。韦尔斯部长说达格伦总是竭力讨好总统，一副想着升官发财的样子。而林肯觉得这位52岁来自费城的瘦个子好奇心强烈、判断能力准确。林肯几乎每周都去海军工厂；有时候是为了逃离申请者和上访者的压力，多半还是为了观看新武器和炸药的试验情况。

林肯对一位名叫拉斐尔的法国人发明的连发步枪颇感兴趣，把测试"这种新型枪支"的任务交给了达格伦。试验结果不错，然后就邀请了总统到海军工厂现场观看。同行的还有西沃德、斯坦顿、《纽约论坛报》记者。一行人花了两个多小时观看机关枪射击波托马克河上方的目标物。

这些努力带来的主要益处就是走出了白宫，增强了身体健康。几乎没有新武器是投入生产的，或是后来在士兵手上出现的。吉迪恩·韦尔斯说林肯测试新武器"是出于好意，但过程不正规"，很容易让骗子和投机者钻空子。

三月，国会闭会。林肯忽然发现手上有大把的时间。没有参议员要抚慰，没有众议员要安抚，没有要签署的法案。外国调停的声音已平息。西部的"铜斑蛇"发动起义的传言也减弱了。四月的一天，林肯去海军工厂看完达格伦，临走前幽默地说"是时候离开了。我该回家了。这里没我的事。但是律师也说，其他地方更没我的事"。

那段平静的日子也意味着春季袭击南部的准备已经就位了。一整个舰队包括监控的装甲舰和一些常规船舰，准备袭击查尔斯顿——南部联盟的中心城市。格兰特将军和谢尔曼将军即将发动战役攻克维克斯堡。维克斯堡是连接南部联盟东部州和贯穿密西西比流域的最后一道主干线。班克斯军队将从新奥尔兰出发北上，与格兰特军队会合。东部的田纳西州，罗斯克兰斯将军静候在那，即将发动查塔努加市的占领战役，切断南部联盟的沿海地带和密西西比流域之间的公路纽带；更重要的是，林肯觉得这样将解放山地地区长期身受磨难的联邦主义者。再往东边，胡克的波托马克军即将与弗吉尼亚州北部的罗伯特·李将军决战。

林肯期待着他的伟大战略怎么把南军一举击溃，时常与韦尔斯部长讨论南卡罗来纳州海战，几乎每天都去陆军部察看军事部署情况。或许是近在咫尺，或许是对胡克将军不放心，他还监视着波托马克军的一举一动。上任以来这几个月，胡克已经用实力证明自己是个军事专家，波托马克军士气大增、体能良好。

四月初，林肯决定去弗吉尼亚州北部胡克指挥部视察。或许这是玛丽的主意，她觉得丈夫应该暂时休息下，从繁忙的公务中获得喘息。胡克将军发来的欢迎电报为这次旅行定下了基调，"真遗憾，你们一行人一定经受不住我们的热情款待呢"。

在林肯太太、泰德、首席检察官贝茨、医生安森·亨利、一位斯普林菲尔德老友、诺亚·布鲁克斯、一名《萨克拉门托联邦报》记者，还有其他人等的陪同下，林肯乘坐着非武装的"嘉利·马丁"顺波托马克河而下，途中受暴风雪所阻，转火车才抵达胡克指挥部。4月6日，林肯检阅了波托马克军的全部骑兵，这是胡克最近重组另编的，虽然士兵们觉得总统"相貌丑陋"，但还是致以了热烈的欢迎。某中尉在日记里写道，"钦佩他正直诚实、操纵战争大局的管理能力"。林肯太太收到的评价略逊一筹，"长得可爱，却并不聪慧"。泰德是那里的小明星。被人穿上靴子、在人们的鼓励下，执着地紧握马鞍不放，骑着小马奔驰，斗篷在身后呼呼飘扬。

接着三天，除了去军区议院看伤员外，林肯又检阅了将近 6 万名胡克将军麾下的士兵。他大多骑着枣红马；某士兵这么评论林肯的出现，"算不上风度翩翩，引起不了赞赏"，然而骑马路过时，人群依旧发出令人鼓舞的欢呼。玛丽·林肯在首席检察官贝茨的陪同下，坐在一辆疾步行驶的四驾马车里，也检阅了这支部队。虽然筋疲力尽却令人印象深刻，整支部队处于待命状态，状态稳定，林肯发现"制服整洁、武器锃亮、设备良好"。总统一行人离开指挥部时，一种满足感在林肯心内油然而生，一切都已准备好，胜利即将到手。在阿奎拉河边又受到码头上的船只、岸边的火车给予敬意，汽笛声响起、铃声响起、旗帜飘扬，这也增加了他对即将发生的战争的自信。

天生行事谨慎，林肯没有发表战争结果的预言。当被人问起联邦军队胜算如何，他这么回答，"往最好处着想，做最坏的打算"。还陶醉在这次旅行带来的欢快心情，又有人开始婆婆妈妈地唠叨了。早在胡克军营时，对于查尔斯顿之战胜算不多的猜测就从南部联盟报纸、叛乱地区的警戒队流传开了。

在胡克军营的一些所闻所见也让林肯苦恼。胡克向他形容作战计划时，总以"当我到达里士满""占领里士满之后"开头。林肯把诺亚·布鲁克斯叫到一旁轻声说，"最不幸的事情是，他自信过头了。胡克和下属们为通往里士满的最佳道路是穿过李将军部队左侧还是右侧而争论不休。他十分不赞同，匆匆写下一张既是常识又包含高度的军事眼光的便笺提醒他们，"主要目标是前方敌军。跟里士满无关。它只是附带的一个任务罢了"。后来，他又听了战役计划，不由得担心起波托马克军会步后尘，每次只出一部分兵力。知道部署战役不是自己的责任，临走之前告诉胡克和达赖尼斯·考驰"请你们两位记得下次战斗……把全部军力用上"。

之后的几周，林肯的预感都成为现实。4月7日，他还和波托马克军在一起，萨缪尔·杜邦率领九艘装甲舰驶抵查尔斯顿港口，开始袭击萨姆特要塞。第五天结束时，杜邦将军的装甲舰严重受损，不得不撤退。林肯"有睿智的直觉"，这是吉迪恩·韦尔斯观察的结论；他从不对海军作战抱希望；杜邦将军的作战让他想起麦克莱伦。现在唯一能做的就是做出最好的姿态面对战败。有人评论杜邦将军在查尔斯顿被击退，林肯立马纠正，"先生，是'制止'，不是'击退'"。为了防止南军发动新一轮攻击，他要求舰队守在港口附近的边滩。

密西西比流域的军事行动也让人失望。格兰特麾下的士兵费了大半个春天在路易斯安那州境内密西西比河挖隧道，希望借此越过维克斯堡，然而河堤却塌了，工程只能废弃。联邦军队向维克斯堡开火，虽然获胜了，折损却很严重。格兰特没把作战计划告诉任何人，带领军队从密西西比河西侧越过河，然后就消失了踪影。没有人知道他在哪里、他想怎么做。

相比之下，罗斯克兰斯按兵不动。他的想法似乎很奇特：军事战略规定同一时间只能有一场战役。格兰特正向维克斯堡挺进，那他就只能在田纳西州守着。无论林肯怎么说怎么做，都没法除去他脑里的固执想法。罗斯克兰斯既没有向布拉格部队发动攻势，也没有支援格兰特，相反，他只是挂念着所谓的侮辱和怠慢。最后林肯不得不对他一再确保"我真的没听到有人说你的不是"。然而罗斯克兰斯还不信，依旧按兵不动。

林肯密切关注着波托马克军。4月28日，胡克动用了7万人越过拉帕汉诺克河，威胁到了李将军的侧翼军队。总统要求攻击之前告知他战略，战争开始后也要不时汇报情况。要是信息汇报不及时，他就发电报给前线的丹尼尔·巴特菲尔德将军——胡克的参谋长，"胡克的位置在哪？塞奇威克的位置呢？斯通曼在哪"？他只是想一再确定战争投入了全部兵力。

林肯的忧虑成了现实。胡克经历顺利的开局后，停留在钱瑟勒斯维尔，没能发动攻势；李将军趁对方犹豫之空当，勇敢地把为数不多的士兵分成两路，一路由"石壁"约翰逊带领，绕到胡克北边。南军再次打败联邦军。胡克军队被迫撤到拉帕汉诺克河北侧。

　　钱瑟勒斯维尔战役战败的消息很晚才到达华盛顿。随着坏消息越来越多，第一天战捷后的乐观情绪渐渐消失了。林肯大把的时间都待在陆军部，表现了"急于知道真相的狂热焦虑"。他担心胡克被打败，却又怀着一丝希望。5月6日下午三点左右，秘书举着一份电报，急匆匆地闯入亨利医生和诺亚·布鲁克斯正在谈话的房间。面如死灰，嗓音颤抖，"读读前方发回的消息"。布鲁克斯从未见过"如此沮丧、如此衰弱、如此恐怖"的林肯。在布鲁克斯和亨利阅读胡克战败、退回到河边的消息时，林肯在房间里踱来踱去，大喊着"上帝啊！上帝啊！国民会怎么说！国民会怎么说"！

• 第十六章 •
自由的新生

  钱瑟勒斯维尔战役之后的几周是林肯统治时期最沮丧的日子。查尔斯顿、维克斯堡、田纳西州西部、弗吉尼亚州北部诸事不顺。联邦军失利，民愤又起，反战求和、要求调停的声音纷纷响起。人民抗议瓦兰迪加姆被捕、人权受限。甚至有声音说总统执政不力。一边是民主党举行纽约和平集会，把林肯比作"必须赶出店，否则会打碎瓷器"的蠢驴。另一边是密苏里州共和党激进派抨击林肯没任命主张废奴的弗里蒙特、巴特勒将军上战场是他软弱无力、妥协让步。还有陆军少校查尔斯·怀廷等一些军队士官，谴责"该死的解放黑鬼战争"，"总统宣布黑奴自由、中止人权保护法，都是越权行为，他们已经榨干全部利润。他们为了一己私利无限期延长战争"。

  林肯冷酷地回应批评者，"选举我当总统，也许是国家不幸；但既然人民选中我，那我应该根据自己的理解行使责任。哪怕为此而死，也在所不惜"。然而，过去半年间事态急剧恶化，令优柔寡断的总统认识到不论是部署军事行动，还是引导大众舆论，积极领导非常重要。他坚定地迈出了主动的第一步，逐渐收回了前几个月因踌躇犹豫而丢掉的失地。

  钱瑟勒斯维尔战役过后的当前问题就是如何处理波托马克军。当众林肯努力打起精神，而私下里说这场失利"比之前的任何一次军事行动后果更严重、伤亡更重大"。

  林肯立刻开始着手追究这次失利的责任人。5月6日，在哈勒克的陪同下，林肯来到位于弗吉尼亚州法尔莫斯的波托马克军指挥部。看到士兵们"遇到失利后依然如故"，林肯非常高兴，说他"又惊又喜"。而指挥官胡克的心理状态不怎么令人欢欣鼓舞，他依然"头脑冷静、思维锐利、骄傲自满"，拒绝承认失误，不愿总结经验教训。

  决定胡克将军的未来是个难题，林肯陷入两难。他喜欢这位率直勇敢的将军，胡克精心布战，胜利的步伐却被轰塌钱德勒指挥部横梁的南方大炮阻隔了，林肯冷冷地沉思，要是大炮对准得再低一些，联邦军就能获胜了。离开法尔莫斯前他对记者说"对胡克将军、对波托马克军的信心坚定不移"。当有记者问是否打算撤换胡克，他回答有些不悦，既然给过"麦克莱伦好几次机会，没理由不给胡克将军第二次机会"。

  话虽这样说，他决定今后牢牢掌握胡克的一举一动。问胡克，"下一步怎么办?"有下一步的作战计划吗？胡克说参加钱瑟勒斯维尔战役的只有三分之一的兵力，下次行动会亲自监督"全部兵力"。这正是战前林肯告诫的。

胡克的确有个计划——无可救药、固执己见的计划。知晓李将军将向拉帕汉诺克河北部移动后，他决定越过河流，袭击位于弗雷德里克斯堡的南军后卫部队。林肯立刻劝阻，"我不想冒着卷入河流的危险，就像跃身于栅栏上方的牛，很可能受到前后方恶犬的撕咬，连个逃跑或者争斗的机会都没"。胡克却充耳不闻，他说如果一周以内李将军进军北方，那么波托马克军就挥军南下，袭击里士满。林肯认为他这个方案太草率，危险很大，"真正的敌人是李将军率领的军队，不是里士满"。这么基本的事实很多指挥官却抓不住要点。

胡克是愚钝，但林肯自己也必须为失利负责。虽然军事意识不错，且在内战进程中越发磨炼，但他不是军事专家，没能力起草出合适的军事命令。他也知道士兵有多么反感文官干涉军事。他依靠总司令哈勒克把想法转为士兵必须执行的命令。

这个机制没起作用，除了信息传递烦琐，还因为哈勒克。林肯很清楚哈勒克不愿意主动承担责任，和麦克莱伦一样，与总统意见不一致时就采取拖延战术。他总能挑出林肯的想法不可行的技术原因，总统通常会就此让步，"这的确是军事上的专业问题。我最好还是听从叫来协商、讨论、咨询的哈勒克吧。他才是专家"。吉迪恩·韦尔斯准确地形容了僵持局面："没人意识到时机的重要性和巨大的历史影响。总统希望能做的都做到。然而，在愚蠢迟钝、神经麻木、不称职的总指挥点头之前，军队不会有任何动作。"

在处理胡克的问题上，林肯还遇到一个问题——哈勒克厌恶胡克。在加利福尼亚州时，胡克曾经向哈勒克借钱，后来却没归还。事实上，哈勒克反对任命胡克的决定。而胡克也瞧不起哈勒克，越少打交道越好。掌管波托马克军后，他要求越过总指挥哈勒克直接向林肯汇报。

随着南军顺利通过马里兰州西部，华盛顿民众陷入恐慌。谣言说一艘汽船停泊在波托马克河，一旦叛军到来，就把总统和阁员运送到安全地带。而那时林肯精神良好，大多时间待在陆军部电报局阅读前方快报，开开玩笑。他趁机用奥菲斯·克尔的文章教训了稳重的军需官蒙哥马利·梅格斯，"没读过这些的一定是异教徒"。这些幽默家的作品让他心情愉快；而智慧的矛盾对准他自己时，他就非常讨厌、开心不起来了。他对海军部部长开玩笑，"现在炮火对准了你，韦尔斯先生。我在一旁读得很开心。我敢说你一定很厌恶这报道"。

林肯兴致很高，因为待李将军入侵北部后，可以趁机把他们一窝端。他对韦尔斯说，波托马克军看到叛军站在联邦的土地，一定会"奋发而起，打得落花流水"。但是又担心"胡克可能犯和麦克莱伦一样的错。错失良机"。

这些谈话表明他对胡克仍有疑虑。众人都知道胡克过量饮酒。钱瑟勒斯维尔战役的失利让人们对将军十分不满。达利斯·考驰和亨利·斯洛克姆两位将军都请求总统将胡克解职。约翰·雷诺兹将军与总统进行了一次长谈，说自己不想担任波托马克军指挥，强烈要求林肯将胡克解职，让胡克的下属，来自宾夕法尼亚州的乔治·米德接任。林肯拒绝了提议，说不会因为一把好枪偶然走火就丢掉它，而会"掰开枪机，再试一次"。林肯认为，他人的牢骚足够让胡克将军警醒：下属们并不完全信服于他。

最终让林肯反对胡克的是他太顽固、不听从指令。他拒绝承认林肯提出的、实际是命令的谦虚建议。同时，也故意无视来自哈勒克的明确命令，其实，这些命令也来自林肯。最后，林肯发了封简洁的电报给他，只有两句话："为了化解误会，我现在让你作为一个军队指挥，直接向全军总指挥哈勒克汇报并负责。我的意图没有变，但是似乎你的理解有偏差：我现在命令哈勒克向你下达命令；我命令你必须服从他。"

林肯不仅试图掌控波托马克军，而且也努力引导舆论。到目前为止，还是抱有传统观点，一旦被选为总统就与公众没有直接关系了，他的工作就是管理政府、向国会汇报工作。除了一些短假期，很少离开首都；很少公众演讲；理论上讲，对舆论和政治压力漠不关心。

与其他"白手起家"的人一样，林肯思想保守，不愿也不敢打破常规。他从来不会想在国会面前凭流利的口才亲自宣读咨文，因为自杰斐逊以来就没人做过。偶尔在华盛顿联邦集会上发几句言。他知道自己不善于即席演讲，很少在白宫外公开露面。唯一的创新就是在白宫内设置接待日，让那些好奇的、叨唠的、谋职的、求助的人排队等候，有机会与总统见面。

接待日没怎么毁坏他的公众形象，却也对信息公开作用不大。1863 年春天，公民自由即将废除，让公众理解政府举措成为头等大事。废除言论自由、新闻自由，逮捕反对者、不忠者——被称为"随意逮捕"，尤其是废除人身保护权，这些事在美国民众里引起了骚动。

意识到公众不满范围如此广泛，林肯开始在白宫，足不出户。原本 7 月 4 日要参加费城的盛大活动，就职演说后第一次对公众直接演说，却因李将军即将攻击那个城市未能成行。写给曼彻斯特和伦敦的公开信反响不错，信中林肯用另一种思路解释了废除人身保护权的必要性。每当想到"支撑所说的事和所做的事的论据，或者完美答案"的什么想法，他把所思所想草草写下，写在纸条上，塞进抽屉。等到时机合适，就把零散思绪写成公开信。

纽约的民主党抗议瓦兰迪加姆被捕，林肯等候已久的机会终于来临了。集会由纽约中央铁路公司的总裁伊拉斯塔斯·康宁牵头，强烈谴责逮捕和审判瓦兰迪加姆是"对法律精神和宪法精神的重大打击"，撤销了"言论自由、新闻自由、由陪审团审判的权利、根据证据定罪、人身保护特权"。如果总统也支持将瓦兰迪加姆逮捕和流放，将是对"至高无上的法律、国家权威、联邦宪法权威的致命一击"。

林肯也拿到了一份决议。签署奥尔巴尼抗议书的不只是康宁，或是富有政治影响力的政客们；也不只是那些忠实于联邦事业却因为瓦兰迪加姆被捕而动摇的人。事实上，是当地默默无闻的民主党。他们在决议中无缘无故地大肆赞扬州长霍雷肖·西摩。一个密友说，整个事件散发着"党派纷争的恶臭"；抗议者"对现状一无所知、毫无头绪"，"既想把总统剔除出去，又想毁坏总统的声誉"。

林肯用上抽屉里的小纸条，精心准备如何回复对方抗议。他也承认"这次拟就演讲词费时比以往少"，是因为他已经考虑许久，思绪成熟，一蹴而就。6月5日，林肯向内阁试读他的回复词，吉迪恩·韦尔斯称赞"热情澎湃，水平很高，稍加改动会更有说服力"。6月12日，润色修改完成，寄给了康宁，并给《纽约论坛报》也邮寄了一份。

公开信一开始就夸奖奥尔巴尼抗议者支持联邦政府、拥护符合宪法的政府举措，"爱国情感强烈"，一下子就消除了对方的戒备心理。随即提出疑问，总统必须负"全部责任"的军事逮捕和审判是否违反了宪法呢？林肯愿意承认通常情况下这侵犯了宪法保障的公民权利，但是转而提出宪法本身规定"发生叛乱、受侵时，出于维护公众安全的考虑"，可以中止这些自由权利。很明显，美国正遭遇一场"明显的、公然的、庞大的"叛乱，出于公众安全需要，人权保护令必须中止。林肯解释道，"他尊重公民受法律保障的个人权利"，"采取有力措施已经迟了一步"，并且预言"将来比起太多人被捕，更可能被捕的人太少而受人指责"。

抗议者在决议中提出异议，曾说瓦兰迪加姆既没叛乱，又没违背军事路线，却被捕了。林肯直接针对这点率直地回复道，中止公民自由"只要在公众安全需要的情况下，就是符合宪法的"。他还指出，瓦兰迪加姆入监不是因为反对政府，也不是因为与总指挥伯恩赛德敌对，"而是因为他的行为损害了军队，军队的存在和生机是国家命脉的保障"。

接下来这一段取得了最好的听众效果。林肯又指出，奥尔巴尼的请愿者也必须认识到自己有责任、有义务处罚逃兵，甚至把逃兵处死，这样才是支持军队。他反问，"头脑简单的逃兵必须被射杀，那为何狡猾的煽动者头发都不能碰呢"？

回复的结尾处，就抗议书里说的叛乱时期的军事逮捕会沿用到战后和平时期，有先例为证，林肯否决了这点。他生动地比喻了这个荒谬的论断，"一个人病得很严重，患病时期染上了吃催吐药的习惯，所以病愈后也会一直吃催吐药"。

林肯觉得这封给康宁的公开信是目前为止他写得最好的。公众的反应证实了这点。倘若没能说服不忠实于联邦的人以及民主党和平派中的极端主义者，至少联邦主义者对总统的信心恢复了，解决了因为专制统治等谣言而民心动摇的问题。

林肯为自己的回复深感自豪，复印了多份由尼克拉邮寄给共和党领导人。他们的反应很热烈。《华盛顿纪事报》的约翰·福尔尼佛奈非常高兴，"终于，恰当的话在合适的时间、从合适的地点、由合适的人说出来了。大地为此震动"。前州长摩根说，"这是你最棒的公文之一"。给康宁的公开信在《纽约论坛报》首表，又用小册子重新发行，由忠诚出版社销售，至少发行了 50 万份，阅读群体达到 1 千万人。

林肯第一次直接面对民众就大获成功，趁热打铁紧接着第二封公开信也出炉了。这次是写给曾经来白宫抗议瓦兰迪加姆被捕、受审、流放的马修·白查德及其他几个俄亥俄州民主党大会代表。林肯在公文里成功向民众传达的信息：政府行使特别权力只是出于自卫。

自卫本能让波托马克军的战术指挥也有了转变。当李将军越过波托马克河，胡克尾随着，为华盛顿和巴尔的摩做掩护，处于备战状态的联邦军队随时在北方土地上大干一场。但是胡克还是和往常一样拒绝他人的建议和命令。林肯认为南军入侵北部是"开战以来的大好机会"，他建议派遣大批士兵驻守在哈普斯渡口，那里是南军左翼和后卫军的必经之路，这样一来，李将军被迫分散兵力——就像他在安提坦战役中那样。然后胡克可以痛击北弗吉尼亚军，完成 1862 年 9 月麦克莱伦未完成的任务。然而，胡克的军事理念是必须集中兵力，哈普斯渡口必须放弃。当哈勒克要求胡克坚守那个要塞时，胡克提出辞职，当然，他以为大战前夕辞职不会被接受。

事实并非如此。6 月 28 日，林肯置公众强烈要求召回麦克莱伦于不顾，启用乔治·戈登·米德替下胡克。米德是波托马克军经验丰富的军长之一，从未落下第一次布尔溪战役以来的大会战。个子高瘦，戴眼镜，他并不是魅力超凡的领导者，一位马萨诸塞州士兵说他的模样像是"和善的家庭医生"。但他条理清楚，军事内行，深受手下的尊敬。

米德率领军队尾随李将军进入宾夕法尼亚州，林肯充分吸取与胡克打交道的经验，不再父亲般地劝告、不再委婉地提出战略建议，事实上，他从不给新指挥米德写信，一切想法通过哈勒克传达。林肯把全部精力投入到筹备增援米德的新兵上，可以更好地保卫苏斯科汉纳河的渡口和通往费城的其他路。他还忙于安抚那些宾夕法尼亚和新泽西惶惶不安的官员们，他们觉得自己的州是南军的必经之路。

林肯关注的不光是波托马克军，还盯着格兰特的维克斯堡之战。他从未试图指挥格兰特作战，华盛顿和密西西比河上的格兰特军队的距离太遥远，但心里觉得应当是绕开维克斯堡，挥军南下，与从路易斯安那州向密西西比上游挺进的班克斯会师。与料想中的相反，大军冲入密西西比州内陆，在一系列战争中把南军打得落花流水，约翰·彭伯顿只得节节败退，撤退到维克斯堡。格兰特没把作战计划透露过任何人，只是忽然就没个踪影。无论是信件还是电报都联系不上，林肯只得拼命在南部报纸翻找格兰特军队的消息。他拍电报给驻守门罗要塞的约翰·迪克斯将军，"里士满的报纸上有关于维克斯堡的消息吗"？他发给穆弗里斯伯勒的罗斯克兰斯将军的电报中问，"有格兰特的消息吗"？

战场消息渐渐传出，林肯对格兰特的行动也慢慢了解。联邦军队把南部盟军围困在维克斯堡，让林肯见识到了勇猛无畏和高超战术。5月26日，他写信给一个抱怨者，"无论格兰特将军是否能最终占领维克斯堡，他从月初起到20日的军事行动，算得上世界上最精湛的之一"。

整个七月，围攻维克斯堡的战役打了一个月。林肯不由得担忧起格兰特和他的军队。他仔细阅读南方联盟的报纸，报上尽是假新闻，比如说谢尔曼在围攻战中身受重伤；班克斯在哈得孙港之战中失去一条胳膊；南军将军艾德蒙·史密斯调动横跨密西西比流域的军队解救维克斯堡。由于南军很可能调动援军拯救彭伯顿军队，对联邦军造成威胁，于是林肯要求田纳西州的罗斯克兰斯将军"撇开鲁莽，尽全力阻止布拉格帮助约瑟夫·约翰斯顿抵抗格兰特。后来证明是白费力气。

两支军队都处于关键阶段，林肯精神高度紧张，健康上都出了状况。他做了个关于泰德的噩梦。那时泰德陪同母亲一起到费城购物旅行去了。那个"噩梦"里出现了泰德的"火力能打飞帽子——没有弹药筒，也没有子弹"的小手枪。于是林肯发电报给远方的妻子："最好把泰德的手枪收好。"一位来访者说，林肯脸上写满了忧虑和疲惫，"眼睑下耷、眼睛浮肿；黑眼圈很重；能说善辩的大嘴纹路很深"。

7月4日，翘首以待的消息终于来临。林肯在陆军部电报局获知浴血奋战三天的葛底斯堡战役的消息。虽然细节不详，但是大概是说李将军战败，被迫后撤。林肯高兴得立马就从陆军部发布新闻稿，宣布这是一次"联邦事业的伟大胜利"，并要求"在这一天，不是我们的意愿，而是上帝的旨意将实现。所有人都将记住他的旨意，带着尊敬和感谢的心情"。三天后，韦尔斯部长收到来自海军上将戴维·波特的急电，从中得知维克斯堡已被攻破。立马冲入白宫告诉林肯。林肯脸上闪着喜悦的光彩，紧抓韦尔斯的手，大喊："我该怎么表彰这位带来伟大胜利消息的海军部部长？实在没法用语言表达我的惊喜了！太棒了！韦尔斯，这太棒了！"

七月初那几天，似乎战争即将结束。攻占了维克斯堡，彭伯顿带领三千士兵投降。7月8日，从卡罗镇到新奥尔良的密西西比州的哈得孙港口，都落入了联邦手中。海军上将达格伦于7月6日接任杜邦上将指挥海军。如今海军在他的指挥下，把查尔斯顿摧毁成残墙瓦砾。向东看，李将军被困住了，天降大雨，河水猛涨，无法渡过河，前方是难以穿越的波托马克河，后方是乘胜追击的波托马克军。米德将军只需再战一场，就可以轻易摧毁李的部队。

然而米德没有立刻行动。与主要部下召开了一次军事会议后，袭击被推迟了。河水退去，李将军逃到了弗吉尼亚州。林肯喊道："这是为什么？天啊！这是为什么？南方军已经在我们手中了，只要伸出手，就可以逮到他们；但无论我怎么说、怎么做军队都不行动。在那种情形下，差不多所有的将军都能把李打败。哪怕是我在战场上，我自己也完全可以击溃他。"

失望至极的林肯，给米德写了封信，既表达了对葛底斯堡的"伟大胜利"致以谢意，又表达了遗憾之情。内容是这样的："将军，我相信你完全不清楚把李放走造成多大的损失。他就在我们手中，如果我们攻击他，再加上近来连连的胜利，这场战争可以就此结束了。可是现在战争不得不打下去……你失去了一次最好的机会，为此我痛心至极。"

写完这封信，林肯渐渐冷静下来。他意识到也许是对米德期望过高了。葛底斯堡战役开始前四天，米德才开始担任波托马克军指挥官，与尚未熟悉的属下并肩作战。战役头三天，伤亡惨重；一些最能干、最有进取心的将军或死或伤。米德筋疲力尽，在 7 月 8 日写给妻子的信中说："十天了，没有换过衣服，没有睡一宿好觉；好多晚上没合眼；好多天没洗手洗脸；不吃正餐；长期处于精神焦虑状态。"让这样的米德继续追击李，的确要求过高了。

林肯的信没有署名，也没有寄出去。但他让哈勒克发电报告诉米德，把李放走"让总统十分不满"。收到电报，米德马上递交辞呈，哈勒克只得收回前言，说电报"不是责难你，而且激励你积极追击敌军"。

到此时为止，林肯恢复了平静，称赞米德"是勇敢顽强、战术高超的军官；是条好汉"，葛底斯堡大捷他是大功臣。事实上，林肯情绪高涨得很，还对约翰·黑伊做了首打油诗，名叫"李将军的北方侵略之旅——自作小诗"。

> 一八六三年，
> 盛大浩荡，声势巨大，
> 南部挥军北上，
> 袭击费城，
> 北方佬更有计谋，
> 我们深陷困境，
> 我们再次跑开，
> 没有洗劫费城。

未来几周，林肯会一直需要幽默感来平衡。7 月 2 日，刚从费城归来的玛丽·林肯，独自乘坐马车从退伍军人收容所的总统住所返回白宫的路上出了意外。退伍军人收容所是一块高地，距离华盛顿三英里路程，那里也是林肯一家的避暑胜地。事故发生的原因也许是有人想故意伤害总统，旋开驾车人座椅的螺丝，座椅一旦散架，马匹就会受惊，到处乱跑。玛丽被扔了出去，头撞到尖石。最初只是轻微擦伤，林肯发电报给罗伯特说，"不要担心。你母亲只是摔倒受了轻伤"。但是后来伤口受了感染，整整三周，都处于二十四小时护理状态。此次事故之后，玛丽长期以来的头疼病发作得更频繁了。罗伯特认为她从马车摔落后一直没痊愈。

林肯没能守在妻子病床边，因为7月13日纽约城发生了针对征兵的暴动。征兵法案的实施引发了群众的抵制——俄亥俄州的霍姆斯县、印第安纳州的拉什县和沙利文县、密尔沃基市、宾夕法尼亚州的矿区，到处都有群众抗议。但只有纽约的算是全面暴动。整整三天三夜，暴民们，其中大多数是爱尔兰裔美国人，在街头漫步，打劫抢夺，放火纵烧。刚从葛底斯堡战役归来的联邦军还没赶到维持秩序，已经有100多个人在暴乱中身亡。

听取《纽约论坛报》总编辑西得尼·霍华德·盖伊简要汇报后，林肯心急如焚地关注着事件最新进展。纽约暴乱的消息，加上李将军毫发无损地从波托马克军眼皮底下逃之夭夭的消息，让他心情陷入低谷。

纽约城的暴力渐渐平息，有无形压力要求总统任命特别委员调查此次暴乱原因。但是林肯稍微想了下，还是拒绝了这个提议。如果特别委员彻底调查，那就是"点燃了一罐火药桶"。最好的办法还是回避问题，"每次一场叛乱已经够我们受的了"。

直到夏末，林肯一直过着相对安宁的生活。军事局势处于掌控之中，米德将军和格兰特将军统帅有方；国会休会，可以暂时摆脱议员的骚扰。夏日炎炎的日子，林肯大多一人待在退伍军人收容所。玛丽痊愈后和罗伯特、泰德一起去了新罕布什尔州的怀特山脉。他通过写信、发电报与妻儿保持联系。有封信是让泰德难过的消息：曾经在退伍军人收容所大肆作乱、使得玛丽不得不带回白宫的泰德的"小山羊"，现在却"躺在泰德床上休息，重新咀嚼食物"，然后就消失不见了。林肯写信说，"这是我们所知的'小山羊'最后的消息"。

在那段平静的日子，林肯对从政以来的"业绩"做了评估，结论是，大体上还算满意。经历的政治逆势或军事逆转已经使他从迟钝的天性中振作起来了，感觉就像是被忠诚的拥护者簇拥着的领导。他越发自信，也越发不依靠阁员的建议了。他知道阁员们擅长各自的领域，对他们听之任之。当切斯部长带来一系列与南部贸易有关的复杂法规，林肯二话不说就立刻签署"这些你懂。我不懂"。而整个内阁他却只是偶尔咨询下，而且非常不系统、很零散。几乎每个阁员都对此有抱怨。贝茨说："事实上，内阁名存实亡。内阁委员会倒是经常开，但只是做样子而已。有时只是谈论无关紧要的小事、小意见。至于国家大事、领导政策等，却只字不提"。就连对总统忠心耿耿的吉迪恩·韦尔斯也承认内阁很少讨论废除奴隶制、恢复南部的联邦制等大是大非问题。他对一个记者说，"至于政府政策，如果有的话，从未和我商讨过公开信或众所周知的文件"。

林肯并不是对阁员故意没礼貌。他只是说"大致上战争就快结束了"，觉得阁员们提不出什么有价值的建议，有关废除奴隶制，或是重建联邦。这些问题林肯一个人就可以处理好。他没有逃避这些责任，既然他认为自己颇受欢迎，那他也很乐意当意见领袖。8月，约翰·黑伊说，"总统情况很好。我很少见他这么沉着，这么忙碌。他在同一时间兼顾战争、征兵、外交关系、联邦重建等诸多问题。直到现在，我才知道他管理内阁是多么专制、多么权威。最重要的问题他一锤定音。没人挑毛病"。

林肯把沉着和权力也用到了别处，比如处理纽约征兵暴乱后西摩提出的争论。被说成太纵容暴民的纽约州长西摩劝说总统停止在纽约征兵。第一，征兵制度是违反宪法的；第二，分配给纽约州的军事配额"明显太不公平"。西摩接着又发了好几封信详细阐述了反对的原因。陈述了坚决反对按照指标征兵的立场。

林肯这次的回复没有再犯前半年让执政陷入瘫痪犹豫迟疑的错误，他把公开回信发表在广大报纸上。海把这些回信称为"决定性打击"。他在信中对西摩写道，如果征兵法对纽约州有歧视，他愿意做出让步，"在可实施的方便下，尽可能一致对待"。

纽约州长和美国总统之间的公开信"口水战"持续了好几个星期。西摩坚持认为"征兵入伍（征兵指标）没有什么理论根据"；而林肯坚持说"我的目的公正又公平，不再耽搁时间"。最终，林肯不得不要求纽约州民兵部队介入，进行强制征兵。而西摩适时收手，8月19日，征兵顺利开始。最后摊牌后，赢的还是总统。

在争论的关键时刻，林肯想起瓦兰迪加姆被捕事件向康宁和白查德发表公开信的效果不错，于是提笔写了另一个公开文件，为的是解释征兵和为合宪辩护。他这样开头："我用这样的方式对你们说话，历史上从未有过先例。"他还说，消除"公众和公务人员之间的误解"非常重要。针对那些批评征兵违宪的人，林肯说宪法赋予国会"招募军队、支持军队"的权力。因此，征兵法的制定"完全遵从于美国宪法中这一部分内容"。也不应该质疑征兵是否有用。只有派出更多的士兵才能"维护共和体制、保护领土完整"。他补充说："军队不能缺少士兵"。既然志愿参军已经终止，那么强制征兵势在必行。

而谈到《征兵法案》的具体条款时，比如若找人代替入伍或交300美元作为代偿费就可以免于入伍，林肯用词就有些含糊不清、理屈词穷了。他说把代偿费定为300美元是对穷人的恩惠，要是不定价，代替者的费用会猛涨，"只有300元积蓄的人就没法免于服役了"。而对于各州的征兵额度解释得也不是很清楚，他说绝对公平是不可能的，又无力地补充道，"就算是极度忠诚也有可能犯错"。

此文差强人意。也许他自己也意识到站不住脚，便搁置了。直接和公众对话得找个更有利的时候。

无论是公开信还是私人信件，都不能解决乱糟糟的密苏里问题。密苏里州处于未开发的边远地区，南北战争前夕就与堪萨斯州纷争不断，一直是让林肯揪心的问题地带。1862 年，3 月 7—8 日，萨缪尔·柯蒂斯将军取得皮里奇大捷。在那之后，南军的正规军虽然撤出了阿肯色州，却依然埋伏在州边境线，时不时地协助和怂恿拥护废奴的游击队伏击，最著名的游击队头头就是威廉·匡特里尔。伴随着这些拥护废奴的游击队员进行的，堪萨斯州的"强盗土匪"也劫掠横抢，后面这群人是为了报复有过纠葛的密苏里州"边境恶棍"。因此，老百姓的财产和人身安全处于危险之中。这个人烟稀疏的西部州成了交战地带，只有在联邦军队或是民兵部队的视野范围内才有安全保障。

州长克雷伯恩·杰克逊 1861 年逃离了密苏里州，之后，州大会任命曾经的辉格党哈密尔顿·甘博为临时州长，他的任期直到 1864 年结束。甘博和接替哈勒克继续担任密苏里州将军的约翰·斯科菲尔德的交情不错。1862 年 9 月，柯蒂斯接替斯科菲尔德，此后州长和军方的关系就恶化了。柯蒂斯听从坚持废奴的谗言，认为甘博是"渴望政治势力"。不久，州长和将军矛盾重重，相持不下，纷纷恳求林肯援助。

密苏里的纷争林肯看得很清楚，他毫不犹豫地就知道该怎么做了。然而有的时候不能让属下完全按自己的方针执行。

密苏里州其他的复杂案子，林肯试图亲自逐项决定，不再交由民政当局或是军事当局处理。甘博追问林肯，新的民兵是归哪边支配，州长还是联邦指挥官？林肯拒绝直接说出答案，要求事先知道选择会导致什么后果。他写给首席检察官贝茨的信带有明显的实用主义，"对于现实问题，就直截了当地解决；对于涵盖范围广阔的抽象问题，还是间接处理好。这样比较安全妥当"。

随着战争继续，密苏里州的联邦主义者分裂为支持解放黑奴的"黑炭帮"和保守派的"棕黄帮"；两个群体都渴望得到总统支持，林肯很难做出选择。出于秉性，他与"棕黄帮"更契合，都曾经是辉格党，废奴问题上比较温和。甘博和保守成员们在分裂危机上坚定站在联邦一边。总统称赞他们"在战争问题上尽职尽责、行动迅速"，对总统举措有异议时"保持沉默、埋头工作"。而总统也意识到，筹集选票时保守派"很可能依附有前科的人"。另一方的"黑炭帮"都是空谈的理论家，盲目要求废奴，自以为道德高尚，这些都令他难以忍受。但是激进派"对部分州退出联邦无动于衷"，这些人对他怀有深刻敌意，是"世界上最难处理的恶魔"，但不得不承认他们"长得却像天使"。

林肯决定两边都不支持。激进派指责他在圣路易斯案子上偏袒"棕黄帮"，林肯坚决地回答，"我不想插身在这场纠纷中间。也是这么做的"。渐渐地，保持平衡越来越难。1863 年 5 月，他的信中带有怒气："你们密苏里不能也不愿自己内部排解矛盾，令我十分痛苦。数月来，两个派系的纠缠让我痛苦得无法忍受。"

这月底，林肯决定给"烦人的派系纷争"画上句号，把和激进派走得太近的柯蒂斯撤职，重新换上了受人欢迎的斯科菲尔德。他告诉新上任的将军什么是成功的标准："如果两派都骂你，那就差不离。注意别让一派贬你、一派捧你。"

按这个标准，林肯算是成功的典范。保守派认为他是"炭黑帮"的俘虏。而激进派认为林肯在斯科菲尔德的协助下支持州长甘搏恢复奴隶主势力，他们对这事嗤之以鼻，说"比臭鼬还难闻"。

两派都开始攻击林肯。1863年夏天，他的立场尤为尴尬，当时密苏里州人正为逐步废奴而争论不休，逐步废奴一直很合林肯的意。他对一个议员说，"你我注定会死，但如果有生之年让密苏里州废奴，就不枉此生了"。他知道蓄奴州的废奴精神必须慢慢培养，不停警告那些要求立刻废奴的激进分子。他说，容忍奴隶制的密苏里州就像是"后脖子长了个瘤的病患，如果用手术刀一下子全部切除，病患将死亡；如果"逐步切除"，生命才能保全"。他对人说，"支持逐步废奴的密苏里联邦主义者比要求直接废奴的更能代表他的观点"。但他并没有签署保守派的方案。因为方案规定直到1870年才废奴，而且奴隶必须服11年到一生不等的劳役。林肯认为方案的"缺点在于耽搁了奴隶获得自由；没有及时授予方案中的既得利益"。

林肯的中立态度令温和派大为光火。州长甘搏来到华盛顿希望获得林肯对保守计划的支持，却空手而归。临走前怒气冲冲地说，林肯只是个"莫名其妙、吹毛求疵、婆婆妈妈的政客"。

林肯的立场也激怒了激进派。9月，激进派成立查尔斯·德雷克领头的代表团，派去华盛顿要求将斯科菲尔德撤职。他们的态度非常强硬。（坐不坐同辆马车）

9月30日，激进派代表团到达白宫，林肯只是冷淡地招待了一下，并且拒绝了他们的一切提议：把斯科菲尔德解职、全州实行军事管制、颁布命令立刻废奴、授权招募黑人入伍等。林肯说自己跟他们一样，明白密苏里州形势很混乱，战时"热血沸腾、血流成河；信心枯萎、猜疑降临；人人感到有杀死邻居的冲动，不那么做会被邻居杀死。报复和反击随之而来……不只这些。污秽的雀鸟到处乱飞，肮脏的爬虫遍布大地。不只是混乱，更是罪恶"。这样的情形必须用强力手段维持秩序，而斯科菲尔德正是这么做的。所以当他们要求将斯科菲尔德撤职时，林肯气得毛发直竖，断然拒绝，"我应该尽职。我的职责是听取各方意见；但是最后，我会判断哪些要做，哪些不该做"。

林肯再也不认为自己能把密苏里问题处理得让任何人满意了，连他自己都不能。对首席检察官贝茨说，他"在密苏里没有朋友"。这次事件让他想到小时候耕地的经验。"遇到太粗的树桩，砍不断、烧不着，那就绕开它，在附近耕地。"

处理党内派系纷争时林肯也不在最佳状态，他希望能集结所有共和党力量，甚至把拥护他政策的民主党也囊入阵营。秋季竞选即将到来，正好有机会向大家证明自己还是个高明的政客。

1863 年选举对于林肯和他的政党都非常关键。北部的地方分部都处于成败关头，尤其是缅因州、马萨诸塞州、宾夕法尼亚州、俄亥俄州、威斯康星州、明尼苏达州、肯塔基州、爱荷华州的各州州长职位。如果民主党再现 1862 年秋季选举的辉煌战绩，那共和党要想连任总统就难上加难了。白宫密友说，"所有问题都将在选举中找到答案。如果他们想要民主，那林肯不会结束战争，新感觉、新精神将注入南部"。

林肯暗自观察着双方角逐，听取来自各选区的报告。按照惯例，总统不应该积极调查选举结果。但是实际上，无论他有没有明确表示同意，总是做能做的事确保打败民主党。在肯塔基州，伯恩赛德将军宣布戒严令，把民主党候选人以及选民囚禁起来有助于托马斯·布拉姆雷特当选州长，他是林肯政府所喜欢的"联邦民主党"。在宾夕法尼亚州，共和党州长科廷正与宾夕法尼亚州的审判长乔治·伍德沃展开势均力敌的竞争，"科廷能否连任，是关系到林肯政府生死存亡的大问题"。为了增加共和党的选票，林肯应科廷的要求特意批准 15 天的假期让来自宾夕法尼亚州的政府官员回家投票。国防部部长斯坦顿也给来自那个州的指挥官放假，指望他们能投上一票。

俄亥俄州也是林肯心中的一根刺，因为民主党把瓦兰迪加姆提名为州长。林肯很难相信"任何一个真正的美国人会愿意投票给，或被劝说后投票给瓦兰迪加姆这样的人"。但他明白民主党在利用这次选举批驳他的执政。因此他对俄亥俄州的选举尤为关注，用对吉迪恩·韦尔斯的话说是"比 1860 年自己当选总统那次还揪心"。此外，林肯还鼓励朋友们和政友们协助俄亥俄州的共和党州长候选人约翰·布洛。和宾夕法尼亚州一样，俄亥俄州的士兵和办事员都被放大假回家投票。切斯部长在家乡俄亥俄州为布洛做巡回演说；为他助选的还有伊利诺伊州州长耶茨、印第安纳州州长莫顿。

伊利诺伊州也处于关键时刻。因为是家乡所在的州，林肯在那还有财产，所以是他唯一有权参加选举的地方。共和党迫切希望林肯出现，因为联邦军队在维克斯堡和葛底斯堡取得了胜利，对民众的求和情绪起到"双刃剑"的效果。许多民众都认为，南部联盟已经黔驴技穷，奄奄一息，是时候结束战争、商议和平了。6 月 17 日，就在大捷之前，斯普林菲尔德就举行了一场大规模反战集会，主持那次集会的是接任布朗宁的民主党参议员威廉·理查森。大众听取他的反政府演说后，要求"让联邦恢复到原来那样"，反对"继续发动进攻"。

口号在北部其他地区也得到了响应。在林肯脑中，这些想法完全基于错误的设想。恢复联邦，就意味着废除《解放宣言》或对抗奴隶制的其他措施。此外还意味停止招募黑人士兵。而此时黑人士兵才刚刚显露出英勇：密西西比河哈得孙港以及查尔斯顿战役中，马萨诸塞州第五十四号黑人步兵团在罗伯特·肖的带领下，向巴特瑞和瓦格那发动猛烈攻击，但没成功。

根据林肯的判断，另外一个错误的认识就是通过协商达成和平。联邦军队在葛底斯堡和维克斯堡战役取胜，表示南部联盟的兵力已经开始瓦解。他对约翰·黑伊说，"只要我们立场坚定，他们很快就会分崩离析"。林肯认为是南方军队控制了南方政权，杰弗逊·戴维斯的"敌人不只是我们，而且还有他的人民"；要是不用军事管制，南部人民"非常乐意回到原来的轨道"。除非南方军队请求和平，否则协商不可能有意义。基于这个理由，当南部副总统亚历山大·斯蒂芬斯申请举着休战旗进入华盛顿时，林肯拒绝了，很明显是为了交换战俘事宜而来。林肯抑制住去门罗要塞与斯蒂芬斯私人会谈的愿望，内阁也劝说他不要和南方政府有任何官方交流。哪怕仅是表现出和谈意向也会加强敌军力量。

詹姆斯·康克林邀请他参加9月3日在斯普林菲尔德举行的"支持法律、命令、立宪政体"大型集会，总统真的想回一次斯普林菲尔德，但华盛顿的事务太忙他抽不出身。等待许久的罗斯克兰斯刚刚开始把南军赶出查塔努加的行动。忙于公事没法去参加集会，林肯精心写了篇发言稿寄给康克林，并要求他在大会上"慢慢读"给群众听，林肯希望自己的观点和想法被群众领会。

这封信强有力地为林肯的执政政策进行了辩护。以"无条件热爱美国的人们"的问候语开头，但其实是带有党派性的发言。他驳斥了其他人说他拒绝通过和谈达成和平的指责，那些指责是"虚假的，毫无根据的"。林肯隐瞒了斯蒂芬斯的任务夭折的真相，向听众确保尚未从叛乱得到"关于和平商谈的消息或暗示"。然后开始为《解放宣言》辩护，因为反对者说宣言违宪。他坚定地回复道，"我的想法不同。宪法和战争法授予总指挥战时特殊权力"。

这封信受到参加斯普林菲尔德集会的50,000~75,000群众的"热烈响应"。林肯给康克林的信件全文刊登在各大报纸。民主党的《纽约世界报》说这次林肯为了连任竞选而发表的第一次政治演说，的确赢得不少支持。马萨诸塞州参议员亨利·威尔逊说这是一封"思想崇高、富有爱国热情、表达基督教精神的信"。而他的同事查尔斯·萨姆纳也说"是篇虔诚的、高尚的信，将成为历史性文件"。后来这信在纽约州群众大会上宣读了一次，听众们"高喊着、欢呼着、祈祷着、闪烁着泪水"。信里表现出来的智慧和力量让《纽约时报》不禁感慨，国家总统是"如此适应时代要求，头脑清晰、冷静客观、谨慎周到、坚定踏实、诚实可靠的亚伯拉罕·林肯"。《芝加哥论坛报》把这封信称赞为"林肯先生笔下思路最清楚、论证最有力的文件之一"，文章结尾呼喊"上帝保佑老亚伯"！

这封信带来的幸福感被9月底的军事逆转冲淡了。9月21日一早，林肯来到约翰·黑伊的房间，那时黑伊还没起床，他坐在床边说，"跟我担心的一样，罗斯克兰斯被彻底击败了。我担心了好几天。有事要发生时总有莫名的预感"。罗斯克兰斯继续向查塔努加推进，南军拦截联邦军队进行奇卡莫加战役，在这场战役中，坚定如铁的乔治·托马斯把坎伯兰军拯救出灾难。后来，联邦军队在查塔努加乱作一团，缺水断粮，被敌军包围，林肯说罗斯克兰斯就像是"被打中头的鸭子"。

形势严峻到斯坦顿在 9 月 23—24 日半夜召开紧急会议，林肯也从退伍军人收容所连夜赶回。斯坦顿宣布，罗斯克兰斯可以坚持十天，但急需援军。米德将军目前没有什么重要军事行动，所以斯坦顿建议从他手下的波托马克军拨出 3 万人，通过铁路从弗吉尼亚州越过阿帕拉契山脉，南下穿过肯塔基州和田纳西州；将在五天之内营救罗斯克兰斯。曾经看过无数伟大韬略最终一事无成，林肯悲观地说，"我敢说今晚下令，五天内军队连华盛顿都到不了"。斯坦顿回答干脆得很，这么严肃的事情不该打赌，他敦促尽快派遣约瑟夫·胡克旗下的第十一军团和第十二军团出发，并且继续增援兵力。令总统又惊又喜的是，斯坦顿的计划奏效了。这是陆军部第一次把铁路创新性地用于军事部署，约 20，000 人和 3000 匹骡马从弗吉尼亚州运输到田纳西州东部，仅用时 7~9 天，路程近 1159 英里。

此后不久，林肯任命格兰特掌管崭新的密西西比军，新军由原先的俄亥俄军、坎伯兰军、田纳西军组成；林肯还让托马斯接替了罗斯克兰斯。10 月底，格兰特解了查塔努加的围，联邦军队准备把布拉格军队赶回到佐治亚州。

营救成功的消息来得恰到好处；政治上也助了共和党一臂之力。爱荷华州的共和党称，营救消息"横扫全州"，令人鼓舞。科廷连任竞选的结果也令林肯十分高兴，"宾夕法尼亚州站在你一边；和缅因州、加利福尼亚州一起，跟随联邦的脚步。"最重要的是，切斯从辛辛那提市发来电报说瓦兰迪加姆在俄亥俄州"出乎意料、遭遇完败"。第二个月，纽约州举行竞选共和党也占据了主导。一位民主党观察员酸酸地评论说，共和党给一般人灌输的思想迟早将对抗民主体制。

共和党把这些接二连三的胜利归因为林肯的公开信——尤其是给康克林的公开信，当然还有给康宁和白查德的与瓦兰迪加姆被捕有关的公开信、给西摩的有关征兵的公开信。这些公开信还以《林肯总统就国家政策的回信》为名再次出版，小手册有 22 页，售价 8 美分。这些信对选票的影响无可估量。而缅因州州长却说公开信只是"差强人意、不合格"，"对提高选民支持一点也没用"。

随着共和党选举胜出的消息传开，林肯受到几乎无法适应的欢迎。就连经常批评他的《芝加哥论坛报》也称他为"美国最受欢迎的人"，并预言"要是现在立马举行总统选举，老亚伯不需要朋友们的帮助就能轻易取胜；他能力很强没人能与他匹敌，他的爱国热情和正直诚实也没人能相提并论"。

1863 年秋，除去查塔努加的一系列战役，战争陷入了暂时的平静。达格伦指挥着联邦舰队继续炮击查尔斯顿港口的防御工事，却没有收到什么决定性的效果。弗吉尼亚州北部，米德与对方的李将军玩策略，只发生小范围交火，近期不会发生大战。仅这一次，林肯有了自由支配的时间。

刚从假期归来的玛丽精力充沛，白宫的社交生活恢复正轨，林肯一家又开始去剧院看戏。而 11 月 12 日，玛丽以对外交应酬反感为由，没有陪同丈夫参加切斯部长的女儿凯特·切斯的婚礼；凯特嫁的是参议员同时也是罗德岛的百万富翁威廉姆·斯普拉格。玛丽觉得凯特更年轻漂亮、更苗条纤细，将成为华盛顿社交生活领头人的有力竞争者，而且也将扩大父亲当选下届总统的可能性。为了弥补妻子的缺席，林肯在婚礼上待的时间比往常长。

在这段相对平静的生活，林肯又开始琢磨发表另一篇公开声明——这次的信不如前几封锋芒毕露，主要是用来向美国民众解释这场席卷国土的大战的意义。对这个想法林肯已经沉思了好一段时间。葛底斯堡战役和维克斯堡战役的好消息抵达华盛顿不久，他就对一群夜曲表演者说，看这些胜利来得多是时候啊，正好给国家庆生。还有什么更好的方式来祝贺国庆节吗？"国家多久以前成立？八十年前——7 月 4 日，世界上第一次国家的代表们集结在一起，宣布不言而明的真理：'人生而平等。'"叛乱的根源正是"企图颠覆人生而平等的原则"。而南军正是在国庆节到来之时遭遇大败。林肯的思绪还未成熟，还没有想到如何充分表达想法，于是他说"先生们，这是个荣耀的时刻，也是发表讲话的时刻。但是我没有准备好足以匹配这一时刻的伟大演说"。

后来几个月内，战争意义这个话题始终未忘却。这个问题现在尤为迫切。北方人民深受葛底斯堡和维克斯堡战役的鼓舞，认为战争即将结束，开始窃窃讨论南方州应以何种方式回归联邦。许多人请求林肯回答群众，告诉群众此次战争的意义所在，以及为何战争的牺牲是值得的。

11 月，选举已结束，福布斯说的机会来了。总统受邀参加葛底斯堡国家公墓落成典礼。葛底斯堡中伤亡惨重，许多尸体无法辨认匆匆掩埋，现将重新安葬。哈佛学院的前校长、前参议员、前国家部长爱德华·埃弗雷特将在典礼上发表一篇加长版演说。而总统作为"国家最高行政长官，对这块神圣的土地简短地致几句辞"。邀请总统参加并不是戴维·威尔士和葛底斯堡公墓委员会后来才有的想法。为了让邀请顺利接受，他们让韦德·希尔·拉蒙——林肯的密友转交给他。也许这也是雷蒙被选为典礼司仪的原因。

林肯接受了邀请。之后几周就开始考虑 11 月 19 日的演说内容。非常认真地对待这项任务，甚至筹备时召唤公墓设计师威廉姆·桑德斯来白宫面谈，为的是了解这个从未去过，却总在军队指挥官口中所熟知的地形。林肯手握白宫的文具，把葛底斯堡和维克斯堡战役后给夜曲演奏家的简短回答赋之笔端。这次是直抒胸臆，不再说《独立宣言》写于"约 80 年前"而是毫不犹豫地说"八十七年前"。写这份演讲大多很顺畅、从无间断——可见他已经考虑成熟——写完"我们这些幸存者，站在这"后，支支吾吾地画掉最后三个字，重写"我们应该献身于"。结束就不那么顺畅了。出发去葛底斯堡前他告诉詹姆斯·斯皮德时间只够写完一半演说词。

11 月 18 日离开白宫，事实上，余下内容已经构思好，只差找个安静的时候写下来。选词用心，气势的加强恰好配合这个庄重的时刻。对句也是他常用的修辞手法，把生者与死者对比，把"我们此刻所说的话"与"牺牲者的英烈"做对比。并未刻意追求语言新颖，但有意无意间按记忆编织语言，很有《圣经》语言的意味。他在结束演说时承诺建立"民有、民治、民享的政府"，这话与 1830 年丹尼尔·韦伯斯特要求美国政府"服务于人民、来自人民、对人民负责"如出一辙；但更可能是来自西奥多·帕克把民主定义为"民有、民治、民享的政府"的讲话，赫恩登曾经提醒他注意过这个讲话。林肯早在 1861 年 7 月递交给国会的咨文中就用过这一概念，把美国称为"民主、自由的政府"。

林肯的演讲像个时间沙漏跨越过去、现在、未来，开头先回顾了葛底斯堡战役前夕，然后用三句简短的话概述了现在，最后展望了国家的未来。他故意用概述，而没具体指出战役的名称或是墓地的地点，没有指出南军或是南部，也没有提到波托马克军或是指挥官的名字。他故意脱离具体现实从而建立总的论点。

抵达葛底斯堡前，演说没有读给任何人听，也没告诉别人为何受邀参加这个揭幕仪式，没透露演说会达到什么效果。但他的信件表达了他的意图。必须重申和强调没有和平谈判的可能，正如给康克林的公开信说的那样。葛底斯堡演讲努力让人明白美国不仅是个政治联盟，更是一个国家——"国家"这个词至少出现了五次。1789 年的宪法规定了国家政府的权力；但是"国家"的出现比这更早，起源于 1776 年。《独立宣言》发表后，"在这块土地上，我们的先祖，建立了一个孕育在自由之中，致力于'人生而平等'主张的新国家"。这个想法不算新奇，林肯早在就职演说中就论证了国家比宪法古老的观点。

不断提到《独立宣言》，其实是想提醒听众——包括也许读到演讲词的任何人，他们的国家不只遵守宪法自由，而且遵守人类平等的信条。短短的演讲词中没有提到奴隶制，也没有说南部联盟不认同这样的价值观。与此相反，开头那几句万物伊始的话虽然被民主党《纽约世界报》嘲笑为"妇产科类比"，却格外强调了《独立宣言》对国家创立的重要影响，国家"在自由中孕育"，在开国元勋的见证下"建立"。"这块土地上勇士们和烈士们战斗过"，正是他们的牺牲唤醒了《独立宣言》的力量。"他们为事业而献身"才可能"不白白牺牲"，并保证"在上帝的指引下，这个国家将会拥有新生的自由"。

演讲的准备工作很充分，但似乎葛底斯堡去不成了。启程当日，小泰德生病，吃不下早饭；沉浸于亡子的悲痛中的玛丽·林肯，一想到儿子生病林肯还要离开就歇斯底里。但这个演讲太重要这个时刻太关键，他无视妻子的请求，约中午时分乘火车离开华盛顿。全部阁员都收到典礼邀请函；但陪同出席的只有西沃德、布莱尔、内阁秘书约翰·阿什三人。随从人员都是最为保守的成员，使得华盛顿很多人嘲笑他们；财务主管弗朗西斯·斯宾纳捧腹大笑，"让那些老不死的去料理这些丧事吧"。同行的还有林肯的两位秘书尼克拉和黑伊，黑人男仆威廉姆·约翰逊，为典礼创作圣歌的本杰明·法兰西，人尽皆知的雷蒙，一些外交使节、外国来客、海军乐队和残疾军卫队。林肯兴致颇高，一路高歌欢唱，与随行人员谈笑风生。停靠在某一小站时，一位漂亮小女孩捧着一束含苞欲放的玫瑰花，口齿不清地说，"给总统的花花"。林肯走到车窗边，弯下腰亲吻她，"你就像朵可爱的玫瑰花苞。愿你未来永远美丽善良"。

大约五点抵达葛底斯堡，戴维·威尔士和爱德华·埃弗雷特前来接待，那时正好收到斯坦顿的来电大舒一口气，"林肯太太说您儿子已经好多了"。在威尔士的宅邸吃过晚饭，第五炮兵乐队对他唱小夜曲演出，要求他评论几句。向来不喜欢即席演讲的林肯道歉说"有足够的理由"不演讲；主要原因就是没有演讲可以发表。"基于我的立场，不说傻话非常重要。"人群中有人喊，"要是你不说傻话就怪了"。林肯回复，"我经常说傻话。唯一阻止犯傻的办法就是沉默"。这段话后来被荷兰大使称作林肯的"讽刺诗"拙作。

19 日清晨，他最后润了下色，重新抄写了一份，大约 10 点走出威尔士家门，穿着崭新的黑色西装，正好和白色手套形成鲜明对比。大礼帽上戴着黑带，表示他还在为威利服丧。总统在三个阁员、军队代表、代表各个州的公墓委员会成员的陪同下，以缓慢的步伐行了四分之三英里走到墓地。意识到场合严肃庄重，林肯脸色阴沉，陷入沉思。

在演讲台上林肯遇到了几个北部州的州长，埃弗雷特上台后才轮到他。

法兰西唱完无名的赞美歌之后，美国总统上台。他那又尖锐又刺耳的嗓音中透露出肯塔基的乡调。林肯开始发言。埃弗雷特的长篇大论后人群有些不耐烦了，许多人的注意力转向一个试图摆放设备拍摄总统风采却没成功的摄影家。人们以为这又是一篇长篇大论，所以当林肯说"民有、民治、民享的政府才不会在世上消失"时，人们以为他才作完开场白，就要开始演说了，他却坐下了。演讲是如此简短，以至于观众离开时都回想不出发生了什么，他是读的稿子还是全凭记忆？有没有做手势？许诺自由的新生时有没有插入"在上帝的指引下"？是否被掌声打断过？

"雷蒙，我的这次演讲失败了。大家都很失望，擦不亮。"以前在印第安纳州时，经常用生锈的犁具耕作，被泥土一粘上就变得一团糟，"擦不亮"是当地人常说的话。终其一生，在说什么干砸了时，林肯经常用这个词。要说失望，是因为演讲的时间太短，使得演讲者没法和听众建立共鸣；结尾突如其来，令人有些沮丧。毫无疑问，他的判断也受身体疲惫和病痛的影响，病情将在华盛顿拖垮他。

虽然现场反应不佳，但民众领会了真正观点。许多报纸在报道葛底斯堡公墓典礼时，礼节性地提了埃弗雷特的演说，但对林肯演说的赞美排山倒海。

演讲的影响力可从总统被要求出示葛底斯堡亲笔手稿的次数看得出来。林肯亲手书写的稿子就有五份——比林肯其他的文件都要多——当然还有一些遗失了。

　　这次演讲的意义还可以从反对者批评声中得出。最初只是说"林肯愚蠢的评论"，但较为能耐的批评者意识到了林肯论证的重要意义。《纽约世界报》指责林肯为"满脸无知、恶意谎报，"还提醒他"这个美国"不是《独立宣言》的产物，而是"经过被称作宪法的一份合同批准的成果"，合同内从未提及任何有关平等的内容。同样地，极端民主化思想的《芝加哥时报》记者威尔伯·斯多瑞说，林肯引用《独立宣言》其实是在树立新的战争目的。斯多瑞说，葛底斯堡演讲"明目张胆地扭曲历史，是恶意歪曲，绝不能容忍"，葛底斯堡战役中牺牲的人到头来只是为了"维护宪法、保卫联邦"，而不是让"献身于所有人生来平等的主张"。这些抗议说明林肯已经把战争的目的从联邦扩大到平等和联邦，他做到了。

● 第十七章 ●
政治才能的最大考验

林肯从葛底斯堡回来后就发烧。医生诊断为假性天花，强制他卧床休息。之后三周，在白宫隔离很少见客，极少处理公事。但精神还不赖，有报道说他曾开玩笑正好可以摆脱那些源源不断的求职者。大概原话是，"现在我倒是有给每个人的东西了"。

康复期正好用来展望任务艰巨的未来。当前任务是撰写重要的年度国会咨文，此文关系到叛乱的南部州如何回到联邦。这个议题被林肯认为是"对政治才能的最大考验"。与这个问题交织的还有下届共和党总统候选人提名。影响全局的还有联邦军作战问题。如果军队能接连获胜、总统能集结共和党力量支持自己，那么连任下届问题不大，重建计划前景良好。

1863 年秋，林肯占据政治主导。近期的公开信效果显著，舆论倒向政府一边。秋季选举也说明他具备强大的号召力、共和党具备良好的恢复力。而战事也在上升期。11 月联邦军取得一系列决定性胜利，格兰特、谢尔曼、乔治·托马斯在卢考特山、米申纳里岭胜绩连连，把南军赶出了田纳西州的大部分地区，开辟了进军乔治亚州，南部联盟心脏地带的新路。外交关系也是好事多。9 月，英国政府决定查封莱尔德造船厂为南军铸造的强大武器，如此一来终结了对联邦封锁线的威胁；这个好消息证明林肯和西沃德的外交策略得当。同月，俄国舰队抵达大西洋港和太平洋港，实际上当时俄国与大不列颠国的战争在波罗的海一触即发，为了避免逼入死角才逃来美国。然而这一举动却向美国人民显示俄国沙皇支持联邦事业的诚意，愿意在美国内战中阻挡英国和法国的干涉。为了庆祝最独裁和最民主的政府难得聚首，林肯一家特意举行欢迎会迎接俄国贵客。约翰·黑伊形容那些人长得"穷凶极恶"，"吸收能力很强"。

可以肯定，总统将共事的第三十八届议会共和党优势大为减少。

将在 11 月开会的此次议会的成员由 1862 年共和党败北的选举产生。但人数减少反而有可能支持更坚定。整个秋天林肯都密切留意着国会前夕部署。当知道众议院办事员爱默生·埃思里奇打算挑共和党议员入场券的刺，这样一来，议会将旁落占据少数的民主党手中，林肯立刻快书给北部州的共和党领导人，以确保抵达华盛顿的议员的入场券无可挑剔。他坚持议会召开当天所有共和党成员必须到场。如果埃思里奇一意孤行，就把他"抬出去"，一队士兵等着帮忙抬他呢。

不知道危险是真的或只是传言，林肯又开始考虑议长职位的合适人选。林肯寄希望于弗兰克·布莱尔——邮政局局长蒙哥马利·布莱尔的弟弟。他这次也从密苏里州当选，属于共和党保守派，和北部民主党战争派交往密切。要是选他当议长，那么议会就将成为中立派的联合体，这恰恰是林肯想要的。如此一来，将促进共和党向国家联邦党变革，这正是总统的支持者一直倡导的。

问题是，布莱尔也是谢尔曼在田纳西州军队的一名将领，林肯要求他"立刻过来，把军权交给我，在议会就职，参加核心会议，等待提名，帮助选举提名人，从而建立起一个全心支持战时政府的议院"。如果布莱尔当选为议长，他主持的议院将支持总统政策。如果没有当选，就回军队继续当将军。然而那时布莱尔在田纳西东部对南军紧追不舍，没能及时赶到华盛顿组织国会。

很明显，那些争斗与南部州如何回归联邦有关。这个问题不是刚出现。早在战争爆发就一直困扰着他。战争初期联邦军队调入马里兰州、肯塔基州、密苏里州，引发这些州政府重组，当地政府与联邦政府的关系也出现变化。1862 年，重组步伐加快，林肯为田纳西州、路易斯安那州、阿肯色州、北卡罗来纳州任命战时州长。但这些只是为了尽快结束战争的战时措施。如今葛底斯堡、维克斯堡、查塔努加接连取胜，南军溃败就在眼前，林肯感受到压力，必须对这些重组措施做出清晰解释。

他有三个计划可以选择。第一个计划的提倡者从支持南军联盟的纽约州民主党费尔南多·伍德遍及联邦主义的马里兰州民主党列维迪·约翰逊。这个方案要求撤销《解放宣言》，大赦叛乱者。从未正式脱离联邦的南部州将再次派出议员前来华盛顿。于是战争完结。

共和党的保守派把自由和国家都作为战争目的。除了坚决支持《解放宣言》，他们向被征服的南部提供极其宽大的和平条件。除释放奴隶外任何条款不得强加于叛乱者。蒙哥马利·布莱尔希望总统呼吁小农场主推翻执行蓄奴制度的南部政府，主动回归联邦。邮政局局长也赞成把得到自由身的黑人放逐并移居到美国之外的地区。

激进共和党人想把"追求平等"作为发动战争的第三个目标。他们中的大多数想在将南部各反叛省份重新吸纳入联邦之前，就对那里的社会和经济生活来一个狠狠的重组。众议院方案委员会主席萨迪厄斯·史蒂文斯倾向于视南方为占领地，并在那里完全行驶国会的立法权。对此查理斯萨姆纳说得更为详细，声称叛军已经推翻了南方所有的州政府，因此国会对南部和对其他美国领土一样，拥有完全的管辖权。而奴隶制如果没有现行法的规定的话，就要在南部整个地区废除，而不是像林肯在《解放宣言》里说的，只是在一部分地区废除。对此国会有义务保证南部地区的所有居民，无论种族，都一律平等地受到法律的保护。萨姆纳还说："为了遏制反叛各州存在的无法无天的复仇和不人道的现象，南部地区要在爱国战士、贫穷白人和自由人间进行分配。"

关于重建的意见分歧沸沸扬扬闹腾了几个月，在10月的时候，共和党之间的意见不合从地下转入公众视线：萨姆纳在当时颇有影响力的报纸《大西洋月刊》上匿名发表了《我们的内部关系》，文中表达了自己的主张，激怒了布莱尔。与此同时，激进的国会竞选人亨利温特戴维斯公然挑衅布莱尔家族在那个地区的权威地位，更让他勃然大怒。他指出"最好的重组方案是将反叛地区的政府交到忠诚的人士手中，将南方的每个州都归到国家议会之中，赋予它们应有的所有权利和权益"。

在布莱尔的讲话引起的轩然大波中，林肯始终小心地保持着中立。毫无疑问，他知道外界的猜测：说是据一位华盛顿的知情人士透漏，布莱尔的演讲"是经总统授权，代表了总统的观点，用来探测民众反应"。但是林肯本人并没有谴责或否定邮政部部长的观点。

林肯对于整个争论，觉得"仅仅流于形式，没有实际意义"。他确定的是，布莱尔尽管坚持宣称南方的州应该掌握自己的命运，但是绝对不会同意让杰弗逊·戴维斯在国会中作为密西西比州众议员占有一席之地。同时他也确定，坚持南方人应该掌握自己命运的萨姆那也绝对不会同意在国会中没有南方的席位。林肯避免了关于重组权是归于总统还是国会问题的理论上的争执，而是确信了在"防止反叛者压倒忠诚的大多数人民而在投票中占上风"这一实际问题上，"忠于联邦的人之间实质是没有什么分歧的"。

在病房里，林肯开始撰写向国会递交的年度报告。在准备期间，他咨询了内阁的建议，向斯坦顿确认了有关军队方面的数字，并且听取了切斯关于重组的细节建议。报告的前一半都是将各个部委部长呈递的年度总结整合在一起，对他们一年的工作做一个概述，并且指明更详细的内容在分开刊登的长篇政府工作报告中。

这个报告写的过程并不容易。总统并没有借此机会，强调黑人在战争中越来越突出的重要性。不过他指出了，现在在联邦军队中，有十多万黑人士兵。不过林肯没有称赞这些黑人士兵在战争中表现出的英勇的精神。他也没有讨论托马斯罗任慈将军的杰出战绩，后者是他和斯坦顿派往密西西比峡谷训练黑人军队的将领。在报告中林肯也没有提到他和杰出的黑人将领福德瑞克托马斯不断加深的友情，后者在北方一直兢兢业业地领导联邦黑人军队。8月，林肯在白宫友善地接待了道格拉斯，在道格拉斯担心总统质疑黑人军队的价值时，林肯为了让他放心，对他说："我认为不能说在我表达了某个观点之后，就不能改变了。"

林肯只是在报告最后表达了个人的观点。他宣称赦免和重组的政策，而对于除这些官员之外的叛军，为了鼓励在南部地区进行政府重组，林肯承诺只要他们重组后的政府能够得到足够多的支持票，即相当于1860年发誓效忠联邦的投票者数目十分之一的支持票，就同意他们加入联邦。

在 1863 年林肯的报告中概括的重组计划显示了林肯在思考南方未来命运时的重要转变。在战争爆发初期，林肯还认为叛军只是一小股分裂势力，于是希望南方主要的联邦主义势力会站出来，打翻这股反叛势力，派遣忠实的众议员和参议员到华盛顿汇报情况。而他指派的军事政府主要是为了提供便利。但是随着战争的进行，林肯越来越对分裂的南部州的忠实力量产生了质疑。最初他希望能够阻止这场战争沦为一场"残暴冷酷的革命对抗"，结果希望落空。他不得不通过宣告解放奴隶，对南方来个釜底抽薪，打击它的基本社会和经济结构。在 1863 年年底，林肯担心南部会沿着他在战争开始最初几个月设定的路线发展。当时很有可能的是，邦联军队承认失败，宣称他们从来没有脱离联邦，并向国会排除曾在 1861 年谴责联邦的国会议员。林肯害怕"看到政府会重新迎来这样令人烦扰的势力"。为了消除这一可能性，林肯的赦免政策要求对忠诚度和《解放宣言》的接受程度进行更为严格的检测。

对于激进共和党来说，报告中包含了更多的信息。让他们高兴的是，林肯在报告中保证，南方人必须接受宣言，这是进行重组的重要条件；同时承诺因为宣言而恢复自由身的黑人不会再回到奴隶制的枷锁之下。而要求南部反叛州的民众在加入政府之前都必须宣誓衷心的条件，消除了激进派之前对于忠诚和非忠诚的南方人的质疑。至少在一段时期内，所有的南方白种人的法律地位都比忠诚州民众的低。另外，通过宣称这些反叛州的政府是"不忠的政府"，林肯暗示在一个宪政体制中，这些州已经失去了与其他的忠诚州相等的地位。报告谨慎地平衡了激进派和保守派的提议。

这份内容灵活机智的报告在 12 月 9 日递交国会，如海约翰所说："效果棒极了。"激进派中萨姆那听完后面颊放光，而最近才警告总统要大胆表明立场的钱德勒满心欢喜。马萨诸塞州的亨利威尔逊称赞总统又为自由而重拳出击，漂亮一击。

就全国范围来看，报告的反响普遍很好。当然，一些反战的民主党报纸还是抱着斥责的态度。对报告的赞扬和损毁使得重组问题成为总统竞选中的一个争执焦点。在过去的一年中，时不时会有人谈论在 1864 年再选林肯当总统的事情，不过大部分还是散漫谈谈，没有那种热切的支持。共和党报纸的编辑在谈到林肯再次竞选总统时，通常是赞扬林肯，同时也不忘对西沃德、切斯、班克斯、巴特勒、弗里蒙特等人赞美一番。对于下一场大选，林肯尽量不去想它。在战争开始后的两年半时间里，在他的信件和公众演说中，找不到一处有关再次提名或者当选的内容。当报纸开始用这个问题来烦扰林肯时，他生气地说："我希望他们不要把当总统这件事扔到我面前。我不想听有关这件事的任何言论。"

但是，尽管工作负担繁重，林肯还是渴望再次当选。正如他随后所说的，他认为再次当选不仅是对他个人工作表现的赞誉，而且表达人民的信任，相信他"最好完成这项其他人都没有经过充分磨砺不知能否胜任的任务"。在 1863 年秋天，当沃什伯恩想让林肯向他们这些密友透漏自己对下一届总统竞选的想法时，林肯仅仅是试探性地回答："如果能再次当选，那么会是很大的荣誉，也意味着繁重的任务。如果提出来的话，我对此并不想推却。"11月的时候，林肯在这个问题上更加开放了，据一位与他在白宫谈话的伊利诺伊州的来访者说道："他会再次作为候选人参选，当然这也得他的朋友们有这个意愿。"

在当时，林肯只能做这么一点，来公开地为自己的提名和再次当选聚拢人气。根据惯常做法，他不能为了这个目的去拉拢支持者，发表公开演说，或是举行活动，露面为成功拉票。不过当提名的时刻逐渐接近时，林肯在白宫举行了许多社会活动。林肯夫妇都决心要把1863—1864年的冬天办成一个闪耀的社交季，这些是提高总统再次当选胜算的唯一途径。

玛丽·林肯很乐意帮助丈夫再次竞选。那时，她的精神和身体状况都有所好转，并且也更能够控制自己的情绪。因为她的最年轻的一位姊妹——艾米莉来白宫探访，后者的丈夫本杰明哈丁赫尔姆，作为邦联军队将领在奇克莫加被杀害。在从南方回到家乡肯塔基州的途中，艾米莉要在12月越过联邦分界线，于是到白宫寻求帮助。林肯夫妇力图不向外界透漏她的来访，因为在白宫出现一位南方联盟高级将领的遗孀很可能会引起尴尬的局面，尤其艾米莉仍旧公开谈论自己对南方的忠心。不过不可避免地，她来访的消息泄露出来，而在圣彼得堡战役中失去了一条腿的将军丹尼尔西科斯对林肯说："你不应该让那个叛军待在白宫。"对此林肯坚决地回答说："西科斯将军，我的妻子和我在挑选自己的客人方面也是很讲究的。我们不需要朋友在这件事上提出建议或是提供帮助。"一个星期后，艾米莉带着总统签署的穿越军队防守线的许可证，动身前往肯塔基州。

艾米莉的来访极大地宽慰了玛丽，在她走之后，玛丽抛开了令人沉郁的黑色丧服，在白宫的新年接待会上穿了一条镶有丝绒的紫色长裙。总统则穿着一件黑色的长款大衣。有位英国人对此评价说："那件大衣看起来像挂在他身上似的。"在接待会上，在美国历史上首次有一批包括四名黑人在内的宾客被引见到总统面前。如一家报纸评论说，这四名黑人"看起来彬彬有礼，十分绅士"。林肯与每位宾客握手，鞠躬，不断地说："早上好，约翰先生。"或是"史密斯先生，你好。"间或会停下来跟一位老朋友聊上几句。当有位妇女问林肯，这样的接待会是不是很累人时，林肯说道："哦，不不不。当然体力上有点累，不过我身体很好。精神上反而可以得到休息，因为这里没人盘问我，没人问我要我不能给他们的东西。"

除了接待会以外，林肯夫妇还举办了一系列的晚宴，邀请政治上的盟友和可能的支持者。当尼克在1月14日拿来一份年度内阁晚宴的名单给玛丽看时，玛丽想把丈夫的对手的名字全部删去，她划掉了切斯，切斯的女儿凯特和女婿威廉姆斯普拉格的名字。尼克询问总统，而后者指示把这些名字重新写上去。尼克说："这样一来，马上掀起了一场白宫一年都没再看到的交战。"他说，"撒旦主子"

玛丽宣称自己要掌管这次晚宴的所有安排。然而，当玛丽发现自己心有余而力不足时，在晚宴开始前的当天下午把尼克召来，向他道歉并寻求帮助。年轻的秘书尼克后来得意地说："我觉得在她抛开了可怕的顽固之后，她自己也觉得更加快乐了。"

对于查尔斯萨姆那，林肯夫妇都格外重视。在去年夏天，萨姆那流露出反对林肯政权的政策的意思，很让林肯困扰。事实上，林肯很尊敬萨姆那的博学，对于达到目的的认真，以及他在奴隶解放中所作的贡献。而且在两人熟识之后，他们俩常常聊天，据玛丽所说，"笑得像两个校园男生一样"。玛丽本人也对这位英俊的单身参议员颇有好感，他们也很快成了朋友。用法语给彼此写纸条，一起出去坐马车兜风，相互借书看。萨姆那给玛丽看他与欧洲名人往来的书信，而玛丽回敬给他从白宫温室里摘来的花束。关于这位参议员，玛丽说他"是白宫的常客，有时是去办公室，有时是去画室。他欣赏我高尚的丈夫，我也学会了与他谈话。跟他谈话要比我其他的朋友更自由，也更亲密"。毫无疑问，白宫对萨姆那的瞩目是有很多目的的，因为总统林肯知道，在共和党内的极端废奴势力中，参议员萨姆那的影响力不容小觑。

不过林肯知道，要争取萨姆那支持自己的再次竞选，光靠接待会和晚宴是远远不够的。自安德鲁杰克逊以来，没有一位总统连任。并且共和党内普遍希望能够"轮流坐庄"，特别是那些反对林肯的共和党人，更是希望他早日下台。他已经知道党内有哪些反对者。最明显的就是废奴主义者，他们在新英格兰和西部地区都很有势力，担心林肯可能会同意不完全废除奴隶制的和平谈判。美籍德国人也同样对于林肯心怀不满。玛丽认为，林肯和斯坦顿、哈勒克一样，骨子里还是个本土主义者，对德国出生的将军如弗朗茨和卡尔还是抱有歧视。当时的《印第安纳州自由报》称"我们不能也不敢投票给林肯，除非我们愿意背叛共和体，除非我们愿意在未来继续做这个国家可怜的继子"，密苏里州的共和党激进派，即"木炭派"，对于林肯特别有敌意，认为林肯卑鄙地拒绝了他们友情的示好。

在北方几乎每个州，都有一两个党内反对林肯竞选的派别。有时这种敌意反映的是早期的自由党和民主党的纷争，有些则纯粹是个人怨恨。

大多数情况下，对总统的不满并不是源于意识形态上的根本差别。基本上，所有的共和党人都认为战争要一直打下去，直至取得胜利；一定要废除奴隶制，而且在南部各州加入联邦之前，还要提出一些条件和要求。但是对于林肯是否有能力取得这些目标，有些人还是不以为然的。

国会中的共和党人身处最有利的位置观察政府的工作表现，而他们也不支持林肯。只有外联委员会主席萨姆那因为小心谨慎，没有加入反对人群中去。在众议院的共和党大多数也都对林肯怀有敌意。在1864年年初，当有位来访者询问萨迪厄斯·史蒂文斯能否将自己引见到一些支持林肯政权的国会议员面前时，这位宾夕法尼亚州的国会议员将他带到了伊利诺伊州的众议员艾萨克阿诺德面前，对后者说："这里有人想找个支持林肯的国会议员。你是我知道的唯一一个，所以我来把我的朋友介绍给你了。"

林肯察觉到了国会议员对他的不满，不过他和他的朋友认为这些议员不过是一小群发牢骚的政客而已，从中得到一些慰藉。事实上，这些人人数并不少，也并不仅仅是发发牢骚就作罢。不过林肯的支持者们相信"越来越多的人支持林肯的再次竞选"。据《芝加哥论坛》报道，"林肯先生广受国民的拥护。人民信任他，群众尊敬他，喜爱他。"林肯的邮箱充塞着支持者的来信，反复表达他们一定会投票给林肯的诚意。有位波士顿居民写道："根据您自己的判断行事吧，不要考虑那些威胁您、巴结您，阿谀逢迎的小人。"

这些信件大大鼓舞了林肯的竞选智囊团，他们几乎没有让林肯插手竞选的筹备，因为后者已经得到了人民的支持。在一些州，联邦大会呼吁林肯"成为人民的候选人，再次参选总统"，"接受人民一心所向的提名，而不是等待共和党全国大会的提名"。在纽约城，这种呼声是最高的。在那里，由资产雄厚的西蒙德雷珀领导的林肯联邦协会的全国大会委员会，敦促全民在 2 月 22 日集会表达对林肯的支持。

这些情况都有助于林肯争取在党内的反对者，不过要想获得成功的可能，还需要再拉拢一位反对者。有些人想拉拢格兰特将军，另一些人想把本杰明巴特勒争取过来。巴特勒在新奥尔良的占领中获得了赫赫有名的战功，林肯任命他为门罗堡的指挥官，这个没有前途的工作在很大程度上使他在对林肯的支持与否问题上处于中立。

自 1862 年 12 月在内阁危机中扮演了一个尴尬的角色以来，切斯对于林肯政权的不满不断增强。尽管他和林肯工作上合作很有效率，但是他们的私交并不好。切斯顽固保守，沉闷无趣。他讨厌林肯和西沃德之间随和的朋友关系：总统经常在晚间突然造访西沃德家，告诉他最新新闻或小道消息，或是分享最新的笑话。不过他从来没有想到切斯家里去过。不过切斯的不满不仅仅源于此。根本原因是，他相信，无论是作为一名政治家，还是一名行政管理者，他都比林肯强。

切斯还感到自己在财政部的辛苦工作不被赏识。为了支援战争，他竭尽全力借来钱款，并且提高税收，但是这些努力似乎都被林肯忽略。特别是当林肯将权力下放，允许每位内阁官员独立负责自己的部门，不受同事干涉，甚至无须向同事咨询时，切斯尤为不满。引起这种情绪的并不只是切斯的权力欲，而是他相信他是唯一有责任保证政府财政供给充足的官员，而战争，海军还有其他的部委都是让政府财政支出面临干涸的大户。

切斯也愿意承认，总统一向待他甚好，而且他并不怀疑林肯的公平和诚信。但是他认为林肯对于南方和奴隶的政策实施得太缓慢，而且不够稳妥。

　　对于切斯的不满，林肯有所察觉。其中主要是因为切斯经常公开地、体面地表达自己的不满，不过林肯对此没有表示什么怨言。当切斯企图将财政委员会雇员军变成效忠自己而非政府的势力时，林肯也没有提出反对。这支雇员军在1862年《内部财政法》通过之后，势力大为扩充。更甚的是，当林肯允许加利福尼亚州的约翰康乃斯提名在旧金山的海关收税员时，切斯暗下重手，争取主要的参议员支持自己，对此林肯也没有任何反对。不过让林肯无法忽视的是，一旦他做出什么决定冒犯了某些有影响力的人士时，切斯就会跳出来反对他，并企图让被冒犯的人士相信：自己是受了不公正的待遇，而且如果切斯在位的话，情况绝对不会如此。当密苏里州的激进派未能取得总统支持的时候，切斯都会靠近这些"受害者"，企图争取他们对自己的好感。林肯对海约翰说："对于这些阴谋，他是成是败我都毫不在意，只要他做好财政部的工作就可以了。"

　　而更多的时候，林肯是带着不关己事的逗乐的心情，来旁观切斯种种为了笼络人心而做出的笨拙的努力。一般情况下，他也愿意任命切斯的亲信在财政部工作，希望"能让切斯自己在下面玩一些小把戏，而不要因为拒绝切斯的要求，让他与自己狠狠地对立起来"。当林肯得知切斯在罗斯科兰遭遇撤职，抓住机会建立自己的政治权力中心时，林肯大笑道："我觉得他是会这样做的，像飞着的青蝇一样，在每个烂了的地方都产卵。"不过在轻松容忍的背后，林肯也知道，切斯可能可以成为一名很好的总统，不过肯定不会有当总统的机会。

　　林肯是有机会自信的，因为在整个北方，他的支持者正在暗中筹谋，来确保他的连任。对于这些操作，如果是和总统候选人挂上钩的话，会被认为是十分不合时宜的。所以林肯在公共场合对此只字不提。不管每次共和党领导来到华盛顿时，他们很容易就被请进白宫，而且与总统一聊就是几个小时。在谈话中商定了在切斯的出生地新罕布什尔州公开反对切斯的战略。1月7日共和党领导人在格莱特州公开声称是要再次提名州长约书亚吉尔摩，不过年轻的威廉姆钱德勒抓住了这个机会飞快提出一项决议，称赞林肯"为人精明，治国有方，其他人无法媲美"。同时宣称他是"1864年总统竞选中人民的选择"。切斯的支持者们被迫接受决议中假惺惺的溢美之词，称"对于财政部部长经济方面的能力有绝对的信心"，但是敦促他"迅速地揪出政府内部藏匿的腐败和欺诈行为并加以严惩"。

　　新罕布什尔州的活动让宾夕法尼亚州的卡梅隆也迅速行动起来。卡梅隆是总统的忠实支持者，对于后者批评他对国防部管理不善，卡梅隆也大度接受部分批评。他同时也认识到，林肯的再次当选会对萨迪厄斯·史蒂文斯领导的在宾夕法尼亚州的共和党敌对势力有所损害。12月，当发现总统对自己能竞选前景十分悲观时，卡梅隆提到以前安德鲁总统的例子。后者在争取连任时，争取到了宾夕法尼亚州立法委员会委员要求他连任的请愿书，于是成功打败了所有的对手。于是林肯问道："卡梅隆，你可以给我争取到一封这样的请愿书吗?"老谋深算的卡梅隆回答说："是的，我觉得可能可以弄到。"截至 1 月 9 日，他已经取得了宾夕法尼亚州参议两院共和党人的集体签名，要求林肯再次当选总统。卡梅隆对海约翰说："我履行了我的承诺。"

很快地，其他的共和党组织也行动起来。公会联盟中的北方势力团体中，涌现出一批支持林肯的人。这个团体于 1862 年建立，成立初衷是恢复北方民众被政治和军事失败而动摇的士气。比如其中的费城公会联盟就赞成总统"显示了自己是一个人民领袖，而非一个政党领袖"。特伦顿公会联盟宣称"林肯显示出他是总统职位的不二人选"。新英格兰忠诚出版物协会，在近九百家报纸刊登爱国评论的社会团体，打破了不在政治纷争中表明立场的规矩，发表了一篇强有力的社论推崇林肯连任。

当林肯的支持者行动起来的时候，切斯的支持者也被迫光明正大地开展活动。在 12 月 9 日，即林肯发表赦免宣言的第二天，一个顾问委员会就在伦敦会面，商讨将切斯推上总统位置。委员会核心成员包括两位俄亥俄州国会议员，一位俄亥俄州曾在财政部工作的军需官，还有切斯一直以来的支持者——《辛辛那提公报》驻华盛顿记者怀特罗瑞德。

2 月初，为切斯竞选的拉票活动试探性地散发了一些小册子，名叫《下一轮总统大选》，其中强烈反对为"林肯在立法会和其他公共机构的正式提名"所做的努力。指出"人民已经对他完全丧失了信心，认为他镇压叛军无能，恢复联邦统一"。"总统的无能，犹豫不决，缺乏睿智，意志薄弱"都是造成联邦军队在镇压反叛时失利的原因。"我们不能再选林肯当总统。"下一任总统必须是"具有前瞻性的思想家，一位通晓政治和经济科学的政治家，充分理解我们这个时代精神的人"。在册子里，没有提及切斯的名字，不过也没有这个必要。

不过这场秘密的匿名的林肯攻击战给他们的作者带来了损害。在 2 月 6 日，瓦迪希尔拉蒙听说了这个"最下流的，骂人的小册子"，并且给总统提了个醒。当这本册子在参议员谢尔曼和众议员詹姆士阿什利的庇护下在俄亥俄州到处散播的时候，已经引起了林肯的支持者的警觉。一位记者给谢尔曼写信说"这本册子太卑鄙下流"，"它会玷污你作为一名政客和一位绅士的名誉"。还有一位人士抗议"这些在华盛顿的少数政客"，试图让人民起来反对"诚实的老亚伯"，他对谢尔曼说："你不能这么做。谢尔曼先生，不要做这种尝试。如果你明天打算退休，那么你在立法会连 10 票都得不到。如果没有更好的方法，你就辞职吧。"

未被吓住的切斯支持者们继续活动，在 2 月底，发放了一本由参议员波默罗伊签名的通告，再次标上"私密"的字样，宣称林肯再次当选"实际是绝不可能的"。这一次他们直接大刺刺地宣告切斯与其他的总统候选人相比，有着"过去清白而没有瑕疵的表现，显示出他是一个具有罕见能力的政治家和十分具有原则的管理者"。

不过切斯再次发现自己又陷入了一个尴尬的境地，对于曾经青睐并任命自己的总统，他表现出了不忠，所以迅速表示自己与这份"波默罗伊通告"毫无瓜葛。他写信给总统说，自己只是很不情愿地成为候选人，而他的朋友在组织这一系列活动时也没有征求他的意见。切斯在信中仔细斟酌语言，说自己在通告刊登之前对此事一无所知。这倒是有可能，不过通告的起草者詹姆士温切尔说，在计划发出通告之前已经告知切斯并且获得了后者的同意。在信中，切斯表示自己想辞职，声称"我不想在你不信任时还领导财政部，一天都不想"。

林肯冷冰冰地接收了切斯的信，说自己有时间就会回信，切斯的心因此悬在空中，上下不得。林肯的助手们看到所谓的"财政老鼠们"企图伤害总统"恶毒卑鄙，不择手段"很是气愤，不过林肯在接下来的一星期内控制了内心的愤怒。随后，当儿子罗伯特从哈佛大学回家度假时，一天晚上，林肯出人意料地踱到儿子的房间要跟他讨论政治问题，给他看了切斯的信。

要了笔纸，林肯开始给切斯写回信，表示他"没有发现财务部人事变更的必要"。他并没有，也不想去读波默罗伊通告。不过得知此事，他"并不吃惊"，因为好几个星期之前他就知道波默罗伊支持切斯的组织。林肯在信中写道："这些都是我朋友告诉我的，他们告诉我的很少。他们把通告拿来，不过我没看。他们认为合适的事情才告诉我，除此之外，我也不会多问。"

当罗伯特吃惊地询问父亲是否真没看过时，林肯严肃地回答："许多人都力图告诉他一些他并不想听到的事情。"他对切斯的回信内容基本都是实话实说的。

在这封低调内敛的信送到切斯手中之前，林肯已经用另一种方式做出了答复。2月22日，共和党全国委员会①在华盛顿召开，其中五分之四的委员都是由林肯任命的，在会上全都表示支持林肯竞选。该委员会也顺从总统的意愿，确定在6月7日就在巴尔的摩举行全国大会。第二天在印第安纳波利斯，也就是政府印刷办公室主任约翰德福斯一直根据林肯的意愿跟进切斯势力的地方，印第安纳共和党大会表示支持林肯再次竞选总统。两天后，林肯在俄亥俄州共和党大会上的支持者通过了一项决议敦促林肯的再次当选。随后在2月27日，众议院集会上，经过总统同意暂离战场的弗兰克布莱尔对财政部的腐败进行了猛烈的抨击，矛头直指切斯。布莱尔针对波默罗伊通告，声称："这很让人奇怪，一个还有点绅士风度的人，居然在对有恩于自己的人策划的阴谋败露之后，还留在内阁之中。"并且他推测说："我认为总统对于这个人留在内阁还是满意的，因为他每多留一小时，周围的高尚的人对他的鄙夷也就越深。"

酸溜溜，情绪低落的切斯在3月5日退出了总统角逐，理由是家乡俄亥俄州表现出青睐另一个候选人。他把自己的退出信复印了一份递到总统手中。不过很

---

① 在接下来的选举中更名为全国联邦党。

少有人会相信切斯真的退出。当时《纽约先驱报》暗喻财政部部长的名字，写道："三文鱼是很奇怪的，比较羞赧且警惕性高。通常情况下，它在咽下诱饵之前总是表现出回避的样子，甚至即使是它已咬住了鱼钩，鱼线也要足够长。而且在把它妥妥当当地钓上岸之前，还要小心地跟它斡旋一会。"这篇文章暗示说，切斯正是在于总统提名的这块诱饵斡旋，并且很有可能再跳起来咬住。现任最高法院助理法官的大卫·戴维斯，也是总统的政治顾问，说得更加直接："切斯先生的退出是假的，并且做得很不高雅。他的计划就是撩起其他人，如弗里蒙特，对林肯的强烈反对。然后当大会召开的时候，他就自然而然又被提名了。"

这些政治操作不可避免地影响到了林肯重组南方省份的计划。民主党人一直以来都对所谓的"恺撒主义"①的威胁十分警觉，在林肯的百分之十的计划出台之后，他们马上看到了里面暗含的政治苗头。实际上，他们一开始并不在意宣言背后的政治意图。众议院马上组建了一个负责重组的特别委员会，制定法规确保总统重组计划的实施。尽管该委员会主席是反对林肯的亨利戴维斯，但委员会在1月和2月两个月间制定实施的一项法案，大部分都遵从了林肯的意志，不过同时也赋予了黑人投票权。

不过共和党的国会议员开始收到关于南方的种种消息，揭露总统在南方实施重组的代理人从政治行为中谋求私利。在田纳西州，自1862年就担任军事总督的安德鲁约翰逊，似乎更热衷于建立起忠实林肯再选的党羽，而不是建立起具有广泛群众基础的联邦支持者。在阿肯色州，州长福德瑞克斯蒂尔根据总统指示，要配合不定期召开的宪法会议，而会议上总有人质疑是否一个人有权代表整个城镇。林肯知道关于阿肯色政权的合法性受到质疑，不过他指示斯蒂尔无须为法律上的事情担心，如果现在的暂时政府废除奴隶制，那么州长就可以"把其他的事情都办妥"。在佛罗里达州，得知"有些值得尊敬的人士"想成立一个忠实的政府，总统就派遣自己的私人秘书海约翰，带着空白的本子去记录他们发现的忠诚誓言。然而，这些努力都没有成效，因为2月20日，支持该计划的军事力量在奥拉斯蒂遭到惨败，还无法收集到1400张选票，来满足要达到此州1860年选民数目十分之一的要求。对于林肯的批判者来说，这些活动都表明，最高行政官试图用军事力量建立政府，来争取对自己总统大选的支持。

自1862年4月法拉格特攻下了新奥尔良之后，林肯就一直希望重组路易斯安那州，并且让其加入联邦。一开始他希望该州自称人数众多的联邦主义者能够反对有关分裂的条例，但是他后来发现这些人并不情愿。结果不论是联邦军事指挥官本杰明巴特勒，还是林肯任命的路州的军事总督乔治，都没能说服路州回到联邦之中。一番努力还是收效甚微。1862年12月，巴特勒在两个被联邦军队控制的

① 即独裁者。

选举地举行了选举，选出两名新奥尔良人——本杰明弗朗德斯和迈克尔哈恩作为代表前往华盛顿。国会在经过很长时间的讨论之后，才同意在休会的时候同意两人在众议院中占两个席位。

在 1863 年上半年，在路易斯安那州重建一个忠心于联邦政府的努力没有什么进展，因为负责人班克斯当时正忙于密西西比河上与坡特赫德森交战，随后又依照计划对得克萨斯州的邦联军队展开了攻击。8 月，林肯不得不强烈敦促他执行重组任务，要求后者与像哈恩和弗朗德斯这样 "睿智而值得信任的州民" 商谈，并且签署了一项计划，支持路州的总检察长托马斯杜兰特将有资格的选民登记，以召开日后的州宪法大会。

四个月后，总统郁闷地发现事情还是毫无进展。沮丧生气的林肯告诉班克斯要继续完成任务，而这位将军回答说，他并不知道自己有责任要在路州重组政府，而且不管他做出什么样的关于重组的努力，都会受到雪利和杜兰特的阻碍。对此林肯坚定地提醒班克斯说，后者才是这个军事区域的最高权威。

在班克斯收到总统的信之前，他就开始着手在路州建立一个自由的政府。带着他那惯有的过于乐观的态度，他承诺林肯说："在六天之内——如果有必要的话，那就延长到 30 天，我的措施就会见效，人民会兴奋不已。" 热忱的班克斯决定在重组过程中，走一条捷径。他没有要求召开大会，来为路州制定新宪法，而是认为要实现总统的目标 "最为迅捷且确信有效的方法" 就是在路州内战前宪法的体制下举行选举，但是同时宣称该宪法中所有牵连到奴隶制的条款都 "不能实行，是无效的"。

班克斯并没有采用林肯建议的步骤，此举也不被托马斯杜兰特和其他自由州联合委员会的成员看好。后者认为要对整个州宪法进行修订，而并不仅仅是废除奴隶制，同时还要消除奴隶主和奴隶之间的种种不公的制度。他们指出，如果依照班克斯的提议，选民只需要发誓接受《解放宣言》，而这样一来，在路州大部分地区，奴隶制仍然完好无损地存在着。如果这样的话，他们警告说："如果赞成奴隶制的党派取得了控制权，那么这个州就还是一个奴隶制体系下的州，没有什么能够改变了。" 对此班克斯在总统面前解释说，跟用选举来解决奴隶制问题相比，自己的计划 "更容易被路州州民所接受"，因为如果不要求他们投票赞成或者反对奴隶制，那么便不会伤及他们的自尊。

林肯同意了班克斯的决定，并敦促他参加在 2 月 22 日举行的七州官员选举。

当林肯看到在 2 月 22 日举行的选举顺利进行，且选民数有 11，000 时，心里还是比较满意的。这些选民都发誓要支持联邦和总统关于废除奴隶制的宣言。班克斯扶植的候选人哈恩击败了自由州联邦委员会的候选人费恩德斯和保守党人费罗斯，被选为州长。欢喜之余哈恩向总统汇报说："自 1863 年在路易斯安那州发生的变化是史无前例的。" 同时他也向总统承诺，路州会成为世界上最为忠诚和繁荣的州。

对于班克斯的热忱，林肯可能并非全信，但是这些进展着实让他信心大增。他认为，在路易斯安那州建立一个自由州政府，随即再召开一次宪法大会，是将路州重新吸纳入联邦的重要一步，不过仅仅是最初的一步。在自由州的运动中保守派尝到了甜头，林肯对此有些不悦，同时，新解放的黑人不断呼吁公正的对待，而北方的废奴主义者也在施压，林肯对此非常上心。即使在恭贺米歇尔哈恩成为"路易斯安那州的第一位自由州州长"时，林肯也不失时机地问道："这些黑人是否能投票选举呢？比如说其中那些聪慧的黑人，特别是在我们的军队中曾英勇奋战的黑人是否有选举权呢？"

这个时候，许多共和党国会议员对于路易斯安那州的重组进展都抱着质疑的态度。反奴隶制者已经不再信任班克斯，因为后者在路州设立的劳动体制允许种植园业主将之前的奴隶作为佃农雇佣，而后者能够得到收获的作物的 1/14 作为报酬。该体制限制自由人的活动，对于许多北方的观望者来说，比奴隶制也好不了多少。而自由联合委员会领袖们很关注国会中激进共和党的利益，于是想将黑人投票权问题作为对抗班克斯的武器。他们没有留意到林肯对这件事情很感兴趣，公开提出要解放路易斯安那州的"自由的有色人种"——即战前还是自由身的黑人和黑白混血儿，但不是解放普遍的自由人。对于后面这个问题会中激进共和党的利益，于是提出将黑人的投票权作为对抗班克斯的武器。

不可避免地，北部的共和党人认识到了林肯在南部地区所做的重建工作的政治目的。南部的省份一旦被重组，那么他们便可以向共和党国家大会派遣自己的代表，并能在下一届总统选举中投票。在南部各省，联邦主义者内部的党派界限并不总是一清二楚的，不过大体上说，推崇总统倡导的重组的那一部分人很可能成为林肯的支持者。

结果在国会反对林肯总统提名的共和党人率先攻击在他的重组计划下建立起来的各州政府，想要借此导致他再次提名失败。2 月 15 日，戴维斯在众议院提出一项建议，意在取代阿什利支持总统重组的提案，他提出要重视重组过程对于国会而不是对于总统的影响。随后，便开始炮轰总统的作为，称后者是在组建一个"雌雄同体的政府，即一半军事，一半共和，正如路易斯安那州的短吻鳄和青蛙的搭配"。戴维斯怒气爆发的时间是很重要的，正是在波默罗伊通告发表的四天之后，为切斯的总统竞选再加筹码。对此林肯一针见血地指出"马里兰的代表现在是财政部部长活跃的朋友"，并且清楚地认识到自己重组计划的命运，依托在总统竞选能否成功上面。

总统选举能否获胜，取决于联邦军队能否获胜。在 1863—1864 年的冬天，林肯政权的前景看起来十分黯淡。在东边，在圣彼得堡之战后，波托马克军和北弗吉尼亚军就开始了一场缓慢的拉锯战。在西边，联邦军队自从在卢考特山和传教士山取得辉煌战绩后，接下来的六个月几乎没有什么实质性的突破。同时，随着士兵死亡和逃离，联邦军队的战斗力越来越差，并且没有新的志愿军加入。在 2 月 1 日，林肯不得不发出了五十万人的招募令，3 月 14 日又发出了二十万人的招募令。

在这些残酷的日子里，林肯开始显现出一些同样冷酷的固执，尽管不是特别明显。当然这不是相对于军队里的普通士兵而言的，因为林肯此时比以往更关注他的"狗腿子兵"问题，他说，因为上帝给了这些人一双软弱不堪的腿，所以他们情不自禁就会逃离军队。但是在其他的举措中，林肯显然认为，战争拖延的时间已经过长，已经损失了太多的生命和财产，是时候要终止战争了。早在 9 月，林肯就已经表现出了不耐烦的态度，当陪审团和法官运用人身保护法反对招募令时，林肯就会对前者表现出强烈不满和抗议。切斯和其他内阁成员说服林肯下令：在全国范围内，人身保护法暂时无效。

当邦联军队威胁说要枪毙俘虏的黑人士兵时，林肯勃然大怒，下令复仇。令状中写道："在战争中每损失一名联邦士兵，我们就要处决一名邦联士兵，敌人每奴役一名联邦士兵，我们就要将一名邦联士兵置于繁重的公共劳动之下。"许多北方人看到这个命令很是欢喜，因为当时听到邦联虐待联邦囚犯的消息，他们心中很是惶然。当时，霍勒斯曼的遗孀敦促政府"从我们的囚犯里调出敌军最有价值的军官，然后枪毙或是施以绞刑"，同时指出拉尔夫沃尔多也有此意。但是林肯的命令只是放空枪，对于北方士兵所受的虐待，他仍是大为光火，但命令没有发挥什么效力。并且林肯很及时停止了复仇的呼吁，他在写给斯坦顿的信中说道："鲜血是不会让鲜血重生，政府不应该从事复仇的事情。"

承担着这份挫败感，同时越来越感觉到要采取行动打破战争僵局，开始有人策划要对里士满发动一次敢死的袭击。其中发起者是上将达尔格伦的儿子、将军乌尔里克总统一直以来的亲信。尽管这位年轻人在战场上失去了一条腿，做起事来还是踌躇满志，精力充沛，同时他让林肯相信，如果采用骑兵双管齐下，即由将军休贾德森帕特里克带领一支人数较多的军团，自己带领一支人数较少的军团，就能够横扫联邦边界线，同时从西边和东边发动攻击，攻破敌人的防守抵达臭名昭著的贝勒岛监狱，救出那里的诸多联邦士兵。这个计划在 2 月 28 日实施，不过惨遭失败。但是林肯从达尔格伦的袭击中感到，要尽一切努力结束这场战争。

不过林肯发现，波托马克军的指挥官并不急于结束战争。整个秋天和冬天之中，米德用一系列的佯攻和战略，将李将军的军队牵制在布里斯托尔。但是他们的猛烈交锋并没有什么实质性的胜败。林肯对米德的战略部署不以为然，在有一场战斗打响的前夜，林肯直截了当地对米德说："确定要打仗再打，人民需要波托马克军有所战绩。"然而，米德并不想与北弗吉尼亚军面对面交锋。火气越来越大的林肯不断催促米德，甚至承诺他一个万全之策："如果你动用所有的技能和勇气向敌军发动攻击，成功之后荣誉归你，失败的话则由我承担后果。"

但是将军米德并没有接受这个诱人的条件。他意识到，林肯和哈勒克都认为是他在圣彼得堡战后放走了李将军，所以现在他尽量不再犯新的错误。他不再做发起人，而是接受从华盛顿传来的微观调控。他认识到，如果自己发起攻击，那么总统"不愿意让他感觉是迫于压力才进行一场规模战斗"。如果他采取防守性的战术，那么总统又会认为他没有好好利用自己相对于敌军在人数上的优势。他计划将李将军的军队重新牵制在里士满，但是总统对此发表的评论无人能懂："我们的目标，是李的军队，而不是里士满这个城市。"

不可避免地，林肯将波托马克军懒洋洋的做派和西部格兰特与谢尔曼指挥下的一路高歌猛进的军队相比较。当林肯发现米德让朗斯特里特军从田纳西州东部撤退到弗吉尼亚州西部，而且整个过程中并没有受到联邦军队的阻拦时，他的脾气终于在愤怒之中爆发了："如果这支波托马克军还有些能耐的话，如果这些军官们还有点脑子，士兵们还有腿，那么就该调派三万人前往林奇堡追击朗斯特里特军。现在应该没人质疑，如果格兰特在任的话，定会这样做的!"

不过林肯还是没有做好准备将格兰特调离西部战场。其中一个原因，就是有人已经开始想将格兰特在1864年总统大选中推上候选人的位置。《纽约先驱报》青睐格兰特，并且因为他的政治倾向不明显，所以民主党和共和党都推崇他。当麦克莱伦将军明显对民主党示好时，林肯就不打算再任命一位有政治野心的总指挥，同时他还要求来自格兰特所处行政区代表沃什伯恩向自己汇报格兰特的政治夙愿。沃什伯恩带回到白宫一封格兰特的信，信中承诺任何事情都不会说服自己成为总统的候选人，特别是在林肯有希望再次当选的时候更不会如此。在读完信后林肯说道："你不知道，我此刻心里多么感激。"

没有了这项障碍之后，林肯怀着极大的热情支持国会制定中将军衔，这个军衔自乔治·华盛顿以来就没有再被使用。如今，他迅速将格兰特册封为中将。后者于3月8日到达华盛顿，刚好赶上白宫每星期举行的接待会。当时他丢了行李箱的钥匙，只好穿着粗糙且勉强上身的旅行装，但是他还是决定赴会。当到达白宫的时候，格兰特将军努力穿过向总统高高的身影蜂拥过去的喧嚣的人群，当林肯发现这位中等身材，毫不显眼且穿着也并不出众的人时，马上热情地欢迎了他，说道："啊，格兰特将军来了! 我太高兴了，真的!"林肯将格兰特介绍给秘书西沃德，后者又把他介绍给林肯夫人。几分钟后，格兰特被引领到拥挤的东厅，因为太多的人拥堵着要迎接他，他只好站在沙发上，以免在跟人握手的时候遭到踩踏。至少过了整整一小时，格兰特才得以脱身，面色通红，汗涔涔地回到总统跟前。

林肯提醒格兰特，第二天早上有个小型的庆祝会，届时将封他为中将。林肯知道格兰特不擅长公众演说，于是给了他一份演讲稿，并且周到地建议格兰特可以将自己的感言提前写下来，同时赞扬波托马克军的战绩，避免其他的指挥官嫉妒。为了取得好的宣传效果，林肯召集了所有的内阁成员出席第二天在白宫举行的小型庆祝会。下午一点的时候，斯坦顿和哈塞克簇拥着格兰特来到总统办公室，在那里，林肯授予了格兰特中将军衔，并且发表了一个简短的讲话。他对这位战士说："这个加诸于你的高尚荣誉，也同时赋予了你相应的责任。因为这个国家信任你，所以在上帝的保护下，国家也会一直支持你。"格兰特随后从衣服口袋里掏出一封讲稿，开始宣读，不过一开始没能发出声音。他站得笔直，肩往后拉，两手捧着稿子，又重新从头开始读，一直读完。

几乎所有人都对林肯任命格兰特为军队首席指挥官的举措鼓掌欢迎，其中以哈塞克为最。从军事上来讲，这次任命有很大的意义。同时，它是政治上的明智之举。《纽约先驱报》抱怨说，林肯提拔格兰特是为了除去总统竞选中的一个可能的对手。不过因为格兰特已经明确表示自己绝不会，也不可能成为一名总统候选人，这样说有失公正。这个时候，对总统大选，格兰特必定不会参选，切斯至少算是过气，林肯的成功希望大大提升。对此，俄亥俄州前州长写信给林肯说："实际上已经没有再进行选举前的游说了。人们认为只有你是下一届总统的人选。"

● 第十八章 ●
坚持就是胜利

提名格兰特来统领联邦军队，使得林肯暂时摆脱了压力，不用立即赢得一场军事战争来巩固地位，因为当时每个人都认为，新官上任总要花些时间来制定战略，掌控部队。然而，当时共和党内的激进派和保守派在竞选中还是一片狼烟，吵得不可开交。在共和党全国大会召开前的几个星期，林肯小心翼翼地在党内保持着中立，同时试图向推崇战争的民主党伸出橄榄枝。他运用这些技巧，轻易赢得了总统候选人的再次提名，但由于当时媒体对格兰特在弗吉尼亚州的惨败大肆报道，林肯本人能够再次当选还是个未知数。在这个过程中，他有时会陷入绝望的情绪中，并越来越强烈地觉得，是否能打赢这场战争，能够维护自己的政权，得听从上帝的旨意。

众议院的詹姆士加菲尔德在 2 月底说道："我发现人民很想让林肯再次当选。"詹姆士这话很有分量，因为他前不久还在鼓吹让切斯当选的运动中扮演了领头人的角色。而在格兰特当选联邦军队总指挥后，所有的共和党人都得出了和詹姆士同样的结论。

不过还有许多政客觉得这些表态只是流于表面。其中，莱曼特伦布尔写道："人民对于林肯的偏好'看起来'很一致，但细细纠察后我发现，大多数都是表面文章。"另一些勉强承认总统会再次被提名的人也说"发现在支持林肯的民众中，缺乏一种对林肯足够的信任"。而一位与林肯不和的俄亥俄州的共和党人则写道："选民支持总统的原因，在于他们看到别人也都这么做，每个人都是随大流的。"

而在不满林肯的共和党人中，还没有达成一致意见，找到更为合适的候选人。林肯的批评者们因为无法在这方面达成一致，不得不要求推迟本应于 6 月 7 日在巴尔的摩举行的全国大会。《纽约晚报》编辑威廉姆卡伦科比和《纽约论坛》编辑霍瑞斯·格里利，以及其他一些颇有影响的共和党人，都要求将大会推迟到至少 9 月 1 日之后。他们刊登声明向大众表示："现在全国形势不宜举行总统大选。而民众对林肯政权是留是变的选择，取决于他们能否在今年春夏结束战争。"

不过这些反对的呼声渐渐衰弱，因为他们清楚地发现，如果没有强大的人选打擂的话，林肯是不可能被替换的。于是林肯的反对者们开始力推一些候选人。《纽约先驱报》继续推崇格兰特，但是格兰特本人对角逐总统没有兴趣。另一人选，弗里蒙特的支持者又仅限于密苏里州的那些激进的德国人。本杰明·巴特勒声称自己不想和其他竞选者一起争夺总统宝座，但是"也允许别人提名他"。另外，切斯也有可能再次参与到这场角逐中来。他的那些支持者们发现了"一股强大的暗流，不喧嚣，不明显，但是迫使切斯先生参与竞选"。并且确信这位财政部秘书会利用这次共和党内部在林肯和弗里蒙特上的分歧，坐收渔翁之利，因为"共和党内部两派都会在切斯和自己的对头之间，都会倾向于选择前者"。

林肯确信的是，格兰特不会参选，但是他将格兰特与其他被传言要角逐总统的对手一样认真对待。对于弗里蒙特，林肯是拉不到关系的，他曾经相继免除了弗里蒙特在密苏里和在弗吉尼亚州西部的总将军一职，使得后者所谓的军事才能在接下来的战争中都无法施展，因此对林肯怀恨在心。弗里蒙特明确表示，如果自己不能超过林肯取得共和党内大多数代表的支持，他将会以无党派人士的身份参选；他的支持者要求于3月31日在克利夫兰召开会议，此后一个星期，共和党的例会就要在巴尔的摩召开。

林肯应对巴特勒的方式是很和气友好的，特别是当他听说切斯的支持者以副总统提名的橄榄枝来拉拢巴特勒时，对待后者更是如此。其实他并不欣赏巴特勒作为将军的能力，但他意识到后者也会是个烫山芋，于是尽量妥当地满足和处理巴特勒的愿望和抱怨，甚至当格兰特想要免除无能的巴特勒在门罗堡垒的指挥官一职时，林肯还大加偏袒。卡梅隆曾经打着总统的名号，探究巴特勒是否会投林肯一票，而巴特勒大笑着回应说："只要林肯给我足够四年工资的担保债券，我就接受他们给我的副总统一职，然后上任后3个月内就归天或退休。"林肯从卡梅隆那里听到这一对话后，无疑心情愉快，打消了在巴特勒身上的担心。

而对待切斯得采用另一种方法了。在此之前，他已经在波默罗伊通告上栽了大跟头，也被迫从总统竞选中退出，林肯的支持者都纷纷质疑，在这个时候总统为什么还要把这位财政部部长留在内阁。甚至连巴特勒都建议林肯"弥补切斯惹的祸的唯一办法就是把他赶出内阁"。然而，林肯认为，比起让切斯待在内阁发牢骚，把他免职可能会惹来更多麻烦。

几个月来，政府财政赤字不断增大，国会不愿意制定行之有效的税务条款，而黄金对于美元的价格一直攀升，面对如此种种，切斯也常常想着退休了之。而就在这个时候，林肯着手变革纽约海关，这让切斯找到了引退的借口。纽约海关是联邦政府管理下最有油水的衙门，而当时的关长是切斯在1861年任命的海勒姆·巴尼。纽约的保守共和党认为巴尼倾向于支持共和党内的激进派，因此要求巴尼卸任。林肯对巴尼倒是钟爱有加，而且对后者的人品和诚信都十分信服，不过因为怀疑巴尼"已经无法自主行使所有职权"，于是提议将他发配到葡萄牙当部长。但巴尼拒绝在受到攻击时离职退让，对此切斯是大为支持，切斯还威胁说，如果巴尼离职，那么他也退休。林肯无奈，只好让步。

林肯的做法惹恼了以瑟洛韦迪为首的纽约保守派。韦迪马上明确地，一再强调地要求大卫·戴维斯转达总统"如果海关落在那些两年来一直向敌人示好，为他们打开方便之门的人的手中，那么我们不禁要质疑总统在他的位子上是否合适了"。而林肯接下来的做法更加重了保守派的不满，他事先没有告知党内人士，就接受了切斯的推荐，提名约翰·豪格布姆为纽约海关的估税员。对此参议员埃德温摩根抱怨说："总统就知道任命切斯的朋友，都不敢说个'不'字。"而韦迪对此大为光火，怒气冲冲地表示："在总统当选后一直以来我不断地给他写信，提建议，而如今受到如此的冒犯和侮辱，我再也不会那样做了。总统丝毫不尊重我的观点，我受不了这份气。"这对林肯来说又是个大麻烦，他马上派自己的秘书到纽约跟这位上了年纪的党派头头讲和。但是秘书尼克雷到了之后发现韦迪已是"心灰意冷，相当失望"。随后，韦迪私下里表示，人民没有在林肯政权的领导下获得应有的权益和财富，他的质疑渐渐传开，以致有谣言说"毫无疑问，老韦迪反对林肯再次当选"。

随着巴尔的摩大会的一天天临近，对于总统林肯来说，如何调和共和党内两派迫在眉睫。而那个时候，当几个月没见到总统的瑞都再次看见林肯的时候，为他的样子大吃一惊：林肯当时看起来是被种种挑刺和责难折磨得疲惫不堪，就像一头被逼到墙角而转身的公鹿，后面跟着一群追来的乌合之众，里面鱼龙混杂。

这些日子以来，林肯发现跟他的将军们相处，要比应付那些政客容易得多。对于格兰特这位指挥官，他是又喜爱又信任。格兰特不装腔作势，公事公办，这一切都正中林肯下怀。而且他也是从伊利诺伊州来的，这又增加了他受总统青睐的筹码。林肯喜欢格兰特不炫耀的作风，对等级和礼仪似乎并不在意的态度，并且对后者报告里的简洁直接的语言印象颇为深刻。在 1863 年 7 月他写道："格兰特有很多工作方面的成就，是名战绩颇丰的斗士，但他写起文章或是发起电报来是惜字如金的。"让林肯满意的是，格兰特和其他的将军如麦克莱伦、布尔不一样，对他在解放和征召黑人军队的政策从来都是全盘接纳，不提出任何质疑，而林肯最喜欢的一点在于，格兰特"从来不给我添麻烦惹我心烦。对于他的任务，他从来不逃避退缩。我们放心地把军队交给他，他立马担在肩上，并尽自己所能去把军队带好"。

格兰特新上任总指挥后，林肯想在自己的职权范围内尽可能地赋予前者一切。他同意格兰特的决定，加强波托马克的骑兵队，重新将其组建成一支独立的兵团；他赞同格兰特的做法，任命后者的亲信——年轻的菲利普谢里登担任这个兵团的指挥官；他支持格兰特，对不是驻守在各州边界线和交通线的军队进行大规模的裁减；他还接受了格兰特的提议，不再向查尔斯顿所进行的为期数月但毫无成果的围剿上撒钱。

在与格兰特的私聊中，总统向前者保证"自己从来没有公开宣称是什么军事人才，也不知道到底进行了多少场战斗，也从来不想干涉这方面的事务。过去是因为指挥官办事拖沓，北部省份和国会的人又施加压力，所以不得不在这方面扮演一个自己并不想扮演的积极角色"。但是"自己一直以来想找的，正是一个能够负起责任立马行动起来的人，在需要的时候尽管向我寻求帮助，而我承诺，会尽政府的所能提供这些帮助的"。后来林肯又写信给格兰特说："我从来不了解你的计划的种种细节，也没打算了解；你对周围情况的警惕性很强，又自立自主，我对这些都很满意，也不想再在你身上加上什么限制束缚了。"

然而，尽管向格兰特将军保证了种种独立，林肯还是巧妙地运用了他的治人之法，成功地修正了前者的战争策略，并且他的老练心智和表达技巧使得格兰特仍然感到自己是完全独立自主地指挥着战争。可能正是林肯的暗中影响，格兰特放弃了自己原先由谢尔曼敦促实施的计划，即为了避开华盛顿的政治风头将总部设在西部，转而在波托马克军部附近设立指挥所，在那里，他是战争策略统帅，而米德仍扮演军师的角色。而让哈勒克当参谋长也是总统而非格兰特的主意，哈勒克在这个位置上干得如鱼得水，在总指挥官、国防部部长和总将军之间来回斡旋。而且，出于一些政治考虑，林肯在下面的几个分指挥部中，任命了几位不受格兰特喜欢的部长，比如本杰明·巴特勒就是其中一个。人人都知道他没什么能力，但因为他在激进的共和党中有很多的拥护者，他还是继续担任詹姆士军队的首领。另一个是弗朗茨西杰尔，他在军事上的才能十分有限，但因为在美籍德国人中人气很旺，还是成功被选为谢南多厄山谷的联邦军队首领。

更重要的是，在哈勒克的辅佐下，林肯改变了格兰特的策略思维。格兰特痛苦地知道三年多来，波托马克军团和北弗吉尼亚军团"打了比以往更多的绝望无果的战争，最终形成两军对峙的局面，谁也没讨到便宜"。而通过这样没有结果的战斗是无法取得战争胜利的，于是就提出"放弃之前策划的通往里士满的战线"，转而倾向于向邦联军队发动一系列大规模的袭击，在这种情况下单上骑兵队是不够的，不足以造成永久性的毁灭打击，而要动用六万人的多支军队，摧毁最重要的铁路线。在这种安排下，由新奥尔良的班克斯统领的一支军队要掠过莫比尔市，向北进发，切断阿拉巴马和佐治亚州的铁路线；第二支由谢尔曼带领的军队要横扫佐治亚州，切断邦联军队东西部的主要交通运输线；而第三支要从内陆弗吉尼亚的萨福克进发，旨在摧毁北卡罗来纳州的韦尔登和罗利之间的特路线，从而切断李将军部队的供给。对这些安排，格兰特总结道："将会导致弗吉尼亚邦联军队的疏散，并间接影响到田纳西州西部的战况"。

然而，在林肯和哈勒克的影响下，格兰特放弃了以上的全盘计划。总统不同意削弱夹在李将军军队和国家首府之间的军事力量，担心如果格兰特在北卡罗来纳州发动袭击时，李会乘虚而入，占领华盛顿，并进一步侵犯北部省份。而且除此之外，林肯对于那些所谓的"策略"是抱有鄙夷的态度的，他认为对付邦联军队，不需要什么花招战术，而是要反复发动攻击。几个月里，林肯一直敦促米德这样做，但是收获甚微，而现在他把执行的希望放在了格兰特身上。

格兰特并没有意识到自己放弃了原先的计划，他制订了一项新的计划，决定动用所有联邦军队，对邦联军队的心脏地区同时发动大规模的袭击。其中，班克斯要直向莫比尔市进发，谢尔曼进攻亚特兰大，而西杰尔则要沿詹姆士河向上，攻取圣彼得堡，继而向列治文发动攻击，同时米德要调遣弗吉尼亚北部军队，杀进邦联首府。统一行动时间定在5月5日。

当林肯得知格兰特的新计划时，如黑伊所说，"马上强烈回忆起了他过去反复向比尔和哈勒克提到的建议，即对敌人的整条战线都发起攻击，从而充分利用我方在人数上的优势，而这个建议却一再被忽略"。不过尽管如此，林肯还是对格兰特的提议装出惊讶的反应，如格兰特所说，"像是看到了战争的崭新未来似的"。当格兰特解释说即使军队打仗不获胜，就单凭不断向前推进也会逐渐走向成功时，林肯装出完全无知的样子说，"哦，对啊！就像我们西部人说的那样，就算不能剥了敌人的皮，在其他人剥皮的时候，也要死拽着敌人的一条腿"。

然而，尽管战略上做了很大的调整，格兰特还是没有以己之力而成事。他本来打算调遣班克斯的军队向莫比尔市和亚拉巴马州中部发动袭击，但是计划遭到搁浅。在格兰特被任命为战争总将领之前，国防部受总统的敦促，就已经将班克斯派上了沿红河往上，进而从邦联军队的统辖中夺取更多的路易斯安那州领土的征途，此行的另一目的是顺路夺取料想是藏在该州中西部的5万~15万捆棉花。然而，班克斯的红河征途是败得一塌糊涂，唯一的结果就是没让班克斯自己的4万人卷入格兰特的战斗计划中去。

不过尽管如此，格兰特其他的计划开始产生了良效。5月4日，星期三清晨，波托马克军队越过拉皮丹河，对弗吉尼亚军队发动了新一轮的进攻。第二天，巴特勒率领3万人在詹姆士河南岸登陆，直接威胁圣彼得堡。5月7日，谢尔曼带领军队，前去占领亚特兰大。

林肯怀着痛苦的心情，密切关注着这一切的进展。在格兰特的军队开进蛮荒之地的头两天里，所到之处都是盘根错节的树木和地面植被，完全抹杀了走过的痕迹，这一块也正是之前胡克军队的战败地，而林肯在这期间没有收到任何的报告，因为格兰特禁止新闻通讯员发送电报。于是国防部办公室成天都能见着林肯的身影，据一位观察者说，林肯应该是"在等那边传来的急电，而且毫无疑问，心情是极为焦虑的"。直到周五上午，才有一封从格兰特那间接传来的消息姗姗来迟，说道："现在一切都发展良好。"在报告到达的第二天早晨两点钟，林肯接见了刚从军队回来的《纽约论坛报》的通讯员，他带来了格兰特的嘱咐："如果见着了总统，要对他说，格兰特将军势不可当。"收到了这样的担保后，林肯对一位宾夕法尼亚州的妇女说道："现在听到好消息，他心情大大地愉悦了。"而在白宫草坪上一大群人围在一起唱小夜曲的时候，林肯向"英雄的战士"致谢，感谢他们"崇高的指挥官","特别感谢成功的缔造者"。

　　然而随后,震撼人心的坏消息接踵而至了。在蛮荒之地,格兰特调遣他的十万兵士与李将军的军队作战,意图将人数上显居劣势的后者一举摧毁,经过两天激战后,伤亡高达 14000 人。此举未遂的格兰特随即向东进发,却在斯巴特希尔维尔再次遭遇李的军队,在 5 月 10—19 日,联邦军队伤亡人数高达 17500 人之多。一两个星期后,波托马克军队死亡人数已经接近 32000 人,而数以千计的士兵失踪。

　　日子艰难,林肯尽力装着与之前无二异地工作,不过还是时不时止不住自己的烦躁和愁闷。据发言人科尔法克斯说,他见林肯在房间里走来走去,"长臂别在身后,晦暗的脸色因为内心愁苦锁得更紧"。林肯曾大声说:"为何我们会一败再败! 我们难道非要卷入这场可怕血腥的战争吗? 是不是早该结束了!"每晚林肯几乎都无法入睡,有天早上,正在创作一幅名为《对林肯〈解放宣言〉的初次阅读》的画作的年轻艺术家弗朗西斯卡盆特在行政大楼大厅里看到了林肯,发现他"穿着一件长长的睡袍,在对着窗户的一条走道里走来走去,手别在后面,眼睛边大大的黑眼圈,头垂在胸前——整个看起来,是一幅充满了愁苦、操心和焦虑的情景"。

　　尽管损失惨重,林肯并没有绝望,因为格兰特不同于波托马克军之前所有的指挥官,在与敌人作战后并不会退缩,而是继续向前推进,与李将军的军队抗争。格兰特在战斗打响的第七天派斯坦顿给林肯带来了慰藉人心的消息,他托话说:"如果要战一个夏天,我还要跟他一决雌雄。"听罢林肯对海约翰说:"格兰特身上的那股子倔劲,能赢。"

　　在斯巴特希尔维尔一次次进攻未果之后的几个星期,林肯还是继续给予格兰特将军很大的支持。除了他,担任这一重任的没有旁人:要让谢尔曼独当一面,还没完全考验过他的能力;而乔治托马斯做事太慢,这样就没有其他人选能胜任格兰特的职位。格兰特采取的行动计划,正是林肯中意的。所以总统竭尽全力保持格兰特的士气,而且让他感到鼓舞的是,格兰特在一场战斗打完之后,会展开新的一场。在蛮荒之地大战时,林肯说:"格兰特的一个最大的优点是,他面对情况时能完全保持冷酷的头脑,并且坚持要达到目标。他的情绪不易激动,有一种斗牛犬的勇气——只要什么东西被他咬上了,就没什么能让他松口了。"

　　有格兰特同样也决意要摧毁邦联军队的总将领战斗在第一线,林肯便将自己的力量重点投在保证军队的物资和人力供给上。一如既往地,人力供给还是个问题。许多联邦士兵已经服役三年,在 1864 年会退役。而尽管国会已经颁布了一些激励性的措施,如向再次从军的士兵提供奖金和休假等,还是至少有十万士兵对此无动于衷,坚持要退役。而且,在蛮荒大战中又死亡了一批士兵,使得军队人数进一步减少,显然需要更多的新鲜血液注入。但是基本没有人志愿充军,所以在 5 月 17 日，林肯不得不起草了一项强制征兵五十万人的命令。

然而，这项命令并没有得到发布，因为 18 日，《纽约世界报》和《商业周刊》刊登了一项据说是引自白宫的公告，里面说林肯宣布："怀着沉重的心情，和对我们的事业不曾消减的信心，下令征召四十万人。"这则令人沮丧的消息一出，华尔街马上出现一片投机现象，黄金对美元的价格上升了 10%。而这一切，正是这一虚假公告作者的目的所在。作者是《布鲁克林每日猎鹰》的编辑约瑟夫霍华德和记者弗朗西斯玛里森，后者尤其擅长模仿林肯的文笔。毫无疑问，曾在《纽约时报》和《纽约论坛》工作过的霍华德肯定听到了关于要发布征兵命令的风言风语，并且利用了小道消息，想乘机在黄金市场掘一大桶金。

林肯政府对于发布虚假公告的两家报纸处罚很是严重。在由斯坦顿起草的命令中，林肯下令，"采取军事力量，占据两家侵犯政府的报社所在地"，并逮捕编辑和老板。不久当局就锁定了霍尔德和玛里森，将他们关押在拉斐特监狱里。

尽管当局很快释放了两家报纸的编辑和业主，两天之后《纽约世界报》和《商业周刊》又重新开张，林肯当局之前的反应还是反映出总统打这场战争的坚定决心，甚至不只是决心，几乎到了凶猛的地步。林肯那时也有机会可以将发表命令打压报纸的责任都推到下属身上，不过他却拒绝这样做。对于投机倒把者和奸商下注赌政府战败，从而大发其财的行径，林肯早已怒不可遏，最让他愤慨的就是那些倒把黄金的人，而霍尔德正是想成为其中一员。想到这些，林肯紧握的拳头重重敲着桌子表示强调，对州长柯廷说道："我真想有人用枪把他们的恶魔脑袋都打下来！"

不过对于林肯来说，幸运的是，这些虚假的报纸报道和格兰特在弗吉尼亚的败仗消息都没有对缓缓进行的政治活动造成直接影响：共和党的提名大会即将召开，而各方面政治力量不可避免地汇集到这上面来。各州纷纷加入支持总统林肯的行列。而在像加利福尼亚、艾奥瓦和威斯康星的西部省份，支持林肯的呼声最高，那里的共和党选出的代表都是一致宣称投票支持林肯再次提名的人。在伊利诺伊州，一位共和党人还写道："人们认为，上帝尽全力造出了林肯先生，而我们通通支持他再次当选总统。"

在东部各省，卡梅隆没有食言，在州国会议员已经表示对林肯的支持后，他又说服了费城共和党大会，再添筹码，基斯通州随即派出一个都是由林肯任命的联邦官员组成的代表团，投了林肯 52 票。

此时，林肯唯一的障碍就是 5 月 31 日要在克利夫兰召开的共和党大会。那里的共和党个个对林肯心怀不满，要抗议"当局在战争中实施的低能且摇摆不定的政策"。对于林肯来说，开始看起来这次集会确实是个威胁，因为里面有人在观察并通报大会进程。但是结果参加大会的人少之又少，大概到场的只有 350~400 人，其中仅有 158 名代表，大多数代表着那些美籍德国人，在到场的代表中，大多数都是政坛里默默无闻的小人物。而东部颇有实力的反林肯共和党人，本来之前希望大会能够提名格兰特，从而在共和党大会对林肯造成真正威胁，在听说与会者大多支持弗里蒙特后也适时退出。而一手操办克利夫兰大会的霍瑞斯·格里利，暗地不动声色地放弃了对《纽约论坛报》的支持。

在大会上，与会代表之间没有经过什么争执就达成了一致，采纳了一项激进的纲领，呼吁制定宪法修正案废除奴隶制，并保证"所有人在法律面前绝对平等"，同时要求直接选举总统，只有一届任期，要保证言论自由，出版自由和人身保护权，还要征收叛军的土地。结果，这场自我标榜为激进民主的大会，最后一致同意推举约翰弗里蒙特为总统候选人。

在大会现场，林肯的一位亲信汇报说："大会是个虚张声势的大幌子。"而像《纽约时报》这样的政府机关则赞同地写道："大会不过是集聚了种种不满，不代表任何选民利益，而且对任何投票都没有控制权。"

当林肯的总统提名已经板上钉钉的时候，好多代表开始着力打听副总统的希望人选。对此林肯花了好大力气不置可否，声称："所有的提名副总统的人——现任副总统汉尼拔·哈姆林，本杰明·巴特勒，安德鲁·约翰逊和其他一些人，都是他私下里和工作上的朋友。"他的一位私人秘书放小道消息说他倾向于提名哈姆林，而另一些人则说约翰逊是不二人选。当被问到这个问题的时候，林肯会说一些较为模糊的话，比如"哈姆林先生为人很好"之类的。结果，由于林肯对这个问题的闪烁其词，不止一个去巴尔的摩的候选人都觉得自己有戏，只有自己才是总统暗中青睐的副总统人选。

大会一开始，国家联邦执行委员会已退休的主席、纽约参议员摩根就采纳林肯的建议，敦促大会"呼吁制定一项宪法修正案，从而能够有效地遏制美国的奴隶制度"。他的讲话受到了经久不衰的掌声，这也显示出从大会开始，共和党人就准备好了，将激进民主的核心据为己有，为己所用。

在大会的讲话中，演讲者频繁指出这次大会不仅仅是共和党的第三次全国大会，更是全国联邦大党的第一次大会。在开幕词中，来自肯塔基州的现任会长罗伯特布雷肯里奇着重指出："作为一个联邦党派，我会跟随你们的脚步；但如果单是一个废奴者的政党，或是共和党，自由党，民主党，美国人党，我绝不会成为你们的追随者。"前俄亥俄州长、大会终身主席威廉姆丹尼森也称他有同样的情愫。他说，代表们"不是代表任何一个旧的政治党派"，而对联邦党派的唯一测评，便是"看它是否对联邦政府和联邦有着毫不保留且毫无条件的忠诚"。很明显，讲话中反映出来的策略是为了避免在共和党内发生派系纷争，同时想要争取战争民主党人的支持。而要达到这些目的，再次提名林肯为总统便是上上之策。

大会上满是林肯的支持者。他们显然已经控制了大会，以至于林肯的主要竞选智囊团之一的大卫·戴维斯根本都无须插手。他给总统写信说道："对手已经完全被我们击败，这场胜局已定的纷争简直都没有看头了。"分歧很少，所有的事情都按照总统的意愿实现。尽管一些激进分子如萨迪厄斯·史蒂文斯还抱有怨言，反对"来自可恶的分裂省份"的代表，大会还是接纳了来自田纳西州，路易斯安那州和阿肯萨斯州的代表团，这些州正在进行林肯的10%计划中的重组。密苏里州的代表团出现了一时的对峙，因为"棕黄马派"和"木炭派"都有代表参会，然而当林肯的下手同意给激进主义者席位，这场争吵立马平息了，而且他们马上承诺不再阻挠大会召开，将遵循大会的举措。

大会纲领支持林肯，称他有着"实干的智慧，无私的爱国精神，对宪法矢志不渝地忠诚"。该纲领由大师亨利雷蒙德起草，他是《纽约时报》的编辑。文章通篇是对当局的溢美之词。

当大会进行下一项，将要选出另一位竞选者，即副总统候选人时，总统的顾问们一点也没给出指示。最后大家认为哈姆林会当选，而另有少数人认为将选出一位战争民主党人，比如约翰逊，巴特勒或丹尼尔·狄更斯等，狄更斯原是来自纽约的美国国会议员，一直对林肯忠心耿耿，因此在1861年被任命为纽约州的检察长。代表们因此敦促尼克，想让他去探探总统的口风，于是尼克给身在白宫的海约翰写信询问。林肯在回信上写道："希望不要加以干涉，也不能对纲领进行干涉。大会要自己决定。"海约翰随后将这个信息传到了巴尔的摩。

大会代表要自己决定，于是一时间涌现了各式各样的政治揣测。刚开始，《辛辛那提报》的记者怀特劳里德判定，"哈姆林已经失去了支持者。人们似乎认为自己有义务去支持他，但是对他的支持毫无热情"。新英格兰的代表们未能一致支持哈姆林，其中许多人投了约翰逊和狄更斯的赞成票。纽约州民认识到如果狄更斯当选，那么西沃德可能卸任国务卿一职，因为没有一个州可以在最高行政机构里占有两个席位。他们将宝押在了约翰逊身上，而且后者已经在南部和西部的省州拥有很高的人气。在最后一分钟的动摇变卦之后，投票结果出来：约翰逊当选。

林肯从来没有解释他在副总统选举上的立场。在多年之后，一位重要的宾夕法尼亚州共和党人——亚历山大麦克卢声称，在巴尔的摩大会之前，总统就敦促他为约翰逊当选而努力，并且他聚集了一群当时的知情人士，均声称自己收到了同样的指令。这些指控让尼克和查尔斯·哈姆林大发雷霆，前者是相信总统不会骗人，后者则是听信爆料，认为自己祖父的失败是由于查尔斯·萨姆尔的暗箱操作。于是两人收集了一大堆证据，力证当时总统事实上是青睐萨姆尔的。这些证据最终也没有定论。

而可以肯定的是，如果林肯真的想让哈姆林当选，那么大会会遵照他的意愿行事。他没有提哈姆林的名字，可能是认识到在涉及奴隶制和南方的问题上，后者的立场十分偏激。林肯曾开玩笑地说，他不怕邦联会派人暗杀他，因为这些人知道一旦林肯死了，接班的肯定是哈姆林。林肯同时也想到，选出一个战争民主党人，能够代表一种广泛的联合，而这种联合能够安抚全国联邦党的希望；一个南方人当选，这也表示南方尚未脱离联邦。林肯欣赏约翰逊在自己的家乡州分裂出去之后，还对联邦忠心耿耿，并且让林肯感激的是，约翰逊作为田纳西州一位偏好军事的州长，竟诚心诚意地支持他的重组计划。不过，从心底里林肯并不重视副总统的职位。他和许多美国总统一样，对"第二指挥"并不感兴趣，而且并不会让后者承担相应的义务扮演"共同执行官"的角色。

无论如何，林肯对大会的结果是满心欢悦的。当代表委员会在 6 月 9 日抵达白宫，向林肯呈递当选的官方通知时，林肯回答说："我不想掩藏或是压抑自己的感激之情，联邦的人民通过自己的大会判定的结果是：我继续待在目前这个职位上还是合适的。"林肯强烈表示结束奴隶制的宪法修正案的出台，不过，他同时也小心翼翼地称自己"在阅读和思考所谓的纲领之后"，才会接受任命。在当天，林肯接见了来自国家联盟组织的代表，这些人支持巴尔的摩的选举结果。让林肯满意的是，这一群人认为他"完全有资格续任"。据此他想起了一个典故：一位荷兰老农民，对自己的同伴说："在过河的时候，最好不要换马。"

林肯在当选以后，更有权力在政府和党内行使自己的领导力。首先感到这一变化的是切斯。切斯领导的财政部，在负担战争的巨大开支方面遇到了棘手问题。尽管一直敦促国会解决，国会还是没能推出一些税收政策来支付财政部的最低开销。切斯在未得到允许，不能再次任命杰库克这位曾成功推销早期国库券的银行家后，发行新的国库券的问题便一直悬而未决。货币在贬值，而金价在飙升。国会应切斯的要求，通过了一项法律禁止在黄金市场投机倒把，但是该法律仅仅妨碍了那些老实的商人，真正的投机者继续通过提高津贴在大肆牟利。

在这些压力下一筹莫展的切斯与总统的关系闹得更僵。当两人在一间房间内，便会感到不适。切斯只是偶尔参加内阁例会。而林肯也不再需要他在内阁中占据一席之地。林肯曾试图通过马萨诸塞州的众议员塞缪尔库伯向这位财政部部长传话，大意是他一直都很尊敬切斯，并且在有空缺的时候想提拔他为大法官。有了这一借口，切斯脱离内阁便比较轻松了。不过因为没能完全理解总统的意思，库伯没能把话传到。

但是在 6 月底的时候，这位财政部部长预料到了危机。受人尊敬的约翰·西斯科从联邦纽约市副财政部部长的位置上退下来，而这一位置在重要性上仅次于国家财政部部长。切斯没有察觉到这时他和总统的关系的变化，而主动提出要自己的一个亲信——曼谢尔菲尔德来接任这个职位。切斯此举具有政治上的毁灭性，因为前纽约州长，参议员，将要退休的全国联邦执行委员会主席摩根青睐另一个候选人，参议员哈里斯也是同感。于是林肯拒绝提拔菲尔德，而是让切斯回去重新考虑。

当切斯表示希望与总统私下交谈时，林肯拒绝了。他对这位财政部部长说：

"困难不在于你我的谈话之间。正如谚语所说，鞋合不合脚，穿鞋的人最知道。"纽约市官员的任免问题给他"造成了尴尬"，他提醒切斯，将巴尼留在纽约海关署其实"是个沉重的负担"，而且任命法官郝格布姆的举措让纽约共和党"几乎要公开反叛了"。

切斯没有违抗总统的指令，而是设法成功让西斯科放弃了刚任命的职位，他将这一消息告诉林肯，并且自以为是地说：在推荐候选人方面，他不考虑政治因素，而只是"想推荐适合职位的最佳人选"。切斯认为西斯科的退出决定解决了当前的问题，但是林肯回信的生硬口吻让他觉得自己继续在内阁待下去对总统来说"并不合适"。于是他再一次提交了辞呈。

林肯读到切斯的信，信中说："你的做法非常不好。除非你道歉，并且求我留下来，同意我是完全正确的而你一无所知；如果不这样做的话，不管你怎么求，我都会离开。"在这种情况下，林肯认为除了接受切斯的辞职之外别无选择。他回信说："我之前赞扬你的能力和衷心的话，现在一句也不会收回。但是你我目前在关系陷入了一种双方都感觉到的尴尬，而为了公共服务的进行，这种尴尬现在无法克服，也不能再持续下去了。"

当切斯过去屡试不爽的伎俩在这一次没有奏效的时候，他震惊了。他从来没有想过，巴尔的摩会议改变了当前的政治形态。他称自己无法理解林肯的回信内容："他给我造成了很多尴尬。但是我不知道我给他造成了什么影响，有可能是因为我不愿意担任受到搅局的职位，不愿意考虑党派、划分、群体和个人的因素而不是仅仅从选举健康的角度出发。"

切斯的朋友联合起来支持他的自我保护，但是林肯不愿意重新考虑已经做出的决定。当时俄亥俄州州长约翰布拉夫刚好在华盛顿，自告奋勇来充当这场矛盾的调停人。但林肯对他说："这是切斯第三次丢给我他的辞呈。我认为自己没有必要每次都求他收回，特别是这回他走了，国家也不会遭到毁灭。总而言之，布拉夫，这回我希望你别参与此事，顺其自然好了。"

林肯为了避免政治和金融上的损失，很快提拔一名切斯的接任者。他没有征求其他人的意见提拔了另一位俄亥俄州前任州长大卫托德。林肯的这次选择是不明智的，因为正如《纽约先驱报》不友善地指出：托德对金融的了解"比邮差多不了多少"。托德推崇硬币，反对政府在战争期间使用的纸币。在林肯任命下达之后，由缅因州的威廉姆皮特费森登领导的议会金融委员会十分不满，前往白宫催促林肯收回任命，但是遭到了总统的拒绝。后来当托德借口自己健康状况不佳而拒绝接受任命时，一场危机才得以避免。

第二天林肯任命了参议员费森登，任命在两分钟内就生效。林肯事前没有询问费森登的态度，而后者在接到任命时惶恐不已。他并不想离开议会，不想加入执行部门，而且觉得自己的身体状况也无法胜任该职位，于是他写信给林肯想拒绝接受任命。但是总统拒绝收信。他利用费森登的责任感，提醒后者说"这场危机十分严重，需要牺牲，甚至奉献生命"。林肯说服了参议员重新考虑一番。当费森登来到参议院寻求建议，称自己认为这个工作会把他整死时，国防部部长直率地说："那好啊，其实为国家服务而牺牲是最好的一种死法了。"随后，来自贸易部，商务部，银行家和公务员的信件和电报雪片般飞来，要费森登接受任命防止一场危机的发生。

费森登闷闷不乐地接受了任命，同时听取了他的密友，爱荷华州参议员格兰姆斯的建议，认为他要"制定相应的条件，使得在几个星期中不会在内阁之外受到自己助手的诽谤和中伤"。于是在 7 月 4 日，费森登与总统达成了协议，该协议由林肯撰写，内容表明费森登"对于财政部有完全的控制权"。并承诺"我不会在他的部门安插任何违反他意志的官员"。同时费森登表示在任命下属时，会"当有意向人选时，会争取总统的同意"。

林肯在重组了内阁之后，继续在国会加强自己对共和党的领导力。在 1864 年 6 月底，第 38 届国会第一次会议结束，其间没有提出什么建设性的立案，而是充满了斗嘴和争吵。国会共和党更加鲜明地分成了激进派和保守派，而两派都是不满总统作为的。他们没能建立一个急需的自由人组织，这样的组织可以监管美籍非洲人从奴隶恢复自由身的过程；他们也未能聚集大多数人采纳第十三修正案取缔奴隶制，而总统和全国联邦大会正极力想促成第十三修正案的实施。

在会议召开的后几天，许多人员已经缺席，这时共和党领导人突然认识到：他们即将休会，在此之前不能达成任何有关奴隶制，自由人或重组的重要法律。于是匆忙之中，他们转向亨利·戴维斯所谓的"本次会议提出的唯一一项有实用性的解放措施"，即所谓的韦德—戴维斯法案。该法案得到了参众两院委员会的支持，表明是国会而非行政机构控制着重组过程。它要求重组南方任何一个州的第一步，是要完全取消奴隶制；并且确定需要 1860 年选民的 50% 而非 10% 的人数参加重组这些政府的选举。另外，它要求分裂各州的选民在参加宪政会议时，要发"狠誓"，即发誓他们永远不会自动拿起武器反对美利坚合众国或是支援叛军，而相比之下，林肯在赦免计划内，只是包含了宣誓对未来效忠的要求。

这项在 7 月 2 日由国会通过的法案显示了戴维斯个人对林肯怀有敌意，而偏向马里兰州的共和党反叛势力首领布莱尔。法案同样也显示出尽管林肯在巴尔的摩获得提名，一些激进共和党人仍持续反对他的再次当选。他们寻找着总统职位的另一候选人，或是一位中间党派的人士，因为他们害怕林肯可能通过获得在军事控制下的南方州，如路易斯安那州，阿肯色州和田纳西州的选票，赢得总统竞选。

这时，林肯面临着国会共和党领导地位动摇的局面，于是他决定动用自己的权力。事实上，如果他想要保持战争民主党人和共和党之间的脆弱关系，为自己的再次当选奠定基础的话，这步棋必须要走。当时有谣言说，林肯不打算签署韦德—戴维斯法案。这些众议员随后回到国会山，怀疑林肯会对法案投否决票。听到同僚带来的消息后，林肯的老友，伊利诺伊州激进派，众议员杰西诺顿冲到白宫，而他在见了林肯之后，也认为后者不会签署法案。诺顿预见林肯将会犯下一个大错，但是"想要阻止已经无济于事"。

国会想在7月4日中旬结束会议，而在休会前的最后几个小时，林肯一直在国会山的房间里审阅和签署无数的方案。共和党参议员和众议员当时都十分担忧法案的命运，于是聚集到林肯周围，却看到他将那份法案搁置在一边。当密歇根州激进派参议员钱德勒走到林肯的房间，询问总统是否打算签署法案时，林肯有些不耐烦地回答说："钱德勒先生，就在国会休会前几分钟才把这条法案放到我这里。它事关重大，不应该草草做决定。"

钱德勒闻之提醒林肯，否决票会"对我们在西北的影响造成很大的破坏"，而林肯辩解说，国会没有权力在重组后的州取消奴隶制。钱德勒随后又提醒总统他在过去已经在重组后的州取消了奴隶制时，林肯急躁地回答说："我承认在过去可能采取了一些军事手段完成了国会所不能完成的事情。"林肯对法案的反对，更是因为他错误的判断，法案内容会暗示反叛的州不会再留在联邦之内。他对周围的一群人说："现在我相信我们不能避免分裂的州以后再加入联邦。"他还提醒说，整个战争就是基于"一个州都不能少"的论断。"如果分裂发生，那么我不配当总统，这些绅士也不配作为国会议员。"

当林肯平静了一些之后，他决定将韦德—戴维斯法案搁置否决，也就是拒绝签署，那么随着国会休会，该法案也就无法成为法律。对此，林肯发表声明予以解释。他不想"僵硬地执行任何单一的重组计划"。

在韦德—戴维斯法案受挫之后，激进派大发雷霆。他们觉得总统似乎在玩弄他们：因为林肯先是将法案搁置——这是到目前都十分罕见的处理程序；随后又称这就是表示投否决票的意思，而这又是使用搁置否决处理方式时不需要的程序；最后他又说一些南方的州可以接受他刚刚否决的法案里的条件。在事情发生之后，据一位记者写道："戴维斯愤怒不已，脸色苍白，浓密的头发乱糟糟的，狂乱地挥舞着胳膊，骂起总统一套一套的。"而查尔斯·萨姆尔悲戚地说："我很伤心啊。"但是其他一些可能没有对这件事情引起的纷争密切关注的国会议员则"开始希望法案从来就没有拿到总统面前去"。对于林肯的不满一时间纷纷扰扰，但是林肯仍是保持着自己的控制，在内阁和重组过程中都是说了算的一把手。

林肯的掌权时间的长短，取决于军事行动的成败，但是前景惨淡。到7月，格兰特遵从林肯的大战略发动的行动以失败告终。在西部，班克斯的军队在红河战斗失败之后士气一度低落，而要到接替班克斯的将军爱德华坎拜在战地对莫尔比市发动进攻，还需要几个月的时间。在佐治亚，谢尔曼将约瑟夫约翰斯顿率领的邦联军队赶回了亚特兰大，但是南方军队不断地逃出他所设下的圈套。最终被激怒的谢尔曼下令对在肯尼索山被围困的邦联军队发动直接攻击，两军在 6 月 27 日展开了一场血腥的搏战。

在东部，巴特勒率领的詹姆士军队夹在詹姆士河和阿波马托克斯河之间的一处半岛上。在那里，如格兰特尖酸地指出，巴特勒的军队"像是困在紧封的瓶中，毫无用处"。在谢南多厄峡谷，3 月 15 日弗兰兹希杰尔在新马凯特地区损失惨重，被迫卸任指挥官一职。而他的继任者大卫·亨特在峡谷开始发动毁灭性的攻击，但当李将军派来由朱柏俄雷率领的军队时，亨特被迫撤离到卡诺瓦峡谷，使得谢南多厄峡谷对邦联军队门户大开。

最严重的当属由格兰特一手指挥的波托马克军的战败。格兰特在荒蛮之地和维尼亚都没能占到邦联军队的上风，于是他在冷港发动了一场毫无意义而结局悲惨的战斗。在这场战斗之后，格兰特对于"一往无前战斗到底"绝口不提，因为他学到了一个教训："我要想取得计划之中的成功，需要牺牲超过我意愿的人力。"

格兰特改变了战略，在 6 月 14 日他开始指挥波托马克军穿过奇卡侯米尼河的沼泽——那里是麦克莱伦军队在 1862 年战斗过的地方，直到詹姆士河的南岸。在那里波托马克军与巴特勒的军队会合，能够得到海上补给。这就回到了格兰特最初的战略，并会切断从里士满到南方的铁路连接。格兰特的基地转换的策略英明地得到了实施，于是李将军摸不清格兰特军队的所在地。格兰特在军队刚穿过边线后，就马上对防御工事中的圣彼得堡发动了直接的猛烈袭击，那里是三条特路线贯穿的交通枢纽。这次行动失败后，格兰特开始围困圣彼得堡，此时，他首次思考了拖死对方的战略，也就是围困李将军的军队使得后者就不能再派遣军队与谢尔曼对抗。

在六个月的持续性战争中，联邦军队负伤和死亡人数高达近十万人，这个数字要比战争刚开始时李将军军队的总数还多。北方的人们在格兰特刚担任指挥官的时候，都过于乐观了，现在他们慢慢了解到态势的发展。由国防部控制的北方报纸告诉民众格兰特"已经取得了巨大胜利"，波托马克军"再次取胜"，军队得到的指挥是"有技巧的，勇敢的"，并且格兰特"即使在打败李将军暂时没有取胜，也已经成功地不断加固战果，将李将军一步步逼退到里士满附近"。但是每日报纸的黑框所列的死亡名单让家里的人们了解到战争巨大的吞噬。而且报纸记者和前线士兵描述负伤和死亡的信件也揭开了残酷的现实。随着数以千计的伤员拥入华盛顿附近的医院，当局已经不可能再向公众掩藏战争的代价。对于这场大屠杀，国家充满了越来越深的憎恶。贺拉斯格里雷在给总统的信中，提到民众普遍对"新的征兵政策，未来的毁灭和血流成河"的恐惧，悲叹着"我们流血，破损，奄奄一息的国家"。

林肯本人也是对这些苦难感同身受。他的朋友艾萨克阿诺德回忆说，在这些天里，林肯"凝重，焦虑，看起来像是一个失去了家中最亲爱的人一样"。一天晚上，当林肯乘着车经过一长队运送伤员去医院的救护车时，他怀着深深的悲痛对阿诺德说："看看这些可怜的人们。我承受不了。这种痛苦，这种生命的损失太可怕了。"

林肯一家竭尽全力减轻人民的苦难。玛丽·林肯定期探望许多医院，将白宫温室里的花朵和安慰的话语带给伤员。而林肯则计划每个星期抽一个早晨阅读军事法庭对于不堪战争压力重负的士兵的判决。有一个星期，他审查了 67 件案子，还有两个星期分别是 72 件和 36 件。一旦有可能，他就找理由释放这些囚犯，让他们重新回到职位上。对此他解释说："最近尽量避免这桩屠杀性的事情。"但是他的解释并不能抹杀一个事实，即这一切痛苦都是因他而起的。

林肯不断地思考战争和自己在其中扮演的角色。有一次他问印第安纳州的众议员丹尼尔沃里斯："你觉得奇怪吗，我这样一个连剁鸡头都不敢，看见血就晕的人，会卷入这样一场规模宏大的战争，浑身沾满鲜血？"通常，林肯在工作的休息之余，会在他翻了又翻的《圣经》中寻找答案，他最经常读的是《旧约》中的先知预言和赞美诗。

林肯在《圣经》中找到了安慰和放松。他其实并不属于任何一个基督教教会，因为他不赞成他们的教条和形式，于是如玛丽所说，他不是"一个理论上的基督徒"。但是他又从《圣经》中获得了安慰，以至于他打算放弃之前的一些宗教质疑。1864 年酷夏的一天晚上，他的老朋友约书亚斯皮德发现他正专心致志地阅读《圣经》，便对他说："我很高兴看到你这么入神，并且有所获益。"

总统回答说："是的，我是专注其中且有所获。"

随后这位来访者评论说："如果你已经打消了之前对宗教的质疑，我很遗憾我还没有哩。"

这时，林肯看着自己老朋友的脸，说："斯皮德，你错了。在这本书中你会体会到理性和信仰的平衡，这样你会活得更好更快乐，死也一样。"有一次，一位巴尔的摩美籍黑人代表送给林肯一本《圣经》，赞赏他为黑人所做的工作，林肯对前者说："我开始感觉到这本伟大的书，是上帝给予人类的最好礼物"。

阅读《圣经》加强了林肯对于长期以来所持的"必然性"的信仰，而这一信仰刚好契合了林肯悲观的性格。《圣经》中认为，任何个人的行动都是由一种更高的力量实现规定好的。对此林肯并不陌生，但是随着未果的战争带来的越来越沉重的压力，林肯越来越经常地在这个观念中寻找慰藉。

林肯一次又一次求助于这个信念，即在战争带来的苦难和损失后，正在进展着上帝的计划。在 9 月写给在朋友联合会散播同情和祈祷的伊丽莎格尼的信中，林肯最雄辩地表达了自己的观点，他称："上帝的目的是完美的，并且一定会起统治作用，尽管我们这些犯错的人类可能不能够预先对此精确地察觉。我们希望这场可怕的战争早就欢乐地结束，但是上帝最了解一切，并且统治一切。我们必须依照他的指引勤勉地工作，相信这样的工作能够获得上帝所设计的大好结局。当然上帝在这场灾难后安排了好的结果，这些非人力所能完成，并且没有人类会停留在这一点上。"

当格兰特和谢尔曼与敌军纠缠的时候，林肯尽全力保证军队补给，提高民众的士气。他在每个可能的场合，甚至是在重新恢复海洋乐队在白宫的音乐会的场合，都让听众为"格兰特和其所指挥的军队"欢呼三声。他一次又一次表达对战士，军官，特别是对"那位骁勇善战，忠于国家的人"，"我们军队最谦逊的将军"的谢意。在林肯再次当选总统后，当俄亥俄州代表团请来一支铜管乐队为他庆贺时，林肯回应说："我们需要的不只是巴尔的摩大会或是总统选举，而且是在格兰特将军领导下获得的胜利。"同时，林肯还敦促听众用全力支持"在战场上勇敢的军官和士兵"。

林肯继续对格兰特抱着强烈的信心，但是他也意识到众人对于这位将军有越来越多的指责。许多人怀疑格兰特的战术能力，指出后者将基地转移到詹姆士河畔只是简单重复麦克莱伦的战略，只不过伤亡更少而已。参议员格莱姆斯认为格兰特的战争是场失败，他问道："他为什么不一次性地将军队调到詹姆士河南岸呢？这样就可以避免 75,000 名战士牺牲了。"甚至在总统家里也产生了对格兰特的不信任：玛丽·林肯经常说："他是个屠夫，不适合待在军队将领的位置上。"

对于格兰特的指责使得林肯想要亲自看看波托马克军的状况，于是在 6 月 20 日，林肯由塔德陪伴，事先没有通告格兰特就前往位于西迪军事点的战争指挥总部。林肯当时的样子，用格兰特的一位副手贺拉斯波特的话说：穿着一件黑色外套，"看上去老板的派头"。林肯刚下船就说："我只是想着跳下船来看看你，并不指望我这次来能带来什么好处。事实上，我还怕我会添乱，不过现在我听你指挥，如果你发现我做错了什么，就直接把我遣送回去好了。"

在接下来的两天，林肯与格兰特、米德、巴特勒和军队士兵一起四处探访。大多数时候，他都骑着格兰特的枣红马。据波特回忆，林肯不是一名胆大的骑手，因为他的裤脚一般都在脚踝上方，所以看起来"像一位穿着星期天做礼拜的好衣服进城的农民"。当军队得知总统到来的消息时，他们欢呼雀跃。当林肯探访第十八军团的黑人士兵时，那些战士们"欢呼着，大笑着，哭泣着，唱着赞美歌，大声地叫喊'上帝保佑主人林肯！''上帝挽救父亲林肯！''欢乐的日子来临了'"！林肯讲述了趣闻轶事，并且表现出对每一处军队生活都感兴趣，他似乎此行没有什么特别的目的，不过，当谈到预期进行的军事行动时，林肯的目的彰显了。他静静地说："我不想装出给建议的样子，但是我真诚地希望能够尽量少流血牺牲达到所有的目标。"

在 6 月 23 日，精疲力竭并晒黑了的林肯回到了白宫，据基甸威尔斯评价：

"此行对他的身体健康有益，并且加强了他的信念。"林肯在重复格兰特告诉他的消息时深感慰藉："等我攻下里士满，我就在那里发给你消息。这可能需要一个长长的夏日，但是我志在必得。"不过检察长贝茨发现总统"很倦怠，对于我们在那个地区取得的微小胜利有些失望"。那时，林肯比以往任何时候都深刻地认识到：战争会持续很长时间，而且会花费高昂的代价。

● 第十九章 ●
成竹在胸

在 1864 年 7 月初，一位来访者发现林肯陷于深深的忧郁之中，"实际上身心疲惫，形容枯槁"。林肯忧郁是有原因的。当时对于战争的疲沓情绪正在四处蔓延，而进行谈判终结这场杀戮的呼声越来越大。在西部的中段地区，同情南方的北方人运动正在如火如荼地进行，而还有流言说有暴动要建立一个独立的西北部的邦联联盟。民主党人则组织参加他们在 8 月底在芝加哥举行的全国大会，并很有可能在大会上制定一个和平政纲。共和党内部分裂严重，林肯夹在各派中间很是难过，一些人认为他对南方太过仁慈，而另一些人则认为他的做法太过严酷。最让人忧心的是，联邦军队在那个时候陷入了停滞的境地。西部军队将领谢尔曼率领军队向亚特兰大进发，但是很显然在对峙中约瑟夫·约翰斯顿败局已定。在东部，波托马克军在圣彼得堡遭到围困，陷入瘫痪。

让事态进一步恶化的是，华盛顿再一次受到了威胁。为了转移格兰特在雷蒙德上的压力，厄尔利率领北弗吉尼亚军队的第二军团沿谢南多厄峡谷一路北上，沿途几乎没有遭到抵抗，在 7 月 5 日穿过波托马克。他的军队人数很少，大概仅有一万五千人，但是全分布在马里兰州的乡村之中，足以在黑格斯敦和弗雷德里克初战小捷，随即进攻华盛顿。7 月 9 日在蒙诺科西河这支侵略军轻易击败了由路华莱士统领的编制杂乱的志愿军的抵抗。

当时似乎没有人负责华盛顿的防御，或者说，似乎每个华盛顿人都对该城的防御负责。在弗吉尼亚的格兰特怀疑帮邦联军队移军北上是否只是虚晃一枪，所以不愿意撤走包围圣彼得堡的军队予以支援。斯坦顿则质疑厄尔利攻击是否给他们带来重创。而哈勒克尽其所能，发给政府办公室里的书记员每人一把来复枪，还给医院里可以下床走动的士兵伤员发了武器，但是这些临时武装起来的力量是否可以阻挡邦联侵略者，还是个巨大的问号。

伊桑·艾伦将军力图提醒总统，首府岌岌可危。而林肯疲惫地回答："我们能做的都在做啊。"希奇科克警告说：厄尔利的军队还不够强，不能一直占领华盛顿，但如果只占领几天时间，整个国家也会因此蒙羞，并且国外也会知道邦联的强大优势。他坚持认为格兰特应该被调回首府增援。而林肯，看上去"几乎崩溃的样子"，虚弱地说他会跟国防部部长谈谈。

当时，林肯不像华盛顿的很多人，他不担心自己的安全。他勉强遵从斯坦顿的调度，从危险区的"士兵之家"和玛丽，托德一同搬出来，不过当他听说古斯塔夫斯福克斯已经备好了一支军舰，以备他一家人在危急关头逃离的时候，还是勃然大怒。

在北方地区刚受到邦联军队侵略的时候，林肯更多的是关注是否能遏制敌军，而不是华盛顿的安危，而且因为他已经承诺格兰特不干涉后者的军事指挥，所以在支配战争方面也是无能为力。在知道有人强烈指责自己干涉军事的时候，特别是在插手麦克莱伦一事时，林肯特别不想在眼前这个时候对格兰特下命令。他觉得自己所能做的，就是密切关注厄尔利的一举一动，尽量减少在华盛顿和巴尔的摩地区蔓延的恐慌。但当格兰特公开宣称在圣彼得堡已经有足够的兵力打败侵略者，如果总统认为必要的话，他马上回华盛顿支援时，林肯在 7 月 10 日回答说，格兰特要在当地留足兵力，然后"令人带着剩下的兵力回来，并且尽全力摧毁在这里的敌军"。不过总统又在电报后面加上："这是我基于你的建议的个人想法，并不是命令。"

格兰特在那个时候，还是没有明白华盛顿受到威胁的严重性，他选择了继续驻守战场，而只是派遣由霍雷肖赖特带领的第六军团的一些老兵回去支援华盛顿。在 7 月 11 日援兵到达前，厄尔利的军队已经越过第七街，穿过银泉镇，掠过那里弗朗西斯波茨坦，布莱尔和邮政局局长蒙哥马利布莱尔将军的住处，向着看似坚固实则无力的人造防御工程史蒂文斯堡进发。邦联军队进入了联邦军队的前哨，在离碉堡还有 150 码的时候才被火炮击退。

在碉堡第一次受到攻击的时候，林肯正身在其中。乘着马车被迫逃离华盛顿后，林肯爬到了前线的胸墙上。他从通信军官阿萨汤森雅培那里借来一个双筒望远镜，观察正前来进攻的邦联军队。据雅培回忆说："他站在那里，穿着大衣，戴着帽子，看起来很是显眼。"当邦联军队已经进入射程范围时，有位军官两次提醒林肯下来，但是总统毫不在意。结果不过一会儿，他旁边的一人腿部中枪，这时有名士兵急忙命令总统下去，不然头会被打开花。林肯冷冷地从墙上下来，钻进马车，被带回华盛顿。在那里，他跑到码头上迎接第六军团的士兵，"跟那些老兵打成一片，而且时不时地，像是要恭维他们，咬一下手里攥着的一个硬钉子"。

第二天厄尔利对华盛顿发动了最后一次攻击，仍然是最猛烈地进攻史蒂文斯堡。总统和总统夫人，以及其他位高权重的政府官员和他们的妻子，都出来关注战斗场面。赖特未经思考，又邀总统上胸墙以便看清联邦军队猛攻敌人，而突然又想起林肯"昨天显示出特别的冷酷以及大无畏的精神"。在身边的一位医生中弹之后，赖特下令所有人都退下胸墙，也请总统下去。但是林肯坚持要留在上面，直到将军称如果他再不下去将进行强制——赖特回忆说："给总统配上护卫保证安全，似乎对于他来说很是愚蠢，让他觉得好笑。但是考虑到我对于此事的急切的态度，他最终妥协不站在墙上，只坐在墙后面。"

厄尔利在发动的最后一次袭击失败后，便撤离华盛顿。赖特对此还是半真半假地实行了追击，但是不久就停了下来。对此林肯嘲讽地说："停下来是担心万一真赶上叛军，还能捉到几个呢。"布朗宁发现当时的总统"灰心丧气"，伤心着"围困我们的叛军跑得一个不剩了"。

尽管颇有几个将军，包括赖特、亨特、西格尔、华莱士在内，都参与了此次战斗，但是没有一个人负责追击敌军。国防部副书记查尔斯达纳给格兰特写信说："整个战斗没有一个统领。看来急需你任命一个。哈勒克只有在受到命令的时候，才会向下属下达命令。总统也不下命令。除非你直接明确地命令要采取什么样的措施，不然一切会像过去那一星期一样，可悲而且致命。"

林肯的耐心越来越少了，即使是对于格兰特也是如此。厄尔利继续向谢南多厄发动袭击，在7月30日，他率领部队侵入了宾夕法尼亚州的钱伯斯堡，索要五十万美元或是十万黄金作为赎金，在当地居民无法支付的时候，他一把大火烧了整个镇子。北方的报纸纷纷谴责这场奇耻大辱，并且表示"我们的军事指挥真是无能，愚蠢"。但是格兰特当时正忙于继续围困圣彼得堡，对于这件事情并不在意。即使是总统亲自来访，要他于7月31日赶到玛丽莲堡，格兰特也没有从这种无知的昏睡中清醒过来，认识到自己逃避的责任。

在1864年那个异常炎热而抑郁的夏天中，惹毛林肯的不止格兰特一个。他经常会花很多时间处理一些来访者的抱怨和请愿，有时包括一些十分琐碎的事情。不过现在他已经受够了。当梅肯的两个居民来找他，请他处理一桩私人恩怨时，林肯尖刻地回答说："想让我来结束你们的争执吗？我会的。不过以后再也不要让我听到一个有关你们案子的字。"几天之后，他的愤怒爆发了。原任索赔法庭律师的查尔斯吉普森辞职，并抗议共和党政纲里的激进主义，但还是同时表达了对总统"周到和善地待他"的感谢，当时林肯表现出"未意识到的浮躁情绪"。他狠狠地斥责前者说："吉普森先生犯了两个小错误，不该受此优待，一是从来都没学会对自己的工作足够上心，二是曾经预谋刺杀我。"

曾经有个半文不白的宾夕法尼亚州民对林肯说："你要记住，白人是第一等的，黑人是第二等的，因为黑人永远受白人统治。"林肯平静的时候，会对这样的言论置之不理。而现在，暴躁的林肯马上起草了一封回信，要秘书尼克签字，质问这个说话的人"是黑人还是白人，因为不管怎样，你的判断都有失公正"。他还用异常尖酸的口吻写道："你可能属于第三或第四等的黄人或红人，要是这种情况，那么则更明显：你的判断太不公正了。"

在与邦联军队可能进行和平谈判的重大问题上，总统林肯被迫强行压制了自己的火气。事实上，通过巧妙处理这个棘手的事情，他甚至苦中作乐，获得了一些安慰。首先行动起来的是《纽约论坛报》容易人云亦云而又情绪易激动的编辑格里利。当厄尔利的军队逼近首府时，格里利写信给总统称"他那不易言表的朋友"威廉·朱伊特肯定邦联政府的众议员会聚集到加拿大那边的尼亚加拉大瀑布旁进行和平谈判，而因此敦促总统要抓住这个可能的机会，因为目前整个国家正处在绝望之中急需出路。如果联邦方面慷慨地表示要结束战争，即使对方不接受，那也可以驱除"目前中央政府和其主要的支持者都不那么渴望和平"的普遍论断，并且可以在秋天举行的大选中助共和党一臂之力。

林肯正确地发现了其中隐藏的陷阱。他不知道为什么三位邦联的使者——前密西西比州国会议员雅各布汤普森，前亚拉巴马州参议员克莱门特克雷和弗吉尼亚大学教授詹姆士霍尔科姆，都跑到加拿大，但是他的直觉告诉他，这些人绝不是为了和平，而是要在北部政局中斡旋调和，从而赢得总统竞选的筹码。

即使林肯认为格里利不可靠且心怀叵测，他也不能完全反对该项提议。但是邦联那边选出的调停人有能力会引导北方观点的形成。在东西部都很受欢迎的《纽约论坛报》号称是全国发行量最大的报纸。而该报纸编辑的来信，提醒总统"人民是如此热切地期望在国家统一和荣耀之下的和平"，并且提出公平的谈判条件会"对国家和平的实现提供巨大且急需的优势"；这些其实告诫林肯，如果他拒绝了该项提议，那么报纸会对其大肆渲染。即如果《纽约论坛报》将总统写成一个拒绝了一项十分合理的和平谈判的总统的话，那对他的名望会造成无法修复的巨大损害。精明的林肯在处理这件事的时候，指派格里利为期望尼亚加拉跟邦联谈判的特使，并且赋予后者"带回一个赞成联邦统一和废除奴隶制，并能够代表杰斐逊戴维斯（美国南部邦联总统）进行和平谈判和起草协议的人，不管他的身份，不管他来自何处"。结果遭到了格里利的拒绝。尽管这位编辑打扮土气，走路拖拖沓沓，但他骨子里绝对不是傻子，他才不愿意成为一个"心腹特使，而不是个谈判代表"。

但是总统不让他推掉这份任务，他给格里利写信说道："我不仅仅想要真心实意地为和平尽力，而且想让你亲眼见证那一刻的发生。"再次遭到格里利的拒绝时，总统失望地写道："我不期望你能给我回信，但是要给我带人回来。"他随即命令海约翰陪同格里利一起，前往尼亚加拉瀑布，随身带着一封写有总统愿意同邦联方面的特使进行谈判的条款。

林肯本人亲自起草了这封信，不过仅仅咨询了西沃德。信的开头称谓是"给跟这件事有关的人"，内容写着："任何赞成联邦统一和完整，以及废除奴隶制的主张，美利坚合众国行政政府都会接受并予以考虑。"信里同时也向邦联谈判使者提供了安全通行权，以及"在其他重大的合作方面的自由条件"。

这封信显示了林肯小心谨慎地处理政治和军事，并力求达到一个平衡。要想增强自己在秋天大选中的胜算，最好的做法就是只向邦联方面提出最少的要求，使得和平谈判得以开始。如果他宣布全国的统一是和平的唯一条件，那么他能加强自己同战争民主党人的联盟，而这一关系是林肯数月以来一直努力想建立的。战争民主党人衷心支持林肯重新统一联邦的努力，即使他们中的许多人对林肯解放政策有所异议。如果如林肯所料，杰弗逊·戴维斯拒绝了这项合理又宽大的条件，那么那些战争民主党人会更倾向于选举一个共和党总统。

但是在这个方案中，有着林肯不能接受的军事上的风险。邦联可能会接受全国统一作为和平谈判的条件。如果这样的话，他们可能会提出在谈判期间进行停战，林肯知道，此时人们都已经筋疲力尽，十分厌战，如果在这种情况下放下武器，那么就不太可能再拿起来满怀敌意地打仗。

因此，林肯不得不对和平谈判采取开放的态度，同时提出可能启动谈判的条件。他的第一个条件就是统一联邦，这是很容易就想到的，也是战争从开始到现在的终极目的。但是第二条，要求"废除奴隶制"，就十分让人惊讶了。这个要求超出了他自己的《解放宣言》或任何国会法律的限制——《解放宣言》只是说明在特定的地区解放奴隶，而且没有废除整个奴隶制体制；国会没能通过废除奴隶制的第十三条修正案。这一条件，据林肯所知，是邦联唯一不会接受的。

林肯预料邦联特使会对他提出的条件嗤之以鼻。当后者赶紧打印出他的"致相关者的信"时，目的就在于展示林肯破坏了意义非凡的和平谈判的可能。这时林肯的对策是，刊登了他刚收到的詹姆士吉尔摩和詹姆士贾克斯的报告，这两人前不久前往雷蒙德，在那里跟邦联进行了一次非正式的和平谈判。在那里，杰斐逊戴维斯告诉他们："这场战争会一直打到这一代最后一个人倒下为止。我们不是为奴隶制而战，我们是为独立而战。我们要么成功，要么消亡。"对此，有理性的人民得出的结论是：两边的总统都不想坐下来认真和平谈判。

《纽约先驱报》宣称，林肯的"致相关者的信"的发表，扼杀了"他在即将到来的总统大选中的契机"。林肯将废除奴隶制和统一联邦作为同等重要的战争目标，为自己在民主党中赢得了新的人气，从而为于 8 月底在芝加哥举行的总统大选做了更进一步的准备。林肯的反对派领袖称他的这封信显示出"即使是能够取得荣耀的和平时，他也不想结束战争"。民主党主编们纷纷宣称"尽管林肯有权要求南方回到联邦体系中去"，"可以确定的是，忠诚联邦的州民也会教育他，让他知道他们不会再提供人力财力物力，支持他去打一场为黑人谋利的战争"。

林肯的这封信一经发表，也造成了他在党内的人气滑落。而奇怪的是，一开始竟然是那些激进派最先撤销了对林肯的支持。在尝试提出外行的外交策略结果变成笑柄后，格里利对总统更添了敌意。而并不只是他一人有这种态度。许多以前一直因为总统决意坚持废除奴隶制而支持林肯的激进派，现在感到了总统在这个问题上的顽固，并且对他的做事低效，胆小懦弱，犹豫不决和规避伎俩，无能以及对敌人的宽大都产生了相当的沮丧和挫败感。尽管切斯已经公然退出了政坛，还是在夏天花了大量的时间在新英格兰接洽其他反林肯的共和党，并且传播消息称："在真诚的人群中，普遍存在着对林肯先生的巨大失望。"

8 月 5 日反对林肯的共和党对林肯的不满爆发了，韦德和亨利·戴维斯发表了一篇文章，抗议林肯搁置否决了他们的重组法案，是"严重的行政篡夺民意行为"。对此林肯发表了一则消息，比搁置否决更加严重地冒犯了这些国会议员。他们愤怒地宣称："这是对人民的立法权力有史以来最为处心积虑地冒犯的罪行，这是对林肯政权的朋友的打击，对人权的打击，对共和党政府原则的打击。林肯必须知道"国会拥有最高权威，必须尊重国会"。如果他想要得到我们的支持，就必须除了自己的行政事务之外不要越俎代庖，他是遵守和执行法律，而不是制定法律的"。

在韦德和亨利·戴维斯"宣言"刊登之后，引起了一场短暂的政治风波。民主党人理所当然地有滋有味地观看国会的重要领导人对他们党的总统候选人发动攻击，并且欢呼："这个国家终于有两个共和党人因为行政干涉了国会权力而怨恨在心从而结成了统一战线。"

林肯对韦尔斯说，自己不想卷入与编辑们的矛盾争执之中。他还在诺亚布鲁克斯面前承认：这些抨击让他很伤心，因为被自己的朋友们中伤是一个人遭受的最伤痛的打击了。

在8月18日举行的预备会中，大约有25位激进派聚集在纽约市长乔治·欧普戴克的家里。同时在场的还有各大主流报纸的编辑，包括《纽约先驱报》的格里利，《晚间邮报》的戈德温，《独立报》的西奥多蒂尔顿和《时代精神》的乔治威克斯，还有韦德、戴维斯、马萨诸塞州的州长约翰安德鲁。切斯表达了自己对法案未获通过的遗憾，同时希望这次活动"会有所成果，对我们国家有益，这一次最需要我们真切的祝福和爱国志士的大无畏的行动"。萨姆纳再一次选择不介入的态度。他解释说"我还没有看清总统大选的轮廓，目前正在等待从芝加哥方面（民主党大会）发来信号，给我一个纲领性的指向"。而参加预备会的记者坦普尔顿称他们为"我们的牵线者和秘密者，非官方的州长"，决定发出一封号召召开大会的信，大会预定在9月28日在辛辛那提召开，会上会"将联邦的支持力量集中在有信心慢慢带领国家的人身上，在必要的时候甚至会提出新的候选人"。而戴维斯不客气的说法是"大会想让林肯先生下台，提名新的候选人"。他们决定在8月30日再次会面以做最后的安排。

对这些计划的报道不可避免地传入了林肯的耳朵。他对大多数要取代他共和党候选人的计谋不惊讶，也不烦恼。但是当他听说那些反对者想要提名格兰特时，马上警觉起来。他认为格兰特将军没有政治企图，但是觉得有必要试探格兰特的意思。于是他派约翰伊顿上校前往波特马克军队询问格兰特的想法，两人曾在密西西比河峡谷为自由人问题一起紧密合作过。在城点，伊顿告诉格兰特许多人认为他会竞选总统，不是作为某个党派的候选人，而是作为民众推举的候选人，目标是要拯救联邦。格兰特听到这话后，将手放在椅子扶手上，说道："他们不能那样做！他们不能逼我那样做！"并且接着说："林肯要继续当选，这跟军队要在战场打胜仗一样，是同等重要的。"当伊顿将这番对话告知林肯后，林肯很明显舒了一口气，说道："我跟你讲，他们在他平息反叛之前，是不可能说服他参加竞选的。"

罗宾逊的观点代表了广大战争民主党人的态度，而这一群体在全国联邦大会总的投票对林肯的再选至关重要。认识到这一点，林肯觉得不得不做出回复。他在回复中解释说，如果不坚持将废奴作为和平谈判的条件，那么他将会有负罪感，感到自己背叛了数以千计的美籍非洲人的信任，而这些人"勇敢地脱离了叛军，站在了我们的一边"。这样的背叛不会"逃过天堂或是任何一个好人的诅咒"。除了涉及道德问题外，还有关于实际的考虑，即"如果没有有色人种给予我们人力上的帮助和承诺，那么不管是当局还是将来的政府，都不可能拯救整个联邦"。

但是感到罗宾逊在表达担忧时的真诚态度，林肯力求将自己的政策改装，使其不那么尖锐。他提出："如果有和平谈判的契机，统一联邦和废除奴隶制这两个条件是要在考虑范围内。不过如果杰斐逊想知道他接受和平和联邦统一后我的举措，但是不牵扯废奴问题，那么也是可行的。"

转念一想，林肯决定先咨询来自威斯康星的前州长亚历山大兰德尔和法官约瑟夫米尔斯，然后再给罗宾逊回信。他对两人说，现在对战争民主党人越来越没有耐心。如果这些人真的想在不涉及奴隶制问题的前提下结束战争，那么"在现在的政策出台之前，战场对他们就是开放的，他们可以征人征力，用武力解决叛军。但是现在，如果林肯听从这些人的意见，他可能会失去在联邦服役的二十万名黑人士兵的支持。如果这样的话，我们在三个星期后就不得不放弃战争"。而且除了实际上的影响，还有道德问题。"人们怎么可能为了与南方调和，就将那些在赫德森和奥拉斯蒂港卖命的黑人士兵重新变成奴隶呢？""如果我这样做的话，将永生永世受到诅咒。"他还对来访者说道："这个世界会知道，我坚持着自己对朋友和敌人的信仰，一定会的。"

当天下午，林肯试着拿自己的信给弗雷德里克道格拉斯看。后者是一位拥有很高声望的美籍黑人发言人，被林肯认为是"美国最有功勋的伟人之一"。当道格拉斯听到总统想考虑一项没有包含废奴问题的和平计划时，他眼睛气得发亮，强烈反对这封信的内容，并警告说："这封信的意思会比你想象中的还深，人们会认为这是你对自己反奴隶制政策的完全妥协，并给你造成严重的损害。"

在看到道格拉斯的强烈反对，却又在兰德尔和米尔斯面前振振有词，林肯因此又陷入了一个两难的境地，不过他最终将这封给罗宾逊的回信搁置在一边没有寄出。事实上，他放弃了赢取战争民主党人支持的努力，后者中的许多人也悄悄地在秋天的大选中回到了民主党的阵营之中。

而更为严重的是，林肯在保守共和党人中受拥护的地位岌岌可危。这些温和主义者没有组成一个在国会或是全国有组织有条理的群体，而且他们在解放奴隶和重组问题上的观点也是涵盖各个方面。许多人认识到，结束奴隶制是大势所趋，不可避免，但是对于林肯选择将废奴作为和平谈判的必要条件的做法还是十分丧气。纽约大商家威廉姆道奇声称，要为"这个国家值得尊敬的一个大群体说两句话"，他说想要的和平状态"对于北方来讲，是非常光荣的，而对于南方来讲，因为破除了之前声称北方憎恨南方并且想除之而后快的谎言，会还南方一个自由的状态"。

如果战争比较快速地结束的话，那么这些担忧大多都会被减轻。但是到了1864 年夏天，一个个灾难接踵而至。在 7 月 30 日，在数月的蛰伏之后，格兰特想通过引爆邦联军队防守线下的大地雷来攻破圣彼得堡的防御。在地雷爆炸之后，一万五千名联邦军队士兵冲进了弹坑，但是由于醉酒或是无能的军官指挥不力，在数小时就有四千名士兵伤亡，其他的被迫撤退。在这次惨败之后，随着波托马克军和谢尔曼军的伤亡不断攀升，林肯发现不得不再征召五十万名士兵入伍，如果到九月没有足够的志愿者参军，那么他就得发布强制征兵命令。而这一次，这个命令会伤到那些生活优渥的中产阶级家庭的利益，因为国会已于今日取消了同意以交纳三百美元而免服兵役的政策。而几乎同时，战争的成本正稳步上涨，国防部部长费森登不得不发出两亿的国库券，但是因为政府的信誉降到低谷，找到买者都有很大困难。

面临着这些问题，温和主义的共和党人并没有和总统决裂，但是他们对于林肯的总统竞选反应也十分冷淡。内阁的总检察长班克斯没有发现林肯的替代者，但是也感到整个国家失去了方向，而"我们需要一个有能力的人担任事务处理的最高长官，即一个有力的领导"。沃维尔·布朗宁觉得总统越来越脱离他们了，他给一位温和主义的同僚说："你知道我和总统私交很好，我一直全心全意地帮他，使他得到民众的尊敬和支持；但是说出来你可能会吃惊，我从来都没办法说服自己相信他完全有能力胜任总统一职。而现在我还是担心他可能像一个从大学毕业的男生一样，没什么过失也没学到什么东西；我担心他是一个失败者。"

纽约邮政局局长——林肯的最忠实的支持者之一亚伯姆魏斐德写信说："我担心我们对韦德的支持起不到什么作用。很明显，他已经在心里有了其他的中意候选人。韦德现在是在调戏这些民主党人。尽管他说过，如果民主党人要选举一个拥护和平的人，自己会大力支持林肯，但他现在又公开宣称会把票投给任何拥护1861 克里坦登决议的总统竞争者，这项决议称整个战争的唯一目的就是保证联邦的统一。"

在这种情况下，全国联邦行政委员会主席亨利雷蒙德在 8 月 22 日提醒总统说："整个潮流现在都是强烈反对我们的。"雷蒙德从沃什伯恩那里听说伊利诺伊州会倒向民主党一边，还听莫顿说"只有做出最艰苦的努力才可能争取到印第安纳州"。他预见说纽约大约会投民主党候选人五万票。而一些选民抱怨军事捷报甚少，另一些人声称"害怕，恐惧我们只有在奴隶制被废除之后才可能在本届政府领导下获得和平，否则绝不可能"。他跟林肯说："只有政府和我们的朋友做出最坚决的行动，才能够防止国家滑向敌人的手中。"

这个信息坚定了林肯对于时局的悲观的估测。他对一位朋友说："你认为我不知道自己要挨揍啊，其实我心里很清楚，而且除非出现一些巨大的转机，否则我注定要受到猛烈的攻击。"8月23日，面前放着一封雷蒙德的信，林肯起草并签署了一项备忘录，里面写道："今早和前段时间，让我认为本届政府班子不会再获选成功。现在我有义务与总统大选的举办合作。"

林肯的这些话，不仅透漏了他对于自己命运的悲欢情绪，而且表示出他已经很现实地认识到对自己竞选的反对势力。他并没有说，如果自己参选失败，国家可能会陷入同情南方的北方佬手中。但他说并不认为民主党人是不忠的。他说道："对于联邦事业的最好和最合适的方法，已经产生了许多猜测的动机和不断升级的矛盾。"但是看到"反对的民主党的大多数人都和共和党人一样，坚持国家的统一"，他感到很满意。并且让他自豪的是，"在竞选职位的时候，不管是高位还是低位，没有一位候选人会为了拉选票而称自己放弃联邦统一"。对于将要由共和党提名为候选人的乔治麦克莱伦的衷心，林肯也丝毫没有怀疑。但是他也确实想到，如果麦克莱伦被提名，那么新制定的政纲会敦促新政权力求停火，而停火一定会导致邦联独立。

于是林肯将这份备忘录仔细折好，装进信封，在做好这些保密工作后，就把它放在一边等到明天的内阁会议上拿出来，会上他要让每个内阁成员都在文件背面签名。他随后解释说，自己的目的是想跟可能会当选的麦克莱伦谈谈，跟后者说："将军先生，这次选举显示出你更有实力，比我更能影响美国人民。现在让我们联手，你用你的影响，我用我的行政权力，一起将国家救离危难。"林肯对麦克莱伦会采取什么行动不抱有任何希望，但他补充道："至少我尽到了我的职责，没有愧对我的良心。"

在8月底，民主党全国大会在芝加哥召开，然而就在这个时候，林肯获选突然出现了曙光。当他要求记者诺亚布鲁克斯列席大会时，他预见的结果是："他们会选举一个基于战争纲领的和平民主党员，或者是基于和平纲领的战争民主党人，不管他们作何选择，就我个人而言不太关心。"民主党人的做法果然不出林肯所料。他们的政纲宣称"在数年的战争之后仍未能实现联邦统一，此时，争议，人性，自由和公共利益都要求停止敌对"，目标是"要在联邦统一的基础上"结束战争。确切地说，这并不是一个和平纲领，因为民主党人和共和党人一样，都承诺要维护实现联邦统一。随后，大会提名将军乔治麦克莱伦——战争民主党人首领为总统候选人。

麦克莱伦的朋友们提醒他说，这个政纲可能"很煞风景"，"会到处受到谴责"，并且可能是"别人炮制出来毁掉总统候选人的"。而在拖延了一些时间后，麦克莱伦便否定了其中有关和平的关键部分。他称自己不能"看着那些浴血奋战，英勇无畏的陆军和海军的脸，告诉他们曾经的努力和牺牲都是徒劳"。他的一番表态果然给自己招来了损害。据他的一位支持者说道：他接受了一个政党提名他参选，但是不会履行该政党提出的政策，这简直是"一派胡言加哄骗"。

9月4日，就在民主党人咬定打了败仗的时候，上天似乎跟他们开了个玩笑：从谢尔曼那里传来消息："亚特兰大是我们的了，我们赢了。"在杰斐逊提名冲动鲁莽的约翰·贝尔接替善战的约瑟夫担任田纳西州的邦联军队统帅后，谢尔曼便得以对亚特兰大形成半包围之势，迫使敌军撤离该城。几乎在谢尔曼的胜利捷报传来的同一时刻，北方又接到海军上将大卫·法拉格特一举攻下邦联军队把持的最后一个主要海港莫比尔市的喜讯。心情大悦的林肯宣称这一天为感恩祈祷节，感谢"上帝赐予联邦海军和驻扎在莫尔比市的军队的胜利，上帝使得我们占领了亚特兰大"。

联邦军队的胜利，加上麦克莱伦在接受和平纲领后受到的提名，摧毁了激进共和党人想要另找人取代林肯作为本党提名候选人的计划。8月30日，当民主党人推举麦克莱伦时，不满的共和党人如期聚在纽约城的大卫·达德利家中进行商议，但是许多重要的共和党人并没有到场。切斯没到，因为他开始怀疑这个计划成功的可能性，并且告诫自己的支持者要支持大多数共和党人的选择。

但是那些激进派们一致认为"支持林肯当选是明显的失策，毫无用处"。他们提议林肯应该下台，让位给其他的候选人。为了达到这一目标，格里利、戈德温和蒂尔顿同意给北部各州的州长写信，询问林肯当选的可能性，林肯是否会对这些州切实负起相应的责任，为了国家的利益是否需要提名另一位候选人来取代林肯。

他们得到的回复让他们明白，自己与现实已经脱节很远了，并且对麦克莱伦提名的结果几乎一无所知，而且对谢尔曼的胜利毫无准备。甚至是马萨诸塞州州长安德鲁都拒绝支持他们的计划。安德鲁抱怨说"林肯缺乏领导人的特质，提名他是错误的"，但是"现在想纠正也是不可能的"，而且"马萨诸塞州会投票赞成联邦统一的事业。并且只要林肯继续作为候选人，就一直支持他"。其他州的州长的回复则更为直接，比如伊利诺伊州的理查德耶茨回复说："用另一候选人取代林肯会是最灾难的事情。"威斯康星州的州长詹姆士刘维斯对报社编辑们说："我认为联邦党派的利益，国家的荣誉和人类的利益，要求林肯再次当选总统，留在这个位置上。"

林肯对这些活动的进行了如指掌，他开始重新团结共和党人，并对党内的两派做出让步。他先着手解决了保守党的忧虑，后者担心他在将废奴作为和平谈判必要条件一事上立场不够坚定。全国大会执行委员会主席雷蒙德代表这个群体宣称"我们是总统在各州的忠实朋友"。他敦促林肯马上向杰斐逊明确提出"要想和谈，必须坚持联邦统一至上"，其他的问题，包括解放问题都放在后续会议上解决。雷蒙德坚信邦联方面肯定会拒绝这个条件，但是向林肯提出来可以"唤醒和强调整个国家的衷心，从而使我们更容易获得有成果的胜利"。

林肯认为这个计划意味着"埋下根本的祸根"，但是他也不能对雷蒙德的提议视而不见。在8月下旬，当执行委员会在华盛顿开会时，林肯跟这位编辑长谈了一番，甚至还要起草一份对雷蒙德作为特使谈判的指示。因为联邦谈判特使可能不得不忽略总统的意愿，称杰弗逊·戴维斯为美国邦联各州的总统，并且还会用其他有利于实现谈判的表达。根据指示，他要先提出："战争要立即结束，所有的问题都有待用和平方式解决。"如果这一提议被反对的话，他要接着询问邦联方面会接受什么样的和平条件。当雷蒙德阅读指示的时候，发现林肯早已认识到了事态的本质：比起总统竞选失败，他计划派人去里士满谈判造成的结果会更惨。结果可能是在耻辱中做出让步。被林肯说服的雷蒙德放弃了外交任务，转而为竞选奔走策划。

然而要联合像瑟络·韦德这样心生不满的保守派，并不仅仅靠说服。为了达到目的，总统派尼克到纽约城谈论海关所的人事变更问题。秘书尼克说道："这是件让人不快，需要精细操作的艰巨任务。"因为纽约保守派不愿意再和激进派共享同一支持者。迫于现实需要，林肯不情愿地在9月5日解聘了收税员海勒姆·巴尼，任命西梅翁德雷珀接替这一职位。后者是纽约富有名望的商人，也是西沃德和韦德的至交。十天后，林肯又解雇了另一位切斯的支持者——勘测员安德鲁斯，任命自己的亲信艾布拉姆魏斐德接替，后者是纽约城的邮政局局长，与林肯夫人私交甚笃。上任的德雷珀宣布："他会让人人负起责任来，为林肯先生的竞选出力，别人我一定不会予以支持。"

林肯还要争取激进派的支持，而大多数激进派并不希望看到他再次当选，并还有一些人希望找到另一位候选者来取代他。不过鉴于许多激进派都对他们一手建立起来的政党十分效忠，所以争取到他们的支持较为容易。还有一些则持冷眼旁观的态度，认为相比之下，如果让一位民主党人当选，还不如让一位他们不喜欢的共和党人当选带来的利益大。

林肯幸运的是，国会里来自密歇根的参议员，性格直率，自学成才的底特律商人扎卡赖亚钱德勒自告奋勇帮他拉拢激进派。尽管钱德勒对于林肯的政绩评价很差，并且认为"林肯特别青睐西沃德和布莱尔"，他还是从大局出发，为共和党的获胜出力。他给自己的妻子写信说："如果只是有林肯一位候选人，那我就放任自流，置之不理；但现在是在一位不合适的共和党人和一位叛国者之间竞选，所以我不能坐视不理。"

8月底，钱德勒开始想办法拉拢韦德和戴维斯，这是两位最为激烈地公开斥责林肯的激进共和党人。韦德的抵触态度很容易就消除了，因为韦德·戴维斯备忘录所受的待遇，以及来自朋友的警告，使他比较容易地接受了钱德勒的说服。而戴维斯则难办一些。他不信任林肯，但是对马里兰共和党领导人布莱尔怀恨在心。他最后同意支持林肯，条件是总统要把邮政局局长布莱尔从内阁中赶出去。他的目的不是置布莱尔于死地，而是要往林肯脸上抹黑，使他看起来是"一只自私险恶的老狗，情愿牺牲朋友换取前途"。

钱德勒很巧妙地把戴维斯的要求告诉了"林肯特别好的朋友，会晚上拜访他并和他聊天，很受信任的朋友"，而没有告诉林肯本人。这些所谓的林肯的朋友，可能就是伦纳德·斯威特、约翰·佛奈和诺亚·布鲁克斯。对此戴维斯鄙视地说："钱德勒给这些林肯的好友们灌输对林肯的前景最黑暗的观念，然后让他们每夜都去林肯那里给他讲一些新的关于背叛和威胁的故事。"八天之后，据戴维斯所说："林肯看起来就像是一个被鬼故事吓坏了的小孩，随时都准备逃到某地藏起来。"

事实上，林肯并没有恐慌，他拒绝撤布莱尔的职，因为这样可以保证共和党的统一，并且保证自己竞选成功。他对布莱尔家所有家庭成员都很尊敬。

这位邮政部部长当时是一个饱受争议的角色。他比西沃德更受激进派的憎恨。而且他直接公开对废奴主义者的谴责，一直以来宣扬对美籍非洲人进行殖民化，强烈反对激进派对于重组计划的阴谋，还有热情洋溢地为林肯的再次提名和竞选成功拉票，都招致了敌意。除此之外，他还有个私人恩怨未了。他与弗里蒙特有很深的宿怨，还对切斯怀恨在心，鄙视哈勒克，并且和斯坦顿几乎不能在一间屋子里和平共处。布莱尔在他们之间经常的争吵中表现出的复仇心理让林肯倍感困扰，不过他对老资格的布莱尔说："如果牺牲一个友善真诚的朋友，而获取一些假情假意的人，那么是得不到任何好处的。"

想粉饰太平的钱德勒建议说：在布莱尔离职之后，总统不仅可以确保韦德和戴维斯的支持，还可以看到弗里蒙特退出这场角逐。尽管弗里蒙特的竞选出了岔子，他还是有一群特别忠诚的追随者，特别是在西部的美籍德国人中有很高的人气，因此林肯担心他可能会吸引足够的选票而让共和党人失去印第安纳，伊利诺伊，密苏里的支持，从而输掉竞选。钱德勒说："总统很不愿意谈条件，不过他迫不得已还是得这样做。"随后这位参议员赶紧奔赴纽约跟弗里蒙特面谈。

在总督府饭店的总部，钱德勒和弗里蒙特面谈了几次，以总统，联邦国会委员会和全国联邦执行委员会的名义敦促他退出竞选，因为他的参选只会增加麦克莱伦的胜算。如果弗里蒙特同意的话，钱德勒承诺他将被任命为联邦军队的主将领，而且他的老对头布莱尔将会被从内阁里赶出去。

在这种情况下，弗里蒙特转向朋友们询问意见，结果大家意见都不统一。温德菲利普斯敦促他继续参选。而他的一位在圣彼得堡的支持者建议他在"获得布莱尔先生和斯坦顿立即离职的保证，以及确定西沃德不会再次被任命接替布莱尔的职位时"，"就出来切实支持林肯和约翰逊"。同一天弗里蒙特宣布退出竞选。钱德勒希望他的退选"是有条件的，将布莱尔推出内阁"，然后弗里蒙特很有气节地说："我不会提任何条件，我的信已经写好了，明天就会登报。"在这封公开信中，他宣布退出竞选，不过不是因为对林肯的看法有变，他还是认为林肯的政权"在政治上，军事上和经济上都是个失败"，而是他认为，如果让麦克莱伦当选总统，那么联邦将会恢复奴隶制。

当这一消息传到华盛顿时，据戴维斯说，林肯"十分兴奋，好像捡了大便宜似的"。但是钱德勒提醒总统："弗里蒙特的信的内容虽然看起来还是不友好，但是实质上还是表达了对林肯的支持。"于是，林肯不情愿地兑现了自己当初的条件，在9月23日要求布莱尔离职。接替布莱尔上任的是俄亥俄州的州长威廉姆登尼逊，被戴维斯评价为："受人尊敬，心智高远，心地纯粹，十分尊贵。"当布莱尔即将离职时，韦德和亨利戴维斯又推了他一把。

剩下的切斯及其支持者是最后一批对林肯不满的共和党人，他们仍然不愿意支持林肯再次参选总统。被迫退出内阁的切斯为了弥补自己自尊受到的伤害，秘密地煽动共和党人反对林肯竞选，但是在公共场合仍然表示出对当前政局不感兴趣的态度。

在9月下旬，切斯开始向周围给出不同的政治暗示。当时法官罗杰·泰尼正在生病，而切斯不止一次觉得前者的大限快到了。在他返回华盛顿同费森登商讨财政问题时，他特别要求会见林肯，于是受到了后者很亲切的接见。"不过，他无论是说话还是动作，都比较内敛。"切斯在他的日记上写道，"他好像是我不认识的一个人"。在这次访问后不久，他开始说些关于林肯的好话了："基于国家利益实现的最大化，我们需要林肯连任总统，而我积极支持他竞选。"

10月12日，首席大法官泰尼去世，于是关于下一位大法官的人选成为公众关注的问题。这时，萨姆纳马上提议林肯任命切斯，并提醒总统他曾经多次提到有意让前任财政部部长出任这一职务。切斯的朋友频频向白宫写信，支持他的任命。不过同时还有其他的人选。总检察长贝茨毛遂自荐，希望林肯任命自己，作为"我一生中退休前的荣耀"。而斯坦顿夫人希望自己在国防部累得要死的丈夫获得这个差事，并且向布朗宁寻求帮忙，在林肯面前放个口风。除此之外，还有几十封信提名诺亚斯温，也就是那位由林肯在1862年任命为法官助理的反奴隶制的公司律师。一直小心谨慎的纽约律师威廉姆埃瓦茨也有自己的支持者。弗朗西斯布莱尔则热切地要求林肯任命自己的儿子蒙哥马利，以便"清除掉自己被排斥出你的内阁造成的阴云"。

对于这些信，这些话，林肯看了，听了，但是没有马上做出决定。当时他可能已经中意切斯，但又对尼克说"对这件事我不会吐露一个字"。急切要获得任命的切斯给总统写信，信里口气友善，向他汇报了有关在俄亥俄州的共和党前景的情况。林肯信都没看，就指示说："把这封信和其他的推荐信一起存档。"鉴于林肯一直没有动静，萨姆纳也越来越催促，并且他还说服了切斯又写了一封信，好直接拿到林肯面前去。信中写道："如果某个职位不会任命某人，那么他现在说些就职后会采取什么样的措施是极不合适的。不过我想我在这里说，自己愿意接受任命也应该没有什么错吧。"信中还加了一些让林肯噎到的话："很高兴的是，现在已经可以确定，下届政府肯定还是由林肯先生来执掌，而他肯定会给这个世界带来一些非凡的东西。"尽管如此，林肯还是没有确定任命大法官的人选。最后，受到暗示的切斯采取了更大的行动，召集了路易斯维尔，列克星敦和克利夫兰的同盟，一齐为林肯投票。

正如《纽约先驱报》在8月尖刻地指出："落魄的共和党，之前与林肯政见不合的激进派，都开始争先恐后地攀爬林肯这驾列车，拼命说着能说的好话。"并且该报还指出："最终那些极端的激进者，伪善者，失败的黑人都会为老亚伯家的种植园开道，不久，我们就会发现他们大叫，发誓，用书面和语言表达对林肯领导的政权的支持，宣称他，只有他，是整个民族的希望。"

林肯在竞选时说，"我不会操纵政治机器。不进行这些操作，我也能做成事情。因为我要做的是为人民的事情"。他没有参与由共和党在北方发起的数以百计的竞选拉票或是火炬游行。他也没有参与由纽约的利伯默里和波士顿的约翰福布斯领导的"忠实出版协会"的活动，这个协会散播了五十多万的小册子，都起着诸如"所有党派为国家"的标题。

林肯对在竞选期间遭受的来自民主党的公开攻击也没有特别在意。当后者举着写有"到时间鞭抽马"，"11月8日"或是"别再开粗俗玩笑了"的条幅来表示抗议时，林肯也不做任何评价。他可能没有看过用于粗鄙下流的民主党的小册子。而面对民主党不断指控他和其他共和党人赞成黑人和白人通婚时，林肯只是侧面做出了回复，开玩笑说这样的通婚是"产生质量好的联邦人的民主途径，我并不打算侵犯这一专利"。他对民主党的指控并不回应，在《纽约世界报》报道"他的政府特点就是愚蠢，无能和腐败"时，他也没有什么反应。尽管据玛丽·林肯说：他在诚信问题上几乎是个偏执狂，在民主党指控他在圣路易斯军需部暗箱操作干了些不光彩的事情时，他也是偃旗息鼓，未置一词。

只有一次，在面对一次人身攻击时，林肯做出了回应。民主党的报纸散播假消息说，林肯在1862年视察安提塔姆战区时，曾让随行的拉蒙唱一首"欢快的黑人歌曲"，这显示他"没有资格担任任何一个职位，即使是在有教养的社会立足都没有资格"。坏脾气的拉蒙看到这个消息，马上要开口反驳，但是林肯觉得用事实说话就够了，于是解释说自己当时，是战争结束了数天，并且在远离士兵坟墓的地方，让拉蒙唱一首"有点忧伤的曲子"。随后他让拉蒙不要登载自己的回复，说道："我不想因为自己做得对的事而道歉。"

在竞选期间，林肯很少在公共场合露面。6月，他参加了在宾夕法尼亚州举行的中部卫生大展会，为向战士们提供用品的卫生协会和其他团体筹集资金。不过林肯很少发言，他对大洲宾馆里的一群人说："我觉得身处这个位置，这时候发表一通政治演讲是很不合时宜的。并且我的主要身份就是个政客，所以没什么好说的。"

但是如果说林肯在竞选中没有怎么露面的话，他主要的活动都在后台紧锣密鼓地进行着。事实上，如费森登所说，"总统正忙于竞选，无暇顾及其他"。林肯不断努力想中止党派之间的纷争。当共和党之间的宿怨可能会对竞选的结果造成影响时，总统便插手了国会的争吵。在纽约，一股保守共和党的势力正设法将共和党国会议员提名候选人罗斯科推下赛场。当罗斯科的朋友向林肯求助时，林肯在回信中，强有力地指出："我在所有情况下，都赞成正规的候选人。而且，我比他人都更对罗斯科先生成为那个选取的提名候选人而感到满意。"当林肯再次听说宾夕法尼亚州的邮政局局长借用自己的影响力打败了众议员威廉姆凯利时，林肯直接把这位官员找到华盛顿，直截了当地对后者说："我对凯利的工作表现很满意，不知道他的接任者的表现能不能像他那样。"

与此同时，林肯在认识到报纸对公众舆论的影响力后，尽力争取几位报社主编的支持。他甚至与还没有表达立场的《纽约先驱报》主编，臭名昭著的詹姆士·贝内特联系。因为《纽约先驱报》的发行量和影响力都十分巨大，所以林肯在纽约的朋友都建议他有必要强烈赞美这位主编以争取支持。因为他们知道贝内特的道德败坏跟该报纸挖掘的丑闻一样出名，所以顶着坏名声的贝内特，十分渴望受到人们的尊敬。当林肯的朋友联系贝内特时，这位主编直接问道："如果我支持林肯，那我会成为白宫受欢迎的探访者吗?"对于贝内特，林肯可能和海约翰一样，都认为"他心太黑，不好接近"，所以一开始只是不明确地承诺说："任何支持正确一方的人，都会受到赏识，被我们记住。"不过贝内特说："这个条件也没什么大不了的。"不过当调停者开始挖掘林肯任命贝内特为美国驻法国外交官时，《纽约先驱报》马上转变了口吻，对林肯政权的评论友善多了。虽然贝内特仍然不支持林肯，仍然称他为"失败者"，但是在攻击林肯时不再那么刻薄了，并称麦克莱伦"也好不了多少，只不过比较不那么让人讨厌罢了"。最后《纽约先驱报》没有明确表示会支持哪位候选人。在竞选之后，林肯因为贝内特保持了中立，作为报酬任命他出任法国外交部部长，不过任命的时候林肯心里清楚，主编会拒绝这个职位的。

但是林肯要想成功当选，还面临着一些局限。他没有想过要取消或是推迟竞选的举行。当时即使这样做"合乎宪法"，他也认为"选举势在必行"。他解释说："我们可以不通过选举就建立自由政府，如果反叛势力迫使我们放弃或推迟全国大选，其实就相当于他们已经占领了我们，毁灭了我们。"尽管受到整个北方地区的共和党政客的催促，他也没有推迟 9 月的征兵令。因为印第安纳州没能通过条令允许战场上的士兵投票，所以林肯想让谢尔曼的军队休假，这样士兵们就可以在 10 月投票。不过他对谢尔曼说："他们不需要一直待到总统大选，投完票就可以返回军队了。"

尽管情势表明候选人之间票数会相差无几，林肯并没有做出努力，以允许一些新的州，如科罗拉多和内布拉斯加州等加入联邦，来争取提高共和党的支持率，因为这两个州是一定会投票支持他再次角逐总统的。

林肯在 1864 年竞选中的有所为和有所不为，反映出他对竞选总统的重视。一方面，如他自己所承认的：他想连任是出于一种"个人的虚荣心，或者叫志向"。林肯坦率地说："我承认我有想连任的欲望。""老天爷知道，我不想再去经历四年的劳苦，担负起相应的责任；但是我也有人类普遍的荣誉感，希望我过去四年的政绩能够再次被肯定和支持。"林肯相信"比起其他人，自己最有能力在国家需要和危险的时候为国家服务"，他想得到这个机会，来"继续完成镇压反叛，重新给这个国家带来和平与繁荣的任务"。

林肯的夫人在这个时候，想让丈夫连任的热切程度一点不比林肯低。对于玛丽·林肯来说，丈夫连任不仅仅是对丈夫本人能力的维护，也能够帮助自己脱离眼前的个人危机。在儿子威利死后，玛丽基本上放弃了对白宫的修整，而是把主要的精力放在了修整打扮自己上面，并因此而负债累累。玛丽相信自己的形象能有助于丈夫的再次竞选，同时她觉得 11 月的胜利也可以帮助她推迟支付自己的债务，而她在外欠的这些债务是林肯所不知的。她对伊丽莎白说："如果他当选了，那么我就可以向他隐瞒我的债务，但如果他失败了，那么这些账单都会送到家里来，那时他什么都知道了。"

对于 1864 年的竞选，林肯看到的不仅仅是让个人满意存在困难。他是将这次选举看成是一次对民主政府可行性的测试。人民的意志"是一切最根本的法律"。如果人民支持联邦统一事业，那么，林肯说"他们就会以国家的最大利益为重"。

当时很多美国人都对 1864 年的大选持相似的看法；甚至一些之前对林肯政权一直不感兴趣的人也转变了态度。许多美籍非洲人希望并祈祷林肯顺利当选，尽管他们中只有少部分人才有选举资格。另有少数黑人发言人不愿意支持这个"头脑善变的家伙"，因为后者迟迟不宣布奴隶解放，在征召黑人入伍方面动作迟缓，不情愿为黑人们争取"同工同酬"，而且在公众场合对于黑人选举权的问题保持沉默。有一些人，比如弗雷德里克道格拉斯，则倾向于支持弗里蒙特。但当选举最后成为林肯和麦克莱伦中二选一时，这些美籍非洲人清楚看到了自己的职责所在。在 10 月于锡拉丘兹召开的全国有色人种大会上，马萨诸塞州的黑人律师约翰洛克明确宣布了自己的选择："现在国家里有两个党派。一派以林肯为首，追求自由和共和；另一派以麦克莱伦为首，推崇专制和奴隶制。"

　　林肯对这些黑人领袖的支持印象颇为深刻，而听到那些单个的美籍非洲人的心声时，林肯获得了更多的心理安慰。1864 年年初，他的老朋友威廉姆从斯普林菲尔德写信来说，他希望林肯能够再次当选总统，因为到那时"受压迫者会呼唤出他们的救世主的名字，祖祖辈辈会站起来让上帝保佑你"。10 月底，一位上了年纪的黑人妇女前往拜访林肯，她曾在市场上被拍卖了三次，最后成功逃走，随后在秘密组织的策划下帮助其他黑奴从南方逃到北方。这位妇女称"自己从来没有从别人那里受到过更友善更诚心的对待"。并且自豪地称总统用那只"曾签署过废奴法的手"给她的传记本签了名。她说："我觉得自己是站在一位朋友面前。现在我衷心感谢上帝，让自己做出了明智的选择，始终支持他的事业。"

　　新教徒也普遍支持林肯。他特别与那些宗教首领们交流，赞扬他们为战争做出的贡献。在 5 月，当一个卫理公会代表团在林肯面前表示该团体一向是支持政府忠于政府时，林肯说道："上帝保佑卫理公会啊，保佑所有的教会，上帝的恩赐让这些教会存在于我们中间。"在同月，他又向浸信会致谢，感谢他们"作为天主教会，对国家和社会一直以来热忱有效的支持"。而大选在即，这些教会纷纷回馈林肯的好意。

　　在北方，一些作家同样史无前例地一直支持林肯的再次竞选。拉尔夫沃尔多虽然不热衷政治，但是对于林肯十分重视这次选举这一点，他深有同感，说道："历史上少有这样的情况：赌注都压在一场全民选举上。我估计这样的情况从来没有过。"亨利沃兹沃思朗在认为总统一定会连任后，写道："现在我们感觉呼吸更自由。"哈里特比彻斯托则是林肯一直以来的坚定支持者。她记得 1862 年，林肯在白宫十分亲切地接见了她。当有人不负责任地污蔑林肯时，她马上站出来维护，争论说："现在狮子被网罩住，连驴都可以开心安全地踢它。"而约翰莱格拉斯虽然倾向于弗里蒙特，在看到"所有忠诚的人都联合起来支持林肯"的时候，还是满心欢喜，宣称"在林肯和反叛者（指民主党）之间选择，谁会犹豫呢"！而情绪高亢的爱德华埃弗里特同意作为马萨诸塞州的共和党选民，承诺投票给林肯，称他为"一个有良知和善心的人"，"并且怀着对国家和对上帝强烈的责任感治理国家"。

　　而在林肯的一群有文化的支持者中，最忠心耿耿且最有影响力的当属詹姆士了。他是《美国北部评阅》的编辑之一。在 1862 年，他发表了四篇文章，大肆宣扬林肯的竞选。

　　即便是有这么强大的党派组织作后盾，如此有影响力的选民作支持，林肯对于成功还是没有十足的把握。10 月进行的选举政府官员的结果显示，在印第安纳，俄亥俄和宾夕法尼亚州的候选人选票数还是十分接近。10 月 11 日晚上，林肯同斯坦顿，国防部副部长戴那和海待在国防部办公室，满怀热情地查看涌入的大量电报电讯。其间总统还会高声朗读一些从《纳斯比报》最近刊登的大卫罗斯洛克的作品节选。这些对纳斯比———一位住在邦联大街的腐化堕落，半文盲的"铜斑蛇"的喜剧化勾勒特别有趣。他有一次对萨那姆说"对能创造出这样作品的天才，我甘愿让贤"。后者经常受不了林肯的幽默，不过这次他倒是心情很好，和总统一样觉得这则幽默大有意趣。

选举刚开始进行的时候，从俄亥俄和印第安纳州传来的都是好消息。但是在宾夕法尼亚州的情况不尽如人意。这让林肯感到焦虑了，因为"宾夕法尼亚州举重若轻，如果以规模来看，对成败有决定性作用"。一连几天最终的票数都没有达到确保成功的要求。而很明显地，卡梅隆和柯廷的宿怨对选民造成了不好的影响，预计中绝大多数共和党最终只有 400 人投票支持林肯。在这种情况下，只有几乎全是共和党的士兵们参与投票，才能确保成功。

不过在接下来的几天他变得乐观了。共和党在印第安纳和俄亥俄州的力量比想象中强大。马里兰州采纳了一项立法，废除了奴隶制度。士兵们的投票果然都是支持共和党的立场。而谢里登在谢南多厄发动的清除厄尔利的邦联军队的激烈攻势也让共和党们振作起来。于是林肯改变了思路，对一位来访者说："现在看来，似乎人民确实想让我在这个位置上多待一阵子，我想如果他们支持的话，我就多待会。"

在竞选的最后几星期内，林肯竭尽全力确保成功。他继续努力团结共和党，派自己的秘书尼克前往密苏里州，想调和"黑木炭派"和"棕黄马派"的矛盾。尼克到了那里发现，"两派之间长期以来的党派纷争，并不是基于原则或是政策，而是源于个人恩怨和贪婪，他试图说服两派相信，支持林肯的竞选是符合他们的最大利益的。同时，林肯也大力鼓励战场上的士兵投票，对此沃什伯恩评价说："如果没有其他办法了，估计总统会拿个手提包，到处亲自收集选票。"林肯甚至允许共和党代理人动用政府在密西西比河上的一艘蒸汽船来收集在联邦炮艇上士兵的选票。在大选那天，华盛顿数以百计的联邦工作人员都放假回家投票。银行家亨瑞库克回忆说："当时街上静悄悄，像是周末：在部委的大厦里，偶有来访者，脚步声回响在空荡荡的走廊里。而旅店几乎没有人，街上车辆慢吞吞地开着，里面座位一半没人。"

大选进行得很顺利。从开始的反馈来看，共和党人就占了显著上风；麦克莱伦收获了全部选票的 45%，是相当过得去的成绩，因为当时所有的南部州都还没有加入联邦，因此都还没有投票权。共和党的胜利，很大程度上要归结为同样支持 1860 年大选的那一群选民，也就是乡村地区土生土长的农民，城市里生活小康的技术工人和专业人士，还有到处遍布的新英格兰的选民后裔。1860 年，年轻的选民当时就支持共和党。另外，士兵们基本倾向于支持林肯。

大选当晚，华盛顿下雨起雾。林肯待在国防部，等待结果。先来的一些报道很鼓舞人心，他给妻子看时说道："她现在比我更焦虑。"正当那时托马斯走了进来，浑身湿透且布满泥点，因为在过街时摔了一跤。这让林肯想到 1858 年那个雨夜，自己在斯普林菲尔德的广场等待关于和道格拉斯竞选参议院的结果。在回家的路上，他险些摔倒在街上，不过他随即一想："这是滑了一下，不是摔倒。"在电报室他对众人讲道："当时对手是这么笨拙的一个人，我赢定了。"

● 第二十章 ●

慈济天下

"荣耀归于上帝！"在大选后一天，乔治坦伯顿·斯特朗在他的日记上写道，"危机已经过去了，第一次由投票表决的史上最重要的公众选举，决定了抵制叛国和分裂……美国人民有能力维护国家的荣誉。""选举的结果多么荣耀，"参议员约翰谢尔曼的一个通讯员附和说，"语言和图片都无法描述它对我们国家乃至整个世界的重要性。它是历史上最重要的政治事件。"

林肯也欣喜地说："这次选举展现了一个人民政府在大内战中仍然能够维持国家选举。到目前为止这是世界范围内从未发生过的。"但他很小心地并没有把胜利归结为自己的个人优势。林肯也没有对民主党的失败幸灾乐祸。11月10日，当小乐队来到白宫的北门为他庆祝胜利时，他在二楼的窗户对此做了简短的回应。话中他没有祝贺共和党的胜利，反而向他的政治对手寻求和解。他说："现在选举已经结束，所有……可不可以一起努力，重新联合起来拯救我们共同的国家？"他接着说"就我而言，已经做出相应的努力，防止在这条路上设置任何障碍。只要我仍然在任，绝不会在任何人心中铺下荆棘"。

总统的演说并没有安抚到他处于沉痛中的敌人。北方邦联中的同情者把他的继任看作是一场灾难。大多数邦联的领导人也持这种看法。杰弗逊和他的伙伴们希望林肯会被击败。为此，选举前的几个月，邦联在加拿大的使者曾尝试通过中断跟霍瑞斯·格林雷的和平谈判和给予瓦兰迪加姆和平民主党财政补助来影响北方对林肯的看法。他们在芝加哥民主党全国大会期间策划了一场暴动，在选举当天派代表到芝加哥和纽约煽动暴乱，并在五大湖地区、圣奥尔本斯和佛蒙特州发起阶段性的袭击。然而，这些策略并没有影响北方对林肯的支持。

如果不采取猛烈的措施，邦联将会面临几次失利。1864年的最后几个月中，他们开始探索新办法。有的人希望能够与北方进行更深入的和平谈判，有的则寻求外国的干预，而总统戴维斯则派富有的路易斯安那州种植园主邓肯到国外，通过释放奴隶来争取英国和法国的支持。绝望中，许多南方人甘愿冒险招募黑人到邦联的军队中。并且有部分人开始认为只有除掉联邦政府的首脑才能改变邦联的失败结局。

1864年提出的除掉林肯并不是一个新主意。早在1860年，林肯第一次竞选总统时，生命就开始受到威胁。起初这些威胁令他忧虑，并使玛丽担心得情绪狂乱。林肯为了躲避分离论者的袭击，曾不得不夜间秘密通过巴尔的摩。但入驻白宫后，他就很少关心这种威胁了，他指示秘书对有威胁的信件，不用经他同意就可以直接扔掉。1864 年林肯对弗朗西斯·卡彭特说，他已经不会因为这种信件而担心了。看到这位艺术家惊讶的表情，他补充说："其实也没什么，就像习惯了某件事一样。"

林肯认为，在一个民主社会总统不应该躲开群众。"我决不会这样做，"他告诉哈勒克的工作人员，"因为作为一个总统，让守卫带着拔出的长剑站在门口守护，意味着他渴望成为国王，或者把自己当成国王。"此外，他知道自己不可能被密不透风地保护着，如果一群阴谋者要密谋杀害他，他说"没有任何防卫能够阻止他们"……

因此，林肯就像其他美国总统一样并没有采取太多的安全措施。在担任总统的第一年间，他经常在深夜和早晨，独自一人或只有一人陪伴，在华盛顿的街头上走很长的路。几乎每晚睡觉前，他都会在漆黑中从白宫散步到陆军部，很多时候并没有护卫的陪同。他经常在只有玛丽或泰特或一两个平民朋友陪同的情况下，来到华盛顿的剧院。林肯在这些场所对安全的漫不经心，使得他的老朋友哥伦比亚特区最高指挥官沃德拉蒙深感失职。有一次当沃德拉蒙听到在只有查尔斯萨姆纳和普鲁士大臣葛诺尔特男爵陪同的情况下，总统去剧院看戏，他就生气地递交了辞职信。沃德拉蒙冷笑道，"在这个城市，甚至没有人能够逃过一个强壮女人的袭击"。

在战争爆发时，白宫并没有军事守卫，而两个平民随从中，一个站在外门，另一个则站在第二道门的总统办公室，并且他们经常不在自己的岗位上。1862年，哥伦比亚特区军事司令官詹姆斯第沃兹沃斯将军增强了安全措施，他安排一个骑兵护送总统往返军人之家。但林肯以骑兵的马刀和皮鞭的咔嗒声太吵为由提出反对。第二个夏天这些士兵就被联邦轻卫队所取代，这是一群经过精心挑选的骑着黑色战马的俄亥俄州守卫团。在通往白宫的每一条路上，都有两个这样的守卫分秒不离地站岗，而前门廊则安排了一名未经任命的军官。而南方到白宫的路则由一个宾夕法尼亚州步兵团守卫着。在拉蒙的大力主张下，首都华盛顿警察长官任命了四名军官在白宫中执行特殊任务。他们穿着便衣，藏匿着武器，跟随总统出行，并保护着他出入剧院。晚上，他们中的一个会在白宫楼上的林肯私人房间外面把守。

这些增强的防卫措施说明了斯坦顿对总统的安全日益紧张。1864 年，林肯开始收到大量密谋绑架或暗杀他的信件。大多数信件都是匿名并且没有任何事实证明的。例如在 7 月，丽齐提醒总统，在华盛顿附近有大批反对者将会在他骑往军人之家的路上毫不犹豫地射杀他。她恳请道："如果你珍惜自己的生命，我恳请你不要再走出这个城市了。"另外，一个西弗吉尼亚民工在无意中听到有两个人对话："计划已经确定了。如果林肯再次当选，我们就杀了他，而我将会在你的帮助下实施这次暗杀。"

1864 年的最后几个月，怀有敌意的北方人和饱受煎熬的邦联开始意识到林肯将要继续执政四年，而这对他们来说是一种虐待和过度管理，厌恨瞬间变得忍无可忍了。于是他们对林肯的敌意迅速升级。既然选举不能除掉这位暴君，那么是时候寻找别的办法了。

在邦联中，更多人偏向于绑架林肯而不是暗杀他。绑架美国总统对南方来说有不少好处。如果能够把林肯顺利抓获，并秘密带离里士满，他或许最终会同意跟邦联政府谈判；另外，为了总统的人身安全，人们会考虑推迟攻击格兰特；而最有吸引力的是，可以把林肯作为人质，来换取一部分被囚禁在北方监狱的二十万名邦联士兵。在战争初期，邦联当局坚决拒绝这样的方案，国防部部长詹姆斯·塞顿声明："战争和道德的法规，就像基督教的信条一样。使用这种手段不是明智的策略。"但在 1864 年 2 月和 3 月，遭到达尔格伦袭击之后，邦联搜获的文件表明，侵略者计划火烧里士满并要杀害杰弗逊。于是更多南方人愿意考虑对林肯进行报复。

1864 年 9 月底，邦联的传教士兼间谍托马斯率领三个人穿越边线进入华盛顿，他们密谋在林肯的马车驶入军人之家时把他抓获。然而他们惊讶地发现林肯被严密地保护着。很可能是几天前总统收到的匿名信引起了陆军部的警觉，信中警告总统"保持警惕和增强防卫，以防很可能发生在 9 月 26 日的突袭"。更可能是斯坦顿察觉到有人要对总统实施阴谋，而增加了额外的保护。8 月的一个晚上，总统在回军人之家的路上一个人向他开了一枪。林肯所骑的马受惊逃命，而使他免受伤害，但第二天他的护卫发现他帽子上有一个子弹孔。由于一直未能接近总统，康拉德留在华盛顿寻找下一次下手的机会。直到 11 月 10 日他不得不汇报说自己的任务是一次羞辱的失败。

林肯并不知道康拉德计划绑架他，但频繁的威胁和警告提醒他安全上的弱点。他向约翰·佛奈展示分类收藏了超过八十封类似信件的文件架，并告诉这位新闻记者："我知道自己处于危险之中，但我并不担心这种威胁。"

在再次当选后的几周里，林肯为更重要的事情而担忧。由于他的第二个任期即将开始，党内工作人员纷纷向他索要竞选过程中的工作报酬，并烦心地让他重新安排官职。他的办公室再次塞满了谋求官职的人。他经常说，仿佛每个来访者都张牙舞爪地向他冲过来，使他心力交瘁。他无奈地请求新罕布什尔州参议员丹尼尔湾克拉克："你可不可以和其他人一起发起这么一种倡议：除非有益的或者有其他重要原因，否则一律保持原有职位不变？仿佛我任职首年的情形将要再次出现一样，这样会把我压垮的。"最后他总结道，他将尽可能减少官员的变动，因为他知道"开除一个人很容易，但是当我寻找新人来填补这个空缺的时候，会有二十个应聘者，而在他们当中我不得不得罪十九个"。

但在林肯的内阁里，有的变动是不可避免的。他的私人秘书尼古拉和黑伊，兢兢业业工作了四年后都已经疲惫不堪，而且尼古拉的健康状况变得很差了。他决定任命尼古拉为美国驻巴黎领事，而委任黑伊为驻法国大使馆秘书。他计划让对政治直觉敏锐且和蔼可亲的诺亚布鲁克斯来担任他的私人秘书，布鲁克斯是萨克拉门托联盟的通讯记者。

从 11 月到 3 月，选举结束到就职典礼之间的几个月里，林肯必须为他的内阁选定四位新成员。他早已决定委任巴尔的摩市全国联合大会主席威廉·丹尼森为邮政大臣。选举刚结束，七十一岁高龄的爱德华·贝茨就提出辞去司法部部长的职位。林肯最初想让办事高效的军法局局长约瑟夫·霍尔特来接替这个职位。但霍尔特拒绝后，林肯接受了他的建议，把这个职务交给了忠诚的肯塔基·斯皮德，他是约书亚·斯皮德的兄弟。而林肯一直对内政部部长约翰·厄舍不太满意，所以当他在 3 月 8 日提出辞职时，林肯很乐意地委任参议员詹姆士哈兰来接替他。哈兰曾经是国会中最忠诚的内阁拥护者之一。在 2 月新的任期开始之前，费森登也提出辞去财政部秘书的职务，而重新回到参议院。林肯想由纽约原州长摩根参议员来担任这个职务，摩根曾经担任共和党全国委员会主席，并已经被安排负责巴尔的摩大会。当摩根拒绝后，林肯选择了稍为逊色但更有能力的货币监理官休麦·卡洛克。

经过几个月的考虑，林肯的第二届内阁已经雏形初现。跟原来的成员相比，新成员里没有一个是政党的主要领导人，也没有一个想竞选总统。林肯感到自己现在充满力量，他消除了内部不同派系之间的纷争，也不需要对新人进行意识上的教导来取得认识的一致。他现在拥有一个忠诚的内阁。

在林肯的任务中，委派罗杰·泰尼出任首席大法官最具深远意义。他深切地意识到自己选择的重要性。在所有副大法官中，他已经任命了诺亚·斯温，米勒，戴维斯和菲尔德。而下一届首席大法官将会成为法院的主体，处理内战中出现的重大案件。林肯希望能够任命一个对法律有自己的深刻认识的律师，而不是一个思想家或者理论家；他希望新任的大法官能够意识到"法院的作用是处理案件而不是原则问题"。

林肯故意推迟到选举后才宣布首席大法官的任命。其间被重点推荐的候选人名单在他的脑海里一个个掠过，却一个又一个地被否定：贝茨太老了；斯坦顿从陆军部抽出身来；埃瓦茨还不够突出；而布莱尔又不会被参议院所认同。

跟刚开始一样，林肯最后只剩下切斯这个选择。反对切斯出任的最有力的理由是他坚定的政治目标。林肯跟一个参议员谈论："如果他坚持要当美国总统，在我看来他永远也不可能当上，那么他绝不可能得到首席大法官的名望和影响。而如果他放弃这个念头，就肯定能够得到。"但支持切斯的理由更加有力。在接下来的几年内，法院将要处理的最难的案件，很可能涉及林肯的强制解放奴隶政策和为内战筹集资金的绿币的合法化问题。在选择法官的过程中，林肯向马萨诸塞州代表乔治解释说："我们可不能问别人他会怎么做。如果我们非要这样做的话，他只会迎合着做出回答。而我们将为此看不起他。所以，我们必须选一个政治观点明确的人。"林肯很清楚切斯的经历，并想在一些基本问题上把他引导到正确的方向上。

林肯认为选择切斯出任首席大法官是值得的，并希望通过这个任命来获得最大的政治利益。因为宽宏大量地选择了一个曾经严厉批评自己的可怕政治对手，从而获得了切斯的党羽的信任。激进党传言说总统不得不迫使自己做出这个决定。把切斯的名字送到参议院后的几天，林肯坦率地向沃德拉蒙解释自己的意图："我的这次任命会让激进派满意，以后他们就不会再反对我的其他任命了。"他带着不同寻常的乐观补充说，以后很难再看到他们"理由充足"地干涉他的政策了。

林肯的算盘打得很准，12月5日成立的新一届国会很明显非常支持他的政策。国会议员认为反对一个刚成功连任的总统的政策是一个不明智的做法。而军事上的胜利又进一步增强了林肯的威信。1864年选举中占领亚特兰大在很大程度上决定选举的结果，而现在格兰特把李的军队牢牢地压制在里士满前方，谢尔曼继续向海边进军，严重破坏了乔治亚州。林肯刚开始像担心格兰特一样担心谢尔曼的计划，并向国会草拟了他的年度咨文，其中包括"如果有需要的话，我们会通过拆分部队来让大部分人活下来"。毫无疑问他删除了部分词语是因为他持悲观的态度。林肯的疑虑一直没有消除直到12月25日他收到谢尔曼的一封电报："我希望把沙凡那港市，150支重机枪，大量弹药和25000捆棉花送给你作为圣诞礼物。"同时，12月30日，托马斯将军的部队在富兰克林制止了邦联入侵田纳西。对于托马斯和谢尔曼的双重大胜，林肯欣喜地说："让坐在黑暗中的人们看到光明吧。"

为了获得一致的意见，林肯努力争取共和党和民主党的支持。他在年度咨文中非常认真地求他的政治对手支持他修改宪法在全国范围内废除奴隶制的议案。在上一届国会，因为四分之一的民主党人的反对，这个议案在众议院没有得到三分之二的选票而被否决。而在林肯的敦促下，全国联盟公约把修正案列为政纲的中心要点，这个政纲将在下一次国会会议中得到他和大多数共和党人的支持。他现在请求三十八名国会成员中摇摆不定的人重新考虑这份修正案。林肯敦促共和党人重新考虑他们的立场："不用质问反对者中明智的或爱国的人，问题的概要并没有任何变化，但一项干预投票表明，下一次国会会议中……"

他问道："既然采纳此方案只是个时间问题，那么我们不是越早达成一致越好吗？"他接着说："应该少数服从多数，因为大多数人的意愿占主导地位。"据此，他要求现在就通过该项修正案。

对修辞性的措辞不感兴趣的林肯决定施展自己的个人权威和面面俱到的处事魅力来影响那些还对投票犹豫不决的民主党人和边界各州的国会议员。自1862年他竭力劝说边界各州的国会议员支持他的渐进式解放策略后，他还是头次如此全身心地参与到立法程序中来。他与众议院修正案的头号支持者，来自俄亥俄州的詹姆士阿什利密切合作，确定可能说服的人选，邀请他们到行政大楼进行面谈。

林肯可能使用了其他的方法来说服国会议员投票赞成第13条修正案，不过关于他采取的措施都没有确切的记录。关于他在其间所扮演的角色，也是众说纷纭。像萨迪厄斯·史蒂文斯说："19世纪最重要的措施是通过腐败取得成功的，而美国最纯粹的人起了推波助澜的作用，帮助和教唆他人。"有人对林肯说，如果他能说服查尔斯萨姆那放弃一项有关卡姆登安博伊铁路的法案时，他可能会取得新泽西民主党的支持。但是对此林肯拒绝插手，理由是："在这些问题上，我对萨姆那先生是不能做什么的。"

不管林肯的角色如何，在最后的投票中，超过三分之二的众议员都支持该项修正案，并且将其呈递到联邦政府以获正式批准。第13条修正案都会铲除反叛的"终端的破坏性的根源"，对于《解放宣言》的法律效用的所有问题也能随之得到解决。最后整个国家"所有的罪恶都有良方治疗"。

为了促成修正案的通过，林肯采取了一些暗中进行的重要措施。在众议院争论的最后几天，有消息传开，说有一支邦联专员团正向华盛顿进发，来讨论停战事宜，和平似乎近在眼前。阿什利担心这个谣言会造成那些还对投票举棋不定的人最终放弃对修正案的支持，于是焦虑地询问总统该消息的真实性。对此林肯仔细斟酌了措辞，对阿什利说："目前据我所知，华盛顿现在没有什么和平专员团，也不可能有。"他的指示平息了民主党的担忧，因为林肯知道："如果这些人闻到了和平的气息，那么已被说服的他们在最后一刻也会倒戈。"

事实上，就在那个时候，有一支邦联和平代表团已经穿过联邦边界线，不过是向城点而不是华盛顿进发。这支代表团组成人员有：邦联副总统亚历山大，邦联国防部副部长坎伯尔和来自弗吉尼亚的著名邦联参议员罗伯特。

而对于他们的来访，林肯方面暗中做了一系列的安排。林肯很早就强烈反对任何与南方邦联方面的谈判，在1863年拒绝与斯蒂芬斯面谈，而且最近还坚持采取一些他明知在尼亚加拉的邦联特使绝对不会接受的条件。对于和谈，林肯认为会削弱战士的士气，更糟糕的是，和谈会导致停火，从而使得邦联获得独立。然而，现在局面变化了。谢尔曼和托马斯在西部战争的所向披靡的巨大胜利，以及格兰特和赛尔顿在弗吉尼亚不可遏制的挺进势头，都削弱了南方继续再战的意志，而且当时很多人纷纷猜测，邦联可能会就此四分五裂。格兰特相信，如果停火，李将军军队的一半士兵都会放弃打仗。而佐治亚和北卡罗来纳州的州长已经公开宣称要实行脱离邦联取得和平。邦联众议院的外事委员会在一项产生和平谈判团的决议上争论不休。其中，众议员亨利富特要求"停止敌对，重新打造和平"，并且宣称杰斐逊是战争结束之路上唯一的绊脚石。

1864 年 10 月，在林肯向国会呈递的年度意见中，表示希望抓住邦联目前的紊乱情势，为己所用。在他通过贾克斯·吉尔摩代表团了解到更多情况后，他确信不会采取任何方式跟反叛头目谈判——林肯一向尽可能地避免提到杰斐逊的名字，而且从来不称后者为邦联总统。他说道："任何谈判的做法都不会取得好结果。除了分裂联邦的条件之外，他不会接受别的，而这一点，是我们无法也不会给予的。"不过总统接着说："事实上，他发起反叛想要达成的目的，并不代表所有追随者的意愿。尽管他不接受邦联，他的追随者可以接受。"为了鼓励那些在杰斐逊手下的第二级邦联官员，林肯开出了慷慨的条件："在任何时候，他们都可以获得和平，方法很简单：放下武器，服从宪政下的联邦政府的管理。"

一些中间调停者试图在林肯的引导下做些尝试。而一位前伊利诺伊州立法委员的建议取得了白宫方面的青睐，并获得布朗宁·辛格尔顿——和平民主党领袖的支持，从而确保能够获得林肯同意，前往里士满询问邦联对于结束战争的意见。于是，辛格尔顿接下来在邦联首府度过了愉快的两星期，与杰斐逊·戴维斯，罗伯特·李和其他人会谈。他回来告诉总统，说在宽大的条件下，南方人热切向往和平，但是他们不愿意放弃奴隶制，除非能够得到"公平的补偿，同时带有其他由宪法修正案确保的有关重组的自由条件"。林肯听取了汇报，但是他对辛格尔顿希望甚微，特别是清楚地发现比起和平，后者更热衷于购买南方大量的棉花和烟草时，林肯对他的信心更降低了。

而想取得和平，做法最明显的当属弗朗西斯·布莱尔。杰斐逊·戴维斯曾在战前是布莱尔家族的亲密朋友，而在与前者的长聊中，布莱尔指出，奴隶制不再是"取得和平的不可跨越的障碍"，而且最近认定征召黑人入邦联军队必须要给予他们自由。南方和北方的统一是不可避免的趋势。只有欧洲心怀叵测的君主才会想阻止这一切的发生，而法国在墨西哥的傀儡首领的活动显示来自这方面的威胁也是实实在在的。

据老布莱尔所说，他的游说奏效，杰斐逊上钩了。他和布莱尔可能都怀疑西沃德在谈判中的忠诚度，但是他愿意接受布莱尔的保证，即"如果林肯对任何人承诺忠信，那他定会言出必行，他是一言九鼎"。随后，杰斐逊交给布莱尔一封信带去华盛顿，承诺派出和平代表团，进行谈判，"以促成两个国家的和平"。

这一切都不是林肯所想的。他想削弱邦联政府的权威性，分化邦联各州，而不是让他的首领与自己平起平坐进行谈判。林肯很快派布莱尔回到里士满，带话说他很乐意接待"希望给我们共同的一个国家的人民带来和平"的邦联代表团。

事情本该如此。但是在交火线两边，士兵们对于和平的愿望已经强烈到不能不采取措施应对的地步。迫于压力，杰斐逊任命了三名倡导谈判的人——斯蒂芬斯、坎伯尔和亨特，作为代表团成员不仅仅是保证两个国家间获得和平，更是要与对方讨论"战争中反映的问题"。林肯和斯坦顿都不准备接待这样的代表团，因为后者不会让步，即便是为了谈判期间，也不会让步否认邦联不是一个独立的国家。在这个时候，越来越想结束战争的格兰特插手了。他说服了代表团成员删除关于"两个国家"相关内容，然后发电报给华盛顿方面希望林肯能够接见他们。

双方同意谈判采取非正式的形式，不阅读任何的文件或是记录，也不进行任何记录。斯蒂芬斯开场说："总统先生，在不同的州之间，在这个国家的不同地区之间，没有办法结束目前的纷争，重新打造一个普遍友好和谐的局面吗？"从他的言论可以看出，一开始他就避免在是否有一个还是两个国家上做文章了。

林肯对此回答说："这里有唯一一种方法，那就是让那些抵制联邦法律的人停止抵制。"

随后，邦联方面开始努力在布莱尔曾明显指出的路径上寻求突破。斯蒂芬斯问道，为了给些时间让人民的情绪平定下来，是否存在"欧洲大陆方面的问题"会暂时将南北方的注意力拉到眼前的争执上面？简而言之，也就是如布莱尔所说，是否可以由南北方联合起来，将法国侵略军赶出墨西哥？林肯直接回答，他并没有任命布莱尔的谈判，也不会考虑任何不是基于"为最终统一联邦，承诺先行"的停火建议。

坎伯尔接着询问，如果邦联各州决定重新加入联邦，会有什么样的重组条件。林肯回答说，一旦邦联承认联邦政府的权威性，"那么会马上建立起南方各州与联邦的实际关系"。不过同时他明确指出，如果南方人仍在举着武器对抗政府，他不会进行任何谈判。当亨特试图表示，政府经常会与一些反叛者达成协议，比如英格兰的查尔斯一世就经常与那些对抗他的人谈判时，林肯尖锐地回答："我不想名留青史。关于这些问题，你可以跟西沃德去说。我关于查尔斯一世的鲜明记忆，就是他最后被砍掉了脑袋。"

在奴隶问题上，西沃德向邦联方面重申了总统的承诺。林肯在他向国会递交的年度报告中新近提道："我不会企图收回或更改《解放宣言》，我也不会将任何因为此宣言，或者其他国会法案而获得自由的人士送回该项制度之下。"秘书西沃德随后又抛下了一颗重磅炸弹，告诉南方代表团，国会已经将第 13 条修正案递交政府已取得正式批准。看到邦联方面的不安反应后，林肯转而对斯蒂芬斯说："如果我是你，我告诉你我会怎么办：我会抬腿回家，让佐治亚州州长把各个立法委员召集在一起，让他们找回参战的所有士兵，选举参议员和国会议员，然后在未来力图更改这项修正案，估计可以在五年之后见效。我认为这项修正案会获得正式通过并且生效。"

亨特打诨林肯的条件，他认为这些条件一无是处，就是"让南方各州和人民无条件地投降"。随后斯蒂芬斯也总结说再谈论和平解决方案"完全毫无成效"，他转向讨论悬而未决的因犯交换问题上面，而林肯称这个问题已经全权交由格兰特负责。

　　林肯在向国会的汇报中说："汉普顿路会议结束，没有任何成果。"和他意料中的一样，是以失败告终，因为他与杰斐逊没有进行谈判。但是在谈话中，林肯提出了两点建议，显示他开始思考怎样结束战争。在讨论重组问题的可能条件的时候，斯蒂芬斯问到那些没有因为《解放宣言》而获得自由身的奴隶的地位问题。他和西沃德都同意，只有二十万名奴隶因此获得了自由。据坎伯尔所说，林肯称对于自己《解放宣言》的成效众说纷纭。"一些人认为它根本没有可操作性，另一些人认为它只有在被军队攻占的范围内才有效，还有一些人相信在这个国家里它都能发挥效力。"这个难题只有法庭才能裁定，不过，如果斯蒂芬斯后来的汇报可信的话，林肯又补充说："我的个人观点是：因为《解放宣言》是一项战争中的措施，所以只有在被用作一项战争力量的时候才会生效，一旦战争结束，那么在将来就不会再生效。而那个时候，它只能被用于那些之前产生过效力的奴隶身上。"

　　如果这些谈话内容都可信的话，那么联邦总统林肯现在改变了他在奴隶制上的立场了。在此之前，他曾在 1864 年 7 月提出"解放"是谈判的先决条件，一直坚持共和党的政纲包括废除奴隶制，承诺他不会收回宣言中的任何一个字，也不会让任何获得自由的人重陷奴隶制的泥潭，并且刚刚和国会密切合作确保采纳第 13 条修正案，而现在，他在废除奴隶制的态度上有了转变。不过因为林肯对于这些谈话都没有记录，所以证人们的曲解也都是有可能的。不过更有可能的是林肯正是因为认识到奴隶制已经名存实亡，所以才出此言。他主要关注的是战争可能还要至少拖一年。他的目的就是通过在向国会递交的年度报告中向杰斐逊的"追随者们"发出呼吁，从而削弱邦联政权的权威。

　　林肯向邦联代表团提出的第二个建议更明显地透漏了他的意图。他承诺在归还南方人因为《征收法》而失去的财产方面会很宽容大方，并且，据斯蒂芬斯和亨特所说，"他会交税，用税款来弥补曾经蓄奴的南方人的损失"。林肯一直都倾向于补偿性的解放，而且他相信许多北方人也都会支持"基于此目的的高达四百万美元的专项拨款"。不过西沃德对此强烈反对，他在房间里踱来踱去，显得烦躁不安，说道："在我看来，联邦在为废奴而战上已经花费了足够多的钱，已经仁至义尽了。"但是林肯认为南北双方都有责任："如果说南方蓄奴是错误的话，那么北方向南方贩卖奴隶也是错误的。"在这个问题上，他不能"做出任何保证，或是实施任何规定"，但是他对邦联方面说，他会派出专人负责此事，"这些人的名字可能让你们大吃一惊，他们愿意做这件事，前提是战争会停止，不会再有更多的代价，而且奴隶制会像之前宣称的那样得到废除"。

　　这个提议并不是基于邦联方面想象的凭空捏造，在林肯回到华盛顿后，他起草了一项提议，要求国会划拨四亿美元，依南部省份之前奴隶人数的多少来进行分配。如果所有对抗联邦政权的势力都终止活动，那么 4 月 1 日会首先支付两亿，在第 13 修正案通过之后，会在 7 月 1 日继续支付剩下的两亿。这个令人吃惊的提议显示了林肯的宽容大方，也显示出他理解南方在战后由一个奴隶社会向一个自由社会过渡所面临的困难。不过该项提议更多地表明了林肯迫切想迅速结束战争的热望。

2 月 5 日晚的例会上，林肯将提议递到了内阁成员面前，称它是"一项严格简便的经济手段"。他问自己的顾问们："战争已经打了多久？你们预计还要打多久？"接着他自问自答，谈到"我们不能期望在 100 天内结束掉这场战争。现在每天花费三百万，这样算来和我提出的数目是相当的，这还不算失去的生命和损毁的财产"。内阁成员一致认为"有效结束战争的唯一方法就是使用武力，在战争结束后还无须付钱"。对此林肯悲伤地说："你们都反对我。"他不情愿地放弃了提议，在折叠提议文件的时候，在上面标注着"撰写好后呈递到内阁，被一致否决"。

林肯一直相信，削弱邦联政府权威的最有成效的做法就是在联邦军队已经占领的各州建立忠实于联邦的新政府。他关于重组开出的条件是慷慨而模糊的，因为他主要考虑的是如何结束战争，而不是战后南方的地位问题。基于这个原因，当他的军事长官在占领南方地区后并没有依照法律规定在当地建立新政府时，林肯也没有因此而烦躁，但对注册和投票要求的细节也没有多大兴趣。他想要的，是在南方的一些州上建立看起来屈服于联邦的忠心政府，以彰显在邦联政权之外有可信的替代政权。

在 1864—1865 年冬天，总统和国会实际面临着同样的问题，但是结果截然不同。在国会集会时，林肯发布消息称对于任何不接受他在路易斯安那州精心建立的自由州政府的提案，他都会予以否决。不过林肯的坚持没有导致危机，而是造成了国会的妥协。12 月 15 日，负责第 13 条修正案的众议员阿什利提出了一项新的提案，旨在博得保守派和激进派的支持，希望得到国会通过和总统签字。

新的提案表示承认林肯在路易斯安那州建立的新政权，同时要求南部其他省份重组程序依照韦德—戴维斯法案要求实施，也就是，投票者必须发狠誓表示不会支持任何反叛活动，并且 50% 多的有资格的选民要支持任何新的重建后的政府。另外，阿什利的提案还要求给黑人以选举权，这得到激进派的大力支持，以为后者坚持认为这是确保南方各州忠诚度的唯一途径。

在接下来的几个星期，各方面都仔仔细细评阅了阿什利的提案。在一群较为极端的激进派中，查尔斯萨姆那接受了这项提议，但是也发牢骚说不应该让路易斯安那州加入联邦，但是当看到要赋予南方黑人以选举权时，很是满意，认为"这是一项重大的政治举措"。保守党蒙哥马利布莱尔和班克斯和总统一起查看了这项提案，认为黑人陪审团和选民的提法"可能会遭到某些人的反感"。班克斯同意"这样做只是简单地将政府放在了一群黑人手中，因为在这种安排之下，白人会拒绝投票"。对于改革的讨论,国会中众说纷纭,有些人简单地同意路易斯安那和阿肯色州加入联邦,还有一些人坚持要求所有的南部州的宪法都必须保证"所有人的民事权利在法律面前要一一平等"。

阿什利的提案失败了,对林肯来说是个大胜利。早在 7 个月前,参议院中的每个共和党和众议院除 6 个之外的所有共和党都投票赞成韦德—戴维斯法案。只有林肯的搁置否决还使得行政机关仍然掌握着重组实施的权力。但是局势大变,国会未能通过任何关于重组的立法,那么在休会即将到来之时,对于这个问题的处理权就完全落在了林肯手中。哀叹局面转变的亨利·戴维斯,以前曾是激进派主帅,现在沦为一只国会里的跛脚鸭。他伤感地说:"先生,当我十年前加入国会的时候,那时还有一个法治政府。现在只有一个个人意愿统治的政府。国会从一个能够主导法律制定的力量沦为审计账目和划拨钱款,以保证行政权力能按照他而非我们的意志得以行使的团体了。"

现在在国会,共和党成员们发现自去年夏天以来时局发生了变化,如今顺着总统重组的意志行事比较容易。

通过第 13 条修正案,承认林肯所建立的新政府,对于共和党来说更有利可图。在修正案生效之前,还要得到 36 个州中 27 个的认可。如林肯自豪宣称的,伊利诺伊州在 2 月 1 日就已经开始了认证程序,其他的北方各州也会紧随其后。南北交界的州,如马里兰,西弗吉尼亚和密苏里州都已经废除了奴隶制,预计它们会通过修正案。但是特拉华和肯塔基州仍存在这项制度,关于这些州的表态结果也并不清楚。即使两个州都通过,还需要两个州的支持,而这时只能从南方州那里拉票。最有可能的是路易斯安那,阿肯色和田纳西州。国会会员通过承认林肯在这些州创建的新政府,加速了整个国家范围内奴隶制的消亡。

为了向国会展示路易斯安那州新政府的优势,林肯硬是将班克斯在华盛顿留了数月,好让这位曾是众议院发言人,并且在首府还有政治关系的将军为这个他参与创立的政体进行游说博取支持。总统也做好了准备,在需要的时候也会邀请乐队造势。当激进的废奴主义者菲利普和贝尔斯登企图组织一项抗议活动,反对承认路易斯安那政府的合法性时,他们的活动一无所成。国会议员告诉他们"林肯现在掌控着所有重要的机构,他的意愿是不可能被阻挡的。他现在是独裁者"。

这股混合起来的强大力量使得林肯能够将重组操作牢牢掌握在自己手中,但是他的举措是否能得到国会通过,在这一点上倒没有十足的把握。2 月中旬在阿什利的提案失败之后,政府的支持者马上努力保证路易斯安那州成功加入联邦。特仑布尔参议院司法委员会委员长是其中的领袖。过去他曾是对总统十分尖锐,甚至可以说是刻薄的一位批评者。而自 11 月来,他的态度明显变得温和多了。似乎如本韦德所说,他经历了"自圣保罗时代以来最奇迹的融合"。可能是因为他想到自己要竞选下一届的参议院,而那时林肯还坐镇白宫,所以转变了态度。无论如何，特伦布尔与总统交谈，讨论承认重组后的路易斯安那州政府问题，以及新当选的参议员就职的问题。一如既往地，林肯打断了他的夸夸其谈，一针见血地指出："能不能通过承认或是拒绝任命已经确定的参议员，来使得路易斯安那州能更早地加入联邦？"

在参议院中，很明显大多数的共和党人都和特伦布尔一样，顺应了总统的意愿，不过还有一小撮激进势力想要阻挠他们的活动。这群激进派中有韦德，格兰姆斯和其他一些人，由萨姆那牵头，目的在于让总统的路易斯安那州计划流产。而在他们眼里，承认该州的互动最终会恶化成一场闹剧，里面都是林肯的支持者在那里大声叫嚷。他称"路易斯安那州装模作样的政府只有 7 个月就会失败，它是种族问题引发的犯罪招致的早产儿，摇摇晃晃，形式不全，发育不良，如果继续让它存在下去，只会成为一项负担，受人责备和非难"。

林肯对此很恼怒萨姆那。他责备后者说："他想打败总统，从而改变政府最初的形式，使它中央集权。"据华盛顿的知情人士透露，参议员萨姆那和总统之间亲密的私人关系在这次事情之后画上句号。但是林肯没有让一项关于政策的争执成为私人的争吵，对于萨姆那，他个人仍是十分喜欢和欣赏，并且将来还需要萨姆那的支持。在萨姆那想要置路易斯安那于死地后的几天，林肯就邀请他见面，这位参议员和林肯夫人一起闲逛，林肯夫人衣着很是贵气，身着白色波纹丝绸，并带有花边装饰的衣服，挽着男士的手臂。林肯看到这个情景一点不吃醋，因为他已经确定下次国会开会一定会同意路易斯安那州加入联邦。如《纽约先驱报》预测，"这个非凡的开路者开始了自己的第二任期，成为一位无可争议的对美国内外事务游刃有余的大师"。

就职日定在 1865 年 3 月 4 日，这天天气刮风下雨。华盛顿已经下了好几天的雨，街上一片泥泞，堆积了足足有十英寸深。在之前的一个星期，从全国各地来的代表团陆续到达首府，宾馆住满了人，像威拉德只好在客厅和过道里安排没地方住的客人。尽管天气恶劣，10 点钟前在国会门前就聚集了一大群人。而当中午庆典开始的时候，已经挤满了前来观看的人。女人们穿着长长的笨重的衣服，"处境很是糟糕"。诺亚布鲁克斯看到这样的情景，说道："女人们的衬裙都划破了，裙子上蹭的都是泥巴，而天鹅绒，花边和其他所有干的东西都是从头到脚溅满了泥点。"

首先开始的是副总统的宣誓，是在内阁大厅进行的。约翰逊本来想待在田纳西州，来观看在"奴隶制的污点从宪法的盾牌上抹去后"，一个新的、忠诚的政府的建立。然而林肯和他的顾问们认为约翰逊在 3 月 4 日那天不待在华盛顿有点危险。于是，在经历了长长的旅途筋疲力尽，并且还没有从一场伤寒中恢复的约翰逊，发着烧要一些威士忌来平息紧张的神经。酒精对他的作用是立竿见影的，并且酒劲一直蹿上了脑门。在一场拖沓琐碎的演讲中，约翰逊吹嘘着自己的平民出身，并且提醒最高法院，内阁，甚至是外交部里尴尬的成员，"尽管你们羽毛美丽不过华而不实"，"大家不过都是人而已"。在约翰逊凌乱的演说中，林肯不得不静静地坐在一边，据一位观察者说"林肯闭上了眼睛，好像沉浸于忧郁的回忆之中"。当约翰逊终于结束了演讲，发完誓后，林肯靠近典礼官，轻声对他说："待会不要让约翰逊在外面讲话。"

随后总统一行人来到国会山东部的平台上。当林肯的高个子出现的时候，"一群群人的欢呼声涌起，乐队奏起乐章，满天都是旗帜摇动"。随后全副武装的中士平息了群众的呼声，总统手持一张分两栏印有演说词的大页纸走上前。就在那个时候，太阳透过云层，给整个场面蒙上金光。大法官切斯看到这个场景，称它是"一个吉祥的兆头，表示战争的阴云散开，繁荣而和平的清晰阳光重洒大地"。

林肯演讲的时候声音清晰而高亢，使得下面一大群人最外面的角落都能听到他的声音，他宣读了美国历史上最短的就职演说词——只有703个词，但同时也是让人印象最为深刻的。在开篇，林肯提醒听众们，这次不像他第一次就职演说，不需要长篇大论来宣布自己的施政方针。林肯用一种疲惫的语气说："在过去四年战争中，在这场巨大的对抗中，每一点，每个阶段都要求政府发表声明，给民众一个说法"。于是，他将演说的一大半都用来解释战争的根源，并且解释了这场战争的重要性。

这是一场不带有个人色彩的演讲。在开篇第一段后，林肯没有使用第一人称单数，也没有提到自己在过去四年的所作所为。他一开始简要说明了战争的开端，但是自始至终都没有用到责备的语气。"所有人都害怕战争，都想避免它的发生。"在演讲中，他小心避免提到南方或是邦联，"有一方是发起战争，想让这个民族灭亡；而另一方是接受战争，想挽救民族于危难"。在这个时候，林肯的演说被群众的鼓掌声打断，之后他接着说："然后战争就发生了。"而奴隶制，"在某种程度上是战争的起因"。

"这个世界因为犯错而受到惩罚！错误注定要发生，惩罚的是犯错的人！"林肯这样是向奴隶主们发出了警告，不过一直以来，他都宣称南方和北方对引入奴隶制都有责任，而且都要对之前在宪法之下维护这个制度负起相应的责任。而现在既然上帝想要消除奴隶制的罪行，那么上帝就给予了"南方和北方这场战争，作为对曾经犯错的我们的必然惩罚"。

战争将要打多久？代价会是多少？在1864年夏天，林肯预测战争可能还要再打三年。而不久后又说是四年，至少是三年零一百天。他没有做出任何的承诺。在演讲中，他断然说道："我对未来抱有很高的期望，但是对未来的走势却不能做出准确的预测。"在战争时间的问题上，林肯没有确定地承诺什么，只是说："我们满心期望，热切祈祷，希望这场巨大的灾难能够迅速地结束。"然后他又补充了几句，这几句话可能是美国官员说过的最可怕的言论："但是，如果上帝想要这场战争继续，直到这块 250 年以来人民辛苦创造的土地上的财富通通消减，直到鞭子下流出的每一滴血，要剑尖上的另一滴血作为陪葬，像三千年前那样，我们还是仍然要说，上帝的裁定是真理，无可指责。"

这番讲话很冷酷，不过也缓释了南北方因为还在继续的流血战争而产生的负罪感。而且将整场流血事件的裁定权放在上帝的手中。此时此刻，他有机会表达自己心头深埋的认识，那就是：整个国家都对参战的官兵有所亏欠，对那些在陆军和海军里拼命，受难和牺牲的军官和士兵有所亏欠。在近期写给莉迪亚比克斯比女士——一位波士顿寡妇的一封优美的信中，林肯因为事先得知前者的"五个儿子都在战场上光荣地牺牲"，于是在信中写道："我祈祷，希望我们的上帝能够抚平你的丧子之痛，留给你的只是关于所爱的人和所失去的人的宝贵记忆，庄严的荣耀是归于你的，因为你在自由的祭坛上，做出了如此宝贵的牺牲。"

在演讲结束时，林肯气势磅礴，雄辩能力发挥得淋漓尽致："恶不在心，慈济天下，在上帝的指引下，坚持正确的道路，让我们继续努力，完成未竟的事业，缝合民族的伤口。付出一切，在我们中间，在所有民族之间，取得珍贵的公平而长久的和平。"

林肯的演讲完毕之后，听众报以热烈的掌声，随后他转向首席大法官切斯，然后将自己的右手放在摊开的《圣经》上，随着切斯念就职誓词，最后着重说了句"上帝助我！"之后，林肯亲吻了《圣经》，同时火炮齐射，民众欢呼，总统第二任期就此开始了。

在就职典礼结束后，林肯身心疲惫，不得不卧床几日。他的身体倒没有什么问题，尽管长期久坐工作，他健康状况良好，但是他经常感到深深的疲倦。有一段时间他的体重一直在下降，而且陌生人因此更注意到了他的干瘦，而不是高个子。尽管林肯只有 56 岁，在第二次就职典礼上的观众发现他看起来非常老。他的照片上，脸部布满深深的皱纹，双颊下陷。而有一段时间未见总统的约书亚斯皮德在见到林肯后大吃一惊，因为发现后者看起来"疲惫不堪"。林肯说道："斯皮德啊，我现在对自己的状况有点警觉了。你来摸摸我的手。"据斯皮德回忆，当时林肯的手"冰凉，像是生病了一样"。而且他的脚也很冰凉，因为他把脚伸到离炉火非常近的地方有热气冒出。

玛丽很担心丈夫的健康。她对自己的服装师伊丽莎白说："可怜的林肯先生看起来心力交瘁，完全精力透支。"几个月来玛丽都敦促丈夫不要把日程排那么紧，而且为了让他离开办公桌，玛丽鼓励林肯经常去剧院散心。于是他经常去格罗弗剧院，在第十三大街和第十四大街之间，还有位于第十大街的福特剧院。玛丽常常陪着他去，不过有时他也会和塔德或是秘书一起去，时不时地还会邀上几个朋友，一起去总统包房看戏。他喜欢看各种各样的戏剧表演，包括巴尼威廉姆斯，这位黑脸的歌手，爱尔兰戏剧大师的作品；同时林肯还观看了许多不见经传或是昙花一现的戏剧，像威尔克斯出演的《李不》和才华横溢的年轻演员约翰维克斯出演的《大理石心》。

林肯最喜欢看的是莎士比亚的戏剧作品。在他还是个小男孩的时候，他就记得在威廉姆斯考特的《演说艺术》里的那些独白；他在斯普林菲尔德的时候，经常阅读自己的那些莎士比亚的著作，不过直到成为总统之后才看到莎剧在舞台上的演出。在那之后，他几乎每次都要去看。在1864年2月和3月，在战争最危急的时期，他会忙中偷闲来到剧院，观看杰出的悲剧演员埃德温布斯的演出，包括《理查德三世》《朱利叶斯恺撒》《威尼斯商人》和《哈姆雷特》。

林肯都很喜欢这些演出。他喜欢莎士比亚的智慧，并且着迷于语言中散发的魔力。伟大的悲剧往往和贪婪，野心相联系，特别吸引林肯。作为一个经常处在孤独中的领袖，林肯觉得很容易在莎剧中的男主角身上找到自己的影子；他同情理解他们的恐惧和焦虑。说道："对我来说莎剧演得好不好并不重要，因为其中的思想是最为重要的。"

不过也有一次，他对莎剧的喜欢酿成了一场尴尬的事故。1863年8月，在探望了《亨利四世》中福斯塔夫的扮演者詹姆士哈克特后，林肯给这位演员写了封信，赞扬他的演技，并且表示等詹姆士下次来到华盛顿时可以私下会面。总统继续说，对于莎士比亚的作品，有些他从来没读过，有些看过，比如说《李尔王》《理查德三世》《亨利八世》《哈姆雷特》和《麦克白》，并且说道："肯恩和其他外行的读者一样读得不多。""我认为《麦克白》是最好的。""太棒了。"尽管这封信是私人的，哈克特却把它打印了出来，四下发放。结果报纸就有了抨击的话题，谴责总统是个自封的喜剧评论家。哈克特为此向总统道歉，林肯回复说："这些恶意的评论在我的整个生活中是很常见的一个样本。我承受过许多没有多少恶意的嘲弄，也听过很多善意的评价，不过里面也有嘲弄之意。现在我对这一切习以为常了。"

除了戏剧之外，玛丽·林肯还尽量和丈夫一起去音乐会或歌剧院散心调剂。总统对意大利女歌星菲丽茜·韦斯特瓦丽的印象颇为深刻。他还两次去观看了她早已被人遗忘的音乐剧《犹太母亲》，并且在一星期内又聆听了她其他两场音乐剧。1863年后，当纽约歌剧院开始推出特别的华盛顿音乐节时，林肯夫妇是歌剧院的常客。

当林肯工作太累，无法从任何歌剧或是戏剧中获得放松时，他就只能靠玛丽每个星期安排几个下午用马车载他出去兜风，借此来忘掉工作和忧愁。有时林肯夫妇会静静地聊天，林肯会回顾过去，并对未来做一些打算。他希望自己的任期结束的时候，举家前往欧洲。之后"打算回国，越过落基山去加利福尼亚州，看看战士们的生活，淘淘金来把国家债务还清，等等"。他不确定，以后是否会回到家乡。早些时候他还总是说要回到斯普林菲尔德继续当律师，而现在，他想的多是"游走和旅行",而不是在某个地方安定下来。

林肯能够想象着未来的美好。因为他不知道玛丽在外面积累的债务,他有信心,肯定自己和妻子都会衣食无忧。在 1861 年他的财产价值只有一万五千美元,但在战争期间迅速升值。在白宫生活期间,国会的补贴负担了他的主要开销,所以他就把两万五千美元的年薪省了下来,投资到国库券或是储蓄存款里面。四年下来,利息和奖金有近一万美元,这些钱他又继续投资。因为他没有时间好好打理自己的资金,所以在他死的时候,桌子抽屉里还有四张没有兑换现金的工资单。在理财方面林肯向切斯寻求建议,1864 年 6 月拿到切斯面前"一大把混杂的国库券,即期票据和其他一些代金券",想让切斯帮他投资到政府基金里面。1865 年 4 月林肯拥有的总共资产,包括在斯普林菲尔德的房子,俄亥俄州两百英亩的土地,在伊利诺伊州的一块地皮和近六万美元的政府证券。

在第二个任期开始后的几周比较平静,林肯夫妇还有时间谈论正在军中服役的罗伯特。自 1864 年从哈佛大学毕业之后,这位总统的大儿子就想参军。事实上,一直以来各方面都给他施加了压力让他去参军。于是 1 月,林肯给格兰特写信说:"假使我不是总统,而是个朋友,你是否能封罗伯特一个有名无实的等级,让他加入军队之中。"格兰特很快表示欢迎,封罗伯特为上尉。并且保证他不会遭遇危险,派给他的主要任务是护送来到波托马克军队的参观者。

3 月 20 日,应格兰特夫人的要求,格兰特邀请总统访问位于城点的军事总部,表示从日常公务中休息个几天会对他的身心有好处。林肯马上接受了邀请,并且说林肯夫人和其他人会一同前往。尽管天刮着烈风,林肯夫妇,在塔德——玛丽·林肯的侍女和斯坦顿安排的两个保镖威廉姆克瑞科和查尔斯上尉的陪同下,登上了"女王河"号,在 3 月 23 日到达波托马克。

林肯夫妇早就想离开华盛顿透透气,因为玛丽认为华盛顿充斥着他们的敌人,林肯认为那里到处是想谋个一官半职的人。他们想了解罗伯特在军中的情况。最重要的是,他们需要休息。

他们来到波托马克,受到了种种款待:午宴,晚宴,接待会,晚会和舞会,跟事先想要的休息愿望背道而驰。不过塔德可能是玩得最开心的。登上"女王河"号,他的"探究的思维就四处飞驰",而且据克瑞科说"他研究了引擎上的每颗螺丝,跟船员都打成一片"。而上岸之后,他又成了战士们的宠爱,并且还被允许父亲到哪就跟到哪。

尽管林肯在船上稍有不适,但是他一离开华盛顿,一离开那些谋求职位的人后,感觉顿时好了很多。到达城点的第一天,他乘坐火车前往米德将军的总部。在那里,他看到了最近的战斗情况,听说了在圣彼得堡联邦军队对邦联的猛烈轰炸,并且亲眼看到了第六军团攻击敌军的战斗场面。第二天他便有机会探望谢尔曼将军的军队,正是这支军队将邦联叛军赶出了谢南厄多山谷,并且增援了格兰特在里士满的决战。当天下午他在莫尔文检阅了爱德华将军领导的詹姆士军队。第三天他探访了在城点的士兵医院，在那里待了五个多小时，从一个帐篷走到另一个帐篷，探望里面的病人，在重伤员或重病患者的床榻边停下来慰问，并且还跟住院的邦联士兵握手。

在这期间，林肯几乎没有时间休息。而且回去之后，马上又重现"忧虑和虚弱的样子"。据玛丽说，特别是在林肯探望医院时，"尽管是表达爱心，也让他心力交瘁"。但是检阅军队的欢呼声和他在詹姆士河上看到的船舰上水兵的阵容，让他大为振奋，从将要到来的胜利之后，他获得了力量。

玛丽·林肯在乘坐女王河号前往波托马克时很是难受。她很紧张，特别是听丈夫说梦见白宫失火后更加心烦意乱。她坚持要给华盛顿发两封电报，确保一切正常。在军事总部的时候她觉得很不在状态，而且在场的少数女性，像朱利亚·格兰特和玛丽·奥德，似乎对美国总统夫人都没有表示出足够的顺从。林肯这时也专注于完成自己的任务，忽略了玛丽，并且认为自己不在场玛丽也可以应对。事实上，她做不到。

当奥德的军队在莫尔文山接受检阅时，总统和大多数男人都骑在马背上，留下林肯夫人和格兰特夫人乘坐一辆救护车在深及腰身的泥巴路上踽踽而行。突然一个颠簸让车里的夫人们头撞到了车顶，帽子挤坏了，头也撞起了包。玛丽自1863年的马车事故后就没有完全恢复，可能还落下了偏头痛。当她终于到达检阅地的时候，发现检阅不等她就开始了。她的丈夫在奥德夫人的陪同下骑着马检阅着队列。而奥德夫人十分年轻漂亮，她的容貌可能提醒玛丽自己已成为明日黄花的事实——身材臃肿，面皮耷拉，上面还有深深的皱纹。当奥德夫人骑马上前向她致敬时，神经衰弱的玛丽"狠狠地羞辱了奥德夫人一番，称她可耻，还问跟着总统是什么意思"。

当晚在参加晚宴的客人登上"女王河"号时，玛丽不断地责怪丈夫和奥德夫人调情，并且要求将奥德将军撤职。拼命克制的林肯努力忽略妻子的言语，但是玛丽一直责骂他，直到深夜还不罢休。在接下来的几天，尴尬而生病的玛丽大多数时间都待在房间里，在4月1日动身返回华盛顿，留下塔德和林肯待在一起，这毫无疑问让林肯轻松了很多。

妻子不在身边，林肯终于可以透露，休息并不是他来城点的唯一目的。他最大的困扰现在在于，担心联邦的将军们会让胜利从指尖溜走。正准备在圣彼得堡发动对敌人的最后攻击的格兰特，觉得总统的担心是多余的。谢尔曼也认为如此。他的军队已经推进到卡罗来纳州，已经胜券在握，感到可以离开军队来到城点讨论最后的战斗策略。但是林肯见过许多过度自信的指挥官，而且他知道邦联军队有多么狡猾危险。在他待在前线的两个星期，他反复表示担心李将军可能避开格兰特，率领军队前往北卡罗来纳州，在那里与约书亚率领的邦联军队会合，进行另一场大决战，或是跑到南方休身养息继续作战。他还害怕杰斐逊可能逃脱谢尔曼的掌控，"带着骁勇的军队逃回南方"。他对将军说："是的，如果他能跑他肯定会跑走，但那时候，除非漫长的追逐和更多的浴血奋战，不然你是捉不到他的。"

林肯此行的另一同等重要的目的，是掌控普遍认为在进行的和平谈判的动向。老弗朗克斯布莱尔前往里士满时，曾做出了一个危险的表示，即格兰特和李将军可以一起讨论和谈的条件，而且在汉普斯路的邦联代表团已经通过格兰特，确保与总统进行了期望中的会谈。听闻这些消息，总统不得不对总指挥格兰特说"除了李将军投降，否则你不能与他进行会谈"。林肯说"这些问题，是总统把持的，不会交由任何军事会议或会谈来加以解决"。

林肯不仅命令将军们要遵守规定，同时也希望任何谈判都不仅能停止战斗，而且能够促成和平，保证他实现联邦，解放和平等的战争目的。他不断叙说自己最害怕的事情，就是一旦邦联军队失败，那些战败的南方士兵"不会回到故乡，接受所憎恨的体制下的公平权益，到时南部会充斥着隔绝和匮乏，零散的邦联士兵往往会变得毫无法制，随心所欲"。因此，林肯的目的不仅仅在于保证和平，并且要实现南北方的重新融合。格兰特，谢尔曼和大卫波特在 3 月 28 日登上了"女王河"号，与林肯就此事会谈。林肯提出战争即将结束，并且提出极为慷慨的条款，以便让"叛军放下武器，重归家园"。林肯说道："我们要让他们投降之后回到家乡不会再拿起武器。让军官和士兵都回家。我希望他们投降，不再有流血的战争。要让他们在各处都受到自由的待遇。我们希望这些人能够归顺联邦，遵守法律。"

第二十一章

自己照顾自己

参观完城郊，林肯身体好多了。一旦离开华盛顿的喧嚣，他的身体就好起来了。士兵们的赞美、将到来的胜利，这些都让他觉得充满了力量。去部队医院探视那些病人，与他们挨个握手，连医生甚至都担心他的手是不是又酸又痛。总统笑道，他的肌肉很发达。为了展示一下，他还在木柴旁边随手捡起一把斧头，浑身是劲地劈了几分钟，然后还一抖不抖地平举起斧头。在他离开后，一些体格比较健壮的士兵也试图学着他的样子举，可是没举起来。

林肯有资格为自己高兴。精疲力竭的四年，面对一个几乎无法完成的工作，他完全做到胜券在握。自从安德鲁·杰克逊以来，他是唯一连续两届当选的国家元首，美国人民的这一选择，他受之无愧。他是三军统帅，拥有的军事力量和海军是这个国家前所未有的，而且最终还能步调一致，所向披靡。合众国的海军1月攻克了北卡罗来纳惠尔明顿近海的费什要塞之后，获得了海洋的控制权，扼住南部联盟的咽喉。虽然谢尔曼的西部联军还在为约瑟夫·约翰斯顿在被卡罗来纳的溃军担心不已的时候，格兰特已经率部逼近彼得斯堡和里士满的南部，并于4月1日，向谢里丹毫无防备的骑兵部队和库文讷·沃伦的第五军团发动了进攻。李将军向杰弗逊·戴维斯发出信号说，他准备放弃里士满。

这最后一战，林肯很想亲临现场。4月3日，听说彼得斯堡已经是一座空城，他便紧紧跟随联邦部队进了城。国防部部长斯坦顿被他这次冒险吓得要死，连声责问道："尊敬的大人，请允许我问一句，追赶那些忘恩负义、穷凶极恶的叛军，给您和国家带来的后果和灾难，您考虑过没有？有这个必要吗？"可是得意扬扬的林肯对这个警告不屑一顾，他向斯坦顿保证："我会自己照顾自己的。"

4月1日，当海军拆除了南部联盟在詹姆士河设置的大部分水雷后，林肯便带领着几个随从前往里士满巡视。

士兵们护送着他来到了南方联盟的白宫，在杰夫·戴维斯书房舒适的沙发上坐了下来。休息一会儿之后，他在大楼里转了一圈，然后与韦特佐尔和他的工作人员一起吃了一顿简单的午饭，随后召开了一个招待会。其间，林肯与前来的客人，自由了的奴隶以及一些白人——握手。

在总统出现在现场的时候，人群中欢声四起，有人把帽子扔向天空。当马车经过圣保罗教堂的时候，林肯在弗吉尼亚议会大厦停了下来。这儿曾经是南方联盟的国会。林肯的一个随行回忆道："到处满目疮痍，议员们的桌椅横七竖八，到处是仓皇逃跑后洗劫者留下的文件以及南方联盟发行的千元债券。随后，林肯驱车经过城市比较繁华的住宅区。"家家关门闭户，窗户里看不到一张露出的脸。但是，到了工人们的生活区，林肯立刻被激动的人群包围住了。林肯继续向南前行，来到商业区。这里已经被南方联盟撤离时点起的大火夷为平地。林肯在利比监狱前停了下来。这里曾经关押着无数战争期间抓获的北方士兵。午后，林肯回到"马尔文"号上。这时，"马尔文"号才越过障碍，沿詹姆士河继续前进。

即便在这里，林肯也并不是相安无事。这一天，林肯的随员无不为他的生命担惊受怕，因为那么多人推推攘攘地拥过来看他，向他表示敬仰，在那么近的距离防备不可能做到万无一失。慌乱中还出现过这么一幕：一名男子身着南方联盟的军装，在一栋楼房的二楼窗口，端着枪瞄着林肯，好在还没来得及开枪，人群就拥过去了。晚上，两个形迹可疑的人企图登上"马尔文"号，说是给林肯送信的。波特上将十分担心林肯的安全，派了一名卫兵在林肯船舱包间站岗。第二天早上，指挥韦特佐尔一个旅的长官爱德华·利普莱将军，带来一份一个由南方兵发来的报告，说林肯现在的处境危险，要他上岸时加倍保护。林肯并没有在意他的警告，说："我不相信这个世界上有谁能够伤害到我。"

林肯去里士满的动机并不是出于对南方联盟这座城市的好奇，完全是想为这座城市恢复平静出一点力。也正是出于这个目的，在南方联盟的白宫逗留期间，林肯专门抽出时间接见了约翰·坎贝尔——汉普顿大街南方警察局局长，一位唯一留在州首府的南方联盟的高级官员。坎贝尔督促林肯对南方采取"怀柔政策"。

林肯请坎贝尔把这样的领导人组织起来，第二天早上到"马尔文"号上来见他。坎贝尔找六七个有影响的弗吉尼亚人陪同他一起来，但是只有一个里士满有名气的律师——梅耶斯同意来。林肯让韦特佐尔站在自己身边。一开始，林肯就重申了必不可少的和平条件："恢复国家的权威性""美国的行政首长在奴隶制问题上决不退让""除非结束战争，否则绝对不会对敌对行为让步；一切与政府为敌的组织立即解散"。如果同意这些条件，他保证会对提出的其他条件予以考虑。比如说，如果哪个州从南方联邦军队中撤回自己的部队，他保证退还依据"没收法案"所剥夺的财产。但他同时警告说，"战争还要继续的话"，那么所有费用将从南方联邦没收的财产中支付。

坎贝尔回答说，奴隶制已经不复存在，因此南北分界也不是争议焦点。弗吉尼亚可以重返联邦，只要林肯总统下一道特赦令就行。"为了保全面子"，还应该开一次"军方代表大会"来结束战争，但南方联邦当局不会，也不可能签任何协议来解散南方政府。大卫·杰弗逊并没有做出任何决定，只是说要通过一次代表大会才能结束南方联盟。南方联盟的议会已经拒绝推翻总统。李将军像往常一样仍旧不放弃自己军方的职责，回绝了政治议题，例如和平条件。

局势的发展与林肯的担心完全一样。战争还没有结束，战斗与流血还在继续。

即便没有正规军的大兵团作战，但是成千上万被打散的南方士兵逃到了乡下，可能会转向游击战。社会可能被解体，无政府状态可能会蔓延。

为了避免这样的灾难发生，林肯告诉坎贝尔和梅耶斯，他一直在思考一个让弗吉尼亚尽快返回联邦的计划。如果他能保证南方联邦议员们的安全，他们就可以在里士满开会，投票退出南方联盟。尽管这个想法还不成熟，但也不是什么全新的思想。众议员阿什勒——一个激进派的头面人物，在上一届国会开会的时候就曾经提出过类似的建议。为了确保南方政府的稳定，他力谏总统"在处理反叛官员的问题上，要讲究法律的正确性，承认他们为现任政府"。在与格兰特和谢尔曼的谈话中，林肯也许讨论过对南方联盟当局的处置的可能性，至少在过渡期如何对待他们。林肯深知这其中隐含的风险。第一，这将推翻他和他的政府坚持了四年多的"坚决不承认"政策。第二，在弗吉尼亚问题上，这引发了弗朗西斯·皮蓬领导的联邦现政府的合法性问题。准确地说，皮蓬政权多少有一点"闹剧"的味道，因为它只统治联邦枪炮庇护下的那一点点地方。可这个政权又是总统和国会一再承认的政权。这是颇具分量的反对意见，需要在它与总统的愿望之间找到一种平衡。总统的希望是坐在对面的那个议会，枪口对着国会的那一个，能走过来，投票恢复弗吉尼亚在联邦的席位，号召他的士兵离开南方联盟的军队。

林肯的听众马上抓住这个想法。正如韦特佐尔后来说到的那样，坎贝尔和梅耶斯向林肯保证，如果林肯能够让弗吉尼亚议会开会，立刻就能撤销脱离联邦的命令，李将军以及每一个弗吉尼亚人也都会服从。这就等于说北弗吉尼亚的军队彻底瓦解了，也就是说所有其他叛军都投降了，从而在最短时间内保证了最完美的和平。

他们这番热情的表白，着实让林肯有些裹足不前。他回答说，这得等他回到城里后再做决定。回到陆军司令部后，林肯努力使自己的计划线条更加清晰。为了支持他们这次策反，他指示韦特佐尔允许那些代表弗吉尼亚议会的先生们到里士满开会，以便"采取措施，撤回弗吉尼亚的部队，放弃与政府的抵抗"。向格兰特通报了自己的决定后，林肯又说道："我认为，这不大可能有什么结果。"联邦的军队其实已经把弗吉尼亚部队从反政府的阵营中撤了不少回来，而坎贝尔或是其他南方联邦的其他中间人并没有帮什么忙。

林肯希望一直待到南方联盟最后投降，因此他仔细研读了格兰特、希尔曼和米德转来的电讯。读到希尔曼的报告时，林肯十分高兴。报告说，我已经把敌人逼到了布克车站，他们已经无处可逃了。"如果再逼一下，我想李将军就该投降了。"林肯立刻电讯格兰特："那就再逼一下。"

可是直到林肯及其随行4月8日离开城点的时候，还是没有投降的消息。离开的时候，他命令军乐队在"江河女王号"为查布伦侯爵演奏了《马赛曲》。林肯说，查布伦不远万里来到美国，就是要听一听这首革命歌曲。在第二帝国的统治下，这是被禁止的。然后，他又请乐队指挥演奏《迪克西南方进行曲》。他宣布，"这首曲子现在是联邦的财产了。要让那些叛徒们看看，如果由我们当政，这首曲子免费听"。

在返回华盛顿的缓缓航程中，林肯没怎么说话，一直在沉思。可是他并没有思考与萨姆纳讨论过的任何政治解决方案的可能性，萨姆纳一直在向总统推销一套激进的重建计划；也没有提到弗吉尼亚议会的重组。意想不到的是，他大谈起文学来，向自己客人谈起了《江河女王》《麦克白》，而且滔滔不绝地说了几个小时，议论着国王是如何谋杀自己的前任。说到这里，林肯突然停了下来，开始解释有关谋杀的描述是如何真实，说谋杀者在完成了见不得人的勾当之后，又羡慕被害人，说他可以静静地躺在那里。

4月9日，太阳快要落山的时候，林肯回到了首都，一边沉浸在攻克里士满的欢庆气氛之中，一边在期待罗伯特·李将军的投降。他最先拜访的是国务卿。在翻车的事故中，国务卿手臂和下颌骨折了，躺在床上起不来。为了不让西沃德的头挪动，林肯伸出自己的长臂，让西沃德的头枕在自己的手腕上，几乎是脸贴着脸地对这位伤者说，"我认为我们就要结束了"。

那天晚上，林肯得到消息，说李将军在阿波马托克斯向格兰特投降了。他马上把这个消息告诉了妻子玛丽。第二天白天，500门大炮齐鸣，向首都的全体人民报告了这一消息。"礼炮震天，钟声长鸣，彩旗飞舞，欢笑连绵，孩童嬉戏，所有的人都沉浸在欢乐之中。"这就是吉德昂·威尔斯记录的状况。人们成群结队聚集在白宫：北门的门廊里、马路上、人行道上到处挤满了人。玛丽写道："房子周围人山人海；乐队齐鸣，众人高声地附和。"他们不断要求要见总统，看到总统没出来，欢呼声一浪高过一浪。当泰德挥舞着南方联盟的旗子出现在二楼的窗口时，顿时欢声四起。最后，林肯终于出现了，讲了几句话。因为期待着第二天晚上还有更加正式的游行集会，林肯对大家说："如果你们现在就让我把话说完了，明天我就没得说了。"他再一次请乐队奏起了《迪克西南方进行曲》——一首我听过的最好的曲子，并开玩笑说，检查总长有一条建议：既然我们正大光明地打赢了，这首曲子就应该是我们"合法的战利品"。

这一天对于总统来说太忙了；出巡两周待在部队，好多工作都积压下来了，他得补上。内阁会议也只是处理了一些日常事务；显然，林肯还没有告诉同僚自己与坎贝尔在里士满的谈话，也没有通告大家允许弗吉尼亚反叛议会重返联邦的临时计划。然而，这个问题毕竟在心头挥之不去。因此，他召见了皮蓬，弗吉尼亚联邦政府的头，来开会协商。尽管有这样那样的事情让他分心，林肯还是花了很多时间撰写明天开会的演讲词。

4月11日，华盛顿的民众倾巢而出，投入到庆祝活动中。所有的政府大楼，还有一些私人民宅都是灯火辉煌。尽管夜晚有些雾，国会大厦的圆顶灯光四射，几里外都可以看得见。波托马克河的对岸、李氏的家、阿林顿等灯火通明，草坪上聚集了成千上万的自由民众，高唱着"欢乐的年代"。一大帮人扛着旗帜拥进了白宫北面的半封闭的门廊。千呼万唤之后，林肯出现在门廊上面二楼的窗口，"潮水般的欢呼声，一浪高过一浪"。林肯宣读了他精心准备的演讲稿，以避免误解或误读他的思想。但是灯光太暗了，所以他不得不一手拿着蜡烛，一手拿着讲稿。这时，他向站在窗帘后面的诺亚·布鲁克斯招手，让他过来拿蜡烛，自己宣读。他读完一页之后就扔在地上，儿子泰德赶快捡起来，收集在一起，生怕他爸爸掉了一页。

林肯的讲话大部分涉及路易斯安那州政府的重建，并替这个政权进行了辩解。

林肯没有解释他为什么选择这个讲坛、这个时刻大谈重建。但是，他讲话的最后几句暗示了他的目的。"在当前的形势下，我有义务向南方的人民宣布我的新政策。我现在还在考虑，一旦成熟必定会贯彻下去。"这时，不少的听众已经听得有些不耐烦了，慢慢地离场，听别的演讲去了。

这番含蓄的讲话让很多听众丈二和尚摸不着头脑，他们猜测林肯是不是想要宣布一道特赦令，把所有的叛匪都宣布无罪释放；还是宣布整个南部都要实行军事管制；或者是让所有叛离的州实行普选制。

所有这些猜测都不现实。当然，林肯并不赞成惩治南方联盟。正如不久后与查布伦侯爵谈到的那样，他"坚决赞成宽容，坚决反对处罚"。他不希望去逮捕和审判南方联盟的领导人。他对内阁成员说，战争既然结束了，"他不希望有迫害、流血的事情发生。谁也不要指望他参加什么绞刑、枪毙这些人的活动，哪怕处罚的是最坏的人"。"把他们吓走，把门打开，把栏杆放下来，把他们轰走。"他说道，就像是赶羊一样。但是，现在他还不想公开做这样的表白。当谢尔曼问准备把杰弗逊·戴维斯以及其他南方联盟的领导人怎么办的时候，他私下里说，他们应该逃亡到别的国家去，尽管他不能公开这么说。为了把自己立场说得更明白一些，他给谢尔曼讲了一个故事，说"有个人谢绝了别人敬的酒，因为他发过誓要戒酒，所以他要了一杯柠檬水。当有个朋友说，如果里面加一点白兰地喝起来口感更好，他回答说，如果不让他知道，他也不会反对"。

同样，他也不会颁布承认南部州的声明。他不能依着保守派的愿望，把这个地方还给战前统治南方的庄园主和商人手中；也不能依了激进派想法，认为南方真正的联邦主义者是非洲裔的美国人。

林肯同样也不会宣布，非洲裔美国人必须拥有完全平等的政治地位和经济地位。他对获得自由的奴隶在南部的重组中应该扮演什么角色想得不是很多。虽然20万非洲裔美国人在军队中所表现出来的勇气和智慧，一点一点地抹去了他早期的顾虑，但是对于在同一个社会里黑人到底能不能和白人完全平等，他仍有疑虑。非洲移民计划的失败让他认识到，非洲裔美国人曾经是，现在是，而且将来永远是美国社会结构中的一部分。

他考虑中的声明也许包括了允许弗吉尼亚反叛议会的成员开会，以便退出南方联盟的计划。他还准备向其他州提出相同的解决办法。

林肯很清楚他的计划可能会引起反对的声音，因此他只希望这个讲话起到一个抛砖引玉的作用，为错综复杂的法律问题的解决扫清一条道路。他有理由推断激进派会反对他在弗吉尼亚问题上做出的努力。他们中间的很多人对在国会最近一届会议中失败耿耿于怀。一些人，例如萨姆勒，对林肯的计划仍然难以释怀。意识到总统在 4 月 11 日的群众大会上可能会发表承认南方的声明，萨姆勒参议员婉言谢绝了林肯夫人要他到白宫来看胜利庆典的邀请。他觉得，当年出席总统就职晚会已经被看成是支持林肯政府的象征。他不能再次被人利用。其他激进派人士还在蛊惑人心，散布不利于南方的激烈言论。例如本杰明·巴特勒就强烈要求免除叛军领袖的公民权，取消他们担任公职的资格，同时给予广大群众公民权，包括黑人。司法部部长切斯，虽说进入了司法部，但仍旧没有放弃对政治的兴趣。他再三叮嘱总统说，"承认南方各州的最简单、最保险的办法就是招募公民的办法，不看肤色，只看忠诚与否"。

林肯 4 月 11 日的讲话是想通过承认激进派的批评意义重大的方式，来化解这类批评。他认识到，激进派反对路易斯安那宪政是因为没有给非洲裔美国人选举权。于是，他宣布对他们的不满表示认可："我本人也很想现在就把选举权授予那些非常聪明而且为我们的事业服过役的战士。"这个看法，林肯早先私下里就表达过，但是在此之前的美国总统中还没有一个人在公共场合公开表示赞成给予黑人以选举权。

那天晚上在白宫外的群众中至少有一个人意识到了林肯向激进派做出了多大的让步。此人就是约翰·威尔克斯·布思。对林肯，他充满了仇恨。布思出生于马里兰州一个蓄奴社区，是个演员，26 岁，自诩为理解南方的北方人。他一表人才，信心满满，在他妈妈生的 10 个孩子中排行倒数第二，在马里兰州贝尔艾尔县附近自家的农场里长大，父亲嗜酒如命，性情暴躁，时好时坏。他在附近几所私立学校断断续续读了几年书，零零碎碎学到了一些东西，受过一些军事训练，但非常自信，自认为属于南方的乡绅。

他似乎天生就是一个演员。他的父亲裘尼斯·布思和兄弟埃文都是出色的演员，哥哥小裘尼斯·布思是一个颇有名望的制作人，姐夫是一个有名的喜剧演员。打从 17 岁登台演出，威尔克斯·布思一夜走红，而且长盛不衰。尽管他没有受过什么训练，早期的表演十分粗糙，有时还十分滑稽，但他进步很快，能演的角色很多，而且常常担任主角。尽管身高只有 5 英尺 8 英寸，但他身板笔直，胸肌发达，看上去略高于实际身高。他英俊潇洒，一头卷曲的黑发加上长长的八字胡，颇有点外国人的样子，这对女人来说具有难以抗拒的魅力。有位女士回忆说，"他的肌肤洁白如玉，与漆黑的头发形成明显的对比。他的眼皮较厚，使他看上去有几分东方人的神秘色彩"。

他的名气主要是在南方的舞台，特别是在里士满。南方人欣赏他十足的派头以及运动员般的风格。他上场的时候通常用的是一个 12 英尺大跨步；在表演爱情故事的时候，他敢动真情，决斗时有时还负伤流血。在他开始排演莎士比亚人物角色的时候（在 19 世纪 50 年代这算得上是对演员的考验），他向观众提到了他的父亲，一位也许是那个时代演员中最伟大莎士比亚角色扮演者，也提到了他的哥哥埃文。南方的观众对威尔克斯·布思扮演的哈姆雷特十分喜爱，觉得他演的那个疯狂的王子十分到位；也很喜欢他的哥哥表演的理查德三世，觉得把这个疯狂的恶魔刻画得连苛刻的知识分子也为他叫绝。

在台下，南方人觉得威尔克斯·布思讨人喜欢；他有一会儿就能让人激动的本事，他喜欢开玩笑，总是乐呵呵的样子，所有这些都让南方人着迷。一位同台演戏的伙伴回忆说，"他是我听过的最会讲故事的人。他讲的时候，非常投入，妙语连珠，激情四射"。南方的年轻人则对他的酒量羡慕不已。他优雅的风度使他获得了进入深南部的社交圈途径。然而，在此之前，他却一直被排斥在马里兰州之外。在这里，人们只记得他没有合法的身份。他的父亲遗弃了在英格兰的妻子后，与玛丽·安娜·霍尔姆斯一起来到了美国，并生下了约翰·威尔克斯·布思和其他 9 个兄弟姐妹。

南方人喜欢威尔克斯·布思，还因为他在奴隶制问题上与传统的南方人观点一致。他认为，"奴隶制是上帝赠给他宠爱的民族的一个最大祈福"。他深信，"这个国家是为白人而建的，不是为了黑人"。随着局部局势的紧张，他诅咒那些被他称为废奴共和党人的背叛活动，必定会得到报应："南方要正义，已经等待了很久，不能再等了。"在里士满剧院表演的时候，他听说了约翰·布朗被捕的消息。他便借了一套军装，与里士满灰军部队一起，目睹了这位年迈的废奴主义者的行刑过程。

战争爆发后，布思毫不掩饰地同情南方联盟。"帮帮我吧，我的神圣的主啊！"他对姐姐发誓说，"我的灵魂、我的生命、我的一切，都是南方的。"但是他没有急急忙忙地参加南方军。他对忠诚于北方的哥哥埃文解释道，他向他母亲保证过，不会参与到这场争吵中去。他毫不掩饰对林肯的鄙视。林肯的一切都让他觉得不自在："他的长相、他的血统、他粗俗的笑话和逸事、他不雅观的笑容、他的轻浮"等。他对林肯"通过抢劫、掠夺、杀戮、买武器等方法来镇压奴隶制"的努力也是恨之入骨。

直到 1864 年的 8 月到 9 月，他对林肯的怨恨也只是挂在嘴上。但看到总统选举越来越倾向林肯的时候，他下定决心要采取行动来为国铲除这个渴望连任的"假总统"。毫无疑问，他的慢性咽炎也给他舞台生涯蒙上了阴影，他在宾夕法尼亚石油投资计划的失败也是不高兴的根源；而如今，所有这些都归罪于林肯总统。至于说，布思是如何与南方联盟秘密勾搭上的，还不是很清楚。但他与南方联系密切。用私募基金购买奎宁之类的药物，然后秘密运送到南方联盟军中，这些证据表明了他对南方的忠诚。现在，在与马里兰、波士顿、加拿大南方的特务分子协商之后，他制订了一个绑架林肯的计划，打算把他带到弗吉尼亚南方联盟的后方作为人质，然后再以此为条件，要求释放数以千计关押在北方监狱里的南方士兵。现在还无法查证南方联盟当局是否知道、授权或甚至批准布思的计划。

为了完成这一阴谋计划，布思从巴尔的摩招募了两名儿时的朋友，一个叫萨缪尔·阿诺德，另一个叫欧劳林。考虑到要将总统送到华盛顿以南波托马克河的对岸去，他又加上了出生于普鲁士的乔治·阿特泽罗德，此人来自马里兰州的托巴克港，经常把南方联盟的间谍送到河的对岸去，所以对这一带大大小小的河流都非常清楚。约翰·苏拉特——一个曾经多次为巴尔的摩分裂势力的同情者和里士满南方当局传递情报的家伙，向他们介绍了南方联盟在马里兰州地下活动的情况。他的母亲玛丽·苏拉特也许并不知道这些人的阴谋，但为这些阴谋分子提供了栖息场所。她把自己在马里兰州苏拉特维尔市的旅馆，以及在华盛顿 H 大街的寄宿旅馆给了这些人用。为了有足够大的力气对付总统的反抗，布思把凶猛健壮的刘易斯·潘恩招募了进来。这人曾经在摩斯比南方联盟里当过护林员。最后，他还把年轻的药房店员大卫·哈罗德也拉了进来。哈罗德为人轻浮，看上去并不聪明，但是十分喜欢猎鸟，据说对华盛顿以南地图上未标出地方十分熟悉。这是一个组织并不十分严密的小组，之所以凑到一起完全是凭着对南方联盟的献身精神以及对布思的个人崇拜。此外，还有这位演员为这些人在华盛顿的吃住所付给的一大笔钱。

1864 年秋冬，布思一边招募谋反分子，一边仔细研究地图，摸清马里兰州查尔斯县的道路，以便绑架总统后渡过托马克河。整个冒险行动，虽然没有丝毫的玩笑味道，可多少还是有点像是在演戏。有时候，布思自己也分不清哪是虚幻，哪是现实，总好像是在扮演某个轻喜剧中的一个角色。为了让每一个成员都弄清自己的剧本，他花了较长时间写了一封充满感情的信，解释自己的行动。他把信封上之后，交给了自己的姐夫保管。"没有时间细说了。"他表白道，所以只草草写下这 1300 多字来攻击林肯，保卫南方；他要"把这个人变成南方的阶下囚，因为他让南方受尽了折磨"。他在这封信下面的签名是"一个正在为了南方联盟尽自己的责任和义务的人"。后来想了想，他又把"正在"一词画掉了。

这里有多少是演戏的成分，现在不好说。布思的第一个计划，是趁林肯 1 月 18 日在福特剧院看戏的时候逮住他，把他捆起来，从楼上的包厢放到舞台上去，然后再送到南方联盟的手中。毫无疑问，这完全是演戏，而且更像是一场闹剧，不是悲剧。只有一个拙劣的剧作家才会想出这样的情景：身高 6 英尺 4 英寸，力大无比的林肯被捆起来，堵住了嘴，而上千观众却悄然无声地观看这样一幕。这一计划从未试过，因为在那个风雨交加的晚上，总统待在了家里，哪里都没去。

一个比较实际的绑架办法，是像当初绑架南方联盟的特务康拉德一样，趁总统乘马车去郊区的路上逮住他。他们打听到林肯计划于 3 月 17 日到"军人之家"附近的坎普贝尔医院观看《宁静致远》，这些密谋者决定劫持总统，逼迫他和他的车夫就范，迅速把他送出马里兰州的东南部，然后渡过波托马克河。这个计划在最后一刻也流产了，因为布思得到情报说林肯待在城里检阅凯旋的印第安纳志愿团，没有去看戏。

可是，布思并没有灰心。一次次失败让他开始思考新的行动方案。早在绑架计划失败之前的 3 月 4 日，他就开始考虑暗杀而不是绑架。站在国会山圆顶建筑里，看着林肯走过圆柱的门廊，发表自己的第二次就职演讲，他就在想，这该是干掉总统多么好的机会啊。

绑架计划的破产让这个想法一直萦绕在他的心中。由于南方联盟的倒台，没有人再给他下什么命令或提什么建议，布思完全是独立行动，但没有什么可以遏止他疯狂的念头。这段时间，他酒喝得很厉害，也越来越把自己看成剧中英雄的化身，而不是自封的南方联盟的秘密特务。有时他觉得自己是当今的威廉·特尔；更多的时候，他是把自己看成布鲁图，打倒的是独裁者恺撒，处死的是暴君。

林肯 4 月 11 日的演讲引发了布思从思想到行动的转变。那天晚上，布思混杂在人群中，听到总统说要给受过教育，在联邦军队服过役的黑人选举权。"那就意味着黑人也要成公民。"他低声说道，并赌咒说"不能让他再这么胡诌了"。他当场就催促潘恩向总统开枪，可是潘恩拒绝了。他转身对另一个同伙大卫·阿诺德大声说道："老天啊，我来替他"。

当然，林肯对这些阴谋是一无所知，而且按照宽容的重建方案加快了联邦恢复重建的步伐。但是，他发现自愿跟进的人并不多。在弗吉尼亚，坎普贝尔和他在弗吉尼亚议会的同僚似乎根本迈不动步子。4 月 6 日，总统同意他们举行会议，但没有任何动静。在接下来的三天里，战斗还在继续。坎普贝尔把时间花在了议员委员会的组织工作上，议员委员会把时间花在准备发言稿上，军方把时间花在审查、印刷发言稿上，更多的时间花在了向议员们保证这次行动是安全的，会把大家安全送到里士满。坎普贝尔似乎没有什么紧迫感，不仅如此，在谈判中的要求还越来越多，甚至呼吁停火，与南卡罗来纳和弗吉尼亚的南方联盟议会举行谈判。这一点林肯断然拒绝。坎普贝尔似乎根本没有觉察到，4 月 9 日李将军的投降已经使得他的这些活动变成了无稽之谈。

除了要与这些南方联盟的人磨时间，林肯还得与北方的反对者打交道。激进派以压倒性多数否定了林肯 4 月 11 日讲话中提出的妥协。林肯即将推出的只能是"混乱、不安，再加上激烈的争吵"。对此，他感到悲哀。

4月12日，当林肯把弗吉尼亚重建问题提交给内阁的时候，没有人赞成他的计划。会后，斯坦顿和斯皮德都与林肯私下交换了意见，表达了对提议明显的不满和愤怒。当天下午在国防部的第二次谈话中，斯坦顿气急败坏地争了起来，反对"允许反叛议员开会，反对反叛组织以任何形式参加重建"。他警告说，林肯的行为"将把政府置于敌人的手中，会给国会带来麻烦，人民也不会支持"。

在西沃德卧病在床的情况下，林肯觉得最有力的支持者只剩下吉迪恩·威尔斯了。但是令他意想不到的是，海军部部长也反对允许反叛的议会开会。林肯解释道，他想做的只是尽快让大家和解，他不应该拘泥于形式，只要能够达到目的就行。但是，威尔斯并没有被说服。他说："我们既然在战争期间没有承认这些组织的合法性，现在承认它们合法，这至少在政治上是说不通的。"再说，现在弗吉尼亚已经有一个联邦的政府，是弗朗西斯·皮蓬领导的。

总统义重言轻地反驳说，皮蓬的政府"可能是合法的，但民众的情感、偏见等还是不能忽视"。然而，这也无法抹去威尔斯的看法在大家心里的印象。因此，不久后当皮蓬来白宫开会的时候，林肯向他保证"我心中只承认恢复后的政府为弗吉尼亚合法政府，而你是这个政府的头"。

看到他所有的顾问都反对让弗吉尼亚的议会复会，林肯最后的结论是"也许是我错了。如果是这样的话，那我很乐意改正"。他决定尽快体面地跳出这个计划。

他认为这是一个暂时的挫折，所以没有感到灰心。他继续计划着以最优惠的条件尽快实施南方联盟州的重建工作。4月14日的内阁会上，这是讨论的主要议题。这次会议，格兰特将军也出席了。总统神采奕奕。斯皮德还从没有见过他这么精神焕发，斯坦顿也说"他还从未见过总统像今天这样高大、严肃地出现在什么场合"。据替卧病在床的父亲出席会议的弗雷德里克·西沃德回忆，"在恢复南方的和平问题上，所有阁员对于林肯压抑但诚恳的愿望都表示理解，也同意尽量避免伤害到当地居民的财产和感情"。内阁迅速达成一致，认为尽快恢复与南方各州正常的经贸关系，废除战争期间军事管制条例是非常重要的。显然总统十分高兴，总统回复了一个请愿者要求去弗吉尼亚旅游的请求："现在不需要什么通行证了。从彼得斯堡到里士满来去自由，跟战前一样。"

然而在过渡期间，如何管理南方各州，让人们从分裂变成忠诚，仍需时日。斯坦顿提出了一个计划，任命军人州长，实行军法管制，直到建立文职政府。他在前一天就已经把这份计划呈交给了总统，并与格兰特将军讨论过。在这项计划里，军政府的职责是维持法律和秩序，而其他执行部门恢复各自行使的职能：财政部门将继续收税；内政部则建立印第安人管理局、测绘局、土地局、救济局等，并开展工作；邮政总局则需要重新布点、设置邮路等。对此，林肯十分赞同。但这还只是一个总体计划，需要进一步研究。

  林肯很得体地解决了顾问之间的分歧。他叫斯坦顿修改一下自己的建议，按不同情况为弗吉尼亚和北卡罗来纳分别制订一个计划。对于弗吉尼亚，总统说"我们不能……要对它负责任，要帮助它"。他公开承认还没有细看斯坦顿的建议，并督促阁员们仔细考虑重建的问题，因为"摆在我们面前或未来的内阁面前的事情，没有什么比这还伟大，还重要"。

  林肯发现他的政府在重建计划问题上解决得这么好，居然没有受到国会"捣乱分子"的干扰，这真是老天保佑。他告诉他的内阁："如果我们聪明、谨慎，我们就能使这些州焕发生机，能在国会 11 月开会之前，让他们的政府成功运转起来，达到政令通畅，重建联邦的目的。"他向自己的顾问们保证，"没有国会我们会做得更好，取得更大的成绩"。他的看法是，"国会有些人虽然动机是好的，但不够实际；还有一些人心怀不轨、报复心理作祟，这他不能同情，也不会跟他们掺和到一起去"。

  讨论渐渐转入军事局势，每个人都想听听格兰特将军讲讲阿波马托克斯受降的经过。林肯问给那些叛军的普通士兵什么待遇，格兰特告诉了他。听了之后，林肯很高兴。格兰特说，"我让他们都回家去，找自己的家人。如果没有干什么坏事，不会有人找他们的碴"。阁员们问现在北卡罗来纳的谢尔曼将军有什么消息没有。格兰特回答说，他每一刻都在等待那里的情报。林肯说，他有信心用不了多久一定会有好消息，因为他头一天晚上做了一个梦，梦见自己似乎在一条孤零零的船上，船什么样子根本无法形容……但它飞快地驶向一个不知名的海湾。他说，联邦的每一次重大胜利之前，安提坦、葛底斯堡、斯通斯河、维克斯堡、费什要塞等，他都做这个梦。

  格兰特这人很迷信，连忙打断林肯的话，说斯通斯河可不是北方的胜利。林肯好奇地看他一眼，又接着说，从过去的经验来看，做梦就意味着很快就有好消息。"我觉得一定是谢尔曼将军的消息。我的想法跟大家的一样，都是朝着那个方向的。"

  虽然对胜利与和平充满了憧憬，但他们并不想占总统更多的时间。林肯一早 7 点钟就起床了，处理了一大堆日常工作，如任命威廉·豪威尔为密歇根州的印第安人事务局负责人等。早饭后，他听了刚刚从格兰特将军那里返回的罗伯特关于李将军在阿波马托克斯投降的仔细经过。回到办公室，林肯面对的是一长溜拜访者和告状的人。之后的两个小时，他又与国会发言人斯凯勒·科尔法克斯谈了一阵话；与众议员科尼利厄斯·科尔谈了谈加州与西部领土的事情；与底特律的邮政局局长威廉·豪威尔谈了一小会；参加了马里兰州参议员克莱斯维尔有关任命工作的会议；接见了约翰·霍尔——他刚刚被任命为驻西班牙大使；会见了查尔斯·斯科特——一个密西西比河船老板，因为他的一船棉花被南方联盟给没收了。其间，林肯出去了一会，到国防部去看看有没有军队方面的消息。回到白宫办公室的时候，正好赶上 11 点的内阁会议。会议结束后，没有时间吃午饭，只吃了苹果，又回到自己办公室。在那里，又是更多的会谈、批阅请愿书、签署文件。

这就是忙碌的首席执行官一个普普通通、精疲力竭的一天。但是，战争早已结束了，林肯处理起这些事情来不但速度快而且效率高。自从听说李将军投降了，他的同僚们发现他像换了一个人似的。"他的外表、姿态、仪容变了很多。"参议员哈兰回忆说。"什么叫满足，他似乎就是满足的化身。他的谈话当然也同样是令人振奋的。"

下午 3 点，他撇下公事，和玛丽一起坐着敞篷马车兜了一下风。出发时，她问要不要几个人陪伴，他说"不用了，我喜欢我们自己去"。他们驱车围城转了一圈，来到华盛顿西边的海军大院。在与几个水手聊了一会儿之后，登上了"蒙托克"号——一条监察船，在查尔斯顿港受到攻击的时候被击中了 47 处。整个下午，林肯的"兴致很高，几乎是兴奋不已"，他的妻子回忆道。看到他如此的精神焕发，她笑着对他说："亲爱的丈夫，你这么大的兴致让我吃惊啊！"

"我有理由这么高兴啊，玛丽，"他回答道，"我认为就在这一天战争结束了。"然后他又加上了一句近乎责备的话："我们两人将来都应该更高兴一些。在战争和我们失去亲爱的威利这段时间，我们一直都很痛苦啊！"这话他从来没有对妻子说过。

回到白宫，他又会见了一些客人，与伊利诺伊理查德州长和伊沙·海涅将军交谈了一会儿。晚饭上得比往常早一些，因为林肯夫妇已经答应去福特剧院观看喜剧《我们的美国表亲》。这时，玛丽感到有些头痛，希望留在家里。但是丈夫说，她必须去。晚报已经都刊登了这条消息，说他会到场，票也是因此才卖出去的。再说，就算他待在白宫，一晚上也是客人不断，根本没法休息。

林肯的顾问们都劝他不要去剧院。在动身去里士满的时候，当了多年总统警卫员的拉蒙求他说："请您保证当我不在的时候，千万不要出去，特别是不要去剧院。"但是林肯在这个问题上听这位礼宾官员说得太多了，以至于认为"我对安全事务过于神经兮兮"，拉蒙事后说道。他只是保证"好吧，我尽力而为"。斯坦顿也反复警告林肯，在剧院千万不要跟闲杂的人群混在一起。今晚这个场合尤其危险，因为广告上大肆渲染说格兰特将军刚刚从弗吉尼亚回来，准备与总统一起在福特剧院的国家包厢看戏。

4 月 14 日晚，也许因为这一天是"幸运星期五"，林肯夫妇颇费了一番周折才邀请到了同伴一起看戏。他们请了斯坦顿夫妇，但这位国防部部长拒绝了，说"林肯先生不应该去，曝光面太大了"。再说，斯坦顿夫人也不喜欢林肯夫人。格兰特虽说接受了口头邀请，也谢绝了。朱莉娅·格兰特对玛丽·林肯访问城点的言谈举止记忆犹新，实在不愿意在剧院的包厢里与一个脾气变化无常的女人一起待上几个小时。她决定去新泽西的布灵顿探望孩子们。而格兰特将军也不喜欢出风头，说要陪夫人，请求原谅。奥格斯比州长和海涅将军也被邀请了，但他们要开会。林肯邀请了底特律邮政局局长豪威尔，可是那天晚上他得离开华盛顿。爱达荷领地的州长威廉·华莱士和夫人也都婉言谢绝了邀请。

在拜访国防部的时候，林肯问斯坦顿，电报局局长托马斯·艾克特少校能不能陪他去看戏。艾克特力大无比。有一次，为了显示提供给国防部的拨火棍质量不好，他一口气将五根生铁铸造的拨火棍在自己左臂上砸断了。他的确是条能保护总统的汉子，任何斯坦顿害怕的危险他都能对付得了。但国防部部长说，还有更重要的工作需要他去做。林肯抢先一步，直接对艾克特说："少校，过来。斯坦顿的工作你明天再做。夫人和我要你和我们在一起。"但是，艾克特还是顺着部长的意思，婉言谢绝了。

林肯夫妇转而找到了他们喜欢的一对年轻人——克拉娜·哈里斯和她的未婚夫亨利·拉瑟柏恩少校。克拉娜是纽约参议院的女儿，而亨利则是她的未婚夫，在战争中立过功，应该是可以保护总统。客人选定之后，林肯夫妇驱车前往十大街的福特剧院，沿途经过的街道灯火辉煌，仍然沉浸在胜利的欢庆中。

8：30，当他们到达时，演出已经开始，观众们不时地抬头观望空空的总统包厢。有些人开始窃窃私语，期待着总统与格兰特的出现。票价从平常 0.75 美元或 1 美元炒到了 2.5 美元。当总统及其随行入场的时候，威廉·威瑟斯指挥的乐队中断了演出，奏起了"向元首致敬"，观众起立欢呼。总统缓缓地登上台阶，明显有些驼背，左手拿着丝绸礼帽，经过窄窄的过道走进包厢。这个包厢原本是两个，但为了给总统多一些空间，剧场负责人把中间的隔板拿掉了。观众们还在放声地欢呼着。一个目击者回忆说，"总统步向包厢的栏杆，庄严地鞠了一躬来回敬观众，脸上的笑容让人终生难忘"。知道总统喜欢摇椅，剧场老板的兄弟哈里·福特特意从自己的住所搬来了一把，而且也为其他客人安排了舒适的座椅和一个小沙发。包厢的正面镶嵌着天鹅绒布，比舞台高出 11 英尺 6 英寸，插满了各式各样爱国的小旗，金色的相框里面是华盛顿的肖像，蓝色的国民卫队旗帜在剧场中央的旗杆上飘扬。但是，大部分观众看不见坐在包厢内的人。

演出的是一部令人捧腹的闹剧，主演是劳拉·基恩，故事讲的是一个叫阿萨·特伦查德的美国乡巴佬去英国继承一个贵族亲戚遗产的故事。一个喜欢巴结富人的英国女人——蒙特切盛顿太太，想把女儿奥古斯塔嫁给他。这部剧已经上演了 5 年，很受欢迎，剧中的台词很多人都耳熟能详，所以演员经常根据具体场合现编词来取悦观众。例如，当弱不禁风的女主角要求坐在一个可以挡风的座位时，台词从原来的"您不是唯一想坐在没有风的座位上的人"改成了"您错了，总统已经命令风停下来了"！

包厢的幕帘遮挡了总统，如果他不探出身子别人是看不到的，但林肯似乎还是看得津津有味。演到精彩之处，玛丽热烈鼓掌，林肯也是笑得很开心。据乐队有个人观察，林肯夫人经常叫总统看台上的表演，"似乎很高兴看到总统开心"。玛丽坐得离总统很近，经常是偎依在他的身边，还窃窃私语地问总统，"哈里斯小姐看到我这么挽着你会怎么想"？总统笑着答道"她什么都不会想"。

剧中最令人发笑的角色出现在第三场第二幕中。当蒙特切盛顿太太听说阿萨·特伦查德把自己的遗产赠送给了别人，便指责他不会做人，随后就傲慢地退下了。阿萨台词是："不懂社会礼节，嗯？但我知道怎么让你原形毕露，老东西，就会坑男人。"顿时爆发出一阵笑声，这阵笑声也几乎淹没了总统包间的第二声枪声。

自4月11日以来，约翰·布思一直忙碌着。"我们的事业几乎全毁了，"他说道，"现在要做的应该是伟大的、决定性的。"想到杰弗逊仍然在逃，约翰逊在北卡罗来纳的军队还没有解除武装，他谋划了一个计划，在华盛顿干掉联邦政府的头头，给南方联盟最后一次机会。林肯和约翰逊都必须干掉。西沃德也要暗杀掉，因为作为国务卿，他在北方会承担起新一轮选举的任务。只有在道德缺失、天下大乱的情况下，南方才有可能获得独立。

布思在找人一起干的时候遇到了一些麻烦。同伙中最为能干的苏拉特去加拿大招募新人去了。阿诺德指责布思组织不当，同时也担心政府对正在进行的活动起疑心，他更想把行动推迟到去里士满的人回来后再说。后来，他决定退出布思的计划，在老城区找了一份职员的工作。欧劳林也感到失望，他只想参加绑架，不想参加暗杀。可是，布思仍然还有三个执着的追随者：阿特泽罗德、哈罗德和潘恩。

直到4月14日中午，当听说林肯将前去福特剧院看戏的时候，布思这才决定实施他的计划。8点左右，他召集阿特泽罗德到赫恩登宾馆来见他和潘恩。在这里他向他们发出了行动的命令。给阿特泽罗德的指令是谋杀在可可兰宾馆下榻的安德鲁·约翰逊。可是，这个德国人吓坏了，说"我才不干！当初招募来的时候说是绑架美国总统，不是杀害他"。但在布思的威逼与恐吓之下，他同意考虑这个任务。潘恩乐意地接受了谋杀西沃德的命令。他称呼布思为"队长"，并把自己看成是军人，是在执行上级的命令。由于不太熟悉华盛顿的街道，布思指示哈罗德给他带路，前往国务卿的家。暗杀总统的任务便落到了布思自己的身上，并希望爱德曼·斯潘格勒和福特剧院的剧务人员能帮他逃走。三起谋杀案都定于晚上10点15分同时进行。

抱着杀戮的希望，布思写了一封信，准备在《国家情报》上发表，解释他的动机，并为之辩解。他委托的朋友把这封信毁掉了，只记得最后几句话："世界可能会谴责我即将实施的行为，但我肯定子孙后代会证明我的所作所为是正确的。"这份告白可能还包括了布思在自己的日记中写下的这些想法，他说国家所有的麻烦都是林肯造成的，"是上帝把我变成了惩罚他的工具"。"我是为国而战，别无他求。在这个暴君的统治下，国家在呻吟，祈祷着结束。"

阿特泽罗德和潘恩出发了，寻找各自的目标。作为一个名演员，布思熟悉福特剧院的每一个人，在《我们的美国表亲》表演的过程中，他毫不费劲就溜进了二楼。他沿着更衣间的过道悄悄地摸了过去，在林肯的包厢附近站了一会儿。一名观众看见了他，觉得他是"所见过的最英俊的男人"。担任保护任务的都市警察约翰·帕克离开了自己的岗位，到过道那边去了，只剩下白宫的一个随从查尔斯·福布斯一个人把门。当布思出示了拜访证之后，福布斯便让他进入了总统包厢。他插上了门，以免有人进来干扰他的行动，然后蹑手蹑脚地来到了林肯的身后。这时，林肯前倾着身子，右手托着腮部，手臂倚着栏杆。布思举起他的大口径短筒手枪在两英尺的距离内对准林肯后脑的左侧扣动了扳机。这时的时间是晚上10点13分。

当拉瑟柏恩少校试图抓住闯入者的时候，布思用他那锋利的猎刀向他刺了过去，刀刃有7.5英寸长，锋利得像刀片一样。据克拉娜回忆，那刀从肘部一直划到肩膀，划得很深，把一个动脉血管、神经全割断了。他血流如注，站都站不起来。一把推开受害者之后，布思双手抓住栏杆，一个跟头翻到舞台上。对于一个有体操功底的演员来说，这一跃本应是件很轻松的事。但是，他脚跟上的鞋刺挂在了包厢周围装饰的小旗上，他一条腿落地，重重地摔在舞台上，踝关节以上的骨头摔断了。他挥舞着手中的匕首，高声喊道"对暴君永远这样"。观众里有人还记得他好像还喊了一句"为南方报仇了"。随后他快速地一瘸一拐走下了舞台。据一位目击者说，他行动的样子"像一只雄性的大蛤蟆，一跳一跳的"，从舞台的后面逃了出去。

直到这个时候，观众们还不知道发生了什么。也许大多数人还以为这个骚动是剧情的一部分。当手枪里冒出的蓝色烟雾飘出总统包厢的时候，玛丽·林肯撕心裂肺地喊叫起来："他们向总统开枪了！他们向总统开枪了！"

第一个赶到包厢的是军医查尔斯·黎艾尔。起初，他以为总统已经死了。他双眼紧闭，脑袋耷拉在胸前，林肯夫人把他扶起来，放在椅子上，伤心地抽泣着。看见还有轻微的脉搏，医生吩咐将总统平放在地板上，以便检查他的伤势。在脑袋后面找到主要的伤口后，他擦去凝聚的血块，减轻对大脑的压力。然后，通过人工呼吸，慢慢地林肯恢复了微弱的心跳和不规则的呼吸。

当看到不会立刻死亡后，人们把总统抬出了拥挤的剧场。有人想把他送回白宫，但是黎艾尔医生们警告说如果颠颠簸簸地送回华府，他可能会死。他们决定把他抬到十号大街裁缝威廉·彼得森家里去。他被抬到一楼后面一个狭小的房间里。由于林肯的个子很高，只有把他的脚翘起来才能放到床上去。看到床架子弄不下来，医生们只好把他斜放在床垫上，将头和肩部搁在另外拿来的枕头上。虽然他身上盖上了一条军用毛毯和一条深色的羊毛外套，但他的四肢开始慢慢变冷，因此医生们命令赶快拿热水袋来。

在威廉·彼得森家，林肯待了 9 个小时。一同看戏的黎艾尔医生和查尔斯·塔夫特医生两人不间断地看护着。晚上，塔夫特医生回忆说，"几乎全城医疗界的领袖人物都提出要来会诊"。林肯的家庭医生罗伯特·斯通 11 点钟赶到，随后他便担当了林肯的主治医生。他咨询了美国首席外科医生约瑟夫·巴恩斯。从一开始，所有的人都认为，已经没有机会生还了。医生们都认为，受到林肯这样的创伤，一般人都只能活两个小时，但是斯通注意到，"总统的生命力非常顽强，可以坚持到任何人都不能坚持的时间"。然而，他却再也没有醒过来。

整个晚上，玛丽都没有离开丈夫。她坐在他的床边，悲痛欲绝，不断地呼唤他，跟他说话，让他带她一起去。当罗伯特与萨姆纳参议员一起进来的时候，看到他的母亲绝望的样子，马上叫人去请伊丽莎白·迪克森过来。伊丽莎白是康涅狄格州参议员詹姆士·迪克森的妻子，也是玛丽在首都最要好的朋友。迪克森夫人劝她回到彼得森家的前屋休息一会儿，可她每个钟头都要跑过来看看，过来的时候也总是泣不成声。"哦，我那可怜的小泰德，怎么这么急着要见他爸啊！"可医生好言劝她不要这么说。有一次，听到林肯的鼾声很大，她精疲力竭地跑过来，吓得大哭起来，晕倒在地上。斯坦顿从隔壁房间跑过来，大声喊道："把这女人弄出去，再也别让她进来。"

晚上，彼得森家前面挤满了人，除了西沃德全体内阁成员都来了，看望他们倒下的元首。大半个晚上，威尔斯部长坐在总统的床前，听着这位弥留人间的人那缓缓而长长的呼吸。副总统约翰逊也被召集过来，但萨姆纳知道玛丽·林肯厌恶他，所以催他快点走，免得大家不快。纽约大道长老会教堂的牧师菲尼亚斯·格利也来了，给林肯安魂。

斯坦顿很快就负起了责任，把彼得森家一间屋子变成了他的指挥所，命令国防部部长助理达纳帮助他，口授了一道又一道命令，指挥着危急关头政府的运作。斯坦顿立即开始了刺杀案件的调查，收集目击者的证词，下令封锁首都通向外面的桥梁和道路，指示军方搜捕谋杀犯。黎明时分，他便开始了全城大搜捕。很快他便得到消息，说不是一起而是两起谋杀事件。虽然阿特泽罗德决定不去袭击安德鲁·约翰逊，而是整晚在街头漫无目的地闲逛，但潘恩却按布思的指示闯进了西沃德的家。他亡命地暴打国务卿，打得卧床的西沃德血流不止，几乎丧命，这才离去。到了上午，阿特泽罗德和潘恩被捕，其他几个同谋犯，包括那些只涉嫌绑架的人，也立刻被抓了起来。但是，布思却在哈罗德的护送下逃之夭夭，直到 4 月 26 日斯坦顿手下的人才在弗吉尼亚的一个农场发现他的行踪，最后把他击毙在那里。可在此前，林肯已经远离了人间。

4 月 14—15 日的那个晚上，时光慢慢地流逝着，林肯的脉搏变得越来越不规律，越来越弱，喉咙中传出阵阵的咕哝呼吸声。好几次他都似乎要停止呼吸。玛丽还是被允许回到总统的身边。据迪克森夫人说，"她在总统旁边坐了下来，亲吻着他，用各式各样的昵称呼唤着他"。看到总统的呼吸越来越弱，人们把她领到前厅。4月15日早上7点零两分，总统停止了挣扎，医生们进来告诉玛丽说，"结束了！总统不在了"！

在那间狭小拥挤的后屋里，大家沉默无语，直到斯坦顿请格利为总统祈祷。罗伯特再也忍不住悲伤，靠在萨姆纳身上大声抽泣。斯坦顿站在床尾，泪流满面，向他倒下的元首致哀：他的动作缓慢，肃穆，右手徐徐展开，仿佛是在行礼。他抬了抬头顶上的帽子，然后摘了下来，说道："他将千秋永存！"